HISTOIRE COMPARÉE

DES

ANCIENNES RELIGIONS

Libourne. — JULES STEEG, Imprimeur

HISTOIRE COMPARÉE

DES

ANCIENNES RELIGIONS

DE L'ÉGYPTE ET DES PEUPLES SÉMITIQUES

PAR

C.-P. TIELE

PROFESSEUR D'HISTOIRE DES RELIGIONS A L'UNIVERSITÉ DE LEYDE

TRADUITE DU HOLLANDAIS PAR

G. COLLINS

PASTEUR DE L'ÉGLISE RÉFORMÉE WALLONNE DE ROTTERDAM

PRÉCÉDÉE D'UNE PRÉFACE PAR

A. RÉVILLE

PROFESSEUR D'HISTOIRE DES RELIGIONS AU COLLÈGE DE FRANCE

PARIS

G. FISCHBACHER, ÉDITEUR

33, RUE DE SEINE, 33

1882

A MA FILLE

MME ÉLÉONORE-FANNY MEES

NÉE COLLINS

AVIS DU TRADUCTEUR

L'ouvrage de M. le professeur Tiele, alors pasteur de l'église remontrante à Rotterdam, a paru en Hollande en 1872. J'en ai peu après commencé un résumé étendu qui devait paraître et qui, en effet, a été publié en partie dans le Disciple de Jésus-Christ. Après le deuxième article, la mort du directeur, l'excellent pasteur M. Martin-Paschoud, ayant entraîné la cessation d'une Revue qui, pendant de longues années, avait tenu une place très honorable dans la presse religieuse, un éditeur m'engagea à continuer mon travail en en élargissant le cadre et en me rapprochant d'une traduction ou d'une adaptation en français de l'ouvrage hollandais, et promit de le publier à ses frais. Mais le travail terminé, il recula d'année en année devant les risques de l'entreprise, et sans doute le manuscrit aurait dormi d'un sommeil éternel si ma fille aînée ne m'avait spontanément offert de me garantir tous les frais d'impression. Pourtant, dans une période de six à sept ans, bien des découvertes nouvelles avaient été faites dans le champ de l'histoire des religions de l'Asie occidentale. L'auteur a tenu à réviser son œuvre pour la traduction française. J'ai toujours travaillé sous sa direction. Si quelques lecteurs hollandais remarquent des différences sensibles entre l'ouvrage original et cette reproduction, quelques-unes proviennent de ce que, au lieu de traduire, j'ai résumé certains passages du consentement de l'auteur, mais la plupart sont des leçons nouvelles de ce dernier même.

Mon ami, M. A. Réville, professeur au Collège de France, ayant bien voulu se charger d'introduire l'ouvrage auprès du public français en écrivant une préface, je lui laisse le soin de dire de l'œuvre de M. Tiele tout le bien qu'elle mérite.

Rotterdam, juillet 1881.

PRÉFACE

L'histoire des religions n'est pas faite, elle se fait. C'est une vaste enquête, préparée au siècle dernier par quelques travaux partiels, poursuivie depuis lors surtout en Allemagne et, dans ces dernières années, en Hollande et en Angleterre. Elle est encore loin d'avoir abouti.

La France n'était pas restée absolument étrangère à cet ordre de recherches, et même on pourrait citer parmi les noms les plus honorés de notre littérature nationale ceux de savants écrivains qui ont apporté le précieux contingent de leur érudition et de leur esprit philosophique à cette œuvre internationale par excellence. Il faut reconnaître toutefois que la participation de la France a été jusqu'à ces derniers temps relativement restreinte. A des études fort compétentes et d'un grand charme littéraire, mais nécessairement bornées à des sujets spéciaux, nous pourrions dès à présent ajouter, il est vrai, des travaux de généralisation plus ou moins connus. Mais ces travaux accusent un tort grave, d'exemple fréquent parmi nous : ils ont devancé hâtivement la mise au grand complet et l'appréciation méthodique des faits destinés à leur servir de matière. C'est surtout dans les ouvrages traitant de ce qu'on appelle aujourd'hui la sociologie et de ce qui aurait dû toujours s'appeler simplement l'histoire sociale qu'il est facile de vérifier le phénomène que nous signalons et la justesse de la critique générale que nous nous permettons de leur adresser.

L'explication de ce déficit, espérons-le, temporaire, doit être cherchée en très grande partie dans la manière polémique dont le problème religieux s'est trouvé posé parmi nous à l'aurore et à la suite de nos révolutions. Non-seulement, pendant de longues années, cette branche particulière des sciences historiques ne reçut aucun encouragement officiel, on lui fermait plutôt les voies par où elle aurait pu pénétrer dans notre enseignement public ; mais, de plus, il faut bien reconnaître que la plupart de ceux qui la cultivaient librement se laissaient entraîner à en faire une science de combat. A l'*a priori* traditionnel on opposait un *a priori* révolutionnaire, et la recherche tout entière s'en ressentait. Comme la passion et la science font toujours mauvais ménage, celle-ci souffrait, et dans sa valeur, et dans sa réputation, de ce caractère de plaidoyer *pro* ou *contra*, et elle inspirait une véritable répugnance à nombre d'esprits distingués, pensant avec raison que la sérénité de l'amour pur du vrai est indispensable à toute science digne de son nom. Cela est si certain que le jour où le gouvernement de la République, jugeant le moment venu de ne pas laisser plus longtemps notre enseignement supérieur fermé à des études constituées déjà dans les pays voisins, se décida à créer au Collège de France la chaire dont j'ai l'honneur d'être le titulaire, cette création fut combattue par des hommes d'une grande autorité, parce qu'elle leur semblait destinée fatalement à exciter les passions plutôt qu'à enrichir la science.

Ce préjugé défavorable, il convient de l'attribuer à une habitude d'esprit née elle-même du fait que, pendant des siècles, l'édifice social parmi nous ne fit qu'un avec une religion déterminée. Il en résulta que ceux qui ébranlèrent et, à la fin, firent crouler cet édifice furent amenés par cela même à prendre une attitude radicalement hostile à la tradition religieuse privilégiée. Et comme cette tradition religieuse était absolutiste par essence, comme elle reléguait en bloc tout ce qui n'était pas elle dans une même catégorie d'erreur pernicieuse et damnable, comme en fait elle survécut, en tant que religion, dans les croyances ou les préférences de la majorité du pays au régime social dont elle faisait auparavant partie intégrante, il résulta de tout cela que l'étude vraiment scientifique des religions se heurta chez nous contre des difficultés particulières. Par cela seul qu'on prétendait placer la tradition catholique sur le pied d'égalité avec les autres pour les soumettre toutes ensemble à une même loi d'origine et de développement, on semblait avoir pris parti contre elle et on s'attirait les foudres de ses organes attitrés ou simplement officieux. Si, d'autre part, on s'adonnait à l'étude des religions avec cette impartialité calme et ce respect des grandes manifestations de l'esprit humain qu'il serait inconvenant de leur refuser, on se voyait soupçonné d'arrière-pensées ou de connivences lâches par ceux qui auraient voulu transformer leur histoire en une entreprise de démolition systématique, et comme si on manquait au libéralisme, au patriotisme et à la philosophie en ne saisissant pas toutes les occasions de coucher une religion détestée dans le tombeau commun de toutes les religions possibles. Si je publiais les lettres qui m'ont été adressées depuis que j'ai commencé publiquement l'étude de l'histoire religieuse en me plaçant à un point de vue très différent à la fois de ceux de la tradition et de ses ennemis jurés, on verrait avec quelle assurance et souvent même avec quelle naïveté les partisans de l'une et de l'autre des deux tendances militantes s'imaginent que la science n'a pas été créée pour autre chose que pour donner raison à leurs antipathies.

Je me hâte d'ajouter que, du moins dans le public sérieux, le seul qui compte, un très grand progrès s'est accompli à cet égard au cours des dernières années. Les doctrines du positivisme bien compris y ont contribué aussi bien que les évolutions récentes d'un spiritualisme rajeuni, émancipé de l'axiome si cher à son prédécesseur que la plus grande marque de respect que l'on puisse donner aux croyances religieuses consiste à n'en jamais souffler mot. D'une part, un scepticisme croissant à l'égard des infaillibilités de tout nom ; de l'autre, le sentiment que, quoi qu'on pense des religions et de leur contenu, il faut pourtant considérer la religion en soi comme quelque chose d'inaliénable et d'indéracinable, ont amené chez un grand nombre d'esprits cette disposition que l'ancienne théologie eût appelée *irénique,* c'est-à-dire pacifique et tolérante, et qui assure à notre science spéciale un champ d'exercice sur lequel il lui sera facile de se dérouler en pleine sécurité de conscience et d'allures. La partie morale, si nécessaire à toute œuvre scientifique à ses débuts, peut donc être considérée comme gagnée. Reste la partie d'exécution, et celle-là est naturellement plus longue à mener à bonne fin.

De tout ce qui précède on peut conclure qu'assez longtemps encore l'histoire des religions en France sera tributaire de l'étranger. Nous avons fort peu de ces ouvrages spéciaux qui approfondissent l'histoire religieuse d'un peuple, d'un groupe de peuples ou d'une race. Pourtant, c'est à la condition d'en avoir de nombreux et de sérieux qu'on peut espérer de faire définitivement l'histoire en grand des religions. Certaines personnes se complaisent un peu trop dans l'idée que ce genre d'études doit viser presque uniquement à consigner les éléments pittoresques, poétiques ou bizarres que renferment presque tous les systèmes religieux. Elles ressemblent à celles qui admirent beaucoup les merveilles de l'astronomie, mais qui se gardent bien de vérifier le moindre des calculs ayant servi à les découvrir. Assurément l'histoire religieuse est fertile en détails dramatiques ou d'une grande originalité ; mais on n'y arrive qu'à la condition d'avoir patiemment creusé le sol, examiné de près chacune des couches dont il se compose, analysé ses parties constituantes. C'est une étude laborieuse, où l'érudition n'est pas moins nécessaire que l'esprit philosophique, et qui n'a rien de commun avec un dilettantisme frivole. Telle est la raison qui fait qu'elle fleurit surtout là où de fortes traditions d'érudition s'unissent à l'indépendance de la pensée et à la largeur des points de vue. C'est assez dire qu'il faut encore la chercher de préférence dans les Universités allemandes, hollandaises, anglaises, et s'aider des lumières que nous fournissent ces grands foyers de la science contemporaine.

A ces divers titres, nous regardons comme une bonne fortune que M. G. Collins, un de nos compatriotes établi en Hollande depuis plusieurs années et que ses études favorites rendaient particulièrement apte à cette tâche, ait eu la bonne idée de nous faire connaître un des plus remarquables ouvrages d'histoire religieuse dus aux travaux de M. C. P. Tiele, professeur à l'Université de Leyde. Les relations de confraternité scientifique et d'amitié qui m'unissent moi-même à cet homme distingué ne sauraient m'empêcher évidemment de rendre hommage au talent supérieur, je dirais volontiers à la virtuosité toute spéciale qu'il a déployée depuis une vingtaine d'années sur ce domaine particulier de l'histoire. Il en avait déjà fourni des preuves éclatantes au temps où il était pasteur de l'une des communautés protestantes de Rotterdam. Appelé à l'Université de Leyde pour y professer la théologie, il a pu, grâce à l'esprit libéral qui règne dans ce célèbre centre de science érudite, y créer une chaire spéciale d'histoire des religions. Les lecteurs français ont pu déjà faire connaissance avec sa manière si large et si sérieuse par la traduction que M. Maurice Vernes a publiée récemment de son *Manuel d'histoire religieuse* (1), excellent memento qui se recommande à tous ceux qui aimeraient à posséder une vue d'ensemble raisonnée du développement religieux de l'humanité. L'ouvrage que nous introduisons auprès d'eux en ce moment est d'un genre plus spécial.

On sait que dans l'antiquité, même encore de nos jours, malgré l'apparition des religions universalistes ou, pour parler plus exactement, internationales, la race, la nation

(1) Leroux, Paris.

jouent un grand rôle comme déterminant le fond et la forme des religions. Or, il est un groupe de peuples d'une physionomie très distincte, très tranchée, et qui a droit à un intérêt tout spécial de notre part, puisqu'il nous a fourni les premiers éléments de notre propre civilisation et la religion même des peuples modernes. Je veux parler de ces peuples qui dominèrent longtemps les vallées du Tigre, de l'Euphrate, celle du Nil et les contrées intermédiaires de la Palestine et de la Syrie. Bien que l'Égypte soit un membre à bien des égards hétérogène de ce groupe ethnique, il convient pourtant de l'y rattacher au point de vue de l'histoire religieuse, non-seulement à cause des affinités plus étroites qu'on ne le pensait jadis qui rapprochent les Chamites des Sémites, mais aussi à cause des rapports, tantôt d'assimilation, tantôt de répulsion, qui marquent le développement religieux des peuples voisins de l'isthme de Suez. Peut-être s'étonnera-t-on de nous entendre affirmer une relation d'origine entre ces religions chamitiques et sémitiques et le christianisme, qu'on est habitué à considérer historiquement comme sorti uniquement du judaïsme. Mais le judaïsme lui-même est loin d'être un fait premier, il est une résultante, dont les éléments doivent être cherchés avant lui, d'abord dans le mosaïsme, puis dans ce conglomérat de traditions et de croyances qui servit de berceau au mosaïsme lui-même et qui lui fournit plusieurs de ses traits caractéristiques.

C'était une tâche ardue, que personne n'avait encore entreprise d'une manière aussi directe et aussi complète, que de reconstituer une pareille histoire. Il s'agissait surtout de faire appel aux lumières que trois sciences de création moderne, mais d'accès difficile, ont fournies simultanément, l'égyptologie, la critique biblique et l'assyriologie. La première est cultivée depuis assez longtemps, notamment en France où elle est née, et, grâce au déchiffrement des hiéroglyphes, ressuscite peu à peu la plus vieille civilisation de l'histoire. L'assyriologie, de date plus récente, a pour instrument la divination ingénieuse des inscriptions cunéiformes et ne présente pas encore le même degré de précision ni de certitude que sa sœur d'Égypte ; cependant de précieux résultats peuvent être déjà considérés comme acquis. La critique historique de l'Ancien Testament est de date plus ancienne, mais elle a eu à lutter contre plus de préjugés et d'opiniâtres résistances. Elle a gagné à la constitution des deux autres sciences après les avoir préparées. Le travail de M. le professeur Tiele est le premier, du moins à ma connaissance, qui ait ramené à une vue génétique et aux lois générales du développement historique les résultats parallèles de ces trois ordres de recherches, et il a rendu par-là un éminent service à la science des religions.

On comprend sans peine que des travaux de ce genre n'ont jamais rien de définitif. Les investigations incessantes augmentent sans cesse la masse des faits auparavant inconnus. Sur plus d'un point la conjecture tient encore plus de place que la démonstration. Je crois cependant avec M. Tiele que les grandes lignes de l'histoire des religions égyptiennes et sémitiques se dégagent déjà avec assez de netteté pour former un cadre solide dont il sera possible de modifier par la suite les éléments intérieurs, mais sans qu'il en résulte désormais de changements notables dans le système général. La grande loi de continuité, dont chaque progrès de la science sur n'importe quel domaine consolide le caractère imprescriptible, trouve dans les savantes recherches de M. Tiele une consécration nouvelle. Quand on assiste au lent développement du monothéisme juif, sorti d'une monolâtrie qui se ramifiait étroitement elle-même avec les polythéismes antérieurs et environnants, il est difficile de se replacer dans l'état d'esprit où l'on trouvait tout simple qu'une religion tombât du ciel comme un aérolithe, ou apparût armée de pied en cap comme Pallas Athéné sortant du front de son père Zeus. A ce point de vue, il est clair que l'histoire ne peut faire autrement que de contredire une prétention chère entre toutes aux traditions fondées sur l'hypothèse d'une révélation surnaturelle. D'autre part, il est impossible de ne pas être frappé de cette simplification, de cette épuration continues, qui aboutissent à la grande conception religieuse du monde et de l'humanité dont nous ne pouvons nous-mêmes nous détacher entièrement après tant de siècles écoulés, à moins de nous détacher en même temps de toute religion sérieuse. Quand on regarde de haut cette évolution trente et quarante fois séculaire, après en avoir étudié de près les moments successifs et les points saillants, on ne peut guère se soustraire au sentiment qu'une loi directrice, interne, commande à l'histoire religieuse comme à toute la nature organique, et le penseur religieux puise dans sa contemplation un ample dédommagement aux retranchements parfois pénibles que le point de vue purement historique, appliqué à des traditions qui lui étaient chères, le contraint à opérer.

Les lecteurs de ce livre trouveront dans les pages qui suivent une puissante confirmation de cette notion philosophique de la religion. Nous leur rappelons une dernière fois qu'ils doivent s'attendre à une lecture laborieuse, et non pas à une distraction frivole. Mais ce travail leur sera profitable. Ils y gagneront des vues claires et scientifiques sur des sujets trop souvent exploités par la passion ou dénaturés par la faiblesse d'esprit. Les chapitres consacrés aux vieilles religions égyptiennes, à celles de Ninive, de Babylone, de Tyr, des peuples voisins et parents d'Israël, au mosaïsme, au prophétisme et à la lente formation du judaïsme leur apprendront certainement bien des choses que, pour la plupart, ils ignorent, et ils pourront se faire déjà une idée de l'immense champ d'examen ouvert à la curiosité légitime de notre esprit sous le nom d'histoire des religions.

Albert RÉVILLE.

INTRODUCTION

Je me propose d'écrire un chapitre de l'histoire comparée des religions anciennes, non une histoire de la religion dans l'antiquité. Celle-ci serait peut-être plus intéressante que celle-là, mais au point où en est aujourd'hui la science, je ne crois pas qu'il soit possible d'entreprendre une pareille tâche (1). En effet, il serait très attrayant de tracer un tableau du développement de la religion chez les différents peuples de l'antiquité auxquels a successivement appartenu l'empire du monde, en d'autres termes, de l'idée religieuse dans l'histoire. Mais pour le faire, pour s'élever ainsi, de degré en degré, de la conception religieuse la moins haute à la plus parfaite, des cultes grossiers de la nature à ces religions où l'ordre moral du monde est reconnu et adoré à côté de celui de la nature, et, de ces dernières, à celles où les idées morales dominent seules et où le point de vue naturiste est complètement abandonné, on doit d'abord posséder une vue historique des diverses religions elles-mêmes; et c'est cet aperçu que je veux m'efforcer de donner, du moins partiellement, dans cet ouvrage.

Pour le moment, je limite mon travail à quelques anciennes religions, et je dois d'abord dire ce que j'entends par là. Toutes les anciennes religions ont un caractère commun, par lequel elles se distinguent des nouvelles : toutes sont des religions de peuples et de races, fondées sur le particularisme. L'histoire des

(1) J'ai néanmoins essayé d'esquisser à grands traits cette histoire dans un petit livre récemment traduit en français par M. le docteur M. Vernes : *Manuel de l'Histoire de la Religion jusqu'à la domination des Religions universelles* ; Paris, chez E. Leroux, 1880. Un vol. in-12.

religions se divise naturellement en deux périodes ou deux âges nettement tranchés, et cette division frappe même l'observateur le plus superficiel. Aux temps préhistoriques, sur lesquels nous ne pouvons faire que des suppositions, assez vraisemblables d'ailleurs, et dont l'étude n'est pas sans analogie avec celle de la paléontologie dans les sciences naturelles, succède l'ère des religions de peuples, de races, d'états. Dans cette période, chaque religion est celle d'une race ou d'une conféderation de tribus de même race, d'un peuple ou d'un état, et nul ne songe à la propager en dehors de ce cercle. Appartenir à une race ou à un peuple et adorer les dieux nationaux, les dieux du pays, c'est tout un. Qu'il y ait ou non une caste constituée et fermée de prêtres, qu'ils soient au-dessus des princes ou placés dans la dépendance de ces derniers, dès qu'il s'établit un état, monarchie, oligarchie ou république, alors même qu'il étend sa domination sur la moitié d'une partie du monde, comme le Céleste Empire, ou qu'il n'excède pas les bornes d'une ville et de ses colonies, comme celui de Carthage, la religion du peuple devient celle de l'état, est maintenue par lui, défendue, au besoin imposée par la force, et demeure étroitement liée à ses destinées. L'idée de la séparation de la religion et de l'état est ce qu'il y a de plus étranger à toute l'antiquité. Renier les dieux de ses pères équivaut à abdiquer sa nationalité. On ne nie pas l'existence des dieux étrangers; mais on pense que leur sphère d'action et leur pouvoir ne s'étendent pas au-delà des frontières des peuples sur lesquels ils règnent et, par une conséquence naturelle, on se représente les dieux étrangers comme inférieurs en puissance aux dieux nationaux. Habituellement, on ne leur rend aucun culte, bien qu'on ne conteste pas leur existence. Quelquefois, surtout lorsque leurs adorateurs sont des ennemis, on ne les hait pas moins que leurs sectateurs, et on les regarde comme des êtres malfaisants et des esprits de ténèbres. Il n'est pas rare, non plus, qu'on adopte, sinon la religion, du moins les dieux de ses voisins, sans qu'ils passent, pour cela, au rang de divinités nationales, à moins qu'en même temps on ne les dépouille eux-mêmes de leur nationalité. Ils ne sont jamais admis dans le panthéon national, ou bien il faut qu'ils changent de forme, de caractère, de signification et quelquefois même de nom. Plusieurs traits des mythes d'Aphrodite, d'Héraklès, de Dionysos (Bacchus), ont été empruntés par les Grecs aux Sémites, mais il est pourtant difficile, malgré ce mélange, de les distinguer des dieux grecs. Qui, dans la belle et gracieuse Cypris, reconnaîtrait l'Ashtoret des Phéniciens, et dans le beau mythe de sa naissance de l'écume de la mer, le mythe naturiste si grossier de la cosmogonie phénicienne, si les preuves les plus décisives ne garantissaient pas leur identité? On suppose que l'Anâhita des Perses est l'Anath des Prôto-Chaldéens et des Phéniciens; mais, s'il en est ainsi, comme l'esprit de la race aryenne a complètement transformé cette divinité! Sérapis fut transporté de Sinope en Égypte par ordre de Ptolémée Sôter, mais n'obtint jamais complètement droit de cité dans la mythologie d'Osiris, et ne fut adoré des Égyptiens que parce qu'on vit dans son nom la réunion de deux divinités de l'ancienne Égypte, Osiris et Apis, *Asarhapi* : pour obtenir les hommages des Égyptiens, le dieu d'Asie dut revêtir une forme égyptienne ; encore, malgré le patronage du roi, ces hommages ne lui furent-ils rendus qu'à contre-cœur. On pourrait citer nombre d'autres exemples du même phénomène. L'élément national occupe la première place dans les religions de l'antiquité.

L'intolérance, il est vrai, n'était ni absolue, ni générale. La politique put engager des conquérants comme Darius, fils d'Hystaspe, même Cambyse, avant ses aberrations de maniaque, à rendre un culte aux dieux des pays qu'ils avaient conquis. Mais ils le firent précisément pour montrer qu'ils étaient les maîtres légitimes du pays ; il ne s'agissait que de flatter le sentiment national d'une race humiliée. En outre, l'ancienne conception religieuse commençait à déchoir : c'étaient comme les signes précurseurs d'une ère nouvelle. Et puis, si, comme princes, ces personnages croyaient nécessaire de sacrifier aux dieux des peuples vaincus, ils n'en demeuraient pas moins, en ce qui les concernait personnellement, attachés aux dieux de leur race. Darius ne cessa pas de rendre ses décrets au nom d'Ahura-Mazdâ, et si les Grecs ne se formalisèrent pas de la comédie jouée par Alexandre dans l'oasis d'Amon, ce fut parce qu'ils s'étaient habitués à voir dans le dieu africain une forme de leur Zeus.

Tout le monde trouvait donc naturel que chaque peuple eût une religion différente, que les frontières du pays fussent aussi celles de la religion dans laquelle on trouvait la satisfaction la plus complète de ses propres besoins religieux. Hérodote pouvait, sans le moindre danger, raconter les usages et exposer les idées de mainte religion étrangère ; il n'avait pas à craindre que les Grecs fussent incités par là à douter de l'excellence de leur propre religion, ni qu'ils en vinssent à se demander si le culte d'Osiris ou de Ptah, de Bel ou d'Ormazd, ne serait peut-être pas plus pur et meilleur que celui de Zeus Olympien ou d'Apollon Pythien. Même les Israélites, aux yeux desquels les divinités des Goyim n'étaient, en comparaison de Yahveh, que des dieux de boue, une pure vanité, ne songèrent à faire du prosélytisme en faveur de leur religion que lorsque des peuples voisins leur en eurent les premiers donné l'exemple, et que l'idée d'une religion universelle se faisait jour déjà partout. « Votre peuple est mon peuple, et votre Dieu mon Dieu (Ruth, I, 16) ; » c'étaient là dans toute l'antiquité des termes synonymes et inséparables. On n'avait encore aucune idée d'une religion universelle ; on développait, réformait, modifiait, au besoin enrichissait sa propre religion, mais on y restait attaché, et on aurait cru se rendre coupable de trahison envers l'état, si l'on avait introduit des dieux étrangers. Ainsi, les Romains respectaient partout les religions nationales des peuples qui n'avaient pu résister à la force de leurs armes, mais ils persécutaient ceux qui tentaient d'introduire des dieux étrangers dans l'empire. Il est vrai que l'ère des temps nouveaux était commencée, et que le mal n'était déjà plus à conjurer ni à guérir.

Les temps nouveaux, la deuxième grande période de l'histoire du monde, ne commencent pas partout au même moment. Ils vinrent pour certains peuples plus tôt, pour d'autres plus tard ; pour quelques-uns, ils sont encore à venir.

Si le particularisme est le signe distinctif de la première période, l'universalisme est celui de la seconde. Les nouvelles religions ne sont plus l'apanage d'un seul peuple : ce sont les religions universelles ou tendant à l'être. Elles doivent leur existence à cette idée que la religion n'est pas affaire de nationalité, qu'elle intéresse l'humanité tout entière, et que dès lors elle doit être indépendante de tout caractère national. Ces religions ne parlent pas, comme leurs devancières, une seule langue, elles ne se contentent pas de l'adhésion du peuple au sein duquel elles ont pris naissance, mais elles s'étendent, dès leur origine, à des peuples tout à fait étrangers et barbares, et manifestent clairement leur tendance à conquérir toute l'humanité. Si, dans le cours des temps, de telles religions revêtent pour les peuples qui les professent un caractère national; si, chez la plupart, elles commencent par être des religions d'état, au milieu de toutes les différences de formes et d'usages, on se sent lié à ce qui en constitue le fond. Le vieux principe vit encore, une époque de réaction suit ordinairement chaque époque de progrès; mais le principe nouveau est trop puissant pour ne pas l'emporter à la longue, et gagner du terrain chaque jour.

La révolution opérée par l'universalisme religieux est la plus considérable qu'ait à enregistrer l'histoire du monde : toutes les autres, les révolutions sociales aussi bien que les révolutions politiques, ne sont rien en comparaison. Une religion répandue dans tous les pays qui, de Ceylan et de Java, s'étendent jusqu'à la Sibérie, une seule foi régnant de la Perse jusqu'en Espagne, l'antiquité tout entière en aurait rejeté la seule pensée comme une chimère. Les Romains croyaient que le monde leur appartenait de droit. Ils trouvaient toute naturelle l'idée d'un empire universel fondé et maintenu par la force de l'épée, d'un mélange disparate de peuples soumis au général de leurs armées victorieuses, à l'IMPERATOR proclamé par les légions; mais, si on leur avait dit que le souverain pontife de Rome imposerait un jour, en cette qualité, ses lois aux autres princes de tout l'occident, ils n'auraient pu le croire. Il n'y a donc rien d'étonnant à ce qu'une telle révolution n'ait pas été l'œuvre d'un instant, que nous la voyions longtemps approcher et se préparer, et qu'elle ne s'accomplisse qu'au prix des plus grands bouleversements.

Il semble que l'est de l'Asie ait été plus tôt mûr pour cette révolution que l'ouest de la même partie du monde, l'Europe et l'Asie occidentale plus tôt que l'Asie centrale et l'Afrique. Cinq siècles avant que les premiers missionnaires de l'Évangile partissent de la Palestine pour aller en Grèce, en Égypte, en Italie, prêcher aux peuples civilisés du bassin méditerranéen le roi des juifs crucifié, comme le sauveur du monde; bien avant, par conséquent, que sur les limites du monde sémitique et du monde aryen surgît la plus noble des religions universelles, qui prit naissance chez les Sémites, et, après avoir été rejetée par eux, fut adoptée par les Areyns, — fut fondée dans l'Hindostan la religion qui ne devait pas seulement remuer profondément le monde brahmanique, mais encore compter ses sectateurs par millions chez les autres peuples de l'est de l'Asie, et cela, bien avant que les Brahmanes fussent parvenus à l'expulser de l'Inde.

Pendant que le bouddhisme conquérait le monde touranien et s'établissait solidement dans le Thibet, la Chine, au milieu des peuples tatares, le christianisme commençait ses conquêtes dans le monde aryen. Encore cinq siècles plus tard, naquit en Arabie la plus jeune des religions cosmopolites, laquelle, en revêtant un caractère purement sémitique, réussit à bannir des autres pays où jadis avaient régné les Sémites le christianisme, dépouillé par les peuples aryens de plusieurs de ses caractères sémites originels. Mais l'islamisme devait être complètement vaincu par le christianisme chez tous les peuples possédant une civilisation supérieure. Bien que portant plus profondément que les deux religions rivales l'empreinte de la race au sein de laquelle il a pris naissance, le mahométisme ne se renferme pas cependant dans les limites de cette race : il est, moins que ses deux rivales pourtant, une sorte de religion universelle. La religion nationale des Perses ne put tenir devant lui, d'autant moins que les peuples de l'Iran occidental avaient déjà subi très fortement l'influence des Sémites. Il devait bientôt devenir un redoutable rival pour le bouddhisme dans l'est et le centre de l'Asie. Il lui a enlevé la suprématie dans l'archipel indien, principalement à Java ; il la lui dispute chez les Tatares, et, tout en s'étendant incessamment dans ces contrées, il gagne ailleurs des sectateurs de toute nation et de toute race : Arabes et Syriens, Égyptiens et Berbers, Gallas et nègres. Telles sont les trois religions qui sont issues du nouveau principe humanitaire, auquel appartiennent le présent et l'avenir, tout au moins l'avenir prochain. Nous pouvons donc, à bon droit, les nommer les NOUVELLES religions. J'entends, au contraire, par ANCIENNES religions toutes les autres qui, particularistes de nature, sont l'apanage d'une race, d'une confédération de peuples de même race, ou d'un peuple. Bien que toutes n'aient pas encore péri, que la plupart, au contraire, subsistent de nos jours, et qu'il y en ait dans le nombre qui semblent posséder encore une certaine vitalité, ou bien qui ne se sont pas trouvées, ou se sont à peine trouvées en contact avec le monde moderne, toutes cependant, plus ou moins, tendent à disparaître devant les religions universelles.

LIVRE PREMIER

HISTOIRE DE LA RELIGION DE L'ÉGYPTE

> « Egypte, Egypte ! Il ne restera rien de ta religion que des récits incertains, auxquels la postérité ne voudra pas croire, des paroles gravées sur la pierre et qui témoigneront de ta piété. »
>
> (Hermès Trismégiste, fils d'Asclépios.)

CHAPITRE PREMIER

FAMILLE ETHNIQUE DES HABITANTS DE LA VALLÉE DU NIL

Il semble que la vallée de Sinéar — la vallée de l'Euphrate et du Tigre — ait été le premier berceau de la civilisation, le lieu où l'humanité se soit, pour la première fois, éveillée à la vie de conscience et de réflexion. Pourtant nous ne connaissons pas de civilisation plus ancienne que celle des Égyptiens. Tous les autres peuples de la terre, à une seule exception près, sont des enfants à côté de ces aînés de la grande famille humaine. L'histoire certaine de l'Égypte, attestée par ses monuments les plus reculés, remonte à une époque où tous les peuples qui ont occupé la scène du monde étaient encore plongés dans une complète barbarie, ou franchissaient à peine les premiers échelons de la vie civilisée.

S'il faut en excepter les Prôto-Chaldéens, qui, à ce qu'il paraît, ont devancé les Égyptiens dans la civilisation, ce peuple, en tout cas, n'a laissé dans les fastes de l'humanité que de faibles traces, qui ne nous permettent pas d'écrire son histoire, ni même celle de sa religion. Ce n'est qu'après la fondation des empires sémitiques dans la vallée du Tigre et de l'Euphrate que commence réellement pour ces contrées l'histoire basée sur des monuments contemporains. Nous devons reconstruire la religion de ses anciens habitants par une induction tirée de celle de leurs conquérants.

Si Manéthon nous a donné des listes exactes des rois d'Égypte et si les dynasties qu'il mentionne doivent être regardées, d'une manière générale, comme successives, l'Égypte avait déjà atteint, bien avant la date que la tradition hébraïque assigne à la création de l'homme, ce degré de culture dans les arts et l'industrie dont les productions devaient plus tard causer l'étonnement, l'admiration des Perses et des Grecs. On place généralement la fondation du premier empire sémitique, ou plutôt mésopotamien, c'est-à-dire de l'empire assyro-chaldéen, au vingt-et-unième siècle avant l'ère chrétienne, et la plus ancienne dynastie des empereurs chinois ne remonte guère plus haut. L'Égypte avait alors dépassé le point culminant de sa grandeur. On ne saurait faire remonter les origines de la littérature hébraïque plus haut que Moïse, et les résultats des études critiques les plus récentes rendent très vraisemblable qu'elle n'a commencé que quelques siècles plus tard. Or nous possédons dans le papyrus Prisse un manuscrit provenant de Thèbes, écrit sous la douzième dynastie et dont l'auteur doit avoir vécu un certain temps ou plutôt bien des siècles avant la naissance du législateur des Hébreux, et probablement quelques passages du Livre des morts des Égyptiens remontent à une antiquité encore plus reculée. Une évaluation très modérée, celle de Brugsch, fait commencer la succession des rois d'Égypte incontestablement historiques quarante-cinq siècles avant l'ère chrétienne, et en supputant les règnes de ces rois, comme l'a fait Manéthon, prêtre égyptien, qui écrivit l'histoire de son peuple sous Ptolémée Sôter, on arrive au cinquante-et-unième siècle, et même plus haut. On a, il est vrai, prétendu que plusieurs des dynasties mentionnées par Manéthon ont régné simultanément. D'après les documents les plus récemment découverts, on doit admettre, au contraire, qu'il n'a donné que les listes des rois qu'il regardait comme légitimes, à l'exclusion des compétiteurs qui ont pu régner en même temps sur telle ou telle portion du pays. En tout cas, on ne peut faire descendre les commencements de l'histoire d'Égypte plus bas que le quarantième siècle avant Jésus-Christ, et tout plaide pour une antiquité plus reculée. Mais, à ce moment, le peuple égyptien est dans sa pleine maturité ; il se produit sur la scène du monde, sortant des ténèbres des siècles tout armé, comme Minerve s'élança du cerveau de Jupiter, et il y a à frémir lorsqu'on songe aux périodes préhistoriques incalculables d'enfance et d'adolescence qui ont dû préparer un tel développement.

A quelle race, à quelle famille ethnique appartient le peuple qui a ainsi précédé tous les autres peuples de la terre dans les voies de la civilisation ? Les uns ont voulu le rattacher à la race aryenne, les autres à la race sémitique (mésopotamienne). Il présente des analogies, des caractères importants de parenté avec l'une et l'autre, et se distingue par d'autres caractères, non moins graves, de l'une et de l'autre. Si, comme tout permet de le croire, ces deux races sont deux branches d'une race primitive, séparées de la souche commune bien avant les temps historiques, les Égyptiens, dont les ancêtres sont certainement venus d'Asie, soit par l'isthme de Suez, soit en passant par la Mer rouge, pourraient être des représentants de cette race antérieure mêlée en Afrique avec les habitants primitifs de la vallée du Nil, dont le caractère propre, ne différant pas de celui des autres peuples les plus avancés de cette partie du monde, a laissé des traces profondes dans la civilisation égyptienne.

Il n'y a donc pas lieu de s'étonner que nous ne soyons pas encore fixés sur l'origine d'une nation ayant atteint de si bonne heure un haut degré de développement. Appartient-elle à l'une des deux races qui, quelle que soit la diversité de leurs aptitudes et de leurs dons, ont pris place à la tête de la civilisation ? Est-elle aryenne ou mésopotamienne ? Ou bien le peuple égyptien doit-il être rattaché à une troisième race, distincte des deux précédentes ? Le passage Genèse X, 6 a fait longtemps admettre une race chamite comprenant, outre les Égyptiens, trois autres peuples ou groupes de peuples, mentionnés dans ce verset. Je ne peux voir dans cette prétendue race de Cham que le produit d'une imagination très féconde et d'une exégèse erronée. Il y a longtemps qu'on a soupçonné que la division des peuples, admise par les Hébreux, en fils de Cham, de Sem et de Japhet, repose sur tout autre chose que sur le fondement ethnographique, qu'il ne s'agissait nullement pour eux de trois races distinctes l'une de l'autre par l'origine et la langue, mais de trois groupes de peuples formés en vertu de motifs différents de ceux qui président aujourd'hui aux classifications ethniques. La linguistique, qui a si clairement démontré l'unité des peuples aryens par celle des langues qu'ils parlent, ne peut guère s'accommoder d'une race sémitique, ni d'une race chamite, telles

— 14 —

que les détermine le dixième chapitre de la Genèse. Les Cananéens y figurent au nombre des fils de Cham. Or, il est certain que tous les peuples cananéens, y compris les Phéniciens, parlaient une langue très semblable à l'hébreu. Mais les Hébreux sont rangés par la Genèse parmi les fils de Sem. Il en est de même, bien qu'à un moindre degré, des fils de Pout et de Koush, rangés également (Genèse X, 6) parmi les fils de Cham, tandis que leur origine et leur langue les rapprochent bien plus des Arabes, des Syriens et des Hébreux, que des Égyptiens proprement dits. On a, il est vrai, imaginé un moyen de sauver, sinon l'exactitude de l'historien sacré, du moins l'interprétation consacrée du chap. X de la Genèse. Je ne saurais, pour ma part, y voir qu'un de ces expédients désespérés auxquels ont coutume de recourir les partisans d'une cause perdue. Les Cananéens auraient, assure-t-on, rencontré, lors de leur établissement dans le pays de Canaan, quelques tribus sémitiques, dont ils auraient simplement pris la religion et la langue. De là, bien qu'ils fussent de la race de Cham, les analogies relevées entre eux et les Sémites (1). Telle est l'inanité de cette hypothèse, qu'il suffit de la mentionner pour la réfuter. Des savants plus sérieux ont pensé que la division des peuples, rapportée dans le chapitre en question, est empruntée à la géographie. L'auteur aurait désigné sous le nom de Sem, Cham et Japhet, non trois races, mais trois régions ou trois climats, de telle sorte que pour lui Cham désignait le sud, Japhet le nord, et Sem le centre du monde, tel qu'il le connaissait (2). Quelque séduisante que soit cette opinion, il m'est impossible de m'y ranger. Pas plus que la précédente, cette hypothèse ne résout toutes les difficultés. Il est vrai que les fils de Japhet, nommés dans le chap. X, habitent pour la plupart les régions septentrionales, mais on rencontre quelquefois les fils de Sem plus au sud que ceux de Cham. Les Cananéens habitaient au nord des Arabes et des Babyloniens, et s'ils

(1) Cette hypothèse, déjà soutenue par Munk, a été reproduite par Lenormant, dans son *Manuel d'Histoire ancienne de l'Orient*, ouvrage remarquable, mais qui aurait encore plus de valeur si l'auteur n'avait cru que son devoir de chrétien l'obligeait à faire constamment, et bon gré mal gré, concorder l'histoire avec la tradition des anciens Hébreux.

(2) Entre autres, Renan, *Histoire générale et Système comparé des langues sémitiques*, 2ᵉ édition, p. 240.

étaient venus du sud-est, les Hébreux et d'autres Sémites étaient partis des mêmes contrées. On est obligé de chercher Pout, fils de Cham, plus au nord que Joktan, fils de Sem. Cette explication ne saurait donc, elle non plus, nous satisfaire.

Il me semble que ce que l'auteur hébreu a voulu exprimer par sa division des hommes en fils de Cham, de Sem et de Japhet, ne saurait plus donner lieu à aucun doute. Il suffit, en effet, pour s'en rendre compte, de considérer quels peuples il a rattachés à Cham. Il y a longtemps qu'on a reconnu dans Cham, — personnage mythique, comme tous les autres patriarches, souches de peuples, — la *terre noire de l'Egypte* elle-même. Kem, ou Kam, était le nom donné par les habitants de la vallée du Nil à leur propre pays (1). La Genèse désigne comme les fils de Cham, d'abord Koush, c'est-à-dire le nom donné sur les monuments égyptiens aux peuples éthiopiens habitant au sud de l'Égypte proprement dite, et qui étaient venus dans les temps historiques de l'orient, de l'Arabie, où leurs congénères étaient restés. En second lieu, Miçraïm est le nom communément donné par les auteurs hébreux à l'empire des Pharaons, notamment à la moyenne et à la basse Égypte. La forme duel de ce nom s'explique d'une manière naturelle, soit qu'on le dérive des deux principales parties du pays, soit qu'on y voie la signification des deux enceintes, et qu'on le rattache, avec Knobel, aux deux chaînes de collines entre lesquelles s'étend la vallée du Nil, ou avec Ebers au double mur qui, selon les monuments égyptiens, protégeait l'Égypte contre les invasions (2). Pout ou Pount, comme le désignent les monuments égyptiens, est un pays avec lequel les Égyptiens entretinrent des rapports multipliés, et assurément ce n'est pas la Libye que ce nom désigne, comme on le croyait autrefois, mais ou bien cette partie de l'Arabie qui était sous la dépendance des Égyptiens, ou bien un peuple habitant la côte de l'Afrique au sud de la Nubie. Le quatrième fils de Cham, Canaan, désigne les territoires alors oc-

---

(1) Brugsch, *Hieroglyphisch demotisches Wœrterbuch*, p. 1451, art. Kem.

(2) Ebers., *Ægypten und die Bücher Mosis*, tome I, p. 86. Déjà, dans les plus anciennes dynasties, les monuments font mention de deux murs, l'un au sud, l'autre au nord, le premier consacré à Neith, le second à Ptah. Comp. de Rougé, *Monuments des VI premières dynasties*.

cupés par les peuples phéniciens. Le motif qui a fait désigner ces peuples, plutôt que d'autres, sous le nom de fils de Cham, apparaîtra clairement à quiconque est quelque peu familier avec l'histoire des Égyptiens. Miçraïm n'est pas nommé le premier, parce que dans son énumération l'auteur paraît remonter du sud au nord; mais il n'y a nul besoin de montrer qu'il avait tous les droits possibles au nom de fils de la terre noire. Koush et Pount étaient soumis à l'Égypte dès les temps les plus reculés, et en faisaient en quelque sorte partie intégrante. Les Cananéens aussi vécurent longtemps sous la domination des Égyptiens, et ils avaient reçu d'eux leur civilisation, tandis que, nous l'établirons plus loin, des Phéniciens habitaient la côte du Delta et avaient leur quartier à part dans la ville de Memphis. Les fils de Cham ou de la terre noire de la vallée du Nil, sont donc simplement les Égyptiens et les peuples qu'ils ont soumis et civilisés. La division des peuples en trois groupes n'est par conséquent, pour l'auteur du chap. X de la Genèse, ni une division ethnographique, ni une division géographique, mais, — si l'on veut me pardonner ce mot, — une division historico-sociale. Les Chamites représentent la plus ancienne civilisation, odieuse aux Hébreux; les Sémites la civilisation qui suivit, laquelle, il est vrai, prit naissance au contact et sous l'influence de la civilisation égyptienne, mais se développa d'une manière plus indépendante et plus individuelle que chez les peuples directement soumis à l'Égypte, et qui trouva son unité dans l'empire assyrien. Aussi Assur est-il rangé parmi les fils de Sem. Sous le nom de Japhet, l'auteur englobe tous les autres peuples que connaissaient les anciens Hébreux, n'importe à quelle race ils appartiennent, Aryens ou Touraniens. Japhet est désigné comme le fils aîné, soit comme comprenant le plus grand nombre de peuples, soit parce que son territoire s'étendait le plus loin, soit, ce qui est plus probable, parce qu'il conserva plus longtemps que les autres la forme primitive de société, et qu'il se trouvait à un degré de développement social que les Chamites et les Sémites avaient depuis longtemps dépassé. Ce n'est pas ici le lieu de développer davantage cette thèse. Il me suffit, pour le but que je me propose, d'avoir établi que le chap. X de la Genèse ne saurait rien nous apprendre sur les origines du peuple égyptien. C'est là, il est vrai, un résultat tout négatif ; mais c'est déjà quelque chose d'avoir débarrassé le terrain d'une hypothèse erronée et incompatible avec toute recherche ayant chance d'aboutir.

La question de la race à laquelle appartenaient les Égyptiens n'est donc pas résolue. C'est à la linguistique qu'il appartient de la trancher. Quelques tentatives pour la résoudre ont déjà eu lieu. Benfey s'est appliqué à démontrer que les langues habituellement appelées sémitiques ne sont qu'une branche d'une famille de langues, dont l'autre branche doit être cherchée de l'autre côté de l'isthme de Suez, et qui comprend, outre la langue égyptienne, celles de tous les peuples qui habitent le nord de l'Afrique jusqu'à l'Océan. Il a été suivi dans cette voie, notamment par Ernest Meier et Paul Bœtticher. Bunsen s'est approprié son opinion en la modifiant. Les Égyptiens, selon lui, seraient un rameau détaché de la race caucasique, à l'époque où les éléments aryens et sémitiques ne se distinguaient pas encore nettement l'un de l'autre. Ce serait ainsi qu'il faudrait expliquer les analogies que présente l'ancien égyptien avec les deux familles de langues aryennes et sémitiques (1). D'autres égyptologues ne sont pas non plus complètement étrangers à cette théorie. Outre de Rougé, qui ne s'explique sur ce point que d'une manière incidente, Brugsch et Ebers ont fortement insisté sur l'étroite parenté qui existe entre l'ancien égyptien et le mésopotamien (sémitique). Le premier tient pour certain que l'égyptien dérive du sémitique et admet comme un fait, que les études ultérieures ne peuvent que confirmer de plus en plus, que l'égyptien et toutes les langues sémitiques dérivent d'une même langue-mère, parlée primitivement sur les bords de l'Euphrate et du Tigre (2). Le dernier dit catégoriquement que les Égyptiens sont un peuple sémitique, probablement chaldéen, qui ne diffère autant qu'il le fait de ses congénères orientaux que parce qu'il a fait de nombreux emprunts à la langue et aux mœurs des habitants

---

(1) Voir Renan, *Langues sémitiques*, deuxième édition p. 80 et 55. M. Renan lui-même, on le sait, était alors pour une délimitation très étroite de la famille des langues sémitiques ; il ne voulait pas même admettre comme sémites les Assyriens et les Babyloniens. Les découvertes récentes faites en Mésopotamie et en Égypte et une étude plus exacte des idiomes de ces deux pays ont diminué la force de ses arguments. Lui-même a fait plus tard des concessions sur ce point.

(2) Brugsch, *Wœrterbuch*, introd. p. IX.

primitifs du pays où il s'est établi (1). Tous les égyptologues paraissent donc de plus en plus se rapprocher du sentiment de Benfey, malgré la véhémence avec laquelle il a été dès l'abord combattu de différents côtés, et quoique Ewald, dans le camp des hébraïsants, et Pott, dans celui des aryologues, se soient trouvés d'accord pour repousser ses conclusions. La question n'est pas encore mûre pour une solution. Il est certain que les Égyptiens sont venus de l'Asie et ont des liens de parenté très étroits avec la grande race à laquelle appartiennent également les Aryens et les Mésopotamiens. Bien avant les temps historiques, ils doivent avoir pénétré en Égypte par l'isthme de Suez, ou en traversant la Mer rouge, et s'être établis entre le Delta et les cataractes. Il est très digne de remarque que l'Asie occidentale garda toujours pour eux le nom de la Terre sainte, le pays des dieux, *Ta nuter*. Ils ne sont sans doute pas un peuple purement aryen, bien que quelques auteurs superficiels en aient exprimé l'opinion, d'une manière un peu irréfléchie. Les concordances entre leur langue et leurs mœurs et ce qu'on a appelé la civilisation sémitique, sont plus nombreuses qu'avec la civilisation des Aryens. Néanmoins, la chose n'étant pas encore complètement claire et péremptoirement établie, je ne les rangerai pas parmi les peuples mésopotamiens, et je ferai une place à part à l'histoire de leur religion. Je ne veux pas devancer, mais suivre exactement la science.

D'ailleurs, il entrait divers éléments dans la population de l'Égypte. Le nom d'Égypte, donné par les Grecs à ce pays, n'était pas usité parmi les Égyptiens. Brugsch le dérive de Ha-ka-ptah, la demeure de l'adoration de Ptah ; Ebers, de Aï-kapht, la côte de Kapht, la côte recourbée (2). Nous avons déjà dit qu'eux-mêmes appelaient leur pays *Kem*, le noir, pour le distinguer des terres rouges et argileuses de la Syrie et de la Libye. Ils donnaient à l'élément purement égyptien de la population le

---

(1) Ebers, *Æg. u. BB. Mos.* I p. 45. Ebers affirme avoir recueilli plus de 300 mots égyptiens dérivant manifestement de racines sémitiques, et annonce qu'il développera sa thèse d'une manière plus complète dans un ouvrage ultérieur. Toutefois, les racines aryennes ne manquent pas non plus dans l'égyptien, et il y en a qui expriment des idées de la plus haute importance.

(2) Brugsch, *Histoire*, p. 6 et ss. Ebers, *Æg. u. BB. Mos.* p. 133 et ss.

nom honorifique de Retou ou Routou, les hommes, à ce qu'il paraît équivalant aux Loudim de Genèse X. 13, désignés dans ce passage comme le premier fils de Miçraïm (1). Se regarder soi-même comme les hommes par excellence, est si conforme à l'esprit général de l'antiquité et à ce qui se rencontre encore chez plusieurs peuples restés à l'état de nature (2), que cette prétention ne doit pas nous étonner. Ces Retou semblent avoir formé la classe dominante, l'aristocratie proprement dite. Mais d'autres tribus s'étaient aussi fixées sur la terre noire. Il y avait, entre autres, les Aamou ou Amou, habitant à l'est, qu'on a rapprochés des Anamim de Genèse X. 13 (3), et dans lesquels il faut probablement voir certaines tribus arabes, menant la vie pastorale, et qui s'étaient, déjà sous la douzième dynastie, établies en Égypte avec l'autorisation des rois du pays. Leurs principaux cantonnements étaient dans la presqu'île du Sinaï, sur le bras bucolique du Nil et dans l'Égypte moyenne, entre les crêtes des monts arabiques et la Mer rouge. Il ne semble pourtant pas qu'ils se soient jamais mêlés aux Égyptiens. Il faut vraisemblablement chercher un peu plus au nord les Kasluchîm, dont, d'après Genèse X. 13, sont sortis les Philistins ; ils doivent avoir habité les « monts brûlants » qui s'étendaient à l'est du Delta jusqu'aux frontières de la Palestine, et étaient sous la domination des Égyptiens. A l'ouest, on trouve les Libyens, les Lehabîm, ou Loubou (à proprement parler Rebou), des inscriptions égyptiennes. Ils formaient une branche septentrionale du peuple

---

(1) Ebers, ouvrage cité, p. 91. De Rougé, *Monuments des VI premières dynasties*, p. 6. Les Égyptiens, comme les anciens Iraniens, n'ayant pas l'L, et comme le D ne pouvait être exprimé dans leur langue que par une lettre composée (NT), Loud est une transcription purement hébraïque de Rout ; l'o final est la désinence du pluriel, répondant à l'hébreu *im*.

(2) Comp. Waitz, *Anthropologie der Naturvœlker*, III, p. 36 et 305.

(3) Ebers, ouvrage cité, p. 101, voit dans les Anamim les Amou. L'hébreu aurait fait un mot composé de ce nom et de l'égyptien *an* signifiant nomade : *an-amou*, les Arabes nomades, qu'il ne faut pas confondre avec *anou-hens*, les Nubiens nomades, qui appartenaient à un autre peuple. Cette hypothèse de Ebers est plus plausible que celle de de Rougé : *Monuments*, etc., p. 6 et ss., qui voit seulement dans les Anamim, Anou, c'est-à-dire des nomades, et rattache le nom de ces nomades à celui des villes d'Héliopolis, Dendérah et Hermontis, qui toutes s'appelaient *An* en ancien égyptien. Il pense que ces villes furent fondées par des colonies nomades. Pourtant, An, dans le nom de ces villes, n'a rien de commun avec les nomades, il doit être dérivé de *an*, pierre ou colonne.

appelé par les anciens Égyptiens Tehennou ou Temhou, qui habitait sur la frontière orientale de leur pays, et firent souvent des invasions sur le territoire égyptien. On retrouve leurs descendants dans les Touaregs de nos jours, qui s'appellent eux-mêmes de préférence Imoshagh, au neutre Tema-Shight, nom qui rappelle l'ancien Temhou (1). La côte, entre le territoire de ces Libyens et celui des tribus sémitiques habitant plus à l'est, semble avoir été très anciennement occupée par les Phéniciens, et peut-être sont-ce ces derniers qu'il faut voir dans les Kaphthorîm de Genèse X. 14, qu'on regardait autrefois comme les Crétois (2). Le fait est qu'à peine eurent-ils mis le pied sur le sol égyptien, ils s'efforcèrent de pénétrer de plus en plus avant, et qu'ils exercèrent sur la civilisation, même sur la religion du nord de l'Égypte, sans excepter Memphis, une influence prédominante. Mais cette influence ne se laisse saisir que sous le nouvel empire, après la domination des Hyksos, et ne saurait avoir été

(1) Voir Barth, *Discoveries and Travels*, I. p. 195 et ss. Un de leurs dieux s'appelait Amoun, et portait ainsi le même nom que le principal dieu de Thèbe et de l'oasis libyenne. Apparemment ils l'ont emprunté des Égyptiens.

(2) Cette question a été traitée d'une manière très étendue par Ebers, *Æg. u. BB. Moses I*, p. 127-133. Les preuves qu'il donne de la grande influence exercée dès les temps les plus reculés en Égypte par les peuples communément appelés sémitiques, sont des plus intéressantes. Il va de soi qu'il en tire quelques conséquences hasardées et quelquefois prouve trop. Il s'efforce d'établir par tous les moyens possibles une hypothèse ingénieuse. Cette hypothèse est l'explication de l'hébreu Kaphthor par Kaphtour, grande Phénicie, littéralement grande côte courbée, car Kapht devint plus tard en égyptien le nom de la Phénicie. Nous lui accorderons volontiers que ce peuple se répandit rapidement dans le nord de l'Égypte, et nous reconnaissons qu'il a apporté de ce fait de nouvelles preuves importantes. Mais ce qu'il n'a certainement pas prouvé, c'est que les Phéniciens se fussent déjà établis en Égypte avant le temps des Hyksos, bien qu'il en donne plusieurs fois l'assurance. Non-seulement cela n'est pas vraisemblable, mais il résulte du rapport d'un officier chargé, sous le règne d'Aménemha I, de la douzième dynastie (celle des Hyksos est la dix-septième), d'une mission chez les Édomites, qu'il n'y avait alors en Palestine aucune trace de Cananéens (Chabas). Il est vrai que si l'on fait, comme Ebers, venir Abraham en Égypte sous la douzième dynastie, il faut bien admettre que les Cananéens habitaient à cette époque la Palestine. Mais ce fait aurait besoin d'abord d'être lui-même mieux établi. C'est aussi une assertion très hasardée que celle d'Ebers, p. 144, à savoir que la ville de Koptos, dans la haute Égypte, aurait tiré son nom des Phéniciens, et qu'elle aurait été principalement peuplée de Phéniciens, à moins d'admettre qu'ils y fussent venus des bords de la Mer rouge, où ils s'établirent d'abord. Quant aux éléments phéniciens qui se trouveraient dans la religion des Égyptiens, et auxquels Ebers assigne une très grande importance (p. 237 et ss.), nous aurons plus loin l'occasion de nous en expliquer.

grande avant l'invasion, quand même nous admettrions qu'alors déjà des Phéniciens habitaient le nord du Delta.

Avec une population formée d'éléments si divers, il n'y a pas lieu de s'étonner que le nord et le sud du pays, bien que presque constamment placés sous le sceptre d'un seul roi, se soient très nettement distingués l'un de l'autre, et que non-seulement ils aient eu chacun son caractère propre et fortement accentué, mais encore qu'ils se soient toujours disputé le premier rang. Ce n'est qu'en se rappelant toujours cet antagonisme que l'on pourra comprendre l'histoire de l'Égypte. La haute et la basse Égypte diffèrent essentiellement l'une de l'autre par leurs idées religieuses, leurs dialectes et leurs mœurs. L'auteur de Genèse X ne l'a pas ignoré; aussi considère-t-il les deux parties du pays comme deux fils de Miçraïm, c'est-à-dire comme deux peuplades différentes, les Naphthuchîm et les Pathrusîm. Les premiers sont les Na-ptah (phtah dans le dialecte de Memphis), c'est-à-dire « ceux de Ptah », les adorateurs du dieu de Memphis, la capitale de la basse Égypte. Les autres sont les habitants du Midi, P-ta-rès, ou selon Ebers, Pathyr (Pe-hat-har)-rès, la province méridionale de Pathyr, le nome consacré à Hathor. L'élément purement égyptien est toujours le plus fortement représenté au sud. Le nord était inondé d'étrangers qu'on avait grand peine à empêcher d'envahir même Memphis. Toute l'histoire de l'Égypte n'est qu'une longue lutte de la nationalité égyptienne contre les envahissements croissants des Sémites ou Mésopotamiens qui pénétraient habituellement dans le pays objet de leurs convoitises, soit par l'isthme de Suez, soit par la côte septentrionale. Le sud, plus puissant et plus civilisé, établit d'abord sa prépondérance sur le nord, encore barbare. Ménès, c'est-à-dire la première dynastie historique, réunit les deux régions sous son sceptre et fonda Memphis, évidemment dans le but de contenir par cette forteresse toutes les populations septentrionales. Il y réussit. Six dynasties purement égyptiennes se succédèrent pendant une suite de siècles, et dominèrent sur toute l'Égypte, en résidant le plus souvent à Memphis. Après quoi survint une période de troubles et de désordre.

Une dynastie de la basse Égypte, originaire d'Hérakléopolis (1), réussit à s'emparer du pouvoir, au moins au nord, et fut suivie par une seconde, également d'Hérakléopolis. Pendant ce temps, une famille royale, sortie des nomes thébains, fonde dans la haute Égypte une puissance indépendante, et sinon cette dynastie, du moins la suivante, qui fut la douzième, réussit à réunir le pays tout entier sous son autorité, purement égyptienne. Elle porta l'Égypte au plus haut point de culture dans les arts et la civilisation. On a donné le nom d'ancien empire à la période pendant laquelle régnèrent les premiers rois de Thèbe, résidant à Memphis, et celui de moyen empire à la deuxième, pendant laquelle, pour la première fois, les souverains résidèrent à Thèbe.

Lorsque cette période de gloire et de puissance du sud touche à sa fin, le nord relève la tête. Il s'affranchit de la dépendance des rois de Thèbe et accepte l'autorité d'une dynastie établie à Xoïs, dans le Delta. Ce n'était là que le prélude de l'abaissement de l'Égypte. Des hordes étrangères, venues de l'Arabie, soumettent toute la basse Égypte, rendent la haute Égypte tributaire, et pendant quatre siècles la domination des Hyksos, ou des rois pasteurs, pèse sur l'Égypte comme un linceul de plomb.

Cette fois encore, la délivrance vient du sud. Les rois arabes, qui avaient peu à peu adopté la civilisation de l'Égypte, semblent avoir perdu, avec leur rudesse, leur valeur guerrière. Les princes tributaires de Thèbe osent les attaquer. Après une lutte prolongée, Aahmès réussit à les chasser et à replacer toute

(1) On ne sait, au juste, de quelle Hérakléopolis il s'agit ici. Trois villes, toutes les trois situées dans la basse Égypte, portaient ce nom : Hérakléopolis *magna*, au sud de Memphis, et *parva* Hérakléopolis, sur l'embouchure la plus orientale du Nil, dans le nome de Séthroïs, et enfin une autre Hérakléopolis, sur le bras le plus occidental du Nil. Lepsius et Ebers écartent les deux premières, par la raison qu'une dynastie, établie aussi près de Memphis, n'aurait pas pu régner simultanément avec une dynastie memphite. Cet argument perd sa force, si l'on admet, avec Mariette, que les dynasties hérakléopolitaines ne régnèrent pas simultanément avec les dynasties memphites, mais après la dernière de celles-ci. L'opinion de Mariette me semblant solidement établie, j'incline à placer les neuvième et dixième dynasties à Hérakléopolis *magna*. Les deux autres eurent trop peu d'importance, et l'extrême nord avait certainement, dans ces temps reculés, trop peu d'influence pour qu'il soit vraisemblable que la suprématie d'une de ces villes frontières se soit alors étendue au pays tout entier.

l'Égypte sous son autorité. Avec lui commence le nouvel empire, la troisième période de grandeur de la civilisation égyptienne. Sous trois dynasties successives, les Thoutmès et les Amenhoteps, les Sétis et les Ramsès, Thèbe resta, à quelques exceptions près, la capitale de l'empire des Pharaons, qui recouvra ses anciennes frontières, et sut se faire respecter dans toute l'Asie occidentale.

Au onzième siècle, la balance penche une dernière fois en faveur du nord. Les grands prêtres d'Amoun, à Thèbe, placèrent sur leur tête la double couronne, mais plusieurs dynasties du Delta leur disputèrent le pouvoir et ils furent enfin obligés de se retirer en Éthiopie, où ils fondèrent un royaume indépendant. Ces derniers représentants de l'ancienne puissance de l'Égypte n'abandonnèrent pas, pour cela, l'espoir de reconquérir le pouvoir sur tout le pays, et chaque fois que le nord manifesta quelques signes d'affaiblissement, ils se hâtèrent de saisir l'occasion, s'emparèrent en général facilement de Thèbe, une ou deux fois, et après une résistance plus énergique, de Memphis. Mais ce ne sont là que des succès éphémères et sans consistance. Après des règnes de courte durée, ils sont toujours refoulés dans le pays de Koush; c'est Tanis, Bubaste, Saïs, toutes villes du Nord, qui donnent maintenant des rois à l'Égypte, et encore faut-il s'estimer heureux lorsque ce sont des princes indigènes qui se disputent le pouvoir, et lorsque des conquérants assyriens, Esarhaddon (Asurakhiddin) ou Asour-bani-pal ne viennent pas venger, en soumettant et en démembrant l'empire, l'oppression que dans les temps anciens les rois d'Égypte avaient fait peser sur leurs ancêtres.

La gloire de Cham est passée, et les jours de Sem sont venus. Cependant, les princes d'origine douteuse et de race mêlée qui, dans la dernière période, soumettent et se partagent le pays, adoptent les traditions, les mœurs, les usages de la civilisation égyptienne; sous l'un d'eux, Amasis, elle jette encore un certain éclat, mais c'en est la dernière lueur. Les conquérants persans vont joindre l'Égypte à leur immense empire, et après qu'elle aura joui encore pendant un peu plus d'un demi-siècle d'une certaine indépendance, les Grecs, puis les Romains prendront la place des Perses.

Cette histoire de la religion de l'Égypte s'arrêtera à l'avènement de la domination grecque. A la vérité, les Ptolémées, loin d'écraser la nationalité égyptienne, la respectèrent, et la religion nationale put être librement pratiquée. Sous leur domination, même plus tard, sous celle des empereurs romains, des temples magnifiques furent construits ou restaurés ; mais ce fut une résurrection artificielle d'un passé d'où la vie s'était retirée. L'époque des Ptolémées n'appartient plus, à proprement parler, à l'histoire des anciennes religions, mais est surtout importante comme époque de transition, et préparatoire à l'âge de la nouvelle religion qui surgit, il est vrai, en Galilée, mais sur le premier développement de laquelle la philosophie alexandrine et la vieille religion de l'Égypte devaient exercer une si grande influence.

CHAPITRE II

LITTÉRATURE SACRÉE

Il n'y a guère plus de cinquante ans que l'historien des religions anciennes en était réduit, pour l'Égypte, aux renseignements incomplets et peu sûrs que renferment les auteurs grecs. L'habitude des Grecs de donner aux dieux étrangers les noms des divinités de leur Olympe, rendait encore plus difficile l'intelligence de ces sources défectueuses. Outre les récits d'Hérodote, de Diodore et de Plutarque, on ne possédait que quelques fragments de l'ouvrage de Manéthon, dans Josèphe et dans George le Syncelle. La découverte de Champollion le jeune a ouvert à l'Europe savante l'accès à une littérature qu'on peut mettre au rang des plus riches du monde. L'Égypte en effet n'a pas seulement écrit des livres : elle est tout entière comme un immense livre couvert d'une écriture serrée, offrant une matière inépuisable aux investigations. La plus grande partie de ses innombrables inscriptions reste encore à déchiffrer, mais déjà la science a fait dans ce champ une riche moisson.

Pour nous en tenir à ce qui concerne directement et spécialement la religion, nous mentionnerons en première ligne la collection des textes sacrés intitulés par M. Lepsius : « Le Livre des morts », et par M. de Rougé : « Le rituel funéraire ». On a cru retrouver le titre égyptien dans les mots écrits en tête du premier chapitre et qui signifient : « Chapitres par la force magique desquels le mort peut sortir à son gré le jour » et accompagner le soleil dans sa marche triomphale (1). Mais c'est le titre des seize premiers chapitres seulement, qui constituent une collection à part.

Le Livre des morts ne doit pas être regardé comme un ouvrage suivi : c'est une collection de morceaux remontant à différentes époques et dont les principaux étaient déjà réunis sous les rois thébains du nouvel empire. Dans le papyrus de Turin, manuscrit datant du règne de Psamétique I, il se compose de 165 péricopes, dont les 125 premières formaient déjà sous la dix-huitième et la dix-neuvième dynastie un recueil coordonné. Ces 125 péricopes portent le nom de chapitres (RO), excepté la dernière, qui est intitulée : « Livre » (SHA OU SHAT) et semble avoir été le premier morceau ajouté au recueil primitif. Les 40 sections qui suivent s'appellent aussi livres (SHATOU). Les quatre dernières sont d'une date relativement très récente et ne remontent pas plus haut que le neuvième ou le dixième siècle avant J.-C. Les plus anciens manuscrits que nous possédions du Livre des morts sont de la dix-huitième dynastie ou du quinzième au quatorzième siècle, la plupart malheureusement très défectueux, et quelques uns renfermant un texte altéré à dessein.

Mais ces manuscrits ne sont pas les plus anciens textes qu'on ait retrouvés de quelques parties du Livre des morts. Plusieurs chapitres contenus dans la collection postérieure, et même quelques parties que ne renferme pas cette dernière, ont été découverts gravés sur des sarcophages d'une époque antérieure au gouvernement des Hyksos, et jettent une vive lumière sur la manière dont ce livre a été formé. Il en ressort la pleine confirmation de l'hypothèse que les manuscrits contiendraient, à côté de documents primitifs, des explications et des commentaires de date plus récente. Déjà sur des sarcophages de la onzième dynastie, on trouve de courts commentaires, distin-

---

(1) Les savants ont traduit ces mots de différentes manières ; Champollion et E. de Rougé : « Manifestation à la lumière, au jour », Lepsius : « Dans la lumière », Birch et Pierret : « Sortie du jour », c'est-à-dire de la vie, idée étrangère aux Égyptiens. Comme : « sortir le jour » on dit aussi « entrer le soir », c'est-à-dire se coucher avec le soleil. La traduction de M. Lefébure : « Chapitres pour sortir au jour » est la plus exacte.

gués du texte par la couleur des caractères. Les traditions égyptiennes font remonter certains fragments à la plus haute antiquité. Ainsi, le chap. LXIV aurait été découvert sous le règne du roi Menkaura (Mycerinus), de la quatrième dynastie, et, à cette époque, le fameux chap. XVII devait déjà être écrit. D'après d'autres traditions, le texte qu'on a appelé le texte du scarabée, et qui dans le recueil suit le chap. LXIV, aurait été écrit sous le règne de Menkaura, et le chap. LXIV lui-même sous celui d'un de ses prédécesseurs, nommé Husapti (l'Οὐσαφαίς des Grecs), et cela n'a rien d'impossible, quoique cela ne soit pas prouvé.

Somme toute, on se fait généralement une très fausse idée de ce qu'on a appelé le Livre des morts. Ce n'est pas, à proprement parler, un livre. Cela résulte, entre autres, de la circonstance très remarquable, qu'il n'y a pas deux des anciens papyrus qui donnent les chapitres ou les textes dans le même ordre. Ce ne fut que très tard, après la vingt-sixième dynastie, que l'ordre paraît en avoir été à peu près fixé. Tous les anciens manuscrits sont donc en réalité des collections indépendantes de textes semblables, et dont aucune n'a jamais été généralement adoptée. Il est par conséquent inexact de donner le nom de chapitres inconnus du Livre des morts aux textes magiques se rapportant à la vie future, et qui par hasard n'ont été insérés dans aucune des collections que nous connaissions.

Le Livre des morts ne forme pas un tout, et ne retrace pas dans un ordre régulier les phases de la vie qui suit la mort, ni la lutte de l'âme contre les mauvais esprits dans le monde souterrain. Quelques chapitres (*ro*, *shâ*) retracent même sommairement toutes ces phases de la première à la dernière. Le premier se termine déjà par la sortie au jour, qui est le point culminant du drame. Il en est de même du dix-septième, du soixante-quatrième, et de quelques autres. Quelques uns, au contraire, ne présentent que quelques points spéciaux, considérés isolément, surtout le dernier moment de la lutte. D'autres, comme le quarante-cinquième, renferment des textes sacrés, hymnes ou prières. C'est donc en vain qu'on espèrerait y trouver un ordre régulier, soit logique, soit chronologique, bien que, le plus souvent, les morceaux traitant de sujets analogues soient réunis, et qu'on puisse y distinguer deux ou trois grandes collections.

A peine est-il besoin de dire que cet ouvrage était considéré comme très saint, et que, sinon tous les textes, du moins les plus anciens étaient tenus pour inspirés, ou même comme composés par Thot ou par Horos même. Le but de chaque texte, y compris les plus courts, et plus tard de la collection tout entière, était d'aider, par la puissance magique de la parole, le mort à vaincre les puissances ennemies. C'est pourquoi on les gravait sur les sarcophages, on les écrivait sur les bandelettes des momies et sur d'autres objets et surtout sur un papyrus déposé à côté du mort. Jusqu'à la vingt-unième dynastie on employa à cet usage les hiéroglyphes, plus tard l'écriture hiératique. Mais, — et en ceci M. de Rougé a vu juste, — les textes sacrés servaient aussi dans les cérémonies sacrées célébrées en l'honneur du mort, ou plutôt pour le salut de son âme. Ce fait est attesté par un grand nombre de notes explicatives, placées à la fin de plusieurs chapitres (1).

Il ne faudrait pas pourtant surfaire la valeur du Livre des morts pour l'histoire de la religion des Égyptiens. Il est, sans doute, une des principales sources que nous possédions sur leurs croyances eschatologiques, sur les idées qu'ils se faisaient de l'attente de l'avenir ; mais il n'a pas la même valeur en ce qui concerne les croyances religieuses. Bien sûr les prières et les hymnes qu'il renferme ont une grande valeur à ce point de vue ; mais le plus souvent il ne contient que de courtes et obscures spéculations mythologiques, qui, bien loin de servir à rien expliquer, auraient elles-mêmes grand besoin de commentaires.

Il existe un grand nombre de textes analogues au Livre des morts, ou bien qui n'y ont pas été recueillis, ou qui n'ont été écrits qu'après que la collection fut close. Je n'en mentionnerai d'une manière spéciale que deux ; en premier lieu le Livre des souffles de la vie (Shâ an Sensen), que nous connaissons par un

---

(1) Voir chap. 19, 20, 64, 130, (très ancien, bien qu'il renferme des interpolations de date postérieure), 133, 136. Les titres qui accompagnent les chap. 1, 31, 42, 45, 58, 70, 84, 89, 91, 92, 99, 135, sont aussi très instructifs. Quelques-uns, tels que le 18e, étaient destinés pour des jours déterminés.

manuscrit du temps des Ptolémées ; la doctrine en concorde de tout point avec celle du Livre des morts ; il était tenu pour très saint et était placé sous le bras gauche du mort, à côté du cœur. Non moins saintes étaient les Plaintes d'Isis et de Nephtis après la mort d'Osiris. C'était au sens propre un rituel, qui n'était connu que des prêtres du rang le plus élevé ; il était récité à la fête d'Osiris.

Outre ces livres, on a encore découvert un grand nombre de PAPYRUS MAGIQUES qui paraissent avoir été rédigés dans le même but, et dont quelques uns ont déjà été publiés et expliqués. On peut considérer le Livre des morts lui-même comme une sorte de papyrus magique, plus étendu et composé à l'usage des morts; les autres sont à l'usage des vivants. Ce sont des hymnes et des formules, quelques unes d'une très haute antiquité, destinées à conjurer les maux de la vie, à guérir les maladies et à chasser les mauvais esprits.

Enfin, il faut placer au premier rang de cette littérature sacrée les hymnes consacrées à la louange des dieux. La forme en rappelle souvent celle de la poésie hébraïque ; le fond se rapproche plutôt de quelques hymnes du Véda et de ceux que les Perses employaient dans leurs sacrifices. Il y règne une élévation, un élan et une inspiration poétiques plus grands que dans ces derniers. Ces hymnes doivent appartenir aux plus anciens produits de la littérature sacrée de l'Égypte, ce que semblent démontrer leur emploi dans les papyrus comme formules de conjuration à l'encontre des mauvais esprits et des animaux carnassiers, et leur insertion même dans le Livre des morts. Ainsi qu'on l'a déjà remarqué pour les plus anciens chants des peuples de l'Hindostan, le dieu auquel est consacré l'hymne, Osiris, Ptah, Ra, etc., est toujours pour le poète le plus grand des dieux, sinon le seul dieu : tous les autres pâlissent à côté de lui.

Outre ces livres qui ont spécialement trait à la religion, d'autres, ainsi que les inscriptions qui couvrent les murs des temples, renferment sur elle de nombreux et intéressants renseignements.

CHAPITRE III

LA RELIGION DE THINIS-ABYDOS (1)

Il serait difficile de dire quelle a été la plus ancienne religion de l'Égypte. Il est telle ou telle forme de culte dont nous savons qu'elle est née dans les temps historiques, du moins qu'elle prit à tel moment donné de l'importance, comme l'adoration d'Amoun comme Dieu suprême, pour ne citer qu'un exemple. L'établissement de certains usages, tels que l'invocation des animaux sacrés à Memphis et à Héliopolis, est mentionné dans des documents historiques. Mais la question de savoir si les religions qui se produisirent les premières sur la scène de l'histoire sont réellement plus anciennes que celles qui ne furent dominantes que plus tard, est à peu près insoluble aujourd'hui; du moins l'antériorité de quelques unes de ces dernières ne peut être admise que comme vraisemblable. Mais ce que nous pouvons établir avec certitude, ce sont les religions dont il est fait le plus tôt mention sur les monuments, et qui, par conséquent, sont parvenues les premières à un grand éclat et à une influence étendue.

Dans le principe, il y eut sans doute autant de religions locales que de petits états luttant entre eux pour l'existence et la domination dans la vallée du Nil. Plus tard, les rois de l'Égypte

(1) L'auteur a maintenant des raisons de croire que cette forme de l'ancienne religion des Égyptiens ne s'est produite que la seconde dans l'ordre chronologique, et qu'elle a été précédée par la religion d'Héliopolis (Chap. IV), dont la divinité la plus élevée est Ra.

entière furent rarement exclusifs dans leur politique ; ils adorèrent les dieux principaux des diverses parties du pays, du nord et du sud, de Memphis et de Thèbe, du Delta et de la Nubie, et assurèrent ainsi leur autorité dans toute l'étendue de leur vaste empire. Quelques princes intolérants qui voulurent faire prévaloir tel dieu particulier, telle forme de culte spéciale, et persécutèrent les sectateurs des autres cultes, provoquèrent de violentes résistances et risquèrent quelquefois leur couronne à ce jeu dangereux. Néanmoins, la religion dominante de l'Égypte fut toujours celle de la dynastie régnante, et la religion de la dynastie régnante fut habituellement la religion locale de la province dont les princes de cette dynastie étaient originaires.

La première dynastie qui, dans les temps historiques, ait régné sur la haute et la basse Égypte, est celle qu'on prétend avoir été fondée par Ménès (Mena, — c'est le nom du bœuf sacré d'Héliopolis), personnage mythique, qui peut-être ne diffère pas de Minos et du Manu indien. Avant lui, les Égyptiens sont habituellement appelés Hor-Shesou, adorateurs ou serviteurs d'Hor ou Horos (1), et Horos est toujours considéré comme le maître et le créateur des Routou, des hommes de la race supérieure, sans mélange de sang étranger. Il se pourrait cependant que les Shesou-Hor fussent des êtres mythiques comme Horos lui-même.

Le culte d'Osiris et celui de Ra sont les religions les plus anciennes dont fassent mention les plus antiques monuments, celles qui restèrent dans la suite les plus générales, et on peut dire : celles qui devinrent le fond de la religion nationale. Peut-être le culte de Ptah, dieu de Memphis, et celui de Neith, divinité de Saïs, sont-ils aussi anciens. Il en est déjà fait mention dans des monuments d'un âge très reculé, quoique plus récents que ceux qui consacrent l'antiquité du culte d'Horos. Cependant, il est très possible que ce ne fussent pas des dieux purement égyptiens, et il est certain qu'ils ne trouvèrent leur place éminente dans le panthéon national et ne furent généralement reconnus que plus tard.

Thinis (Teni), ville de la haute Égypte, à environ soixante

---

(1) Horos, divinité aussi bien de la haute que de la basse Égypte, occupe une place importante dans le cycle d'Osiris et dans celui de Ra.

milles au sud de Memphis, et à quinze au nord de Thèbe, fut le sanctuaire du culte d'Osiris et de l'adoration d'Horos ; de cette ville sortirent la dynastie de Ménès et la dynastie suivante, appelées Thinites. Osiris est constamment appelé seigneur d'Abydos (Abet), ville voisine de Thinis, et qui ne tarda pas à éclipser cette dernière. Tous les temples du nome, où sont ces deux villes, sont consacrés à Osiris. Outre ceux de Seti I et de Ramsès II, rois de la dix-neuvième dynastie, antérieurement découverts, l'infatigable Mariette a retrouvé au nord d'Abydos les ruines d'un temple plus ancien, dont plusieurs parties tombent en poussière sitôt qu'elles sont mises au jour. Les inscriptions attestent que plusieurs souverains ont visité ce sanctuaire vénérable, qui, très certainement, a servi de modèle aux temples d'Osiris, élevés dans diverses parties de l'Égypte et jusqu'en Éthiopie. A Thinis-Abydos, Osiris était adoré comme le roi de l'Éternité, dont l'occident est la demeure, et comme le maître du royaume des morts. Avec lui, on y révérait Anhour, dieu guerrier armé du glaive, sans doute une des formes du dieu que nous verrons adoré à Héliopolis, et plus tard à Thèbe, sous le nom de Shou ; Horos, le vengeur de son père, Isis la grande mère et les quatre enfants du mystère, vraisemblablement les quatre génies de la mort. Les autres dieux du cycle osirien avaient déjà, dans une antiquité reculée, leurs temples particuliers dans la haute Égypte.

Tout le monde connaît le mythe d'Osiris, tel qu'il est rapporté dans Plutarque. Osiris est un roi d'Égypte qui, non content de combattre la barbarie et la grossièreté des mœurs dans ses états, parcourt le monde pour répandre partout les bienfaits de la civilisation. Sa sœur et épouse, Isis, administre pendant ce temps avec sagesse et fermeté les états de son frère et mari. Rappelons sommairement le piége tendu par Typhon à son frère, le cercueil d'Osiris emporté par le courant du Nil dans la mer (en passant par l'embouchure la plus orientale du fleuve, à Tanis), son échouage à Byblos, la recherche et les plaintes d'Isis, le cercueil retrouvé à la cour du roi de Byblos, ramené en Égypte, surpris par Typhon, le cadavre sacré coupé en quatorze morceaux, lesquels sont disséminés dans toutes les provinces de l'Égypte, pieusement recueillis, — sauf un seul, — par Isis et inhumés chacun à l'endroit où il avait été trouvé, Typhon défait par Horos et épargné par ordre d'Isis, le châtiment d'Isis pour cette indulgence, les deux défaites infligées à Typhon par Horos, Osiris proclamé roi de l'empire des morts, enfin la naissance prématurée d'un nouveau fils d'Isis et d'Osiris, Harpocrates, représenté avec les jambes paralysées.

Nous ne nous arrêterons pas aux explications que le moraliste grec a données de ce mythe. Il l'a rapporté dans la forme sous laquelle il était raconté de son temps. C'est pourquoi, au milieu de quelques parties authentiques et reproduisant fidèlement la fable ancienne, on trouve chez lui des traits qui trahissent une origine plus récente, ou même une provenance étrangère. Il y a aussi une méprise que nous tenons à relever. Il a présenté Harpocrates, qui n'est qu'une manifestation particulière d'Horos, comme un personnage distinct. Harpocrates est le jeune Horos, *Har pe chruti*, c'est-à-dire Horos l'enfant, que les Égyptiens représentaient la main portée à sa bouche et les jambes pendantes, assis sur les genoux de sa mère. Les Grecs le crurent paralysé, à cause de cette position des jambes. Plus tard, il fut même regardé comme le dieu du silence, à cause de la main portée à sa bouche. Les Égyptiens ne voulaient pourtant indiquer par ce symbole que l'âge du dieu, encore trop jeune pour pouvoir parler. Quant aux éléments étrangers, c'est, en particulier, la mention de Byblos. Elle a pour but de rattacher le mythe égyptien d'Osiris au mythe phénicien d'Adonis. Lucien raconte aussi qu'à la grande fête d'Adonis une barque égyptienne arrivait à Byblos et y était reçue en grande pompe. La mention que le sarcophage pénétra dans la mer par la branche tanitique du Nil ne saurait non plus appartenir à la tradition primitive et ne peut avoir été ajoutée que postérieurement à l'époque des rois pasteurs, qui firent de Tanis le centre du culte de leur dieu Sutech, identifié dans la suite avec Set et désigné ici sous le nom de Typhon.

Quant à la partie essentielle du mythe, nous la trouvons déjà exprimée dans un hymne datant de la dix-huitième dynastie, c'est-à-dire du commencement du nouvel empire, et jusque dans une inscription de la quatrième dynastie et dans les portions les plus anciennes du Livre des morts.

Bien des interprétations différentes en ont été données depuis Plutarque jusqu'à nos jours. Cependant, il nous semble n'en comporter qu'une seule. Si nous étudions attentivement la nature des dieux qui y figurent, surtout si nous le faisons à la lumière que répandent sur ce sujet les anciens monuments, il ne nous sera pas difficile d'en pénétrer le véritable sens.

Osiris est un dieu solaire et c'est seulement dans des temps plus récents qu'il devint un dieu lunaire et même un dieu du Nil, et un dieu du vin comme Bacchus. Notons pourtant que toutes ces significations sont identiques au fond. Le Nil, source de la fécondité du sol égyptien, et le vin, qui donne une nouvelle vie, sont les représentants terrestres du breuvage céleste que les Aryens nommèrent *soma* ou *haoma*, les Grecs *ambrosia*, le breuvage de l'immortalité. Puis, c'est la lune qui est regardée comme le réservoir ou la source de ces eaux célestes. Enfin, si Osiris est dieu solaire, il l'est du soleil nocturne, mort mais ressuscité, par conséquent dieu de la vie éternelle, « de la longueur du temps ou de l'éternité », comme disent les Égyptiens, et à qui appartient de droit tout ce qui donne ou entretient la vie. La signification de son nom Asar (qui, soit dit en passant, est le même que les Assyriens donnent au royaume souterrain, au ciel caché, et qui signifie chez eux : « le bon », comme aussi Osiris s'appelle toujours : « l'être bon »), est encore incertaine, mais le rapport spécial dans lequel il est représenté avec Horos, le dieu du soleil, souvent identifié avec lui, tantôt représenté comme son père, le plus souvent comme son fils, sa désignation comme fils de Seb, le temps, et de Nou, la déesse de l'océan céleste, comme petit-fils de Ra, le dieu du soleil par excellence, le père des pères, et dont il est dit que, dans le Souten-se-nen (1), il est réuni à Osiris, ne permettent pas de voir en celui-ci autre chose qu'un dieu solaire. Il serait cependant inexact de dire : Osiris signifie le soleil. Il est l'être divin qui se manifeste dans le soleil ; une de ses appellations habituelles est « l'âme cachée du seigneur du disque », ou simplement l'âme du soleil. Il est l'âme du soleil qui ne meurt pas avec cet astre (lorsque le soleil se couche), mais se montre la nuit dans l'étoile brillante

---

(1) Lieu mystique du ciel souterrain.

d'Orion, et le matin s'unit de nouveau au corps du soleil rappelé à la vie. Il ne représentait chez les Égyptiens que l'action bienfaisante du soleil, que ne peuvent anéantir les forces malfaisantes, émanées elles aussi du même astre. De ce symbole purement naturiste se dégagera avec le temps une notion de plus en plus morale. Osiris deviendra le maître de l'univers (Neb-Ter), le dieu dont tout tire son origine, qui a créé le soleil et le fait se lever et se coucher, le maître de la vie en dehors duquel rien ne saurait vivre. Cette transformation n'a pas besoin d'être expliquée. On comprend comment Osiris est devenu le type de l'homme dans ce que celui-ci a de meilleur, de l'âme humaine, qui, comme lui, doit lutter contre des puissances destructives et, dans le triomphe du dieu, trouve le gage de son propre triomphe; dans sa résurrection, l'assurance de sa propre immortalité. Dès les temps les plus anciens, nous voyons les rois défunts s'identifier avec lui, leur idéal éternel. Plus tard tous les morts, hommes ou femmes, seront appelés Osiris.

Que Set, l'ennemi et le frère d'Osiris ou d'Horos l'ancien, soit aussi un dieu solaire, c'est ce qui ne saurait faire doute, bien que Plutarque ait dit qu'identifier Set avec le soleil est une absurdité, ne méritant pas qu'on s'y arrête. En même temps redouté, haï et adoré, il est une des figures les plus intéressantes du panthéon égyptien. Jamais il n'a été regardé comme une bonne divinité. Dans les plus anciens mythes il figure comme l'ennemi d'Horos, et joue le rôle peu enviable d'un traître et d'un assassin qui, s'il n'est jamais tué, est toujours vaincu et sévèrement châtié, ce qui ne saurait beaucoup relever la bonne renommée, même d'un dieu. Cependant il a ses temples, on l'invoque, parce qu'on le craint. Il est à remarquer que, bien qu'adoré dans la basse Égypte, surtout lorsque plus tard les Hyksos eurent considérablement répandu son culte, il fut toujours considéré comme le dieu spécial de la haute Égypte, tandis qu'Horos avait sous sa protection la basse Égypte.

Si les rois Hyksos, du moins l'un d'entre eux, devaient lui vouer un culte exclusif, il apparaît aussi comme le dieu des Nubiens et des nègres. C'est pourtant bien un dieu d'origine purement égyptienne, et s'il est devenu plus spécialement le dieu des races mélangées de la basse Égypte et des races barbares soumises par les Égyptiens, c'est sans doute parce que, de tous les dieux indigènes, aucun, par son caractère malfaisant, ne se rapprochait davantage des dieux grossiers de ces races inférieures.

Dans les temps reculés, Set fut non-seulement l'adversaire mais l'égal de son frère Horos. Il figure sur la proue de la barque solaire, combattant le dragon de l'obscurité, avec lequel, par une ironie de son mauvais destin, il sera un jour identifié. Il est quelquefois appelé le maître suprême, la clef de voûte du ciel. Il est vis-à-vis d'Horos et d'Osiris dans le même rapport que le Moloch sanguinaire vis-à-vis du Baal bienfaisant, que Çiva vis-à-vis de Vishnou, la personnification de la puissance dévastatrice, stérilisante du soleil, le feu dévorant, le dieu de la guerre et de toutes ses horreurs. Il est l'auteur de tout mal naturel, le dieu des tremblements de terre, de la chaleur torride, des orages, des tempêtes, des vapeurs pestilentielles. Il devint par une conséquence naturelle le dieu de la mort. Plus tard, dans le mouvement qui élèvera le symbolisme religieux au-dessus du naturalisme primitif, lorsque l'anthropomorphisme commencera à le pénétrer, il deviendra l'adversaire barbare d'Horos. C'est lui qui blesse, qui arrache, qui dévore l'œil d'Horos, blessure que se charge de guérir Ra, le dieu solaire supérieur, — symbole des éclipses partielles ou totales du soleil. Les animaux qui lui sont consacrés sont les animaux nuisibles ou impurs, l'hippopotame, le crocodile, le pourceau. Enfin, complètement dégagé de la nature, vraisemblablement sous l'influence des Perses, il devient le principe mauvais dans la création et dans l'ordre moral, et peu à peu son nom disparaît et ses images font place à celles de Thot et d'Horos (1).

Horos, le rival de Set, fut un des dieux les plus honorés de l'Égypte. On peut dans un certain sens dire de lui, comme de Baal (pour celui-ci, on trouvera dans le troisième livre de cet ouvrage la preuve de cette assertion), que son nom fut moins

---

(1) W. Pleyte a largement contribué à l'éclaircissement des mythes et de l'histoire de ce dieu, dans sa *Religion des Préisraélites,* recherches sur le dieu Set, et dans sa *Lettre à M. Th. Devéria.* Comparez aussi le petit ouvrage du même auteur : *Le dieu Set dans la barque du soleil.*

celui d'un dieu déterminé, qu'un titre commun donné à une certaine catégorie de dieux. On peut citer à l'appui de cette opinion les faits suivants : il est rare que le nom d'Horos soit employé sans attribut ou apposition ; presque chaque localité a son Horos spécial, désigné par un surnom particulier ; — ainsi Harhout à Edfou, Harsamts et Ahi, à Edfou et à Dendérah, Harmachou, qui est Ra, Harkamutif, qui est Chem et Harka, le jeune, fils de Chem et d'Ament à Thèbe, etc. ; — enfin on voit souvent sur les monuments plusieurs Horos différents, représentés l'un à côté de l'autre. En outre, quelques êtres divins, comme l'étoile Sirius (*Har-sapd*) reçoivent le titre d'Horos, lorsqu'ils sont du genre masculin, et, au moins dans les derniers temps, le nom de Horos au pluriel est toujours employé comme synonyme de *nuterou*, les dieux. La signification du nom d'Horos est en pleine harmonie avec cet emploi. *Har* ou *Her* veut dire, en effet : le plus élevé, le Très-Haut, le Seigneur, par conséquent la divinité principale, le dieu considéré comme le roi du pays.

Il faut distinguer trois classes d'Horos : la première comprend Horos l'ancien (Hor-our), frère d'Osiris et de Ra; le grand Harmachis (Harmachou, Horos à l'horizon) d'Héliopolis, Horos-Ammon, et le dieu ithyphallique Hor-Chem, rentrent dans cette première classe; la seconde renferme les différents fils des précédents, en particulier le célèbre fils d'Isis (Har-se-ise), le vengeur de son père, ainsi que Har-hut, le dieu de la barque ailée du soleil à Edfou, l'exécuteur des jugements d'Osiris dans le monde infernal, le roi des rois, après lequel aucun roi ne règne, à proprement parler, puisque tous les rois ne sont que ses lieutenants ; enfin la troisième classe est celle des Horos enfants (Har-pe-chruti). Ahi et Samtoti, les jeunes dieux représentés dans la fleur du lotus, dieux très récents, que M. Pleyte croit empruntés à l'Inde dans les derniers siècles avant notre ère, rentrent dans cette catégorie.

Il serait inexact de voir dans Horos sans attribut le dieu du soleil, plus inexact encore de le confondre avec le soleil lui-même divinisé. Sa signification est fort différente de celle de Ra, dont le nom est le plus souvent employé pour désigner le soleil. Le soleil et la lune étaient appelés ses yeux. Il doit donc être considéré comme le dieu de la lumière, le gage de la vie. Sa lutte avec Set, dans laquelle il intervient comme le vengeur de son père Osiris, ou comme commandant des armées de son père Ra-Harmachis, a fourni une matière inépuisable aux poètes, aux peintres et aux sculpteurs égyptiens. Ce n'est pas ici le lieu d'exposer et d'expliquer le mythe retracé à Edfou dans une suite de tableaux, généralement connus depuis la belle publication de M. E. Naville. Dans le principe, ce fut sans doute un mythe naturiste, mais un des plus élevés, de ceux dont les personnages ne sont pas de simples produits de la nature divinisée, mais déjà les esprits de la nature, espèce d'abstraction et de personnification des forces naturelles. Telle est la conception mythique de la lutte entre la lumière et l'obscurité, la vie et la mort. Les alternatives du jour et de la nuit, de la douce et vivifiante chaleur du printemps et des ardeurs brûlantes de l'été, tout fournit des traits au tableau.

Mais, pour les Égyptiens, ce mythe naturiste n'était plus depuis longtemps que la forme d'un dogme, le fondement même de leur foi, la foi au triomphe de la lumière et de la vie sur l'obscurité et sur la mort, dans le règne éternel. Dans les phénomènes changeants de la nature, dans la succession régulière des rois, représentants d'Horos sur la terre, ils trouvaient le gage de cette foi.

Il n'est pas douteux que de bonne heure le mythe ait trouvé son application dans l'histoire. La lutte soutenue par les rois pour réunir toutes les parties de l'Égypte sous un seul et même sceptre, la guerre contre les envahisseurs barbares ou contre les puissances étrangères, tout fut rapporté au drame céleste. Bien qu'au fond du mythe il n'y ait pas un fait spécial et déterminé, mais l'expression de l'antagonisme permanent entre la pure race égyptienne et les races étrangères, il n'est pourtant pas né de cette lutte, mais il a été modifié dans le cours des siècles pour en reproduire les traits.

Isis, la déesse aux cent noms, fut particulièrement en honneur dans les derniers temps de l'empire égyptien, principalement sous les Ptolémées, et sa popularité ne fut balancée peut-être que par celle d'Hathor. Un temple magnifique, très fréquenté et souvent décrit lui fut élevé plus tard dans l'île de Philak. Son culte se répandit hors de l'Egypte, et ses images, portant le petit Horos sur ses genoux, sont devenues le modèle des innombrables *Madonna col bambino*. Il n'en faudrait pas toutefois conclure qu'elle tient un rang plus élevé que son époux. Du moins dans l'antiquité elle occupait plutôt un rang secondaire et fut bientôt éclipsée par Hathor, Mout de Thèbe, Pacht de Memphis, etc., et le plus souvent elle ne fut adorée qu'avec ces divinités. Elle eut cependant sous les premières dynasties ses temples particuliers. Il est difficile de déterminer son vrai caractère. Son nom, — *As*, — de quelque manière qu'on le traduise, ancienne, élevée, vénérable, ne fournit que des indications très vagues. Les Grecs l'ont identifiée avec une demi-douzaine de leurs déesses, notamment Déméter (Cérès), Perséphonè (Proserpine), Héra (Junon). Elle a, en effet, quelques analogies avec chacune d'elles. Comme épouse d'Osiris, reine du domaine des morts, elle se rapproche de Proserpine; comme mère des dieux, déesse de la fertilité, elle n'est pas sans rapport avec Cérès (Dé-mêter, la terre mère). Comme déesse-mère, elle porte une coiffure en forme d'épervier, symbole de la maternité, ou une tête de vache, tête qu'elle reçut de Thot, en remplacement de sa tête humaine qu'avait abattue Horos, pour punir sa mère de son indulgence envers Set, le meurtrier d'Osiris. La tête d'Isis, déesse de la nuit, qu'Horos, dieu vengeur, lui coupe, ne saurait être autre chose que la lune qui, pleine, ressemble à une tête humaine et qui, après être disparue pendant quelques jours (c'est-à-dire avoir été coupée), reparaissant en croissant, ressemble à une tête de vache avec ses deux cornes. C'est Thot, dieu de la lune, qui lui donne cette tête de vache, quand elle a perdu la sienne.

Il n'est plus possible de préciser à quels phénomènes naturels fut primitivement rapporté le caractère d'Isis. Elle fut, à l'origine, une déesse de la fécondité, la déesse par excellence, comme épouse du dieu suprême et mère du dieu Horos, le vengeur de son père. De même que toutes les divinités égyptiennes d'un certain rang, on la considéra comme maîtresse du ciel, fille de Ra; elle partagea avec Horos le titre de souveraine des deux mondes et les symboles de la puissance céleste: le disque solaire, les cornes et le serpent (l'uréus). Ce fut donc une déesse du ciel, sœur, fille, mère du dieu du soleil, et elle peut, à ces titres, être assimilée à Hèrê-Dionê, la Junon des Italiotes qui, comme déesse du ciel nocturne et de la lune, est l'épouse de Zeus ou Jupiter, à l'origine dieu du jour et du ciel lumineux. Comme elle est déesse de la nuit, la lune est sa tête.

Nephthys, sœur d'Isis, se confond presque avec elle. Elle porte les mêmes noms, a les mêmes attributs. Si l'on trouve quelquefois Isis désignée comme épouse de Set, Nephthys, mère d'Anubis, est aussi femme d'Osiris. Bien qu'elle soit habituellement regardée comme la compagne du meurtrier d'Osiris, elle pleure avec Isis la mort du dieu et veille, les ailes étendues, sur le cher cadavre. Elle n'a jamais partagé le mauvais renom de son époux, le dieu de la mort, Set. C'est dans un sens favorable qu'elle est appelée gardienne des morts : elle préside à la fin, mais à la fin qui mène à la victoire.

La signification d'Isis et de Nephthys, comme déesses de la nature, ressort avec un peu plus de clarté de la description du navire divin d'Horos. Il y est dit que la vergue est la déesse du ciel, Nout, et qu'Isis et Nephthys sont les deux extrémités de cette vergue. Il faudrait donc les considérer comme les deux extrémités du ciel, les deux horizons, soit l'est et l'ouest, soit le nord et le sud, ou, ce qui revient au même, le crépuscule du matin et du soir.

Le nom de Nepthys, *Nebt-ha*, maîtresse de la maison, fut sans doute pris d'abord dans un sens physique, — la maison où rentre le soleil à la fin de sa course, c'est-à-dire le ciel nocturne, — mais elle devint plus tard, comme Isis l'élevée, le symbole de l'épouse des rois, le type céleste de la matrone égyptienne, ordinairement appelée aussi maîtresse de la maison. Cette signification morale semble lui avoir assuré dans le panthéon osirien une place à côté d'Isis avec laquelle, comme déesse de la nature, elle a, d'ailleurs, tant d'analogie.

Une autre déesse, Hathor, ressemblant non moins que Nephthys à Isis, est encore fréquemment identifiée avec cette dernière. Une des inscriptions de son temple à Dendérah la nomme : Isis, qui est Hathor à Dendérah. Sans doute, c'est là une indication très postérieure ; mais, de très bonne heure, Hathor fut mise sur la même ligne qu'Isis. Elle a aussi plus d'un trait commun avec Nou, dont nous parlerons bientôt, entre autres, le titre de mère de tous les dieux. On a pensé que ce titre ne faisait pas partie des noms qui lui furent le plus anciennement donnés. Cependant il répond à l'un des traits originaux et primitifs de sa nature, puisqu'elle fut la déesse de la beauté, de l'amour et du chant. Les Grecs n'ont pas, comme on l'a cru, reporté les premiers ces attributs d'Aphrodite sur Hathor, mais leur ont seulement donné une plus grande importance, en les accentuant davantage. Son culte fut très étendu, et les attributs et les noms des divinités avec lesquelles elle avait le plus de rapport, furent naturellement reportés sur elle. Elle aussi, comme la plupart des déesses égyptiennes, est la maîtresse du ciel visible et de l'invisible. Elle n'est pas, comme la désolée Nephthys, la gardienne des morts, mais plutôt la déesse du ciel diurne, baigné dans le pur éclat du soleil, et du ciel nocturne, brillant de la douce lumière des étoiles, la mère féconde et fécondante qui donne la volupté et le bonheur.

Elle est, à ce titre, la première-née du commencement, la nourrice qui rassasie les dieux et les déesses de ses dons et comble l'Égypte de biens. Comme Noub, la dorée, la première elle reçoit et salue le soleil à son lever et à son coucher, par conséquent à sa naissance et à sa mort. Mère du jeune dieu du soleil, elle porte aussi le nom de fille ou d'enfant de Ra, le dieu du soleil en général, le créateur.

De là vient que, comme Horos est nommé le dieu d'or, elle est appelée la déesse d'or. Lorsque l'idée morale pénétra et transforma les vieux symboles de la nature, elle devait devenir la déesse de la beauté, de l'amour, de la joie, du bonheur de vivre, etc. L'influence de l'esprit grec ne fit sans doute que mettre plus en évidence ces attributs que la déesse a en commun avec l'Istar d'Assyrie, sa proche parente. Hathor fut adorée comme la divinité des mines et la protectrice du travail des mineurs, et nulle patronne ne pouvait être mieux choisie pour de tels travaux, que la déesse qui, de son sein obscur, faisait s'élancer dans les cieux le soleil, semblable à un disque d'or en fusion.

Enfin, le cycle osirien compte encore deux dieux masculins auxquels il n'est pas habituellement adjoint d'équivalents féminins, deux dieux originairement sans épouses (1): Thot et Anubis.

Thot (Thuti ou Thui) avait, dès les temps les plus anciens, son principal temple à Sesennou (Ashmounein), dans la haute Égypte. Il ne saurait y avoir le moindre doute sur sa nature. Il porte sur la tête le disque lunaire entre deux cornes, et pour d'autres raisons encore ne peut être que le dieu de la lune. Les dieux lunaires mâles ne sont pas rares dans les anciennes mythologies. Il a sa place dans la barque du soleil, où étaient réunis tous les dieux lumineux. Il est appelé « Roi d'éternité, » et à ce titre tient à la main la feuille de palmier sur laquelle il inscrit les dates et les événements mémorables. Il est le dieu du temps et de l'éternité, attributs qui ne pouvaient être mieux dévolus qu'au principal dieu lunaire, chez un peuple qui n'a longtemps réglé son année que sur le cours de la lune. On conte que c'est lui qui inventa le jeu de dames et qu'il gagna à ce jeu les cinq jours intercalaires, qu'on ajouta plus tard à l'année lunaire. Au moment de la formation de cette légende, Thot n'était plus la lune elle-même, mais distinct d'elle, devenu le dieu de la science, il gagna sur la lune les cinq jours qu'elle ne voulait pas céder de bon gré, c'est-à-dire qu'on attribua la rectification scientifique de l'évaluation du temps au dieu qui passait pour l'inventeur de toutes les sciences et de tous les arts, et comme la mythologie établissait un rapport étroit entre lui et la lune, on se représenta qu'il avait gagné sur elle cette rectification au jeu. Comme dieu lunaire, il est aussi le dieu des quatre vents nocturnes, de même que le dieu du soleil produit les quatre vents diurnes par le souffle de sa bouche. Les vents étaient pour les anciens la respiration du dieu lumineux et créateur, qu'il se manifeste dans le soleil ou dans la lune, et Thot est créateur comme Ra. Tout en conservant ces attributs primitifs, il ne tarda pas à prendre un caractère moral et devint le dieu de la connaissance, des lettres, de la civilisation sacerdotale, c'est-à-dire de la seule qu'ait jamais connue l'Égypte,

---

(1) Ce n'est que lorsqu'il fut devenu Thot trois fois grand, Hermès Trismegistos, qu'il a été en divers lieux, notamment à Troja près Memphis et à Philak, associé à Néhémanus ou Néhémau, une des formes d'Hathor. Voir Lepsius *Die Gœtter der vier Elemente*. Taf. IV. N° XIII. Brugsch *Reiseberichte* p. 45.

par excellence le dieu des prêtres. En effet, la première science fut celle des corps célestes et du cours du temps. Le dieu de la lune, éclairant de sa douce lumière l'obscurité des nuits, dut passer pour le protecteur naturel de ces études. Tous les travaux exigeant un développement supérieur de l'intelligence lui furent également consacrés. Aussi fut-il, avec Hathor et avec Horos-Sopd, adoré dans les mines du Sinaï ; il fut considéré comme le maître de la parole divine, le scribe qui réunit ou inspire les saintes écritures, le fondateur des bibliothèques, celui qui donnait aux rois leurs noms au sens profond. Dans le monde souterrain, il était l'avocat des bons et plaidait leur cause devant le tribunal d'Osiris. Peut-être y eut-il là dans l'origine un mythe physique. Le dieu de la lune, laquelle reçoit sa lumière du soleil, pouvait facilement devenir dans le royaume de la mort l'avocat du soleil, le gage de sa bonté, l'auteur de sa résurrection. Il fut le protecteur de tout mérite méconnu, le grand redresseur des torts. On joignit très anciennement à son culte celui de la déesse Safekh, patronne des bibliothèques, la déesse de la lumière stellaire, représentée vêtue d'une peau de panthère, comme les grands prêtres, mais il ne paraît pas qu'on l'ait jamais désignée comme son épouse. Ses animaux étaient l'ibis et le singe cynocéphale. Thot est souvent représenté sous la forme d'un cynocéphale, que revêtent aussi les huit dieux (les Sésennou) qui forment son cortége. Aussi, porte-t-il, comme ces animaux, le nom d'Asten ou d'Astennou. Cet animal était en Égypte, nous ne savons trop pourquoi, le symbole de l'égalité du jour et de la nuit, et, en général, de l'équilibre, de l'égalité. C'est pourquoi Asten est constamment représenté assis sur le fléau de la balance sacrée, précisément au-dessus de l'aiguille indicatrice, aussi bien dans les psychostasies que dans les temples. Le grand honneur rendu à Thot dès les âges les plus anciens ne fit que croître avec le temps, grâce à l'appui des prêtres dont il était le dieu et qui protégeaient leur protecteur, ainsi qu'au progrès de la civilisation, dont il était le promoteur. Après l'avoir appelé grand, on l'appela deux fois et trois fois grand. Son nom et ses images remplacèrent ceux de Set, effacés sur les monuments. Lorsque le christianisme pénétra en Égypte, Hermès trismégiste (Thot trois fois grand) fut considéré comme le dieu le plus renommé de l'ancien culte, et il se forma sous son nom une espèce de théosophie qui exerça une influence notable sur l'élaboration de l'ancien dogme chrétien.

Anubis eut moins d'importance et ne tarda pas à être éclipsé par d'autres divinités. *Anpou* ou *Anoup*, de An, conduire, est le conducteur des âmes. On le représente souvent à côté des momies, veillant sur elles comme un gardien. Il était peut-être primitivement l'étoile Sirius. Il est généralement regardé comme fils d'Osiris et de Nephtys, quelquefois de Set et de Nephtys, ou bien d'Osiris et d'Isis, et paraît, suivant les différentes traditions locales, avoir toujours occupé la troisième place dans la triade divine : père, mère et fils.

Tous les dieux du cycle osirien descendaient d'ancêtres communs : Seb et Nou, dont il est difficile de définir avec précision la signification. Mais si, au lieu de considérer isolément chacun des noms qui leur sont donnés, ou des caractères qui leur sont attribués, on les embrasse tous dans une vue d'ensemble, on arrive à une explication satisfaisante. Ainsi qu'il résulte sans aucun doute possible d'un très grand nombre de textes, Seb est un dieu ou une personnification de la terre, et fut même plus tard complètement identifié avec elle. Mais il s'agit ici de la terre considérée comme la matière durable, permanente, éternelle, toujours subsistant. C'est pourquoi, entre autres, le roi Menkaura est appelé, sur un sarcophage, rejeton de Nout et chair de Seb. Aussi Seb est-il le plus ancien des dieux, « seigneur de la longue succession des temps, de l'éternité », ainsi qu'il est constamment nommé, le plus ancien dominateur. C'est sans doute pour ces raisons que les Grecs l'ont comparé à leur Kronos, qui était aussi le roi du vieil âge d'or. Mais c'est une erreur de le nommer, comme le font encore Lepsius et, en partie, Mariette, le dieu du temps, ce que ne fut ni lui ni Kronos. Sur différents tombeaux Seb est représenté couché, tandis que Nout, la déesse du ciel, forme au-dessus de lui comme un arc de voûte, absolument comme on représente Ymer, le géant germain de la matière, et la vache céleste Audhumbla. Mais son symbole ordinaire est l'oie qui, selon les traditions égyptiennes, avait pondu l'œuf du monde.

Son épouse, Nou ou Nou-tpe, s'appelle aussi la mère des dieux. C'est, comme la plupart des déesses égyptiennes, une divinité du ciel. Elle est représentée dans le sycomore céleste comme Hathor versant les eaux de la vie dans les mains d'une âme qui s'en abreuve, et répandant toute espèce de dons, des fleurs et des fruits sur ses protégés. C'est la déesse des eaux considérées comme principe cosmogonique, de l'Océan céleste qui abreuve les âmes des morts identifiées avec les étoiles et répand sur la terre mille bénédictions dans la rosée fécondante.

Ces deux dieux, restant seuls au milieu de la nuit, quand on ne voit ni soleil, ni lune, ni étoiles, sont les parents de tous les dieux lumineux du ciel qui doivent revenir.

Ainsi, pensait l'Égyptien, en a-t-il été au commencement des choses. Nul n'existait alors que le dieu éternel de la matière terrestre et les eaux éternelles qui couvrent et remplissent tout. Mais comme, chaque matin, de l'hymen de ces deux principes surgit le dieu du ciel diurne, ainsi une fois, avant les siècles, avant Osiris, Horos et tous les dieux, Seb, leur père commun, existait seul.

La doctrine de l'immortalité, qui n'est chez aucun peuple de l'antiquité aussi développée et ne tient dans le système théologique une place aussi prépondérante que chez les Egyptiens, est étroitement unie à toute cette mythologie : elle n'en est pas née, elle a seulement été mise dans un rapport étroit avec elle. Lorsque l'homme passa de la vie instinctive à la vie réfléchie, le premier gage, le premier symbole qu'il trouva d'une vie nouvelle après la mort fut la révolution diurne et annuelle du soleil. Cet astre était considéré comme un être vivant, il avait été personnifié dans une divinité, les hommes étaient regardés comme ses enfants. N'était-il pas naturel de voir dans les phases de son existence l'image de celles de l'existence humaine ? D'autres peuples que les Égyptiens firent le même raisonnement, entre autres les Indous; il paraît être un trait commun de toute la race caucasienne, et non pas spécialement des Mésopotamiens ou des Aryens. Mais il est incontestable que la foi en l'immortalité et l'espoir d'une vie sans fin n'ont jeté chez aucun autre peuple d'aussi profondes racines que chez les Égyptiens. Diodore dit avec raison : « Les Égyptiens appellent les demeures des vivants des hôtelleries, et les tombeaux des morts des demeures éternelles, parce que les morts vivent dans le monde inférieur pendant une éternité qui n'a pas de fin. » C'est pourquoi son tombeau était la plus grande préoccupation de tout Égyptien. Un certain Saneha, qui vivait sous les premiers rois de la douzième dynastie, avait été exilé et avait été bien accueilli dans le pays voisin d'un prince, vraisemblablement libyen. Là, il était parvenu aux plus grands honneurs. Il y avait sa famille, il y avait trouvé une seconde patrie. Mais la pensée qu'il mourrait dans l'exil, qu'on ne transporterait pas son corps en Égypte, pour lui donner la sépulture et lui assurer une deuxième naissance et une éternelle suite de transformations, l'obsédait et lui faisait ardemment désirer l'autorisation de retourner dans son pays. Il l'obtint. Le roi se souvint de lui, et désira son retour. L'argument le plus pressant qu'employa le monarque pour l'y décider, est précisément le motif qui faisait si vivement désirer à Saneha la fin de son exil. « Pense, lui fit-il dire, au jour de ton enterrement et au voyage dans l'Amenti, car tu as déjà atteint l'âge mûr. » Et il lui promit des funérailles magnifiques. L'exilé n'hésita pas un instant, ne perdit pas une heure; il abandonna tout, jusqu'à ses enfants, pour aller se faire construire un superbe tombeau, en vue de sa fin prochaine.

Peut-on s'étonner qu'une foi si vivace se soit traduite dans une doctrine élevée à la hauteur d'un dogme? Voici en quels termes l'Égyptien formulait ce dogme : Le mort qui a été pieux et qui a vécu comme un enfant de la lumière devient comme Osiris ; son ombre, comme celle du soleil, descend à l'occident, tandis que son âme monte au ciel et que son corps est déposé dans le tombeau; du sort de son ombre dépend si son corps et son âme seront unis de nouveau, c'est-à-dire s'il ressuscitera. Il va dans le monde qui est appelé tantôt le « monde caché » (*Amenti*), tantôt le « monde opposé (au monde actuel) de la double justice » (*Set-i* ou *Set-mati*), tantôt le « monde du repos » (*Teser*), ou bien encore *Cher nuter*, le « monde inférieur divin ».

Là il doit, en tant que pécheur, subir un jugement. Il y a différentes descriptions de ce jugement, néanmoins toutes reviennent, en somme, à ceci: Il est d'abord décidé si le mort est Osiris; en d'autres termes, s'il est uni à l'être divin et bon. Il est introduit par Ma, la déesse de la justice ou par Horos lui-même. Ensuite, son âme est placée sur le plateau de la balance et pesée par Anubis, Horos et Thot; ce dernier note le résultat du pesage, et, si cela est possible, justifie le mort. Puis, celui-ci est conduit par Horos devant Osiris qui, assis sur son trône, le monstre de l'enfer devant lui, les quatre génies de la mort rangés à ses côtés, et assisté de quarante-deux juges, prononce le jugement. Si le mort est condamné, il doit subir la deuxième mort, et est abandonné à l'anéantissement. Un des dieux, soit le terrible Set, soit Horos, soit un des serpents Sapi ou Apap, démons de l'obscurité, ou le bon Tum, le dieu caché du soleil, une autre forme d'Osiris même, lui coupe la tête. Mais cette décapitation n'est pas le terme de son châtiment. Il est ensuite jeté dans les flammes éternelles. Un mourir sans fin, telle est l'idée que les Égyptiens semblent s'être formée des peines infernales. Ce châtiment était encore personnifié dans le démon Auaï, qui était peut-être une onomatopée pour exprimer les « pleurs et les grincements de dents. » Nous avons déjà parlé des autres châtiments, comme d'être déchiré et dévoré par les mauvais esprits et d'être ensuite rejeté sous forme de leurs excréments. Ces supplices étaient nombreux. L'enfer avait soixante et quinze cercles, et il semble que les peines variaient suivant les péchés dont on s'était rendu coupable. L'état le plus misérable auquel pussent être réduits les condamnés était souvent exprimé en ces termes : « Ils ne voient plus la lumière et on ne se souvient plus d'eux. » Etre plongé dans une complète obscurité, — cela ne rappelle-t-il pas les « ténèbres du dehors » de l'Évangile? — et être oublié, voilà les images les plus redoutables pour l'Égyptien, ami de la lumière, et dont la première et constante préoccupation, pendant sa vie, était d'éterniser sa mémoire.

Pourtant tout n'était pas non plus terminé pour celui qui échappait à la condamnation. Lui aussi devait encore être purifié par la lutte et par le feu. Il avait à franchir plus de quinze portes, à chacune desquelles l'attendaient les plus redoutables épreuves. Des monstres l'attaquaient, il courait des dangers, des filets étaient tendus sur sa route. Il devait traverser des régions désolées où rien ne germe ni ne pousse, et qui étaient sous le pouvoir des sept mauvais esprits ; ensuite l'océan céleste, sur lequel, de même que les passagers qui naviguaient sur la barque du soleil, il était sans cesse menacé de tomber par dessus bord et de se noyer. Mais s'il était inébranlable, s'il combattait vaillamment avec la lance sacrée et avec les paroles magiques des livres et des hymnes saints, il atteignait enfin les champs bienheureux de l'*Aalou* (ou *Aarou*), où on lui servait des mets délicieux. Là il peut reprendre les travaux auxquels il se livrait pendant sa vie, cultiver la terre et récolter des moissons d'une richesse fabuleuse ; là il est inondé de l'éclat de la gloire d'Osiris, et se rassasie de la contemplation du dieu de la lumière ; là il peut lui-même, comme un esprit de lumière (chou), cingler sur l'océan céleste dans la barque du soleil, ou briller pendant la nuit comme une étoile (sahou) au firmament. Il appartient dès lors aux pieux (amhou), aux fidèles (hésou), aux sages (akérou), aux riches (asou). Etre uni à la divinité et être comme un dieu, tel fut donc le contenu de la plus ancienne doctrine sur l'immortalité : c'est déjà la doctrine de l'infinie béatitude.

On s'étonnera peut-être de ne trouver dans cette doctrine aucune trace de métempsychose, ni de la résurrection des morts sortant de leurs tombeaux, dogmes que l'on a jusqu'à présent attribués aux Égyptiens sur la foi d'Hérodote. L'historien grec en effet affirme que l'âme du mort transmigrait dans des corps d'animaux, et parcourait ainsi successivement toutes les formes du monde animal, pour s'unir de nouveau, après trois mille ans, à un corps humain. Mais les monuments ne fournissent pour ainsi dire rien qui confirme cette opinion. Il est vrai que dans le tombeau d'un des Ramsès on voit une pénitence qui pourrait, au premier abord, faire songer à une doctrine de ce genre : le mort, après avoir été condamné par Osiris, est représenté sous la forme de l'animal immonde, du pourceau, sur une barque conduite par deux cynocéphales, les animaux consacrés à Thot, et emmené ainsi sous la surveillance d'Anubis, vraisemblablement au lieu du supplice, et non, comme on le croit ordinairement, sur la terre (1). Mais c'est la seule composition de ce genre qu'on ait découverte, et elle est certainement symbolique. Il est probable qu'Hérodote a mal compris la doctrine égyptienne de la migration des morts. D'après le Livre des morts (2), le mort peut en effet revêtir toute espèce de formes, se métamorphoser en épervier, en aigle, en dieu à tête de crocodile ; mais ce sont là des moyens pour tromper ses ennemis et se dérober à leurs coups, comme l'avait fait Osiris lui-même, et ce n'est qu'après qu'il leur a échappé, que son âme, qu'accompagne toujours son ombre sous la forme d'un épervier avec une tête humaine, est réunie au corps. Mais tout cela se passait dans le royaume des morts, et non sur la terre. L'erreur d'Hérodote a été de croire que la doctrine de Pythagore, formée en Égypte et sous l'influence des idées égyptiennes, était la reproduction fidèle de ces idées. Il se peut qu'à une époque postérieure un dogme de la transmigration des âmes soit sorti de l'ancienne eschatologie. Mais un tel dogme, s'il a existé, n'eut certainement rien de primitif; les premières croyances relatives à l'immortalité ne furent qu'une conception mystique, née du mythe solaire. Les Égyptiens virent dans le coucher du soleil la séparation de l'âme et du corps du dieu resplendissant, leur réunion dans son lever, et ils se représentèrent sous cette image la destinée future de l'homme. Mais celui-ci revivait avec le dieu du soleil, et par conséquent dans des régions supérieures. Les plus récentes recherches ont confirmé ce qu'on avait déjà soupçonné, à savoir que la doctrine de l'immortalité chez les Égyptiens n'a pas toujours été aussi arrêtée, ni aussi complète que nous l'exposons ici. Sous l'ancien empire on paraît n'avoir cru qu'à une continuation de la vie terrestre agrandie. Sous le nouvel empire l'idée d'une rétribution morale pénétra et domina tout.

Reconnaissons, cependant, qu'il reste encore dans la foi des anciens Égyptiens à ce sujet bien des choses obscures pour nous, et que sans doute éclaircira, avec le temps, une étude plus complète du Livre des morts. Ainsi on parle toujours d'un

---

(1) Voir Wilkinson, *Manners and Customs*, suppl. p. 87.
(2) *Livre des morts*, ch. 89.

monde et d'un ciel souterrains. Pour ma part, je doute que le Chernouter désigne un monde souterrain, et je suis bien plus porté à y voir les plus hautes régions du ciel, inaccessibles au regard de l'homme pendant sa vie terrestre. Je ne serais pas éloigné de me représenter les choses de la manière suivante : Le dieu du soleil et ceux qui meurent comme lui entrent à l'occident dans le royaume de la mort, dans le ciel invisible, et poursuivent de là leur course, non sous la terre, mais plus haut que le ciel visible, pour revenir et reparaître à l'orient. Plusieurs dessins et plusieurs expressions des monuments paraissent justifier cette explication. Je n'oserais pourtant la donner dès à présent comme certaine, et j'attends que de nouvelles recherches viennent trancher la question.

En tout cas, le mythe d'Osiris est assez clair. Il germa et ne cessa d'avoir ses racines dans le naturisme, mais, dès les temps les plus reculés, il eut aussi une signification morale. Osiris est originellement le dieu du soleil qui meurt chaque jour, chaque jour devient la proie du dieu de la mort, son frère Set. Pleuré par la déesse du ciel, sa sœur et son épouse, il ressuscite chaque matin dans le jeune soleil, le vengeur de son père, qui tue son rival. C'est dans l'ombre, loin du regard de l'homme, que se livre le combat du jeune Horos avec le meurtrier de son père, car ce n'est qu'après la victoire qu'il peut, au matin, s'élancer triomphant dans les cieux. Cependant la terre veille, et, avec elle, le gardien céleste, Sirius, tandis que la lune monte à l'horizon, comme remplaçante du soleil et garante de sa résurrection. Tels sont les faits naturels élémentaires qui ont donné naissance au mythe. A mesure que l'Égypte devint plus agricole, le mythe s'appliqua également à la succession des saisons et fut aussi rattaché aux inondations périodiques du Nil. Mais tous ces éléments naturels appartiennent à l'âge préhistorique. L'Osiris des siècles historiques, celui dont parlent les textes égyptiens est déjà plus qu'un dieu-nature : il est devenu le type de l'homme mourant et ressuscitant, et en même temps le dieu suprême, invisible, le maître de la création qui se manifeste dans le soleil et les autres phénomènes bienfaisants de la nature. Son mythe est déjà pour les Égyptiens le symbole de leur foi dans la victoire de la vie sur la mort, victoire manifeste dans tout ce qui existe, dans le cours du soleil, dans le retour périodique de la fertilité, le fondement de leur espérance de l'immortalité, mais aussi l'expression de leur foi dans la victoire du bien, de la vertu. Ceux qui ont vécu sur la terre semblables à la bonne divinité et obéissants à ses lois, devaient mourir comme elle, revivre comme elle, triompher avec elle' et, après la victoire, régner éternellement avec elle dans les demeures de la lumière.

CHAPITRE IV

LA RELIGION D'HÉLIOPOLIS

La ville du soleil, Pa-ra, Héliopolis, d'après la traduction de ce nom par les Grecs, fut encore plus célèbre qu'Abydos. Elle était située un peu à l'est du Nil, non loin de l'emplacement où s'éleva plus tard Memphis. Les Hébreux et les Égyptiens l'appelaient ordinairement An ou On, nom que portaient également deux villes de l'Égypte méridionale, Hermonthis et Dendérah. D'après la tradition des Israélites, leurs pères avaient eu anciennement quelques relations avec Héliopolis. Du moins, selon la Genèse, la femme de Joseph, Asnet ou Asnath (Neith l'élevée, ou simplement Isis-Neith), était fille de Potiphar (Peti-p-ra, consacré à Ra), un prêtre d'On. Plus tard, On était devenu une ville presque complètement hébraïque, et il semble que ce soit la religion de cette ville qui ait eu le plus d'analogie avec celle des anciens Hébreux. Chez les Égyptiens aussi, l'importance d'Héliopolis fut grande. Elle partagea avec Memphis l'honneur de servir aux fêtes du couronnement des rois, et les princes qui y ceignirent la couronne royale reçurent le titre honorifique de Haq-an, souverain d'On. Les prêtres d'Héliopolis avaient une réputation toute particulière de science, et cette ville semble avoir été le berceau de la littérature sacrée.

La religion locale d'Héliopolis n'était ni moins ancienne, ni moins vénérable que le culte d'Osiris, et, comme ce dernier, elle se répandit plus tard dans toute l'Égypte. Le nom de Ra, la divinité principale d'On, est associé sur les plus anciens monuments à celui d'Osiris. Dès les temps les plus reculés, il est impossible de constater la moindre lutte ou rivalité entre ces deux religions si étroitement parentes. Au fond, l'esprit et les formes en sont identiques ; il n'y a de différent entre elles que les noms et quelques traits secondaires.

On pourrait peut-être dire que le mythe d'Osiris a un caractère plus sémitique, celui de Ra un caractère plus aryen. Osiris concorde de tout point avec le dieu bienfaisant du soleil des Sémites, tué par le dieu dévorant du soleil de l'été, avec Adonis ou Thammouz. Ra, par contre, ressemble à tous les dieux aryens de la lumière et du ciel, il combat le démon de l'obscurité, le serpent Apap qui n'est pas, à proprement parler, un dieu, comme le sont Indra, Apollon et d'autres. Pourtant ces analogies ne doivent nullement faire songer à une introduction d'éléments étrangers dans la religion des Égyptiens, ni à l'emprunt par eux des mythes d'un peuple qui les aurait précédés dans l'histoire. Il sera plus exact de considérer les deux conceptions comme deux expressions différentes de la même lutte mythologique : chacune d'elles est le développement, l'une chez les Sémites, l'autre chez les Aryens, du même mythe principal, tel que chaque peuple, avant que la race à laquelle ils appartiennent tous deux se fût scindée en deux familles distinctes, en a trouvé le germe dans un mythe primitif que l'un et l'autre ont emprunté à des ancêtres communs. Ensuite chacun l'a développé sous l'action des influences particulières qui ont déterminé la direction qu'ont prise et la forme qu'ont revêtue ses idées, notamment sous l'action du climat. Ainsi s'expliqueraient tout ensemble les ressemblances et les différences qui ont frappé les historiens.

Nous avons vu, dans le mythe d'Osiris, Horos représenté sous deux formes, comme père et frère d'Osiris, et comme enfant. De même Ra se dédouble : Ra dans le sens le plus étroit, le dieu du soleil diurne, et Harmachis (Har-m-achou) le soleil levant apparaissant à l'horizon. Ra et Horos ont le même symbole, l'épervier. Atoum ou Toum, fréquemment appelé le dieu d'An, n'est autre, lui aussi, qu'Osiris, comme l'attestent les échanges fréquents de l'un et de l'autre dans les vignettes du Livre des morts. Nous retrouvons à Thinis, sous le nom de Anhour, Shou, le dieu d'An. La principale différence entre les deux cultes semble être qu'à Abydos la place d'honneur était réservée à Osiris, au dieu caché ; à Héliopolis, à Ra, au dieu qui se révèle, de quelque vénération que Toum y fût d'ailleurs entouré. De là, la place prépondérante qu'occupe la doctrine de la résurrection dans le mythe d'Osiris, quoiqu'on voie dans le Livre des morts, que l'invocation de Ra a été de très bonne heure aussi rattachée à ce dogme.

Mais, plus encore que dans les formes, les deux systèmes concordent dans le fond. C'est ce qui résulte entre autres du Ch. XVII du Livre des morts. C'est très probablement à Héliopolis qu'a été rédigé le texte primitif de ce chapitre. Les dieux qui y interviennent appartiennent à la religion locale de cette ville ; elle y est désignée comme le but et le terme du voyage du mort. La ville sainte, — de Rougé pense que cette expression désigne ici l'An céleste, — est l'idéal qu'il se propose d'atteindre. Comme dans toute l'eschatologie égyptienne, le mort est identifié avec les divinités ; et c'est en son propre nom qu'il s'exprime. Il est néanmoins possible que le texte primitif n'ait pas été composé en vue de fournir une formule magique à l'usage des morts ; que ce fût, par exemple, simplement une inscription pour le temple du dieu du soleil. Quoiqu'il en soit, il nous initie à la théologie héliopolitaine authentique des anciens temps.

« Je suis, — disait soit la divinité, soit le mort qui est identifié avec elle, — je suis Toum, un être qui est unique », ce qu'il ne faudrait pas entendre dans le sens du monothéisme : cela signifie seulement que Toum est l'être qui existait seul avant la création. C'est le dieu caché ; au sens physique : le dieu du soleil qui ne se manifeste pas encore dans l'obscurité de la nuit, mais qui vit néanmoins, et, pour cela, est souvent identifié avec le soleil couchant ; au sens cosmogonique : le dieu qui, avant que la diversité se manifestât dans la création, était seul dans l'abîme sans fond, ou plutôt en était l'âme. C'est pour cela que dans un autre passage du Livre des morts (LXXIII, à la fin) il est appelé le premier des dieux, le seul qui ne change pas.

« Je suis Ra dans sa première puissance », c'est-à-dire Ra qui le premier a régné sur tout ce qui existe, et le plus grand des dieux, existant par lui-même, « le créateur de son nom, le maitre de tous les dieux, le seul qui ne dépende d'aucun des autres dieux ». Le dieu caché dans l'obscurité apparaît : c'est le même dieu, mais en se révélant, il porte un autre nom. Il n'est pas créé, mais subsiste par lui-même ; lui-même crée son nom, c'est-à-dire son être, et comme, ainsi qu'il est dit ailleurs, tous les autres dieux ne sont que des manifestations ou des membres de Ra, il est le maître souverain des dieux. Comme tel, il est symbolisé par le scarabée (choper). On sait la prédilection des Égyptiens pour ce symbole et l'énorme quantité, de toutes matières, qu'on en a trouvée dans les fouilles. Il exprimait probablement l'idée de la transformation, éveillée par les divers états que traverse l'animal avant de devenir insecte parfait, et comme la transformation dont il s'agit ici est celle de Toum en Ra, il portait souvent le nom de Toum-ra-choper : le dieu caché qui se transforme lui-même en dieu révélé.

Au XVe chap. du Livre des morts, il est désigné sous le nom complet de Ra Harmachou Chepra, comme roi, ayant la déesse Neb-oun, la maîtresse de la vie, c'est-à-dire le serpent divin, symbole de la domination, et la double couronne sur la tête ; — l'œuf, l'œuf du monde où il était enfermé, le chaos où reposait l'âme du monde, laquelle le débrouille et l'organise ; le disque solaire, l'oiseau Bennou, le héron ; — Bennou est l'âme de Ra, et dans la fusion des mythes d'Abydos et d'Héliopolis cette conception est fréquemment appliquée à Osiris : le soleil, qui dans sa splendeur au zénith est l'épervier, redevient, après son coucher, une âme invisible et s'assimile au héron, oiseau de passage, éveillant l'idée de retour à la vie, d'immortalité. La même notion de persistance de la vie, de force vitale indestructible, est exprimée dans un autre symbole, auquel correspond le nom de Chem, également porté par Ra et qui révolte le sens moral plus délicat des âges modernes, mais qui se retrouve dans la plupart des mythologies anciennes.

Le nom de Ra, d'après sa racine étymologique, signifie le créateur.

Au terme de sa course, le soleil rentre dans la maison de son père, Toum. C'est de lui qu'il est issu, c'est à lui qu'il revient (1). Son séjour auprès de Toum est pour lui une purification, parce que le grand dieu caché le purifie de tous ses péchés, en d'autres termes, le dieu solaire revenant à son être primitif renouvelle constamment son corps, sa pureté, son éclat. Il marche désormais dans le chemin de Toum, le chemin qui conduit aux champs célestes bienheureux. Il dit : « Mon âme est deux jumeaux, » c'est-à-dire, l'âme unique du soleil se divise en deux et, lorsqu'il renaît, redevient deux dieux principaux. Les deux manifestations dans lesquelles Ra était adoré à An étaient Toum, le dieu originel, le soleil du soir, et Harmachis, le dieu du soleil nouveau, le soleil du matin.

Harmachis est « Horos à l'horizon », ou « Horos dans son éclat, » le dieu du soleil dans sa resplendissante apparition. Son symbole est le sphinx, au corps de lion et à la tête humaine, la force éclairée, disciplinée par la raison.

Comme vainqueur des puissances des ténèbres, le dieu du soleil est couronné, ainsi que les rois. Puis, il est considéré comme le prince régnant, identifié au dieu du jour sortant de l'obscurité et se produisant à la lumière. Il porte donc la double couronne. Comme le dieu du jour, il est aussi celui qui anéantit les méchants et règle le cours du temps, et paraît être aussi le scarabée divin, celui qui se crée lui-même et dont la substance existe par elle-même.

Une grande incertitude a jusqu'à ce jour régné sur les deux autres principaux dieux d'Héliopolis. On doit voir dans Shou le dieu de la chaleur brûlante de l'été. Les monuments fournissent les preuves les moins douteuses de cette signification. D'autres textes, dont l'importance a été constatée plus récemment, le font clairement reconnaître pour le dieu de l'air, le cercle de vapeurs, souvent représenté sous la figure humaine, les mains élevées. Il est encore fréquemment fait mention de la course de Ra, le dieu solaire suprême, sur les piliers du dieu Shou. *Shou* signifie également « torréfier » et « étendre, » de sorte que son nom s'accorde

---

(1) D'après la suite du ch. XVII du Livre des morts, pour autant que, par analogie avec ce que nous avons dit jusqu'à présent, nous pouvons d'une manière hypothétique discerner le texte primitif des gloses et des additions postérieures.

avec ses deux fonctions. Doit-on admettre l'existence de deux divinités différentes, qui toutes deux se seraient appelées Shou ? Il est difficile sans doute de réunir sur un même être divin deux significations si différentes. Mais l'exploration des temples d'Edfou et de Dendérah a jeté un nouveau jour sur le caractère et la signification de ce dieu, aussi bien que de son épouse. Les inscriptions de ces temples nous ont appris que Shou est l'Horos d'Edfou, Tefnout l'Hathor de Dendérah. Shou est donc une des formes d'Horos. Or, à Edfou, le dieu de la barque ailée du soleil, était invoqué sous le nom de Hor hout, et hout, comme shou, signifie « étendre, » c'est-à-dire le dieu aux ailes étendues. En outre, cet Horos hout est le dieu du soleil d'été, violent, guerrier, terrible, ce qui s'accorde à merveille avec Shou, considéré comme le « torréfiant. » Enfin, le vent — Shou, le dieu de l'air, est le dieu du vent et de la respiration, — est représenté dans la symbolique des Égyptiens par les ailes étendues des dieux, aussi bien du dieu du soleil que d'Isis. Shou n'est donc autre qu'Horos ailé, le dieu du soleil victorieux volant au travers du ciel comme un épervier ou un scarabée, terrible à ses ennemis, mais source et principe de l'air vital et bienfaisant pour ceux qu'il aime, et sur les ailes étendues duquel, — ou, lorsqu'il est représenté sous la figure humaine, sur les bras levés duquel — le ciel, la demeure de son père Ra, semble reposer.

L'épouse de Shou est Tef-nout ou Tef. C'est d'elle qu'il a fait naître tout ce qui existe. Comme lui-même était représenté sous la forme du lion ou du chat, on figurait Tef-nout sous celle d'une lionne ou d'une chatte, symbole d'ailleurs fréquemment employé pour représenter les dieux du nord de l'Égypte. Elle fut à l'origine une force de la nature divinisée, son nom signifie humidité ou écume. C'est, personnifié ou conçu comme un être vivant, l'Océan d'où tout est sorti, l'eau cosmique, ou plutôt l'écume qu'y produit la puissance de Shou, le brûlant, et l'Océan dont les vents sont la respiration. Elle est le côté féminin de Shou, dieu de chaleur et de lumière ; comme épouse de Shou, germe de la création, elle est l'onde écumante ; comme épouse de Shou, le torréfiant, elle est la vipère furieuse et gonflée de venin. *Tef* signifie aussi cracher : elle est souvent représentée comme une lionne jetant des flammes par la gueule.

Ce sont là, ainsi que l'Égyptien les nommait, les « seigneurs d'An », les principaux dieux d'Héliopolis. Ils représentent un point de vue un peu différent de celui des dieux de Thinis. En fait, leur caractère de dieux-nature apparaît un peu moins clairement dans les principales divinités de ce cycle que dans celles du cycle d'Osiris. Le mythe d'Héliopolis représente la lutte entre la lumière et les ténèbres. Mais Ra lui-même y remplit plutôt le rôle d'un roi ; son chef d'armée, le dieu guerrier au sens propre du mot, est un Horos inférieur. A l'heure où commence l'année nouvelle, le combat est terminé, et Apap, transpercé, est précipité dans la mer ; mais cette victoire n'est ni décisive, ni définitive ; la lutte recommence sans cesse. Même Apap tente chaque matin, lorsque Ra monte dans sa barque, d'arrêter sa course, mais en vain. Quatre fois par an la résistance de l'esprit des ténèbres redouble d'énergie, et Apap conteste le droit de Ra à régner ; mais chaque fois il est victorieusement réfuté.

Et qu'on se garde bien de ne voir là qu'une représentation poétique de la lutte entre la lumière et les ténèbres dans la nature. C'était d'abord un article de foi pour les peuples de l'antiquité. Ils ne savaient pas avec une certitude scientifique que les ténèbres doivent chaque jour faire place à la lumière, que le cours apparent des astres est soumis à des lois fixes et à des révolutions annuelles. La vie du soleil renouvelée chaque matin était à leurs yeux un miracle, une conséquence de la puissance supérieure des dieux de la lumière. Bien que le phénomène se renouvelât depuis une suite de siècles sans nombre, on ne croyait à sa permanence et on ne s'y fiait qu'en vertu d'un acte de foi, dont les mythes étaient l'expression, les dogmes.

Dès une haute antiquité le mythe de Ra fut rattaché à l'espérance de l'immortalité, par la résurrection, comme d'ailleurs nous le rencontrons, pour des mythes semblables, dans d'autres mythologies, dans la mythologie hindoue, par exemple. Le dix-septième chapitre du Livre des morts, l'un des plus anciens textes connus, en fournit la preuve. D'après le chap. CVIII, 11, du même livre, les morts connaîtront la force mystérieuse par laquelle la puissance d'Apap est brisée. Bons et méchants, dans ce monde et dans l'autre, se divisent en deux camps ennemis, ceux-là combattant sous la conduite de Ra, ceux-ci se rangeant sous les ordres d'Apap. Le mythe n'était donc plus exclusivement physique; mais pour les peuples de l'antiquité, l'ordre physique et l'ordre moral ne sont pas encore nettement distincts. Il n'en est pas moins certain que pour les Égyptiens aussi, si la lumière et les ténèbres n'étaient pas de purs symboles, elles étaient cependant synonymes du bien et du mal.

CHAPITRE V

LA RELIGION SOUS L'ANCIEN EMPIRE

Le siège de ce qu'on a appelé l'ANCIEN EMPIRE ÉGYPTIEN fut Memphis. Cette ville (*Mennefer* la bonne demeure) fut fondée, selon la tradition, tout au moins agrandie et fortifiée, par Ménès, c'est-à-dire par la dynastie ancienne personnifiée sous ce nom, dans le but de contenir les barbares du Nord. Le dieu de Memphis était Ptah, ou, selon la prononciation locale Phtah, et la ville s'appelait Ha-ka-Ptah, le siège de l'adoration ou de l'âme de Ptah. Il est très probable qu'avant qu'elle eût été choisie par les rois de Thinis pour leur résidence, une divinité de même nom était adorée dans la contrée ; à partir de cette époque, le dieu local prit un rang élevé dans la religion nationale.

Les ancêtres de Ménès ont dû étendre leur autorité sur la haute Égypte avant que la dynastie fût capable de réunir tout le pays sous son sceptre. Alors la religion de Thinis-Abydos dominait dans le sud, tandis que celle d'Héliopolis, célèbre par son antiquité et la science de ses prêtres, était prépondérante dans le nord. Ce fut maintenant le tour de la religion de Memphis. Les dieux des autres cultes ne disparurent pas. Héliopolis continua d'être le sanctuaire vénéré du nord, tandis que les rois de Thinis introduisirent à Memphis et dans tout le pays le culte d'Osiris ; mais ils ne pouvaient négliger le principal dieu de la partie du pays où ils fixaient leur résidence. D'après la tradition, Ménès fut même le fondateur du magnifique temple consacré à Ptah, sur le rempart du sud, ou mur blanc, tandis que le rempart du nord était consacré à Neith : c'étaient deux ouvrages de défense assez semblables à la grande muraille de la Chine, et élevés dans un but analogue. Pour cette raison, on appelait quelquefois Ptah « le saint du mur blanc », ou bien simplement « Ptah de son rempart méridional ». Les rois étaient consacrés dans son temple, de même qu'à Héliopolis, et la fête de la réunion des deux royaumes était célébrée sous son patronage. Il est permis de supposer que la célébration de cette fête remontait jusqu'au temps même de la fondation de Memphis, bien que nous n'en trouvions la mention que sous le règne du roi Pepi, de la sixième dynastie. Il est assez étrange que Ptah soit quelquefois appelé « porteur de la couronne blanche » (la couronne de la haute Égypte). Je ne peux expliquer ce titre que par une identification avec Osiris-Sekrou.

On a remarqué que les Égyptiens attribuaient à Ptah un sens plus spirituel et plus moral qu'aux autres dieux ; mais c'est là un caractère qu'il ne revêtit que plus tard, sous l'influence des prêtres. Dans le principe, il ne fut, comme tant d'autres, qu'une divinité cosmogonique. Son nom signifie « le formateur », non, comme on l'admet généralement, « celui qui ouvre » (1). On le représentait dessinant un enfant : expression symbolique du Créateur des hommes. Les Grecs l'ont, non sans raison, comparé à leur Hephæstos, le dieu de la foudre comme feu cosmique, envisagé comme la force plastique. Un de ses noms est Ptah-Tatanen, signifiant vraisemblablement, au sens littéral, « la terre même » (terra ipsa). C'était le nom de l'empire sur lequel régnait Ptah, et qui lui était quelquefois donné à lui-même. Le dieu du feu intérieur, principe actif de la vie du monde, était, en effet, regardé comme le dieu de la terre, et la couleur verte dont son image est enluminée sur les monuments, confirme cette supposition. On l'a souvent aussi appelé l'invisible ; il a précédé tous les autres dieux, et on ne connaît pas sa figure. Aussi l'a-t-on représenté comme une momie cachée au regard dans sa caisse.

(1) De *patahu*, former, d'où doit être dérivée la signification de sculpter, et non de *pathu*, ouvrir. Brugsch, *Wœrterbuch*, p. 527 et s.

C'est lui qui, en tant que formateur, donnait au mort une nouvelle chair ; qui, en tant que créateur du monde, affermissait et développait toutes choses, et qui a fait tout ce qui existe. Les dieux étaient sortis de sa bouche, les hommes de ses yeux, ce qui signifie, sans doute, qu'il avait formé par sa parole le monde supérieur, le monde des dieux, et créé les hommes par la puissance de son œil, c'est-à-dire du soleil.

Il est difficile de dire si Ptah possédait dès l'origine tous ces attributs, ou s'il les a reçus plus tard, lorsqu'il fut identifié avec la divinité suprême, principe de sa propre existence et qu'il fut considéré comme le dieu du monde souterrain se manifestant dans le monde supérieur. La première hypothèse n'est pas absolument dénuée de fondement. Les plus anciennes parties du Livre des morts renferment des passages qui la corroborent. Il est permis de croire que les prêtres de Memphis les appliquèrent dès la plus haute antiquité à leur principal dieu. Mais ce ne fut que sous la dix-neuvième et la vingtième dynasties que Ptah fut identifié avec le soleil et reçut le titre de « seigneur de l'éternité, le vénérable, le doré, le dieu au visage beau et régulier ». Par contre, les noms qui le désignent comme le dieu de l'ordre et de la justice, par conséquent de la vérité, lui furent donnés très anciennement. Il était le dieu de l'aune, garant à chacun de sa propriété, et dont l'utilité ne devait être nulle part plus appréciée que dans un pays comme l'Egypte où, tous les ans, les eaux noyaient et effaçaient toutes les délimitations entre les champs. On l'a toujours placé dans le rapport le plus étroit avec Ma, la déesse de la justice et de la vérité, dont il portait le symbole sur la tête. D'ailleurs il devait, comme créateur invisible du monde, revêtir spontanément l'attribut de dieu de la justice. Lorsque plus tard on le représentera comme venu dans le monde pour lui donner des lois justes, comme le dieu qui aime le bien et fonde sur lui sa toute puissante domination, on n'exprimera que des conséquences naturelles, successivement tirées de cette idée fondamentale.

Il y a longtemps qu'on a constaté de grandes ressemblances entre le culte de Ptah et celui des Patèques phéniciens. Les deux noms ont la même origine et le même sens ; il n'est pas rare de trouver Ptah, — comme d'ailleurs aussi d'autres divinités égyptiennes, — représenté sous la figure d'un nain, forme propre aux Patèques, et qu'on retrouve, au reste, dans la plupart des mythologies. Les dieux cabires, les huit frères divins, qui ne sont autres que les Patèques, et qui avaient également un temple à Memphis dans la partie de la ville habitée par les Phéniciens et spécialement consacrée à Ptah, sont appelés par Hérodote « les fils d'Héphæstos » ou de Ptah. Faut-il conclure de ces rapprochements que Ptah fût un dieu étranger, emprunté par les Égyptiens aux Phéniciens ? Mais il était adoré en Égypte bien longtemps avant que des Phéniciens aient habité le pays. Les Égyptiens ne reconnaissaient à Ptah qu'un fils, Imhotep, dont le nom peut être traduit: « Je viens dans la paix », c'est-à-dire la paix suprême des justifiés, ou bien : « Je viens dans l'offrande » (de Rougé, *Rev. Arch.* 1861, IV, 202). Personnification du feu du sacrifice et du culte réglé par le livre sacré (*hib*), il est toujours représenté ce livre sur les genoux, et les textes le nomment le premier des Kher-hib, classe de prêtres qui furent en même temps chantres et médecins, les hymnes sacrés ayant une force magique pour guérir les maladies. Aussi les Grecs nommaient Asclépios ce dieu déjà adoré en Egypte sous la quatrième dynastie, mais qui paraît y avoir été toujours relégué à un rang secondaire. Ils l'appelaient aussi le huitième, ce qui montre qu'ils le tenaient pour un des Cabires. Ces huit frères divins sont les mêmes que les compagnons de l'architecte Chnoum, mais ils diffèrent des huit compagnons de Thot, qui semblent représenter les quatre points cardinaux. Sans doute l'adoration de Ptah, comme dieu du feu plastique, et des huit frères qui, en tant que divinités cosmiques, étaient représentés sous la figure de nains, florissait depuis longtemps dans la contrée où Ménès fonda Memphis. Les rois de Thinis, en s'établissant à Memphis, laissèrent subsister ce vieux culte et, à Memphis même, n'en modifièrent guère la forme primitive ; mais ils y superposèrent, en quelque sorte, une conception nouvelle, proprement égyptienne et plus humaine, laquelle amena, en se développant, la formation de la triade fort en honneur dans la théologie égyptienne, de Ptah, de la déesse du nord Pacht, pour d'autres de Ma, et d'Imhotep. Les Phéniciens adoptèrent le culte de Ptah, tel qu'il était avant ces réformes et qu'il subsistait encore à Memphis, soit parce que leur propre mythologie renfermait des éléments analogues, soit pour d'autres raisons.

Avec Ptah, deux déesses, Pacht et Neith, occupèrent dès les temps reculés un rang important dans la religion de la basse Égypte. Le principal sanctuaire de Neith était à Saïs ; elle paraît avoir été particulièrement en honneur dans la partie de la population de la basse Égypte qui était d'origine libyenne. Pacht, révérée à Bubastis, sous le nom de Bast, était la déesse préférée des Aamou, ou des tribus arabes. Toutes deux avaient des temples à Memphis. Nous aurons à en reparler plus tard.

Sekrou (le frappé ? le tué ?), dont le nom se retrouve aussi dans les temps les plus anciens, doit avoir été primitivement une forme de Ptah, comme dieu du monde souterrain. Plus tard, il fut réuni à Ptah et à Osiris, sous la dénomination de Ptah-Sokar-Osiris (Ptah-Sekrou-Asar). Il était adoré séparément à Memphis. On trouve, en outre, sous l'ancien empire la mention de Chnoum, le dieu de la région des cataractes, d'où l'on tirait des pierres pour les constructions colossales élevées par les rois de Memphis, ainsi que, du moins on le suppose, celle de Mount, le dieu d'Hermonthis.

D'après Hérodote, le culte subit une modification importante sous les rois de la deuxième dynastie. Il rapporte, en effet, que ce fut sous le règne de Kaiechos (Kakau) que les animaux commencèrent à être adorés. On sait quelle extension cette coutume devait prendre chez les Égyptiens. Le nom même de Kakau (les images ou les génies, mot dont le taureau est le synonyme et le symbole) est une présomption en faveur de cette assertion. C'était précisément le nom donné au taureau Apis.

Cependant le nom de Ménès, Ména, qui rappelle le taureau blanc, ou fauve, d'Héliopolis, le taureau Mnévis, peut faire supposer que le culte des animaux existait déjà avant Kakau, et que celui-ci introduisit seulement l'adoration d'Apis. Binothris (Binouter, esprit divin dont le symbole est un bélier ou un bouc) vient dans les listes des rois après Kaiechos (Kakau). On en peut tirer la conséquence que de même que ce dernier éleva le culte du taureau de Memphis au rang de religion d'état, son successeur donna le même rang au culte du bélier de Mendès. En tout cas, il ne faudrait pas en conclure que ces princes ont eux-mêmes établi le culte des animaux. Il n'est pas de roi, si puissant qu'il soit, qui soit capable d'imposer de tels usages, s'ils ne sont pas déjà enracinés dans les mœurs nationales. Kaiechos et Binothris n'ont sans doute rien fait de plus que d'accorder à ces religions populaires leur sanction royale. Néanmoins tout le récit me semble des plus douteux. Ména, Kakau, Binouter ne sont, à mon avis, que des rois de pure invention : ce sont les principaux animaux sacrés eux-mêmes, les symboles des génies et des esprits des dieux, dont on a fait des rois. Du moment qu'ils furent considérés comme des rois, en vertu du penchant de tous les peuples de l'antiquité à faire passer dans l'histoire les récits mythologiques, selon un procédé qu'Evhémère a élevé à la hauteur d'une théorie, mais qu'il n'a pas inventé, l'opinion se répandit que l'un d'eux avait introduit le culte des animaux en Égypte. Le bouc et le bélier figurent la force de la reproduction et sont le symbole du dieu créateur. Chnoum aussi est coiffé de cornes de bélier, et on sait qu'il représente le créateur, comme le soleil qui produit le vent, ou l'esprit soufflant sur les eaux cosmiques pour les féconder. Le nombre des animaux sacrés auxquels il fut rendu un culte est très grand. L'ibis et le cynocéphale, consacrés à Thot et à ses huit compagnons, le chacal à Anubis, l'épervier à Horos, le chat à Pacht, à Bast et à Tefnout, le loup, l'hippopotame, le crocodile, etc., etc., avaient leurs temples chacun dans les villes où les dieux dont ils étaient les vivantes images étaient le plus en honneur. On y a retrouvé leurs corps soigneusement embaumés dans les tombeaux. Cependant, entre tous, les deux taureaux, Apis à Memphis, et Mnévis à Héliopolis, restèrent les plus célèbres. Le fait que la même personne pouvait exercer la prêtrise d'Apis, de Mnévis, et même de la génisse sacrée dont il est quelquefois fait mention, prouve que les premiers n'étaient pas des concurrents, mais des symboles différents d'une seule et même idée. Ména, ou Mnévis, symbole du soleil revenant à la vie, et, comme tel, consacré à Ra-Harmachis, était de couleur claire. Hapi, au contraire, « Ptah rappelé à la vie », symbole du dieu caché, invisible, était noir avec des taches blanches, qui devaient figurer la barque ailée du soleil, et il devait avoir sous la langue ce qu'on regardait comme le signe du scarabée, symbole du créateur. Le dieu, qui se manifeste le jour dans la lumière radieuse du soleil, continue à vivre la nuit dans le sombre abîme, et, bien qu'invisible, il est néanmoins actif comme créateur de lui-même et de tout ce qui est, ou, en traduisant en langage vulgaire le langage de la mythologie et de la théologie, Apis est la vivante image du dieu qui fait jaillir la lumière des ténèbres et tire la vie de la mort. C'est pourquoi il portait un disque d'or entre les cornes. Naturellement on le rapporta aussi à Osiris, et plus spécialement à Ptah-Sokar-Osiris. Il était donc proprement l'image de Ptah dans sa forme de Sekrou, et Sekrou et Osiris ne différaient, d'une manière essentielle, en rien. Il était regardé, et cela au pied de la lettre, comme fils de Ptah. On retrouve ici dans la mythologie égyptienne, sous la forme grossière d'une génisse fécondée par Ptah transformé en un rayon d'or de la lumière céleste, laquelle met bas sans cesser d'être vierge, n'ayant plus d'autre progéniture après avoir donné le jour à Apis, on retrouve, disons-nous, la doctrine que les Égyptiens et d'autres peuples de la même famille reproduisirent sous diverses formes, et que l'esprit mystique des chrétiens devait faire revivre dans une poésie pleine de grâce. La naissance d'Apis était l'objet d'une fête très populaire à Memphis. Plus grande encore, si possible, était la dévotion pour Apis mort, réuni — c'est là, en effet, l'expression orthodoxe, — réuni à Ptah dans les demeures des temps infinis, pour habiter à toujours le séjour de l'éternité. Ce culte, s'il ne fut pas créé, prit un grand développement sous les dix-neuvième et vingtième dynasties ; sa faveur et son éclat ne firent que s'accroître avec le temps, et atteignirent leur point culminant sous les Ptolémées.

Le culte des animaux n'est ni aussi particulier à l'Égypte, ni aussi difficile à expliquer qu'on l'a cru communément. Toutes les mythologies renferment une symbolique empruntée au règne animal, et les exemples d'animaux vivants adorés par différents peuples ne sont pas rares. On pourrait même dire qu'il reste, dans le respect populaire dont tels ou tels animaux sont encore entourés dans certaines contrées, dans la protection dont les couvre l'opinion publique, dans les soins quelquefois officiels que reçoivent dans quelques villes ou pays des individus de l'espèce en faveur, une trace des anciennes zoolâtries locales.

Néanmoins, le culte des animaux sacrés n'a acquis, dans aucune religion des peuples civilisés que nous connaissons, un développement pareil à celui qu'il prit dans celle des Égyptiens. Autant que nous en pouvons juger, — car les monuments des premiers siècles sont encore peu nombreux, — cette forme de culte s'étendit plutôt qu'elle ne se restreignit avec le temps. Il n'en faudrait pas conclure que l'adoration des animaux fût en Égypte une innovation, encore moins un progrès. L'explication s'en trouve dans la tendance généralement appelée fétichiste, mais plus exactement animiste, qui fait voir dans les animaux les plus remarquables soit par leur beauté, soit par leur force, soit par les services qu'ils rendent ou les dommages qu'ils causent, par leur forme, par leur couleur, ou par toute autre particularité, l'incarnation des esprits puissants qu'il est bon d'adorer pour détourner de soi leur courroux ou pour se concilier leur faveur. Cette idée doit avoir régné aussi parmi les Égyptiens dès la plus haute antiquité, et si, comme semblent l'établir des traits caractéristiques au point de vue de la linguistique et de l'ethnologie, les colons ou conquérants venus d'Asie, qui formèrent la classe aristocratique et dominante en Égypte, y ont trouvé un peuple africain qu'ils ont subjugué et avec lequel ils se sont mêlés, l'existence de pareilles idées religieuses n'en paraîtra que plus naturelle : car nulle part le culte des animaux n'est aussi répandu que chez les peuples de l'Afrique (1). Une croyance populaire si générale et si enracinée devait prendre place sous une forme ou sous une autre dans la religion officielle; c'est ce qui arriva, en effet. C'est donc dans l'animisme qu'il faut chercher l'origine de l'adoration des animaux par les Égyptiens. Mais on s'efforça de la mettre en harmonie avec les idées plus élevées que, progressivement, on se fit des principaux dieux. On identifia plusieurs des animaux sacrés avec ces dieux mêmes; d'autres devinrent des images vivantes des dieux. La mystique et la symbolique furent le pont par lequel on passa d'une forme

---

(1) Ce n'est pas, du reste, la seule marque d'une affinité étroite avec les religions africaines proprement dites. On pourrait mentionner au même titre la déification des rois, l'unité de la royauté et du sacerdoce, la coutume générale de la circoncision, la manière d'ensevelir les morts, l'usage de la peau de panthère comme vêtement royal et sacerdotal, etc.

religieuse inférieure à une religion plus haute et plus pure. Une fois que le culte des animaux eut reçu droit de cité dans la religion officielle, et que, grâce à toute sorte d'explications mystiques, il eut été revêtu d'un vernis de profondeur apparente, la tendance à multiplier les symboles et les allégories, ainsi que l'écriture hiéroglyphique, conduisit non seulement à augmenter le nombre des animaux sacrés, mais encore à accroître le zèle que l'on apportait à ce culte. Des animaux, qu'on n'avait pas adorés jusqu'alors, furent élevés au rang des animaux sacrés, parce que leurs noms se rapprochaient de ceux des dieux (1).

L'apothéose des rois n'est pas un trait moins caractéristique de la religion des Égyptiens que le culte des animaux. Cet usage aussi date de l'ancien empire. Dès cette époque, on rendait aux princes un culte public. Il est probable que ce furent Khoufou et Khafra, les deux grands rois de la quatrième dynastie, qui introduisirent cette coutume. Nous ne parlerons pas ici du culte rendu à quelques-uns de leurs prédécesseurs dont l'existence historique n'est pas démontrée, ou bien dont le culte date peut-être d'une époque postérieure. Mais il est certain que Khoufou (Chéops) fut déjà révéré comme un dieu sous un de ses successeurs immédiats, qu'il eut un prêtre attaché à son culte, et que les fils de Khafra furent prêtres du culte de leur père. On peut en dire autant de Ratoutef, de Menkaura (Mycérinus), de Tatkara ou Assa, d'Useskaf, de Kaka (de la cinquième dynastie, qu'il ne faut pas confondre avec Kakau, de la deuxième), et de tous les rois qui ont un nom dans l'histoire. Non-seulement on éleva à côté de leurs tombeaux des temples spécialement consacrés à leur honneur, mais, même de leur vivant, ils construisaient eux-mêmes les sanctuaires dont ils étaient les divinités. Cette déification d'hommes fut poussée au point de reléguer quelquefois dans l'ombre le culte même des dieux. Ainsi Una, qui remplit des emplois élevés sous trois rois successifs de la cinquième dynastie, déclare qu'à côté de quatre chantiers de travaux qu'il fut chargé d'ouvrir, il fit bâtir autant de temples, afin qu'on y

---

(1) J'ai donné les preuves de cette assertion dans un article du *Theologisch Tydschrift* (Revue de théologie) douzième année, p. 261 et s., auquel je dois renvoyer ici, pour ne pas m'étendre outre mesure. Comp. Pietschmann, *Zeits. für Ethnologie* Annales d'Ethnologie), année 1878, p. 153 et s.

invoquât les esprits du roi régnant Mer-en-ra, vivant en éternité « plus que les dieux eux-mêmes ». Il en fut ainsi pendant des siècles. Le culte des rois morts ne fut pas perpétué avec moins de soin que celui des dieux ; leurs temples continuèrent d'être entretenus, et leurs prêtres se succédèrent régulièrement. Sous la vingt-sixième dynastie on trouve encore des prêtres consacrés au culte de Chéops, Chéfren et Ratoïsès (Ratoutef), de la quatrième dynastie, et sous les Ptolémées, un prêtre consacré au culte de Snefrou, de la troisième dynastie.

L'adoration des rois d'Egypte ne fut pas une institution politique, un culte officiel imaginé par le despotisme, pour accroître le sentiment de la majesté royale. Ce fut le résultat d'une croyance religieuse des Égyptiens, qui se fait jour dans toute leur conduite. La religion égyptienne fut, chez les peuples civilisés, la première expression de la foi en la souveraineté absolue et sans bornes de la divinité. Le roi, — ce fut là une application de la même idée d'où est né le culte des animaux, — le roi était, d'une manière plus manifeste et plus directe encore que l'animal sacré, le fils de Dieu, le Dieu vivant, l'incarnation de l'essence divine sur la terre. Saneha, le serviteur d'Amenemha I et d'Usertesen I, disgracié et exilé par ce dernier, s'exprime ainsi dans son autobiographie, en parlant du roi régnant : « Que Dieu soit favorable à celui qu'il a destitué, suspendu de ses fonctions et exilé dans un pays étranger, qu'il soit miséricordieux comme Ra. » Lorsqu'il a obtenu sa grâce et l'autorisation de rentrer en Égypte, il est comme fou de joie. Il ne peut croire à son bonheur ; rien qu'à la pensée d'être reçu par le roi, il se prosterne la face contre terre et s'écrie : « Le Dieu grand et semblable au soleil se raille de moi. Votre Majesté est comme Horos, la force de votre bras s'étend sur toute la terre. Grâce à la vie que vous me rendez (à la respiration que vous me donnez), j'adore Ra, Horos, l'image de votre noble stature. » Enfin, plus tard, il racontait ainsi ce qu'il avait éprouvé lorsqu'il avait été admis en la présence du prince : « Le Dieu a daigné me parler d'un ton affectueux. Ce fut comme si je passais des ténèbres à la lumière ; ma langue était muette, mes membres n'étaient plus en état de me soutenir, mon cœur n'était plus en moi, je ne sais si je vivais ou si j'étais mort. » Il n'est pas possible de pousser plus loin la déification de l'homme.

L'idée que les Égyptiens se faisaient de l'état contribua aussi au développement excessif du culte rendu à la personne du roi. L'état était pour eux une théocratie pure, et leur gouvernement se rapprochait beaucoup, sous ce rapport, de celui des Chinois. De même qu'en Chine l'empereur seul, en sa qualité de fils du ciel, sacrifie au dieu supérieur, les temples n'étaient en Égypte que les oratoires des rois : nul autre qu'eux et les prêtres consacrés ne pouvait y pénétrer. Le principe théocratique commun à tous les peuples sémitiques et, en général, à tous les peuples de l'Asie, était profondément enraciné chez les Égyptiens. Ils n'avaient pas l'idée de l'union de la religion et de l'état : les deux choses n'en faisaient qu'une à leurs yeux. Dieu règne, le roi est son fils, c'est-à-dire Dieu même incarné. L'Égypte fut la terre par excellence du droit divin authentique, sans mélange, qu'aucun rationalisme, aucune philosophie téméraire n'était encore venue mettre en question ou altérer. Le pouvoir absolu n'avait pas en Égypte de contrepoids : on n'y vit rien se produire qui ressemblât au prophétisme d'Israël, où la parole de Dieu, tombant des lèvres des voyants inspirés, contrôlait les oints de Dieu. La fiction que le roi est l'image de la divinité fut loin de conserver toute sa force chez les Israélites. Le principe de l'alliance avec Yahveh fait de la théocratie israélite une espèce d'état constitutionnel, et elle conserva ce caractère, que le représentant de Dieu fût un roi ou un grand prêtre, jusqu'à ce qu'elle reçût de Jésus son achèvement, avec son caractère spiritualiste, et que toute fiction disparût. Quant au gouvernement théocratique absolu, il n'en faut pas demander la pleine réalisation à Babylone ou à l'Assyrie, ni même à la Chine : il n'a existé qu'en Égypte.

La complète unité de la religion et de l'état chez les Égyptiens résulte aussi de ce que nous savons de leurs prêtres. C'est ici le lieu d'en dire quelques mots. Comme les temples et les cultes différents, les charges sacerdotales étaient innombrables et il n'entre nullement dans le plan de cet ouvrage d'énumérer les titres des prêtres de toutes les divinités égyptiennes : ce serait d'ailleurs tenter l'impossible. On pouvait, du reste, être simultanément prêtre de six ou sept dieux différents. Les titres qu'on trouve le plus fréquemment donnés aux prêtres, sont ceux de *ab*, le pur, *ak*, celui qui entre (dans le temple), *hon*, le serviteur ou le prophète, titre indifféremment porté par des hommes et par des femmes ; les prêtresses portaient aussi les noms de *khen*, aide, et de *suau*, consacrée à la divinité. Il est aussi fait mention de chantres, hommes et femmes (*hes*). Les *Sabou-n-per-aa*, mages de la Grande Maison (*pharao*), paraissent avoir été les prêtres des temples particuliers du roi ; mais on ne les trouve mentionnés que plus tard. La charge de *sem*, le conducteur, le chef des prêtres qui était attaché au service de Ptah, à Memphis, est très ancienne. Il portait, comme Ptah lui-même, les cheveux comme un jeune homme, réunis en une boucle ou une tresse qui pendait d'un côté de la tête. C'était une des premières charges sacerdotales, qui fut souvent remplie par des personnes royales, quelquefois par le roi lui-même. Plus tard, les grands prêtres de Ptah rencontrèrent des rivaux dans « ceux qui ouvraient les portes du ciel à Apet », c'est-à-dire les grands prêtres de Thèbe. Les principaux de ces prêtres, sinon tous, étaient nommés par le roi. Contrairement à une idée encore très répandue, il n'y eut rien en Égypte, du moins sous l'ancien empire, qui ressemblât à une caste sacerdotale, et ce ne fut qu'à l'époque de la décadence qu'on vit le développement des institutions tendre à l'immobilisation de quelques charges dans certaines familles. Plus d'une fois, il est vrai, dans les temps anciens, des fils succédèrent à leur père, des filles à leur mère, dans des emplois sacerdotaux importants, mais sans que ce fût, en aucune manière, en vertu d'une règle établie et d'un privilège de naissance. Les prêtres étaient de vrais fonctionnaires publics nommés par le roi, qui distribuait ordinairement les charges les plus élevées à ses parents, ses fils et ses filles, ses gendres, ses favoris. Tout Égyptien appartenant aux classes instruites pouvait être élevé à la prêtrise. En outre, le sacerdoce n'était nullement exclusif d'autres occupations et d'autres emplois. Mentionnons seulement, pour exemple, le célèbre Ti, qui vécut sous la sixième dynastie et dont le tombeau a livré une si riche moisson d'antiquités précieuses aux égyptologues. Allié par sa femme Néfer-Hoteps, prêtresse d'Hathor et de Neith, à la famille royale, il était non-seulement dans les ordres sacrés : « président » ou plutôt « commandant des saints prophètes », *heb* ou devin, « chef du secret des divines paroles » et « du secret de la maison de prière », chef des offrandes et des lustrations ; en outre, prêtre particulier de Ra et d'une des formes d'Horos, mais encore dans les charges profanes : « un des familiers de la maison du roi », « gardien des portes du palais », « secrétaire particulier de son maître dans toutes ses résidences » et « surintendant des travaux royaux », par conséquent grand architecte ; en sus, « conservateur des archives royales », « secrétaire pour tous les décrets du roi », gouverneur de plusieurs places et peut-être, par-dessus le marché, grand veneur des chasses royales. Si quelques-uns de ces titres n'étaient pas purement honorifiques, Ti, assurément, n'a pas coulé ses jours dans l'oisiveté. On pourrait multiplier ces exemples (1).

S'il existait une classe de savants ou lettrés (*Kher-Khetou*) chargés de la garde des écritures saintes ou des livres magiques, certainement elle ne constituait pas une caste rigoureusement close. Il était loisible à chacun de choisir cette carrière. Sans doute, pour y prétendre, il fallait avoir l'instruction requise. Mais il n'était nullement besoin d'être d'une famille spéciale ou d'appartenir à une caste fermée. On possède plusieurs écrits de scribes satisfaits de leur sort, et qui cherchent à persuader aux autres d'embrasser leur profession et de s'éloigner de l'état militaire. Par exemple le célèbre papyrus d'Anastasi I, que je ne saurais prendre, avec son savant éditeur, pour l'œuvre sérieuse et authentique du scribe dont il porte le nom, mais dans lequel je ne puis voir, avec de Rougé et Brugsch, qu'une fiction. Seulement ceux qui avaient une fois embrassé la prêtrise, et pour cette raison, en premier lieu les rois, devaient réaliser une pureté exceptionnelle. Elle exigeait que la tête fût rasée, et elle était symbolisée par les blancs vêtements de lin, les seuls que, avec la peau de panthère, les prêtres pussent porter dans l'exercice de leur charge. Ils devaient aussi s'abstenir de certains aliments, notamment de poisson et de fèves.

L'histoire d'Égypte commence à s'appuyer sur des monuments contemporains des princes et des événements, à partir du règne de Snefrou et de ses deux successeurs Khoufou et Kha-

---

(1) L'ouvrage hollandais en cite en effet plusieurs autres. (Trad.)

fra (Chéops et Chéfren), qui firent construire les deux plus grandes pyramides. Hérodote accuse ces deux princes d'impiété, accusation singulière pour le premier surtout, fondateur de tant de monuments pieux, de la grande pyramide de Giseh, qui porte son nom, du temple de Dendérah, reconstruit sous les Ptolémées, fondé ou peut-être une première fois déjà réédifié par Khoufou, des temples d'Isis et d'Osiris, etc. Et pourtant, il est incontestable qu'après la mort de ces deux princes une violente réaction éclata contre leur mémoire. Nombre des monuments qu'ils avaient élevés furent dévastés, leurs noms effacés dans les inscriptions ; leurs statues, œuvres d'art remarquables, qui ne le cèdent qu'aux chefs-d'œuvre de la grande époque de la sculpture grecque, ont été retrouvées brisées dans un puits, où, évidemment, elles avaient été précipitées avec intention. La cause assignée par Hérodote à cette impopularité posthume de deux des plus grands rois de l'Égypte ne peut être acceptée dans la forme où il l'a énoncée ; car ces deux princes ne furent rien moins qu'impies. On ne saurait non plus y voir une malédiction lancée à leur mémoire, à cause des charges dont ils accablèrent le peuple pour satisfaire leur goût de bâtir. Les Égyptiens n'étaient pas des démocrates, mettant au-dessus de tout le bien être des masses ; ils ne trouvaient nullement mauvais qu'un prince attestât sa piété, ainsi que la grandeur et la gloire de son règne, par des monuments proportionnés à sa puissance. Men-Kaura et ses successeurs, bien que leurs pyramides soient plus petites, en ont bâti, ce qu'ils n'eussent pas osé faire assurément, si leurs prédécesseurs avaient encouru leur impopularité pour ce motif. M. Max Büdinger me paraît avoir trouvé la solution d'une partie de cette difficulté, en relevant l'erreur dans laquelle est tombé Hérodote, qui a confondu les pieux rois, fondateurs des pyramides, avec les rois Hyksos, qui profanèrent et pillèrent les temples, et en établissant que le pâtre Philétès ou Silitès dont parle le même passage ne saurait être que le roi pasteur Salatis. Toutefois, il n'explique pas les statues brisées. Seulement, puisque le culte religieux des deux rois n'est pas interrompu pendant plusieurs siècles, c'est assument à des rois ennemis, peut-être aux Hyksos eux-mêmes, que nous devons attribuer cet acte de vandalisme.

Snefrou avait transplanté au mont Sinaï le culte de dieux de la haute Égypte, d'Hathor, de Thot et d'un certain Horos, à moins qu'il ne faille voir dans ce dernier un Horos local, espèce de dieu stellaire adoré dans cette partie de l'Arabie. Il se fit rendre à lui-même les honneurs divins. Khafra alla plus loin. Les monuments qu'il multiplia dans toutes les parties de l'Égypte, y compris sa grande pyramide, sont consacrés aux dieux du cycle osirien d'Héliopolis et à l'exaltation de sa propre personne. Le sphinx colossal qu'il plaça devant sa pyramide représente Harmachis, le dieu visible du soleil, et le petit temple qui s'élève entre les pattes du colosse est consacré au même dieu. Dans le voisinage il bâtit un temple à Osiris et à Isis. Il restaura et consacra à Hathor le grand temple de Dendérah, plus tard relevé et rétabli avec une scrupuleuse exactitude par les Ptolémées (1). On ne connaît qu'un temple dont on puisse avec certitude faire remonter l'origine à Khafra; mais il dépassa même son père dans sa propre apothéose. Dans ses inscriptions, il prend le titre « d'Horos, seigneur du cœur (du monde ?) » ou « du cœur pieux », du « bon Horos, le grand dieu ». Sa femme favorite était prêtresse d'Horos, de Thot et, chose assez étrange pour une princesse, d'un certain taureau, Zasaph, qui semble avoir été distinct d'Apis. Un de ses fils fut prêtre de Thot et d'un des temples dédiés à son propre père, à Héliopolis. On ne trouve, sous son règne, aucune trace du culte de Ptah, le dieu adoré à Memphis comme protecteur de l'Égypte septentrionale.

Les successeurs de Khafra, Ratoutef (Ratoïsès) et Menkaura

(1) Le sens de l'inscription publiée pour la première fois par Duemichen est selon lui : « La fondation de la grandeur de Dendérah, restauration monumentale exécutée par le roi de la haute et de la basse Égypte, le seigneur des deux pays (Ra-men-kheper), fils du soleil, seigneur des diadèmes. (Thout-mes), après qu'elle eut été trouvée dans de vieux écrits du temps du roi (Khoufou) ». Les parenthèses représentent les écussons ou cartouches royaux. Duemichen, *Bauurkunde von Denderah*, p. 15. Une autre inscription se rapportant à une restauration du même temple, par le roi Pepi, de la sixième dynastie, semble en faire remonter la fondation à une date encore plus reculée. En voici la traduction : « Trouvé l'acte de fondation de la grandeur de Dendérah dans un écrit non signé, sur la peau d'un..... du temps des adorateurs d'Horos. Il a été trouvé dans l'intérieur d'un mur en briques de la maison méridionale au temps du roi (Ra meri), fils du soleil (Pepi). » Même ouvrage, p. 19. Les adorateurs d'Horos étant placés avant Ménès (Duemichen traduit les successeurs d'Horos, mais fait suivre cette traduction d'un signe d'interrogation), M. de Rougé suppose que le temple existait déjà dans les temps préhistoriques.

(Mycérinus) remirent en honneur le culte de Ptah, sans abandonner celui d'Osiris ; il semble même qu'avec le temps ce fut au tour de l'adoration d'Osiris de pâlir devant la popularité croissante de celle de Ptah, jusqu'au règne du grand Merira Pepi, de la sixième dynastie, qui le replaça au premier rang.

On voit que la quatrième dynastie se distingua particulièrement par son zèle à élever des monuments pieux. Les temples étaient très nombreux dans toutes les parties de l'Égypte. Quelques-uns, on le sait, des plus célèbres et des plus anciens, furent plusieurs fois restaurés et reconstruits, jusqu'à la chute définitive de la religion nationale. L'inscription trouvée à Dendérah atteste qu'à chacune de ces restaurations on avait soin de suivre scrupuleusement les plans primitifs. D'ailleurs un type consacré et qui varia peu, régnait pour ces édifices. Ils frappaient plutôt par leurs dimensions et leur masse que par la grâce et l'élégance, comme les temples grecs. Le style en était sévère, la lumière y était distribuée avec parcimonie : ils répondaient parfaitement à l'idée fondamentale de la religion qui y était pratiquée, et parlaient principalement à l'âme de durée, d'éternité et du mystère où s'enferme la divinité.

A l'intérieur d'une enceinte murée d'une superficie immense se dressaient les propylées, les avenues de sphinx, conduisant à la deuxième entrée, laquelle s'ouvrait entre deux hauts et massifs pylônes; puis les cours entourées de portiques couverts, ornées d'obélisques, hautes aiguilles de pierre dorées en rapport étroit avec le culte du soleil ; les cours et les portiques étaient remplis de statues des dieux et des rois ; une pièce d'eau était destinée aux lustrations et à la pantomime des combats des dieux ; enfin une dernière porte donnait accès au sanctuaire, entouré de divers bâtiments consacrés à différents usages. Partout, sur les murs, les statues, les obélisques, des inscriptions, des hiéroglyphes, des peintures historiques et symboliques. Dans le sanctuaire était l'arche, caisse en bois décorée des attributs de la vie, de la fécondité, de la lumière. Elle renfermait l'idole que nul ne devait contempler ; elle était à demi fermée d'un rideau, quelquefois ombragée par des génies ou monstres ailés, rappelant les chérubins de l'arche de l'alliance d'Israël. A l'occasion de certaines fêtes, l'arche était portée sur la barque sacrée hors du sanctuaire par un groupe de prêtres, précédée et suivie du cortège des dieux, chacun avec ses attributs. Ainsi, le 1ᵉʳ du mois de Pachon, on célébrait une grande fête à Edfou, la ville consacrée à Horos dans sa forme de dieu du disque du soleil ailé. A cette occasion, Hathor de Dendérah venait à Edfou dans sa barque sacrée, Neb-meri-t, ou Peset-to-ti (la maîtresse de l'amour, ou la lumière du monde). Horos allait sur sa propre barque à la rencontre de la déesse. Hathor passait quelques jours dans la ville d'Horos, où de grandes fêtes étaient célébrées en l'honneur des deux divinités.

Il semble que chaque Égyptien ait eu sa propre chapelle, où il accomplissait ses dévotions. Quant aux temples, les prêtres et les princes avaient seuls le droit d'y pénétrer ; le peuple n'avait accès que dans les parvis extérieurs. Les murailles étaient comme parlantes, recouvertes qu'elles étaient de toutes parts de peintures et d'hiéroglyphes. Le tout était établi avec le plus grand luxe.

L'avènement de la sixième dynastie inaugura une nouvelle révolution religieuse. Ce fut encore le culte d'Osiris qui reprit l'ascendant qu'il avait perdu après le règne de Khafra. Cette dynastie est communément regardée comme appartenant à Memphis, et il est probable qu'elle résida et régna dans cette ville ; mais bien des indices doivent faire rattacher son origine à Thinis, et elle fut animée d'une grande ferveur pour la religion et les dieux d'Abydos. Pepi Merira, le plus grand prince qui l'ait illustrée, ne commit pas la faute de supprimer le culte de Ptah, mais il fut un zélé adorateur des divinités osiriennes, et son influence personnelle, celle de son beau-père et de sa belle-mère, — son épouse, par laquelle sans doute il s'éleva au trône, n'étant pas lui-même du sang royal, fut néanmoins assez délaissée et dut souffrir la présence d'une favorite qui lui était préférée, — rallièrent à ce culte tous les courtisans. Il est à remarquer que les princesses du sang royal exerçaient encore la charge de prêtresses d'Hathor, mais ne joignaient plus à ce sacerdoce celui de Neith, la déesse du nord.

Ainsi le fait caractéristique de cette période fut la prépondérance du sud et de sa religion. Peut-être, sous les successeurs de Pepi, y eut-il une réaction en sens contraire. Du moins le nom d'Imhotep donné à son fils, nom qui se rattache au culte de

Ptah, celui de la reine Nit-aker-t, Neith la sage, semblent indiquer un retour à la religion de Memphis. Ce qui est certain, c'est que le culte d'Osiris et celui de Ra, de plus en plus fondus en une seule religion, acquirent, malgré des éclipses temporaires et le triomphe passager de nouvelles formes religieuses, un ascendant de plus en plus général, qu'à chaque retour de faveur ils pénétrèrent plus avant, plus profondément dans la conscience du peuple, et ne cessèrent de tendre à la prépondérance définitive, qu'ils gardèrent enfin. C'est là un fait dont témoigne l'histoire de l'Égypte tout entière.

Nous avons présenté sous une forme très sommaire le tableau de la religion de l'ancien empire. Il ressort néanmoins de ce que nous avons dit qu'Osiris et Ptah, tantôt distincts, tantôt confondus, furent les principaux dieux de cette époque. Le culte d'Horos ou, pour parler plus exactement, celui des différents dieux qui portèrent le titre commun d'Hor ou Har, en d'autres termes des dieux visibles de la lumière et du soleil, fut vraisemblablement plus ancien que le leur. Ces derniers ne furent pas remplacés par d'autres dieux ; car on continua de les adorer ; mais d'autres dieux furent élevés à un rang supérieur au leur, à savoir les dieux de la lumière cachée et du feu dans son action cosmique et mystérieuse. Ce fait atteste un certain développement religieux : l'adoration s'élève du visible à l'invisible, de ce qui tombe sous les sens à la puissance supérieure, cause des phénomènes.

Il faut aussi observer que, dans les tombeaux de cette époque, ce n'est pas toujours Osiris, comme cela a lieu dans les temps ultérieurs, mais souvent Anubis qui est représenté comme le gardien et le protecteur des morts. Et cela est très naturel, car Osiris n'était pas encore le dieu avec lequel était identifié chaque mort; le roi seul était Osiris après sa mort. On ne trouve pas encore dans les chapelles funéraires les représentations de différents dieux, si fréquentes plus tard, et les sujets religieux y sont traités avec une extrême sobriété. Les titres donnés aux morts sont bien, pour la plupart, religieux, mais la théologie est encore très simple. Il ressort de là que, bien que la religion des rois et des particuliers fût riche et profonde, la puissance des prêtres était encore très restreinte.

CHAPITRE VI

LA RELIGION SOUS LE MOYEN EMPIRE

A partir de la fin de la sixième dynastie, s'ouvre une période confuse et incertaine. Il semble que l'empire soit déchiré, et que des dynasties multiples de Memphis et d'Héracléopolis règnent successivement ou simultanément. Il est impossible de fixer la durée de cette période, et nous ne pouvons rien dire non plus sur la religion à cette époque. Ce n'est qu'avec la onzième dynastie que la lumière reparaît, grandissant sous la douzième, pour pâlir de nouveau avec la treizième, et bientôt complètement s'éteindre au milieu de l'invasion de l'Égypte par des hordes étrangères et barbares. C'est le temps de ces trois dynasties des Mentouhotep's et Antef's, des Amenemha's et Usertesen's, des Sébékhotep's et Nepherhotep's, qu'on peut, le plus justement, appeler le moyen empire.

Si l'on s'en tient aux noms, les dieux principaux ne seraient plus du tout ceux que nous avons vus dominer dans l'âge précédent. Dans les tombeaux et sur les sarcophages, on trouve toujours les louanges d'Osiris et des dieux de son cycle, surtout de Ra et du groupe de divinités dont il est le centre. Mais, dans la vie commune, il semble que leur culte soit oublié, ou que, par un mouvement inverse de celui que nous avons constaté antérieurement, il soit redescendu du rang de culte national à celui de culte particulier et local. C'est encore plus vrai de celui de Ptah : il est impossible d'en saisir la moindre trace pendant toute cette période. Sans doute il était encore pratiqué à Memphis, mais il n'exerçait que peu d'influence en dehors de son centre primitif. Outre quelques divinités dont nous reparlerons plus tard, et dont le culte, pour des causes particulières, acquit une certaine extension, les principaux dieux sont : Mount ou Mentou, le dieu local d'Hermonthis (*An res*, l'An méridional), Khem ou Min, le dieu de Koptos et de Chemnis (*Ekhmin*, Panopolis), et Amen ou Amoun, le dieu de Thèbe, villes qui, sauf Chemnis, étaient toutes situées dans le voisinage immédiat les unes des autres. L'élévation de ces dieux est naturelle. C'étaient les dieux locaux de la Thébaïde, et les trois dynasties sous lesquelles ils arrivèrent au premier rang étaient originaires de cette province et sont, pour cela, appelées les dynasties thébaines. Nous verrons d'ailleurs que ce n'est guère que par leurs noms qu'ils diffèrent, soit entre eux, soit des précédents, et qu'au fond, la religion resta la même.

Les Antef's et Mentouhotep's de la onzième dynastie, à en juger par leurs noms, étaient originaires d'Hermonthis, l'An méridional, la ville de Mentou. Leur principale résidence fut Koptos dans la vallée de Hamamât, tout près des riches carrières de pierres qu'on y a découvertes, et ils adoptèrent pour leur principale divinité le dieu particulier de cette ville, Khem, qui est appelé, dans une inscription du temps de Mentouhotep III, le « dieu des régions montagneuses ». Leur puissance ne s'étendit pas d'abord sur tout le pays, elle fut même, dans les premiers temps, bornée à la Thébaïde, mais elle se développa peu à peu, et sous le règne du deuxième Mentouhotep, ils dominaient déjà sur toute la haute Égypte (inscription de Konosso, près de Philak). Les derniers princes de cette famille réunirent toute l'Égypte sous leur sceptre. Ce fut vraisemblablement sous leur règne que fut fondée Thèbe, qui devait plus tard briller d'un si grand éclat. Du moins, c'est là qu'on a trouvé les tombeaux des Antef's, ce qui prouve que Thèbe aussi fut une de leurs résidences.

Le nom du premier roi de la douzième dynastie était emprunté à celui d'« Amoun », le dieu de Thèbe, et le deuxième souverain de cette famille, le célèbre Usertesen I, jeta à Karnak (Thèbe) les fondements du temple d'Amoun, le plus vaste de l'Égypte. Ce temple existait encore sous les Hyksos ; plus tard, il fut saccagé, puis restauré par la vingtième dynastie. Mentou et Chem furent honorés par les rois de la douzième dynastie comme par leurs prédécesseurs. Ainsi Ousertesen Ier déclare dans une inscription d'un temple consacré à Chem et à Amoun, à Wadi Halfa en Nubie, que Mount, comme dieu de la Thébaïde, lui a soumis quelques tribus nubiennes. On peut admettre qu'il en fut de même des rois de la treizième dynastie ; du moins, trouve-t-on à Taaud (Krokodilopolis), ville dont ils favorisèrent beaucoup la religion, Mount et Amoun, le premier mentionné comme dieu de la Thébaïde.

Le dieu de Koptos, le plus communément désigné sous le nom de Chem, était habituellement représenté, suivant l'expression égyptienne, dans « la figure de sa force », c'est-à-dire sous l'image d'une momie, ou *en gaine*, dans sa forme ithyphallique, le bras levé et un fouet à la main, la double aigrette haute sur la tête. A ces attributs, on reconnaît le dominateur divin et le dieu de la fertilité. Ses deux noms, Chem et Min, ou Men, répondent à ces deux attributs, Chem signifiant dominateur, et Men celui qui féconde : c'est le principe de vie, la force génératrice cachée de la nature, le créateur qui donne au monde la fécondité. A ce titre, il occupait la première place dans la grande fête de l'agriculture. Souvent on place à côté de lui une fleur qui s'entr'ouvre, ou quelque chose de semblable.

Ce n'est, au fond, qu'une forme particulière d'Horos, et il est fréquemment désigné sous les noms de Chem, le victorieux Horos, le fils d'Osiris ou le fils d'Isis, et quelquefois le vengeur de son père ; il est même, mais une seule fois, dans le temple de Thot, où il forme une triade avec Isis et Osiris, mis au même rang que ce dernier. Le nom d'époux de sa mère lui convient mieux qu'à aucun autre ; car, ainsi que la semence, après avoir fécondé la terre, devient sous la forme d'épi le fils de sa mère, ou que le soleil qui se couche le soir dans le sein de la terre, pour la féconder, semble au matin sortir de la terre et être son fils, ainsi on se représentait l'action de la force de la nature qui régit le monde, conçue comme un être divin.

Mais Chem est aussi une forme d'Amoun, c'est-à-dire qu'il lui est identique, ou plus exactement ce sont deux formes de la même conception divine. Le grand dieu de Thèbe sous les dix-huitième et dix-neuvième dynasties, Amoun, ou Amoun-ra ne fut certainement pas la forme primitive de cette divinité, mais un développement sacerdotal du type originel. Le nom de Men ou Min n'est pas, en réalité, une abréviation, mais bien un surnom d'Amoun. On trouve des représentations de Chem au-dessous desquelles se lit « Amoun-ra, roi des dieux », preuve certaine que déjà dans l'antiquité on avait conscience de l'unité des deux divinités. De son côté, Amoun est appelé, dans son grand temple de Karnak, « l'époux de sa mère ». Le double sens de sa racine *men* en égyptien a amené à l'adorer comme le dieu qui, en fécondant le monde, le maintient et le conserve. Cependant, son nom signifiait aussi « le caché », idée en parfaite harmonie avec le caractère de la force active de la nature, qui est une force mystérieuse et cachée. Aussi la théologie sacerdotale représenta-t-elle de plus en plus Amoun comme le dieu suprême, invisible. Nous le répétons, cette conception n'a rien de primitif, mais par un progrès lent, elle se dégagea du caractère originel de la divinité thébaine.

Mount paraît, au premier aspect, différer beaucoup des dieux précédents. C'est un dieu guerrier, représenté sous la figure d'un homme avec une tête d'épervier, un soleil, un serpent et les deux plumes d'Amoun sur la tête. Il porte, comme Amoun et Chem, le titre de seigneur de la Thébaïde. Or Amoun, en tant qu'Amoun-ra, était souvent représenté avec une tête d'épervier, et il est, lui aussi, un dieu guerrier. Mount, comme l'Amoun primitif et Chem, était sans doute le même être que l'Horos des anciens temps. A Hermonthis (nom peut-être formé de la réunion des noms des deux dieux, Horos-Mônt), on le révérait comme le père d'Har-pe-chrouti, Horos enfant, représenté sous sept formes différentes, conception qu'on pourrait rattacher à la semaine de sept jours, à supposer que cette division du temps fût déjà usitée en Égypte. Horos lui-même est d'ailleurs quelquefois représenté comme un esprit violent, dieu de la guerre et de la mort.

La véritable signification de ce dieu ressort surtout de la fête qui était célébrée en son honneur le premier du mois de Pachon. On ne trouve, il est vrai, la mention de cette fête qu'à l'époque des Ramsès de la dix-neuvième et de la vingtième dynasties. Il n'y a cependant guère lieu de douter qu'elle date du moyen empire, et peut-être de plus loin. C'est à Medinet-abou qu'on a découvert la peinture de la procession qui avait lieu dans cette circonstance. Chem, Amoun dans sa forme ithyphallique, était le principal dieu auquel était consacrée cette fête. Il ressort de cette circonstance que pendant des siècles, alors même qu'Amoun-ra avait été élevé au premier rang, Chem était encore adoré à Thèbe, dans la ville sainte d'Amoun-ra. Chem, dans la forme sous laquelle il était révéré à Koptos et à Chemnis, figure deux fois dans cette procession, d'abord à découvert : sa statue, auprès de laquelle se trouvent les symboles de la fécondité, est portée par des prêtres sur un pavois surmonté d'un dais. Il est encore représenté dans son coffre sacré : derrière la statue du dieu, en effet, s'avancent quatre prêtres portant une arche semblable à l'arche sainte des Israélites. De cette arche sortent cinq arbres (1). Elle représente sans doute le même être divin, qui après avoir reçu les offrandes dans son sanctuaire, est promené processionnellement par les prêtres.

Le taureau blanc ou fauve (Ména, consacré à Men, c'est-à-dire à Chem), apparaît deux fois dans le cortège : la première, où le roi coupe avec une faucille d'or une poignée d'épis, et offre des grains à l'animal; la seconde, où on lui présente l'encens. Dans cette même fête, on lâchait quatre oies sacrées, nommées, d'après les quatre génies de la mort : Hapi, Amset, Tuau-moutef et Kebh-senouf, et qui devaient porter aux quatre régions du ciel la nouvelle qu'Horos, en la personne du roi vivant, était monté sur le trône. Il semble, en effet, que ce fût une fête de royal avènement, renouvelée chaque année; mais c'était aussi une fête de l'agriculture. Elle était consacrée à Horos-Chem, le dieu solaire envisagé comme la force fécondante de la nature ; néanmoins, cette force naturelle ne pouvait répandre ses bienfaits que grâce au sage gouvernement du roi, dont les travaux d'uti-

---

(1) Le nom d'une telle arche était HEN, la sainte, la consacrée. Sur une de ces arches d'où sort un acacia on lit : « Osiris s'élance ». C'était donc une représentation de la vie éternelle symbolisée par la semence enfouie en terre, et qui revit dans l'arbre. C'est un fait digne de remarque que l'arche des Hébreux était faite aussi de bois d'acacia. Brugsch, *Reiseberichte* p. 127.

lité publique réglaient les inondations du Nil et assuraient la fertilité de l'Égypte, et qui, dans les mauvaises années, devait pourvoir, par des mesures de bonne administration, à la subsistance du peuple. C'est pourquoi le moment où le roi coupait la poignée d'épis, était le plus important de la fête. L'idée dominante de la religion des Égyptiens était l'éternel passage de la vie à la mort et de la mort à la vie. Ils en voyaient l'image dans l'évolution du soleil, dans le cours des saisons, et fondaient sur ces symboles leur foi en l'immortalité de l'homme. Aussi, les mêmes dieux paraissent-ils sous des formes diverses, tout ensemble comme dieux solaires, dieux de la fertilité et dieux du monde souterrain. Chacun d'eux, cependant, se rattachait d'une manière plus directe à l'une ou à l'autre de ces significations. Ainsi, Osiris, à l'origine dieu solaire, était devenu presque exclusivement le dieu des morts, tandis que Chem, qui de sa nature est aussi un dieu solaire et est mis par le Livre des morts en rapport avec le monde souterrain, était devenu, par excellence, le dieu de la fécondité.

Cette religion, qui n'était guère que la divinisation des forces fécondantes de la nature, s'harmonisait parfaitement avec le caractère essentiellement agricole de l'Égypte à cette époque. Le côté guerrier de Mount ne se dégagea que plus tard, sous les rois belliqueux de la dix-huitième et de la dix-neuvième dynasties. Surtout avec la douzième, l'Égypte atteignit un haut degré de prospérité sous des princes puissants et pacifiques. La paix régnait de Thèbe à la mer. Les images d'Ousertesen Ier se retrouvent à San, située sur l'embouchure tanitique du Nil, au Sinaï et à Wadi-Halfa, en Nubie; celles d'Ousertesen III, en Éthiopie. Ce prince fut adoré, dans cette contrée, comme un dieu local; quelques siècles plus tard, Thoutmès Ier lui éleva un temple dans les mêmes lieux. Aménemha III est le célèbre Mœris qui améliora le système des canaux de l'Égypte et conquit par ses travaux pacifiques toute une province, le Fayoum, qu'il fertilisa par la construction ou la restauration et l'extension d'un vaste bassin de retenue. Ce fut dans cette province qu'il éleva un somptueux palais, le Labyrinthe, et qu'il construisit sa pyramide. Le surnom de Mœris paraît lui avoir été donné en récompense des services qu'il rendit par la régularisation des inondations.

A en croire les inscriptions, tous ces travaux des rois et des grands dignitaires de l'état furent exécutés sans accabler, comme dans les temps précédents, le peuple sous le poids des corvées. Si ces inscriptions ne respirent pas une profonde humilité, elles attestent un esprit de douceur et de sollicitude pour les malheureux. « Je n'ai, dit Ameni Aménemha dans l'inscription découverte à Beni Hassan, — je n'ai opprimé aucun petit enfant, maltraité aucune veuve, troublé aucun pêcheur, gêné aucun berger. » « J'ai, dit Saneha (ce grand dignitaire dont nous avons déjà quelquefois parlé), — j'ai donné à boire à celui qui avait soif (qu'on se souvienne du verre d'eau de l'Évangile), remis le voyageur dans son chemin, chassé l'oppresseur des Sakti (1), et mis fin à la violence. » Par exemple, cette *charité* n'allait pas jusqu'au pardon des injures, et le même seigneur se montra impitoyable pour son ennemi vaincu. Il se vante de s'être approprié ses biens, d'avoir dévasté sa maison et sacrifié aux dieux ses concubines, victimes innocentes des rivalités de deux hauts personnages, en un mot d'avoir traité son ennemi comme celui-ci l'aurait traité lui-même, s'il l'avait tenu en son pouvoir.

Cette époque fut, en outre, profondément religieuse. Les princes s'y distinguèrent par leur dévotion, par les sacrifices et les libations qu'ils offraient aux dieux. Des fêtes fréquentes apportaient quelque relâche à l'activité considérable des populations, et permettaient au travailleur de reposer son corps et son esprit. Outre les fêtes ordinaires de la nouvelle et de la pleine lune, il y avait deux fêtes de la nouvelle année, une pour l'année civile, l'autre pour l'année astronomique, la fête des grandes et la fête des petites chaleurs; enfin celle des cinq jours intercalaires, consacrée aux principaux dieux du cycle osirien, à Osiris, à Isis, à Set, à Nephtys et à Horos, était célébrée avec la plus grande solennité et les plus grandes réjouissances.

Du reste, cette période se distingue par une dévotion s'étendant à toutes les formes religieuses de l'Égypte. Les princes honorèrent d'un culte particulier le dieu local de Thèbe dans ses trois manifestations; ils eurent aussi une grande vénération pour Horos, et ne négligèrent pas non plus Héliopolis et ses

---

(1) Peuplade libyenne ou sinaïtique, chez laquelle Saneha vécut quelque temps.

dieux. Le plus ancien des innombrables obélisques qui ornaient cette ville et représentaient les rayons du soleil, en même temps qu'ils étaient le symbole de la fixité et de la durée, fut dressé par Ousertesen Ier. Dans l'inscription gravée sur le monolithe, il se dit lui-même « aimé des esprits d'Héliopolis ».

Il est temps que nous parlions avec quelque détail d'un dieu dont nous avons déjà plusieurs fois prononcé le nom : Chnoum ou Noum, le même que quelques savants nomment, quoique à tort, Kneph, comme son nom l'indique, l'architecte, le créateur de l'univers, en qui se réunissent les deux idées du feu cosmique et du souffle vital. Son culte remonte jusqu'aux premiers temps de l'histoire d'Égypte, mais a pris surtout un grand développement à l'époque où nous sommes arrivés. C'était un dieu local. On le trouve déjà mentionné sous les premières dynasties, et il ne cessa pas d'être adoré à toutes les époques de l'histoire de l'Égypte. C'est aller trop loin que de voir en lui, avec quelques égyptologues, « l'Esprit placé à la tête du monde des dieux égyptiens. » Il était le dieu de la région des cataractes, et le principal centre de son culte était Éléphantine (Ab), dans l'île de Konosso (Kebh). A son culte se joignait celui de deux autres divinités : Sati et Anka, ou Anouka. On l'appelait encore le dieu du premier des nomes, parce que les nomes, districts de l'Égypte, commençaient aux grandes chutes du Nil. Il serait difficile de dire aujourd'hui si son culte a pris naissance dans cette contrée, ou s'il y a été importé. Chnoum était aussi adoré dans les régions voisines. En tout cas, le lieu où un souffle puissant venu d'en haut semblait précipiter les masses d'eau qui alimentaient le grand fleuve nourricier de l'Égypte, et qu'on regardait alors comme ses sources, convenait parfaitement à la nature de Chnoum, et, s'il n'y est pas né, son culte a dû promptement et facilement s'y naturaliser. Chnoum était proprement le souffle de Dieu, en tant que pour les anciens le souffle et l'esprit se confondaient dans une même notion ; il correspond assez exactement à l'idée primitive de la ROUACH YAHVEH des Hébreux, à l'esprit de Dieu, au vent divin, planant au commencement sur les eaux. Il avait pour symbole le bélier, emblème de la fécondation. Sati, dont le symbole est un dard, et dont le nom dérive de lancer, et même signifie dard, était aussi une divinité des cataractes écumeuses, qui se précipitent avec fracas et avec la rapidité de la flèche. En outre, l'idée de fécondation est aussi étroitement liée à ce nom. Le nom d'Anka, la deuxième compagne de Chnoum, dérivait d'un mot signifiant « embrasser ». C'est la déesse de la terre, rendue fertile par les embrassements du dieu. On lit dans une inscription du temple de Sothis à Assouan en Nubie : « La divine Sothis, celle qui embrasse (anka-t) dans l'amour pour rendre le pays fertile, sous ce nom d'Anka *ânkt*, » ce qui signifie que Sothis, l'étoile Sirius, l'âme d'Isis, par conséquent la déesse mère, s'appelle Anouka lorsqu'elle devient féconde sous les embrassements du dieu du ciel. C'est le mythe ancien et universellement répandu du ciel ou de l'âme du ciel, fécondant la terre par les eaux célestes, localisé ici dans les cataractes qui, pour les Égyptiens, représentaient la source de la fécondité de leur pays. Partout aussi, ces eaux célestes sont personnifiées comme les déesses des fleuves : d'abord célestes, ensuite terrestres, comme la Gangâ, la Sarasvatî, etc. Il est à remarquer que le nom par lequel les anciens Perses désignent la rivière Tigris signifie aussi *fleuve* et *flèche*. La même pensée pouvait s'exprimer dans un mythe solaire. Aussi Chnoum fut-il, mais seulement à une époque postérieure, rattaché au cycle solaire sous le nom de Chnoum-ra. Sati devint alors le rayon fécondant descendant du soleil sur la terre, et fut quelquefois représentée comme une forme de Ra. Anka seule conserva sa signification et, en tant que la terre mère, fut quelquefois représentée comme la nourrice du roi.

Les noms des rois de la douzième dynastie, alternativement Sebek-hotep et Nefer-hotep, attestent que, sous leur règne, le culte de Sébak, le dieu à la tête de crocodile, fut en grand honneur. C'était un dieu originaire d'Éthiopie, auquel les rois d'Égypte, vainqueurs des Éthiopiens, donnèrent droit de cité dans le panthéon national, pour affirmer leur domination sur leur conquête. Ce fut Ousertesen III qui, le premier, soumit complètement l'Éthiopie, et son fils, Aménemha Mœris, paraît déjà avoir été un fervent adorateur de Sébak. Ombos devint en Égypte le centre de ce culte, et Sébak était ordinairement appelé le dieu d'Ombos. De là, il se répandit dans différentes autres parties de la Thébaïde et dans le Fayoum. Sébak fut sans aucun doute un dieu du Nil, et plus spécialement des inondations. C'était une croyance répandue chez les Égyptiens que les crocodiles déposaient leurs œufs juste à la limite où, chaque année, devait atteindre l'inondation. D'où on tirait la conséquence que c'était un de ces animaux qui, comme roi du fleuve, réglait la hauteur du débordement. C'est aussi pour cette raison que Sébak fut adoré comme dieu local du Fayoum, nouvelle province créée par les dépôts limoneux du fleuve. Sébak, dieu du Nil, et pourtant dieu créateur, se trouve associé à plusieurs épouses, différant selon les localités où il était adoré, mais généralement, à ce qu'il semble, des déesses de la terre comme Anka. Plus tard, du moins à partir de la dix-huitième dynastie, son culte fut associé à celui de Tanit et d'Anit, deux déesses du ciel que nous rencontrerons et dont nous étudierons la signification dans la dernière partie de cet ouvrage. Elles appartiennent probablement aux divinités primitives des peuples sémitiques.

On a vu dans Sébak l'obscurité de la nuit qui alternativement triomphe du soleil et est vaincue par lui (Mariette). Mais je crois qu'on s'est dans cette explication laissé égarer par une transformation postérieure du rôle de ce dieu. Il ne fut pas plus à l'origine un dieu malfaisant que Set, et il figure souvent, comme ce dernier, sur la poupe de la barque du soleil, par conséquent au nombre de ceux qui combattaient aux côtés d'Horos, et non de ses adversaires. A Ombos, son culte se trouvait associé à celui d'Horos.

De ce que nous venons de dire, il résulte donc que Sébak était un dieu de l'inondation, et à ce titre un dieu créateur. Les principaux centres de son culte étaient tous des villes situées sur des points importants du Nil, par exemple Koptos, Arsinoé et Athribis, ou bien sur des canaux et des travaux d'art qui conduisaient au loin l'onde fertilisante. A Silsileh, où le Nil était adoré et mis au rang des dieux principaux, la place de ce dieu se trouve quelquefois occupée par Sébak (dans le Spéos). La mention d'Élien et d'Eusèbe, que le crocodile était pour les Égyptiens le symbole de l'eau potable et de l'eau fertilisante des inondations, concorde pleinement avec ces attributs.

Néanmoins, quelques dieux, bien que fort différents les uns des autres, ont les mêmes symboles, et le crocodile, ainsi que quelques autres animaux féroces, était aussi consacré à Set. Lorsque ce dernier baissa dans l'estime générale, lorsque dans les nomes où florissait le culte d'Horos et d'Hathor, on commença à faire aux crocodiles une guerre d'extermination, cette défaveur atteignit également Sébak, et les interprètes des époques plus récentes oublièrent qu'il différait primitivement du tout au tout de Set. Déjà pourtant à une époque plus ancienne, Hâpi (qu'il ne faut pas confondre avec Hapi, le taureau Apis) paraît avoir relégué dans l'ombre Sébak. Hâpi, ou Hapimou, est le dieu du Nil. Je n'oserais affirmer que déjà sous le moyen empire on lui rendît un culte important. Mais sous le nouvel empire il fut adoré avec une grande ferveur, surtout dans les localités où le cours du Nil s'infléchissait. Nous avons déjà vu qu'il figurait dans la triade supérieure, par conséquent parmi les dieux créateurs, avec Sébak, à Silsileh, dans le temple construit dans une grotte des rochers qui, à cet endroit, ne laissent de libre au fleuve qu'une passe très resserrée. Il avait aussi ses temples à Héliopolis et à Memphis. Il ressort d'un hymne qui lui était consacré (Pap. Sall. II et Anastasi VII, publiés par M. Maspéro) que le Nil sur la terre n'était qu'une forme du Nil céleste, la source des eaux fécondantes de l'univers, dont on ignore le nom, qui ne révèle pas ses formes, et dont par conséquent il est impossible de faire des images. « Nulle demeure ne le renferme, on ne lui fait pas de sacrifices ; mais toutes les offrandes faites aux autres dieux, doivent être regardées comme lui étant consacrées. » Ce dieu, dont l'origine date peut-être de l'époque qui nous occupe à présent, resta en grand honneur jusqu'aux derniers temps de l'existence du royaume d'Égypte, et Hâpi reçut même encore des hommages sous la domination romaine.

Si, comme pour la période précédente, nous voulons donner ici un aperçu du développement religieux dans la période dont nous venons de résumer les faits, nous constaterons d'abord qu'il est en parfait accord avec l'état général de l'empire à cette époque, et que nous pouvions nous attendre à l'adoration de dieux tels que ceux que nous avons dépeints, dans un âge de grande prospérité de l'agriculture, où tous les arts de la paix fleurirent et furent portés très loin, et où l'Égypte vit créer tout un réseau nouveau de canaux. Du reste, ce que nous avons dit à propos de l'ancien empire, n'est pas moins vrai du moyen : les rois y exercent un pouvoir absolu, qui n'est limité ou contrebalancé par celui d'aucune caste de prêtres. Mais ils sont très religieux, ils protégent et affermissent la religion, vont jusqu'à créer de nouvelles formes de culte et de nouveaux sacerdoces. L'un d'eux, Ousertesen III, devint même le dieu local généralement adoré de la Nubie. Au-dessous d'eux gouvernaient les grands de l'état, qui descendaient sans doute d'anciens souverains locaux, et qui, à ce titre, remplissaient aussi des fonctions sacerdotales, mais n'en étaient pas moins des laïques. Leurs inscriptions témoignent de leur sens moral et de leur sollicitude pour les temples des dieux existant dans les limites de leur gouvernement. La littérature est surtout ce que l'on pourrait appeler de nos jours une littérature séculière, ainsi que l'attestent les maximes de Ptahhotep et l'autobiographie de Saneha. Il ne manque pas non plus de commentaires des anciens textes magiques, commentaires qui prirent place plus tard dans le Livre des morts. Pourtant les prêtres paraissent n'avoir joué alors qu'un rôle secondaire.

Cela résulte aussi de l'étude des monuments funéraires. On ne rencontre encore sur les murailles des tombeaux que peu d'images des dieux, on n'en a même découvert aucune dans les monuments datant de la treizième dynastie ; et dans les inscriptions qui accompagnent ces peintures, les noms des dieux se lisent très rarement. Les titres honorifiques des morts ont en général une physionomie plus bourgeoise que religieuse. Sous ce rapport, les célèbres tombeaux de Chnoum-hotep et d'Ameni Aménemha, à Beni Hassan, sont surtout remarquables. On y voit le mort représenté dans l'exercice de sa profession, au milieu de sa vie domestique, de ses délassements. Et qu'on ne s'imagine pas que ces peintures fussent destinées à conserver et à transmettre à la postérité le souvenir des scènes qu'elles retracent : car l'entrée des tombeaux était interdite. Tout cela était fait en vue du mort même. C'était une application d'une ancienne croyance des cultes animistes, en vertu de laquelle tout ce que l'on représentait pour le mort lui servait en réalité dans la vie future. Ces tombeaux nous apprennent donc ce que les princes et les grands de cette époque appréciaient, et désiraient conserver de l'autre côté de la tombe, ce qui était alors le mobile le plus élevé de l'existence, à savoir le bien-être matériel, ou plutôt une certaine jouissance des biens de la vie, jointe à une disposition bienveillante pour le bien-être de tous les hommes.

Il ne régnait donc encore aucune terreur des peines de l'enfer ou du jugement après la mort. La vie future n'était guère qu'une reproduction de la vie présente, et on ne paraît pas beaucoup avoir pensé à une rétribution après la mort. On trouve déjà, il est vrai, la formule qui sera dans la suite jointe sans changement au nom des morts (comme chez nous « feu » ou « bienheureux ») : maâcherou, qui doit signifier « exerçant l'autorité », ou « véridique par la parole » spécialement par la parole magique (1). Mais il ne se rattache encore à ces mots aucune idée de justification ni de jugement, comme on l'a cru d'abord. L'usage des stèles funéraires prit naissance dans cette période. Anubis y cède la place à Osiris, avec lequel sont invoqués plusieurs autres dieux.

(1) Champollion et d'autres après lui avaient traduit « justifié par la parole. » Devéria *(Recueil Vieweg,* I, 1, 10), G. Maspéro (dans la traduction allemande de son *Histoire ancienne des peuples de l'Orient,* p. 601), et Pietschmann, le traducteur de l'ouvrage (ibidem), ont donné une nouvelle traduction, à laquelle je me suis rallié, du moins pour le fond.

CHAPITRE VII

LA RELIGION SOUS LE NOUVEL EMPIRE

Le nouvel empire est séparé du moyen par l'époque de la domination des Hyksos, ou Pasteurs, domination qui pesa des siècles sur l'Égypte sans qu'il soit possible d'en déterminer exactement la durée. Des hordes de nomades barbares, dont on ignore au juste l'origine et la race, bien que sous l'altération profonde que les historiens grecs ont, suivant leur habitude, fait subir aux noms de ces conquérants, il ne soit peut-être pas impossible de remonter à des noms au caractère sémitique, envahirent la vallée du Nil. Elles furent vraisemblablement refoulées vers l'Afrique par quelque grand déplacement des populations dans l'Asie centrale et occidentale, s'emparèrent de la basse Égypte et soumirent tout le pays au tribut. Elles portèrent d'abord partout la dévastation et la ruine, puis subirent graduellement l'ascendant de la civilisation du peuple vaincu, relevèrent, restaurèrent les monuments et les temples qu'elles avaient renversés ou saccagés, et y replacèrent les statues des anciens rois sur lesquelles s'étalèrent les noms et les cartouches des princes étrangers. La résidence de leurs rois fut, en général, Memphis ; plus tard, lorsque les rois de Thèbe ébranlèrent et firent reculer leur domination, Tanis. Nous ne pouvons rien dire de la religion des Hyksos. Vers la fin seulement de leur puissance, l'histoire constate qu'ils avaient adopté, avec la civilisation et les arts de l'Égypte, une partie de son culte. Les monuments qu'ils construisirent, surtout à Tanis, témoignent, au jugement des connaisseurs, d'un art plus avancé que celui qui florissait à la même époque à Thèbe, où régnaient des princes égyptiens, tributaires des envahisseurs. Apepi (Apophis) le dernier des rois hyksos, contemporain de Raskenen Ta Ier, avait établi le siége de son gouvernement à Avaris (Péluse, en hébreu Ço'ar, en égyptien Zar ou T'ar). Cependant, il était encore en possession d'Héliopolis et percevait le tribut sur l'Égypte entière. Il avait adopté le culte de Soutech, Set, et ne souffrit l'adoration d'aucune autre divinité dans ses états. Il éleva à Tanis, en l'honneur de son dieu, un temple magnifique, précédé d'une longue avenue de sphinx. On a, en effet, retrouvé près de l'emplacement de cette ville des ruines et des sphinx d'une belle exécution, mais présentant un caractère étranger, et nullement égyptien. Set était, nous le savons, l'antique divinité de la basse Égypte. Soutech est son nom altéré par l'adjonction d'un suffixe quelquefois usité en égyptien, très commun en éthiopien. Cette forme était sans doute plus facile à prononcer que le nom primitif pour les envahisseurs, et se rapprochait probablement davantage du nom de leur dieu national, Çedek ou Sydyk, divinité que nous retrouverons plus tard en Phénicie et en Canaan.

Mais Apepi fit plus. Il proposa à Raskenen Ta Ier, roi de Thèbe, de joindre l'adoration d'Amoun-ra à celle de Set, et de faire de ces deux religions réunies la religion officielle et unique de toute l'Égypte. Ces ouvertures, qui attestent de la part d'Apepi le sentiment de l'affaiblissement de son pouvoir, et qui constituèrent sans doute une tentative de compromis pour raffermir une puissance chancelante, furent repoussées avec horreur par le prince thébain. En effet, avec leur rudesse primitive, les envahisseurs avaient perdu leur supériorité guerrière. Au contraire, les populations égyptiennes reprenaient conscience de leur force, et la dynastie des Ta's ou Raskenen (le soleil victorieux) se préparait à poursuivre contre eux une guerre de revendication sans merci.

Cette guerre eut essentiellement le caractère d'une guerre de religion. Ce ne fut pas, à proprement parler, la lutte des religions de deux races différentes, puisque les rois pasteurs avaient adopté un culte égyptien : ce fut la lutte de deux principes religieux : le polythéisme riche et varié des fils de Cham, et la religion simple et sévère des nomades, fils de Sem, la lutte des temps antiques entre le laboureur Caïn et le pâtre Abel, lutte qui se renouvellera plus tard sur le sol égyptien, pour aboutir encore au même résultat.

Après l'expulsion des Hyksos, le culte de Set ne fut supprimé ni à Tanis, son centre primitif, ni dans le reste de l'Égypte : sous le règne de Ramsès II, 400 ans après cet évènement, le gouverneur de Zar (Avaris), nommé Seti, était encore « prophète de Soutech et chef des prophètes de tous les dieux », preuve manifeste que Set n'était pas une divinité étrangère, mais un dieu égyptien, adopté et modifié par les barbares.

La conquête de son indépendance fut pour l'Égypte le point de départ d'une période de grande activité et d'une grande prospérité, fait souvent constaté et répondant à une loi certaine de l'histoire. Tout effort énergique d'un peuple pour atteindre un but important développe ses forces, réveille et exerce ses facultés, et une fois le but atteint, ces forces et ces facultés cherchent et trouvent d'autres objets. Aussi la guerre d'indépendance fut-elle suivie de l'époque la plus brillante de l'histoire de l'Égypte, dont l'éclat se manifeste déjà sous la dix-huitième dynastie. Un peu affaibli par les troubles des derniers règnes de cette dynastie, il se raviva et atteignit sa plus grande splendeur sous la dix-neuvième, et fut encore majestueux et fécond à son déclin, sous la vingtième. L'industrie et le commerce prirent un grand essor. Pour la première fois les Égyptiens se risquèrent sur la mer, que les préjugés religieux faisaient regarder comme impure. Les flottes dirigées sur les côtes de l'Arabie en rapportaient de riches cargaisons. Sans doute, les Phéniciens eurent une large part dans la création et le développement de cette marine, mais les équipages durent être en grande partie composés d'Égyptiens. Des princes belliqueux étendirent la puissance de l'Égypte jusqu'au cœur de l'Asie. L'art se réveilla de son long sommeil et, moins grandiose que dans la période précédente, produisit cependant les plus belles et les plus nobles œuvres. La science, la littérature, la poésie eurent une riche floraison. La religion ne resta pas en arrière de ce développement, et, sans abandonner absolument le point de vue naturiste des anciens âges, sans répudier les conceptions du passé, l'esprit égyptien sut mettre de plus en plus au premier rang une notion plus pure de la divinité, comme être invisible et spirituel, et représenter dans des formes multiples, ne différant guère que de nom, le Dieu unique et absolu.

Les trois dynasties sous lesquelles le nouvel empire parvint au plus haut degré de puissance et de prospérité, étaient thébaines. Le principal dieu de l'Égypte, à cette époque, fut donc naturellement Amoun, le dieu de Thèbe. C'est toujours le même dieu qu'au moyen empire nous avons vu révérer sous différents noms comme le dieu de la fécondité. Nous le trouvons encore invoqué sous les mêmes noms, représenté avec les mêmes attributs. Il a conservé aussi son caractère primitif de dieu solaire. Déjà pourtant il tend à revêtir une signification plus dégagée des sens et de la nature, par exemple dans cette louange : « Amoun qui se retire dans sa prunelle, âme qui brille dans son œil saint. » Amoun fut aussi, à cette époque, appelé comme Ra lui-même : « Le mystère des mystères caché dans l'océan céleste. »

Mais on alla plus loin. Le rapprochement d'Amoun et de Ra amena par degrés à attribuer au premier le nom du second, et il fut appelé Amoun-ra, quelquefois Amoun-ra-harmachou. S'il se fût seulement agi d'exprimer par là le caractère solaire d'Amoun, c'eût été un pur pléonasme, car, nous l'avons constaté, Amoun était à l'origine un dieu solaire. Mais il s'agissait d'accentuer en lui le caractère insondable de la divinité. Son nom se prêtait à cette transformation. Amoun fut donc considéré comme la divinité invisible (*amen*, caché) dont Amoun lui-même n'est qu'une forme, aussi bien que le disque solaire. A ce titre, il est appelé « la force suprême aux formes mystérieuses », « l'âme secrète qui crée elle-même sa force redoutée ». On alla même jusqu'à l'appeler « l'esprit plus spirituel que les dieux, sur le plan duquel le monde a été formé à l'origine, l'unique sans limite, l'existence qui fut au commencement créateur des existences, mystère pour les dieux et les hommes ».

Essayons d'expliquer cette exaltation d'Amoun-ra, en vertu de laquelle il surpasse tous les dieux plus anciens de l'Égypte et réunit en lui tout ce que l'Égyptien avait personnifié de grandeur et de gloire dans ses dieux différents. On se souvient que nous avons déjà signalé dans le chapitre précédent l'étroite parenté des trois principaux dieux de la Thébaïde, Amoun de Thèbe, Mount d'Hermonthis et Chem de Koptos. Eh bien, ces trois dieux représentaient précisément les trois espèces de dieux supérieurs qui étaient adorés en différents endroits de l'Égypte : au point de vue mythologique le dieu du feu ou du vent, celui du soleil visible ou vivant, et celui du soleil invisible ou mort ; au point de vue théologique le créateur agissant et dérobé à la vue des hommes dans la sphère la plus élevée du ciel, se manifestant dans l'atmosphère, et caché dans le sein de la terre ou dans le monde souterrain. A la première catégorie appartient d'une manière toute spéciale, outre Shou d'Héliopolis, et d'autres, Chnoum. Or Amoun, le dieu de la ville de Thèbe, dont le nom doit avoir originellement signifié « celui qui féconde » était très souvent représenté sous la forme propre de Chnoum, c'est-à-dire avec la tête de bélier symbole de l'âme du monde, quelquefois même avec quatre têtes de bélier, figurant la quaternité des esprits du ciel, de l'air, de la terre et du monde souterrain, c'est-à-dire de la lumière, du vent, du feu et du Nil, ayant ainsi une signification complètement identique à celle qui était attribuée à Chnoum de Mendès, dans la basse Égypte. Ce n'est donc pas d'une manière accidentelle qu'Amoun-ra revêt la même forme que Chnoum, mais il n'y a pas le moindre doute qu'il fût conçu comme l'âme créatrice du monde. Non seulement il est dit de lui comme de Shou, que les vents sortent de sa bouche, soufflent de ses narines, mais encore, dans le Livre des souffles de la vie (*Shaï an Sinsin*), qu'on déposait dans les tombeaux des prêtres et des prêtresses d'Amoun, il donne comme Shou le souffle de la vie aux morts, et l'âme vit en lui comme le corps en Osiris. Et dans une peinture de Karnak (Thèbe) on voit Osiris sur le brancard funèbre, non plus comme une momie, mais comme un jeune homme, par conséquent au moment où il va reprendre la vie, et au-dessus de lui plane Amoun-generator, sous la forme d'un oiseau, symbole ordinaire de l'âme et de la vie nouvelle. L'inscription qui accompagne cette peinture est conçue en ces termes : « Amoun-ra, l'âme

7

vénérable d'Osiris, repose sur son corps dans le lieu de la résurrection » (1).

Le principal représentant des dieux de la deuxième catégorie est Ra-harmachis d'Héliopolis. Mount d'Hermonthis, dieu solaire et guerrier, ne diffère pas en réalité de lui. Or, Ra fut réuni à Amoun, sous le nom d'Amoun-ra, et même ce dernier fut appelé « Seigneur d'An (Héliopolis) » et il est fait mention de son apparition vénérable dans la maison Benben (un endroit mystique, localisé dans un sanctuaire d'Héliopolis). A ce titre, Amoun-ra porte la tête d'épervier comme Ra-harmachis. Les principaux dieux de la troisième catégorie sont surtout Atoum ou Toum et Osiris, et nous trouvons Amoun-ra identifié avec tous deux, ce à quoi sa forme comme Chem, dieu caché de même qu'Osiris, a donné lieu. Les dieux cachés ont en général une tête humaine, symbole avec lequel est aussi représenté Amoun-ra.

On aurait tort de voir là un amalgame sans règle ni principe de dieux, comme il s'en produit quelquefois aux époques de transition. Ce fut un système arrêté, fruit d'une sérieuse et profonde spéculation, qui a aussi trouvé son expression dans le culte. Nous ne voyons en effet qu'une seule barque représentée pour chacun des autres dieux ; Amoun-ra en a trois, très distinctes l'une de l'autre : la plus grande, celle de l'âme mystérieuse, est ornée de têtes de bélier, la deuxième, celle du dieu manifesté, de têtes d'épervier, la troisième, celle du dieu caché dans le monde souterrain, de têtes humaines.

L'Amoun-ra du nouvel empire est, à proprement parler, le dieu très haut et invisible qui se manifeste dans le soleil et, comme tel, la conception la plus pure de la divinité à laquelle se soit élevé le génie religieux de l'Égypte. Cependant ce génie ne possédait pas les aptitudes nécessaires pour séparer cette conception supérieure du naturisme antérieur. C'était aux Hébreux qu'il était réservé de réaliser ce dernier progrès. Tous les

---

(1) Il est vrai que la tête de bélier d'Amoun porte toujours des cornes d'une autre forme que celle de Chnoum, comme l'a fait remarquer Lepsius (*Zeitschrift* 1877, p. 8 et 11) ; mais cela prouve seulement que sa tête de bélier n'est pas un emprunt fait à Chnoum, mais que ce symbole lui appartenait en propre dès l'origine. Le sens primitif du symbole et, par conséquent, la signification originelle des deux divinités ne sauraient donc pas faire doute.

éléments du monothéisme étaient en germe dans la religion des Égyptiens, mais ils n'y parvinrent jamais à leur complet développement. Au contraire, on conserva avec un soin jaloux toutes les parties mythologiques, toutes les formes consacrées par la piété des siècles. Ce double caractère se manifeste dans les monuments de cette époque, lesquels, à côté de conceptions purement mythologiques, nous en offrent d'autres qui ne seraient pas déplacées dans les plus beaux psaumes d'Israël. Ainsi dans le poème du scribe Pentaoura, qui célèbre la victoire de Ramsès II sur les Chétas : « N'es-tu pas mon père, ô Amoun ? et voici, un père oubliera-t-il ses enfants ? Est-ce que je me suis confié en ma propre pensée ? Ne me suis-je pas conduit par la parole de ta bouche ? N'est-ce pas ta parole qui a présidé à mes entreprises, et tes conseils qui m'ont dirigé ? Amoun abaissera ceux qui ne connaissent pas DIEU. » Et lorsque le prince se trouve abandonné de tous, au milieu de ses ennemis, il s'écrie : « Amoun me vaut mieux qu'un millier de soldats. Les embûches des hommes ne sont rien, Amoun en triomphera. » Des expressions toutes semblables de piété se retrouvent dans l'histoire et les monuments d'autres rois de la même dynastie ; ce qui n'empêchait pas qu'on invoquât en même temps les autres divinités, Ra, Toum, Harmachis, Mount le divin épervier, et même Baal.

Une autre preuve qu'Amoun, malgré le caractère élevé qu'on lui attribua, ne se dégagea jamais complètement des conceptions naturistes primitives, c'est qu'on continua à lui adjoindre des déesses comme épouses. Et, comme nous avons vu Amoun réunir en lui même les plus grands dieux, nous trouvons aussi, adjointes à lui, quelques-unes des plus grandes déesses. Il en est surtout mentionné trois à Thèbe, lesquelles, il est vrai, ne sont à proprement parler qu'une seule et même divinité, présentée sous des aspects divers, la déesse mère sous trois formes répondant aux trois formes d'Amoun, que nous venons d'exposer. Au créateur suprême sous la forme de Chnoum, l'Amoun par excellence, le vieux dieu de la ville de Thèbe, répond Amount, nom qui n'est autre que le féminin d'Amoun ; au dieu visible du soleil, Amoun-ra, la déesse de Thèbe, Mat ou Mout, la « mère », quelquefois unie à Neith de Saïs sous la forme Mat-Net, et le plus ordinairement, l'Hathor de la Thébaïde, la reine de Thèbe, « l'amie de celui qui est nommé de son nom mystérieux » ; au dieu caché du soleil, dans le monde souterrain, une forme d'Isis, la déesse du ciel nocturne, représentée sous la forme repoussante de la femelle d'un hippopotame, pleine, et appelée à Thèbe Apé. Mais dans le culte, la deuxième forme, le type de la mère royale, la princesse qui donnait à l'Égypte son roi futur, occupait la place la plus importante.

L'idée la plus fausse qu'on puisse se faire de la religion de l'Égypte, serait de se la représenter comme stationnaire et pétrifiée dans des conceptions immuables. Mais le progrès s'y produisit par la superposition au vieux fond, d'idées nouvelles et plus pures, sans que jamais on sacrifiât la moindre parcelle des croyances du passé.

La triade d'Amoun et de Mout était complétée par le fils qu'on leur attribuait, Chonsou, dans lequel le caractère naturiste est si peu accentué, qu'on a douté longtemps s'il fut originellement un dieu lunaire ou solaire. A présent, le doute n'est plus possible : c'était un dieu lunaire. Son père Amoun-ra avait réuni en lui tous les dieux solaires ; il ne resta pour le fils que la domination de la lune. Et en réalité, il porte sur la tête le disque lunaire et, comme Thot, il a à la main la branche de palmier, symbole du temps et de l'éternité. Un temple était consacré à Thèbe à Chonsou-Thot, et ce n'est que comme dieu de la lune qu'il peut avoir porté le nom de mesureur du temps (*hescb hâ*). Il porte en outre les attributs de la royauté, comme Osiris, qui est aussi représenté parfois comme un dieu lunaire. Le fait qu'on le trouve représenté avec une tête d'épervier n'est pas une preuve suffisante qu'il ait également été un dieu solaire, car des dieux de caractère très différent avaient ce symbole en commun. Il est bien le révélateur de la volonté du dieu caché de la nuit, et on lui attribuait une très grande puissance, on recherchait ses oracles, lui même veillait à l'exécution de ses ordres. Un de ses surnoms est Pa-ar-secher, « celui qui fait ce qui lui plaît », et on lit dans le temple de Chonsou-Thot : « Ce qui sort de sa bouche s'accomplit, et s'il parle, ce qu'il a ordonné arrive. » On cherchait auprès de lui la guérison de toutes les maladies, ou l'exorcisme de tous les mauvais esprits qui les causent.

La demande adressée à Ramsès III par un de ses gendres, le roi de Bouchten en Asie, de lui envoyer la statue de Chonsou, pour guérir sa fille d'une maladie contre laquelle les dieux et les prêtres du pays étaient impuissants, montre quelle était sa réputation sous ce rapport. Représenté sous la forme d'une momie, il est appelé Chonsou le bon repos (Nefer-hotep), surnom qui indique à l'origine un dieu régnant sur les âmes des morts ou les ombres, comme la lune règne sur les étoiles, mais qui plus tard reçut une signification politique. Du moins, sous la vingtième dynastie, en le nommant Nefer-hotep, on pensait au repos du pays, et on regardait Chonsou comme l'ennemi le plus puissant et le destructeur des rebelles.

Il est souvent fait mention de lui, et il était déjà adoré sous la dix-huitième dynastie, mais il ne parvint au plus haut point de sa puissance comme seigneur de la Thébaïde que sous Ramsès III, qui lui éleva un temple particulier où il était adoré sous ses trois formes principales. Ce fut alors aussi que sa renommée se répandit au dehors.

Amoun-ra fut pendant toute cette période le dieu principal de l'Égypte, non seulement parce qu'en tant que dieu particulier de la famille royale, il recevait les plus grands honneurs, mais encore parce que lui-même était l'expression la plus complète de la divinité, dieu réunissant dans sa personne les attributs de plusieurs dieux principaux ; par contre-coup, tous les autres dieux furent plus ou moins transformés à son image. La tendance de la spéculation théologique était alors de confondre et d'identifier l'un avec l'autre les dieux principaux, qui n'apparaissent que comme les manifestations particulières d'un principe divin, suprême et unique, tandis que les divinités secondaires descendent au rang de serviteurs (ministres, anges), ou de formes dans lesquelles le principe divin invisible se révèle et apparaît (théophanies). Le nom de *ra* est adjoint à ceux de toutes les autres divinités locales, aussi bien que d'Amoun, et l'on voit figurer dans les prières Chnoum-ra, Ptah-ra, Sébak-ra, et même Mount-ra. Les dieux, comme amollis dans leurs antiques et rigides symboles par le souffle brûlant de l'esprit nouveau, se fondent et coulent en quelque sorte les uns dans les autres, ils échangent leurs noms et leurs attributs. La religion de l'Égypte, en apparence immuable, se transforme profondément, obéissant à la loi d'un indéniable progrès. Et ce mouvement fut parfaitement conscient et réfléchi : il fut l'œuvre des prêtres. C'est un des services les plus éminents que les égyptologues aient rendu à la science et, ajoutons-le, à la conscience religieuse, que d'avoir établi ce fait et indirectement réfuté l'opinion accréditée que les éléments les plus purs de cette antique religion seraient les dernières traces d'une révélation primitive, subsistant au milieu des superstitions populaires et des spéculations sacerdotales. En outre, ce progrès, sorti de l'initiative des prêtres, ne fut pas dérobé avec un soin jaloux ou timoré, à la masse des fidèles : il ne constitua pas un enseignement ésotérique, mais il s'étala aux yeux de tous dans les inscriptions, fut vulgarisé dans des livres que chacun pouvait acheter et lire.

La principale cause de la persistance des anciennes formes, au milieu du renouvellement des idées, fut peut-être la politique. Aucun peuple, à l'exception des Chinois, n'a été aussi fidèle à la tradition que les Égyptiens. Dans chaque ville, dans chaque district, les noms des dieux et les formes du culte étaient immuables. On restaurait les temples, ou on les reconstruisait de fond en comble, mais on aurait eu garde de les consacrer à d'autres dieux que ceux qui y avaient toujours été adorés. Les rois devaient, sous peine de compromettre leur autorité, respecter ce trait fondamental du caractère national. Mais, tout en entretenant les sanctuaires existants, en maintenant les vieux usages, en montrant la plus grande tolérance pour les formes antérieures de culte et en laissant chaque localité et chaque famille garder ou choisir les dieux et le culte qui leur convenaient, ils surent, avec l'aide du sacerdoce, à la tête duquel ils étaient placés, conserver une unité de fond qui semblait inconciliable avec cette diversité de formes. Les sectateurs de chaque dieu n'étaient pas toujours aussi tolérants, souvent ils se méprisaient mutuellement et mutuellement décriaient les dieux les uns des autres. Mais les princes sages maintenaient la paix entre les différents districts, précisément par la pleine liberté qu'ils laissaient à chacun sur son domaine et par la protection qu'ils accordaient à chaque culte local.

La politique des rois du nouvel empire fut une politique d'équilibre et d'égalité de droits pour toutes les parties de la monarchie, et cette politique trouva son expression dans la conduite religieuse des princes. Ra, le dieu d'Héliopolis, ou plutôt le dieu national de toute l'Égypte, Amoun, le dieu de Thèbe et de la famille royale, Ptah, le dieu vénérable de l'ancienne capitale, Memphis, quelquefois Set ou Soutech, le dieu de la basse Égypte, dont le culte avait été restauré par Apepi, furent constamment réunis dans une même adoration. Si leurs anciens sanctuaires demeurèrent le centre du culte spécial de chacun d'eux, il leur fut élevé des temples dans les diverses provinces, jusqu'en Nubie, et même en Syrie, où Ramsès II consacra ses victoires par des monuments sur lesquels se trouvent accolés les noms des trois premières de ces divinités. Les rois avaient soin également de rappeler les noms des quatre dieux principaux et des divinités secondaires, ou des formes particulières sous lesquelles ils étaient adorés, dans les noms donnés aux princes et aux princesses de la famille royale. Thèbe, la capitale de l'empire, devint comme un vaste panthéon de l'Égypte.

Aménophis Ier, Thoutmès Ier et II inaugurèrent cette politique, érigée, en quelque sorte, en système par Thoutmès III. Si Thoutmès IV fut animé d'une grande dévotion pour Ra-harmachis, et lui voua personnellement un culte presque exclusif, il ne persécuta pas les autres cultes. Son successeur Aménophis III revint à l'éclectisme ou au syncrétisme consacré par les puissants et glorieux fondateurs de la puissance égyptienne à cette époque.

Il était réservé à Aménophis IV de rompre avec cette habile politique et de montrer par son exemple les dangers de l'exclusisme religieux en Égypte. Ce fut une véritable révolution religieuse que poursuivit Aménophis : il entreprit de substituer au culte d'Amoun-ra celui d'Aten, le disque solaire.

Il n'est pas possible de déterminer avec certitude ce qui provoqua cette révolution religieuse. Aten fut-il un dieu étranger introduit en Égypte ? On l'a supposé et, d'après la ressemblance des noms, on a voulu l'identifier avec l'Adonis des Phéniciens ;

on a même cru trouver la confirmation de cette hypothèse dans un récit du règne de la reine Misaphris, ou Hatasou, sœur de Thoutmès III, qui régna quelques années avant Aménophis IV. Cette souveraine envoya une expédition de commerce au pays des Poun ou Pouns, et les ambassadeurs de ce peuple, amenés en Égypte par les vaisseaux égyptiens, affirmèrent que, de même que la reine, ils adoraient Hathor, qui est Aten. Est-ce qu'on leur aurait emprunté le culte de cette divinité ? Mariette a aussi appelé l'attention sur les noms de la mère et de la grand'mère d'Aménophis IV, Taya, fille de Yuaa et Tuaa, qui certainement ne sont pas des noms égyptiens, et, selon lui, appartiendraient aux langues sémitiques. Mais remarquons d'abord qu'Aten est une divinité mâle, que son nom est dérivé d'une racine purement égyptienne, et que nous en retrouvons la mention en Égypte jusque sous le règne des Ptolémées. Ensuite Adonis n'est pas précisément le dieu du disque solaire, et enfin les Pouns que, à cause de l'analogie des noms, on a jusqu'à présent confondus avec les Pœni (Puniens), ou Phéniciens, étaient un peuple de race africaine.

Cependant le fait que la mère d'Aménophis IV, fervente adoratrice d'Aten-ra, ainsi que l'attestent les monuments, n'était pas purement égyptienne, mais qu'elle avait vraisemblablement du sang africain dans les veines, et que les principaux serviteurs d'Aménophis IV rendent témoignage dans les inscriptions de leurs tombeaux, qui étaient déjà construits de leur vivant, de leur fidélité aux croyances, au culte et à la « piété traditionnelle de la vieille reine », ce fait légitime la supposition que, déjà sous son règne, des tentatives eurent lieu, et peut-être de sa part ou de celle de sa famille, pour changer la religion jusqu'alors reçue.

Quoi qu'il en soit, Aménophis se consacra exclusivement au triomphe du culte d'Aten, envisagé comme un dieu mâle. Il avait été prêtre de Ra avant son avènement au trône. Fut-ce Ra dont il voulut imposer l'adoration exclusive sous le nom d'Aten, le disque brillant du soleil ? Je ne saurais le dire. Mais, à coup sûr, il ne procéda pas par demi-mesures ; nous dirions, si l'on voulait nous passer cette expression, qu'il n'y alla pas par quatre chemins. Il interdit partout le culte des anciens dieux, surtout celui d'Amoun, n'épargna que Ra et Osiris, fit effacer dans les inscriptions les noms et renverser les monuments de tous les autres. En haine d'Amoun, il changea son propre nom (Amen hotep) en celui de Chou-n-aten (splendeur du disque solaire) et ajouta à celui de la reine, Nefert-youti, le nom de Nefrouaten. Il fit gratter sur les écussons royaux tous les noms qui rappelaient le culte d'Amoun, quitta, comme impure, Thèbe, la ville d'Amoun, et se fit construire une nouvelle résidence dans l'Égypte moyenne, non loin de Tell-el-amarna. Les ruines de cette cité royale ont été découvertes ; elle dut être très étendue et magnifique. On y a retrouvé les traces d'un temple du soleil qu'Aménophis y éleva et, dans le voisinage, les tombeaux de plusieurs hauts dignitaires, tous, à en juger par les inscriptions, fervents adorateurs du « disque vivant du soleil ». Ils eussent sans doute montré autant de dévotion à Amoun, si le roi n'avait pas abjuré son culte. La platitude de la posture dans laquelle on les voit prosternés devant le roi dépasse, ce qui n'est pas peu dire, tout ce que les mœurs des cours égyptiennes nous offrent d'exemples de servilité. Ils sont laids, d'une laideur repoussante, comme sa Majesté elle-même, avec son gros ventre et sa figure idiote. Et il ne faut pas attribuer cette laideur à la décadence de l'art, à l'impéritie des artistes ; elle est de pure adulation : c'est une flatterie des courtisans, qui ne se seraient pas permis de se faire représenter plus beaux que leur maître.

Rien, en effet, ne contraste davantage avec ces hideux magots que la noble poésie qui célèbre la grandeur du dieu. Aten-ra est représenté comme le disque solaire à l'*ureus* entouré de trois ellipses, et duquel partent des rayons finissant en mains ; une de ces mains touche la main droite du roi, une autre porte à sa bouche le symbole de la vie.

Le culte consistait surtout en chants d'une grande élévation et d'une grande beauté, qu'on était loin de s'attendre à rencontrer dans une pareille cour.

Il reste encore bien des points à éclaircir dans ce singulier mouvement religieux, et il est à espérer que des études ultérieures en détermineront plus complétement le caractère. Autant que nous en pouvons juger, il eut pour but l'établissement d'un certain monothéisme, mais d'un monothéisme si étroit, l'adoration exclusive d'un seul dieu si inférieur aux grands dieux de l'Égypte, que nous préférons de beaucoup le riche polythéisme traditionnel du pays du Nil, polythéisme qui, ainsi que nous l'avons vu, ne manque pas d'unité. Il ne survécut, d'ailleurs, pas longtemps à son promoteur. Les successeurs immédiats d'Aménophis IV rendirent de nouveau leurs hommages à Amoun. Une réaction violente éclata bientôt contre sa personne et son œuvre ; elle triompha avec Horemheb (Horos), qui s'empara du trône trois règnes après celui du réformateur, et paraît avoir été du sang royal le plus pur. Les monuments élevés à Thèbe par Chounaten furent détruits, sa capitale dans l'Égypte moyenne rasée. Des débris de ses monuments on fit des dallages, et ce fut littéralement que son hérésie fut foulée aux pieds (1). Le culte des trois principaux dieux de Thèbe, déjà rétabli après sa mort, fut pratiqué avec une ferveur extrême par Horemheb. Celui-ci honora aussi Thot, le dieu des lettrés, auxquels il devait son élévation, et se fit représenter, selon l'antique usage, entre Set et Horos, les dieux protecteurs du nord et du sud de l'Égypte. Cependant, on trouve encore sous son règne des traces du culte d'Aten-ra.

A ce prince succéda le premier des Ramsès, lesquels, d'après leurs noms et leurs préférences religieuses, paraissent avoir été originaires du nord. Ramsès Ier ne régna que peu de temps et eut pour successeur son gendre, Seti Ier (Ramaa-men-Mérenptah Seti), dont le nom rappelant exclusivement les dieux du nord, Ra, Ptah et Set, fait supposer qu'il était aussi de la basse Égypte. Aussi, pour affermir son autorité, jugea-t-il prudent, dès la naissance de son fils Ramsès, de l'associer au trône. Par

---

(1) Cela ressort des communications de sir Charles Nicholson, *On the disk-worshippers of Memphis*, dans les *Transactions of the R. Society of Literature* IIe série, vol. IX, part. II, p. 197 et ss. Jusqu'à présent, on n'avait pas encore trouvé de monuments du réformateur aussi au nord. Ils établissent que son autorité s'étendit sur tout l'empire des Pharaons. Nicholson conclut de la circonstance que l'adoration du disque solaire divinisé se montre déjà sous Aménophis IV, et que Seti Ier est également représenté sous cet emblème à Tel-Hammamât, que l'hostilité dont Chounaten fut l'objet eut un caractère plutôt dynastique que théologique. Ces preuves ne me paraissent pas suffisantes. J'ai appelé l'attention sur le culte d'Aten sous le règne de Horemheb. Mais autre chose est adorer Aten, autre chose vouloir faire de son culte la seule religion régnante. Cet exclusivisme fut certainement la seule raison de la persécution déchaînée plus tard contre la religion de Chounaten.

sa mère, le jeune prince était, en effet, du sang royal, avantage qui paraît avoir manqué à Seti. Ce dernier suivit la sage politique de Thoutmès III, et s'il appartenait, comme on l'a supposé, à la race des Hyksos, il faut avouer qu'il fit tout ce qu'il lui était possible pour racheter, aux yeux des Égyptiens, cette origine suspecte. Il déploya le plus grand zèle pour le culte d'Amoun, dont il enrichit le temple, à Karnak, de cette salle de 164 pieds de profondeur, sur 320 de largeur, reposant sur 134 puissantes colonnes, dont le caractère majestueux est au-dessus de toute description. Le temple sépulcral élevé par lui à la mémoire de son prédécesseur dans un autre quartier de Thèbe (à Qourna) était aussi dédié à Amoun. Il paya même son tribut habituel d'hommages à Amoun dans le temple d'Osiris, qu'il restaura à Abydos. Mais ses inscriptions témoignent de la confusion qui régnait à cette époque entre les différents dieux. Le bas-relief le représente adorant le collier (*usech*) de son père Amoun, mais après le titre, dans le corps de l'inscription, il n'est plus question de ce dieu. Cette inscription n'est sans doute que la reproduction d'un texte d'origine héliopolitaine sur les devoirs des rois. « Sois-moi favorable, dieu Toum ! Sois-moi favorable, dieu Ra ! Créateur qui te réjouis lorsque le matin tu montes dans le ciel et verses tes rayons sur les obélisques qui ornent le temple d'Oer-to à Héliopolis ! »

La reconstruction du temple d'Abydos atteste une restauration du culte d'Osiris ; mais ce ne fut pas une restauration pure et simple : la divinité à laquelle était consacré le nouveau sanctuaire n'était pas, à proprement parler, l'Osiris des anciens temps, mais une triade ou synchrèse de Ptah-Sokar-Osiris, trois divinités qui, pour rapprochées qu'elles aient été dans les âges précédents, avaient cependant chacune son existence distincte, et paraissent ici se confondre dans une seule conception. Amoun était aussi adoré dans ce temple, et il y est également fait mention, en outre, du dieu du monde souterrain sous sa forme triple et une, « du cercle des dieux qui sont réunis avec lui dans ce sanctuaire, » — lequel se partageait en grand et en petit cercle des dieux du nord et du sud, — et en particulier du dieu du soleil, Harmachou. Ce temple était comme une espèce de panthéon, de même que le temple d'Amoun à Thèbe. De riches et nombreuses offrandes y étaient présentées et dans les textes des inscriptions on retrouve chez les Égyptiens des traces de cette idée qu'on rencontre chez plusieurs peuples de l'antiquité, sémites et aryens, que les sacrifices offerts aux dieux servent à leur nourriture et entretiennent leur vie. Un trait caractéristique de ce renouveau du culte d'Osiris, c'est qu'à partir de la dix-neuvième dynastie on se reprend à attacher un grand prix à être inhumé dans le voisinage d'Abydos, dans la contrée où se retrouvait la topographie consacrée du royaume des ombres. On voyait dans de telles sépultures un gage d'immortalité.

Si le culte d'Amoun était introduit à Abydos, Ptah, Osiris et Set eurent, par contre, leurs temples à Thèbe, la ville d'Amoun. Seti éleva aussi un temple à Sechet à Beni Hassan, dans l'Égypte moyenne. Ainsi, il ne négligea aucune des principales formes ni aucun des principaux dieux de la religion nationale. Vers cette époque, des dieux positivement étrangers commencèrent aussi à être adorés, par exemple Ken, Astarté, Anata, Kedesch, Reshpou, dieux cananéens et syriens qui eurent leurs temples et leurs prêtres dans la vallée du Nil, et dont les représentations offrent des types notablement différents de celui des dieux purement égyptiens.

Ramsès II, Mériamoun, aimé d'Amoun, est le célèbre Sésostris des Grecs, qui empruntèrent ce nom à un de ses surnoms. Il fut, comme nous l'avons vu, associé dès sa naissance au trône par son père et, après la mort de ce dernier, il régna dans le même esprit que lui. Nous ne nous occuperons ici ni de ses grandes expéditions militaires, ni de ses conquêtes. Mérita-t-il vraiment le nom de grand, que lui ont décerné les historiens grecs? Il fit assurément de grandes choses; nous verrons cependant que son œuvre, pas plus que celle de tous les grands conquérants, ne fut vraiment profitable au pays. Quoiqu'il en soit de cette appréciation, Ramsès, dans les inscriptions des innombrables monuments qu'il éleva à sa propre gloire, se vante de ses exploits avec une exagération qui montre que l'humilité n'était pas alors considérée comme une vertu des rois. On peut suivre sur ces monuments une rapide et profonde décadence de l'art égyptien sous son règne. Tandis que les premiers appartiennent aux plus belles et aux plus pures antiquités égyptiennes, les derniers témoignent d'un abâtardissement déplorable. Les expéditions militaires sans cesse renouvelées épuisèrent d'hommes le pays, tarirent les sources des manifestations supérieures de la vie nationale ; la multitude, la presse des constructions entreprises, excéda ce que l'Égypte pouvait produire, et, vraisemblablement, à défaut d'artistes, on dut souvent se contenter de manœuvres.

La vanité de Ramsès II se donna surtout carrière dans l'exagération des honneurs divins qu'il se décerna lui-même. Nous avons déjà eu l'occasion d'expliquer le caractère particulier de l'adoration des rois en Egypte (1). Ce n'était pas l'élévation de l'homme au rang des dieux, mais la représentation, le symbole de la puissance et de la dignité que le prince tenait des dieux, le plus haut degré de la fiction du droit divin. Aussi le roi était-il le premier à s'adorer ; les vignettes et les bas-reliefs nous le représentent souvent prosterné devant sa propre image, lui offrant l'encens. L'homme investi de la dignité royale, revêtu de la suprême puissance sur la terre, adorait en sa propre personne la plus haute manifestation humaine et comme l'incarnation de la grandeur et du pouvoir divins. Sous Ramsès II, cette fiction fut développée à un point où elle ne l'avait pas encore été ; il ne se contenta pas de s'égaler, comme ses prédécesseurs, à Amoun, à Ra, à Ptah, à Soutech, il se mit sans hésiter au-dessus de tous les dieux, et se nomma leur chef. Le prince était aussi considéré comme l'intermédiaire naturel entre la divinité et les hommes, comme le canal par lequel s'épanchaient les grâces et les bénédictions divines sur le pays. Nous avons déjà signalé l'importance et les services exceptionnels, dans un pays tel que l'Égypte, des grands travaux d'utilité publique que la puissance royale seule était capable de faire exécuter. Ces services incontestables rendus par les rois développèrent une conception qu'exploitèrent avec un zèle et un succès égaux la politique et la flatterie. L'histoire de Ramsès offre de cette croyance un exemple curieux, surtout par le rapprochement qu'on peut faire de quelques-uns des termes dans lesquels elle s'exprime, à cette occasion, et du récit de l'Exode sur l'eau jaillissant du rocher, à

---

(1) Voir plus haut, p. 69-71.

la parole de Moïse. C'était en Nubie, dans une contrée privée d'eau. Les travaux, ordonnés par les prédécesseurs de Ramsès pour remédier à cette pénurie, n'avaient pas donné de résultats. On avait poussé jusqu'à cent vingt coudées le forage d'un puits, sans trouver l'eau. Ramsès II fut plus heureux ou plus persévérant : l'eau jaillit, et voici en quels termes une inscription, consacrant l'achèvement de ce grand ouvrage, exprime la gratitude des populations : « Tu es le soleil, et tu accomplis tout ce que désire ton cœur. Si pendant la nuit tu conçois un projet, il est déjà réalisé lorsque la lumière vient éclairer la terre. Chaque parole de ta bouche est semblable aux paroles d'Harmachou... Tu dis à l'eau : sors de ce rocher, et elle jaillit, car tu es semblable à Ra avec les membres de Choper (le scarabée, le créateur). » Sans doute ces dithyrambes n'étaient composés qu'après le succès obtenu, et un silence respectueux couvrait les échecs que pouvait quelquefois éprouver la puissance divine du roi. Néanmoins, ces pompeuses expressions d'adulation qui nous font sourire ne ressemblaient en rien aux formules vides de sens du langage des chancelleries et des cours de l'Orient de nos jours. Elles étaient bien l'expression de la foi populaire de cette époque. On croyait fermement au pouvoir miraculeux du roi, non moins fermement que les bons catholiques croient aujourd'hui à l'infaillibilité du pape.

Ramsès, vraisemblablement à cause de son origine septentrionale, fut animé d'une ferveur toute particulière pour Soutech, mais il ne négligea aucune des formes de culte consacrées par la piété des Égyptiens. En particulier, c'est à son règne que remontent, sinon l'origine, du moins l'extension et la haute faveur du culte d'Apis, du taureau sacré, adoré non seulement de son vivant, mais encore après sa mort. Ce culte (originairement de Ptah) réunissait celui d'Osiris et d'Apis. Ramsès fut, selon toute apparence, le fondateur du magnifique sépulcre de ces animaux, dont M. Mariette a découvert les ruines non loin de Memphis. Dans une des chapelles dont les inscriptions n'ont trait qu'à un Apis, qui y était inhumé, on a retrouvé une partie d'une momie humaine sur laquelle se lit plusieurs fois le nom de Chamous. Peut être est-ce le corps du fils de Ramsès II, Chamous, qui devait lui succéder, mais qui mourut avant lui. Gouverneur de Memphis, prêtre (*sem*) de Ptah et du taureau sacré, ce prince s'était adonné avec un zèle extraordinaire au culte d'Apis. Il voulut sans doute que ses restes reposassent à côté de ceux de l'animal auquel il avait dévoué sa vie, symbole remarquable de l'union à laquelle dans la vie et dans la mort les Égyptiens aspiraient avec le dieu qu'ils préféraient.

Ramsès soutint, on le sait, une guerre longue et sanglante avec les Chétas, peuple sur la situation géographique et la race duquel on n'est pas encore complètement fixé (1). L'enjeu de cette guerre était la domination de l'Asie occidentale. Les monuments célèbrent les victoires remportées par Ramsès II sur les Chétas. Toujours est-il qu'il ne les subjugua pas, et que la lutte se termina par un traité avec Chétasir, le prince des Chétas. Ce pacte conclu sous l'invocation et placé sous la sauvegarde des dieux des deux peuples, atteste qu'il y avait une grande analogie entre leurs religions. Ra et Soutech y sont invoqués pour l'Égypte, celui-ci « dans son rapport avec le pays des Chétas ». Ra semble représenter ici spécialement l'Égypte, Soutech ou Set, les Chétas ; car ils étaient, au fond, les dieux nationaux de l'un et l'autre pays. En outre sont invoqués, pour l'Égypte, Amoun-ra, Harmachou, Ptah de Memphis, seigneur d'Anchta (le pays de la vie ou l'univers vivant), Mout, maîtresse d'Achérou, la déesse mère de la terre, et Chonsou-nefer-hotep. Ramsès offre ses sacrifices à Set « le grand guerrier, le fils de Nou ». Comme les solennités pour la paix eurent lieu dans la ville qu'il avait fondée, à laquelle il avait donné son nom, — et à laquelle, d'après l'Exode les Hébreux esclaves avaient dû travailler, — à Pa-Ramsès-mériamoun, il y rend spécialement hommage à Amoun et à Ptah, dans les formes sous lesquelles ils étaient adorés dans le temple qu'il leur avait élevé. Enfin, et toujours du côté des Égyptiens, sont encore invoqués les montagnes, les fleuves, la terre, les vents et même, ce qui est plus digne de remarque, les orages et la grande mer. Si Soutech, c'està-dire un dieu que les Égyptiens comparaient à leur dieu Soutech

(1) Dernièrement le professeur Sayce d'Oxford a conclu des noms héthites et de quelques mots déchiffrés dans les inscriptions de Hamath, en Syrie, et de Circesium (Karchemis), qu'ils furent les plus proches parents des Soumirs et des Accads, les premiers fondateurs de la civilisation chaldéenne et assyrienne.

et qui sans doute chez les Chétas portait un autre nom (Cedek ?) était leur principal dieu, ce n'étaient cependant rien moins que des monothéistes. Il est fait mention dans le traité, pour eux comme pour l'Égypte, de milliers de dieux, dont quelques-uns sont expressément nommés, entre autres Antarta (Astarté ?); ainsi que des fleuves et des montagnes. Il semble donc qu'une grande analogie existât entre les religions des deux peuples, et que les Égyptiens ne durent éprouver aucune répugnance à adopter comme leurs les dieux des Chétas.

On croit généralement que ce fut sous le règne de Ménephta, fils et successeur de Ramsès, que les Hébreux sortirent d'Égypte, car l'hypothèse mise en avant, il n'y a pas longtemps, que cet évènement eut lieu sous Ramsès III, de la vingtième dynastie, a été complètement réfutée par M. Chabas. Ce savant distingué a en outre prouvé que Ménephta ne fut pas, comme on l'avait admis jusqu'à présent, sur l'autorité de Manéthon, un prince faible et incapable, et il ne voit, comme moi-même d'ailleurs j'en avais émis l'opinion en 1870, dans tout le récit du prêtre de Sébennys sur cet exode, que pure invention. Ménephta paraît avoir résidé à Memphis ; s'il maintint le culte d'Amoun, lui-même fut surtout un fervent adorateur de Ptah et de Set, ce dernier principalement sous la forme qu'il avait revêtue à Avaris (Péluse), et qui avait un caractère plus étranger qu'égyptien ; il l'adora aussi comme Noub, seigneur du sud, car Set, sans doute à cause de sa nature grossière, avait été adopté par les nègres barbares de la Nubie. Cette préférence pour les dieux des Héthites peut s'expliquer par la crainte d'une invasion de ces peuples et par le désir de se concilier, en cas de conflit, leur propre divinité ; mais peut-être aussi fut-elle chez Ménephta, comme chez son père, un trait natif de caractère, l'effet et l'indice de la race dont ils sortaient.

Les Ramsès fournirent encore une longue suite de rois, dont quelques-uns, comme Ramsès III, régnèrent avec éclat et marchèrent sur les traces du grand Sésostris (Ramsès II). Cependant, l'astre de leur grandeur était à son déclin. La religion, sous leur règne, resta sensiblement la même quant aux doctrines et aux formes de culte. La seule différence qui mérite d'être notée, c'est la plus grande ferveur dont fut l'objet le culte de Chonsou, et la place plus importante que prit ce dieu dans le panthéon. Ramsès III lui éleva un temple qui est la source d'informations la plus riche qui existe pour l'histoire de cette période, et, ainsi que nous l'avons vu plus haut, sa renommée s'étendit jusque dans des régions lointaines. Cette évolution se rattache probablement à deux faits caractéristiques de cette période : l'accroissement de la puissance des prêtres et celui de la superstition. Chonsou, en effet, était comme Amoun, et plus encore que ce dernier, un dieu des prêtres, un dieu qui rendait des oracles et opérait des miracles. Le premier des grands prêtres qui plaça sur sa tête la couronne royale, Her-hor, choisit le temple de Chonsou pour y consigner les hauts faits de son règne. Chonsou était, en outre, dans une relation très étroite avec Thot, le dieu particulier des lettrés. On trouve dans les hymnes datant de la vingtième dynastie, consacrés principalement à Ptah, que nous avons déjà plusieurs fois mentionnés, et qui ont été traduits par Pleyte, la forme Thot-Chonsou, et Thot y est l'objet d'une grande dévotion. Le poète, oubliant qu'il chante Ptah, entonne tout d'un coup les louanges du dieu d'Hermopolis et rappelle comment Thot, le protecteur des lettrés, a transformé par son art l'Égypte en un véritable jardin, et a établi entre les fermes un ordre admirable. « Il a, dit-il, institué la division des pouvoirs, il a établi des chefs, extirpé les abus, détruit le mensonge. Un souffle divin émane de lui. » Le poète rappelle aussi les services rendus par Thot dans la guerre des dieux. « Il est le grand arbitre entre Horos et Set, c'est lui qui réunit les puissances célestes, et qui est le pacificateur dans la lutte. C'est pourquoi Ra a élevé son esprit, et il gouverne les dieux et les hommes, parce qu'il est apte à gouverner. » — Faut-il chercher l'intention secrète de ces louanges prodiguées au dieu des lettres ? N'ont-elles pas un peu l'air d'une indication de l'opportunité qu'il y aurait à accorder une plus grande confiance à ceux qui, sur la terre, portent l'image de Thot, et combattraient sans doute mieux les abus, établiraient une meilleure forme de gouvernement, que ne pouvaient le faire des princes faibles et dégénérés ? Est-ce qu'eux, les lettrés, ne sont pas, en fin de compte, les premiers auteurs de tous les biens dont jouit le pays ? Ces choses étaient écrites sous le neuvième des Ramessides, et elles semblent vraiment un pronostic des évènements qui ne devaient pas tarder à s'accomplir.

Dans les temps antérieurs, il n'y avait pas de lutte possible entre les rois et les prêtres, les premiers étant eux-mêmes à la tête du sacerdoce, tandis que leurs fils et les plus hauts fonctionnaires de l'état remplissaient aussi des charges sacerdotales de premier ordre. Il n'y avait alors aucune incompatibilité entre les fonctions religieuses et les emplois civils. Il y avait seulement une classe de lettrés, mais qui n'était pas plus rigoureusement fermée que dans nos sociétés modernes : on y entrait et on en sortait librement. A partir de la vingtième dynastie, il semble s'être produit des changements importants dans cet état de choses. D'autres que les rois occupèrent la place de grands prêtres d'Amoun ; il se forma un clergé proprement dit, nettement distingué de l'ordre laïque. Le temple de Ramsès II, à Qourna, est complètement ouvert ; celui de Ramsès III, à Médinet-abou, autre quartier de Thèbe, est entouré d'une balustrade, pour en écarter les profanes. Une transformation était en voie de s'opérer dans les idées et les mœurs de l'Égypte. Non-seulement les princes abandonnent complètement aux prêtres, soit nommés par eux, soit élus en dehors de leur action, toute la direction de la religion et l'accomplissement de tous les actes de culte, mais encore ils se déchargent sur eux d'autres soins. Le pouvoir royal en éprouva un affaiblissement qui devait lui devenir funeste. Depuis que, sous Seti II, le grand prêtre Roy commença à exercer son influence, elle ne cessa de grandir sous les successeurs de ce prince, jusqu'à ce qu'enfin Her-hor changeât le titre de grand vizir ou de maire du palais contre celui de roi. Cette révolution fut le coup de grâce porté à la puissance de Thèbe, sans doute déjà bien déchue, et que soutenait seul encore le grand nom de Ramsès. Les Égyptiens étaient habitués à considérer le roi comme le chef de la religion. Mais le gouvernement tombé entre les mains des prêtres d'un dieu particulier et exercé comme par une délégation directe et immédiate du dieu, la théocratie proprement dite, était trop contraire à l'esprit du peuple égyptien pour se faire accepter.

Concurremment avec la puissance des prêtres, — et cela doit en être considéré comme une suite naturelle, — la superstition faisait de grands progrès dans l'Égypte méridionale, qui était encore le siège de l'empire. Bien des causes tendaient à la développer chez le peuple égyptien. Le mysticisme et la magie tenaient une place considérable dans sa religion. Au milieu d'une symbolique si touffue qu'à la fin les lettrés eux-mêmes ne parvenaient pas à s'y reconnaître, il n'y avait guère moyen d'y échapper. Mais dans la période qui nous occupe, elle prit des proportions jusqu'alors inconnues. Le goût public n'était plus aux sobres maximes morales dans le genre de celles de Ptahhotep, sous l'ancien empire, ni aux récits qui rendaient la réalité de la vie, comme ceux de Saneha, sous le moyen empire. C'était surtout à l'imagination qu'il fallait parler. On voulait des poèmes et surtout des livres magiques remplis de formules de conjuration, de chants inspirés et de récits miraculeux comme ceux d'Anepou et de Batau. Ce changement se fait même ressentir dans le Livre des morts. Dans les chapitres datant de cette époque, les symboles et les cérémonies sont plus compliqués, les formules plus longues. On insiste davantage et plus longuement sur les services que peut rendre tel ou tel chapitre spécial. Les pratiques magiques furent portées si loin, que le gouvernement de Ramsès II dut prendre des mesures pour en réprimer l'abus. Un certain Haï ou Hay fut condamné à mort pour avoir fait des conjurations et « charmé des hommes par la puissance des dieux », maléfices pour lesquels il avait su se procurer par ruse un livre magique. Ses juges, on le voit, ne révoquaient nullement en doute la réalité de ces enchantements, mais ils condamnèrent Hay à la peine capitale parce que, simple pâtre, il exerçait la magie sans l'instruction et, dirions-nous volontiers, les grades exigés des magiciens de profession. Il fallait que le goût pour les arts magiques fût bien puissant pour qu'on s'y abandonnât ainsi au péril de sa vie. A cette époque aussi, on commença à attacher une grande importance à l'observation des temps, en vue des choses qu'on voulait faire ou entreprendre. Il nous reste de l'époque des Ramessides des calendriers indiquant les jours heureux et les jours funestes (*dies fasti et nefasti*) ; ces almanachs jettent une triste lumière sur le genre de piété de plus en plus en faveur. Citons quelques exemples des minuties auxquelles la superstition enchaînait la vie.

Le 24 Thot (juin-juillet) était un grand jour de pénitence. Ce jour et les deux suivants, avait eu lieu la lutte la plus acharnée entre Horos et Set, lutte dans laquelle Set n'avait pu être vaincu et Isis avait été blessée.

12 Chocak (septembre-octobre), ne pas sortir parce que c'est le jour où Osiris se métamorphose en Bennou (héron).

17 Toby (octobre-novembre), ne pas se baigner : la déesse Nou sort de l'onde céleste.

20 Toby, Barisis retire la lumière du monde, tout est ténèbres; c'est pourquoi ne pas sortir jusqu'au coucher du soleil.

3 Méchir (novembre-décembre), ne pas voyager : c'est le jour des grandes expéditions de Set.

24 Pharmouthi (janvier-février), ne pas prononcer en riant le nom de Set, si l'on ne veut avoir des querelles et du trouble dans la maison.

Les jeûnes étaient fréquents. Les jours sans souvenirs mythologiques et ceux qui rappelaient les victoires des dieux étaient réputés heureux. La plupart des souvenirs étaient empruntés à la mythologie osirienne. Le jour où l'on était né était aussi de grave conséquence. Celui qui était né le 5 Paophi devait être tué par un taureau, mais celui qui était venu au monde le 9 du même mois, aurait une longue vie. On ne se préoccupait pas moins des mots et des formules magiques. Le 162e chapitre du Livre des morts, qui date sans doute du nouvel empire, contient déjà quelques-uns de ces mots cabalistiques, comme Penhakahakaherhor, Uarauaakarsank-Robiti, et était pour cela regardé comme très profond. D'autres livres du temps de Ramsès II renferment des invocations complètement dépourvues de sens, Kamchar-Kamarau-Karchamou, Shatabouta, Artoubouhouïa Anrohakata-Satita, etc., etc. La crédulité aux miracles dépasse toutes les bornes ; on se repaît de récits enfantins dont quelques-uns ne sont pas sans analogie avec tel ou tel trait de la Genèse. Si l'on va au fond des choses, on y retrouve les vieilles fictions du mythe d'Osiris ; mais c'est de la mythologie tombée au rang de contes de la mère l'Oie et dont le sens primitif est complètement perdu pour ceux dont ils nourrissent la dévotion. On est descendu des sphères de la foi et de l'inspiration à celles de la plus grossière superstition.

On se ferait pourtant une fausse idée du développement de la religion pendant cette période, si on ne la jugeait que sur de telles niaiseries. Ce n'est là qu'un des côtés du tableau, le côté de l'ombre. Des poèmes, des hymnes en mettent en lumière la beauté et l'élévation. Nous en avons cité quelques exemples, et rien ne serait plus aisé que d'en augmenter considérablement le nombre. Assurément la vraie piété n'était pas absente de la religion qui a inspiré de telles œuvres. La conception vraiment grandiose d'Amoun-ra, célébré encore sous le nouvel empire dans des hymnes qui rappellent fréquemment les plus beaux passages des psaumes hébreux, suffirait au besoin à l'attester. Il est désigné dans un hymne sous ces noms : « le plus grand dans le ciel, le plus ancien sur la terre, le seigneur qui donne à toute chose l'existence et la durée. » « Ses mains donnent à ceux qu'il aime, mais il précipite son ennemi dans le feu, car son regard anéantit les ouvriers d'iniquité, et l'océan engloutit le méchant qu'il dévore. » « Seul tu existes, toi créateur de l'être. Lui seul a formé toutes les créatures. Les hommes naissent de son regard, les dieux reçoivent l'être de sa parole. Il fait les plantes pour le bétail, et les arbres fruitiers pour les mortels. Il fait vivre les poissons dans les eaux, et les oiseaux sous la voûte du ciel, il fait croître le germe qui est dans l'œuf, il fait vivre les sauterelles, il nourrit ce qui rampe et ce qui vole. Il donne leur nourriture aux souris dans leurs trous. Béni sois-tu, toi qui fais de telles choses ! Action de grâces à toi qui es unique et seul, et qui as plusieurs bras (symbole de l'activité d'Amoun-ra et de la multiplicité de ses œuvres) ! Dans ton repos, tu veilles sur les hommes et délibères sur ce qui convient aux animaux... Aussi élevé qu'est le ciel, aussi étendue qu'est la terre, aussi profonde qu'est la mer, les dieux se prosternent devant ta Majesté, exaltant l'esprit de celui qui a tout créé... Louange à ton esprit, car tu nous as faits, nous sommes tes créatures, tu nous as mis au monde ! »

A tout considérer, on peut dire que la religion fut alors bien plus puissante que dans les âges antérieurs. Elle exerçait son action sur la vie tout entière, de telle sorte qu'en dehors d'elle on ne pouvait faire un pas, rien entreprendre, former aucune pensée. C'est ce qui ressort aussi de l'examen des tombeaux de cette période. Le mort n'y est plus représenté dans sa vie personnelle et domestique, mais dans sa vie politique et religieuse. Si les vieux textes magiques, qu'on a plus tard réunis dans le Livre des morts, sont rares dans les chapelles funéraires des périodes précédentes, dans celles du temps du nouvel empire ils couvrent toutes les murailles, et les images des dieux, qu'on cherchait en vain dans les anciens tombeaux, brillent partout ici en haut relief, à côté de celles du mort. Les stèles funéraires sont aussi couvertes de représentations religieuses.

Comme conséquence de ce développement, nous devons noter un changement important dans le dogme de l'immortalité. Tous les morts deviennent dès lors Osiris. Au lieu de l'ancienne croyance, que la vie après la mort n'était que la continuation de la vie présente, nous trouvons maintenant la doctrine de la rétribution. La résurrection du dieu de la lumière est bien toujours le gage et la garantie de celle de son adorateur, mais cette nouvelle vie dépend désormais de la conduite morale et du zèle religieux de l'homme. Ce fut là un progrès religieux réel. Il faut pourtant reconnaître que cet eudémonisme n'exerça pas toujours l'influence la plus favorable sur la moralité : les pratiques superstitieuses et les formules magiques dont nous venons de parler, ainsi que la puissance grandissante des prêtres, trouvent en grande partie leur explication dans la crainte du jugement.

CHAPITRE VIII

LA RELIGION DES ÉGYPTIENS DEPUIS LA CHUTE DES RAMESSIDES JUSQU'A LA DOMINATION DES PERSES

La chute des Ramessides amena la fin de la suprématie du sud. La prépondérance passe, non toutefois sans luttes et sans retours de fortune, au nord où plusieurs familles de rois se disputent et quelquefois se partagent le pouvoir. Les grands prêtres d'Amoun qui avaient renversé les Ramessides furent vaincus par des rois de l'Égypte septentrionale, dont la résidence était Tanis; ils se réfugièrent en Éthiopie, où ils parvinrent, sans doute avec l'assistance de partisans égyptiens qui avaient suivi leur fortune, à fonder un royaume indépendant, dont la capitale fut Napata (près de Djebel-Barkal), et prit le nom de Méroë, Méro, Méroua. Leur défaite ne les découragea pas, et, loin de renoncer à la lutte, ils saisirent toutes les occasions favorables pour tenter de reconquérir l'Égypte et de recouvrer leur éphémère domination. Ils y réussirent une ou deux fois, mais toujours leur triomphe fut de courte durée. Désormais les dynasties regardées comme légitimes appartiendront toutes à la basse Égypte, et elles garderont le pouvoir jusqu'à ce que les grands empires conquérants de l'Asie et de l'Occident, qui luttèrent pour la domination du monde, s'emparent de l'Égypte, et que ce pays passe des mains des Perses à celles des Grecs, puis des Romains, pour devenir enfin la proie des Musulmans.

La première dynastie septentrionale était originaire de Tanis. Son histoire est fort obscure. La religion dominante sous les rois qu'elle fournit à l'Égypte ne fut pas la religion locale de Tanis, mais celle de Mendès, autre ville du Delta.

C'était un culte très ancien et remontant à l'ancien empire égyptien ; ce que les Égyptiens eux-mêmes semblent avoir symbolisé en élevant un être mythique, Binouter (le bouc sacré), à la dignité de roi sous la seconde dynastie. Mendès signifie le bouc ou plutôt l'esprit du Ded ou Doud ; ce furent les Grecs qui, vraisemblablement par confusion, donnèrent à la ville le nom de sa divinité ou de l'animal qui la symbolisait. Ded, doudou, dad, était le nom d'une colonne divisée en plusieurs parties par des poutres horizontales, dans laquelle Champollion crut reconnaître un nilomètre, et qui constituait, en réalité, un symbole mythologique : c'était l'emblème de l'univers, des quatre mondes superposés, et supportés par la colonne, représentant constamment la fixité, la durée (1). Ba-n-ded doit donc signifier l'esprit de l'univers, et n'était autre que Chnoum lui-même, dans sa forme la plus haute et la plus compréhensive. Chnoum représenté à Mendès comme le dieu avec les quatre têtes de bélier, dont nous avons parlé plus haut, y était adoré comme l'esprit créateur ou vivifiant des quatre mondes de Ra (le ciel supérieur), de Shou (l'air ou le ciel des nuages), de Set (la terre) et d'Osiris (le monde souterrain), et ces mondes sont précisément aussi ceux que symbolisait la colonne Ded ou Doud. Ces quatre esprits étaient représentés séparément en différents endroits ; dans la conception la plus élevée de Chnoum, ils sont réunis et forment

---

(1) On sait que chez les Hébreux aussi le nom qui signifie *le monde,* dérive d'une racine ayant le sens de « être durable ». Osiris et Ptah sont quelquefois eux-mêmes représentés sous cette forme, ce qui prouve, ainsi qu'on l'a déjà fait remarquer, que ce symbole était aussi en rapport avec ces divinités. On célébrait également à Bousiris, ville dont le nom provient de celui d'Osiris, une fête dont le nom voulait dire : « l'érection de la colonne Dad ». Le nom du grand prêtre Pe-nehem-isis, sur le tombeau duquel figure celui du premier roi de cette dynastie, Banded, rappelle aussi le culte d'Osiris. Les Grecs ont appelé ce roi Smerdis. Pour expliquer cette attribution, nous n'avons pas besoin de supposer avec Brugsch un préfixe *nes* devant le nom de Banded, car les Grecs avaient l'habitude de faire ainsi précéder d'une *s* les noms étrangers. Qu'on songe seulement à leur Smerdis, qui dans la langue perse s'appelait Bardiya. Voir Brugsch, *Histoire*, p. 213.

une quaternité. Il est probable que chacun des quatre dieux avait aussi à Mendès son temple particulier. Pour Ra et Osiris, le fait est hors de doute, car nous possédons une lettre datant du règne de Ramsès VIII, adressée à un prêtre d'Osiris, pour lui annoncer sa promotion du service du temple de son dieu à Mendès à celui d'Abydos. C'était naturellement un avancement, puisque le culte d'Osiris, qui n'occupait à Mendès que le second rang, avait le premier à Abydos.

Les changements de dynastie, fréquents dans cette période, eurent tous leur contre-coup dans la religion. Ainsi, après les rois de Tanis, l'avènement d'une nouvelle famille royale originaire de Boubastis, sur la même branche du Nil que Tanis et Mendès, mais plus au sud, amena la prépondérance de la religion locale de cette ville. Les noms de ces princes, Takélout (Tiglat), Nimrout, Sargin, Nabonesha, Shashank, dénotent une origine assyrienne. Ils appartenaient sans doute à une colonie assyrienne établie dans le Delta depuis de nombreuses générations, dont les descendants étaient devenus complètement Égyptiens par la langue, les mœurs, la religion, et n'avaient conservé, comme signe distinctif d'origine, que l'usage de perpétuer parmi eux les noms de leurs ancêtres. Ils s'étaient alliés avec les derniers rois de Tanis, et paraissent avoir été antérieurement apparentés avec les rois de Thèbe. Ils durent sans doute à ces alliances leur avènement au trône.

Ce fut l'un d'eux, Shashank Ier (Shishak), qui donna asile à Jéroboam fuyant la vengeance de Salomon, et quelques années plus tard, sous Roboam, envahit la Judée, prit Jérusalem et contribua puissamment à la consommation de la scission définitive entre Juda et Israël. Il était grand prêtre d'Amoun, le roi des dieux; il adorait Amoun et Mout, Harmachou et Toum, Ptah, sous la forme Ptah-noun, donc, sauf Soutech, les mêmes dieux qu'on adorait sous la dix-huitième dynastie. La religion était celle des Ramessides, à cette seule réserve près que Set entrait dans sa phase de décadence. Il semble que ce ne fut que sous la domination des Perses qu'il tomba au rang de mauvais génie, de démon; mais déjà son culte s'obscurcissait.

A côté de cette religion purement thébaine, les rois de Boubastis ne pouvaient, sans manquer à tous les usages de l'Égypte, négliger les traditions religieuses spéciales de la ville dont ils avaient fait leur résidence. Or, le nom de cette antique cité, aujourd'hui entièrement ruinée et où l'on n'a pas retrouvé de monuments qui puissent nous renseigner sur son passé, signifie la demeure de Bast (Pa Bast). Au temps d'Hérodote, le culte de cette divinité y était encore en grand honneur. Le père de l'histoire décrit son temple magnifique et spacieux, qu'il a vu et qu'on dominait du reste de la ville, dont le sol avait été exhaussé, de sorte que le temple et son enceinte de six cents pieds de côtés restaient en contre-bas. La fête annuelle de la déesse était magnifique et attirait un concours immense de fidèles. Elle ne se distinguait pas, toutefois, par la gravité et le décorum. Les dames égyptiennes mettaient pour ce jour-là de côté les lois de la pudeur, et s'il faut en croire Hérodote, plus de sept cent mille personnes prenaient part à cette fête, apportant de riches offrandes, faisant sacrifier de nombreuses victimes, et buvant plus de vin que dans tout le reste de l'année.

Or, Bast n'était qu'une forme, et la plus gracieuse, de la divinité adorée dans toute la basse Égypte, et regardée à Memphis comme l'épouse ou la principale compagne de Ptah. Elle est appelée Pacht (Pechèt), la dévorante, nom que portait aussi le lion, ou bien encore Sechèt, « celle qui allume le feu ». Sans aucun doute, c'était une déesse du feu céleste, soit de la foudre, soit, ce qui semble plus vraisemblable en Égypte, des rayons brûlants du soleil. Aussi la représentait-on sous l'image d'une lionne couchée ou dressée, crachant des flammes, ou d'une femme à tête de chatte. Déesse vengeresse, elle consumait les méchants ; mais il ne faut pas la confondre avec Tefnout d'Héliopolis, quoiqu'on représentât celle-ci sous le même symbole. Malgré son caractère belliqueux, on la regardait comme la protectrice des œuvres de la paix, en particulier des bibliothèques. La guerrière Athênè n'était-elle pas aussi, en Grèce, la déesse de la sagesse ? On peut expliquer, pour Pacht, cet attribut par l'importance que tous les Égyptiens attachaient aux formules magiques pour conjurer et détruire les puissances malfaisantes : la déesse, dont la bouche lançait le feu, aurait ainsi représenté la puissance dévorante de la parole. Mais je ne donne cette explication qu'à titre de simple hypothèse.

Rappelons que la plupart des déesses, qui appartiennent, par leur origine, à l'Asie occidentale, — c'était vraisemblablement le cas pour Pacht, — avaient un double caractère et une double manifestation, dans une de leurs formes comme déesses mères, bienveillantes et bienfaisantes, dans l'autre comme vierges et guerrières, terribles et redoutables. C'est cette opposition que Bast marque, par rapport à Pacht. Les deux déesses lançaient la flamme : Pacht le feu dévorant et destructeur, Bast le feu bienfaisant et vivifiant, la force immanente de la vie dans la nature, le feu de la passion et de l'amour. Elle fut, à l'origine, une divinité personnelle et distincte ; plus tard, on ne put méconnaître, même en Égypte, qu'elle ressemblait beaucoup à Hathor, déesse de l'amour et de la fécondité comme elle, et dont le culte était aussi accompagné de fêtes, de chants et de danses. Or, Hathor est appelée Bast dans le temple d'Edfou, un de ses sanctuaires les plus renommés.

A la fin de la vingt-deuxième dynastie et sous la vingt-troisième, le nord de l'Égypte fut agité par des dissensions prolongées. Le pays se trouva finalement divisé en douze ou treize petits états rivaux et en lutte les uns avec les autres.

Les rois-pontifes de Thèbe, réfugiés en Éthiopie, trouvèrent l'occasion favorable. Les Thébains, courbés sous le joug d'un usurpateur de Saïs, nommé Tafnecht, appelèrent à leur aide Pianchi-Mériamoun qui régnait alors à Méroë ; reçu par eux comme un libérateur, la conquête de Thèbe ne lui coûta pas d'effort ; il rencontra à Memphis une longue et énergique résistance, mais il finit par s'emparer de la ville, et soumit Tafnecht et tous les petits princes libyens qui dominaient la basse Égypte et s'étaient réunis en face du danger commun pour lui résister. Il étendit un moment sa domination sur l'Égypte entière, mais il ne tarda pas à voir lui échapper le Delta. Sous ses successeurs, la lutte se prolongea entre le nord et le sud. Dans ces rois aux noms éthiopiens Sabaka, Sabataka et Tahalka (Taharka), il ne faut sans doute voir que des pontifes-rois de pure race égyptienne, toujours considérés comme des libérateurs par tous les vrais Égyptiens. La lutte entre le nord et le sud, qui caractérise l'histoire d'Égypte, fut maintenant entre Saïs et Méroë. Le fils de Tafnecht, Bok-en-ranf (Bocchoris), combattit le successeur de Pianchi Ier, Sabaka, connu par l'histoire d'Israël ; il fut vaincu et tué. Plus tard l'Égypte fut asservie par les Assyriens. Elle essaya de secouer le joug ; Assour-banipal la soumit de nouveau et y établit pour vice-roi Nécho, prince de Saïs, le grand adversaire de l'Éthiopie. Aussitôt après le départ des Assyriens, Taharka recommença la lutte et renversa Nécho ; c'était une guerre à outrance entre les anciens Égyptiens de pure race, relégués dans le sud, et les Mésopotamiens d'Asie qui, depuis un certain temps, avaient établi leur domination sur l'Égypte. Les Assyriens revinrent et repoussèrent Taharka. Il reprit une dernière fois l'offensive, rappelé comme un libérateur par ses anciens ennemis, les princes asiatiques indigènes, contre les Assyriens ; il reconquit le trône mais ne l'occupa pas longtemps. Après sa mort, son fils fut bientôt obligé de quitter définitivement l'Égypte. Une dernière tentative fut faite par les rois d'Éthiopie pour reconquérir l'Égypte. Amoun-meri-nout (regardé comme le même prince que l'Urdamani des inscriptions assyriennes) en courut l'aventure sur la foi d'un songe qui lui promettait l'union dans ses mains des sceptres d'Égypte et d'Éthiopie. On ne sait au juste s'il eut à combattre les princes indigènes ou les Assyriens. Comme Pianchi Ier, appelé et reçu à bras ouverts par les Thébains, il s'empara de Memphis qui opposa une opiniâtre résistance, mais il ne put conserver sa conquête. Son fils, Pianchi II, régna encore sur la Thébaïde. Mais bientôt le pays dut obéir à d'autres maîtres. L'Égypte perdit complètement son indépendance, et la nationalité du peuple égyptien disparut. Les rois de Saïs, bien qu'étrangers, adoptèrent autant qu'il leur fut possible l'ancienne civilisation égyptienne, mais ils ouvrirent le pays aux Grecs et contribuèrent, bien que d'une manière inconsciente, à faire de cette civilisation, jusque-là fermée, le bien commun de l'humanité.

La religion des prêtres-rois, qui soutinrent pour la domination de l'Égypte la lutte longue et acharnée dont nous venons de résumer les diverses phases, était la religion de Thèbe transplantée à Méroë. Il ne s'y était introduit aucun élément nouveau. Elle ne se distingue du culte des temps antérieurs que par une prédominance de plus en plus grande de l'esprit sacerdotal et d'un formalisme étroit et exclusif. Le roi, qui était toujours le grand prêtre d'Amoun, était désigné par la parole de Dieu, c'est-à-dire par l'élection des prêtres ; mais, par une convention tacite et toujours respectée, le choix se portait constamment sur le fils du roi précédent, associé au trône du vivant de son père. L'élection était donc une pure formalité. On veillait attentivement à ce qu'aucun impur ne pénétrât dans le temple d'Amoun. Lorsque Pianchi Ier eut vaincu et forcé à la soumission Tafnecht et les petits princes libyens ses alliés, il leur accorda leur grâce et reçut leur hommage ; mais il ne voulut pas leur accorder l'entrée de son palais parce qu'ils étaient impurs. Il ne fit d'exception que pour Nimrout de Boubastis, parent des rois de la vingt-deuxième dynastie, qui avait complètement adopté les mœurs et la religion de l'Égypte et, comme les Égyptiens, s'abstenait du poisson de mer. Tafnecht, prophète de Neith de Saïs, grand prêtre de Ptah, sans doute aussi orthodoxe que Nimrout, était absent. Le roi, de même que le grand prêtre d'Israël, pouvait seul, après s'être purifié avec l'encens et du sang « vivant », entrer dans le saint des saints du temple, résidence de Ra, et où se trouvaient les deux barques de Ra et de Toum. Lui-même tirait les verrous et ouvrait les portes sacrées ; aucun prêtre ne l'accompagnait dans cet acte unique et privilégié d'adoration.

Je me suis un peu étendu sur l'histoire de cette guerre, parce qu'elle eut plus encore un caractère religieux que politique. Pianchi dit que c'est Amoun qui lui a ordonné de l'entreprendre. Il enjoint à ses soldats, qu'il n'accompagna pas dès le début de l'expédition, aussitôt qu'ils seront arrivés à Thèbe, de se soumettre à une purification religieuse et de faire bénir leurs armes par la divinité; « car il n'y a aucune victoire sur les hommes qui ne soit connue d'Amoun ». Et une fois qu'ils auront été aspergés avec l'eau des autels d'Amoun, ils doivent, le front incliné dans la poussière devant sa Majesté, réciter cette prière : « Couvre pour nous le sentier de la guerre de l'ombre de ton cimeterre ; multiplie la force des jeunes gens que tu as appelés, fais-en des myriades. » Lorsque lui-même vient prendre part à la lutte, son premier soin est de célébrer à Thèbe une panégyrie en l'honneur d'Amoun. Partout où il passe, il s'occupe des temples et des sanctuaires, et dans toutes les villes dont il fait la conquête, il prélève sur les revenus des prêtres des sommes destinées à des offrandes au dieu thébain. Amoun-meri-nout fit aussi partout relever les statues des dieux et les temples. La restauration de leur propre autorité dans la mère-patrie équivalait, pour les rois d'Éthiopie, au rétablissement du pouvoir d'Amoun et, à ce qu'ils croyaient, au renversement des complots des blasphémateurs d'Amoun.

Si l'on en croit Hérodote, le gouvernement de ces princes éthiopiens en Égypte fut paternel, empreint d'une grande douceur. Sabaka abolit la peine de mort et s'illustra par l'exécution d'importants travaux d'utilité publique, notamment par le creusement de plusieurs canaux. La religion thébaine, perdant de plus en plus son sens profond, survécut longtemps en Éthiopie aux rois de Thèbe, qui l'y avaient importée avec leur domination. La langue égyptienne s'y altéra peu à peu et fut enfin complètement remplacée par l'éthiopien ; mais longtemps encore on conserva l'écriture hiéroglyphique et l'on invoqua les dieux égyptiens.

Les rois de Saïs conservèrent le pouvoir jusqu'à l'invasion des Perses. Ce furent les dynasties des Néchos et des Psamétiks. Ces derniers furent renversés par un aventurier de génie, Amasis, qui d'ailleurs suivit la même politique. On a appelé, et non sans raison, cette époque la *Renaissance* de l'Égypte ; mais il faut dire que cette renaissance avait été préparée par les rois de Boubastis et que la tradition en fut continuée par les Ptolémées.

Les princes de Saïs étaient probablement d'origine libyenne ; mais eux aussi étaient depuis fort longtemps établis en Égypte et étaient devenus complètement Égyptiens. Ils favorisèrent tous les cultes de l'Égypte, notamment ceux d'Osiris et de Ptah ; ils montrèrent une ferveur particulière pour celui d'Apis, dans ses différentes formes. Psamétik Ier fit relever le Sérapéum, qui tombait en ruines. Amasis suivit fidèlement cette tradition. Un des plus beaux monuments de l'antiquité égyptienne est le sarcophage de sa femme, actuellement au British Museum. Elle y est représentée sous la figure d'Hathor avec les deux sceptres d'Osiris dans les mains. Le culte de Thèbe, d'Amoun, de Mout et de Chonsou-nefer-hotep ne fut pas non plus négligé. Mais, selon la tradition constante de l'Égypte, celui de Neith, la divinité locale de Saïs, prit dans cette période une grande importance. Elle était déjà adorée sous les premières dynasties de l'ancien empire. Sous les règnes de Khafra, de Sahoura, etc., des princesses de sang royal étaient revêtues des fonctions de prêtresses de Neith, et nous savons qu'elle portait le nom de « Neith du rempart du nord », par opposition à Ptah « de son rempart du sud ». Ainsi, c'était une des déesses protectrices de l'Égypte, veillant au nord pour repousser les envahissements des hordes barbares qui, de ce côté, menaçaient la vieille terre de Cham. Elle était en vénération particulière chez les Libyens et, du moment où ils font leur apparition sur les monuments de l'Égypte, on les reconnaît au signe de Neith, la navette de tisserand, peint sur leurs habits.

Neith apparaît d'abord comme une déesse de la maternité ; elle est appelée « mère des dieux, mère divine ». Elle est quelquefois confondue avec Anka (voir page 87) et avec Mout (voir pages 99 et 100). Néanmoins c'est une déesse vierge. Ses temples portaient l'inscription suivante : « Personne n'a jamais relevé ma robe, le fruit que j'ai enfanté est le soleil. » C'est donc la vierge, mère du soleil, réunissant en elle les caractères et les attributs qu'ordinairement les Égyptiens, les Assyriens et les Phéniciens répartissaient sur plusieurs déesses. Elle ne symbolisait pas, comme on l'a dit quelquefois, la nature inerte, conception panthéiste, étrangère aux idées égyptiennes, mais le principe premier, éternel de tout ce qui est, représenté d'une manière symbolique dans la divine vierge-mère. C'est pourquoi on l'a nommée « la nourrice de tous les dieux, celle qui n'a pas sa pareille ». Et en effet, si plusieurs de ses attributs se retrouvent dans d'autres divinités, aucune d'elles ne réunit le double caractère propre à Neith. Dans son vague mysticisme, cette conception est une des plus élevées de la théologie égyptienne. Neith fut certainement aussi à l'origine, comme toutes les autres divinités de l'Égypte septentrionale, une personnification du feu céleste. Elle représentait le feu cosmique, caché, mystérieux, auquel tout ce qui est doit son existence. C'est la même déesse que la vierge-mère de l'Asie occidentale, que les Grecs assimilèrent, non sans raison, à leur Athênè.

Le mysticisme a trouvé là un sujet fertile où il pouvait donner libre carrière à tous les rêves de l'imagination religieuse la plus exaltée. On voit, en particulier, sur un papyrus magique la représentation de la maison d'Osiris, sur un piédestal symbolisant la vérité. Au-dessous est un ovale qui renferme le nom de Neith, comme déesse des peuples étrangers. Devant la maison est cette inscription : « O toi qui es toujours cachée », sur les côtés : « très cachée, très mystérieuse ». Aux angles, on lit les noms d'Hor, de Thot, d'Isis et de Nephtys. Suit la légende : « Je suis le ciel ouvert et la terre » (la maison est donc l'univers). « Je suis la résidence de Neith cachée dans ce qui est caché, couverte dans ce qui est couvert, fermée dans ce qui est fermé ; inconnue, je suis le savoir... » Ainsi Neith était, par excellence, le principe divin invisible, la déesse de la science et de la sagesse les plus profondes. Elle était aussi une déesse guerrière, et les Grecs ont pu la comparer, à cet égard encore, à leur Athênè, vierge, déesse de la sagesse et guerrière. Sa mention, ainsi que son nom de gardienne du rempart du nord, a été retrouvée à Tyr (inscription de M. Renan). Son culte, mêlé quelquefois à celui de Ptah (à cause du taureau Apis, non engendré, né d'une génisse vierge), était dans un rapport intime et naturel avec celui d'Osiris. On la représentait soit sous la forme humaine, soit sous celle d'une vache couchée, avec un disque d'or entre les cornes, la tête et le cou ornés d'or et revêtue d'un manteau de pourpre. Une offrande d'encens et une lampe perpétuelles étaient placées devant cette image.

Au temps des Ptolémées et des Césars, les attributs de Neith furent reportés sur Isis, et c'est cette Isis que les dames romaines et même les jeunes filles adoraient avec un zèle contre lequel la loi qui défendait les superstitions étrangères était impuissante. Tel est pour l'esprit religieux l'attrait du mystère et de l'inexplicable, que les vieux mythes de la nature renaissent à l'état de légendes et de dogmes dans les religions avec l'esprit desquelles ils cadrent le moins, longtemps après que le caractère des dieux de la nature a été oublié et que les religions auxquelles ils appartenaient sont tombées ; surtout lorsqu'ils parlent au sentiment et qu'ils réunissent en eux les deux objets les plus gracieux et les plus touchants que l'homme puisse contempler que dans la nature, mais celle-ci ne lui offre jamais réunis : une mère bénie et une pure jeune fille.

Le pouvoir de Neith dura plus que celui des princes qui exaltèrent son culte et lui vouèrent les admirables monuments dont les débris sont aujourd'hui au nombre des trésors les plus précieux des principales collections de l'Europe. Les Perses respectèrent en général la religion des Égyptiens. Dans les premiers temps de la conquête, Cambyse manifesta pour Neith une dévotion particulière, peut-être inspirée par des considérations politiques., Peut-être aussi le roi des rois retrouvait-il dans la Neith égyptienne les principaux traits de la grande déesse de sa capitale chaldéenne, Babylone, laquelle plus tard, sous une forme différente, prit place parmi les génies vénérés du parsisme. Il se fit initier à tous les mystères de son culte par un prêtre de Saïs, Ouza-hor-penrès, qui gagna sa confiance, et qui, nous devons le dire, en était digne (1) ; il sut dans ces temps difficiles concilier le dévoûment aux vrais intérêts de son pays et l'honnêteté, la sincérité dans ses rapports avec le conquérant de ce pays. Ce ne fut que sous le coup de la fureur dans laquelle le jeta l'insuccès de trois expéditions militaires mal conçues, surtout de celle qui avait pour but l'oasis d'Amoun, que Cambyse déchaîna contre le culte égyptien la plus violente persécution et se rendit coupable des sacrilèges qui lui ont valu une triste célébrité. Dans cette crise, Ouza-hor réussit à préserver Saïs et ses monuments des profanations du conquérant en délire. Darius à peine monté sur le trône répara la faute de son prédécesseur et chargea Ouza-hor de présider à la restauration du culte national dans toute l'Égypte. Un de ses satrapes, Aryandès ou Oryandras (Aryârâmna ?), ayant par son intolérance provoqué un soulèvement dangereux, le peuple s'apaisa de lui-même lorsqu'il apprit que le roi venait de donner cent talents pour la consécration d'un nouvel Apis (le vieux

---

(1) L'enseignement théologique donné par Ouza-hor à Cambyse s'étendit encore plus loin ; il ne se borna pas au culte rendu à Neith dans ses différents temples, mais porta aussi sur tous les dieux et toutes les déesses qui étaient adorés à Saïs, et sur les quatre demeures divines, dans les quatre régions célestes, qui sont l'abîme où siègent les dieux. Il se peut que le conquérant achéménide ne se soit pas fait de cette dernière particularité une idée beaucoup plus claire que nous ne le pouvons nous-mêmes à présent.

venait justement de mourir). — Étrange caractère, dira-t-on, que celui d'un peuple qui supporte la conquête, mais se révolte dès qu'on touche à ses superstitions, et qu'un don sacré désarme lorsqu'il serait peut-être sur le point de reconquérir son indépendance. Certes, le peuple égyptien n'offre pas à cette époque l'idéal de la grandeur morale. A tout prendre, il nous paraît encore bien plus digne et plus respectable que les descendants dégénérés des fiers quirites, ce peuple romain qu'on tenait en respect avec du pain et des spectacles (*panem et circenses*).

Nous ne saurions terminer ce chapitre sans dire un mot du culte d'Amoun dans l'oasis de Sivah, de son temple et de son oracle célèbres. C'est à l'époque où nous sommes arrivés que les rapports de l'histoire égyptienne avec la fameuse oasis sont, pour la première fois, constatés avec une entière certitude. Le fait que Bocchoris, de la vingt-quatrième dynastie, aurait consulté l'oracle d'Amoun (VIIIe siècle avant J.-C.) est apocryphe. Il est possible, mais il n'est pas certain, que Timenthès (Tafnecht?) l'un des rivaux de Psamétik Ier, l'ait consulté. Néanmoins, l'oracle était déjà célèbre hors de l'Égypte dans une haute antiquité. Crésus le consulta et Pindare l'a chanté. Sa subtilité et son obscurité calculée (ἀμμωνιακὴ ἀπάτη) étaient célèbres aussi ; il fallait autant de perspicacité pour comprendre ses arrêts que pour débrouiller les réponses de Delphes ou de Dodone, et il était plus facile d'en faire, après coup, concorder le sens avec les faits accomplis que d'en tirer quelque utile direction.

Nous ne nous arrêterons pas aux récits légendaires d'Hérodote qui rattachent sa fondation à celle de Dodone, et donnent pour premières interprètes du destin dans ces deux sanctuaires deux prophétesses enlevées par les Phéniciens et vendues l'une en Grèce, l'autre en Libye. Il y a peut-être un plus grand fond de vérité dans le récit de Diodore, qui veut que Dionysos ait fondé l'oracle de son père Amoun, lorsque celui-ci, chassé de son royaume, prophétisa la victoire à son fils. Cette légende semble rattacher l'établissement du culte d'Amoun à Sivah à quelque colonie de bannis, et nous fait songer soit à la persécution de Chounaten (Aménophis IV), soit — et cette supposition offre plus de vraisemblance — à des prêtres thébains qui s'exilèrent jusque-là, lors de la chute des pontifes-rois de Thèbe. Peut-être un jour les hiéroglyphes du temple d'Omm-Beidah (1), déchiffrées, révèleront-elles la vérité sur ce point. En tout cas, les inscriptions et les peintures attestent que le temple et la colonie étaient purement égyptiens et, bien que, d'après Hérodote, l'oasis formât un état indépendant, elle resta en relations continuelles avec l'Égypte. Peu à peu la langue s'altéra et l'idiome berbère se mélangea avec l'égyptien, puis le remplaça, absolument comme l'éthiopien se substitua à l'égyptien dans le royaume de Méroë.

Le dieu adoré dans l'oasis était Amoun à la tête de bélier. C'est sous cette forme qu'il est représenté dans le temple d'Omm-Beidah. Lorsque Alexandre s'habillait en Ammon, il portait des cornes sur la tête (Dhu-l-Karnaïn). Il est cependant question d'une autre représentation, une espèce de cône ou un ombilic orné de pierres précieuses, semblable à celui qu'on rencontre fréquemment dans les temples phéniciens. C'était peut-être l'image libyenne du dieu (2). Une lampe perpétuelle brûlait dans le sanctuaire. Les réponses de l'oracle n'étaient pas données de vive voix, mais exprimées en signes que traduisaient les prêtres. La fontaine de l'oasis, consacrée au soleil, ou peut-être nommée d'après le soleil, à cause de sa température variable, jouissait aussi d'une grande réputation.

Avec l'existence de l'Égypte comme nation indépendante, finit, à proprement parler, l'histoire de son ancienne religion. Sans doute la religion survécut à l'indépendance du pays. Cette indépendance même fut dans une mesure rendue à l'Égypte par les Ptolémées. Ces princes essayèrent de faire revivre la nationalité égyptienne et de se modeler autant que possible, principalement dans leur politique religieuse, sur les anciens rois.

(1) Les inscriptions copiées à Omm-Beidah et publiées en Europe, datent du règne de Darius, fils d'Hystaspe.

(2) Nous ne saurions admettre avec Parthey, p. 137, que les Grecs ont peut-être donné par erreur le nom d'Amoun au dieu de l'oasis, attendu que ce dernier n'est jamais représenté avec la tête de bélier, et qu'il faut plutôt y voir Chnoum. Son opinion provient de celle de Wilkinson, que Chnoum seul était représenté avec la tête de bélier. Il est depuis longtemps démontré que ce symbole appartenait aussi à Amoun. C'est ainsi qu'Hathor, Isis et Neith avaient en commun pour attribut la tête de vache, Osiris et Ptah la colonne doud, Horos, Ra et Mount la tête d'épervier, et que le crocodile est en même temps consacré à Sébak et à Set, quoique ce dernier ne soit jamais représenté avec ce symbole.

Mais cette résurrection fut artificielle, plus apparente que réelle. Le développement original est arrêté et ne recommencera pas. Des dieux étrangers s'imposent à l'Égypte. Par contre, Amoun dans la forme sous laquelle il était adoré dans l'oasis, l'Amoun libyen à la tête de bélier, Isis, Harpocrates, Sérapis (dieu très peu égyptien), reçoivent les hommages de la Grèce et de Rome, et deviennent en Italie les objets d'une dévotion extravagante et fanatique. C'est comme l'inauguration d'un nouveau principe religieux, la transition des vieilles religions nationales aux cultes universalistes. L'Égypte a peut-être plus contribué que tout autre pays à cette transformation. Alexandrie devint le centre d'un mouvement puissant de philosophie théosophique, dans laquelle vinrent se mêler et se confondre tous les dieux et toutes les religions. Plus tard, lorsque la prédication de l'Évangile franchit les frontières de la Judée, l'esprit alexandrin exerça sur la formation de la métaphysique chrétienne une influence prépondérante dont dix-huit siècles n'ont pas effacé la trace. Sujet d'étude du plus haut intérêt, mais qui est positivement en dehors du cadre de cet ouvrage.

CHAPITRE IX

CARACTÈRE ET RÉSULTATS MORAUX DE LA RELIGION ÉGYPTIENNE

Pour comprendre le caractère de la religion de l'Égypte, il est indispensable de se rendre compte d'abord de deux phénomènes qu'elle présente et qui semblent, au premier regard, offrir à l'esprit deux contradictions dont on a peine à croire que les termes opposés et en apparence inconciliables puissent coexister dans aucun système religieux. C'est, premièrement, un sentiment très vif de la spiritualité de Dieu, uni aux représentations matérielles les plus grossières des différentes divinités ; en second lieu, un sentiment non moins vif de l'unité de Dieu, uni à la plus grande multiplicité des personnes divines (1).

Nous avons déjà montré combien superficielle et inexacte est l'explication qu'on a prétendu donner de ces faits au moyen d'un

(1) C'est ce qu'a très bien exprimé M. Chabas (*Revue archéologique*, 1862, p. 273) dans le passage suivant : « En présence des doctrines de la vieille Égypte, on éprouve » une espèce de vertige comme à l'approche d'un abîme insondable. Aucune mytho- » logie n'a jamais possédé une masse aussi considérable de mythes bizarres et com- » pliqués, entés sur un principe simple comme celui du monothéisme ; une vaste » chaîne paraît dans ce système rattacher insensiblement l'homme et les mânes aux » innombrables divinités qui représentaient les modes particuliers, les formes et les » volontés de l'être universel, le pivot de l'ensemble. Le tout forme un panthéisme » particulier dont la définition exacte exigerait une science plus étendue que la » nôtre. » — Je laisse au compte de l'auteur le mot de panthéisme, qui ne me paraît s'appliquer au système religieux des Égyptiens que sous les plus grandes réserves. Si j'essaye de donner une explication devant laquelle il a reculé, ce n'est pas que je veuille me vanter d'une science supérieure à la sienne, mais parce que je crois que cette explication ressort comme d'elle-même de l'observation des principaux faits constatés et de la pensée directrice qui se trouve partout exprimée dans ces symboles.

double enseignement ésotérique et exotérique, d'une doctrine haute et pure dont les prêtres auraient soigneusement conservé le secret, en maintenant, de propos délibéré, les masses dans l'ignorance et dans la superstition. Il n'y eut pas, à proprement parler, de doctrine secrète en Égypte. L'écriture hiéroglyphique, pour être plus compliquée que l'alphabet romain, était lue cependant par tous les gens instruits. Les inscriptions et les peintures formaient un vaste enseignement public accessible à tous. Chacun pouvait se procurer les livres où étaient exposés les résultats des méditations et des spéculations des prêtres ; chacun pouvait se faire initier aux mystères. Non-seulement les prêtres égyptiens ne cherchaient pas à retenir le peuple dans l'ignorance, mais ils ne faisaient pas même difficulté de communiquer leur science aux étrangers qui, comme Hérodote et Platon, venaient étudier l'histoire, la civilisation, les arts, la religion et la sagesse de l'Égypte. Il n'y eut de différence que celle qui existe partout entre les classes éclairées et les masses ignorantes. Mais il y a plus. Les plus instruits des prêtres, les plus hardis promoteurs du progrès religieux, étaient aussi attachés que le peuple aux formes et aux symboles traditionnels ; tout en les interprétant avec la plus grande liberté, ils n'auraient pas voulu en sacrifier la moindre partie. Qu'on se souvienne de Chamous, fils de Ramsès II, assurément initié aux mystères les plus profonds, et cependant adorateur fanatique de son dieu Apis, dans le tombeau duquel il voulut être lui-même inhumé.

Nous croyons trouver la première cause de ces deux phénomènes dans la tendance symbolique et mystique de la religion égyptienne, qui se dégagea de très bonne heure du principe mythologique. Un symbole est l'enveloppe sensible d'une pensée simple ou complexe ; un mythe est la représentation d'un phénomène naturel sous la forme d'une action personnelle. En général, le symbole sort du mythe, et la mythologie précède la symbolique. La formation d'une mythologie exige, outre une disposition poétique des esprits, une époque de luttes, d'aventures, de conquêtes, une situation épique, une phase de création et de formation, non une vie calme, régulière, un état constitué, un ordre social organisé. Lorsque la première de ces situations se prolonge, lorsqu'un peuple n'arrive que lentement à l'organisation civile, politique et religieuse, et qu'en outre il est doué d'un esprit poétique, d'une imagination vive, d'un génie créateur, sa mythologie devient riche et exubérante, et lorsqu'il aura une fois passé à la vie sédentaire, à un état régulièrement constitué, cette mythologie, déposée dans sa poésie et dans son histoire, illustrée par l'art, servira de point de départ à son développement philosophique. Si, au contraire, la transition est relativement très courte, si, sous l'empire de circonstances favorables, le peuple passe promptement de la vie du chasseur, du pasteur nomade, du conquérant, à la vie sédentaire du laboureur, la puissance créatrice des mythes s'épuisera vite, ils se transformeront promptement en symboles, et dans le système religieux le symbolisme l'emportera sur la mythologie.

On suppose, non sans raison, que, de même que les peuples aryens, le peuple égyptien est sorti de l'Asie pour suivre son mouvement de migration à l'ouest. Il eut donc son âge héroïque, son âge de luttes et d'expéditions aventureuses, de *struggle for life*. Mais le pays d'où il sortait ne peut avoir été loin de l'Afrique. Les populations aborigènes de la vallée du Nil ne paraissent avoir été ni nombreuses ni redoutables. Lorsque les Égyptiens passèrent à la vie sédentaire et constituèrent un état régulier, leur mythologie était encore au berceau. Les spéculations des savants, l'imagination des poètes et des artistes se trouvèrent, pour ainsi dire, en face d'un mythe unique, le mythe solaire d'Osiris, reproduit sous des noms différents dans toutes les parties du pays et renfermant une riche moisson de conceptions mythologiques à l'état brut, non encore anthropomorphisées. L'élément humain n'y est guère représenté que par Osiris et son *alter ego* septentrional, Atoum-ra. Ajoutons que les Égyptiens, quoiqu'ils ne paraissent pas avoir éprouvé une aussi grande hésitation que les Sémites à représenter la divinité sous une forme humaine, semblent pourtant avoir regardé des représentations symboliques monstrueuses comme plus conformes à la vénération qu'elle doit inspirer. Un profond sentiment du caractère surhumain de Dieu est le trait distinctif des religions sémitiques en général ; c'est surtout par là qu'elles se distinguent des religions aryennes, qui accentuent plutôt les côtés communs de la nature divine et de la nature humaine. En

Égypte nous trouvons l'un et l'autre, comme nous pouvions nous y attendre chez un peuple allié, ainsi que le prouve sa langue, d'une part aux Aryens, de l'autre aux Sémites.

C'est cette tendance symbolique de la religion égyptienne qui nous aidera à comprendre et à résoudre la première contradiction que nous avons signalée. Là où les symboles ne sont pas compris, dans la foule ignorante et grossière, ils donnent lieu à de plus graves erreurs que la mythologie. L'adoration du symbole pour lui-même, de l'animal en tant qu'animal, produit certainement une religion inférieure à celle qui repose sur les conceptions humaines et poétiques d'un Zeus olympique, d'une Athênê attique, d'un Apollon pythique. Mais sait-on dégager le sens du symbole, on arrive plus promptement à une conception purement spiritualiste de la divinité. Le danger est de céder à l'attrait de la rêverie mystique et de multiplier les symboles pour y chercher des sens profonds ; on échappe, par contre, à celui de laisser se perdre la religion dans un amas de fables enfantines qui n'ont de prix que celui de leur poétique beauté. La défiance des chrétiens pour toute représentation humaine de Dieu, même pour les plus belles conceptions du pinceau d'un Raphaël ou d'un Michel-Ange, a toujours été fort vive, tandis que le protestant le plus rigide ne s'offusque nullement de sa représentation symbolique, sous l'image d'un œil qui voit tout, ni de celle de son action, sous l'image d'une colombe. En un mot, les figures repoussantes pour notre goût raffiné sous lesquelles les Égyptiens représentaient leurs dieux, répondent pour eux à une notion de la divinité plus pure, plus spiritualiste que les belles et nobles formes des dieux de l'Hellade.

Quant au deuxième contraste, maint document égyptien exprime de la manière la plus claire et la plus précise un pur monothéisme, et il est peu de polythéismes plus riches que celui qui fleurit dans la vallée du Nil. Les mêmes considérations qui nous ont rendu compte du premier de ces contrastes, nous expliqueront en partie le second. Les ignorants n'éprouvaient aucune répugnance pour ces représentations monstrueuses, d'une part, parce qu'ils y pressentaient un sens mystérieux et profond, d'autre part, parce que leur propre développement n'avait pas encore atteint le point où leur sens intime en aurait pu être blessé. Les savants comprenaient le sens des symboles et reportaient sur ces derniers leur respect pour la vérité à laquelle ils servaient d'enveloppe. Le peuple n'avait aucune idée du monothéisme ; mais chacun dans la multitude des dieux avait son dieu de prédilection, et l'adorait souvent comme s'il eût été unique. Les savants voyaient dans les différents dieux des manifestations, non, comme on l'a dit quelquefois, des émanations du principe suprême invisible, ineffable et incompréhensible. Les dieux étaient les créatures de ce principe divin supérieur. Ra crée lui-même ses membres, c'est-à-dire les dieux. Le dieu caché, seul existant au commencement (Toum dans le Livre des morts), s'est manifesté et continuait à se manifester dans des formes sans nombre. De là cette grande tolérance pour toutes les formes, pour toutes les conceptions religieuses, pourvu que chacune d'elles se rattachât au centre primitif, conservât sa valeur relative, et ne prétendît pas s'imposer comme la religion absolue, au préjudice des autres ; de là aussi, la facilité avec laquelle les Égyptiens admettaient des dieux étrangers. La généralisation de l'idée de l'unité divine n'arrêta pas ce développement exubérant du polythéisme : car dans l'esprit de l'Égyptien, cette proposition : « Il y a des manifestations innombrables de la divinité, » était corrélative à celle-ci : « Dieu est un. » Mais de là aussi la résistance générale et énergique à toute tentative du genre de celle d'Apepi ou de Chounaten. C'étaient de véritables hérésies contre lesquelles les savants étaient les premiers à s'élever ; c'était la substitution d'une manifestation spéciale de la divinité au Très-Haut, seul unique. Mais l'on considérait tellement les différents dieux comme des manifestations d'un même principe divin, qu'on réunissait et confondait leurs noms dans des appellations communes, comme Amoun-ra-Toumharmachis, Ptah-Sokar-Osiris, etc., et qu'on n'hésitait pas à placer sous l'image d'une divinité des invocations s'adressant à une autre. Nous avons vu commment la politique contribua au maintien de toutes les religions locales, surtout de celles des principales villes (1).

---

(1) Les Israélites qui avaient déjà franchi l'étape importante dont nous trouvons l'expression dans le commandement : « Vous n'adorerez pas d'autres dieux devant

Il ne nous sera pas difficile maintenant de dégager l'idée fondamentale de la religion de l'Égypte. Par la forme de sa doctrine, elle appartient à celles où prédomine le symbolisme, par la forme de son organisation, aux cultes théocratiques, et, par ces deux caractères, elle se rattache aux religions sémitiques qui sont également symboliques et théocratiques. Par son développement, elle n'est ni véritablement monothéiste, ni complètement polythéiste : elle s'arrête au point où l'on s'efforce de concilier l'unité et la spiritualité de Dieu avec la multiplicité de ses manifestations. Elle marque le point de départ de ce mouvement qui, dans les anciennes religions des Sémites atteignit son point culminant dans le monothéisme juif. D'un autre côté, par sa tendance au panthéisme, par sa riche mythologie, surtout par son théanthropisme, si l'on veut bien me passer ce mot, le roi étant non-seulement le dieu vivant sur la terre, mais tout croyant étant destiné à devenir, après sa mort, Osiris

---

ma face, » n'éprouvaient cependant aucun scrupule à représenter Dieu au milieu de ses fils, et continuèrent encore fort longtemps à adorer nombre d'êtres divins à côté de Yahveh. La question de savoir si le monothéisme est antérieur au polythéisme, et si le dernier est une corruption du premier, ou celui-ci un développement de celui-là, ne saurait être tranchée par des raisons tirées de l'histoire, mais seulement par une déduction philosophique. En Égypte, par exemple, le monothéisme est antérieur au polythéisme si varié des dix-huitième et dix-neuvième dynasties. Nous le trouvons déjà dans les maximes morales de Ptah-hotep, qui, si elles n'ont pas été composées sous l'ancien empire, ne datent certainement pas d'une époque postérieure au moyen empire. M. Chabas dit à ce propos (*Revue archéologique*, 1858 I. p. 16) : « L'idée abstraite de la divinité intervient fréquemment dans le texte, comme si l'auteur avait la notion de l'unité et de l'individualité divines ». Le monothéisme est aussi enseigné dans les plus anciens fragments du Livre des morts. On a voulu également le voir dans l'antique formule *poutu* (ou *pout*) *nouterou*, que M. Mariette traduit « Jehovah Elohim, le seigneur des dieux » ; mais Lepsius, de Rougé et Chabas s'élèvent contre cette traduction et croient devoir rendre ces mots par « la pluralité des dieux. » Lepsius (*Die Gœtter der vier Elementen*, p. 224 et ss. Comp. Brugsch, *W. B. in voce*) la rend par « les neuf dieux ». En tout cas, elle résume dans un seul terme tout le monde des dieux et est, par conséquent, un pas vers le monothéisme. Les expressions monothéistes et les systèmes polythéistes remontent dans l'histoire des Égyptiens à une égale antiquité. Mais chez d'autres peuples, sortis plus tard qu'eux d'un état de barbarie, on trouve, avant les systèmes les mythologies populaires non systématiques et sans ordre, avant le polythéisme le polydémonisme, c'est-à-dire l'adoration des forces de la nature envisagées comme esprits bienfaisants ou malfaisants, dont les traces se montrent encore dans les croyances populaires des Égyptiens et d'autres peuples bien plus civilisés qu'eux.

lui-même, dans le royaume souterrain, et un des génies lumineux qui accompagnent le dieu Ra dans sa course triomphante, elle se rattache également aux religions aryennes.

Elle est donc positivement une religion tant pré-sémitique que pré-aryenne, représentant à elle seule une époque où le sémitique et l'aryen ne s'étaient pas encore différenciés. Mais chaque religion a aussi son caractère propre, qui n'est déterminé ni par les formes dans lesquelles elle se montre, ni par le degré de développement auquel elle atteint, mais par l'idée fondamentale qu'elle exprime, bien que cette dernière soit dans un rapport étroit avec cette forme et ce développement. L'idée fondamentale de la religion de l'Égypte, ce qui a le plus vivement frappé l'Égyptien dans l'univers, et ce qu'il a le plus pleinement rendu dans sa théologie, c'est : LA VIE DANS SON FOND ÉTERNEL ET IMMUABLE, DANS SES MANIFESTATIONS MULTIPLES ET INFINIES. Sa devise est : vie, santé, bien-être (anch, ouza, seneb); c'est là le résumé de tous ses désirs. Le caractère indestructible de la vie, en dépit de toutes les puissances de la mort et de la destruction, c'est tout le contenu de sa foi, le fondement de toutes ses espérances. Ce fut là le grand dogme que devaient exprimer les symboles innombrables de la religion. Les dieux et les rois, comme représentants des dieux, ont sans cesse le symbole de la vie à la main. Les triades divines, père, mère et fils expriment la même idée. L'Égyptien découvrait la vie éternelle, la stabilité, au milieu de la succession changeante des phénomènes, dans les phénomènes lumineux du ciel, surtout dans le cours du soleil, qui chaque jour mourait et se levait de nouveau, dans le cours des saisons, que marquaient pour lui les crues périodiques du Nil, dans la fécondité inépuisable de la terre, et il appliquait à la vie humaine cette vérité universelle. C'est pour cela que sa principale divinité était toujours simultanément dieu du soleil, de la fécondité et du Nil ou des eaux, et en même temps type de l'humanité. C'est pour cela que son mythe propre, représenté par le mythe d'Osiris est simultanément un mythe solaire, un mythe de la fertilité, un mythe du Nil et un mythe de l'immortalité. C'est la cause aussi de la place prépondérante que l'idée de l'immortalité tient dans sa théologie. C'est pour cela que le mot par lequel il exprime cette idée abstraite : Dieu, signifie littéralement, « celui qui rajeunit sans cesse », l'éternel, l'immuable (1).

Cette idée fondamentale de la religion a marqué de son empreinte la vie publique de l'Égypte. Dans la constitution politique de ce pays, la plus grande variété et la plus grande diversité des formes trouvent leur harmonie dans la monarchie absolue et divine. Le roi est celui qui dispense la vie comme le soleil. Son règne est éternel : l'idéal de la grandeur royale est de régner des millions d'années sur le trône d'Horos. Au milieu de toutes les révolutions, dans la longue suite des siècles que compte l'histoire de l'empire égyptien, les formes de gouvernement ne varient pas. Chaque nouvelle période, quelquefois après de longs bouleversements, est comme un rajeunissement et un renouveau du passé. De même dans l'art. Les formes imposantes, saisissantes plus qu'attrayantes, de l'art égyptien font rêver de durée, d'éternité : l'art a ses phases de progrès, de perfection, de décadence : les types consacrés restent constamment les mêmes.

Plus étroit encore est le rapport de la religion et de la morale. On s'est étonné de la pureté de la morale égyptienne, laquelle, — qu'on ne l'oublie pas, — s'est arrêtée aux premiers éléments, et ne s'est pas élevée des préceptes et des maximes aux principes. De ces maximes, il en est de très belles, qui ont été reproduites dans les lois mosaïques et quelques-unes même dans l'Évangile. La piété, la bienfaisance, la miséricorde, la bonté, la modestie dans les paroles et dans la conduite, la pudeur, la protection des faibles, la bienveillance envers les petits, le respect des grands, celui du bien d'autrui, toutes les

---

(1) Brugsch, *Hierog. deut. W. B. in voce*. De Rougé donne aussi la même explication. Il dérive *nouter* du verbe *nouter*, signifiant « renouveler », et dit (*Revue archéologique*, 1860, I, p. 351) : « Je pense que l'idée qui a présidé au choix de ce mot pour désigner un dieu, est l'éternelle jeunesse renouvelée périodiquement. » « Le seigneur des siècles » est un nom très fréquemment employé pour désigner le Dieu suprême. Depuis, M. Le Page Renouf, dans les *Hibbert Lectures* de 1879, Lond., Williams and Norgate, 1880, p. 93 ss., a voulu prouver que l'explication du mot *nouter* par M. de Rougé, quoique généralement acceptée par les Égyptologues, doit être rejetée, et que le mot signifie à l'origine : le fort, le puissant. Il serait donc tout à fait synonyme de El, Ilou, le fort, le puissant, qui est l'appellatif de Dieu chez les peuples sémitiques.

vertus sont mentionnées et recommandées. Si le témoignage que devait rendre de lui le mort pour être justifié semble d'abord tout négatif : — « Je ne me suis rendu coupable d'aucun tort envers le prochain, je n'ai pas opprimé le misérable, etc., etc., » — les vertus positives ont leur tour : — « J'ai donné du pain à ceux qui avaient faim, de l'eau à ceux qui avaient soif, etc., etc. » Il ne suffisait pas, pour être juste et justifié au suprême jugement, de s'abstenir du mal ; il fallait accomplir le bien.

On a soutenu quelquefois qu'une vertu si pure ne pouvait être le fruit d'une religion grossière, dont les dieux ont un caractère monstrueux, dont quelques pratiques étaient impudiques. Le fait est pourtant que rien n'était plus étranger au génie égyptien que l'idée de la morale indépendante de la religion. La morale avait sa source et sa sanction dans la religion, et morale et religion sont non-seulement dans le plus étroit rapport, mais encore offrent entre elles la plus complète harmonie. Il ne faut pas ici nous arrêter aux symboles choquants pour notre sentiment personnel, mais regarder à l'esprit de la religion égyptienne, une des plus pures assurément de toute l'antiquité. On a pu en juger par mainte page de cette histoire. Nous avons vu quel profond sentiment les Égyptiens avaient de leur dépendance de Dieu, comment les rois attribuaient à la direction divine tout ce qu'ils faisaient de bon. Par contre, le roi devait glorifier Dieu dans toutes ses actions. Les calamités causées par les fureurs insensées de Cambyse étaient représentées par un prêtre comme « une grande épreuve dispensée par Dieu ». « Dieu, est-il dit, vit de tout ce qui est bon et pur. » N'est-ce pas déjà l'idée entrevue de la sainteté de Dieu ?

L'influence morale que de telles idées devaient exercer sur la vie humaine, les forces morales qu'elles créaient, étaient grandes, assurément. Le sentiment de la responsabilité morale ne s'affirmait pas seulement, dans la conscience de l'Égyptien, vis-à-vis des hommes, mais vis-à-vis de Dieu même.

Les principaux dieux de l'Égypte avaient presque tous un caractère moral. Qu'on se rappelle, en particulier, les attributs de Ptah, seigneur de l'aune, c'est-à-dire de la justice, partant protecteur suprême de la propriété et du droit, de Thot, gardien de la sincérité et de la bonne foi, avocat des âmes devant le tribunal suprême, et l'importance attachée, la vénération vouée à Ma, comme déesse de la vérité. L'idée fondamentale de toute la symbolique égyptienne, la lutte de la lumière et des ténèbres, de la vie et de la mort, et la victoire finale restant toujours à la lumière, à la vie, était essentiellement et profondément morale. Mais ce caractère s'accentue de la manière la plus tranchée dans quelques parties du mythe d'Osiris, dans l'origine le dieu du soleil bienfaisant, par-dessus tout « l'être bon » (Ounnefer), en opposition avec la puissance qui le persécute, ici le serpent Apépi, là son frère Set. Enfin ce caractère était exprimé d'une manière directe, pour ainsi dire dégagé de tout symbole, dans la doctrine du jugement solennel qui tint une si grande place dans les idées religieuses et dans les préoccupations journalières des Égyptiens, avec ses quarante-deux acolytes, chacun chargé de l'enquête sur une transgression spéciale, présidés par Osiris, le seigneur des siècles, tenant en main la balance infaillible et dispensant les rétributions inévitables. Ce dogme du jugement montre bien qu'on regardait la justice, non comme une obligation envers les hommes, mais envers la divinité même. Devenir semblable à Osiris, comme lui être bon et bienfaisant, comme lui être persécuté mais justifié, jugé mais acquitté, c'était là l'idéal de tout homme pieux, la garantie de son immortalité, le moyen nécessaire de son salut.

LIVRE DEUXIÈME

LA RELIGION DE BABYLONE ET DE L'ASSYRIE

> « Babylone est prise, Bel est humilié, Mérodach est écrasé ....
> ....
> (JÉRÉMIE, Ch. L, vers. 2.)

INTRODUCTION

A quelque antiquité imposante que remonte la civilisation des Égyptiens dont nous avons exposé la religion dans le premier livre de cet ouvrage, il se peut toutefois qu'elle n'ait pas été la première qui ait régné sur la terre. Il est vrai que celle de Babylone, et partant aussi de l'Assyrie, telle que nous la connaissons, paraît n'avoir pris naissance qu'après que celle de l'Égypte, avec laquelle elle devait rivaliser et à laquelle elle devait, pour une courte période, enlever le sceptre de l'empire du monde, penchait déjà vers son déclin. Mais cette civilisation de Babylone était elle-même l'héritière d'une civilisation beaucoup plus ancienne, qui avait fleuri pendant des siècles sur les bords de l'Euphrate et du Tigre, et qui, d'après les plus récentes découvertes, pourrait bien s'être étendue beaucoup plus à l'ouest, jusque sur les rives de la Méditerranée. Cependant ce passé reculé appartient aux temps préhistoriques. Que fut la première civilisation mésopotamienne ? Quelle fut la religion du peuple qui la créa ? Quels dieux adorait-il, quel culte leur rendait-il ? Nous ne saurions le dire de science certaine. Tout ce qu'il nous est possible de faire, c'est de rechercher et de noter les traces que cette civilisation et cette religion ont laissées dans celles des peuples qui ont succédé aux anciens maîtres du pays. Ces quelques données nous permettront seulement de retracer une esquisse sommaire de la première civilisation et de l'ancienne religion mésopotamiennes. C'est ce que nous essaierons de faire tout à l'heure. Sur le terrain de l'histoire proprement dite, Babylone et l'Assyrie viennent après, non avant l'Égypte.

Les Babyloniens et les Assyriens appartiennent, comme l'atteste leur langue, aux peuples qu'on est habitué d'appeler les peuples sémitiques. J'ai déjà signalé l'inexactitude de ce nom; mais il est d'un emploi si général que lui en substituer un autre ne ferait que créer une confusion fâcheuse. Les peuples qu'on doit rattacher à la race sémitique sont au sud, outre les deux mentionnés dans le titre de ce deuxième livre, les Arabes, tant joktanides qu'himyarites ou sabéens, et leurs plus proches parents, les Sémites éthiopiens de l'Afrique, qui y vinrent de l'Arabie; au nord les Cananéens, les Phéniciens et les Israélites, les Araméens et quelques petites peuplades de l'Asie Mineure. Il est impossible d'écrire l'histoire de la religion de tous ces peuples, car pour plusieurs les sources font défaut. Nous ne possédons que des indications peu nombreuses et tout à fait insuffisantes sur celle des Araméens ou Syriens. Les inscriptions himyarites découvertes depuis un petit nombre d'années sont de date relativement assez récente et ne sauraient être employées avec certitude pour l'histoire, avant le commencement de notre ère, de la religion des tribus désignées sous ce nom. Ce n'est que de la religion israélite ou mosaïste, et seulement à partir de l'époque de Samuel, qu'on peut esquisser une histoire; et encore présente-t-elle plusieurs lacunes: la réponse à nombre des questions qu'elle soulève doit être encore ajournée. Les religions des Cananéens et des Phéniciens, qui n'offrent entre elles aucune différence essentielle, nous fournissent le fond sur lequel se détachera la religion d'Israël, laquelle eut à l'origine de grandes analogies avec les premières, mais qui se développa avec le temps d'une manière originale et puissante. Entreprendre d'écrire une histoire proprement dite de la religion de Babylone et de l'Assyrie, serait, au point où en est la science, une tentative tout au moins prématurée. Sans doute les sources ne manquent pas, surtout depuis les fouilles de Layard, de Botta et de leurs courageux continuateurs, bien que la lecture, en particulier celle des noms propres, offre certaines difficultés. Mais il n'est pas encore possible de déterminer ce qui remonte aux époques primitives et ce qui est de date postérieure, ni par conséquent de retracer le développement des idées et des formes de culte en Mésopotamie. A le tenter, nous courrions risque d'écrire une histoire plus hypothétique que réelle (1). En Égypte les dieux principaux changent avec les dynasties royales, les dieux de la ville d'où chaque dynastie était originaire prenant le premier rang, sans, pour cela, complètement détrôner ceux qui les ont précédés. Il semble en avoir été de même, dans une certaine mesure, en Mésopotamie. Mais nous ne pouvons encore le démontrer d'une manière rigoureuse ; en outre, le système religieux paraît y avoir moins varié qu'en Égypte. Nous essaierons donc de retracer un tableau de ce système, ou plutôt du panthéon mésopotamien, tel qu'il nous apparaît groupé autour de quelques dieux principaux, ainsi que des usages religieux. Nous ferons pourtant précéder cet exposé d'une esquisse de la religion du pays dans les temps qui y ont précédé l'établissement des Sémites. Après avoir ainsi donné, du moins dans ses traits principaux, une vue d'ensemble du dogme dont la formation et les modifications dans le cours des âges nous sont inconnues, nous raconterons dans un ordre historique ce qu'on sait de la religion dans les trois grandes périodes de la théocratie babylo-assyrienne. Mais auparavant, nous devons nous arrêter à l'examen de quelques questions préliminaires.

On s'accorde généralement à penser que les Sémites n'ont pas toujours habité la Mésopotamie. D'où y sont-ils venus ? La plupart des historiens ont cherché leur lieu d'origine en Arménie, d'où ils se seraient dirigés vers le sud, avant de se répandre sur tout l'ouest de l'Asie. A tout bien considérer, cette supposition repose sur des raisons très faibles. Les Grecs et les Hébreux, a-t-on dit, appellent Chaldéens les habitants ou, tout au moins, une partie des habitants du sud de la Mésopotamie, et les monuments font mention d'un empire Chaldéen assez puissant pour s'être emparé de Babylone dès le huitième siècle avant Jésus-Christ. Que ces Kaldis fussent des Sémites, du moins qu'ils parlassent la même langue que les Babyloniens, adorassent les mêmes dieux qu'eux, cela résulte aussi des monuments et de la physionomie des noms propres. Or, Xénophon et Strabon font

---

(1) Voir, sur la valeur des inscriptions assyriennes pour l'histoire comparée des religions, le discours d'ouverture de mon cours à l'Université de Leyde, dont une traduction française par M. Vernes a paru dans la *Revue politique et littéraire*, 12 juin 1878, p. 650 et ss.

mention d'une tribu de Chaldéens établie en Arménie. C'est donc dans cette province que doit avoir été le pays d'origine des Chaldéens et aussi, puisque ceux-ci sont les premiers qui l'aient quitté, celui de tous les Sémites. Or, non-seulement la conséquence nous semble de beaucoup excéder les prémisses, mais encore toute l'explication nous paraît pécher par la base. Ce qui est certain, c'est que les Chaldéens ou Kaldis habitaient le sud de la Babylonie. Il ne l'est pas moins, et cela au propre témoignage de Strabon même, que les Chaldéens d'Arménie avaient porté antérieurement un autre nom, et que personne, avant Xénophon, ne les avait appelés Chaldéens. De plus, il est difficile d'y voir des Sémites; ils doivent plutôt avoir appartenu à la race iranienne. On ne trouve du reste aucune trace de Sémites établis si loin vers le nord, ce qui serait inexplicable si c'était là leur patrie originaire. La comparaison des notions et des usages religieux — je ne me permettrai aucun jugement sur la comparaison des langues — des différentes tribus, me fait regarder comme la plus vraisemblable l'hypothèse qui place en Arabie le berceau des Sémites (1). Non que la race sémite ait toujours habité l'Arabie. Si, comme il est vraisemblable, les Sémites ont une fois vécu réunis avec les ancêtres des peuples que plus tard on devait appeler Aryens ou Indo-Européens, ce ne peut certainement pas avoir été en Arabie. Cependant, l'Arabie fut le berceau des Sémites; c'est-à-dire que le rameau établi en Arabie de la grande race dans laquelle furent primitivement réunis les fils de Japhet, de Sem et de Cham, est devenu dans cette contrée ce qu'il devait toujours rester, s'y est créé ce caractère si personnel et si tranché qui devait, dans la suite, le distinguer et qu'il a porté avec lui dans ses migrations sous tous les cieux et sous tous les climats, caractère qui ne s'accuse pas moins dans la vie religieuse que dans les autres parties de la vie des Sémites. L'Arabie est la vraie patrie du Sémite. Là il se retrouve encore de nos jours sans mélange, sans altération, tel qu'il était il y a

---

(1) Sprenger, *Leben und Lehre des Mohammad*, I, p. 241, combat déjà l'opinion que les Sémites puissent avoir été originaires du Kurdistan, ou d'aucune autre région de montagnes. Le Sémite, dit-il, est un fils de la plaine, du désert, de la Nedjd. E. Schrader a traité d'une manière développée la question dans la *Zeitschrift der Deutschen Morgenlændischen Gesellschaft*, XXVII, p. 371 et ss.

vingt ou trente siècles ; c'est donc, selon toutes les vraisemblances, de là qu'il doit être parti en se dirigeant au nord-est et au nord, pour occuper toute l'Asie occidentale. Cette hypothèse a, en outre, l'avantage d'expliquer d'une manière satisfaisante la grande différence que présentent, dans l'unité du caractère ethnique et dans la parenté des langues, les idées religieuses des Sémites du nord et de ceux du sud. Ceux-ci, pendant des siècles, privés de toutes relations avec les autres peuples, isolés du reste du monde dans l'étendue sans bornes de leurs déserts, restèrent fidèles aux institutions de leurs ancêtres et ne firent que peu de progrès dans la civilisation. Ceux-là, au contraire, furent en contact, dans les pays où ils s'établirent et fondèrent des colonies, dont ils firent la conquête, ou même simplement où ils exercèrent le brigandage et qu'ils parcoururent en nomades pillards, avec une civilisation ancienne, bien supérieure à leur propre degré de développement, se l'assimilèrent en grande partie et la développèrent en la marquant au sceau de leur propre caractère. Ils se mêlèrent aux autres peuples et apprirent, pour appeler sur eux la bénédiction et la protection divines, à adorer les anciens dieux de ces peuples, à côté de leurs propres dieux. Bien que les Cananéens fussent eux-mêmes des Sémites initiés à la civilisation de meilleure heure que les Israélites, la lutte entre ces deux peuples peut nous donner une idée de ce qui se passa ailleurs entre Sémites et hommes d'une autre race.

Une autre question est de savoir si les Sémites septentrionaux, après avoir ensemble ou successivement quitté l'Arabie, se sont tous établis en Mésopotamie jusqu'à ce que d'abord les Phéniciens et les peuples qui se rattachent à eux, plus tard les Hébreux et enfin les Araméens, partis de cette région, commençassent un nouvel exode dans la direction du nord-ouest, tandis que les Babyloniens et les Assyriens demeurèrent sur les bords de l'Euphrate et du Tigre. C'est, on le sait, l'hypothèse généralement admise. Les bonnes raisons pour l'appuyer ne manquent pas. En premier lieu la tradition. Selon la Genèse, Héber, la personnification ou l'éponyme des Hébreux, sort d'Arphakshad (Arrapachitis) ; Térach, le père d'Abraham, à son tour éponyme de quelques tribus, notamment de celles d'Israël, vient d'Our-Kasdim, qu'on a coutume de traduire par Our des Chaldéens (1), et où on a cru voir l'ancienne ville d'Our, aujourd'hui Mugheir, qui fut le siège d'un empire chaldéen. Hérodote et Strabon (2) rapportent tous deux une tradition phénicienne d'après laquelle les Phéniciens seraient venus de la mer Érythrée, c'est-à-dire du golfe Persique. Nous reviendrons plus loin sur ces traditions, en ce qui concerne les Israélites et les Phéniciens. Mais elles ne sont pas les seules preuves de cette provenance des Sémites septentrionaux.

Il existe de nombreux et importants rapports, mais aussi de non moins grandes différences entre leur civilisation et leur religion, et celles des Sémites méridionaux. D'un côté, tous les Sémites sans distinction donnaient à leurs dieux le même nom général: Ilah, Allah, Ilou, El; nous rencontrons chez les Arabes, aussi bien que chez les Babyloniens et les autres Sémites du nord, le même dieu solaire Samas, Shamsh, Shemesh, et les déesses lunaires Ouzza et Allat; chez tous domine le caractère théocratique de la religion; le rapport entre l'homme et la divinité est celui de l'esclave vis-à-vis de son maître. Mais le panthéon du nord est tout autre que celui du sud. Ici Sad, Saïd, Al Fuls, Souhal et nombres d'autres divinités; là Baal-Bel, Istar-Ashtoret, Malik-Molek, Dagon, Anat. Ces dieux sont répandus chez tous les Sémites du nord et de l'ouest, mais sont complètement étrangers à ceux du sud. Le mythe bien connu d'Adonis, si analogue à celui d'Osiris, et qui fut non-seulement le plus populaire de tous depuis les bords du Tigre jusqu'aux rives de la Méditerranée, mais encore qui pénétra jusqu'en Grèce, paraît n'avoir jamais été reçu par les Arabes; du moins les traces qu'en ont cru trouver en Arabie quelques savants (Krehl, Lenormant), nous paraissent singulièrement faibles. Les monnaies, les mesures et le calendrier des Israélites et des peuples voisins sont d'origine babylonienne. On retrouve sous une forme originale chez les Babyloniens et chez les Assyriens différents

---

(1) Sayce (voir Smith, *Hist. of Babylonia*, p. 105) se prononce contre cette traduction, et pense que Kasdim n'a rien de commun avec Chaldéens, mais signifie conquérants, dominateurs.

(2) Hérodote VII, 89; Strabon, principalement VII, 98.

mythes et mainte légende, tels que le mythe de l'arbre de la vie, la légende du déluge et d'autres, dont il n'y a pas trace chez les Sémites méridionaux jusqu'à l'époque postérieure où ils les empruntèrent aux juifs et aux chrétiens. Enfin non-seulement la semaine de sept jours et le repos du septième jour, l'institution sainte par excellence pour les Israélites, est d'origine babylonienne, mais encore les Babyloniens désignaient le jour du repos par le même nom que les Israélites (Sabatoum). Il y a plus : on peut établir, pour une part avec une entière certitude, pour l'autre avec une grande vraisemblance, que ces éléments ne proviennent pas des Sémites eux-mêmes, mais du peuple qui les a précédés en Mésopotamie, que les conquérants les ont empruntés aux anciens habitants, non ceux-ci à ceux-là.

On a pensé pouvoir conclure de toutes ces analogies qu'à un moment donné Phéniciens, Hébreux, Araméens, ont vécu en Mésopotamie avec les Babyloniens et les Assyriens, et ont apporté avec eux ces légendes et ces usages de la mère patrie. Cela est fort possible, du moins pour les Phéniciens, les Cananéens et les Araméens ; quant aux Israélites, ce n'est nullement une preuve qu'ils aient jamais habité l'extrême Orient. Ils peuvent fort bien s'être approprié toutes ces traditions, y compris celle des migrations d'Héber et d'Abraham, venant de l'est, après leur établissement dans le pays de Canaan, et avoir emprunté ces légendes aux Cananéens. Elles existaient dans le pays de Canaan, et toutes ne sauraient y avoir été apportées dans les temps historiques par les relations commerciales ; elles ont pour cela pénétré, en partie du moins, beaucoup trop avant dans les régions occidentales. Je ne pouvais passer sous silence l'hypothèse de cette cohabitation. J'abandonne aux philologues de décider si la différence des langues des Sémites du nord et de ceux du sud, s'explique dans cette hypothèse (1).

---

(1) Je me borne à mentionner en passant que les Phéniciens, par conséquent aussi les Hébreux, dont la langue ne diffère pas essentiellement de la leur, — ont encore l'article comme les Arabes, tandis qu'il manque en vieux Chaldéen et en Assyrien. Il faudrait donc que les Chaldéens et les Assyriens l'eussent perdu après que les Cananéens se furent séparés d'eux, ce qui nous semble très problématique.

Mais je dois appeler l'attention sur ce fait remarquable que l'on ne retrouve chez les Sémites occidentaux aucune divinité empruntée par les Babyloniens aux anciens habitants du pays, et adorée sous son nom primitif, quelquefois légèrement modifié, telles que Maroudouk, Hia, Nirgal, Anou, Davkina et autres, tandis que les dieux de Babylone que l'on voit adorés par les Araméens, peuvent très bien avoir été empruntés par eux à leurs voisins d'Assyrie. L'hypothèse de la cohabitation, à une époque reculée, de tous les Sémites du nord en Mésopotamie, n'a donc rien d'impossible, mais ne saurait être acceptée comme un fait avéré. Et s'il venait à être démontré, comme l'ont dernièrement soupçonné quelques savants (Sayce entre autres), que le puissant peuple des Chétas ou Hétites, qui domina un temps le pays de Canaan et fut plus tard refoulé au nord, n'était pas sémite, mais plutôt proche parent des habitants primitifs de la Mésopotamie, et représentait une civilisation analogue à celle qui a précédé la civilisation de Babylone, la différence entre la civilisation araméenne-phénicienne et celle de l'Arabie trouverait une explication suffisante dans l'influence de ce peuple, même alors que jamais les Araméens et les Phéniciens n'auraient été en Mésopotamie, mais qu'ils seraient venus directement dans leur pays, du désert, ou des bords de la mer Érythrée, en passant par l'Arabie, où ils auraient séjourné plus ou moins longtemps.

Cependant, que les Sémites septentrionaux aient été réunis dans les temps reculés en un seul peuple, ou bien que de l'Arabie ils se soient dirigés en diverses fois, et par des émigrations isolées, vers les pays où nous les trouvons établis plus tard, il est certain que si la religion des Assyriens et des Babyloniens n'est pas la mère, elle est tout au moins la sœur aînée des leurs, et qu'en outre la suprématie politique et le degré plus avancé de civilisation des empires mésopotamiens ont exercé une très grande influence sur les peuples de l'Asie occidentale. Or, cette religion est la seule religion polythéiste sémitique que nous connaissions avec quelque certitude, d'après des sources originales. Il reste sans doute encore dans leur histoire bien des points obscurs, qu'une étude ultérieure pourra seule éclairer ; l'interprétation des documents originaux en est encore à ses débuts. Néanmoins, le jour qu'ils ont jeté sur la religion de la Mésopotamie nous permet déjà de nous faire de cette religion une idée plus juste que celle que nous pourrions nous en former d'après les indications disséminées dans les ouvrages des auteurs grecs.

CHAPITRE I

HABITANTS DE LA MÉSOPOTAMIE ET SOURCES POUR LA CONNAISSANCE DE LEUR RELIGION

De même que la vallée du Nil, le pays situé entre l'Euphrate (en assyrien Purrat, en hébreu Phrat) et le Tigre (corruption gréco-persane du nom indigène Tiklat, en hébreu Hiddékel) fut un des premiers centres de la civilisation sur la terre, bien que l'histoire ne puisse pas y remonter aussi haut qu'en Égypte. Les différents noms de cette contrée, en grec Mésopotamie, en assyrien-babylonien Sennaar (nom aussi usité chez les Israélites), en hébreu Naharaïm, en égyptien Naharina, se rapportent tous à sa position entre ces deux grands cours d'eau auxquels elle doit en partie son existence et, d'une manière absolue, sa fécondité et sa richesse.

Tout le sud du pays est appelé ordinairement la Babylonie, d'après la ville importante qui pendant plusieurs siècles en fut la capitale et celle du monde civilisé. Cette partie de la Mésopotamie s'étend du golfe Persique au point de disjonction des deux fleuves. C'est une bande de terre basse, sans reliefs et torride, entièrement formée d'alluvions fluviales. Elle est très fertile, et la semence y rend, sans beaucoup de travail, cent et deux cents pour un. Plusieurs villes s'élevaient dans cette province : Babel, Barsippa, Ouroukh (l'Orchoë des Grecs, aujourd'hui Warka), l'Our Kasdim de la Bible (aujourd'hui Mugheir), Sippara, en hébreu au duel Sepharvaïm (1), à cause d'un canal qui coupait la ville en deux parties, dont chacune avait son dieu tutélaire, et dont l'une, considérée comme une ville indépendante, portait le nom d'Aganè, et Nipour, identifiée à Niffer, Dilmoun, anciennement Nitrouk, près du golfe Persique, Eridou, aujourd'hui Abou Sharim, Larsa, anciennement Ararzou, peut-être la même qu'Ellâsâr, et Zirgour, ou Zirgourla, aujourd'hui Zerghoul, près d'Eridou. La partie septentrionale de la Mésopotamie, qui s'étend aussi à l'est du Tigre, diffère complètement de la partie méridionale. Son altitude est plus considérable et, sauf sur les rives du Tigre et du Chaboras, elle ne présente que quelques rares cantons fertiles. Un peuple fort et guerrier, probablement une colonie des Babyloniens, les Assyriens, l'habitaient. Sa religion plus sévère et plus virile s'harmonisait avec la nature du pays, et, bien qu'elle soit en général identique à celle de Babylone, le caractère religieux des deux peuples différa toujours beaucoup. Les villes principales étaient Résen, déjà florissante avant la fondation de Ninive, Ninive (dont la ville de Mossoul et les bourgs de Khouyoundjik et Nebbi Younès occupent aujourd'hui la place), Calach (aujourd'hui Nimroud), Assour, peut-être la plus ancienne de toutes, Koutha, sur les confins de la Babylonie et, à une époque postérieure, Sargon, Dour-Sarkina (actuellement Khorsabad).

Les peuples qui, dans les temps historiques, ont habité ces deux parties du pays sont appelés par les Hébreux et par les Grecs Chaldéens et Assyriens. Ces noms concordent avec ceux qu'ils se sont eux-mêmes donnés dans leurs inscriptions. Ashour était le nom du dieu national de l'ancienne capitale de l'Assyrie : il avait été étendu au pays tout entier et par conséquent s'appliquait aussi au peuple qui l'habitait. Dès le dixième siècle avant Jésus-Christ, il est question d'un empire des Kaldis (ou d'un pays de Kaldou) dont la fondation remontait certainement à une époque antérieure et que nous voyons incessamment en lutte avec l'Assyrie pour la possession de Babylone, c'est-à-dire pour la su-

---

(1) Sepharvaïm pourrait signifier « ville des livres », et répondre à la ville de Pantibiblia dont parle Bérose. Mais M. Delitzsch a démontré que Sippara n'est que la corruption de l'ancien nom, non sémitique, Shemir, dont la signification est inconnue.

prématie. Il est vrai que cet empire ne s'étendait pas à toute la Babylonie, mais comprenait seulement la partie méridionale et maritime de cette province. Babylone même était ordinairement à cette époque au pouvoir des Assyriens, mais il est possible qu'à une époque plus ancienne l'empire chaldéen se soit étendu beaucoup plus au nord. Un de ses rois s'intitule « roi de Karduniyas », et il semble que le territoire qui environne Babylone ait fait antérieurement partie de la province désignée sous ce nom. Il n'y a pas à douter que les deux peuples ne fussent sémites, et, bien qu'ils aient toujours été en guerre, leurs langues et leurs religions se ressemblaient beaucoup.

J'ai pourtant déjà dit qu'ils ne furent pas les premiers habitants du pays. Les inscriptions des plus anciens rois d'Our, Nisinna (Karrak), Larsa et Babylone, sont en grande partie écrites dans une langue qui n'est pas sémitique et qui était vraisemblablement la langue du pays à l'époque à laquelle remontent ces inscriptions. Pourtant la plupart de ces rois étaient eux-mêmes sémites, à l'exception des conquérants élamites qui, pour un temps, leur en levèrent le pouvoir. Eux-mêmes, par conséquent, du moins ceux d'entre eux qui étaient sémites, doivent avoir été aussi des conquérants qui, bien qu'élevés au trône, devaient employer la langue qui était encore celle de la grande majorité de leurs sujets. Ils y étaient d'autant plus obligés que l'écriture cunéiforme dont ils se servaient, et qui était probablement la seule qui existât, ne s'adaptait encore qu'à cette langue pour laquelle elle avait été créée, et que ce n'est que plus tard que, grâce à quelques modifications, on a pu l'employer aussi pour écrire les langues sémitiques. Cette langue ancienne resta pendant des siècles, pour l'Assyrie et la Babylonie, ce que le latin a été au moyen âge et encore plus tard pour l'Europe, la langue de la religion et de la science, celle dans laquelle furent rédigés les plus anciens monuments religieux et les lois du pays, de laquelle ont été traduites la plupart des écritures sacrées et dans laquelle, beaucoup plus tard, on composait encore des hymnes ou on les traduisait de la langue sémitique, qui depuis longtemps était devenue la langue nationale. Quelques savants, il est vrai, ont nié l'existence de cette langue et n'ont voulu y voir qu'une écriture secrète en caractères de convention. Cette thèse ne saurait soutenir un examen même superficiel. On se demanderait quels motifs avaient pu engager les anciens rois à employer pour leurs inscriptions une écriture que pouvaient lire seulement quelques initiés, lorsque ces inscriptions ne pouvaient avoir d'autre but que d'immortaliser leur nom et leurs exploits, et de les porter à la connaissance de leurs peuples (1).

Un vif débat s'est élevé entre les savants sur le nom que portait cet ancien peuple, et on n'est pas encore tombé d'accord sur ce point. Le titre que se donnèrent les anciens rois, aussitôt que leur domination se fut étendue au-delà des bornes de leur propre pays, titre qui resta jusqu'aux derniers temps de l'existence de la monarchie un des titres honorifiques des empereurs d'Assyrie est : roi des Soumirs et des Accads. On a voulu voir dans ces deux noms ceux des deux peuples qui habitaient le pays, l'un désignant les vainqueurs, l'autre les vaincus, l'un les anciens habitants non sémitiques du pays, et l'autre les conquérants sémites. Mais l'accord ne va pas au-delà. Pour certains savants, les anciens habitants sont les Accads, et leur langue doit s'appeler la langue accadienne ; sous le nom de Soumirs ou Soungirs, il faudrait voir les Sémites, ainsi nommés parce qu'ils habitaient la plaine de Sinear (Sin'ar) ; pour d'autres c'est précisément le contraire : les Accads deviennent des Sémites, et les Soumirs cessent de l'être. La question a peu d'importance pour l'histoire de la religion. Pour moi, j'ai la conviction que ni les Soumirs ni les Accads ne furent des Sémites, mais bien deux familles distinctes du même peuple que les Sémites, à leur arrivée, trouvèrent établi en Mésopotamie. Peut-être les premiers furent-ils des habitants de la plaine, les seconds des montagnards, mais qui, au moment de l'invasion, n'habitaient plus

(1) On sait que cette hypothèse d'une écriture secrète a pour auteur M. Halévy. Il me paraît avoir été, en ce qui concerne le fond de la question, suffisamment réfuté par Schrader et par Lenormant (*Langue primitive de la Chaldée*). Nous rapporterons ici un seul argument pour les lecteurs qui ne connaissent ni la langue, ni l'écriture de la Mésopotamie. Le nom d'un certain dieu s'écrit avec deux ou trois signes qui donnent le sens de « prince-grand » ou, d'une manière plus complète, de « prince-ville-grand » et dont la valeur phonétique est *nir-gal* ou *nir-ourou-gal*. Si nous avions ici une écriture secrète qui dût être lue en langue assyrienne, le nom de ce dieu serait Sar-Rabou, ou Malik-rabou, ou Sar-ali-rabou. Or, nous savons par l'Ancien Testament qu'il s'appelait en effet Nirgal ou Nergal.

leurs montagnes. Il se peut que le pays des Soumirs ait été le premier conquis par les Sémites, et que, à cause de cela, ces derniers aient été de préférence désignés sous ce nom. Nous ne nous arrêterons pas davantage à l'examen de cette question et désignerons sous le double nom d'Accads et de Soumirs le peuple qui s'établit le premier entre le Tigre et l'Euphrate, tandis que nous continuerons à nommer l'accadien la langue que parlait ce peuple. Ce nom n'est peut être pas complètement exact, mais c'est le plus usité (1). Cette langue est-elle de la famille des langues touraniennes ou oural-altaïques, ou bien n'a-t-elle de commun avec ces dernières que d'être comme elles une langue agglutinée ? La question n'est pas encore tranchée; pourtant la première hypothèse me semble très douteuse. La parenté qu'on a supposée entre l'accadien et les idiomes des Mèdes et des Élamites non aryens me paraît plus justifiée, bien que nous n'ayons encore de ces deux langues qu'une connaissance bien insuffisante et que les textes découverts soient très peu nombreux.

Quels que soient le vrai nom et l'origine des Soumirs et des Accads, il n'en est pas moins certain qu'ils étaient parvenus à un degré de civilisation assez élevé, lorsque des Sémites venus de l'Arabie les subjuguèrent. L'astrologie, que l'on retrouve chez tous les peuples de l'antiquité, était chez eux très développée et leur avait fait acquérir certaines notions d'astronomie, les avait amenés à observer la position des astres et des étoiles, leur avait fait découvrir les principales planètes et quelques comètes, calculer et prévoir les éclipses, etc. Tous les termes scientifiques d'astronomie et d'astrologie employés en Mésopotamie jusqu'aux derniers temps de la puissance de Babylone étaient d'origine purement accadienne. De même que de l'astronomie, les Soumirs et les Accads peuvent être appelés les pères des mathématiques. Leurs études dans cette branche du savoir donnèrent, entre autres résultats, naissance à un système métrique et chronologique reposant sur le nombre 60 pris pour unité. La ville de Larsa possédait une riche bibliothèque mathémati-

---

(1) On peut consulter sur cette question Oppert, *Journal asiatique*, 7me série, Vol. V. 1875, p. 267 et ss., et *Sumériens ou Accadiens*, lettre à M. Ujfalvy, Paris 1876. Delitzsch, *Chaldæische Genesis*, p. 286. Comp. Sayce, *Academy* 3 mai 1877, p. 393. Lenormant *Chaldæan Magic, Appendix*, p. 387 et ss.

que, et on y a déjà découvert quelques tablettes avec des figures géométriques. Ces peuples élevaient des palais, alors que les Sémites dormaient encore sous la tente. Le nom même par lequel les Hébreux désignent une ville (*îr*) semble être de provenance accadienne, et les Sémites de Babylone et de l'Assyrie appelaient encore un palais du vieux nom accadien *ekal, egal* (la grande maison). Ils ont aussi été les maîtres des Sémites pour l'exécution des travaux hydrauliques, le creusage des canaux, l'irrigation des champs, l'endiguement des rivières. Les plus anciennes œuvres que nous possédions de la statuaire babylonienne sont également, pour autant qu'on en peut juger par les traits des figures, de provenance accadienne. Accadiennes aussi sont les plus anciennes lois ; les titres de différentes hautes magistratures et de charges à la cour ont un caractère accadien, d'où il faut bien conclure qu'il y avait déjà un gouvernement régulier, des institutions publiques, une cour avant la conquête. Enfin, bien qu'on ne puisse encore préciser quelles œuvres littéraires proviennent de source accadienne, quelles sont d'origine sémitique, — car il est très possible que la poésie et la littérature accadiennes aient longtemps survécu à la langue accadienne, en tant que langue usuelle, comme il y eut une poésie et une littérature latines pendant des siècles encore après que le latin ne fut plus qu'une langue morte, — on est parfaitement en droit d'admettre que les Soumirs et les Accads possédaient une riche littérature, ce qui ressort, entre autres, du nombre d'ouvrages de différents genres réunis dans les bibliothèques que fondèrent ou accrurent les plus anciens rois sémites, notamment Sargina Ier. Le poème célèbre en douze chants, dont nous ne possédons plus qu'un texte assyrien mutilé, doit, à en juger par la concordance entre ses divisions et celles du calendrier accadien et le caractère des noms propres, ne pas avoir été originairement composé en sémitique, et suffirait à prouver à lui seul que l'ancienne civilisation accadienne n'a pas eu, comme on a voulu le prétendre, un caractère purement matériel, pratique et prosaïque. Il est, en outre, hors de doute que les Soumirs et les Accads ont été les inventeurs de l'écriture dite cunéiforme, laquelle, malgré ce qu'elle a de compliqué, a été adoptée, chaque fois avec des modifications nouvelles, par plusieurs peuples voisins, et, malgré la concurrence d'un alphabet meilleur et surtout plus simple, est restée pendant des siècles l'écriture employée pour les inscriptions des rois, dans les ouvrages de science et de littérature, dans les actes officiels du gouvernement et des tribunaux, ainsi que dans les conventions commerciales et civiles. De même que l'écriture chinoise, c'est une écriture cursive, en quelque sorte conventionnelle, dérivée d'une écriture hiératique qui certainement elle-même avait remplacé d'anciens hiéroglyphes complètement abandonnés depuis. Les caractères archaïques des plus anciennes inscriptions, employés encore quelquefois à une époque postérieure pour satisfaire un goût d'antiquaire, sont la transition entre les signes hiératiques qui étaient déjà tombés en désuétude sous les toutes premières dynasties et l'écriture cunéiforme de Ninive et de Babylone. Par ces transformations successives, on peut se faire une idée de la haute antiquité à laquelle doit remonter l'invention de cette écriture.

Ce sont surtout les investigations des savants français et anglais qui ont livré la clef de l'écriture cunéiforme, en ce qui concerne les langues babylonienne et assyrienne ; les textes persans avaient déjà été déchiffrés assez longtemps auparavant. Dès lors des sources importantes pour l'histoire de la religion des peuples mésopotamiens nous ont été accessibles. Une certaine lumière est déjà répandue sur les croyances et le sentiment religieux des Mésopotamiens par les nombreuses inscriptions des rois de Babylone et d'Assyrie. Ils ne se bornent pas en effet à y exalter leur propre gloire, mais aussi, et plus encore peut-être, celle des dieux auxquels ils rendent grâce de leurs victoires, principalement dans celles de ces inscriptions qu'ils faisaient graver dans les temples et les sanctuaires de ces dieux. Mais, en dehors de ces inscriptions, nous possédons une importante littérature religieuse babylonienne et assyrienne ; elle comprend, outre l'épopée que nous avons déjà mentionnée, des récits cosmogoniques et mythologiques, des hymnes consacrés à différents dieux, qui nous révèlent le caractère propre de la piété de ces peuples dans ces temps reculés, des listes de dieux indiquant le rang que chacun occupait dans le panthéon, donnant leurs attributs, et qui nous permettent de jeter un regard dans la théologie babylonienne, des conjurations et des notes astrologiques, témoignant de la superstition qui régnait encore à Babylone et en Assyrie, et d'autres documents. L'étude de cette remarquable littérature n'est encore qu'à ses débuts, mais, dans le cours de quelques années, elle a fait des progrès remarquables. Quelques parties, par exemple la suite des fragments de cosmogonie et de mythologie réunis sous le nom de Genèse des Chaldéens par le regretté G. Smith, enlevé trop tôt à la science, ne doivent être utilisées qu'avec prudence et discernement. Plusieurs savants en ont déjà tiré des déductions passablement hasardées (1). D'autres parties dans lesquelles on peut mettre une plus grande confiance, comme le célèbre récit de la descente d'Istar aux enfers et celui du déluge, contiennent certains passages encore inexpliqués, du moins passablement obscurs. L'intelligence des textes accadiens, dont nous ne possédons pas de traduction assyrienne, présente les plus grandes difficultés. Nous tâcherons donc de nous en tenir aux documents qui possèdent une autorité certaine, et d'en distinguer soigneusement tout ce qui reste douteux. Nous pouvons néanmoins user avec reconnaissance, tout en les soumettant à une critique indispensable, des travaux des assyriologues et des accadistes dont plusieurs, entre autres Oppert, Lenor-

(1) En particulier, M. Jules Soury nous semble avoir donné sous ce rapport, dans quelques articles sur la Genèse chaldéenne (*Le Temps* du 13 et du 23 novembre 1879), un exemple que nous ne voudrions pas voir suivi; il y compare les cosmogonies hébraïque, phénicienne et hellénique à la cosmogonie chaldéenne, telle que nous la connaissons d'après Bérose, et d'après quelques fragments de textes cunéiformes encore imparfaitement expliqués. Non-seulement il en montre les rapports, mais déclare que les autres cosmogonies mentionnées plus haut dérivent de la dernière. Certes, un essai de comparaison des cosmogonies présentant certaines analogies entre elles est une œuvre en elle-même digne d'éloge. Mais, pour être vraiment utile, elle exige en premier lieu une explication exacte du fragment babylonien, une critique sévère des fragments de Sanchoniaton, et des notions claires et justes sur la mythologie et la dogmatique comparées. Toutes ces conditions ne nous semblent pas avoir été remplies dans le travail de M. J. Soury. Il nous paraît, entre autres, avoir oublié que des mythes, même cosmogoniques, ne sont que de la pure mythologie, lorsqu'il a cru reconnaître dans les mythes babyloniens la doctrine de Darwin sur l'évolution et le transformisme, et qu'il a vu dans cette doctrine, non le résultat de nouvelles observations scientifiques, mais simplement une sorte d'atavisme, la renaissance spontanée de vérités anciennes dans l'esprit moderne. J'avoue humblement que je suis de « ces esprits à courte vue » dont il parle, « qui voient avec défiance de pareils rapprochements ».

mant, Schrader, Sayce, Boscawen, Finzi et Frédéric Delitzsch, se sont principalement occupés des questions religieuses. Ce n'est pas ici le lieu d'exposer en quoi mes opinions se rapprochent, en quoi elles diffèrent de celles de tel ou tel de ces savants; cela ressortira suffisamment des pages suivantes (1).

Ces sources nouvellement découvertes ne doivent pas nous faire renoncer à nous servir de celles qu'on possédait auparavant. Les Grecs surtout, et en particulier Ctésias, nous ont transmis, touchant la religion de Babylone et de l'Assyrie, maints renseignements auxquels, il est vrai, on ne peut pas toujours accorder une pleine confiance ; on peut faire plus de fond sur ceux que renferme Damascius. Mais la première place revient incontestablement à Bérose qui, bien que lui-même ne fût pas grec, a écrit en grec, et qui est une sorte de Manéthon babylonien. Il parait avoir été en général très bien renseigné. Bérose était prêtre de Bel, le principal dieu de Babylone ; il vécut vraisemblablement à l'époque d'Alexandre le Grand. Il a écrit en grec une histoire de son pays dans les temps anciens, et a utilisé pour cette œuvre une foule de documents anciens soigneusement conservés, que sa qualité de prêtre lui permettait de consulter. Il se peut qu'il ait connu l'antique langue sacrée ; mais c'était un pauvre théologien et un petit esprit. Il n'a pas la moindre idée du sens symbolique des figures qui couvraient les murailles des temples et des palais de Babylone ; il nous présente comme de l'histoire les anciennes traditions religieuses interprétées à la manière d'Evhémère, mais il a certainement rapporté les mythes eux-mêmes avec une grande exactitude ; il est très regrettable que son ouvrage ne soit pas parvenu jusqu'à nous et qu'il faille nous contenter de quelques fragments épars dans les chronographes et les pères de l'Église (2).

Il y a dans cette histoire une difficulté considérable qu'il est encore impossible de surmonter ; toutefois elle intéresse plus

---

(1) Sur la littérature des Mésopotamiens, comme source pour l'étude de leur religion, voir mon discours d'ouverture cité plus haut.

(2) Voir surtout l'important ouvrage de François Lenormant, *Essai de commentaire des fragments cosmogoniques de Bérose*, Paris 1871.

l'histoire de la mythologie que celle de la religion. Je veux dire la lecture des noms propres, et en particulier de ceux des dieux. Lorsque les Sémites commencèrent à se servir de l'écriture cunéiforme, ils ne l'employèrent pas seulement pour reproduire les sons de leur propre langue; ils lui empruntèrent de plus une foule d'idéogrammes, de signes exprimant une idée et dont la valeur phonétique était certainement tout autre en accadien qu'en assyrien, mais sous lesquels ils lisaient les mots sémitiques et non les mots de la vieille langue rendant l'idée correspondante; comme si, par exemple, au lieu de lire en français *etc. et cætera*, nous lisions *et le reste*. Pour la lecture d'un texte suivi, la difficulté n'est pas aussi grande qu'on pourrait penser d'abord, bien que dans quelques cas on ait encore le choix entre deux ou trois synonymes. Pour le plus grand nombre des cas, le contexte et les textes parallèles où les mêmes expressions reviennent écrites phonétiquement ont donné la véritable leçon. Ainsi, pour ne citer qu'un exemple, l'expression très fréquente de « les grands dieux » est représentée par deux signes dont la valeur phonétique est ANA GAL, accompagnés de la caractéristique du pluriel. Il se peut que les Soumirs et les Accads eux-mêmes n'aient pas lu ces idéogrammes ANGALMES (1), mais il est certain que les Assyriens, lorsque la caractérisque du pluriel était répétée après AN (ANMES) et GAL (GALMES), lisaient *ili rabouti*. Or, les noms propres divins sont rarement écrits avec la valeur phonétique des lettres, mais presque toujours avec les idéogrammes. Pour exprimer Nabou, on écrivait : dieu du style ou dieu de la création, dieu créateur; pour Nergal : dieu de la massue; pour Sin : protecteur de la terre ou seigneur de la profondeur (de la sagesse); ou bien le nom du dieu se confondait avec un nombre, assurément symbolique, dieu dix pour le dieu du tonnerre, dieu vingt pour Samas, dieu trente pour Sin considéré comme dieu de la lune, ou plutôt du mois, déesse quinze pour Istar, la lune qui ne montre sa lumière que pendant la moitié du mois et la cache pendant l'autre moitié, dieu soixante (l'unité complète), pour le plus élevé de tous les dieux, et ainsi des autres.

---

(1) La vraie lecture fut peut-être DIMERGALENE.

On peut voir néanmoins que grâce à des transcriptions phonétiques des idéogrammes des noms propres, ou bien parce que nous les trouvons exprimés dans la langue et dans l'écriture d'autres peuples, — par exemple en hébreu dans l'Ancien Testament, — nous connaissons très exactement les noms que les Babyloniens et les Assyriens donnaient à la plupart de ces dieux. Il ne reste quelques doutes que sur la manière dont ils lisaient les noms d'une couple de dieux principaux, et, en outre, il n'est pas certain que les Soumirs et les Accads prononçassent les noms de leurs dieux précisément comme ils les écrivaient; même pour quelques-uns, des gloses explicatives nous apprennent qu'on les écrivait d'une manière et qu'on les prononçait d'une autre. Si nous passons des grands dieux aux dieux inférieurs, l'incertitude est plus grande encore, et les noms de presque tous les personnages qui jouent un rôle capital dans les récits épiques sont autant de problèmes. C'est pourquoi je pense qu'il est encore tout à fait impossible d'écrire une mythologie complète des Babyloniens et des Assyriens, ou du peuple qui les a précédés et dont ils ont emprunté la civilisation et l'écriture. Mais, comme il arrive d'ordinaire, le défaut que nous devons constater dans l'écriture idéographique n'est que le revers d'une qualité. Si nous ne savons pas toujours d'une manière certaine comment on doit prononcer les idéogrammes employés pour exprimer les noms des dieux et des héros, du moins leur signification ne prête à aucun doute, ce qui est l'essentiel, sinon pour la science de la langue, du moins pour l'histoire de la religion : car dans ce domaine les idées importent plus que les mots. On peut discuter sur la manière de lire le nom de l'Hercule assyrien, constamment écrit avec deux signes qui représentent le son Ninib ou Nindar, mais que la plupart des assyriologues lisent Adar. Peut-être ne s'appelait-il ni Ninib, ni Adar, mais nous verrons que l'intelligence de son caractère comme dieu ne présente aucune difficulté. On a lu de bien des manières différentes le nom du dieu de la tempête ou de l'orage, Hou, Ao, Yao, Vul, Bin, et je ne sais encore de combien d'autres façons, dont aucune, je le crains, n'est la bonne. Le signe le plus souvent employé pour l'écrire représente les mots Im (Iv) ou Ni ; c'est peut-être là le nom qui lui était donné par les Soumirs et les Accads ; mais ce qui ne prête à aucun doute, c'est que ce signe ait dû figurer le vent, ou la région d'où souffle le vent ; en outre, les différents surnoms donnés à ce dieu, tels que Râmanou, Barkou, etc., et ses attributs ordinaires déterminent de la manière la plus certaine sa nature. Je pourrais citer encore d'autres exemples de ces particularités ; on en retrouvera plusieurs dans la suite de cet ouvrage, lorsque nous en serons arrivé à présenter un aperçu de la religion des Mésopotamiens.

Les recherches ultérieures dissiperont sans doute bien des obscurités ; il ne s'agit que d'y mettre le temps et de procéder avec prudence. Mais il ne sera pas sans utilité de résumer les résultats déjà obtenus. A vouloir attendre que tout soit découvert et expliqué, à ne pas nous servir des découvertes déjà faites, de peur de nous tromper sur tel ou tel détail, ou bien à préférer nous en tenir aux traditions peu exactes des anciens, en négligeant des documents dont le sens général, au moins, n'est pas douteux, nous rendrions tout progrès impossible dans l'étude de l'histoire ancienne : cela équivaudrait à la remplacer par quelques grands points d'interrogation. Seulement il importe de ne pas élever l'édifice de la science sur des détails secondaires de ces documents, dont l'explication et la traduction sont encore incertaines, et de ne pas tirer des conséquences hasardeuses de faits qui ne sont pas encore parfaitement déterminés, de résultats qui ne sont pas définitivement acquis et incontestablement consacrés.

CHAPITRE II

LA RELIGION DES SOUMIRS ET DES ACCADS

Pour comprendre la religion des Babyloniens et des Assyriens, nous devons tâcher de nous rendre compte de celle du peuple auquel ils ont emprunté tant de choses, et auquel, en particulier, ils durent une notable partie de leurs idées religieuses. Nous devons, dis-je, tâcher; il ne s'agit, en effet, de rien de plus ici que d'une première tentative. Dans l'état actuel de la science, il est encore très difficile de discerner avec certitude, dans ce domaine, ce qui provient des anciens habitants du pays de ce qui faisait partie de la religion propre des Sémites, qu'ils modifièrent au contact du peuple qu'ils avaient subjugué. Une étude méthodique et persévérante finira sans doute par restituer à chacun ce qui lui appartient; pour le présent, nous devons nous contenter de quelques sommaires indications (1).

La religion des Soumirs et des Accads est plutôt un culte des

(1) Le célèbre F. Lenormant, qui s'est fait une des premières places entre les savants voués à cette branche d'études, a donné dans son ouvrage intitulé : *La magie chez les Chaldéens et les origines accadiennes*, un travail important pour la connaissance de la religion des Soumirs et des Accads. La traduction anglaise, *Chaldean Magic*, publiée sous la surveillance de l'auteur, et présentant de nombreuses et importantes corrections, a surtout une incontestable valeur. Bien que, sur beaucoup de points, je diffère d'opinion avec l'auteur, surtout en ce que j'estime encore douteuse mainte et mainte interprétation qu'il présente déjà comme des résultats acquis de la science, je ne saurais passer sous silence que dans ce livre il a été le premier à aborder le sujet du présent essai.

— 168 —

esprits que des dieux, bien que plusieurs de ces esprits s'élèvent tellement au-dessus des autres, qu'on peut déjà les considérer presque comme des dieux. Elle est, à proprement parler, sur la limite du polydémonisme et du polythéisme, et marque la transition du premier de ces systèmes au second. Il est fait mention de plusieurs catégories d'esprits. Le nom générique employé pour les désigner est *Outoug*, — nom qui se retrouve aussi dans les langues sémitiques. Ces esprits remplissaient l'espace, se retrouvaient partout, hantaient également les hauteurs solitaires et les cités populeuses, mais ils habitaient surtout le désert. Ils se produisent ordinairement par groupes de sept, ce qui nous fait involontairement penser à la parabole des sept mauvais esprits dans l'Évangile. Un de ces groupes de sept esprits habitait les régions supérieures du ciel; un autre, non moins sévère, les profondeurs de la terre. Leur puissance la plus redoutable est la faculté d'entrer dans le corps des hommes et d'en faire ainsi des possédés. Toutes les mauvaises actions leur sont attribuées, tous les maux et toutes les maladies proviennent d'eux. Parmi les plus redoutés, il faut citer l'esprit de la peste (Namtar) et de la consomption (habituellement appelé l'esprit de la fièvre, Idpa) qui tous deux, comme serviteurs de la déesse de la mort, habitent les enfers, où le premier notamment joue même un rôle dans les récits mythologiques. Les morts aussi pouvaient se changer en mauvais esprits, et revenaient sous la forme de spectres, de fantômes, de vampires, pour tourmenter les hommes. Chacune de ces catégories d'esprits était désignée par un nom propre en accadien, et les Sémites de Mésopotamie, qui empruntèrent à l'accadien ces noms, donnèrent aux esprits le nom générique de *achcharou*, rappelant une des dénominations appliquées par les Hébreux aux fausses divinités. Il faut y joindre encore les incubes et les succubes, qui s'appelaient Lillal (fondeurs? dévorants?) et auxquels le démon féminin bien connu, Lilith, a emprunté son nom (1), et le cauchemar, qui abusait les hommes dans leur sommeil. Avec cette légion de démons malfaisants, on peut dire que les Mésopotomiens ne coulaient pas

---

(1) Lillal est rendu par le mot sémitique *Zaqouqou*, qui certainement est en relation d'étymologie avec *Zaqaq*, fondre. Ces esprits ont sans doute reçu ce nom parce qu'on croyait qu'ils faisaient fondre, dépérir la force vitale.

des jours plus tranquilles que les Égyptiens, qui se croyaient, eux aussi, persécutés par les mauvais esprits.

Naturellement on mettait tout en œuvre pour combattre ces puissances malfaisantes, pour les éloigner, ou du moins pour les désarmer et les rendre inoffensives. On employait dans ce but une foule de conjurations, de paroles magiques, d'hymnes, dont plusieurs nous ont été conservés. C'est dans le même but qu'on plaçait aux portes des villes et à l'entrée des palais et des temples des colosses dont les fouilles opérées en Mésopotamie et les spécimens répandus dans les principaux musées de l'Europe ont vulgarisé la connaissance ; taureaux et lions ailés à têtes d'homme (*Mas, Nirgallou*, en sémitique *alap, kiroubou*; comparer les *keroubîm* de l'Ancien Testament). Ils ne furent pas, du moins à l'origine, des esprits bienfaisants et protecteurs, comme on se l'imagine communément, mais bien la représentation même des esprits méchants et redoutés ; c'étaient même les plus puissants et les plus redoutés qu'on croyait, en leur donnant un corps, enchaîner à la place où on dressait leurs images, pour les empêcher d'errer et de nuire, et pour effrayer les autres esprits qui auraient pu vouloir pénétrer dans les villes ou dans les édifices dont ils gardaient l'entrée. Plus tard les Assyriens et les Babyloniens en firent des dieux protecteurs. Les Soumirs et les Accads, comme la plupart des peuples, ne virent pas de meilleurs moyens de combattre la puissance des démons qu'une alliance avec les plus puissants et les plus rusés d'entre eux ; ceux-ci ne tardèrent pas à être regardés comme des amis et des protecteurs des hommes. Dans ce nombre figuraient les deux pléiades dont nous avons déjà parlé, les esprits du ciel appelés *Igigi* « les grands principaux » (*Noungal*), et les esprits de la grande place des eaux (*Anounna-ki*), c'est-à-dire de l'abîme souterrain. Mais on trouvait surtout un appui dans les esprits du rang le plus élevé, les *dingirene* ou *dimerene*, un nom dont on n'a pas encore déterminé sûrement le sens (1), que nous pouvons bien

---

(1) Delitzsch pense que la forme *dimer* est l'original, et explique ce nom par puissant (*mer*) juge (*di*). Je crains que ce ne soit là un sens trop abstrait. Si *dimmer* pouvait être considéré comme une corruption de *dingir*, et ce mot être dérivé de *di* ou *dim-gir* (comme, par exemple, *kiengi* de *kigi*) il pourrait signi-

appeler dieux, bien que, originellement, eux aussi n'aient été que des esprits d'un rang supérieur, et que deux des principaux d'entre eux, Anou et Hea soient très souvent simplement appelés l'esprit du ciel (*Zi-ana*) et l'esprit de l'abîme (*Zi-kia*, ou l'esprit de la terre). Pour les Sémites qui les adoptèrent, ils furent certainement des dieux, puissances indépendantes et manifestement anthropomorphisées, régnant sur un domaine particulier de la nature et présidant à un ordre de phénomènes naturels ; ce ne furent plus simplement les esprits attachés à ce domaine ou se manifestant dans ces phénomènes et habitant ces corps célestes. Occupaient-ils déjà le premier rang pour les Soumirs et les Accads ? On ne peut encore le décider avec certitude ; il est sûr que pour eux ils n'avaient pas encore complètement dépouillé leur caractère originel d'esprits ou de démons.

Sous ce rapport, cette religion présente de grandes analogies avec celle des Finnois et avec la vieille religion nationale des Chinois, dans lesquelles nous remarquons les mêmes particularités. Mais elle a déjà dépassé le point de développement auquel s'est arrêtée la première. Nous ne pouvons, il est vrai, dire encore si les dieux principaux qui, dans l'une comme dans l'autre, commandent à de nombreux esprits subordonnés, étaient simplement juxtaposés et complètement indépendants les uns des autres, ou s'ils formaient déjà une hiérarchie. Néanmoins une certaine classification a été faite par les lettrés. Chaque dieu a son nombre mystique, les principaux un nombre entier, les secondaires une fraction, et sans doute une relation déterminée avait déjà été établie entre la plupart d'entre eux et les phénomènes célestes, les planètes, les étoiles et les autres astres.

Je ne tenterai même pas de donner une liste complète des dieux des Soumirs et des Accads. Les noms de plusieurs d'entre eux ne se rencontrent que rarement et la signification d'un certain nombre était déjà obscure pour les Babyloniens et les Assyriens. Je ne saurais pourtant complètement passer les prin-

---

fier « les ouvriers de la voûte céleste. » Ce n'est qu'à titre de conjecture que je risque cette interprétation. Ce nom est rendu en assyrien par *Ilou*, dieu. Dingira n'a rien de commun avec le mot turc signifiant Dieu, *Tengri*, auquel Rawlinson, Finzi, Lenormant, ont voulu le rattacher. D'après mon collègue, M. le Dr G. Schlegel, le sinologue, *Tengri* est une altération du chinois Tien, dont l'usage ne s'est répandu parmi les Touraniens qu'après la conquête de la Chine par les Tatars.

cipaux sous silence. Ana (celui qui habite les régions supérieures, l'élevé), le ciel considéré comme un être divin, peut-être même déjà le dieu du ciel, quelquefois réuni à Nana (la déesse mère), qui ailleurs se trouve l'épouse d'autres dieux, ou à Dingiri (la déesse, l'Istar supérieure), qui était peut-être, sous un autre nom, la même que Nana ; En-ge ou Elim (le Seigneur), et Ninge, qui sont ordinairement regardés comme le seigneur et la reine du monde souterrain, et qui furent probablement, à l'origine, les dieux du ciel nocturne, et Ea ou Hea (la maison des eaux), le dieu de l'océan céleste, du cercle des vapeurs et de l'abîme, avec son épouse Dav-Kina, la dame, la reine de la terre. Les dieux des corps célestes visibles étaient peut-être placés à un rang inférieur, mais leur culte fut vraisemblablement plus répandu. C'était le dieu de la lune (Agou), celui qui éclaire la terre (Ourou-Ki), le maître de la croissance ou de la sagesse (Enou-Zouna), et le dieu du soleil (Oudou, la lumière), le premier uni à la déesse mère. Si Im ou Ni, qu'on lit encore Bin, et qui était certainement aussi appelé Mermer, a jamais été un dieu du soleil, comme on le prétend, ce fut toutefois en tant que dieu du tonnerre et de la foudre, celui qui donne naissance au vent et produit la tempête et les pluies d'orage ; à côté de lui était la déesse Sala, qui paraît avoir personnifié la terre féconde. Les deux dieux de la guerre qui jouirent plus tard d'une si grande faveur chez les belliqueux Assyriens, Ninib ou Nindar (peut-être simplement le Seigneur, ou le seigneur de la génération), le dieu du soleil caché, ou d'une manière plus exacte, du soleil mourant et ressuscitant, le prototype du héros solaire de l'épopée, le Baal-Chamman ou l'Hercule mésopotamien ; et Nirgal (le grand prince), appartiennent déjà à cet antique panthéon. Nous verrons tout à l'heure la place importante que Maroudouk, ou d'une manière plus complète Amar-Oudouki, le fils célèbre d'Hea, y occupait. Ce qu'était pour les Babyloniens et les Assyriens, Istar, déesse dont le nom idéographique n'a pas encore été déchiffré, mais se montre toujours précédé du déterminatif de la déesse mère, elle l'était également pour les Soumirs et les Accads. Peut-être lisait-on déjà cet idéogramme Istar (1).

(1) C'est du moins le sentiment de Delitzsch.

De très bonne heure on forma deux triades des principaux de ces dieux, mais je ne crois pas que cela ait eu lieu avant la domination sémitique. On ne trouve aucune triade mentionnée dans les inscriptions des rois les plus anciens, notamment dans celle des souverains d'Our et d'Ourouk, non plus que dans les formules de conjuration et les sentences magiques. On y retrouve bien, mais non réunis, les noms de tous les dieux qui formèrent ces triades. La triade supérieure, Ana, En et Hea apparaît pour la première fois dans une inscription d'un des rois élamites de Larsa ; mais déjà des rois sémites avaient précédé cette dynastie. Nous la retrouvons plus tard sous le roi de Babylone Chammouragas ; mais la troisième personne y porte le nom purement sémitique de Dagan. La conséquence qu'on a voulu tirer de l'ordre dans lequel figurent les noms des dieux supérieurs dans cette triade, à savoir qu'elle représentait les trois mondes dans lesquels les Soumirs et les Accads partageaient l'univers, ne repose vraisemblablement sur aucun fondement.

Il est donc impossible de dire si déjà dans cette période les dieux étaient réunis dans un système régulier, d'autant plus qu'il ne paraît y avoir existé aucune unité politique. Le pays était partagé en petites principautés qui furent quelquefois, mais seulement d'une manière temporaire, réunies sous le sceptre d'un souverain entreprenant. Alors le dieu local de la résidence du prince devenait le principal dieu du pays. Sous l'ancienne dynastie d'Our, ce fut Agou, le dieu lunaire qui plus tard devint Sin ; sous la domination de Babylone, Maroudouk, le dieu protecteur de cette ville. Divers dieux n'étaient que des dieux locaux, ou plutôt simplement les noms différents d'une seule et même divinité, sous lesquels elle était adorée dans différentes localités. Qu'on se garde néanmoins de conclure de ces faits qu'un certain monothéisme panthéistique fût à la base de tous ces cultes. A l'appui de cette hypothèse, il serait impossible de fournir la moindre preuve. De quelque manière qu'on explique les cultes particuliers, quelques simplifications qu'on apporte au nombre des dieux, on se trouve constamment en face d'un polythéisme, et non seulement il restera toujours la trinité père, mère et fils, pour les dieux supérieurs, mais encore des dieux inférieurs, ministres et messagers des grands dieux, et dans le nombre, plusieurs divinités féminines. Tout ce que nous pouvons faire, c'est de distinguer un certain nombre de cycles divins, entre autres celui d'Ana, celui de Moulge et celui d'Hea, qui paraissent avoir eu à l'origine une certaine indépendance ; cependant, quant aux dieux inférieurs qui s'y rattachent, ces cycles se confondent plus ou moins les uns avec les autres (1).

Déjà dans l'antiquité la plus reculée, il existait de certains rapports entre les principaux dieux locaux. Ainsi que nous venons de le dire, le principal dieu d'Our était le dieu de la lune ; mais même à Our il était regardé comme le fils d'En et de Ninge, appelés les dieux de Nipour. Lui-même avait avec son épouse Ningal (la grande dame), la Nana ou la déesse mère d'Our, une fille qui s'appelait Nin-Charsak, la dame des hauteurs. Le dieu soleil d'Orouk porte le nom de Sartourda (le petit — selon d'autres interprètes, le puissant-roi), et l'on rencontre aussi le titre de roi des dieux (Oungal ou Sar dinrigene). On trouve dans une ancienne formule de conjuration la classification suivante : après les esprits du ciel et de la terre (ailleurs identifiés à Ana et Hea, mais qui reviennent dans toutes les formules magiques), suivent les esprits En-ge ou Moul-ge (appelé ici sans abréviation (En) Moul-gelal), le Seigneur des pays (ou de l'est ; — qui plus tard devait devenir le grand Bel), et de son épouse Ningelal ; ensuite celui de Ninib ou Nindar, nom encore inexpliqué, son puissant guerrier Nouskou (le zénith), son premier ministre ou messager, le dieu de la lune (En-Zouna), son fils aîné ; ensuite celui d'Istar, la maîtresse de l'armée, d'Im, le roi de la voix violente, c'est-à-dire du tonnerre, du dieu du soleil (Oud), le roi du jugement, et enfin des esprits des eaux célestes, des Anounnaki, qui étaient appelés les plus grands des dieux. Nous avons donc là, consignée dans un texte qui remonte sans doute plus haut que la conquête sémitique, toute la cour du dieu suprême du ciel, vraisemblablement du ciel nocturne, auquel sont joints quelques dieux qui

---

(1) Je remarque que M. Lenormant, qui a professé une opinion différente dans son ouvrage *Les Dieux de Babylone et de l'Assyrie*, extrait de la *Revue de France* p. 19 et suiv., est maintenant arrivé à des conclusions qui se rapprochent beaucoup des miennes. Il admet pourtant encore un certain panthéisme, ce en quoi je diffère de lui.

se retrouvent également dans des conditions et des rapports un peu différents, dans d'autres systèmes de même provenance, ainsi Im, le fils d'Ana, et Oud, le fils d'Hea.

Nous devons ici dire quelques mots d'Hea et de son fils Maroudouk. Ils sont tous deux, en un certain sens, des dieux solaires, et le dieu propre du soleil, Oud ou Oudouki est également désigné comme un fils d'Hea. Nous retrouvons donc ici le même phénomène qu'en Egypte, à savoir que diverses personnifications des propriétés et de l'action d'un même phénomène naturel sont reliées l'une à l'autre et présentées comme les générations successives d'une généalogie. Hea répond au Ra suprême, ou à Chnoum, le créateur, se dérobant ou se manifestant, habitant dans sa demeure aux extrémités de la terre, ou bien naviguant dans une arche, ou nageant sous la forme d'un poisson dans l'océan céleste. C'est pourquoi, bien que dieu du ciel, qui s'incarne dans le soleil, il est surtout le dieu de l'élément liquide, et partant, de la fertilité. C'est ce qu'indique déjà son nom Hea (la maison des eaux), ainsi que ses prénoms Moulkia et Zikia (seigneur et esprit de la place des eaux). Du moins je ne saurais voir dans le caractère qui termine ces noms une simple désinence. Lui-même est né des eaux célestes et comme tous les dieux de l'océan, dans la plupart des mythologies, il est le dieu de la plus profonde sagesse, et principalement le créateur et le bienfaiteur des hommes. Son épouse s'appelle Davkina ou Davki, nom qu'on rend le plus souvent par Dame de la terre, bien que Ki semble aussi signifier l'abîme. Son surnom Nin-ka-si (la dame à la tête ornée de cornes), la désigne aussi comme une déesse de la lune. Son fils, dont le nom complet Amar-Oudouki signifie éclat du soleil, répond à l'égyptien Shou et à l'aryen Mithra, personnification de la lumière, luttant avec le dragon de l'obscurité, et comme fils du dieu suprême du ciel et du soleil, médiateur entre lui et les hommes (1). Le dieu spécial du soleil, Oudouki ou Oudou est bien un dieu guerrier, mais il est surtout considéré comme le juge au regard duquel rien n'échappe. Tous trois sont très puis-

(1) Dans les textes accadiens son nom est toujours écrit avec les trois signes qu'on lit *Silik-moulou-chi*, mais qui n'ont vraisemblablement jamais été prononcés de cette manière. Ils signifient celui qui dispense (silik) le bien (chi) aux hommes (moulou), par conséquent le médiateur bienfaisant.

sants contre les mauvais esprits et sont invoqués contre leurs maléfices. Dans les maladies, qui étaient attribuées à un ensorcellement ou à une possession démoniaque, on s'adressait d'abord à Amaroud, qui, soit qu'il s'agisse de la maladie d'une personne spéciale ou d'une épidémie, se rend immédiatement vers son père Hea. Celui-ci possédait divers remèdes pour combattre les maladies. Ainsi pour la peste, il n'y avait qu'à faire une image de Namtar, le démon de la peste, et à la placer sur le corps du patient; la maladie passait dans cette image. C'est là une pure conception animiste, analogue à celle qu'exprimaient les Nirgalli, placés à la porte des palais. Si l'on offre au mauvais esprit une demeure meilleure que ne l'est le malade, un corps reproduction exacte du sien propre, il passe dans ce corps, en abandonnant celui du possédé. Mais le préservatif le plus puissant est le *nom*, le nom mystique de la divinité, connu seulement du dieu suprême et révélé par lui uniquement à son fils, mais caché aux hommes; ce nom sacré possède une telle force magique que même les plus puissants esprits ne sauraient lui résister. Cette idée, qui régnait également en Egypte et dans l'Asie occidentale, est aussi purement animiste. Prononcer un nom, c'est appeler et conjurer l'être qui porte ce nom. Le nom possédait une personnalité, une indépendance aussi grande que celle de l'esprit même. Nommer une chose, c'est la créer; c'est pourquoi la création est souvent présentée comme faite par la parole. Celui qui connaît le nom du dieu suprême possède donc le pouvoir le plus étendu, puisqu'il peut toujours invoquer l'aide de ce dieu tout puissant. Mais c'est aussi pour cela que le secret n'en pouvait être livré qu'à quelques hommes privilégiés et spécialement initiés aux choses religieuses, car la proximité d'un être aussi puissant pouvait être aussi dangereuse et funeste que riche en bénédictions.

Hea remplit aussi le rôle de sauveur dans le monde des dieux. C'est lui qui, lors du déluge causé par la colère de Moulge, sauve les justes dans le navire, et fait baisser les eaux. Lorsque Istar, la déesse de la fécondité, s'est enfuie dans le monde des morts, et que toute vie menace de s'éteindre sur la terre, ce n'est pas Mardouk, mais cette fois le dieu du soleil, qui va vers Hea, lequel sait indiquer ce qu'il y a à faire, et sauve la déesse et le monde (1). Moulge lui-même, le plus grand des dieux, ne dédaigne pas, lorsque son fils, le dieu de la lune, est menacé d'être privé de sa lumière par les sept esprits servants d'Ana, d'aller invoquer l'aide d'Hea, qui se concerte immédiatement avec Amaroud pour conjurer ce malheur (2). C'est ce que fait aussi, dans des situations difficiles, le dieu du feu, d'ailleurs si puissant.

Le dieu du feu jouait naturellement un rôle très considérable chez les Soumirs et les Accads. Il était le dieu protecteur de la maison et de la famille, et, comme dans toutes les religions magiques, plus redouté par les mauvais esprits que toute autre puissance existant sur la terre. Il est même appelé le « grand prêtre sur la face de la terre, » et il était invoqué dans la flamme du sacrifice. On sait qu'on retrouve ces expressions et ces idées chez les Aryens, voisins des Mésopotamiens. Le nom accadien du dieu du feu, « le feu dans le roseau» (Bil gi), rappelle également le mythe de Prométhée, qui cache dans une tige de férule le feu qu'il a ravi à Zeus ou à Hephæstos (3). De nombreux hymnes lui sont consacrés, et il semble avoir eu sa forme particulière dans chaque cycle divin ; du moins il appartient à celui d'Hea comme fils de l'Océan, et de la déesse de la terre, coiffée de cornes ; comme feu cosmique, à celui d'Ana. Il a des analogies avec le héros de l'épopée, une espèce d'Héraklès, mais ne doit pas être identifié avec lui.

Il va de soi que dans une religion reposant sur de tels principes les conjurations et les arts magiques devaient tenir une grande place et constituer la principale partie du culte. On prononçait les conjurations sur le feu sacré. On y jetait toute espèce d'objets, entre autres des représentations des démons, en expri-

---

(1) Dans le texte ordinaire de ce récit (*West. Asian Inscript.* IV, 34, rev, 1. 1-3) Samas est le fils de Sin, et Istar est sa fille. Peut-être est-ce un trait emprunté à une mythologie locale. Ou bien le copiste de la tablette aura-t-il écrit par erreur trente (XXX), qui est le nombre de Sin, au lieu de quarante (XXXX) qui est le nombre d'Hea.

(2) La tablette est malheureusement brisée ; mais il n'y a pas de doute qu'Hea ne sauve dans cette circonstance le dieu de la lune.

(3) Ἐν κοίλῳ νάρθηκι (Hésiode, *Travaux et jours* 51). Ναρθηκοπλήρωτον πυρός πηγήν (Eschyle, *Prométhée* 109).

mant le vœu que, de même que se consumaient ces objets, le maléfice et les sorciers pussent être anéantis. L'invocation des noms des grands dieux eux-mêmes avait lieu, le plus souvent, pour conjurer leur colère et s'en préserver, ou bien pour s'assurer leur assistance et former alliance avec eux.

On rencontre cependant, à côté de ces pratiques, des formes plus pures d'adoration, des prières dans lesquelles on demande au Dieu supérieur et à la déesse mère, qui savent toute chose, le pardon pour sept fois sept péchés, des hymnes célébrant la grandeur et la bienfaisance des dieux, et d'autres expressions d'un sentiment vraiment religieux. Il ne faut pas non plus perdre de vue que notre jugement dans ces matières devient facilement partial et étroit. Les textes magiques de l'ancienne religion sont surtout ce qui en a été conservé; les pratiques magiques s'en sont perpétuées; quant à ce qui constituait vraiment le culte et l'adoration de la religion ante-sémitique, nous ne possédons à cet égard que fort peu de renseignements.

Nous connaissons un peu mieux les idées qui avaient cours au sujet de la vie et de la mort. Le monde souterrain était placé sous le sceptre d'une déesse puissante et redoutée, la grande Dame de la terre (Nin-ki-gal, ce qui ne signifie pas la Dame de la grande demeure), qu'il ne faut pas, à mon avis, confondre avec Ningelal, l'épouse de Moulge. Ce monde souterrain était appelé « le lieu d'où on ne revient pas (nouga), où il n'y a plus ni sensation ni bénédiction, où personne ne peut voir et où se pressent les ombres »; c'est, on le voit, tout à fait l'analogue du Sheôl des Hébreux et des Phéniciens. Pourtant, tout retour à la vie n'était pas impossible. Au plus profond des sept cercles que formait l'empire des morts, jaillit la source de la vie; celui qui s'y était abreuvé revenait sur la terre. Certains dieux, entre autres Amaroud, avaient aussi le pouvoir de ressusciter les morts. Le monde des morts des Soumirs et des Accads avait son Styx comme le Hadès des Grecs; c'était un fleuve qu'on devait traverser en arrivant à l'entrée des enfers, au sud-ouest, et dont le portier du sombre royaume, Négab, était le Charon. On ne rencontre dans ces croyances que de faibles traces de rétribution morale. On a prétendu que de même qu'en Égypte, en Mésopotamie le dieu du soleil avait une lutte à soutenir dans le monde souterrain; mais l'existence de cette doctrine n'est jusqu'à présent rien moins que démontrée.

Les Soumirs et les Accads possédaient, sans aucun doute, une riche mythologie. Mais, comme nous n'avons pas dans leur forme originale leurs mythes et leurs légendes, qui ne nous sont parvenus que par l'intermédiaire des Babyloniens et des Assyriens, et qu'il est très difficile de discerner dans nos sources ce qui est primitif des modifications de date postérieure, nous croyons prudent de n'en parler que plus loin, en les traitant comme des parties intégrantes de la religion de Babylone. Il est néanmoins du plus haut intérêt de distinguer aussi exactement que possible ce qui, dans ces légendes, est d'origine purement accadienne ; car cette distinction pourra éclairer bien des points obscurs de l'histoire religieuse de l'Asie occidentale, une foule d'idées et d'usages qui ne sont pas d'origine sémitique, mais que les Sémites ont adoptés. Elle se distingue au premier rang par le même caractère dualiste et magique que la religion de Zarathoustra, qui a si profondément modifié les idées aryennes en Perse ; mais les peuples aryens ont développé ce dualisme dans une direction profondément morale. Elle fut aussi la source et donne la clef de toutes ces pratiques magiques qui inondèrent l'empire romain au premier siècle de notre ère, et qui se sont perpétuées en Europe pendant toute la durée du moyen-âge.

CHAPITRE III

LES CROYANCES RELIGIEUSES DES MÉSOPOTAMIENS SÉMITIQUES

(BABYLONIENS ET ASSYRIENS)

Les Sémites, après avoir subjugué les Soumirs et les Accads, adoptèrent sinon tous les dieux du peuple vaincu que nous avons énumérés dans le chapitre précédent, du moins la plupart d'entre eux ; quelques-uns de ces dieux conservèrent dans la langue des conquérants les noms qu'ils portaient dans celle du peuple conquis ; ainsi Nergal, Davkina, peut-être Ninib et Istar. Les noms de quelques autres subirent de légères modifications, comme Ana qui devint Anou, Amaroudouki qui devint Maroudouk ; d'autres enfin reçurent des noms nouveaux, exprimant en langue sémitique leurs attributions ou leur caractère. C'est ainsi qu'Hea devint Dagan, Im ou Ni Râmanou ou Barqou. Les Sémites substituèrent aussi quelques-unes de leurs propres divinités à d'anciens dieux du pays ou du moins réunirent en une seule personnalité des dieux sémites et des dieux accadiens, ayant des caractères analogues ; ainsi Samas se confondit avec Oud, Sin avec Agou, Nabou avec Nouskou. Ils conservèrent aussi quelques-uns de leurs dieux, comme les trois déesses de la lune, qui étaient également adorées par les Arabes. La plupart des dieux reçurent aussi des surnoms sémitiques et le nom générique accadien des dieux (Ana, Dingira) fut remplacé par le nom sémitique Ilou.

Jamais peut-être deux religions n'ont été plus étroitement fondues ensemble que celle des anciens et des nouveaux habitants de la Mésopotamie. La religion des Soumirs et des Accads fut, comme le peuple lui-même, complètement sémitisée. L'ancienne langue parlée dans le pays s'y conserva encore assez longtemps après que les Sémites s'y furent établis. A la fin cependant, elle disparut, du moins dans la vie publique et journalière, devant celle des conquérants dans laquelle passèrent quelques mots de l'idiome ancien. Ainsi après la conquête de la Gaule par les Romains, le celtique disparut devant le latin, qu'il enrichit d'un petit nombre de mots. Néanmoins l'accadien resta encore pendant des siècles la langue sacrée et celle des savants. Avec la fondation d'un vaste empire, il se constitua un sacerdoce puissant, composé peut-être, surtout dans les premiers temps, principalement de sages soumiriens-accadiens, mais qui, dès le début pourtant, dut aussi compter dans ses rangs un certain nombre de Sémites. Dans ces conditions, les prêtres se bornèrent, comme il était naturel qu'ils le fissent, à introduire quelques changements dans la doctrine consacrée, et conservèrent les anciennes divinités et les anciens usages, continuèrent la tradition et adoptèrent même pour eux les titres (*sakanakkou*, *mag*, *patis*) que portaient ceux à l'école desquels ils se mettaient. Nous assistons à un phénomène historique analogue à celui qui se produisit au moyen-âge, où le latin resta la langue de l'église et de la science, alors que les Germains vivaient depuis longtemps déjà d'une vie nationale indépendante, et même avaient conquis et soumis à leur loi l'Italie. Nous devons cependant noter une différence : c'est que la religion des Babyloniens et des Assyriens fut beaucoup plus sémitique que le catholicisme des Germains convertis au christianisme ne fut germain.

Il est très difficile aujourd'hui de distinguer avec certitude ce qui, dans ce système, était anciennement enseigné touchant les dieux, des doctrines postérieures à la formation du sacerdoce, et qui furent son œuvre ; ce qui appartient aux Soumirs et aux Accads, de ce qui est d'origine babylonienne. Nous ne pouvons, sur ce point, que faire quelques suppositions, qui ont pourtant un haut degré de vraisemblance.

En premier lieu, il semble que la nouvelle classe sacerdotale se soit appliquée à établir une hiérarchie de dieux plus régulière, où les rangs fussent plus exactement déterminés et plus fixés que cela n'avait lieu auparavant. On ne trouve nulle part dans les inscriptions, avant la domination des Sémites, les triades si connues d'Anou, Beltihavti, Dagan (Hea); Sin, Samas et Râmanou; plus tard même elles ne sont jamais mentionnées dans les textes purement accadiens.

La formation de la deuxième triade, composée des fils des dieux de la première, paraît avoir été une conséquence de la constitution de celle-ci, et par conséquent être d'une date plus récente. La réunion des trois grands dieux en une triade semble au contraire avoir été déterminée par l'établissement d'un royaume plus vaste que les anciennes principautés. Nous verrons que les dieux qui la composent n'étaient que des conceptions légèrement différentes d'une seule et même divinité, des formes diverses du dieu suprême du ciel, qui était adoré sous des noms différents dans plusieurs localités ou dans de petits états, que la conquête réunit sous un même sceptre. On eut le sentiment de leur analogie et de leur égalité, sans parvenir à les ramener à l'unité et on les mit sur le même rang; car dans l'antiquité une simple différence de noms et une légère différence d'attributions suffisaient pour donner aux formes diverses du même dieu une existence indépendante et une personnalité indélébile.

Ce fut là un premier pas qui devait en amener d'autres et conduire à une détermination plus complète de la hiérarchie divine. A chacun des dieux supérieurs on donna un cortège ou une cour complète de dieux familiers et de serviteurs. Mais il fut impossible de procéder à une classification absolument régulière et d'éviter les doubles emplois. En effet, on fut bien obligé de tenir compte de la tradition, et, pour n'en citer qu'un seul exemple, le dieu du soleil avait, dès la plus haute antiquité, sa place marquée dans plusieurs cycles divins.

Fit-on un pas de plus ? Au-dessus des trois dieux principaux en plaça-t-on un auquel ils fussent subordonnés, sinon dans l'adoration du peuple, du moins dans la doctrine des prêtres ? On l'a soutenu, et, il faut l'avouer, non sans quelque apparence de fondement. On allègue d'abord à l'appui de cette assertion le nom même de la capitale. Ce nom, sinon le seul ou même le plus ancien, du moins le plus fréquemment employé, était Babel, Babilou, la porte d'Ilou, la porte de Dieu. Un des plus anciens rois qui y établit le siège de son gouvernement, Chammouragas, dit dans une de ses inscriptions : « Ilou et Bel ont livré le royaume des Soumirs et des Accads en mon pouvoir. » En outre, dans une liste des dieux (1), il se trouve en tête, tandis que les deux triades et les autres dieux viennent à la suite.

Je dois pourtant avouer que ces preuves me semblent très faibles. Le nom générique de la divinité entrant dans la composition du nom de Babylone (en accadien Ka-dingira), n'établit pas plus la foi des Babyloniens en un Dieu suprême Ilou, que les autres noms de villes fort nombreux, dans la composition desquels entre un autre nom générique de dieu (Nitouk, Nipour, Ninà, le nom le plus ancien de Ninive) ne prouvent qu'une semblable foi ait existé chez les Soumirs et les Accads (2). Le dieu que Chammouragas nomme à côté de Bel, comme l'auteur de sa puissance, n'est d'ailleurs, comme le démontre la comparaison avec un grand nombre d'autres inscriptions, autre qu'Anou, dont le nom est fréquemment écrit avec le simple signe *Ana* (3). Si dans la liste susmentionnée, Ilou est placé au-dessus des deux triades, Istar est au même rang que lui, et au-dessus de tous deux se trouvent Samou et Irsitiv, le ciel et la terre, que l'on ne saurait prendre pour des dieux supérieurs. Celui qui a dressé la liste a manifestement commencé par les appellations générales, et il ne saurait faire doute que dans son énumération Ilou et Istar n'ont d'autre sens que celui de dieu et de déesse.

Il est certain que ce dieu suprême Il ne se rencontre pas dans la cosmogonie des Babyloniens, fait qui d'ailleurs a frappé le grec Damascius, et lui a fait dire (Ch. 125) qu'ils ne parlent pas d'une première cause ou d'un premier principe, mais en admettent deux, Tauthè et Apasôn, époux divins d'où étaient nés tous les dieux. Tauthè, la mère des dieux, n'avait d'abord

---

(1) *West. Asian Inscr*. II. 48.

(2) On peut faire la même remarque à propos des Phéniciens qui n'ont certainement pas adoré un dieu El comme Dieu suprême et distinct des autres dieux et qui appelaient néanmoins une localité Pheniel (la face de Dieu), et des Indous chez lesquels on retrouve un grand nombre de noms géographiques dans la composition desquels entre *deva* au singulier. Du reste, on trouve une ou deux fois au lieu de Babilou, Babili, où ili est un pluriel. L'ilou de Babylone était Maroudouk.

(3) Comparer entre autres *West. Asian Inscr*. IV, 36, n° 35-37.

donné le jour qu'à un fils unique appelé Moymis qui, d'après Damascius, serait le monde sensible (intelligible). Mais ensuite une autre génération serait issue du couple divin, d'abord Lachè et Lachos (1), ensuite Kissaré et Assôros, et de ces derniers Anos, Illinos et Aos (2). Le fils d'Aos et de Daukè, serait Belos, le démiourge.

Damascius était en général très bien informé. Tous les êtres divins qu'il mentionne se retrouvent dans la cosmogonie des Babyloniens récemment découverte ; mais les premiers n'y ont pas une personnalité aussi accentuée que dans l'écrivain grec.

« Alors, — lit-on dans la première tablette contenant le récit de la création d'après la mythologie babylonienne, — alors les cieux au-dessus de la terre, ni rien sur la terre n'avait un nom ; l'abîme (apsou, dans l'ouvrage de Damascius apasôn, littéralement la profondeur des eaux), n'avait pas encore brisé ses rives, Moummou-Tiavat (la mer chaotique ? — manifestement les Tauthè et Moymis de Damascius, réunies en un seul être), était la génératrice d'eux tous (les dieux). Leurs eaux (notamment l'apsou supérieur, céleste et l'inférieur chaotique, Tiavat ou Tiamat), furent d'abord délimitées, — ou séparées les unes des autres (3). Mais aucun arbre n'avait encore poussé, aucune fleur ne s'était encore épanouie, et aucun des dieux n'avait encore fait son avènement à l'existence ; aucun nom n'était nommé, aucun ordre n'avait été établi. Mais alors les dieux furent créés. Lachmou et Lachamou (Lachè et Lachos de Damascius) les appelèrent (les dieux ou le premier couple d'êtres), à la vie, et ceux-ci multiplièrent ; ensuite Sar et Kisar (Assôros et Kissaré), qui s'étendirent pendant plusieurs jours, ensuite Anou. »

Malheureusement le texte s'arrête là. Anou, Bel et Dagan (Hea) venaient vraisemblablement ensuite. Il est impossible de déter-

---

(1) C'est certainement ainsi qu'il faut lire, au lieu de Daché et Dachos, ainsi que le porte l'édition.

(2) Anos ne peut être que Ana, Anou. Aos l'époux de Daukè (Davki, Davkina) est naturellement Hea. Illinos doit donc être le grand Bel, dont le nom se prononçait aussi en accadien Éliv ou Elim (Ilim). On voit ordinairement Bel-Mardouk dans le Belos de Damascius.

(3) D'après la leçon de Delitzsch, ichiqû de châqu, Comp. avec l'hébreu chaqaq, $d^{u}lineavit$, statuit et chòq, terminus, limen.

miner avec certitude qui étaient Lachmou et Lachamou, Sar et Kisar. On a voulu voir dans les premiers la personnification de la lutte des éléments, dans les seconds, celle de la transmission de la vie (1). Mais on sait qu'ailleurs les deux couples ne sont que des formes différentes d'Anou et d'Antou, du ciel et de la terre. Les Babyloniens se représentaient donc que l'univers avant l'établissement de l'ordre actuel (c'est là ce qu'il faut entendre, à proprement parler, par le mot de création) avait traversé différents états, parcouru plusieurs phases d'existence. D'abord c'étaient, en haut et en bas, les eaux dans un désordre chaotique. Ensuite, il s'était encore succédé deux périodes, qu'il est impossible de caractériser à l'aide des documents que nous possédons ; peut-être une d'épuration et de séparation des éléments, et une de croissance et de propagation des êtres. Alors seulement se produisirent les grands dieux, dans leur forme se rapprochant davantage de la stature humaine, et la création commença.

Le récit en remplit un certain nombre de tablettes, faisant suite à celle que nous venons de transcrire. Mais elles sont dans un si déplorable état de conservation, que le contenu en est presque illisible, et qu'on n'en a déchiffré que des fragments qui ne présentent ni suite ni cohésion. Nous n'osons nous risquer à en tirer la doctrine des Babyloniens. Tout ce que nous pouvons dire avec certitude, c'est que, de même que dans la Genèse, des créations différentes se succédaient, mais qu'elles y étaient décrites d'une manière beaucoup plus étendue. Il n'y a que celle des corps célestes dont le récit est demeuré intact, et elle renferme une très belle description. Il est presque toujours parlé du Créateur au singulier et, sous ce titre, c'était sans doute Anou qui était désigné. Dans d'autres passages, néanmoins, il est dit que les grands dieux établirent l'ordre en tout ; ils paraissent donc avoir été, comme en Égypte, les aides et les assistants du Créateur. Celui-ci règle d'abord l'ordre des astres et des étoiles, douze astres, partagés en trois groupes

---

(1) La première de ces attributions est certainement erronée, car pour la justifier il faudrait faire dériver ces noms d'une racine hébraïque (*lacham*, manger, combattre), tandis que, de même que tous les noms propres de ce fragment, ils sont accadiens. Dans cette langue, *lach* signifie purifier, nettoyer.

pour déterminer le cours de l'année ; il fixe ensuite l'orbite des planètes, de telle sorte que ces astres, qui furent toujours très redoutés, ne pussent causer de dommage à personne. Ensuite après avoir placé à côté de lui Bel et Dagan (Hea), il forme de la masse bouillonnante du chaos le protecteur de la nuit, le dieu de la lune, dont les cornes tombent et repoussent, et qui quelquefois se développe jusqu'à former un cercle. Enfin, il établit à l'orient Samas, le dieu du soleil, et le destine à remplir les fonctions de juge. Dans la création des animaux, les monstres redoutables par leur force reçoivent les premiers la vie, et les animaux rampants sont formés les derniers. La tablette renfermant le récit de la création de l'homme est une des plus maltraitées ; toutefois le peu qui soit encore lisible est très digne de remarque. C'est une pressante recommandation aux hommes d'offrir, chaque jour, des sacrifices aux dieux, de leur adresser leurs prières, et de vivre dans la sainteté et la crainte de Dieu.

Ajoutons quelques mots sur le récit de la création que donne Bérose. Ce récit diffère beaucoup de celui que nous venons d'examiner, quoiqu'il y ait aussi entre eux des points de ressemblance. Il reproduit probablement la tradition d'une autre école de prêtres et semble provenir de la cité d'Ouroukh ou Orchoé. Bérose rapporte qu'il y eut un temps où tout n'était qu'eau et obscurité. Dans cette eau (le chaos) naissaient et pullulaient toute espèce de monstres, êtres à quatre visages, à deux têtes, hommes à queue de poissons, tels que ceux que l'historien et ses lecteurs pouvaient voir représentés sur les murs des temples à Babylone. C'étaient, en effet, les animaux empruntés par une mythologie postérieure à la symbolique primitive, dont le sens s'était par degrés obscurci, et auxquels une imagination sans frein ni règle en avait ajouté d'autres encore plus fantastiques. — Tous ces monstres obéissaient à une femme nommée Homoroka, en chaldéen Thalath, ou plus exactement Tauatth, c'est-à-dire : *tiavat*, la mer primordiale, la Tauthè de Damascius, que les Grecs traduisirent par Thalassa, la mer, et Séléné, la lune. Mais Bel coupa la femme en deux et d'une partie forma le ciel et de l'autre la terre ; les monstres disparurent. Bel ensuite se coupa la tête et de son sang mêlé à la poussière de la terre, il forma l'homme qui, en tant que formé de la tête du dieu suprême, est doué d'une intelligence et d'une sagesse divines. Il ordonna aussi aux dieux de se couper la tête, pour faire avec leur sang les hommes et les animaux, après quoi il créa les astres, le soleil, la lune, les cinq planètes. Ce récit renferme évidemment deux variantes du même mythe mises bout à bout, comme les Ch. I et II de la Genèse. La double mention de la création de l'homme ne permet guère de doute à cet égard.

Le fond est le mythe de la création commun à presque tous les peuples de l'antiquité, dans une forme moins belle, moins poétique que le Ch. I de la Genèse, mais présentant avec ce dernier de frappantes analogies. L'idée première en est empruntée à la séparation que le premier rayon de l'aurore semble opérer entre le ciel et la terre, confondus pendant la nuit en une masse vague et confuse, au sein de laquelle, comme dans une mer immense et obscure, s'agitent des êtres sans forme et sans nom. La lumière du jour leur donne la vie véritable, les crée en les faisant apparaître. Homoroka (c'est-à-dire Oum-ourouk, la mère ou la grande déesse d'Ourouk) ou Thauatth était donc la déesse de la nuit régnant seule sur l'univers chaotique avant la première aurore. Les monstres auxquels elle commandait ne peuvent signifier que les constellations, que l'aurore fait disparaître. Bel, lui, est le dieu lumineux ayant à la première aurore mis fin à la nuit séculaire que tous les anciens peuples se représentaient comme ayant précédé l'origine du temps et de l'univers, et séparé les deux firmaments, le ciel et la terre, comme il le fait encore chaque matin, lorsqu'il s'élève au-dessus de la ligne de l'horizon. Bel, après avoir créé la terre, l'orne, la peuple, l'anime. Le mythe grossier de la formation de l'homme du sang de Bel mêlé à la poussière de la terre exprimait, au fond, la même idée que le récit bien plus noble et poétique de la Genèse, à savoir la double nature de l'être humain, tenant à la terre et tirant d'elle son être et sa subsistance, comme tout ce qui vit à sa surface, mais doué de raison et ayant en lui quelque chose de divin.

On ne saurait dire avec certitude quel est le Bel suprême dont il s'agit dans ce récit ; car ce nom était donné à plusieurs dieux. On trouve quelquefois la création attribuée à chacun des trois dieux les plus haut placés dans la hiérarchie et même, dans tel ou tel récit, à d'autres dieux encore. Mais il est très digne de remarque que le récit de Bérose attribue déjà à un dieu personnel la première création, celle qui a tiré le monde du chaos, et qu'ainsi il a une couleur beaucoup plus sémitique que la tradition que reproduisent les tablettes. Quant à une création du néant, c'est là une pensée étrangère à l'antiquité, et qui n'a pris naissance qu'à une date bien postérieure à celle où nous reportent ces récits : la création de la Genèse elle-même n'est pas la formation du monde de rien, mais seulement le dégagement du chaos primitif d'un monde ordonné, du Cosmos.

Nous avons émis la supposition que les trois grands dieux réunis en triade dans le système sémitique, furent à l'origine, chacun indépendamment des deux autres, le dieu du ciel qui règne sur toutes choses. Il est difficile de révoquer en doute qu'ils fussent tous trois des dieux du ciel. Pourtant ils avaient chacun leur caractère propre, du moins dans la doctrine de Babylone, et pouvaient par conséquent trouver leur place dans une théogonie. Dans ce système Ana, littéralement « l'élevé », était devenu Anou, nom auquel on paraît avoir donné le sens de « le caché ». Il avait conservé son haut rang, et il n'est pas rare de le voir présenter comme le dieu par excellence. Mais il est positivement le dieu de la plus haute sphère du ciel, du ciel des étoiles fixes, qu'il a créé et dans lequel il habite, où se réfugient les grands dieux toutes les fois qu'ils sont en danger ou ont besoin du secours du dieu le plus puissant. Son idéogramme le plus habituel semble avoir désigné les quatre régions du ciel et signifier littéralement qu'il fait parcourir ces régions par le soleil. Il est celui qui fonde (Sousrou, Ousousou). Il est souvent fait mention de son arc. On ne sait avec certitude si cet attribut représentait l'arc-en-ciel, la voie lactée ou le zodiaque ; mais cette dernière signification est la plus vraisemblable, et une autre arme, que porte comme lui son fils Barqou, doit être la foudre. Ce n'était pas un dieu bienveillant, il était au contraire très redouté. Les sept mauvais esprits qui portaient le trouble et la destruction (1) et qui menacent le dieu de la lune, sont appelés ses messagers ou ses anges.

(1) Nous reviendrons tout à l'heure sur ce mythe.

La consomption (ou la fièvre, *idpa, asakkou*), qui était avec le fils ou le serviteur de Bel, Namtar, le dieu de la peste, à la tête de toutes les maladies, est son fils. Lorsque les rois d'Assyrie voulaient vouer à la ruine les ennemis de leur pays, ou maudire ceux qui violeraient leurs monuments, ils invoquaient le secours d'Anou et de son fils Râmanou, pour renverser le trône de leurs ennemis et engloutir leurs armées. Il semble même que ce fût à lui que furent offerts les sacrifices les plus grands et qui coûtaient le plus, la prostitution sacrée par exemple et les tortures que s'infligeaient à eux-mêmes les esclaves des temples, peut-être même les sacrifices humains. Son épouse, dont la personnalité est peu accentuée, s'appelait Antou et est généralement regardée comme la terre. Primitivement elle doit avoir eu une autre signification, et ne différa sans doute pas essentiellement d'Istar, qui, dans la hiérarchie qui nous occupe, est placée à côté d'Anou, plutôt comme fille que comme épouse.

Le grand Bel, sur le nom duquel règne encore une grande incertitude, est rangé tantôt à côté d'Anou, comme son frère, tantôt au-dessous de lui, comme son fils. Seigneur du pays, père des dieux, roi de l'univers, il fut l'objet d'un culte qui ne le céda guère à celui d'Anou même. On a cru reconnaître en lui le dieu du monde souterrain, des sombres profondeurs; s'il eut en effet ces attributs, il fut, en tout cas, proprement et à l'origine, le dieu du ciel, comme l'ont été tous les dieux des enfers, et principalement du ciel nocturne; son fils aîné était le dieu de la lune. A ce titre, il fut aussi le dieu des esprits des morts (les Anounnaki), dont les âmes brillaient dans les étoiles. L'épouse de Bel, Bélit, la déesse du ciel étoilé, n'est, comme celle d'Anou, guère plus que l'expression féminine des attributs de son époux.

Le troisième dieu de la triade supérieure, qui est quelquefois appelé fils d'Anou, n'occupait pas la place la moins considérable dans la mythologie et dans le culte, car c'était entre tous et par excellence un dieu bienfaisant. Nous l'avons déjà rencontré dans le panthéon des Soumirs et des Accads, où il porte le nom d'Ea, ou Hea. On pense généralement que les Babyloniens lui conservèrent ce nom (1). Pourtant, si l'on considère qu'il est sou-

---

(1) Lenormant a risqué la supposition qu'ils l'appelaient Noua, et a identifié ce nom avec celui de Noach (Noé); cette hypothèse repose sur les preuves les plus faibles.

vent appelé le « poisson divin », nageant dans l'océan céleste, que le nom sémitique Dagan signifie dieu poisson, et que dès une très haute antiquité Dagan est cité comme le troisième dieu de la triade supérieure (1), il ne saurait guère faire doute pour nous que les Sémites de Babylone lui aient donné ce nom. Plus tard il semble avoir été habituellement désigné sous son surnom de Salman, — d'où est dérivé le nom d'homme de Salmanasar, — le sauveur, le secourable. Comme dieu de la nature, c'est le dieu du ciel et de ses eaux fécondantes. Sa mère était une déesse des eaux, et la terre fécondée par les eaux, Davkina, est son épouse. Lui-même est simplement nommé l'Océan (apsou) ou bien présenté comme y faisant sa demeure, à l'extrémité de la terre. Il y nage comme un poisson, il le parcourt sur sa barque en compagnie de sa femme, de son fils Mardouk et de deux servants. Un hymne accadien d'une certaine étendue est consacré à cette barque, qui était une arche, fermée par un couvercle de bois de cèdre, mais néanmoins pourvue d'un mât. Il y est dit, entre autres, que le cœur se réjouit en elle au point du jour. Sur la poupe se tenait, comme sur celle du dieu du soleil chez les Égyptiens, le grand pilote du ciel, armé de sa lance, de sorte que toute cette description se rapproche beaucoup du mythe égyptien si connu. Il s'appelle aussi « le dieu de l'œil brillant ou lumineux », nom qui prit chez les Assyriens une signification symbolique. Dagan devint pour eux Bel-nimiki, le maître des pensées profondes ou de la sagesse. Ainsi, il ne fut pas à l'origine le dieu du soleil au sens étroit du mot, mais bien le dieu de l'océan céleste, qui s'incarne dans le poisson solaire (le soleil nageant dans le ciel comme un poisson dans la mer), navigue sur la barque du soleil, ou dont le soleil est l'œil. Mais il est aussi le maître du monde souterrain, l'océan céleste obscur; le maître de la terre (*Bel-irsitiv*, Moulki ou En-Ki) et de sa surface, et il n'est pas rare de le trouver appelé le maître des cieux et de la terre.

Ses principaux attributs découlent naturellement de cette signification qu'il avait comme dieu de la nature. En tant que dieu des eaux célestes, bienfaisantes et fécondantes, il était le

---

(1) Inscription de Chammouragas, *West. As. Insc.*, I, 4, n° XV, 1.

maître de la vie et le créateur des hommes et de leur ressemblance, les images ; une sorte de Chnoum babylonien, qu'on invoquait pour obtenir de la postérité, et qui, par suite, était naturellement associé à la voluptueuse Istar, Belit-ili, la maîtresse des dieux. Les idées de profondeur et de lumière conduisirent à en faire le dieu de la sagesse, le maître de l'oracle (Belchaçiçi), comme il était déjà chez les Accads et les Soumirs l'adversaire puissant des enchanteurs et des mauvais esprits.

C'est ainsi que, dans le récit bien connu de Bérose, il est présenté comme le dieu qui a apporté aux hommes la civilisation.

« Autrefois, — nous dit le prêtre-historien, — il y avait à Babylone une multitude d'hommes, ramassis des diverses nations qui peuplent la Chaldée. Ils vivaient sans loi, comme des bêtes. Cependant, le premier jour il monta de la mer Érythrée, sur les côtes de la Babylonie, un animal à l'aspect redoutable nommé Oanès. Il avait le corps d'un poisson, et sous sa tête de poisson une tête humaine, des pieds d'homme sous sa queue de poisson. » — Il est facile de reconnaître ici une représentation très commune sur les anciens monuments assyro-babyloniens, le dieu avec trois paires de cornes, par conséquent de premier rang, représenté sous forme humaine, mais vêtu d'une peau de poisson dont la tête figurait comme une mitre au-dessus de sa coiffure. La peau descendait quelquefois jusqu'aux talons, quelquefois seulement jusqu'à mi-corps, et, dans ce dernier cas, une queue d'oiseau recouvrait souvent la partie inférieure du corps. — D'après Bérose, cet étrange animal passait tout le jour au milieu du peuple sans prendre de nourriture, et enseignait aux hommes l'écriture, les sciences, les arts ; il leur apprit à bâtir des villes et à cultiver la terre, introduisit les lois, l'arpentage pour la division des propriétés ; en un mot, tout ce qui est nécessaire à la vie en société ; de telle sorte, ajoute le naïf historien, que rien de nouveau n'a été découvert depuis. Au coucher du soleil, Oanès se retirait dans la mer et y passait la nuit, car, dit Bérose avec la gravité d'un savant : « C'était un amphibie. »

Il n'est pas besoin d'être grand clerc en mythologie pour dégager le sens de ce mythe. Il s'agit évidemment de Dagan ou

Hea (*Ea-han*, *Ea-poisson*, Oannès?) qui se dérobe au regard pendant la nuit dans l'océan céleste, et semble avoir abandonné ses enfants, mais au matin reparaît avec la lumière, monte au ciel sous la forme du soleil resplendissant et vit au milieu des hommes. L'origine de toute science, de tous les arts, de toute civilisation, rapportée au dieu du ciel ou du soleil, est une idée qui se retrouve sous des formes diverses dans les traditions de tous les peuples anciens. Si ce premier éducateur a revêtu dans la mythologie babylonienne la forme d'un poisson, il faut sans doute l'attribuer à la situation du pays au bord de la mer, à la place que la pêche eut dans les habitudes et dans l'alimentation de ses premiers habitants. Le soleil leur parut se dérober dans la nuit comme le poisson dans l'océan, et au matin émerger, comme un poisson nageant sur le fond cristallin (le firmament) de l'océan céleste. Mais ils lui donnèrent aussi une figure humaine, exprimant l'intelligence et virent même en lui la suprême intelligence d'où découlent toute sagesse et toute civilisation. Ce mythe nous offre, dans une forme d'un goût douteux, une pure et simple conception de la divinité qui atteste le sens religieux des premiers promoteurs de l'antique civilisation chaldéenne.

Les trois dieux principaux ne vivaient pas toujours en bonne harmonie. On se représentait les cataclysmes de la nature et la lutte des éléments comme un combat que se livraient ces puissances supérieures. Les éclipses de soleil et de lune, même ce qu'on appelait la lune obscure (la nouvelle lune) étaient regardées comme causées par les mauvais esprits. Une fois, lisons-nous dans un mythe, les sept esprits redoutés d'Anou (vraisemblablement les pléïades) alliés à son fils Râmanou, résolurent de tout plonger dans l'obscurité, même d'éteindre Sin, le dieu de la lune. Bel avait créé Sin, Samas, le dieu du soleil et Istar, qui représente sans doute ici le ciel étoilé, et leur avait recommandé de ne jamais se séparer. Mais les mauvais esprits induisirent Samas à abandonner Sin, et donnèrent à Istar une place dans le ciel supérieur, à côté d'Anou, et Sin ne pouvait plus se montrer. Alors Bel envoya son serviteur Nouskou, le génie du zénith, à Hea, pour lui raconter tout ce qui s'était passé et invoquer son assistance. Hea n'hésita pas et envoya son fils Mardouk pour sauver le dieu menacé. Mardouk, le dieu de la lumière solaire, doit ramener le dieu de la lune, Sin, lorsque celui-ci s'est caché.

Hea ou Dagan figure aussi comme le grand sauveur dans le mythe du déluge. Mais ici la catastrophe n'a plus Anou pour auteur, mais bien Bel lui-même. La version de ce mythe rapportée par Bérose diffère en quelques points de celle qu'on a retrouvée dans les écritures cunéiformes, et cette dernière renferme aussi, comme le récit biblique sur le même sujet, deux traditions différentes, mêlées et confondues ensemble; l'une attribue le déluge à Bel, l'autre à Samas. Il semble donc que dès une très haute antiquité, il ait déjà existé plusieurs rédactions de ce mythe. Nous le reproduirons, uniquement parce qu'elle est la plus courte, dans la forme où il est rapporté dans la grande épopée. Le héros de cette épopée, Toubar (ordinairement Gisdhoubar ou Izdoubar), le héros solaire, affaibli et malade, va à l'extrémité de l'occident pour rendre visite au demi-dieu qui, lors du grand déluge, a été épargné par les dieux et doué de l'immortalité. Son nom, dont les signes signifient « la lumière de la vie », ainsi que son prénom, « celui qui demeure au loin », doit peut-être se lire Chissi-roukou, ou Chissiti-roukou (dans Bérose Xisouthros) (1). C'est une sorte de Dionysos, ou dieu du principe vital caché dans les eaux, comme Noé qui, également sauvé du déluge, invente le vin. Xisouthros raconte ensuite ce qui s'est passé lors du déluge.

Malheureusement le commencement du récit est endommagé. Pourtant on voit clairement que les dieux tiennent un conseil où assistent Anou, Bel, Ninib et le Seigneur du monde souterrain. Hea, qui ne paraît pas avoir été présent à l'assemblée, dévoile à Chissit (nous lui donnerons provisoirement ce nom) la volonté des grands dieux, et lui ordonne de construire un vaisseau assez grand pour y loger le germe de toute vie. Il exécute ce travail, inspecte jusqu'à huit fois le navire dans toutes ses parties, le renforce de planches aux endroits faibles et l'enduit

---

(1) La leçon *Chaçiç-adra*, donnée par Smith et quelques autres savants est complètement impossible. Delitzsch a démontré que le premier signe du nom ordinairement rendu par *oud*, a aussi le son de *chish* ou *chis*.

de bitume (1) en dedans et en dehors, y embarque des masses de vin, des vivres en aussi grande abondance que le sable du rivage, y porte tout son or et son argent, y fait entrer tout son bétail, ses esclaves hommes et femmes, les animaux sauvages et les animaux domestiques, même toute son armée ou tout son peuple. Chissit, sur l'ordre de Samas, entre en tremblant dans le vaisseau, ferme la porte, confie le commandement au matelot Bouzour-sadi-rabou (le grand inaccessible des montagnes célestes, vraisemblablement un dieu des nuages), et la catastrophe commence. Elle est peinte sous les plus sombres couleurs. Plusieurs dieux y prennent part, entre autres Râmanou dont les eaux s'élèvent jusqu'au ciel, de sorte que la terre est changée en un désert. Les autres dieux s'enfuient comme des chiens qu'on chasse, et se réfugient dans le ciel d'Anou. Là, Istar se lamente et pleure sur les hommes, ses enfants qu'elle a portés, et qui maintenant flottent dans l'océan comme des poissons ; les dieux pleurent sur les âmes des morts (anounnaki) et se demandent avec anxiété ce qui arrivera. Mais au bout de six jours la tempête s'apaise et le déluge cesse. Le septième jour Chissit ouvre la fenêtre et voit la lumière, mais en même temps il voit les cadavres flotter comme des roseaux sur les dunes et son visage s'inonde de larmes. Le vaisseau s'arrête au sommet du mont Nizir (conservation?), mais il faut encore six jours avant que les eaux commencent à baisser. Il ouvre de nouveau la fenêtre le septième jour, et lâche successivement trois oiseaux, dont les deux premiers reviennent, tandis que le troisième, le corbeau, voyant les eaux baisser, ne revient pas. Alors Chissit sort, lâche les animaux en les chassant dans la direction des quatre points cardinaux, et il offre aux dieux un sacrifice d'expiation (comme Noé à Yahvèh). Ce sacrifice consiste, — et c'est là une preuve que le héros de l'épopée babylonienne était à l'origine un dieu analogue à Dionysos, — en vin aromatisé (2) dont le parfum fait se réunir les dieux comme des mouches, et de même qu'autrefois, fait revenir Istar avec la lumière créée par Anou. Le grand Bel seul est absent, et Chissit souhaite que tous les dieux restent

---

(1) *Koupri,* même mot qu'on lit Genèse VI, 14 (Kophar).

(2) *Sourqinou,* comp. l'hébreu *shoreq.*

constamment avec lui, mais que Bel ne vienne pas, parce qu'il a anéanti les hommes. Bel est encore irrité ; il convoque auprès de lui les dieux et les esprits et leur exprime son mécontentement de ce qu'un être a échappé au déluge. Mais Hea l'amène à d'autres sentiments, lui représente qu'il a été injuste en faisant périr indistinctement les bons et les méchants et qu'il vaut mieux multiplier le nombre des animaux sauvages, accroître la guerre, la famine et les maladies, afin de faire périr les malfaiteurs. Bel alors se rend lui-même auprès du favori d'Hea et lui assigne aux extrémités de l'occident une retraite où il pourra vivre sans fin avec les siens.

Tout le monde sera frappé de la concordance entre ce récit et celui de la Bible, concordance qui quelquefois va jusqu'à l'emploi des mêmes expressions, et sur laquelle nous ne pouvons nous étendre ici en détail. Le fond des deux récits est le même et tous deux ont une tendance morale. Mais le récit de la Genèse provient d'un monothéiste strict, qui ne connaît ni n'admet aucun demi-dieu. Aussi Noé est-il un homme, bien que ce soit un homme des temps primitifs, de beaucoup supérieur au commun des hommes, et c'est le même Dieu qui cause le déluge et qui en sauve Noé. Dans la légende babylonienne, le fond mythologique primitif est beaucoup plus transparent que dans la Bible. A l'origine tout le drame qui fait le sujet du mythe se passait dans le ciel. C'est la peinture mythique d'une violente tempête au milieu de laquelle tous les dieux lumineux s'enfuient et le principe même de la lumière (Chissit) est sauvé dans le nuage (l'arche dirigée par « le grand inaccessible des montagnes célestes »). Le dieu dont la colère cause cet orage est le dieu du ciel nocturne et obscur ; l'exécuteur de ses vengeances est Râmanou, le dieu du tonnerre et de la tempête ; le sauveur est le dieu du ciel diurne, le dieu lumineux des eaux célestes. Les inondations qui désolaient fréquemment la Mésopotamie ont déterminé la forme sous laquelle est représentée la lutte entre les dieux des forces cosmiques opposées. On se représente qu'il arrivait dans le ciel, sur une plus vaste échelle, ce qu'on voyait se produire en petit sur la terre pendant les orages de l'automne, dans la saison pluvieuse. Lorsque le mythe dans sa dernière forme fut envisagé comme une tradition historique des anciens temps, la scène en fut reportée sur la terre et le héros en devint un homme, bien qu'il conservât son immortalité.

On fait ordinairement suivre la principale triade d'une autre, formée des fils des trois dieux du ciel : Râmanou, Sin et Samas; ils ne sont pourtant pas le plus souvent rangés dans cet ordre, et Sin, qui était le principal dieu de l'ancienne capitale, Our, y occupe habituellement le premier rang.

Râmanou, le haut, l'élevé (1), appelé aussi Barqou ou Birqou, le dieu de la foudre, était le fils d'Anou. C'est le même dieu que les Soumirs et les Accads appelaient Im ou Ni, surtout et en première ligne, dieu de la foudre, qu'engendrait le dieu du ciel, mais également dieu du vent, qui procédait également d'Anou, et de tous les phénomènes analogues, tonnerre, nuages, pluies d'orage. On pourrait y voir la personnification de toutes les forces divines qui se déploient dans l'atmosphère et qu'on estimait être causées par le dieu du ciel. Mais il faut toujours placer au point de départ de ces phénomènes divers la foudre et le vent. C'était un dieu très redoutable. Aussi une des images qu'aimaient les rois d'Assyrie, et qu'on trouve souvent dans les descriptions officielles de leurs conquêtes, était-elle : « Se précipiter sur ses ennemis comme un ouragan de Râmanou. » Ses compagnons sont les sept messagers redoutés d'Anou, qui déchaînaient la tempête. De la flamme de ses foudres il illumine le ciel, ébranle la terre, assaille les montagnes, et met en fuite tous les dieux. La cosmogonie nous a déjà fait faire connaissance avec l'être qu'il combat : « la colossale Tiavat » ou Tiamat. Elle nous apparaît d'une manière évidente ici comme le sombre nuage orageux qui retient dans ses flancs les eaux salutaires, et dérobe la lumière du ciel, comme une espèce de dragon analogue au serpent Ahi des Védas, que combat Indra, au serpent Midhgardh contre lequel lutte Thor, et aux différents serpents et dragons combattus par les dieux de la Grèce. On a retrouvé sur une tablette une description saisissante de cette lutte (2). Dans ce

(1) Voir les différentes manières de lire son nom, ci-dessus, p. 165. Râmanou peut aussi signifier le tonnerre, mais j'estime que l'autre interprétation mérite la préférence.

(2) On voit en général dans ce document le récit d'une lutte de Mardouk, quoique le dieu qui y joue le principal rôle, et dont le nom n'est pas mentionné, soit appelé

récit, Râmanou est principalement présenté comme le dieu de la foudre, car il lance la foudre devant ses pas, et saisit son glaive avec lequel il finit par immoler le monstre ; il monte sur son char de nuages et rassemble en sa main les quatre vents qui lui servent de rênes ; mais c'est Anou lui-même qui produit l'orage et la tempête, et qui fait souffler les vents. Pourtant, s'il est exact qu'il soit aussi appelé le chien des dieux, Râmanou avait été également le dieu du vent, ce qui est d'ailleurs un attribut très fréquent des dieux de la lumière.

Râmanou, en effet, appartient aux dieux de la lumière (1). On a déjà fait la remarque que dans les tablettes astronomiques il est appelé : le soleil du midi au plus haut point de sa course, et parmi ses satellites il ne compte pas seulement les personnifications du tonnerre, de la foudre et de l'éclair (Tara-moua, Birqou, Isou-birqou), mais aussi du lever et de la lumière du soleil, (Nipich-Samsi et Nour-Samsi). Cela m'amène à une remarque du plus grand intérêt pour l'intelligence non-seulement des croyances religieuses de Babylone, mais encore de la mythologie tout entière. Parmi les êtres célestes bienfaisants, il y a, outre les grands dieux du ciel même, qui pour la plupart résident sur les hauteurs inaccessibles de l'empyrée et ne prennent qu'indirectement part à la lutte entre la lumière et l'obscurité, deux, ou si l'on y ajoute les dieux du feu comme une classe à part, trois catégories de dieux de la lumière, ceux qui éclairent en vertu de leur propre nature et d'une manière constante, et par là répandent sur le monde toute espèce de bénédictions, ceux qui, en tant que dieux du feu, produisent, créent la lumière et se distinguent par leur puissance magique, et ceux qui, en tant

---

le fils d'Anou, et que Mardouck soit fils d'Hea et ait des attributs quelque peu différents de ceux qui sont ici mentionnés. Ce qui a produit cette confusion, c'est qu'on a voulu trouver dans ce passage un parallèle avec le récit de Bel et du Dragon dans les apocryphes de l'Ancien Testament, et qu'il n'est pas rare de rencontrer Mardouk simplement désigné sous le nom de Bel. Cette manie de voir partout des concordances entre les noms et les récits bibliques et ceux des documents babyloniens a déjà induit en erreur maint assyriologue.

(1) Lenormant, *les Dieux de Babylone et de l'Assyrie* (Extrait de la *Revue de France*, p. 18 et 26). Quoique ne pouvant accepter toutes les explications de l'auteur, je dois recommander la lecture de cet article, qui renferme une courte, mais très complète exposition de la théologie des Babyloniens.

que combattants, ramènent, délivrent ou vengent la lumière cachée, obscurcie, dérobée, tuée. Ces différentes catégories, il est vrai, ne sont pas nettement tranchées et absolument distinctes l'une de l'autre. Deux de ces fonctions ou davantage peuvent être réunies sur une seule et même divinité : c'est le cas pour le dieu égyptien Ra, pour la déesse hellénique Athènè et, comme nous ne tarderons pas à le voir, pour l'Istar de Babylone. Les dieux du tonnerre appartiennent, sans contestation possible, à la troisième de ces classes. On parle de dieux de l'orage, de dieux de la tempête et du vent, de dieux de la mer, et on ne songe pas que la plupart d'entre eux étaient en réalité des dieux de la lumière guerriers et victorieux. Les vrais dieux de l'orage sont les monstres dont ils triomphent. Ainsi Râmanou est le dieu qui, lorsque le ciel est obscurci par d'épaisses nuées, est envoyé, en vertu de sa nature de dieu de la lumière, par le dieu suprême de la lumière et du ciel, pour détruire l'ennemi et dissiper l'obscurité avec son glaive et ses traits fulgurants. Mardouk, dont le caractère de dieu lumineux ne saurait faire doute, a en conséquence cette fonction en commun avec Râmanou, mais sa nature est plus compréhensive, plus étendue ; c'est pourquoi nous y reviendrons et en parlerons avec plus de détails plus loin.

Ninib et Nergal sont aussi essentiellement tout ensemble des dieux guerriers et des dieux lumineux, et par ces attributs se rapprochent de Râmanou. Le premier est appelé le fils ou le soldat du Bel suprême, le second est tantôt présenté comme le fils de Bel, tantôt comme celui de Samas, le dieu du soleil, et dans ce dernier cas il doit être plutôt rangé dans le cycle d'Hea-Dagan. Ils sont au fond identiques, et ne furent originellement que deux formes différentes d'une seule et même divinité, car ils ont absolument la même signification l'un que l'autre, en tant que dieux de la guerre et de la chasse, favorisant la formation des briques (par leur incandescence), protecteurs des villes et des maisons et, à ce titre, placés sous la forme de taureaux ou de lions ailés aux deux côtés des portails (1); très souvent on les ren-

---

(1) On lit souvent de Ninib : le taureau de sa divinité (*alap iloutishou*). Les lions ailés s'appelaient des Nergals. Les deux figures portent le nom de Kiroubi, qui est le même que l'hébreu Cheroubim. Leurs idéogrammes sont, à peu de chose près, les

contre réunis. Nergal dont le nom s'écrit aussi Nirounougal, le grand prince de la maison (1), signifie celui qui sort dans la bravoure (*mislamta ouddoua*) ou le dieu avec la massue. Il était principalement adoré, avec son épouse Laz, à Koutha. Ninib, peut-être originellement un dieu élamite, en tout cas le dieu local de Suze (Sousinak), occupe dans la mythologie un rang supérieur à celui de Nergal, et fut sans doute un dieu du soleil; mais de même que Nergal, l'hercule Assyrien, le dieu du soleil brûlant et dévorant, qui meurt et ressuscite, le puissant par excellence (*dandannou*), et tous deux furent vraisemblablement des dieux du monde infernal, des dieux du soleil caché. Il se peut que Ninib soit le *generator*, l'auteur de la vie, le représentant du principe mâle, et à ce titre aussi le dieu des troupeaux (*ramkouti, tischou*) et de la moisson. Mais c'est surtout un dieu de la guerre et de la chasse, frappant de la foudre qu'il lance sur la terre. Il est souvent invoqué sous le nom de Zamama, dont la signification est encore entourée de quelque obscurité (2).

Mais de ces dieux, qui se rapprochent de Râmanou, revenons à la deuxième triade. Sin, le fils du grand Bel, en était le principal dieu. Il n'appartient pas à la classe des dieux guerriers, car lorsque les sept mauvais esprits menacent d'obscurcir sa lumière, il reste passif et se cache, et Mardouk doit venir le délivrer. Il portait déjà pour les Soumirs et les Accads le nom

---

mêmes (*Bar* et *Bur-bar*. — Voir dans Delitzsch la preuve que le deuxième de ces signes est celui de Nergal et non de Mardouk. *Assyr. Lesestücke*, p. 29, et n° 46.) Tous deux portent aussi le nom de Alik-machri, celui qui marche en avant, le conducteur (sidou). Parmi les planètes, l'un est représenté par Saturne, l'autre par Mars.

(1) Peut-être s'est-il toujours prononcé Nirgal ou Nergal. Delitzsch lit le nom complet Ne-ourou-gal, dont Nergal serait une contraction. Cette leçon semble contredite par les *West. Asian Inscr.* II, 59, rev. 1. 37 d + e, où *Ou-ourougal*, « grand roi de la ville », figure comme synonyme de prince de la demeure, c'est-à-dire le grand protecteur des villes et des maisons. Selon Delitzsch il faut construire: « Prince de la grande ville » qui serait alors le monde infernal, mais l'abréviation fréquente Nirgal, grand prince, prouve bien que l'adjectif *gal*, grand, appartient à *Nir*, prince, et non à *Ourou* ou *Ounou*.

(2) Ce nom peut signifier « image des maisons », et dans ce sens se rapporterait à sa représentation ailée, qu'on plaçait à l'entrée des villes et des palais.

d'illuminateur ou protecteur de la terre, et les Babyloniens l'appelaient Nannarou, nom qui a la même signification (1).

En tant que dieu de la lune, il est un grand magicien : car aucun corps céleste ne se montre sous des formes aussi diverses, et il fut aussi anciennement le grand diviseur du temps. Il fut toujours et généralement placé à un rang très élevé, mais nulle part plus éminent qu'à Our, la ville qui lui était consacrée dans la plus haute antiquité. C'est là que fut composé l'hymne où Sin est représenté comme seul élevé, conducteur de tous les dieux, père de tout ce qui vit, Seigneur des armées célestes (çebaot). On y lit encore que, entre les dieux ses frères, il est sans égal, qu'il est le roi des rois, n'ayant à rendre compte à personne; tous obéissent à ses commandements. Les sept esprits célestes et les âmes des morts se prosternent respectueusement devant lui, car rien ne lui est supérieur. Il est même nommé le rejeton qui a crû de lui-même, par conséquent il est présenté comme n'ayant été créé par aucun autre dieu, comme ayant en lui-même le principe de son existence. On se le représentait sous l'image d'un homme fort avec une barbe flottante et étincelante, dont jamais les genoux ne sont fatigués.

Outre ce dieu mâle de la lune, qui était aussi le dieu du mois, les Babyloniens avaient encore trois déesses de la lune, ou du moins une déesse qu'ils révéraient sous trois formes distinctes, l'épouse ou les épouses du dieu du soleil. Il est naturel de supposer que c'étaient des divinités sémitiques, qui ne furent pas empruntées aux Soumirs et aux Accads, car les Arabes aussi avaient trois déesses de la lune, Manât, Allât et Al-Ouzza qui était comme la concrétion des deux autres. Pourtant les déesses de Babylone portent des noms accadiens ou du moins semi-accadiens : Goula, la grande, égale en rang à Al-Ouzza et présentant la même signification que cette dernière, Aï, la lune et Anounit. Les Babyloniens avaient aussi leur Allat, la reine de l'empire des morts, l'épouse du soleil résidant dans le monde infernal, la sombre déesse mère qui verse du poison dans les veines de ceux qui violent leurs serments, de sorte qu'il en

---

(1) Les assyriologues n'ont pu encore tomber d'accord sur le sens et la provenance du nom de Sin. Quelques-uns le dérivent de la racine sémitique *sanah*, briller, éclairer ; mais Delitzsch tient pour une étymologie accadienne.

résulte les plus terribles maladies. On l'a identifiée à Anounit, mais c'est là une opinion encore douteuse et sur laquelle nous croyons devoir suspendre notre jugement. Il est certain pourtant que la déesse d'Ourouch, la triple et une déesse de la lune, était une divinité très redoutable. Dans son temple Oulbar, le sang coulait comme l'eau, les adorateurs s'y livraient à des jeûnes rigoureux, car celui-là seul qui s'humilie profondément devant elle est délivré par son aide de tous maux. Sans elle il dépérit comme une plante privée d'eau, et son ennemi le brise comme un roseau ; elle brandit un glaive flamboyant.

L'époux de cette déesse redoutée, Samas ou Samsi, le dieu du soleil, occupe tantôt le troisième, tantôt le deuxième rang dans la seconde triade. C'est un ancien dieu sémitique bien connu, mais qui fut confondu avec le dieu accadien de la lumière, Oud. Il était surtout adoré à Larsa, comme le souverain des cieux et de la terre ; il était fils d'Hea-Dagan (1), néanmoins aussi le serviteur d'Anou et de Bel. Ce n'est pas un dieu guerrier, bien qu'il fût invoqué comme médiateur. Mais grâce à son éclat, semblable à celui du cuivre et de l'or, il dissipe par sa seule apparition dans sa gloire les illusions et la mauvaise influence des fantômes, des présages, des songes et des épouvantements, il anéantit tous les complots criminels et fait périr les hommes qui s'adonnent aux enchantements et aux conjurations magiques. Il est aussi un dieu-médecin ; car les maladies sont causées par les maléfices des mauvais esprits. Le matin, lorsqu'il tire les verrous de la porte du ciel, il étend sur la surface de la terre l'infini des cieux comme une couverture et donne à la terre la rosée bienfaisante, de sorte que tous les dieux du ciel le saluent avec joie. Tous ces traits peuvent se passer de commentaire. Il n'est pas non plus besoin d'expliquer pourquoi ce dieu qui revient périodiquement était regardé comme le législateur ; lui qui voit tout, qui distingue la vérité du mensonge, était révéré comme le juge suprême de la terre et des cieux.

Nous ne saurions le séparer de son frère, le fils aîné de l'Océan ou d'Héa, dont le nom, en accadien Amaroudouki, a été contracté

---

(1) Il est aussi appelé fils de Sin ; pourtant, comme le nom de ce dieu est écrit avec son chiffre XXX, ce peut être une confusion pour le chiffre d'Hea XXXX.

pour devenir en assyrien Mardouk (Mérodach dans l'Ancien Testament). Comme dieu ou prophète de la lumière (en accadien *goudibir*), comme il est aussi nommé, il mesure la course du soleil, car il le précède et reste plus longtemps que lui à l'horizon, dans l'aurore et le crépuscule.

Nous avons vu qu'il occupait un rang élevé entre les anciens dieux accadiens, en tant qu'intermédiaire entre le dieu suprême du ciel et les hommes, et champion luttant contre les mauvais esprits. Il était un dieu guerrier comme Râmanou, Ninib et Nergal, et d'une manière plus spéciale, le dieu qui dispense le bonheur aux hommes. Comme dieu de la lumière, il est, de même que Mithra chez les Perses, l'auteur de la vie, de la force créatrice ou du principe actif, et il a naturellement plusieurs attributs en commun avec le dieu du soleil ; il est, comme ce dernier, sincère, vainqueur des mauvais esprits (car ces fantômes nocturnes, principalement les sept dieux planétaires hostiles, disparaissent à son approche) et dieu de l'oracle. Dans son magnifique temple à Babylone, son tombeau ou le lieu où il reposait, on apprenait à connaître sa volonté en se servant de sept flèches. Cet oracle par les flèches se retrouve dans le culte du dieu des Sabéens et de la Mecque, Chobal. Cette pratique doit donc avoir une origine sémitique. En tout cas, il eut chez les Chaldéens un rang élevé et reçut d'eux des honneurs exceptionnels ; la suprématie de Babylone, dont il était le principal dieu local, contribua sans doute pour une grande part à son élévation. Il fut pour eux le roi des dieux, le souverain des cieux et de la terre, le grand Bel par excellence. On l'appelait simplement Ilou, Dieu. Il est le créateur dont la volonté est la loi suprême qui gouverne les cieux et la terre. C'est lui qui apaise les flots de la mer, qui flétrit la fleur, lui, le vénérable qui ne change pas ; toute la gloire des dieux vient de lui. Tous ces attributs conviennent parfaitement à un dieu de la lumière.

Quant à son épouse, Zarbanit, dont le nom n'a pas été encore expliqué d'une manière satisfaisante, nous ne savons rien d'elle, sinon qu'elle était une déesse mère, comme la plupart des déesses de la Mésopotamie, qu'elle protégeait les enfants dans le sein maternel et présidait aux accouchements. Il y a quelques indices que sous un autre nom elle était au fond la même que

Goula, l'épouse de Samas, et que Nana, la déesse mère, à proprement parler, la compagne de Nabou ; et, en effet, on a rencontré à Dilmoun, dans une île près de la côte d'Elam, Zarbanita adorée avec Nabou.

Peut-être Nabou ne diffère-t-il pas au fond de Mardouk, et les deux divinités eurent-elles à l'origine la même signification. Ils furent étroitement unis dans la religion de Babylone, Nabou y étant tantôt représenté comme le fils, tantôt comme le père de Mardouk, quoiqu'il soit également appelé le fils d'Anou ou d'Hea (1). Lui aussi préside au lever et au coucher du soleil, règle ainsi le cours du temps, produit la chaleur du soleil (*Kamimou samsi*), commande aux légions du ciel et de la terre, est l'auteur de la voûte céleste, et aussi le seigneur des canaux et celui qui fait couler les fontaines. On ne doit pas perdre de vue, à propos de ces derniers attributs, que dans la mythologie la lumière et l'élément liquide se confondent le plus souvent plus ou moins. Au point de vue physique, ce dieu qui donne au soleil la lumière et la lui retire ne diffère donc pas essentiellement de Mardouk (2). Mais il s'est développé d'une manière toute différente. Tandis que Mardouk est devenu un dieu guerrier, Nabou est resté un dieu pacifique. C'est lui qui donne aux rois le sceptre et la couronne, et c'est peut-être pour cela qu'il est appelé le dieu du sceptre (*chattou*, ce qui peut d'ailleurs aussi signifier le stylet à écrire). Il est le démiurge ou le créateur (*banou*, AK) et organise les œuvres de la création. Mais il est surtout le dieu de la parole et de l'écriture, l'inventeur de l'écriture, celui qui écrit sur les tablettes, « le seigneur des oreilles » le dieu de la révélation (*il tasmitouv*), nom qui est aussi habituellement donné à son épouse. Toutes les œuvres littéraires sont entreprises en son nom, comme en Egypte au nom de Thot, de Ganeça dans les Indes. Son nom le caractérise comme le prophète, l'annon-

---

(1) Peut-on, comme le fait entre autres remarquer M. Ménant, traduire l'expression *Ablou-Kinouv*, qu'on lui trouve souvent appliquée par : « qui naît de lui-même », de telle sorte qu'elle répondrait à l'égyptien *choper tesef* ? J'en doute fort. *Kinouv* signifie sincère, fidèle, véridique, et dans les *West. Asian Inscr.* I, 53 (59), col. I, l. 33, nous voyons que Mardouk est appelé *Nabou abilshou kinouv*, ce que nous ne pouvons, en bonne logique, traduire par « *son* fils qui se fait naître lui-même ».

(2) Il faut noter que Mardouk avait sa chapelle dans le temple de Nabou à Babylone, et Nabou la sienne dans le temple de Mardouk à Barsipa.

ciateur de la lumière. Il paraît avoir été originairement un dieu sémitique. Il se rattache si étroitement à Nouzkou, le messager de Bel, dont les Sémites ont emprunté aux Soumirs et aux Accads le nom, l'idée et les attributs, que lui, Nabou, représente le matin, comme ce messager du dieu du ciel nocturne représente le soir. Aussi la planète Mercure, qui apparaît tantôt comme l'étoile du matin, tantôt comme celle du soir, lui est-elle consacrée. Les Sémites en Mésopotamie ont aussi adoré à côté de Nabou, et en établissant un lien étroit entre les deux cultes, l'ancien dieu du feu des Accads, qu'ils nommèrent Isha et exaltèrent non-seulement comme un habile ouvrier qui affine l'or, l'argent, fond le cuivre et l'étain, éclaire les demeures obscures, mais encore comme protecteur contre les mauvais esprits pendant la nuit.

Ce sont là les grands dieux de Babylone et de l'Assyrie ; nous pourrions avec eux nommer une multitude de divinités, mais dont la plupart ne furent adorées que dans certaines villes ou dans certaines régions. Les déesses n'occupent dans ce panthéon qu'un rang très secondaire ; elles ne sont, pour la plupart, que la manifestation féminine de l'idée que représentent leurs époux. Il en est pourtant une qui eut un caractère très personnel, la déesse par excellence, Istar, qui se manifeste sous deux formes différentes. Nous lui consacrerons quelques pages spéciales, et aurons ainsi l'occasion de faire connaître une autre déesse, sa grande ennemie. — Istar, du nom de laquelle on n'a pas encore donné une explication pleinement satisfaisante (1), s'appelle aussi Roubat, la brillante, la princesse, Bilit-ili, la maîtresse des dieux, et porte encore une foule de surnoms. Elle est, ou bien la déesse sévère et chaste, guerrière, et comme telle la fille d'Anou, le dieu suprême du ciel (ou quelquefois son épouse), ou la déesse mère voluptueuse et féconde, la déesse de l'amour et de la beauté, et comme telle fille du dieu de la lune, Sin.

(1) Je me borne à mentionner ici l'opinion de Delitzsch, qui regarde Istar comme un nom accadien (soumirien) qui se prononçait primitivement Ashtar et qui peut signifier « celle qui dispense le bonheur ». La planète Vénus, l'étoile qui lui était consacrée, s'appelait en effet chez les Sémites « le petit bonheur », par opposition à Jupiter (Gad), qui était « le grand bonheur ». Ce qui est certain, c'est que son nom n'a pas une physionomie sémitique, et que les noms avec la terminaison *tar* ne sont pas rares dans l'ancienne langue (par exemple, *Namtar*, le dieu de la peste, celui qui préside aux destins, *dîtar* le juge « celui qui dispense le droit »).

Sous la première de ces deux formes, elle était adorée, entre autres, à Arbèles (Arba-il), sous la deuxième à Ninive et à Aganè (un des quartiers de Sippara), en Chaldée. La planète Vénus était consacrée, comme étoile du matin, à la déesse chaste et guerrière, et comme étoile du soir à la déesse féconde. Mais ce n'est peut-être là qu'une spéculation d'une date postérieure. Les sources font défaut pour préciser quel fut, à l'origine, le sens cosmogonique du mythe d'Istar. Je doute fort qu'elle ait été dans le principe, comme on l'admet généralement, la déesse de la terre ; mais quelquefois elle paraît avoir été identifiée avec la lune. A Aganè, elle se confond avec Anounit, que nous avons appris à connaître comme la déesse de la lune. Mais il est prudent de suspendre notre jugement sur ce point, jusqu'à ce que peut-être la découverte de sources nouvelles l'éclaire de plus de lumières. Quant à sa signification dans le panthéon de Babylone, elle ne saurait faire doute. Son amant ou son époux, Doumouzi (le fils de la vie, Tammouz), de même que l'Adonis de l'Aphrodite de l'Asie occidentale, meurt de bonne heure. Il en est d'ailleurs de même de tous ceux qu'elle aime, tous meurent empoisonnés par elle. C'est pourquoi, lorsqu'elle offre sa main au héros de l'épopée, Toubar (Gizdhoubar), celui-ci la refuse et énumère ceux qu'elle a fait successivement périr, un homme ou un fils de l'homme, un oiseau de proie, un lion, un cheval, un roi, un esclave. Quels que soient les mythes qui servent de base à cette énumération, le sens n'en est pas douteux : le poëte a voulu symboliser la puissance de l'amour qui s'étend sur tous les êtres. Istar furieuse de ce refus va se plaindre à Anou et à Antou, qui créent et lui donnent un taureau pour combattre le héros qui a osé lui résister. Mais celui-ci, aidé d'un allié, tue le taureau qui est pleuré par Istar et ses deux suivantes Samchati et Charimati (dont les noms expriment le plaisir sensuel). Istar est manifestement la déesse du ciel qui répand la fertilité, qui naît tous les printemps et meurt tous les automnes ; elle convie en vain le dieu brûlant de l'été à s'unir à elle, et celui-ci tue, dans le taureau, la puissance fécondante du ciel lui-même.

Istar descend aussi dans les enfers, dans le monde souterrain, le pays d'où nul ne revient (NOUGA), la maison de l'obscurité, dont la lumière n'éclaire pas même l'entrée, où l'on se nourrit de poussière et de boue et où les ombres volent et errent comme des oiseaux (1), dont une couche épaisse de poussière couvre la porte et les impostes. Le royaume des morts est entouré d'eau, et à la porte est un gardien qui n'y laisse pénétrer, n'en laisse sortir personne, sans l'autorisation de la souveraine des enfers. Le portier hésite à introduire la déesse, bien qu'elle menace d'enfoncer la porte, si on ne lui ouvre pas, de briser les verrous et de faire sortir tous les morts, afin que de nouveau ils mangent et ils vivent. Enfin on ouvre à Istar, après que la reine des enfers, Ninkigal, en a donné la permission au portier, avec ces paroles railleuses : « Laisse-la venir pleurer sur les époux qui ont abandonné leurs épouses, sur les femmes qui se sont arrachées du sein de leurs maris, sur les voluptueux jeunes gens qui avant le temps (sont morts?); admets-la comme tous ceux qui avant elle sont venus visiter cet empire ! » La déesse doit franchir sept portes, — percées dans sept murs d'enceinte ? — à chacune desquelles on lui enlève une partie de ses vêtements et de sa parure, de sorte qu'à la fin elle est complètement dépouillée. Enfin les deux grandes déesses sont en présence, et Istar éclate en imprécations. Mais la déesse de la mort est ici dans son domaine, c'est elle qui règne et qui commande, et elle ordonne à son ministre, Namtar, de perclure par la maladie tous les membres de sa rivale. Cependant les conséquences de l'absence d'Istar ne tardent pas à se faire ressentir sur la terre. Toute transmission de la vie cesse chez les hommes et chez les animaux. Les dieux, les gardiens de l'ordre universel ne peuvent le tolérer. Le ministre d'Anou, Papsoukal (Naçir) ou le dieu lui-même sous ce nom, se rend tout en larmes auprès d'Hea. Celui-ci crée un être surnaturel appelé *Asousounamir* (On voit son lever) pour l'envoyer en mission auprès de la déesse des enfers et la conjurer au nom des grands dieux de rendre la liberté à Istar. Ce messager est reçu par la sombre divinité avec des imprécations, pourtant elle n'ose résister aux ordres des dieux supérieurs. Istar, après avoir été

---

(1) Les ombres des Égyptiens et les Harpyes de l'Asie mineure, qui sont égalemen les âmes des morts, avaient aussi en partie la forme d'oiseaux.

aspergée des eaux de la vie, est remise en possession de ses vêtements et de ses parures, et remonte vers le monde visible.

Il y a encore bien des choses obscures dans ce mythe, entre autres la signification de l'être créé par Hea. Mais l'origine de la représentation mythique se laisse pressentir. Istar, ici fille de Sin, par conséquent déesse incarnée dans la lune, et à ce titre, de même que dans les autres mythologies, déesse de la fertilité, est par degrés, comme la lune elle-même, rendue à tout son éclat. Les deux fois sept portes font penser à deux semaines. Le mythe avait naturellement depuis longtemps déjà été rapporté à la succession des saisons, et Istar était devenue d'une manière générale la déesse de la fertilité. Le poète du remarquable morceau auquel nous avons emprunté ce mythe semble aussi s'être déjà, dans une certaine mesure, élevé au-dessus du point de vue purement naturiste. Istar n'est nullement pour lui une déesse aimable et bienfaisante, bien que son absence doive faire cesser toute vie sur la terre. Elle n'a pas seulement beaucoup à souffrir ; le poète laisse entrevoir qu'elle n'était pas sans avoir mérité ses souffrances. Les insultes que lui adresse la déesse de l'empire des morts attestent qu'on reprochait à Istar d'être impudique, infidèle et dissolue. Il est à noter que la sombre princesse de l'enfer non-seulement juge et punit, mais encore qu'elle avait la disposition de l'eau de la vie.

Si la chaste et guerrière Istar n'est pas séparée de l'Istar voluptueuse, elle en est du moins soigneusement distinguée. Elle est appelée la maîtresse de l'armée et des batailles (*Bilit oummani, tachasi*), la terreur dans le combat, l'archère des dieux (*qasitti ili*), la fille aînée du dieu suprême du ciel. Cette déesse guerrière ne saurait être qu'une divinité du ciel lumineux, soit le ciel étoilé avec la voie lactée figurant l'arc de la déesse, soit — et cette interprétation ne peut être mise en avant que sous réserve d'un examen ultérieur — la déesse de la lumière cachée d'Anou, qui se manifeste dans la foudre.

Ce serait une erreur de croire que toute cette mythologie est née du culte des astres. Il est vrai que l'idéogramme qui sert à marquer la divinité et qui précède toujours, comme déterminatif, les noms des dieux, ressemble beaucoup à une étoile. Mais ce fut à l'origine l'idéogramme spécial pour exprimer le ciel, et c'est par extension qu'il a été attribué aux noms des esprits célestes et, répété quatre fois, aux astres. Mais parmi les anciens dieux figuraient aussi la terre, les grands fleuves, la déesse des enfers et d'autres, qu'on ne peut pas rattacher aux astres. Il n'en est pas moins constant que l'adoration des astres fut une partie importante de la religion de Babylone, et que quelques astres, notamment les planètes, furent mis en rapport avec quelques-uns des grands dieux et présentés comme leur manifestation. Cette astrolâtrie eut une origine également soumiro-accadienne et sémitique. Tous les Sémites, y compris les Arabes, adoraient les étoiles, ce qui était naturel de la part de tribus nomades. Il est donc plus que vraisemblable que ce culte existait aussi chez les Sémites mésopotamiens avant qu'ils eussent pénétré dans la région arrosée par les deux fleuves. Le nom de Keiwan, donné par les habitants de l'ouest de l'Asie à la planète Saturne, se retrouve à Babylone sous la forme Kaivanou. Mais la connaissance que, dans ces temps primitifs, les Sémites avaient du ciel était encore très élémentaire. Pour eux, quelques étoiles et quelques constellations présageaient la pluie, d'autres la sécheresse ; ils ne paraissent pas avoir tiré d'autres présages de l'observation du ciel. Il est probable qu'ils n'étaient pas même en état de distinguer les planètes des étoiles. Une fois établis dans le pays de Soumir et Accad, ils y trouvèrent florissante une certaine astronomie, laquelle, il est vrai, se résolvait en astrologie, mais qui n'en reposait pas moins sur des observations exactes. On utilisa comme observatoire les grands temples en étages (Betzida), la plupart consacrés à Nabou. Les tablettes astrologiques, et même les annales des rois d'Assyrie, mentionnent principalement les noms des grands dieux de Babylone. Tous les termes scientifiques y sont accadiens. Il semble donc que les Babyloniens aient emprunté cette science aux Accadiens, et les Assyriens aux Babyloniens.

De même que les Chinois, les anciens peuples mésopotamiens virent dans le ciel étoilé la révélation la plus claire de la volonté divine. L'imagination pieuse tirait toute sorte de présages, tant sur la destinée du roi que sur celle du peuple, de la position des étoiles, des conjonctions du soleil et de la lune, des éclipses.

Les cinq planètes furent identifiées avec les cinq principaux dieux : Saturne avec Ninib, Jupiter avec Mardouk, Mars comme étoile du matin avec Nirgal le dieu de la guerre. Nous avons déjà vu que Vénus, qui était nommée Dilbat, prophétesse (du matin), était consacrée à Istar ; Mercure, du moins en tant qu'étoile du matin, l'était à Nabou. On voit en outre par là que les noms donnés en occident à ces planètes ne sont qu'une imitation de l'idée babylonienne.

Le sabbat aussi est une institution provenant de la Babylonie, et probablement datant déjà des Soumirs et des Accads (1); du moins trouve-t-on ce nom employé pour désigner le jour du repos, qui d'ailleurs portait aussi d'autres noms synonymes (2).

Il y avait un jour de repos le 7, le 14, le 15 et le 28 de chaque mois ; en outre le 19 était aussi consacré comme un jour férié. Mais tous ces jours de repos n'étaient pas célébrés de la même manière. Le 7 du mois d'août, qui était la fête de Mardouk et de Zarpanita, le roi ne pouvait manger ni viande bouillie, ni fruits étuvés, ne pouvait pas changer d'habits, ni porter des habits neufs, ni édicter des lois, ni rendre la justice, ni même, s'il était malade, prendre de remèdes. La nuit suivante seulement il lui était permis de sacrifier aux deux divinités. Le 21 du même mois, il ne devait ni porter des habits blancs, ni sacrifier pendant la nuit, mais à l'aube, car c'était la fête de Sin et de Samas, les dieux de la lune et du soleil.

Les jours où tombaient les fêtes des dieux, auxquels il faut joindre les jours néfastes, qui n'étaient pas moins nombreux à Babylone qu'en Egypte, on devait donc observer des règles sévères afin de ne pas offenser la divinité. Mais les dieux exigeaient encore plus des hommes. Ceux-ci devaient non-seulement offrir les sacrifices ordinaires, dont le nom (3) semble indi-

---

(1) *West. Asian Inscr.* II, 32, 16. Le mot Sabatoum est défini dans ce passage par *youm nouchou libbi*, « le jour du repos pour le cœur ».

(2) *Souloum*, repos. *Youm magam*, un jour blanc, heureux.

(3) Sacrifice se dit *nikou*, sacrifices *nakou*, ce qu'on a rapproché de la racine hébraïque *naqah, purus fuit; Niphal, insons, culpa vacuus fuit*. De même que les Hébreux, les Babyloniens employaient le même mot pour sacrifier et pour prier.

quer qu'ils étaient considérés comme des moyens de purification et de propitiation, et qui avaient lieu de préférence sur les hauteurs ou au sommet des temples construits en forme de tour (nous ne savons encore que fort peu de chose sur la nature et sur le rituel de ces sacrifices), mais encore on était tenu d'en offrir d'autres, deux notamment particulièrement antipathiques à notre sentiment moral : celui de la pudeur et celui des enfants. Non-seulement chaque jeune fille, pour obtenir la permission de se marier, devait au moins. une fois dans sa vie, à la fête des Sacées (*sukkôth?*) s'être livrée à un étranger, mais encore plusieurs temples, notamment celui d'Anou, avaient leurs hiérodules de profession, qui ne pouvaient impunément se soustraire à leur servile métier. Cet usage était aussi fort répandu dans l'Asie occidentale, comme nous l'apprenons par l'Ancien Testament. Cette coutume barbare avait son principe dans une idée religieuse, il est vrai des moins élevées, à savoir que les dieux qui accordent la fécondité ne répandent avec abondance leurs bénédictions que si des personnes nombreuses se vouent à leur service et les servent d'une manière en tout conforme à leur nature. La prostitution sacrée fut, du moins si nous pouvons ici nous en rapporter à Hérodote, un usage purement babylonien, et qui peut-être ne s'étendit pas en dehors de la ville de Babylone. On ne saurait y voir qu'une espèce de *droit du seigneur* au profit des dieux, dont l'étranger était regardé comme le représentant.

Le sacrifice des enfants avait également sa source dans des motifs d'une piété de très bas aloi et purement égoïste. On sacrifiait ses enfants pour s'assurer à soi-même une longue vie. « Il donnait, lisons-nous, sa progéniture pour sa propre vie, la tête des enfants pour la tête de l'homme. » C'est absolument la théorie et la pratique qu'on retrouve dans l'antiquité chez nombre d'autres races et d'autres peuples, et que nous voyons également en honneur chez nos ancêtres, les anciens Germains. Aussi ne pouvons-nous affirmer avec certitude que les Babyloniens et les Assyriens aient emprunté ces idées et ces coutumes aux peuples qui furent leurs maîtres en civilisation. Toujours est-il que les peuples sémitiques y sont demeurés fidèles jusqu'aux derniers temps de leur existence. Honneur donc aux prophètes d'Israël qui les premiers se sont élevés contre ces atrocités au milieu de Sémites ! Assurément les dieux qui prenaient plaisir à de tels sacrifices conservaient, même en face d'un développement déjà remarquable de la notion de Dieu, bien des traits de l'ancienne barbarie.

Par contre, on croyait que les dieux se révélaient aux hommes qui les priaient. Nous avons déjà vu que, du moins à Babylone, l'épouse de Nabou, la déesse mère, portait le nom de Tasmitoum, et lui-même celui de Il-tasmitoum « le dieu qui exauce », « le dieu de la révélation ». Lui et Mardouk étaient par excellence les dieux rendant des oracles, bien que d'autres aussi, notamment Istar, fissent également connaître leur volonté. C'est Istar qui, lorsque Asourbanipal se préparait à aller combattre le roi de Van, Achçiri, lui donna cette assurance : « C'est moi qui détruirai Achçiri. » Dans une autre circonstance, les dieux consultés avant une bataille lui rendirent cette réponse : « Va sans crainte, nous marchons à tes côtés, nous t'assisterons dans ton expédition. » La divinité se révélait aussi d'une manière permanente et très spéciale dans les songes. Si les voyants peuvent raconter tant de choses sur le monde des dieux, c'est qu'ils les ont vues en songe. Lorsque Xisouthros raconte au héros de l'épopée comment Hea instruisit le grand Bel des causes du déluge, il ajoute expressément qu'il ignorerait ce fait s'il n'en avait pas été témoin dans un songe. C'est un songe qui amène Gygès, le roi des Lydiens, à se soumettre aux Assyriens. Dans un songe Sin révèle à Asourbanipal que son frère rebelle mourra de mort violente ; l'armée n'hésite plus à exécuter un passage dangereux de rivière, dans lequel elle avait d'abord refusé de se risquer, lorsque Istar a donné dans un songe l'assurance au roi « qu'elle marche au devant de celui qu'elle a formé de ses mains (qu'elle a créé) ». Nous retrouvons ces idées chez la plupart des anciens peuples, mais chez aucun elles ne prirent un aussi grand développement que chez les Sémites.

CHAPITRE IV

LA RELIGION DANS LA PÉRIODE PRÉASSYRIENNE

Nous avons traité la religion des Sémites mésopotamiens sans y introduire de divisions, parce qu'elle s'est formée et constituée à une époque préhistorique et qu'elle semble n'avoir subi que de légers changements de détail et, dans ses traits principaux, être demeurée la même pendant tout le cours des siècles que dura la domination des Sémites en Mésopotamie. Il est vraisemblable que sinon la théologie, du moins la religion elle-même s'est développée avec le temps ; mais, pour le moment, nos sources ne nous permettent pas de suivre ce développement ; tout au plus est-il possible d'en relever et d'en indiquer quelques traces. On peut distinguer clairement trois périodes dans l'histoire de la Mésopotamie, après l'invasion des Sémites. La première est celle de la prépondérance du Sud et des destins de la région qu'on a appelée la Babylonie, période qu'on pourrait nommer préassyrienne ou prôto-babylonienne. La deuxième est la période assyrienne, pendant laquelle l'Assyrie, après avoir longtemps lutté pour l'hégémonie avec Babylone, fonde et étend son empire, mais peu d'années après l'avoir porté à son plus haut point de puissance et de grandeur, voit le pouvoir lui échapper. La troisième est la période babylonienne proprement dite, ou néo-chaldéenne, pendant laquelle Babylone, après la ruine de Ninive, soumet à son sceptre tout l'empire avec les états vassaux, excepté la Médie. Après une courte période d'un éclat incomparable, elle succombe à son tour sous les armes victorieuses de Cyrus. Or, dans ces trois périodes, nous voyons que les mêmes dieux furent constamment adorés. Tous les dieux de l'empire assyrien, à l'exception du dieu national particulier Asour, dont le nom se confond avec celui du pays, avaient leurs temples en Babylonie et en Chaldée bien longtemps avant que l'Assyrie eût acquis quelque importance, et ils restèrent en honneur sous Naboupalouçour et Naboukoudourouçour (Nabopolassar et Naboukadreçar), jusqu'à la chute de l'empire. Même les grands dieux locaux de Babylone et de Barzipa reçurent les hommages et le culte des rois d'Assyrie, et des temples leur furent élevés dans le nord du pays. Il semble donc que si l'on peut constater en Assyrie et en Babylonie une plus grande faveur, tantôt pour tel dieu, tantôt pour tel autre, on n'y trouve pas les éléments d'une histoire religieuse, au sens propre du mot. Pourtant, ce n'est peut-être là qu'une apparence, et en dépit du petit nombre des documents, du peu de lumière qu'ils nous fournissent, et de l'impossibilité de les classer dans un ordre chronologique certain, quelques traces au moins de développement se laissent-elles dès à présent saisir dans cette religion. Tâchons donc d'en ébaucher au moins les principales lignes.

Les plus anciens documents établissent que dans les premiers siècles plusieurs dynasties se sont succédé en Babylonie, ou plutôt que les princes de l'une ou de l'autre partie du pays ont conquis pour un temps la suzeraineté sur ceux des états voisins, et ainsi préparé la création d'un grand empire. Les rois d'Our (Mougheir), ville située au sud-ouest de l'Euphrate, par conséquent en dehors de la Mésopotamie proprement dite, furent les premiers qui s'assujettirent toute la Babylonie. Du moins, le plus ancien roi de cette ville que nous connaissions, et dont le nom a été lu de tant de manières différentes (1), construisit-il des temples, non-seulement dans sa propre capitale, mais encore à Larsa, Ourouch, Nipour et Zerghoul, toutes villes situées de l'autre côté du fleuve. Le grand dieu d'Our était Sin, le dieu de

---

(1) A présent, la plupart des assyriologues français et anglais lisent *Likbagas*, ou mieux *Ourbagas*, homme ou serviteur du dieu Bagas. Smith lit *Ouroukh*, je ne sais sur quel fondement. Il faut sans doute rejeter les anciennes leçons *Ourcham* et *Arioch*. La deuxième partie du nom est le nom d'un dieu, probablement du dieu d'une rivière ou d'un fleuve.

la lune, et, comme dieu de la résidence du prince, son culte était le culte prédominant. Lorsque, bien des siècles plus tard, le dernier roi de Babylone apprit avec terreur l'approche des Perses, il se souvint encore que Sin était le dieu sous la protection duquel avait fleuri l'ancienne royauté, et chercha, en rétablissant son culte dans toute sa splendeur, à conjurer le danger qui le menaçait. Ce dieu conserva son prestige longtemps après que la dynastie qui l'avait fait prévaloir eut cessé de régner sur tout le pays. Des conquérants élamites, les rois de Larsa, Karrak (Nisinna), Ourouch, Aganè eurent tour à tour l'hégémonie avant que Babylone même devînt la capitale de l'empire. Néanmoins, et bien que chacune de ces villes eût son dieu propre, Sin resta en honneur. Presque la moitié des noms des rois non sémites de cette époque, que nous connaissons, reproduisent le nom de Sin dans leur composition. Il n'y a pas jusqu'au roi élamite Koudour-mabong qui ne nomme son fils, qu'il établit comme vice-roi à Larsa, Rim-agou, serviteur du dieu de la lune.

Nous n'essaierons pas d'établir la suite chronologique des dynasties qui se succédèrent dans la première moitié de cette période. Outre la difficulté qu'offre un semblable travail, il ne serait que d'une très mince utilité pour l'histoire de la religion. Bornons-nous à mentionner l'un des plus célèbres de ces rois, Sargina Ier, qui, de sa résidence, Aganè, située en face de la ville du dieu du soleil, Sippara (Sepharvaïm), non-seulement étendit sa domination sur la Babylonie tout entière, mais encore, semble-t-il, sur les régions montagneuses de la haute Mésopotamie et jusqu'aux rives de la Méditerranée, où il dit avoir consacré la gloire de son nom dans une inscription. Quelque mesure de vérité historique ou d'exagération qu'il y ait dans ces récits, il est certain que Sargina fut un protecteur des sciences et des arts. Il fonda à Aganè une grande bibliothèque semblable à celles qu'on a retrouvées dans plusieurs autres villes. Celle d'un des derniers rois d'Assyrie, Asourbanipal renfermait la copie d'un ouvrage d'astronomie provenant de celle de Sargin Ier. Il avait pour titre : « La lumière de Bel », et, en outre, renfermait le catalogue de cette bibliothèque et le règlement relatif à l'usage des livres par ceux qui voulaient s'en servir. Sargin fut donc un personnage historique, ce sur quoi d'ailleurs ses inscriptions ne laissent pas planer le moindre doute. Mais sa réputation et la grandeur de ses exploits fascinèrent tellement l'imagination qu'on reporta sur lui, comme plus tard sur Cyrus, le mythe si connu et reproduit sous des formes diverses dans tout l'ouest de l'Asie, du dieu du soleil semblable à un enfant trouvé, grandissant d'abord dans une condition inférieure, mais enfin triomphant. En particulier une inscription dont les termes sont mis dans sa propre bouche, mais dont certainement il ne fut pas l'auteur, rapporte que sa mère, redoutant pour lui les persécutions du roi régnant, à ce qu'il semble, un frère de son père, qui avait usurpé le trône, l'exposa sur l'Euphrate dans une corbeille de roseau enduite de bitume. Il fut trouvé et recueilli par un porteur d'eau qui l'éleva jusqu'à ce qu'il montât sur le trône de ses ancêtres sous le nom de Sargina, qui veut dire « le roi véritable ». On voit que ce récit présente quelques analogies avec celui de l'enfance de Moïse.

La plupart des noms des rois de la première moitié de cette période ne sont pas sémitiques, et leurs inscriptions sont en langue accadienne. Pourtant, les plus anciens états, notamment ceux d'Our et de Larsa, paraissent avoir déjà renfermé quelques éléments sémitiques, et les rois qui y régnèrent furent peut-être sémites, bien qu'ils écrivissent leurs noms en accadien. Ainsi, Sargina, dont nous venons de parler, était certainement un Sémite. A en juger par les noms, la dynastie de Karrak ou Nisinna, à laquelle appartint, entre autres, Ismi-Dagan fut la plus purement sémite qu'on puisse voir. La conquête de « la ville royale » de Karrak par les puissants guerriers d'Anou, de Bel et d'Hea fut considérée comme un événement d'une telle importance que pendant longtemps on la prit pour le point de départ d'une ère nouvelle (1). Les plus anciens noms des rois de Babylone même, qui alors n'avait pas une grande importance, attestent une origine sémitique. Mais bientôt il en fut autrement. Déjà des conquérants venus de l'Élam s'étaient emparés d'une

(1) On regarde ordinairement cette ère dans les contrats du règne de Rim-agou, comme se rapportant à la conquête de Karrak par des princes étrangers. Mais la mention des guerriers des trois principaux dieux montre clairement qu'il s'agissait d'un événement heureux, d'une victoire et non d'une défaite.

grande partie de la Babylonie et avaient peut-être même porté leurs armes plus loin (1). Peu après, ou en même temps, l'ancienne dynastie de Babylone fut remplacée par une autre, ordinairement appelée cassite, du nom d'une tribu élamite, mais qui certainement venait du sud, des bords de la mer Érythrée (le golfe Persique). C'est à cette dynastie qu'appartient un prince dont le nom se lit Agou-kak-rimi (Agou ou Sin, celui qui crée notre lumière) dont il nous est raconté qu'il reconquit et ramena à Babylone les saintes images des deux dieux Mardouk et Zarpanitou, qui avaient été transportées par les ennemis dans le pays d'Hani (?) dont nous ignorons la situation. Dès cette époque donc, ces deux divinités étaient adorées à Babylone comme les dieux les plus élevés, de telle sorte qu'un ennemi de cette ville ne pouvait lui causer de plus grand dommage que de la priver de leur protection. Néanmoins ils ne paraissent pas avoir été originaires de Babylone même. Ils doivent y être venus du sud, comme la dynastie elle-même. C'était sur les bords de la mer que le dieu-poisson Hea, ainsi que son fils Mardouk et son épouse, était surtout adoré comme l'auteur de la civilisation. C'est pour cela que nous ne trouvons le nom de Mardouk dans aucune des anciennes inscriptions des rois de Babylone, et que dans la composition des noms propres des rois il ne se rencontre que pour les rois de Babylone et de la région méridionale du pays, la Chaldée, jamais en Assyrie.

Si le culte de Mardouk fut importé à Babylone des régions méridionales, où il était indigène, il ne tarda pas à y être révéré comme le plus grand des dieux de la Babylonie. Un roi de la

---

(1) Le récit si connu de Genèse XIV a son point de départ dans ces conquêtes. On y rapporte que *Kedor-La'omer* dirigea contre la Palestine une expédition, accompagné, à titre d'alliés ou de vassaux, des rois de Shinear (Soumir ?) Ellasar et des Goyîm (Assyr. Goutioum, peuples menant la vie nomade à l'ouest de l'Euphrate). Kedor-La'omer, Koudour-lagamar est un nom purement élamite, bien qu'on ne l'ait pas encore rencontré sur les monuments. On a aussi voulu, non sans quelque vraisemblance, dériver de l'accadien les noms des trois autres rois qui figurent dans ce récit. Arioch, par exemple, serait le même que Rim-agou (Eri-akou), le fils de Koudour-mabouk. Il semble que l'auteur de ce chapitre, de date très récente, fût un savant du temps de l'exil, sachant les anciennes langues de la Mésopotamie, qui a combiné le récit d'une expédition d'alliés élamites et soumiriens, au pays de Martou (Mat acharrou, l'ouest, plus tard la Syrie et la Palestine) avec une ancienne tradition cananéenne, et y a mêlé Abram, le patriarche, père des Israélites.

même dynastie, ou bien le fondateur d'une dynastie nouvelle, mais cassite comme la précédente, Chammouragas (qu'on lisait antérieurement Chammourabi) fit pour toujours, par l'expulsion des Élamites de Larsa et par d'autres conquêtes, de Babylone la capitale de toute la Chaldée et de la Babylonie. Un grand nombre d'inscriptions rapportent ses exploits. Ce ne sont pas les expéditions militaires, mais les travaux d'utilité publique et la construction de temples et de palais qui y tiennent la plus grande place. C'était un prince d'une grande piété, prophète (*goudea*) des dieux Anou, Bel et Dagan, et il était aussi très attaché au dieu du soleil et à Zamama (Ninib). Mais bien qu'il n'ait jamais négligé le culte de ces dieux, Mardouk n'en fut pas moins pour lui le plus grand des dieux. Il paraît aussi avoir été animé d'une très grande dévotion pour Nabou, le dieu de Barzipa. Du moins mentionne-t-il comme un des principaux faits d'une des premières années de son règne l'introduction du culte de la déesse Tasmitoum, la déesse de la révélation et de l'exaucement, le côté féminin de Il-tasmitoum, c'est-à-dire de Nabou, et par conséquent considérée comme son épouse. Il faut sans doute entendre par là que l'attribut spécial du dieu de la parole et de l'écriture fut personnifié dans une divinité féminine, et ensuite confondu avec son épouse habituelle, Nana ou Zarpanitou, ou bien lui fut substitué. Qu'on veuille aussi considérer que cette déesse était purement sémitique et que Chammouragas désigne le dieu Hea sous un nom sémitique. Bien que lui-même et une longue suite de successeurs après lui appartinssent à une autre race, comme l'attestent leurs noms, l'élément sémitique paraît donc avoir eu dès cette époque une grande importance à Babylone. Je soupçonne que Samsouilouna n'est pas, comme on le croit généralement, le nom de son successeur ou d'un de ses contemporains, mais son nom sémitique.

Peu après l'élévation de Babylone au rang de capitale, les sources nous font défaut et ne nous offrent plus que de longues listes de noms de rois. Bientôt le premier rang devait être sérieusement disputé à la « Porte de Dieu » et finalement lui être ravi : le jour de l'Assyrie se levait.

CHAPITRE V

LA RELIGION SOUS L'EMPIRE ASSYRIEN

Le puissant empire qui devait pendant des siècles être l'effroi de tous les peuples de l'Asie occidentale ne fut, au début, que le territoire d'une ville située au nord de la Babylonie, dans une île du Tigre. Cette ville, à l'époque où elle fut fondée, s'appelait vraisemblablement « la ville du centre de la profondeur » (Er-shazou), et, comme point de départ de l'existence de l'empire, « la ville de l'ancien temps du gouvernement », mais son nom habituel était la ville d'Ashour. Ce nom, qui plus tard devint celui du pays (qui s'appelait aussi le domaine du dieu Asour), était dérivé de celui du principal dieu de l'empire (1). Pour plus de clarté, nous écrirons, selon l'orthographe usitée, Ashour ou l'Assyrie lorsqu'il s'agira de la ville et du pays, et nous nommerons le dieu Asour. Le gouvernement de l'Assyrie fut une espèce de théocratie dont les chefs portèrent d'abord le titre de lieutenant ou vicaire du dieu Asour, mais plus tard prirent celui de Seigneur des pays.

Qu'étaient les Assyriens ? Leur langue et leur religion ne différant en rien d'essentiel de celles des Babyloniens, attestent leur proche parenté avec ces derniers. L'opinion la plus répandue est que, originaires de la Babylonie, ils l'ont quittée volontairement ou contraints, et ont émigré vers le nord à une épo-

---

(1) Il existe une autre manière, très ancienne, de lire le nom aussi bien du pays que du dieu national : A-oushar ; cette leçon est regardée par quelques savants comme la plus ancienne. Mais il se peut aussi que ce ne soit qu'un jeu de mots dont la signification (« digue de l'eau », ou, « boire de l'eau »), est encore très obscure.

que très ancienne. Des raisons plausibles militent en faveur de cette opinion. En effet elle concorde avec le récit de la Genèse, chap. X, d'après laquelle Nimrod vint du sud et fonda dans le nord de la Mésopotamie plusieurs villes importantes, et avec le mythe si connu de Sémiramis, tel que le rapporte Ctésias. Sémiramis (Samouramat, le ciel élevé), est un nom qui fut porté, entre autres, par la femme du roi d'Assyrie Ramanninari III, mais qui, dans le principe, fut certainement un des surnoms de la grande déesse mère qui s'appelait à Babylone Zarpanitou, et qui était adorée à Ninive et à Arbèles comme la voluptueuse ou la guerrière Istar. Cela fournit l'occasion d'en faire la fondatrice de la grandeur et de la magnificence de Babylone, et de reporter sur elle, comme histoire, la mythologie de la grande déesse. Sémiramis est représentée en même temps comme voluptueuse et guerrière. C'est elle qui, la première, monte à l'assaut de la capitale de la Bactriane, qui étend ses conquêtes des Indes à l'Égypte et à l'Éthiopie, elle qui est réprimandée de ses dérèglements par le roi de l'Inde, — un moraliste singulièrement choisi ! — et dans son épitaphe se vante d'avoir encore trouvé au milieu de tous ses travaux du temps pour le plaisir et pour l'amour. Ce double caractère est aussi, comme on sait, celui de la déesse. Sémiramis s'échappe sous la forme d'une colombe, oiseau qui était aussi un symbole de la mère des dieux. Son premier mari, qu'elle quitta pour Ninus, personnification de la civilisation assyrienne, s'appelait Oannès. Or, nous avons vu qu'Oannès, ou Hea, est le dieu de la civilisation de la Mésopotamie méridionale ou de la Chaldée. La signification mythologique de ce divorce et de ce deuxième mariage est manifeste : Sémiramis rattachée d'abord au système des dieux de Babylone et à l'esprit, au développement général de la Chaldée, fut aussi unie plus tard, lorsque son culte pénétra dans le nord et qu'elle se confondit avec Istar, au principal dieu du panthéon assyrien. Ninus, le deuxième époux de Sémiramis, est la personnification de l'Ashour belliqueuse, conquérante du monde. Son nom pourrait être une forme grécisée du mot Nin, seigneur. On rapporte qu'il fonda ou restaura Ninive et lui donna son nom. Le nom de Ninive, anciennement Ninâ, signifie la demeure ou le lieu de repos du dieu (NI-NA) et n'a rien de commun avec Nin. Le fils de Ninus est appelé Ninyas, nom identique à celui de la ville Ninâ. Il n'est pas, comme son père, un prince guerrier, mais au contraire fainéant et voluptueux. Il représente Ninive et l'Assyrie des temps postérieurs, dégénérées, corrompues par le luxe ; la personnification de ces générations déchues dans un fils du dieu guerrier — représentant le rude et belliqueux assyrien du nord — et de la voluptueuse Sémiramis — la civilisation énervante des plaines chaudes et humides de la Chaldée, est, on doit le reconnaître, fort heureusement trouvée. Quoiqu'il en soit, ce qui ressort, pour le sujet qui nous occupe, de la légende de Ctésias, c'est que les civilisations chaldéenne ou babylonienne et assyrienne sont identiques au fond, ou plutôt que la civilisation primitive des Soumirs et des Accads, personnifiée ici dans leur grande déesse, se développa d'abord chez les Chaldéens, représentés par leur dieu Hea (Oannès), ensuite chez les Assyriens représentés par le dieu éponyme de leur cité royale.

Si l'on se rappelle que la puissance des rois cassites ou chaldéens de Babylone a succédé à celle des princes moitié sémitiques, moitié accadiens de Karrak, de Larsa et d'Aganè, et qu'en outre l'établissement de leur pouvoir à Babylone date à peu près de la même époque que celui de la domination assyrienne dans le nord, il paraîtra fort vraisemblable que les Assyriens, refoulés par les derniers conquérants de la Babylonie, ont cherché un nouveau pays où ils pussent s'établir, et y ont jeté les fondements d'une puissance indépendante. Leur civilisation ne fut pas purement sémitique, car il est évident qu'ils avaient déjà subi l'influence des Soumirs et des Accads, et leur avaient emprunté leur écriture et un grand nombre de leurs dieux et de leurs usages. Ils étaient pourtant plus purement sémites que les Cassites ou Chaldéens de Babylone. Les noms des rois de la dynastie de Chammouragas appartiennent pendant des siècles à un dialecte très rapproché de l'accadien, ce n'est que très tard qu'on y trouve mêlés quelques noms sémitiques, et plus tard encore que les listes nous offrent une suite régulière de ces derniers ; ceux des rois d'Assyrie, au contraire, bien qu'écrits en caractères accadiens, appartiennent dès la plus haute antiquité à la langue assyrienne, c'est-à-dire à un idiome sémitique. Le rapport réciproque des deux peuples, et le rapport commun de tous deux aux anciens Accads et Soumirs peuvent être assez exactement comparés à celui des Francs aux Allemands, et à celui de ces deux peuples aux Romains. Francs et Allemands ont emprunté la civilisation gréco-romaine, mais elle a marqué d'une empreinte beaucoup plus profonde les peuples établis en Gaule que ceux qui restèrent en Germanie ; ainsi les Babyloniens se sont beaucoup plus assimilé la civilisation des Soumirs et des Accads que ne l'ont fait les Assyriens. L'analogie, hélas ! va plus loin, et la même hostilité constante, le même antagonisme séculaire règne entre les deux puissants peuples de l'Asie occidentale et entre les nations les plus importantes du continent de l'Europe centrale.

La puissance considérable que les Assyriens déployèrent et la durée de leur domination qui se maintint douze siècles, pendant six au moins desquels l'Assyrie forma un grand empire, trouvent leur explication dans la nature de ce peuple et dans la forte organisation de son gouvernement. Il suffit de considérer les représentations de leurs dieux, de leurs rois et de leurs guerriers et de les comparer avec celles des autres peuples, même des Babyloniens, leurs voisins et leurs parents, de regarder ces figures aux traits rudes et fortement accentués, mais nullement ignobles, ces corps solidement charpentés, ces muscles d'acier, dont la saillie a été peut-être exagérée à dessein, de voir leurs tableaux de chasse et de guerre, pour se convaincre qu'on a à faire à un peuple endurci par le climat, ne craignant ni fatigues, ni dangers, qui prise au-dessus de toute chose la force physique, s'enorgueillit de sa sévérité inflexible qu'il pouvait forcer jusqu'à la cruauté et la férocité, et aime avant tout à être la terreur des nations. Sans doute une grande sensualité s'alliait à cette énergie ; mais la mollesse et l'amour du plaisir qui devaient causer la ruine de la monarchie ne se développèrent que plus tard. Les Assyriens furent inférieurs par la science et la civilisation aux Babyloniens, comme les Romains le furent aux Grecs, et ils ne paraissent avoir rien produit d'original dans ces domaines. Dans les arts aussi, ils furent devancés par leurs voisins du sud, mais ils finirent par les y surpasser.

Ils excellèrent surtout par l'organisation de leur gouvernement. A leur tête était un roi, regardé comme le lieutenant de

Dieu ; il était généralissime de l'armée et juge suprême. Au-dessous du roi toute une hiérarchie de hauts dignitaires et de gouverneurs des peuples conquis formaient son conseil et partageaient avec lui le privilège de donner, selon un ordre déterminé, leur nom à l'année (éponymes). A la droite du roi avait sa place le Tourtanou (« le petit puissant » ; le roi même était « le grand puissant », *rabtanou*), le premier commandant de l'armée ; à sa gauche était celle du Siltanou (sultan), commandant en second. Ces attributions indiquent déjà le caractère militaire de la monarchie. Après eux prenaient rang le chef des chantres et le préfet du palais, ayant le titre de premier conseiller du roi (1), le préfet de l'empire et ceux des quatre villes principales, nombre qui fut augmenté à certaines époques. Au-dessous de ces grands dignitaires s'étageaient les juges et les fonctionnaires de tout ordre. Il n'est pas question de prêtres ni de docteurs dans cette hiérarchie. Il se peut que le maître-chantre et le conseiller du roi aient fait partie des classes sacerdotales et lettrées, mais, pour autant que nous sachions, les membres de ces classes n'étaient appelés à aucune autre des grandes charges de l'état.

Quelles que soient cependant la rigidité et la sévère ordonnance de cette hiérarchie, il ne faudrait pas n'y voir qu'un despotisme égoïste et arbitraire. Pour autant que nous pouvons en croire les déclarations des rois eux-mêmes dans leurs décrets, ils maintenaient impartialement les lois et les institutions de l'état vis-à-vis de leurs sujets fidèles. Sargina II parle « des lois d'Asour » qu'il a rétablies et jurées dans un traité avec les rois vassaux. « Les grands dieux, dit-il, m'ont établi, moi Sargina (le roi légitime) pour maintenir fidèlement les traités et les serments ; j'ai régné sans commettre d'injustice et sans opprimer les faibles. » Lors de la fondation d'une ville il fournit lui-même aux habitants tout l'argent et tout le bronze nécessaires, à des prix établis par un tarif régulier, et procure même des outils à de nouveaux colons, pour qu'ils puissent défricher le sol de leur établissement, et veille à ce que les cérémonies religieuses

---

(1) *Abarakkou;* selon une remarque intelligente de Delitzsch, ce titre serait le même qui est donné à Joseph dans la Genèse XLI, 43 (abrêk).

soient accomplies pour les ouvriers. Son successeur, Sinachérib s'exprime dans le même esprit. Un pouvoir fort qui respecte la loi et le droit n'en est que plus fort.

Mais l'agrandissement et la solidité de la puissance assyrienne reposaient encore sur un autre fondement, peut-être plus important, à savoir la religion. On sera frappé en parcourant les récits détaillés des rois d'Assyrie sur leurs campagnes sans cesse renouvelées, de la cruauté avec laquelle ils traitaient les vaincus (1). Il est vrai que nous retrouvons la même barbarie, non-seulement chez tous les Sémites, même chez le pieux roi David, mais encore chez leurs successeurs et leurs disciples en fait de politique, les Achéménides. Dans aucune histoire cependant on ne trouve aussi fréquemment et fastidieusement que dans celle de l'Assyrie les récits de malheureux rebelles écorchés vifs, embrochés, empalés, brûlés; de nez et d'oreilles coupés, d'yeux arrachés, de pyramides de têtes élevées devant les portes des villes révoltées et châtiées, et une foule d'autres atrocités. Mais on n'a pas assez remarqué que cette cruauté était, pour les Assyriens, dans un rapport étroit avec leur piété. On pourrait presque dire que les rois d'Assyrie se vantent de leurs exécutions sanglantes dans la mesure où ils font montre de leur piété. Des trois grands rois du neuvième siècle avant l'ère chrétienne, c'est Asournazirpal qui est le plus prodigue en témoignages de sa dévotion; mais il fut aussi le plus cruel. Son fils Salmanasar et son petit fils Samsiraman célèbrent davantage dans leurs monuments leur propre gloire que celle des dieux; mais ils se bornent à appliquer les châtiments les plus habituels dans les mœurs de l'Orient, le pal, la crucifixion, la décapitation, etc.; il y est beaucoup moins question de gens écorchés vifs ou d'yeux arrachés. Quoiqu'il en soit, les cruautés exercées par les rois d'Assyrie étaient une conséquence de leurs idées théocratiques. Les guerres qu'ils faisaient étaient les guerres d'Asour, comme celles des rois de Juda étaient les guerres de Yahveh; elles étaient entreprises en vue d'étendre son empire et de glorifier son nom. L'insurrection était une hérésie : se

---

(1) Voir à ce sujet la réponse d'Eberhard Schrader à Gutschmid, *Keilinschriften und Geschichtsforschung*, pp. 523 et suiv., et surtout p. 525.

révolter, c'était se soustraire à l'adoration d'Asour et des grands dieux. La soumission des peuples à l'Assyrie et à ses rois était, à proprement parler, la soumission à l'autorité et au culte d'Asour. Il est mainte fois dit expressément des rois étrangers qu'ils n'adorent pas le grand Bel, ou Asour, et que c'est pour cela qu'ils doivent être châtiés. De même que Yahveh pour les Israélites, pour les Assyriens Asour est plus puissant que les autres dieux dans lesquels c'est en vain qu'on met sa confiance. Les idoles conquises des dieux étrangers étaient quelquefois restituées à la demande des peuples vaincus, mais pas avant qu'on y eût gravé la gloire d'Asour. Si le roi de Lydie a vaincu les Cimmériens, ce n'a été, selon Asourbanipal, qu'avec l'aide d'Asour. Lorsque plus tard Gygès se révolta contre les Assyriens, la défaite que lui infligèrent ces mêmes Cimmériens est présentée comme un châtiment d'Asour. Toutes les cruautés exercées par les rois d'Assyrie étaient donc des punitions qu'ils infligeaient à des hérétiques ou à des apostats. Une soumission sans réserve suffit pour détourner ces châtiments. C'était pour les princes un devoir religieux que d'étendre le domaine d'Asour, devoir auquel ses lieutenants sur la terre ne pouvaient manquer, de même que les rois très catholiques ou très chrétiens ne pouvaient se dispenser de persécuter les hérétiques. C'est l'idée purement sémitique de la théocratie qui partout et toujours a porté les mêmes fruits.

Qu'était pourtant ce dieu adoré par les Assyriens, sinon comme le seul dieu, du moins comme le plus grand des dieux? On ne trouve aucune mention de son nom ni de son culte dans l'ancien empire de Babylone. Avec la ruine de l'empire assyrien, ce culte cesse complètement. Il fut donc proprement le dieu national de l'Assyrie, dont l'ancienne capitale du pays et le pays lui-même ont pris le nom. Il est très difficile de dire s'il se rapprochait d'un quelconque des dieux de l'ancien panthéon, et duquel. Il est certain qu'à l'origine il a été comme tous les autres dieux un dieu cosmogonique, et non une pure abstraction, soit le type céleste de la royauté, soit la réunion de tous les dieux supérieurs en une seule personne. Il fut constamment placé en tête des listes assyriennes des dieux. Sur les plus anciennes il occupe la place d'Anou, et le grand Bel vient

— 224 —

immédiatement après lui. Son idéogramme est le même que celui du dieu Sar, le premier créé des dieux, et qui était déjà regardé par les Assyriens et par les Babyloniens comme une forme ou une révélation d'Anou. De même qu'Anou, il a aussi Istar pour épouse. Cela peut autoriser l'idée qu'à l'origine il ne fit qu'un avec Anou, et qu'il était le dieu suprême du ciel, sous un autre nom. Mais dans d'autres listes, Anou figure à côté d'Asour. Le nom de Sin se trouve aussi dans un hymne ancien, écrit avec l'idéogramme d'Asour et de Sar (1), Sinachérib est quelque fois appelé Asourachérib (2), et à l'époque où fut fondée la ville d'Ashour, Sin était le principal dieu, ou du moins celui dont le culte était le plus répandu chez les Sémites chaldéens. On peut donc, en cherchant à quels dieux antérieurs il faut rattacher Asour, hésiter entre Anou et Sin. Mais Asour avait été placé si haut par son développement comme dieu national, au-dessus de ce qu'il fut d'abord comme dieu de la nature, qu'il est devenu impossible de retrouver ce qui le caractérisait en cette qualité. Il est devenu un dieu supérieur à la nature, de même que Yahveh pour les Israélites, présentant peut-être même un caractère encore plus abstrait que ce dernier. Ses attributs sont très généraux et dérivent tous de sa dignité comme chef, père, conducteur, roi des légions (*kissat*) ou de l'assemblée des dieux. C'est pourquoi il est regardé comme l'arbitre suprême, celui qui donne la couronne et fait obtenir la victoire, le dieu de la justice, le puissant protecteur des bons et le vainqueur des méchants. Naturellement, en tant que dieu national d'un peuple aussi guerrier que l'étaient les Assyriens, il est par excellence le dieu de la guerre, celui qui passe en revue les armées, et, à ce titre, l'époux désigné d'Istar, déesse non moins guerrière que lui. Son nom est même fréquemment employé au pluriel pour désigner les dieux en général, de même que celui d'Istar pour désigner les déesses, tellement on rattacha à son nom l'idée de la divinité. On ne retrouve aucun mythe dans lequel il joue le principal rôle,

---

(1) *West. As. Inscr.* IV, 9, 1. 3-4.

(2) Dans d'autres endroits on voit employer l'un pour l'autre les noms d'Asour et de Râmanou. Il ne semble donc pas sans exemple que ces noms fussent substitués l'un à l'autre, ce qui s'explique probablement par la nature d'Asour.

ce qui s'explique facilement par ce que nous venons de dire. Si l'on en excepte ce seul dieu supérieur, les dieux de l'Assyrie paraissent avoir été absolument les mêmes que ceux de Babylone. Du moins dans les derniers temps, les deux panthéons étaient complètement identiques. On peut néanmoins douter qu'il en ait toujours été ainsi. Si nous comparons, en tête d'une inscription du grand conquérant Toukoultipalésar Ier (qu'on regarde généralement comme ayant vécu au douzième siècle avant J.-C.), la liste des dieux avec deux autres listes du neuvième siècle, celles d'Asournazirpal et de Salmanasar II, on constate une notable différence. Dans la première, le nombre des grands dieux n'est que de sept, correspondant probablement aux sept jours de la semaine : Asour, Bel, Sin, Samas, Raman, Ninib et Istar. Ce n'étaient pas les seuls dieux adorés sous son règne, mais les principaux, et pour cela même le nombre sept n'est pas, dans cette liste, accidentel. Les deux autres listes nous présentent treize dieux (1), vraisemblablement d'après le nombre des mois de l'année, douze, plus le mois intercalaire. Ce sont les mêmes dans les deux listes, mais présentés dans un ordre différent, bien que les trois listes commencent par Asour et finissent par Istar. Aux dieux mentionnés par Toukoultipalésar sont joints Anou, Hea, Nergal, Mardouk, Nabou et Belit, la grande épouse de Bel. Il résulte de là que ces dieux, peut-être déjà antérieurement adorés en Assyrie, étaient maintenant élevés au rang des grands dieux, et que parmi eux avaient pris place, entre autres, les deux principaux dieux de Babylone et de Barzipa, Mardouk et Nabou, qui ne furent adorés en Assyrie qu'après que cet empire eut fait la conquête de Babylone. En outre, la Belit de Babylone avait été distinguée d'Istar, avec laquelle elle se confondit d'abord. Deux siècles encore plus tard, sous le dernier des grands rois d'Assyrie, Asourbanipal, le nombre est resté le même, ou plus exactement il est de douze (2),

(1) Celle de Salmanasar (Layard, pl. 87), ne paraît en contenir que douze ; mais Hea doit y être ajouté après Sin. Ses attributs sont en effet mentionnés, bien que son nom n'y figure pas.

(2) Même quelquefois onze (voir *West. Asian Inscr.* III, 17 l. 42 et ss., comp. Smith, *Assurbanipal*, p. 85). Mais cette particularité doit être attribuée à une erreur du copiste de la tablette. En effet, plus haut dans la colonne, l. 13 et ss., la douzaine se retrouve complète.

mais on ne retrouve plus dans les listes Anou, Hea et le grand Bel, et à leur place figurent les deux Istar de Ninive et d'Arbèles et Nouskou. Le Bel qui, dans les documents que nous venons de citer, est mentionné immédiatement après Nabou, n'est pas le grand Bel des temps anciens, mais bien Mardouk. Il en ressort que, dès cette époque, par conséquent avant la fondation du nouvel empire de Babylone, il était déjà parvenu au premier rang. Mais il est remarquable que toute la première triade supérieure a disparu des listes, quoique Hea soit mentionné quelques lignes plus bas. Immédiatement après Asour, ou bien Asour et Belit, rapprochée de lui comme son épouse, vient la deuxième triade, Sin, Samas et Raman ; ensuite Bel (Mardouk) et Nabou, puis les deux Istar et enfin Ninib, Nergal et Nouskou. Les trois dieux les plus anciens sont donc considérés comme suffisamment représentés par Asour seul, à qui, par suite, l'épouse de l'un d'eux est adjointe comme au seul dieu qui dans le culte s'élevait au-dessus de tous les autres. Le monarchisme dans le monde des dieux se rapproche ici, par un pas important, du monothéisme.

Ce n'est pas ici le lieu de donner un aperçu de l'histoire politique de l'Assyrie. Nous rappellerons seulement que sa puissance ne cessa de s'accroître et sa domination de s'étendre, bien que souvent les conquêtes faites par un roi fussent aussi vite perdues qu'elles avaient eu lieu, et qu'à quelques périodes de grand déploiement de force succédât plus d'une fois une époque de décadence et d'amoindrissement. Le principal objectif de la politique assyrienne fut et resta la possession de Babylone, ou du moins l'hégémonie sur cette ville. Les forces des deux états d'abord se balancèrent. De courtes guerres, dans lesquelles les succès et les revers alternaient, se terminaient par des traités ou par des mariages. Toukoultininib (XIIIe siècle avant J.-C.) fut le premier qui ajouta la Babylonie à ses états, et prit le titre de roi d'Ashour, de Kardouniyas, des Soumirs et des Accads. Mais après sa mort la ville sainte recouvre son indépendance, jusqu'à ce qu'un siècle plus tard Toukoultipalésar la conquit de nouveau. Après lui se succédèrent plusieurs rois, peut-être d'une autre dynastie, qui s'appliquèrent moins à faire des conquêtes, qu'à faire fleurir les arts de la paix. Ils construisirent des digues, creusèrent des canaux et élevèrent des palais et des temples. La paix dura pendant tout le dixième siècle. Mais au neuvième se succédèrent sur le trône les grands conquérants Asournazirpal, son petit-fils Salmanassar II, et son arrière-petit-fils Samsiraman IV. Babylone resta indépendante sous leur règne, mais dut pourtant quelquefois leur payer tribut, et subit quelques humiliations. Il est digne de remarque, bien que très naturel, que ces princes conquérants aient montré une dévotion toute particulière pour les dieux guerriers Ninib et Raman. Asournazirpal se nomme « la prunelle et la gloire de Ninib ». Il en fit faire une magnifique statue, lui éleva un autel et un temple, et lui consacra deux jours de fête solennelle dans les mois Sabatou (Janvier) et Eloul (Août). Il dit qu'il en a fait son principal dieu dans sa résidence de Kalach. Ninib fut aussi le principal dieu de Samsiraman. Salmanassar montra plus de dévotion à Raman, dont il donna le nom à son fils.

Sous le règne de ce dernier, Ramannirari III, qui fit aussi de nombreuses conquêtes, il se produisit un fait très important dans l'histoire religieuse. Nous lisons dans de courtes annotations aux listes des éponymes (1) qu'en l'année de Baladou (787 ou 786 avant J.-C.), en laquelle eut lieu une expédition contre les Mèdes : « Le dieu Nabou entra dans son temple nouvellement construit (?) ». Il s'agit vraisemblablement, dans ce passage, d'un temple construit par Ramannirari à Nabou dans la ville de Kalach, et appelé Bit-Zida, comme le principal temple du dieu à Barzipa. Ce roi fit aussi bâtir un temple semblable à Ninive, mais consacré simultanément à Mardouk et à Nabou. Celui de Kalach était orné de six statues de Nabou, deux grandes à l'entrée et quatre de moindres dimensions dans une des salles. Dans cette salle se trouvait une inscription en l'honneur du dieu, inscription constatant que ces statues avaient été consacrées par le préfet de Kalach (qui était également gouverneur de quelques autres provinces) au dieu protecteur du roi et de la reine, en reconnaissance de la conservation de leur vie et de la prolongation de leurs jours. Elle se termine par la recomman-

---

(1) Voir Smith, *Assyrian eponym Canon*, pp. 44 et 62. Delitzsch *Assyr. Lesestücke*, 2ᵉ éd., p. 93, l. 31.

dation, entre tous les dieux, de mettre en Nabou la plus grande confiance. Nous ignorons quels motifs put avoir Ramannirari pour rendre de tels honneurs au dieu de Barzipa et pour adorer particulièrement avec lui le grand dieu de Babylone. On a prétendu expliquer cette dévotion par l'influence de sa femme, qu'on a supposée être une princesse babylonienne. Elle s'appelait Sammouramat. Mais ce nom seul ne suffit pas à démontrer qu'elle fût de Babylone. L'inscription que nous avons citée ferait plutôt penser à quelque grand danger dont le roi aurait été sauvé et dont il aurait attribué la délivrance à l'oracle de Nabou. Il ne s'agit nullement ici de l'introduction du culte de ce dieu en Assyrie, car déjà sous les rois prédécesseurs de Ramannirari, il figurait, ainsi que Mardouk, au nombre des grands dieux. Mais ce qui mérite d'être noté, c'est que le culte des dieux de la partie méridionale du pays ait pris une telle importance en Assyrie. Cette importance, ils la conservèrent dans les siècles suivants. Après une période de décadence, la gloire de l'empire assyrien fut relevée par le célèbre Toukoultipalésar II, dont le nom se lit aussi dans l'Ancien Testament (Tiglat-pileser), et par son successeur Salmanassar IV, le premier qui prit le titre de roi de Babylone, roi des Soumirs et Accads. Or, ce dernier adora plus que tous les autres les dieux du midi, Nabou, Tasmit, Nana, la souveraine de Babylone, Mardouk, Nirgal et Laz, et mentionne, comme un des grands événements de son règne, que la dix-septième ou la dix-huitième année de ce règne il a pris les mains de Bel (Mardouk). Ces mots semblent se rapporter à une solennelle consécration religieuse, à l'admission du prince dans le sanctuaire même où reposait la divinité, quelque chose d'analogue à ce que les rois d'Égypte appelaient : « voir Ra dans son sanctuaire à Héliopolis. » La dynastie suivante, qui fut la dernière des rois d'Assyrie, celle des Sargonides, marcha dans les mêmes voies. Son fondateur, Sargina le jeune, bien que roi d'Assyrie, prit le titre de Sakkanakkou (souverain, comme premier serviteur des dieux) de Babylone, roi des Soumirs et des Accads, et mit Maroudouk et Nabou, comme ses dieux, immédiatement à côté d'Asour. En un mot, on pouvait faire la guerre à Babylone, la châtier de ses révoltes, la soumettre ; elle n'en restait pas moins, même pour les Assyriens, la ville sainte qui, sauf par Sinachérib et Asourbanipal, fut toujours traitée avec ménagements, et dont les rois d'Assyrie ne négligeaient pas d'adorer les dieux, ainsi que ceux des villes voisines.

Pourtant, jamais Babylone ne put être complètement façonnée au joug assyrien, jamais on ne put le lui faire accepter sans arrière-pensée de révolte. Chaque fois qu'elle le put, elle s'empressa de le secouer. Est-ce pour des causes purement fortuites que la capitale de l'Assyrie fut constamment reportée plus au nord ? qu'après Asour, ce fut Kalach, puis Ninive, et qu'enfin Sargina, outre Kalach, se fit construire une autre résidence dans la région montagneuse de l'Assyrie, Dour-Sargina, place forte qu'il semble s'être préparée comme un refuge en cas de danger imminent ? Ce qui est certain, c'est que sous les Sargonides la lutte pour la possession de Babylone fut constante et acharnée ; elle fut disputée aux Assyriens par un redoutable compétiteur. Yagina rendit indépendant le royaume de Chaldée, au sud de Babylone, sur les bords du golfe Persique, état qui jusqu'alors avait été tributaire des rois d'Assyrie. Après que toutes les tribus chaldéennes se furent réunies sous son sceptre, son fils Maroudouk-baliddin III monta sur le trône, fit alliance avec le roi d'Élam, rechercha en outre l'amitié de Hizkia (Ezéchias), roi de Juda, et, mettant à profit les troubles causés en Assyrie par le changement de dynastie, s'empara de Babylone. Au moment où Sargina monta sur le trône, il eut trop d'autres ennemis à combattre et trop d'autres difficultés à surmonter pour tourner ses armes contre Maroudouk, mais la douzième année de son règne il entra en campagne contre lui. Ni les Chaldéens ni les Élamites n'étaient en état de résister à la tactique et à la discipline des armées assyriennes. D'ailleurs, Sargina parvint à les diviser, Maroudouk-baliddin abandonna précipitamment Babylone et bientôt s'enfuit dans son pays. C'est bien à tort qu'on a représenté ce prince chaldéen comme le héros de l'indépendance nationale et de la résistance patriotique de Babylone. Sargina affirme, dans ses inscriptions, que son rival détenait Babylone contre la volonté des dieux, et que c'est pour cela que Maroudouk lui donna la victoire, à lui, le roi d'Assyrie. Cela ne peut guère signifier qu'une chose, à savoir que les prêtres de Babylone ne soutenaient pas la cause du roi chaldéen ; et en effet, à peine eut-il quitté la ville, que les prêtres se portèrent au devant de Sargina, ayant avec eux les saintes images de Bel, de Zarpanitou, de Nabou et de Tasmit, les dieux de Babylone et de Barzipa, et lui préparèrent une entrée triomphale. Babylone était dans l'allégresse. De son côté, Sargina s'empressa d'offrir des sacrifices aux grands dieux. Il fut même initié aux mystères de Bel, comme l'avait été Toukoultipalésar, et il prit les mains de ce dieu et celles de Nabou ; il consacra aux deux divinités deux taureaux ailés, et offrit des sacrifices à tous les dieux des Soumirs et des Accads. Pourtant, son gouvernement ne semble guère avoir été plus goûté par les habitants de Babylone que celui des Chaldéens. En effet, à peine cinq ans après, ce prince, qu'on paraît avoir reçu avec tant de pompe par crainte plus que par enthousiasme, fut-il mort, que Babylone secoua l'autorité de son fils Sinachérib et Maroudouk-baliddin remonta sur le trône des Soumirs et Accads. Mais, cette fois, la vengeance fut terrible. Sinachérib s'empara de la ville et la châtia sans miséricorde. Maroudouk-baliddin, fatigué de la lutte, réunit ses dieux, rassembla son peuple et quitta son pays pour fonder une colonie dans le pays d'Élam, sur les côtes du golfe Persique, où il mourut peu après. Un autre prince chaldéen, Souzoub, prit les armes contre les Assyriens ; Sinachérib ne se tint pas pour satisfait de l'avoir battu, il dirigea une expédition contre la colonie récemment fondée, qui était un foyer permanent de conspirations contre son autorité. C'était la première fois qu'une armée assyrienne paraissait dans ces régions. Les vaisseaux, construits à Ninive et à Karchémis, vraisemblablement par des captifs de Tyr, de Sidon et de l'Ionie, et dont les équipages furent formés des mêmes éléments, descendirent le Tigre et l'Euphrate. Il est naturel que le roi multipliât les sacrifices pour l'heureux succès d'une expédition en dehors de toutes les habitudes. Et à qui pouvait-il s'adresser, en cette circonstance, sinon au dieu de la région maritime, à Hea ou Dagan, le seigneur de l'Océan ? Il rapporte dans ses inscriptions les offrandes et les sacrifices propitiatoires qu'il fit à ce dieu, et comment il fit jeter à la mer, en son honneur, un vaisseau, un poisson et un autre objet d'or. Dagan accorda au prince son appui, et l'expédition fut couronnée d'un plein succès.

Le successeur de Sinachérib, Asourachiddin (Esarhaddon), établit sa résidence à Babylone, rebâtit la ville, releva les temples, et y régna en paix jusqu'à sa mort; de son vivant même il établit son fils Asourbanipal roi d'Assyrie. Après sa mort, son plus jeune fils Saulmugina régna un certain temps en paix à Babylone, tandis que son frère dirigeait les guerres d'Asour. Mais Asourbanipal était le maître; il dominait sur les prêtres et les sacrifices étaient offerts en son nom. Le centre de gravité de la puissance assyrienne était donc déjà reporté en Assyrie. Cette prépondérance paraît avoir offusqué les Babyloniens, et pendant une guerre entre les Élamites et les Assyriens, et à un moment où de toutes parts les peuples soumis se révoltaient contre les rois d'Assyrie, Babylone tenta encore un nouvel effort pour secouer le joug. Saulmugina fut entraîné dans le mouvement, ou bien s'y associa librement, mécontent de la dépendance dans laquelle il était placé. En vain Asourbanipal rappela-t-il dans une proclamation les bienfaits dont il avait comblé son frère et les égards qu'il avait toujours eus pour le peuple de Babylone. La rébellion n'en éclata pas moins. Mais l'heure de l'abaissement d'Ashour n'avait pas encore sonné. L'Assyrie était trop puissante sous le gouvernement d'Asourbanipal pour qu'une révolte eût quelque chance de succès. Babylone succomba une fois de plus. Saulmugina périt dans l'incendie de son palais allumé par lui-même ou par ses compétiteurs au trône. Les dieux sanguinaires de l'Assyrie purent encore une fois se délecter aux tortures de nombreuses victimes; Asourbanipal tira une vengeance cruelle de l'injure qui lui avait été faite. Ceux qui avaient blasphémé le nom d'Asour et de son serviteur, eurent la langue arrachée, d'autres furent coupés en morceaux (1) et leurs membres abandonnés en pâture aux bêtes sauvages. Tous ceux que la peste et la faim avaient épargnés périrent dans les supplices ou furent réduits en servitude et transportés dans les provinces éloignées de l'empire. « C'est ainsi, dit le roi, que je contentai le cœur des grands dieux, mes Seigneurs. » Mais les dieux de Babylone eurent aussi leur part dans les hommages du vainqueur. Leurs temples furent réédifiés et magnifiquement ornés, et on fit grâce à ceux

---

(1) C'est le même supplice que Samuel infligea au roi des Amalékites. (Tr.)

qui s'étaient enfuis de la ville pendant la révolte, et qui rentrèrent dans leurs foyers après la répression.

Malgré ce triomphe, les jours de l'Assyrie étaient comptés. Asourbanipal fut le dernier roi puissant qui régna à Ninive. Ses deux faibles successeurs furent incapables de conjurer les désastres qui fondaient sur l'empire, et la monarchie assyrienne s'écroula. Avec elle prit fin pour toujours le culte d'Asour. Le grand Bel de Babylone lui succéda comme dieu suprême et, avec Nabou, fut encore pour un peu de temps à la tête de la théocratie mésopotamienne.

CHAPITRE VI

LA RELIGION SOUS LE DEUXIÈME EMPIRE CHALDÉEN, OU EMPIRE DE BABYLONE

Le vice-roi, Naboupalouçour (Nabopolassar), depuis la chute de l'empire assyrien roi indépendant de Babylone, avait pris part à la destruction de Ninive. Il y avait déjà vingt ans qu'il occupait le trône, et on peut dire que ce temps avait été bien employé. L'initiative et l'impulsion du développement des Babyloniens à cette époque paraissent être venues de la reine Nitokris, princesse égyptienne à en juger par son nom (Nit-aker-t, Neith la sage). Du moins, chose rare en Mésopotamie, voyons-nous, quand il s'agit du relèvement de Babylone, sa personnalité mise presque plus en lumière que celle même du roi qui, d'ailleurs, entra pleinement dans ses vues et sut réaliser ses conceptions. Il favorisa l'industrie, répandit l'instruction parmi le peuple et enrichit la ville de magnifiques édifices. Mais la prospérité et la grandeur du pays, l'éclat et la gloire du nouvel empire pendant sa courte durée, furent principalement l'œuvre de leur fils, le fameux Naboukoudourouçour (Néboukadrézar). Ce prince nous offre une des plus grandes et des plus puissantes figures de l'histoire de l'ancien Orient. Il ne faudrait pas le juger avec nos idées modernes; nous ne pourrions alors voir en lui qu'un despote, un conquérant et un oppresseur barbare des peuples étrangers. Mais, replacé dans le cadre de l'époque, jugé à la lumière des idées de son peuple et de son siècle, il apparaît plus grand que ses prédécesseurs et que tous les princes contemporains. Même la caricature qu'en présente le livre de Daniel, et dans laquelle l'auteur de ce livre a visé un autre despote (Antiochus Épiphane), au fond le seul portrait d'après lequel on le connaît parmi nous, ne parvient pas à effacer tous les traits de sa grandeur.

Il réalisa l'idéal du roi dans le bon vieux sens, je veux dire dans le sens véritablement mésopotamien du mot, en même temps guerrier, conquérant, protecteur des arts et des sciences, zélé pour la vraie religion et personnification brillante de la divinité sur la terre. Il a une volonté, sait ce qu'il veut et l'accomplit en se jouant de toutes les difficultés. La nostalgie de ses montagnes natales prend-elle la reine, qui était une princesse mède, on créera des montagnes à Babylone et les *jardins suspendus* dresseront leurs étages de terrasses verdoyantes le long des bords de l'Euphrate. Toujours en guerre, il trouva le temps de relever ou de construire un nombre incroyable de monuments. Il fit réédifier à Babylone le grand temple de Bel-Maroudouk, restaura le temple de Nabou à Barzipa, « la porte du saint des saints, la ville sans égale », comme on l'appelait, située assez près de la capitale pour en être considérée comme un faubourg. Les principales villes de l'empire lui durent la restauration de leurs monuments les plus renommés, et des constructions toutes nouvelles. Ce fut toutefois Babylone qui fut le principal objet de sa sollicitude ; il en fit la merveille et la reine de l'Asie occidentale. Mais cette splendeur et cette puissance ne lui survécurent guère. Si Babylone avait triomphé de Ninive, ce n'avait été qu'avec le secours d'un peuple plus jeune, riche de plus d'avenir, les Médo-Perses qui grandissaient en silence à l'est de l'empire de Babylone, et devaient dans quelques générations élever leur puissance sur les ruines de la sienne.

Les recherches des savants, qui nous permettent de nous faire une idée très exacte des palais assyriens et babyloniens, laissent encore beaucoup à désirer en ce qui concerne les temples. Il y en eut vraisemblablement plusieurs types fort différents. On a cru, et non sans une très grande vraisemblance, reconnaître les sanctuaires assyro-babyloniens dans des édifices représentés sur les bas-reliefs à côté des palais des rois, et ayant quelque ana-

— 235 —

logie avec les temples grecs. On n'en voit que la façade. C'est une surface plane formée de gros blocs carrés et divisée en plusieurs compartiments par des colonnes couvertes de peintures. L'entrée occupe le compartiment du milieu. De chaque côté de la porte se dressent deux lances (peut-être des obélisques) qui ont la même hauteur que l'édifice, et le fronton, orné de losanges, est surmonté d'un fer de lance gigantesque. Différentes figures symboliques ornaient le péristyle de ces édifices. Le sanctuaire même ne paraît pas avoir renfermé de statues des dieux, mais bien des arches saintes, des *élappi ili*, c'est-à-dire les barques des dieux, dont quelques-unes étaient somptueusement ornées. Néanmoins les représentations de la divinité étaient nombreuses et n'étaient pas toutes symboliques, bien que la plupart eussent ce caractère; les plus communes sont le dieu en forme de poisson, décrit plus haut, le dieu à tête d'aigle et celui à pattes de coq. Ces symboles avaient leur source dans la mythologie. Selon Layard, les lions et les taureaux à face humaine et à ailes d'aigle, veillant à l'entrée des palais et des temples, symbolisent la sagesse, la force et la toute-présence de Dieu; toutefois ce ne fut pas là leur première signification. Nous savons que ce sont les animaux symboliques des dieux Ninib et Nergal, génies protecteurs des édifices aux portes desquels on les plaçait. Le symbole que plus tard les Mazdéens empruntèrent pour représenter leur divinité, la figure humaine dans un cercle ailé, élevant la main dans l'attitude de la prière, ou lançant un dard à trois pointes, est d'origine égyptienne. Les Assyriens l'ont imité du soleil ailé (Hor-hout) des Egyptiens, et l'ont adapté à leurs idées religieuses. Il représente sans nul doute le dieu suprême, le dieu du ciel, Asour ou Ilou, ou Bel.

Mentionnons deux temples d'une forme toute différente de celle que nous avons décrite tout à l'heure, celui de Maroudouk à Babylone et celui de Nabou à Barzipa. Ils portaient les noms de Bit-Saggatou et de Bit-Zida (« la maison qui élève la tête » et « la maison de la main droite » ?) et consistaient en plusieurs étages en retrait et couronnés d'un temple ou d'une chapelle du dieu suprême. C'est la forme régulière des grands temples de la Chaldée, qui remonte à la plus haute antiquité, et qui se retrouve également à Ecbatane et dans quelques parties de l'Inde. Les Assyriens imitèrent ces temples chaldéens ou Zigourrat (Zikourat). En même temps qu'au culte ils furent consacrés aux observations astronomiques. Les derniers rois de Babylone se parèrent volontiers du titre de restaurateurs et même de fondateurs de ces temples. Aucun d'eux n'y eut des droits égaux à ceux du grand Néboukadrézar. Il eut la gloire de terminer le Bit-Saggatou. C'était le temple tombeau de Bel-Maroudouk, si c'est bien le même édifice qu'Hérodote a décrit comme le grand temple de Bel, orné de trois statues, une du dieu lui-même et deux de divinités féminines, Héra et Rhéa selon l'historien grec, sans doute Zarpanitou et Bélit. D'après l'inscription de Néboukadrézar lui-même, Maroudouk avait dans ce temple deux sanctuaires ; celui d'en bas était sa tombe où il rendait ses oracles, celui d'en haut, au sommet de l'édifice, était la retraite mystérieuse où le dieu même était censé habiter. Néboukadrézar épuisa à l'ornement de ce temple et de ce sanctuaire tout ce que pouvaient produire de luxe et de splendeur la richesse des matériaux et les ressources de l'art.

Le temple de Nabou qui s'élevait à Barzipa et portait le nom de Bit-Zida, le même que portaient les Zigourrat de Kalach et de Ninive, et qui peut signifier la maison de la main droite, c'est-à-dire du Sud, consistait en sept étages en retrait, chacun d'une couleur différente, et surmontés d'un temple. Les Babyloniens l'appelaient la tour des sept sphères célestes, parce que chaque étage était consacré à une planète, le noir à Saturne, le blanc à Vénus, le pourpre à Jupiter, le bleu à Mercure, le rouge-sang à Mars, l'argenté à la lune, et le supérieur, qui était doré, au soleil. Au-dessus s'élevait le temple de Nabou, où il habitait avec son épouse Nana, ou Tasmitou, et dont Néboukadrézar fit revêtir l'intérieur d'or et d'ivoire. Il ne contenait, d'après Hérodote, pas de statue, mais seulement une table d'or et un lit où une femme désignée par le dieu devait venir passer la nuit. Les inscriptions parlent bien d'une chambre des femmes, mais en la distinguant du lieu où reposait Nabou.

De même que Nabou avait son sanctuaire dans le Bit-Saggatou, Maroudouk avait aussi sa statue dans le Bit-Zida. Elle se trouvait sans doute dans le sanctuaire en forme de crypte qui, selon le propre témoignage de Néboukadrézar, était ménagé dans les fondements de l'édifice. Il n'est pas douteux que cette fameuse tour soit celle à laquelle la tradition hébraïque a rattaché la dispersion des hommes et la confusion des langues, et une inscription de Néboukadrézar, si la traduction qu'en donnent les assyriologues français est exacte, rapporterait également à la tour de Barzipa la tradition babylonienne du déluge et de la confusion des langues. Mais nous avouons n'être, jusqu'à présent, rien moins que convaincu de la justesse de cette interprétation (1).

Mardouk et Nabou furent les dieux les plus honorés sous le deuxième empire ; mais ni le peuple, ni surtout Néboukadrézar ne négligèrent les autres. Sin, Samas, Ramanou, virent leurs temples restaurés et les inscriptions portent de nombreux témoignages de la dévotion du prince pour eux. On n'avait garde d'oublier aucune divinité, ni de laisser tomber aucun culte, et cependant un certain monothéisme perce au travers de cette religion si complexe. Il y a plusieurs dieux, mais un dieu est élevé au-dessus de tous les autres, et les rois aiment à se dire les adorateurs du Seigneur des Seigneurs. Les hommages adressés aux dieux particuliers remontaient indirectement au maître suprême. On se représentait dans le ciel une hiérarchie analogue à celle que constituaient les pouvoirs de l'état, et de même que le pouvoir des gouverneurs de provinces était une émanation du pouvoir royal, et que les honneurs qu'on leur rendait, la soumission à leurs ordres, étaient encore hommage et obéissance aux princes, de même, croyait-on, en était-il à l'égard des dieux. Seulement le dieu suprême changeait avec les révolutions politiques. Sous la domination assyrienne, Asour, l'unique dieu suprême d'un peuple guerrier, fut seul regardé comme le Seigneur des dieux. A Babylone, où le pouvoir des prêtres et des savants ne le cédait pas à celui des rois, il y eut une double expression de la puissance divine supérieure : Maroudouk, le dieu de la royauté, et Nabou, le dieu de la science et de l'inspiration.

Bien loin d'être un despote vaniteux et se complaisant en lui-même, qui s'imagine ne devoir qu'à lui seul sa grandeur et

(1) En effet, la traduction qu'en avait donnée M. Oppert n'est pas exacte. Il n'y est question ni de l'une ni de l'autre de ces traditions.

n'avoir aucun compte à rendre de l'usage qu'il faisait de son pouvoir, Néboukadrézar fut un homme très pieux et profondément religieux. Mainte fois il reconnaît être redevable de tout aux dieux, notamment à Maroudouk, qui l'a créé et engendré, à Zarpanitou, qui l'a enfanté, à Nabou qui lui a donné le sceptre. C'est pour cela, déclare-t-il, qu'il les a choisis pour ses dieux et ceux de sa maison, et « qu'il a surtout consacré sa vie au grand Bel-Maroudouk qui découvre les désirs de son cœur ». « Moi, Seigneur, — c'est ainsi qu'il s'exprime, — que ta main a créé, je te bénis. Tu m'as créé, tu m'as donné la puissance royale pour l'exercer sur les multitudes humaines conformément à ta volonté, Seigneur qui m'as assujetti leurs tribus. Elève ton gouvernement souverain, étends l'adoration de ta divinité, réveille-la dans mon cœur pour la rendre conforme à ta volonté, et que ma vie soit sanctifiée en toi ! » — Il raconte ensuite comment Dieu l'a exaucé et comment il lui a soumis les pays les plus lointains et l'y a fait respecter. Aussi se fie-t-il en sa protection. « J'élève, s'écrie-t-il après avoir achevé la construction de son palais superbe, j'élève mes mains et je m'incline devant toi, Seigneur des Seigneurs. Ma voix pénètre jusqu'à Maroudouk, le vénérable. Seigneur des peuples, dieu Maroudouk, entends ma prière. J'ai fondé une dynastie qui ne sera jamais ravagée. Qu'elle subsiste à Babylone, qu'elle y habite, que les naissances en multiplient les rejetons, que les tributs de tous les rois de la terre y affluent, et puisse, pour l'amour de toi, ma race régner sur les nations jusque dans la postérité la plus reculée ! » Un pieux Israélite se serait-il adressé à Yahveh autrement que ce Babylonien s'adressait à Maroudouk ?

La mort de Néboukadrézar marqua le commencement de la décadence de Babylone. Ses successeurs, dont les règnes furent courts, ne purent supporter le fardeau de son lourd héritage. Nabounahid (le même que Nabou-nitouk, qu'on a regardé à tort comme son prédécesseur) fit dans une certaine mesure revivre les jours glorieux de la monarchie. Ce prince élevé au trône par la race sacerdotale, à laquelle il appartenait peut-être lui-même, régna seize ans. Cependant la puissance des Mèdes et des Perses grandissait et s'étendait. Le deuxième successeur de Néboukadrézar avait déjà péri dans une grande bataille perdue en Médie contre Cyrus. Maintenant les armées victorieuses des Perses se rapprochaient de Babylone. Les revers de l'empire étaient, de même que jadis les victoires de Néboukadrézar l'avaient été par les Israélites pieux, envisagés comme un châtiment divin. Aussi Nabounahid redoublait-il de piété, restaurant les sanctuaires, multipliant les offrandes et les vœux. Il vit approcher la fin et accrut la force de résistance de la capitale, mais s'appliqua surtout à s'assurer la protection des dieux. Une des causes de la décadence de l'empire était, selon lui, l'abandon du culte de Sin, le plus grand des dieux de l'ancien empire d'Our, et il fit ce qu'il put pour rendre à ce culte son ancien lustre. Il reconstruisit à Chalanne son temple dans les ruines duquel on a retrouvé cette invocation : « Sauve-moi, moi Nabounahid, roi de Babylone, qui ai péché contre ta grande divinité ; accorde-moi une longue vie, et pour Belsarouçour, mon fils premier-né, le préféré (?) de mon cœur, enflamme son âme pour ta divinité et préserve-le du mal. » Ce fils chéri ne devait pas même monter sur le trône de Babylone, et l'année même où fut gravée cette inscription fut la dernière, sinon de la vie, du moins du règne de Nabounahid (1).

(1) On avait révoqué en doute jusqu'à l'existence de Belsaçar, authentiquement attestée par cette inscription. Le récit du livre de Daniel n'en est pas moins fabuleux. Peut-être le père et le fils périrent-ils dans le sac de la ville. Peut-être Nabounahid échappa-t-il au massacre, mais non, comme on l'a dit, parce qu'il ne se trouvait pas à Babylone, car Barzippa, où il se serait réfugié, était situé dans l'enceinte des fortifications de la capitale, et partagea son sort. Le nom du prince, Belshaçar en hébreu, Bel-sar-ouçour en assyrien (Bel protège le roi) n'a rien de commun avec le nom donné à Daniel lui-même (Dan. 1, 7) Beltshaçar en hébreu, Balat-sou-ouçour en assyrien, et qui signifie : protège sa vie.

CHAPITRE VII

CARACTÈRE DE LA RELIGION DE BABYLONE ET DE L'ASSYRIE

Si l'on compare la religion de l'Assyrie et de la Babylonie à celle de l'Égypte, on remarque de prime abord qu'au milieu de toutes leurs différences, et bien que chacune possède son caractère propre, nettement accusé, elles appartiennent néanmoins à la même grande famille de religions et en forment deux branches, bien distinctes, mais se ressemblant à beaucoup d'égards. Il est vrai que les noms des dieux, dans l'une et dans l'autre, sont pour la plus grande partie différents.

On peut, à la vérité, relever quelques ressemblances, par exemple, entre le nom de l'abîme céleste chez les Égyptiens : *tuau*, et chez les Assyriens : *taout* ou *tihauti*. Sans doute, l'Hathor égyptienne ne diffère pas de l'Istar de la Mésopotamie, nom qui se prononçait Athtar dans l'Yémen ; sans doute aussi Osiris, l'être bon, dieu du royaume des morts (Asar en égyptien) et Isis (As) sa femme, sont les plus proches parents de l'Ashar et de l'Asha assyriens et babyloniens, celui-là « le bon », le monde inférieur considéré comme divinité et manifestation d'Asour, celle-ci « la dame », la déesse par excellence, forme d'Istar, comme aussi Isis et Hathor ne diffèrent guère. Anou de la Chaldée et Amoun de Thèbes, Ninib et Osiris, Nabou et Thot diffèrent de nom, mais ils sont en vérité les mêmes dieux. Anou et Amoun signifient « le caché », le dieu suprême, invisible. Ninib « le fils du monde inférieur », qui meurt et qui est ressuscité, répond à

Osiris doublé d'Horos ou plutôt à Horos l'ancien. Nabou, le chef des légions d'étoiles, computateur du temps, marié à la déesse de la lune, dieu de la science et des prophètes, est pour ainsi dire une traduction littérale du Thot égyptien. Ajoutez à cela la ressemblance des plus anciennes pyramides de l'Égypte, tombeaux du dieu Apis, construites en briques, et des temples babyloniens de forme analogue, que l'on regardait comme des tombeaux des dieux. C'est déjà beaucoup. Lorsque deux peuples parlent deux langues aussi différentes que l'égyptien et l'assyrien, on ne saurait s'étonner que leurs dieux portent des noms fort différents. En tout cas, l'accord dans les idées est frappant. Et ce qui doit nous déterminer à ranger les religions égyptienne et mésopotamienne dans une même famille, malgré toutes les différences qui les distinguent et bien que leur parenté soit une parenté assez éloignée, c'est que toutes deux sont symboliques, théocratiques et monarchistes-polythéistes.

Nous avons vu qu'en Égypte la symbolique a complètement relégué la mythologie à l'arrière-plan. Le même fait se retrouve en Assyrie. La seule différence, c'est que la mythologie y tient encore moins de place, et que le symbolisme semble s'y être déjà transformé en dogmes. Cependant, nous ne possédons pas assez d'informations sur ce dernier point pour en parler avec une pleine assurance. Tout ce que nous pouvons dire avec certitude, c'est qu'en Assyrie on ne trouve presque aucune trace du culte des animaux, cette vivante incarnation du symbolisme, si répandue en Égypte. Si, à la vérité, des animaux sacrés, serpents, colombes, chevaux, étaient nourris dans les temples ou leurs dépendances, rien ne montre qu'ils aient jamais reçu en Mésopotamie un culte proprement dit.

La religion des Assyriens et des Babyloniens n'était pas moins théocratique que celle des Égyptiens. Le roi y était regardé comme le lieutenant et le vicaire des dieux, le vice-roi régnant sous leur souveraine autorité, la prunelle de leurs yeux. La royauté avait à Babylone un caractère positivement sacerdotal et, même en Assyrie, le roi régnait au nom d'Asour. Il était le favori et la gloire des dieux, il avait été créé par eux avec un soin exceptionnel ; — on ne croyait pas qu'il fût du même limon que le commun des mortels. Il était le médiateur entre les dieux et le peuple. Sur les monuments, il est toujours représenté comme le type de la divinité suprême, et les figures ailées, symboles des génies supérieurs, le servent. Tous ses actes dans la paix et dans la guerre étaient étroitement dépendants de la religion nationale. Ses armes, ses brassards et tous ses ornements étaient semés d'animaux sacrés, lions, taureaux, canards. Les statues gigantesques des rois qui décoraient l'entrée des palais et des temples ou étaient placées à la porte des villes, à la source des rivières, représentaient la royauté ; mais la gloire d'Asour y était inscrite. La seule différence que nous devions noter avec les idées et les mœurs de l'Égypte, — et elle n'est pas sans importance, — c'est que les rois n'étaient pas les objets d'un culte proprement dit : ils restaient des hommes, l'image mortelle de la divinité.

Il semble cependant que dans les premiers siècles de l'ancien empire, les rois d'Our, de Larsa, d'Aganè fussent considérés comme des personnages divins, tout comme en Égypte. Du moins leurs noms sont-ils toujours précédés du signe déterminatif de la divinité, et cela non-seulement sur leurs propres monuments, mais aussi quand ils sont cités par les rois Assyriens ou Chaldéens d'une époque postérieure.

D'une part, cette théocratie fut plus nettement arrêtée que celle de l'Égypte, plus exclusive à l'égard des étrangers; de l'autre, moins absolue dans le gouvernement intérieur.

Les guerres eurent un caractère plus nettement et plus exclusivement religieux en Mésopotamie qu'en Égypte; il n'y a guère dans l'antiquité que les Israélites, combattant dans les guerres de Yahveh, qui identifièrent aussi complètement la cause de leur nationalité avec les intérêts sacrés de la religion. Aussi les dieux recevaient-ils une grande partie du butin fait sur l'ennemi, et si le roi s'en réservait une part, il avait soin de dire qu'il la prélevait au nom d'Asour, son seigneur; le fait par l'ennemi de dérober une part de ses trésors aux vainqueurs était considéré et puni comme un sacrilège. Les ennemis étaient regardés comme des impies ; la rébellion n'était pas un crime de lèse-majesté, mais de lèse-divinité. La victoire était due à Asour ; l'acte de faire sa soumission aux monarques assyriens était regardé comme une conversion religieuse. Les captifs épargnés ne l'étaient qu'à condition d'embrasser la religion des vainqueurs, et les dieux des peuples vaincus, enlevés de leurs temples, n'y étaient replacés qu'après avoir été consacrés aux dieux de l'Assyrie. Toukoultipalésar, ayant eu pitié de quelques princes du pays des Naïré (Naharaïm, le pays des sources du Tigre et de l'Euphrate), lesquels eussent dû être mis à mort en l'honneur des dieux, comme Agag, roi des Amalékites, que Saül eut l'impiété d'épargner et que fit impitoyablement exécuter le prophète Samuel, leur conserva la vie en attribuant tous leurs biens à Samas. Sa religion ne différait pas, sur ce point, de celle de Samuel; mais plus habile que le prophète hébreu, il sut trouver avec le ciel un accommodement.

Souvent les rois d'Assyrie changeaient les noms des villes conquises, et ce n'était pas seulement pour les nommer d'après eux-mêmes, car plusieurs le furent d'après les principaux dieux. Ainsi, on eut Kar-Nabou, Kar-Sin, Kar-Raman, Kar-Istar, etc. Avec de semblables idées, les dieux étrangers ne pouvaient être que méprisés, et on ne doit pas s'attendre à rencontrer dans la mythologie assyro-babylonienne ces emprunts aux cultes étrangers si fréquents en Égypte. En effet, comme les Israélites parlaient avec un suprême dédain des *Élohim akhérim*, les autres dieux, les Assyriens, en parlant des dieux étrangers, disaient dans les mêmes termes : *ilani sa akkhari*. Les Égyptiens adoptaient les dieux étrangers à condition qu'ils devinssent égyptiens ; en Assyrie, ils ne franchissaient le seuil des temples qu'en vassaux des dieux nationaux, à qui ils formaient une cour, comme les rois vaincus au grand roi.

Mais si, à l'égard des autres religions, la théocratie assyrienne fut plus exclusive que celle de l'Egypte, elle fut moins envahissante au-dedans. Sans doute la majesté royale était un vrai sacerdoce; mais à côté des rois, il y avait un clergé nombreux, puissant, fortement constitué, formant un corps, et non recruté, comme en Egypte, par des promotions faites par le roi. Les ministres du culte, qu'on doive les confondre avec les mages, dont le chef accompagnait toujours le roi (entre autres d'après Jérémie XXXIX, 2), ou qu'on doive les en distinguer, formaient une corporation fortement constituée et étaient les gardiens de la tradition sacrée, les ministres du culte et les dépositaires de la science officielle. Une telle organisation donnait une grande force aux savants et aux prêtres. Le roi portait bien quelquefois la main sur les institutions ecclésiastiques pour assurer la réalisation de ses projets ; mais, en général, il avait pour les prêtres et les docteurs la plus grande vénération, et les consultait dans toutes ses entreprises. Il arriva même que lorsque l'héritier légitime de la couronne n'entrait pas suffisamment dans leurs vues, ils changèrent l'ordre régulier de la succession, comme cela eut lieu pour Nabounahid. Cette indépendance du sacerdoce, plus grande qu'en Égypte, fut certainement un progrès ; elle assura à la religion une certaine indépendance vis-à-vis de l'état. Mais ni les Assyriens, ni les Babyloniens ne firent le pas décisif franchi par les Phéniciens et surtout par les Israélites, et consistant dans la séparation complète des attributions du sacerdoce et de la royauté ; on ne trouve pas dans leur histoire la moindre trace d'une autre séparation non moins importante, de l'indépendance si féconde, dans le développement religieux d'Israël, du prophétisme par rapport au sacerdoce.

Le caractère monarchiste-polythéiste de la religion assyro-babylonienne résulte clairement de ce que nous avons dit. L'élément monarchique risquait-il d'être affaibli à Babylone par la séparation du dieu suprême, du Seigneur des Seigneurs, en deux incarnations, Maroudouk et Nabou ? On les associait intimement comme père et fils, on les réunit dans les temples comme les manifestations du même dieu suprême, de sorte que l'étranger pouvait parler du Belos de Babylone, sans se douter qu'en réalité il y en avait deux.

Quelles que soient les analogies de la religion des Assyriens et des Babyloniens avec celle de l'Égypte, elle fut encore bien plus étroitement unie avec celles de la Phénicie, d'Israël, des Araméens, et elle forme avec ces dernières une branche particulière de la grande famille sémitique, branche qu'on peut appeler mésopotamienne ou sémitique-septentrionale pour la distinguer des autres Sémites, ceux du sud, les Arabes et les Éthiopiens, qui, à ce qu'il paraît, n'ont jamais habité ni traversé la Mésopotamie, et sont restés plus longtemps dans le berceau commun de la race, l'Arabie centrale. Le cadre de ce travail ne nous permet pas d'entrer dans les détails, si intéressants qu'ils puissent être. Qu'il nous soit seulement permis d'indiquer quelques-uns des traits des plus saillants. Le fond de la cosmogonie des Sémites du nord, telle que nous la connaissons par Bérose de Babylone, par Sanchoniathon le Phénicien, par les premiers chapitres de la Genèse, est partout le même. Leur mythologie à tous représente, non pas comme chez les Aryens la lutte entre la lumière et l'obscurité, mais entre les forces ignées et lumineuses elles-mêmes, entre la chaleur et la lumière sources de la fécondité et causes de la mort, forces tantôt opposées, tantôt réunies dans le même être divin. Et, sans parler des traditions qu'ils ont en commun, comme celle du déluge, et qui ne se trouvent pas chez les Sémites du sud, leur culte, sanguinaire et obscène, cruel et voluptueux, est l'expression de cette même idée qui est l'idée-mère de leur mythologie. Pourtant, la religion de Babylone et de l'Assyrie, quoique la plus proche parente des religions sémitiques du nord, présente des traits d'affinité avec celles de tous les Sémites, mésopotamiens et arabes.

Non-seulement les noms des dieux sont, en grande partie, les mêmes chez tous ces peuples, mais encore tous les dieux y présentent les mêmes caractères, dont plusieurs diffèrent notablement de ceux que nous avons constatés en Égypte. Le nom générique des dieux en Égypte exprime un éternel rajeunissement ; en Assyrie et à Babylone, ils expriment la force et la domination (1). Les Bel et les Bélit sont les seigneurs et les dames ; les Ilou sont les forts. Rabou, le grand, Dandannou ou Kaldannou le tout puissant, sont des surnoms très fréquents de la divinité. Si l'idée de l'éternité des dieux est fréquemment exprimée, et si la notion de la vie est, en particulier, divinisée dans Raman et Hea, cette idée est cependant tout autrement conçue et bien moins dominante qu'en Égypte, et le dogme de prédilection des fils de Cham, celui de l'immortalité, est, ici comme chez les Hébreux et la plupart des autres peuples sémitiques, relégué à l'arrière-plan et laissé tout à fait dans le vague. Ce qui est surtout mis en lumière, c'est le caractère vénérable, la grandeur et

---

(1) Si, comme M. le Page Renouf s'efforce de le prouver, *nouter* signifie *le fort*, *le puissant*, le sens de ce mot égyptien ne différerait pas de celui du mot sémitique *El, ilou*.

la toute puissance des dieux. Ce qui domine dans le langage religieux, dans la prière, c'est l'humilité, l'obéissance de l'adorateur pour les dieux, passive, absolue, semblable à celle de l'esclave pour son maître. Le sentiment de la dépendance résume tous les sentiments religieux de ces peuples. Il est vrai, — et cette pensée est fréquemment exprimée dans les livres religieux d'Israël, — ils attendaient, en retour de leur piété, que les dieux leur accorderaient une longue vie. Par contre, leur premier soin après une campagne heureuse, était de faire des offrandes aux dieux qui leur avaient assuré la victoire, et de parer leurs temples.

La religion présidait à tout, réglait tout. Les travaux d'utilité publique étaient entrepris et exécutés à la gloire d'Asour ou de Maroudouk. Tous les ornements, jusqu'aux franges des rideaux et des robes, des harnais, aux bijoux et aux parures, représentaient des symboles religieux. Les tables et les sièges reposaient sur des animaux sacrés, des lions, des taureaux. Les murs de Babylone avaient reçu leur nom de Bel, les huit portes de Dour-Sargina portaient les noms d'autant de dieux assyriens. On ne pouvait mouler des briques que dans le troisième mois, le mois de Sin, le jour consacré à Nabou, le dieu des briques, des fondements, des cercles magiques, et l'opération était naturellement accompagnée de sacrifices et de rites religieux ; des amulettes étaient déposées dans les fondations. Nous pourrions multiplier ces exemples. La religion présidait aux contrats, et ceux qui n'avaient pas reçu la sanction des rites religieux étaient nuls. De là, l'importance attachée à la littérature religieuse et à l'instruction religieuse du peuple, le soin apporté à la confection des listes renfermant les noms et les attributs des dieux. Le dogme des dogmes était : « Tout appartient à Dieu, tout est au Seigneur. » On devait tout lui consacrer, son corps, ses plus chers enfants, son honneur et sa vie. Et la piété des Assyriens et des Babyloniens ne reculait, dans l'application de ces principes, ni devant le sacrifice des petits enfants au dieu du feu, en Assyrie, ni devant celui de l'honneur des vierges dans le temple de Zarpanitou, à Babylone.

Nous avons déjà indiqué les principales différences que le climat, les mœurs, le développement général, avaient établies entre la religion des Babyloniens et celle des Assyriens. Il est difficile de se faire une idée des humiliations et des tortures infligées par ces derniers aux princes et aux populations vaincues, et énumérées, dépeintes avec complaisance dans les inscriptions des rois. Ces exécutions publiques, solennelles, où l'ironie s'alliait à la cruauté la plus raffinée, les scènes d'impudicité froide et réfléchie, mêlées aux supplices et aux massacres, étaient l'application la plus complète possible de la loi d'intimidation ; c'étaient les dures leçons que donnaient au monde les représentants des grands dieux sur la terre. On comprend, à la lecture de ces récits, que ces dieux colossaux, monstrueux, terribles, représentés sur les murailles des palais combattant des monstres hideux, aient été l'idéal d'un peuple rude et barbare.

A Babylone, le centre de la vie intellectuelle, le dieu de l'intelligence occupait le plus haut rang après le grand Bel. Ce Bel-Maroudouk lui-même, le dieu des rois et, par conséquent, de la guerre n'avait pas le caractère sanguinaire des principaux dieux des Assyriens. On disait de ses œuvres qu'elles étaient souverainement raisonnables. La religion de Babylone fut moins austère, plus voluptueuse, mais plus humaine et plus favorable au développement de la civilisation que celle de Ninive.

Ce qui la distingua encore de cette dernière, ce fut son caractère astrologique. Sans doute le culte des astres se retrouve partout dans l'antiquité, et surtout chez les peuples mésopotamiens qui ne l'empruntèrent pas aux habitants primitifs de la Chaldée, mais le reformèrent de toutes pièces à l'exemple de ceux-ci. L'astrolâtrie, telle qu'on la trouve chez les Sémites primitifs de l'Arabie centrale, est rude, grossière, irrégulière ; ils adorent quelques étoiles brillantes, quelques constellations imposantes, mais en mêlant les planètes aux étoiles fixes, sans ordre et sans système. L'astrolâtrie des Babyloniens est savante, réglée, fondée sur des observations presque scientifiques et sur un système, dont les dieux Sept, c'est-à-dire les cinq planètes connues alors, avec le soleil et la lune, et les dieux Douze, c'est-à-dire les signes du zodiaque, formaient la base.

Il paraît que la formation de ce système doit être attribuée aux habitants primitifs de la Mésopotamie méridionale, Accadiens ou Soumériens.

Dans leur écriture, le signe de la divinité est une étoile, ce qui semble montrer qu'ils regardaient les astres comme des divinités. Quoi qu'il en soit, l'astrologie fut pour eux une véritable science, comme une sorte de théologie primitive. Les cinq planètes, avec le soleil et la lune, y sont l'objet de l'observation la plus attentive, ce qui est naturel, car par leurs mouvements et leurs continuels changements de position, elles étaient censées manifester la volonté des dieux. C'est pourquoi on les appelait les interprètes des dieux et on leur donnait en partie les noms de ces derniers. Mais le peuple seul, et encore à une époque postérieure de décadence, les confondit et les identifia avec eux. Puis venaient les douze signes du zodiaque, auxquels étaient adjoints vingt-quatre dieux conseillers, soit des étoiles fixes, soit des constellations de l'un et de l'autre côté du zodiaque. Mais il serait inexact de dire que les Babyloniens adoraissent les étoiles ; ils les distinguaient très nettement des dieux. Les dieux se manifestaient dans les étoiles, déployaient leur splendeur dans les cieux étoilés. Du nombre des sept planètes, on conclut qu'il y avait sept dieux principaux se manifestant par elles à la terre ; mais on savait qu'elles-mêmes n'étaient pas ces dieux. La croyance populaire et grossière fut sans doute que les planètes exerçaient une influence sur le sort des hommes. Pour les esprits cultivés, la volonté divine se lisait dans le ciel étoilé, comme la voix divine retentissait dans le vent et les orages. De là, l'observation attentive des signes du ciel, pour y découvrir cette volonté. C'est de la même idée qu'est née et que s'est nourrie la science augurale des Étrusques, en vertu du même principe qu'ils ont donné un sens religieux aux éclats de la foudre et à la lueur des éclairs. La science des Chaldéens et la transparence du ciel mésopotamien, si favorable aux observations sidérales, développèrent à Babylone cette forme de l'art augural, de préférence à toute autre, et une fois la croyance que la volonté des dieux se manifestait d'une manière évidente dans la position des astres, répandue et accréditée, les Assyriens se soumirent aux arrêts de leurs astrologues au point de renoncer quelquefois à leurs projets les plus chers, lorsque ces projets avaient contre eux le pronostic des étoiles.

CHAPITRE VIII

LA RELIGION DE L'YÉMEN ET CELLE DE HARRAN, COMPARÉES A CELLES DE BABYLONE ET DE L'ASSYRIE

Pour compléter l'histoire de la religion de Babylone et de l'Assyrie, nous devons dire un mot de deux autres religions qui semblent s'en rapprocher d'une manière spéciale, à savoir celle de l'Yémen, dans l'Arabie heureuse, et celle de Harran, dans la Syrie mésopotamienne (Aram-Naharaïm).

Les Sabéens ou Himyarites fondèrent dans les siècles qui précédèrent l'ère chrétienne un état puissant et florissant dans l'Yémen, état qui subsista jusqu'à la fin du cinquième siècle de cette ère. Ils passaient chez les anciens pour le peuple le plus riche de l'Arabie ; ils rivalisèrent de prospérité et de civilisation avec les Phéniciens et les Babyloniens, et l'emportèrent de beaucoup sur les autres habitants, la plupart nomades, de la péninsule arabique. Ils s'adonnèrent principalement à l'agriculture et au commerce. Les ruines de leurs villes et de leurs monuments sont importantes. Leurs institutions, qui paraissent avoir reposé sur le régime des castes et avoir été, en grande partie, féodales, leur état social, qui comportait, entre autres, la pratique de la polyandrie, et leur système pénal rigoureux et sanguinaire, les distinguent de la plupart des peuples sémitiques et les rapprochent plutôt des habitants primitifs de l'Inde.

Par contre, leur langue rentre positivement dans la famille de celles qu'on est convenu d'appeler sémitiques ; elle se rattache notamment à l'arabe et à l'éthiopien et forme avec ces deux dernières la branche des langues sémitiques méridionales. Ni l'arabe ni l'éthiopien n'en dérivent, mais elle est le plus ancien spécimen de la branche à laquelle elles appartiennent toutes trois. Il semble que l'arabe soit la langue des Himyarites, que les Ismaélites auraient adoptée lorsqu'ils émigrèrent vers le sud, et qu'ils transformèrent par degrés.

Les inscriptions himyarites découvertes, pour la plupart, à Amran, dans l'Yémen, par Fresnel, à Aden et ailleurs par M. Halévy, ont fourni quelques lumières sur leur religion. Malgré les études approfondies du regrettable Osiander et les travaux plus récents de M. François Lenormant et d'autres savants, elles renferment encore bien des obscurités. La plupart sont postérieures à l'ère chrétienne; quelques-unes, cependant, paraissent plus anciennes.

Leur religion appartenait positivement à la famille sémitique. Il suffirait, pour s'en convaincre, de savoir que ceux qui la pratiquaient s'appelaient les serviteurs ou les esclaves de la divinité, et d'y retrouver des noms tels que ceux de Il ou Al, le Fort, le Puissant, Eloha, le Redoutable. Le principal dieu, à proprement parler, le dieu national des Sabéens, paraît avoir été Il ou Al-Makah, à qui était consacré le principal temple de Marib, la capitale de l'état, et qui avait aussi ses temples à Haribah, Hirrân, Na'mân, et dans d'autres villes, jusqu'à Abyan, dans le voisinage d'Aden. Son nom signifie sans doute « le dieu qui exauce », et la principale formule d'invocation revenant constamment sur les tables qui lui sont consacrées est : « un tel à Almakah, parce qu'il a exaucé la prière que je lui ai adressée. »

Outre quelques dieux particuliers de tribus, comme Ya'uk et Yagûth, représentés le premier sous l'emblème d'un cheval, le second sous celui d'un lion, les principaux dieux dont on a retrouvé les noms sont Sin, Samas, Nasr, Ilat, Athtar, Athtaret, Çimdan, divinités dont quelques-unes ressemblent beaucoup à celles de la Babylone et de l'Assyrie. Toutefois ces ressemblances, vues de près, ne signifient pas grand chose. Le culte de Sin fut dans l'antiquité un des plus répandus dans l'ouest de l'Asie. Le nom de ce dieu se retrouve dans ceux du désert de Sin, du mont Sinaï, de la tribu des Sinim, de la forteresse de Sinna, dans le Liban et dans beaucoup d'autres, et, s'il n'est pas certain que toutes ces dénominations dérivassent de l'adoration de la divinité assyrienne, pour la plupart cela est extrêmement probable. Partout où ce culte était en honneur, on est presque certain de rencontrer aussi celui de Samas. Chez les Sabéens, le dieu solaire de l'Assyrie et de Babylone est un être féminin ; nous le retrouvons, sous cette forme, uni à divers dieux solaires masculins. Par contre, la déesse Istar a aussi changé de sexe dans son passage de l'Assyrie en Arabie et était adorée sous le nom d'Athtar, avec une Athtaret. Cette dernière existait aussi en Phénicie, mais sans l'Athtar mâle. Le dieu Nasr (l'aigle), que le Coran (Sour. LXXI, 23) range parmi les idoles noachiques, était adoré par les Himyarites sous la forme d'un aigle, ce qui semblerait une confirmation de l'interprétation de M. Lenormant, qui voit dans le Nisrouk mentionné par la Bible le dieu à tête d'aigle des monuments assyriens. Mais n'oublions pas que le nom de Nisrouk n'a encore pu être lu dans aucune inscription assyrienne. Tout ce qu'on peut dire, c'est que les Assyriens et les Sabéens adoraient un dieu à tête d'aigle, que ceux-ci le nommaient Nasr, que les premiers avaient aussi un dieu appelé Nisroch ou Nisrouk ; tout le reste n'est que suppositions non encore démontrées.

Quant à Çimdan (« le serviteur », de çamad) on l'a comparé à un Çamdan assyrien, mais ce Çamdan n'est qu'une lecture bien incertaine du surnom de Ninib et de quelques autres dieux : Dandannou, ou Kaldannou, le tout-puissant. Il est vrai qu'on trouve un Sandan ou Samdan sémitique dans l'Asie-Mineure, qu'on nomme ordinairement l'Hercule assyrien.

On a signalé les plus grandes ressemblances entre la langue et les arts des Assyriens et ceux des Sabéens. Aux figures représentées sur les tables votives, on trouve un caractère complètement assyrien. Le riche polythéisme de l'Yémen, — la seule ville de Sabota comptait près de soixante temples, — l'usage de considérer comme des individualités distinctes les mêmes dieux adorés dans des lieux et sous des noms différents, le rang qu'ils accordaient aux corps célestes, notamment au soleil et à la lune, tout rappelle, a-t-on dit, la religion de l'Assyrie et de Babylone.

Mais tout cela n'appartient pas exclusivement aux religions

mésopotamiennes ; on le retrouve chez des peuples de races différentes et qui n'ont jamais eu un rapport historique quelconque, soit entre eux, soit avec les Babyloniens.

Dans le château de Gumdan, bâti par le roi Lishrah-Yasab, ou Ilsharh, immense édifice carré dont chacun des côtés était d'une couleur différente, s'élevait une tour à sept étages, chacun de quarante coudées, dont le dernier formait un iwân (salon) entièrement de marbre et recouvert par une seule dalle de la même matière. Un tel édifice rappelle, à quelques modifications près, les Zikurat's assyriens et le temple de Belos à Babylone. Cependant, ce genre de tours n'était pas exclusivement propre à la Mésopotamie, mais se retrouve en Médie et même dans l'Inde, pays avec lequel l'Yémen entretenait de nombreux rapports de commerce.

En un mot, la religion des Himyarites appartient, en réalité, à la branche arabe ou sémitique du sud.

L'adoration du dieu national Il-Makah, de Hobal, d'Yataâ, de Calal et d'autres divinités analogues, la montre tout à fait différente par le fond des religions mésopotamiennes ou sémitiques septentrionales. Les deux ou trois divinités qu'ils peuvent avoir empruntées aux Assyriens n'occupèrent jamais le premier rang dans leur panthéon, et ne sauraient modifier le caractère décidément arabe de leur religion.

La parenté est un peu plus étroite entre les religions de Babylone et de l'Assyrie et celle du nord-ouest de la Mésopotamie, qui semble avoir survécu dans la secte des Çabiens à Harran, dans la contrée de Padan-Aram, la plaine syrienne (1).

Mais ici encore la ressemblance se réduit à bien peu de chose. Leurs livres religieux et leurs principaux ouvrages scientifiques étaient écrits en syrien. Les noms des charges sacerdotales sont tous syriens. Il est vrai que les musulmans les ont considérés

---

(1) Il ne faut pas confondre les Çabiens et les Sabéens. L'orthographe des deux noms est complétement différente. Ils diffèrent également des Tsabiens ou Çabiens, Baptistes de Babylone, appelés aussi Mandaïtes, secte gnostique qui amalgama l'ancienne religion de Babylone avec le Parsisme. Il semble que les païens de Harran n'aient pris ce nom de Çabiens qu'au neuvième siècle de l'ère chrétienne, parce que le Coran plaçait le çabéisme sur le même pied que le judaïsme et le christianisme, et qu'ils y virent un moyen d'échapper à la guerre d'extermination que les Musulmans faisaient aux idolâtres. Ils étaient syriens d'origine.

comme des Chaldéens. C'est que leurs principaux dieux étaient les sept dieux planétaires répondant aux sept jours de la semaine, Iiôs (l'Hélios, le dieu grec du soleil), Sin, Arès (la planète Mars, le dieu de la guerre des Grecs), Nabûq, Bal, Balthî et Kronos, dans lesquels on reconnaît aisément les dieux cinq et deux des Babyloniens, dont quelques-uns ont retenu leurs anciens noms, tandis que trois d'entre eux : Samas, Nergal et Ninib, ont reçu des noms grecs correspondants. Mais, à côté de ces divinités de Babylone, ils adoraient encore Hâmân, Shémal, Azuz, Qôsthîr, Nemriya et les déesses Tel et Telbin, qui attestent la parenté de la religion des Syriens de la Mésopotamie avec celle de leurs compatriotes de l'autre côté de l'Euphrate.

Ici encore, ce n'est pas une branche de la religion chaldéenne; ce qu'on trouve chez les Çabiens, ce sont plutôt les ruines de l'ancienne religion araméenne du pays, mêlées de quelques éléments babyloniens. Que les Harranites aient emprunté aux Chaldéens leur système planétaire (ce que d'ailleurs tant de peuples ont fait comme eux), qu'ils en aient adoré les dieux éponymes, même qu'ils aient conservé à la majeure partie de ces dieux leurs noms chaldéens, tout cela n'a rien d'étonnant. Pendant plusieurs siècles, la province dont Harrân fut la capitale, constitua une partie intégrante de l'empire assyrien. Il semble même que la ville ait été en quelque sorte une ville sainte pour les grands rois de Ninive et Calach, car c'est là qu'ils consacraient une foule d'offrandes aux dieux de l'Assyrie et à ceux du pays. Ce qui est bien autrement étonnant, c'est que les traces de l'influence chaldéenne ou assyrienne soient si insignifiantes dans la religion des Syriens de la Mésopotamie, les plus proches voisins des fils d'Asour.

LIVRE TROISIÈME

LA RELIGION DES PHÉNICIENS
ET CELLE DES ISRAÉLITES

> « En ces jours mêmes et dans ce même temps, dit Yahveh, les fils d'Israël reviendront, et avec eux les fils de Juda ; ils marcheront en pleurant et ils chercheront Yahveh, leur dieu. »
> (JÉRÉMIE, L. 4.)

INTRODUCTION

Au moins autant que les grandes nations guerrières qui ont fondé de puissants empires et fait peser sur le monde le poids de leur domination, les petits peuples ont leur importance et leur mission dans l'histoire. Ils comptent peu dans le temps même où ils fleurissent. Ils ne sauraient développer d'une manière complète toutes les aptitudes, réaliser tous les côtés multiples et divers de la vie humaine. A le tenter, ils courent risque de dépasser la mesure de leurs forces, et de n'arriver qu'à une pâle imitation de leurs puissants rivaux, heureux s'ils ne compromettent pas et ne perdent pas à ce jeu leur indépendance. Même sur le terrain des sciences, des arts, de l'industrie, de la civilisation, les peuples nombreux sont seuls capables d'embrasser dans leur complexe ensemble toutes les branches de l'activité humaine. Un état de troisième ou de quatrième ordre possède rarement assez d'hommes supérieurs pour exceller simultanément en tout. Les petits peuples tirent, en général, leur valeur d'une aptitude et d'une vocation spéciales. Mais la culture persévérante et assidue d'un don particulier, la concentration de leurs préoccupations et de leurs forces sur un seul objet, leur assignent quelquefois une place éminente entre les nations et un rôle de premier ordre dans le développement de la civilisation, surtout au point de vue religieux et moral.

Peu de peuples sont des exemples plus frappants de cette vérité que ceux dont la suite de cette histoire nous appelle à nous occuper : les Phéniciens et les Israélites. Pendant plus de la moitié de leur existence, ils furent assujettis aux puissantes monarchies des Assyriens et des Perses, dont alors leur pays comptait au nombre des moindres provinces. Et pourtant, l'un et l'autre ont, dans l'histoire de la civilisation et de la religion, un rôle bien plus grand que leurs dominateurs. Le fait est généralement reconnu en ce qui concerne les Israélites. Leur développement religieux a de beaucoup dépassé celui de tous les peuples de la famille dont ils font partie. Si l'on peut citer dans l'antiquité d'autres religions, par exemple le Pârsisme, qui aient résisté victorieusement aux plus terribles catastrophes, survécu même aux peuples qui les professaient, ce sera l'éternel honneur de celle d'Israël d'avoir donné naissance à deux des grandes religions des temps modernes : le christianisme et l'islamisme, tandis que la troisième (le bouddhisme), bien que née au sein d'un peuple aryen, n'a pu s'implanter et subsister que parmi des peuples non-aryens et non-sémitiques, tels que les Chinois, les Birmans, les Thibétains, les Mongols, les Japonais et les Malais.

C'est là la supériorité d'Israël, au moins dans l'antiquité. Et pourtant la race sémitique ne fut pas moins bien douée que toute autre race. Elle ne se montré inférieure que par le degré de développement auquel elle est parvenue, et encore uniquement par rapport à des peuples qui l'ont suivie dans l'histoire et lui ont emprunté les éléments de leur civilisation. Après les Chamites, avant les Aryas, les peuples mésopotamiens ont tenu pendant une importante période le sceptre de la civilisation (1). Les aptitudes et le caractère natif de la race n'expliquent pas non plus l'importance exceptionnelle prise par le développement religieux dans l'histoire d'Israël, car nous ne voyons pas, pour religieuse qu'ait été la race mésopotamienne, que la religion tienne dans la vie des autres peuples de cette race une place plus grande que dans celle des peuples de races différentes, des peuples aryens, par exemple.

(1) Il est indispensable de réviser la théorie trop absolue de la distinction des races humaines et de la compléter par celle du développement. Si la première s'est prêtée à l'explication d'importants phénomènes, il est de plus en plus manifeste qu'elle ne saurait suffire à tout expliquer, et que, en fin de compte, la chose la plus importante est le développement. En règle générale, tout développement postérieur dépasse celui qui le précède, et par conséquent, tout peuple qui, favorisé par les circonstances, a fleuri avant un autre ne saurait, précisément pour cela, atteindre au même point où pourra s'élever ce dernier. Ce n'est pas ici le lieu de développer plus amplement ces idées.

Il ne faut pas davantage chercher cette explication dans les aptitudes spéciales des Israélites. Ces aptitudes ne furent ni moindres ni moins diverses que celles de tous les peuples de la même famille. Dans le temps de leur existence comme nation, ils n'ont guère appliqué leurs facultés qu'aux choses religieuses, ou plutôt leurs grands hommes, sans le concours de la grande majorité de leurs compatriotes, et même au prix d'une lutte incessante contre une ardente opposition, ont voué leur vie et consacré toutes leurs forces au progrès religieux. Mais lorsque le peuple eut accompli sa mission religieuse, les Juifs ont montré qu'il n'était pas de tâche dans la vie humaine à laquelle ils ne fussent aussi propres que les autres hommes. Répandus parmi toutes les nations, et lorsque le joug qui si longtemps a pesé sur eux fut un peu allégé, ils s'adonnèrent au commerce, cultivèrent les lettres, les sciences, les arts, même les arts plastiques, et quelquefois y excellèrent. Ces facultés ont sommeillé pendant des siècles, ou pour parler plus exactement, pendant des siècles elles ont été absorbées, monopolisées par la vie religieuse. Et pouvait-il en être autrement chez un peuple en qui la conscience nationale avait été éveillée par un réformateur religieux, qui devait à la religion son indépendance et son existence comme nation, et dont toute l'histoire, à l'exception de quelques courtes périodes pendant lesquelles, précisément, son développement religieux fut suspendu, n'a été qu'un long martyre?

L'importance historique des Phéniciens ne le cède guère à celle des Israélites, mais leur rôle fut bien différent. Ceux-ci ont tiré les extrêmes conséquences de l'idée théocratique commune à tous les peuples mésopotamiens; les Phéniciens ont été dans le monde occidental les propagateurs, les apôtres de l'ancienne civilisation mésopotamienne. On a peut-être quelque peu exagéré les services rendus par les uns et par les autres. On a oublié que si la religion d'Israël fut la meilleure et la plus haute des religions de l'antiquité, elle ne s'élève pas d'une grandeur solitaire, comme un mont isolé, et ne tenant à rien au milieu d'une plaine; que plusieurs des traits caractéristiques qui la distinguent des religions aryennes et qui, jusqu'aux récentes études sur l'histoire des religions, étaient regardés comme lui étant exclusivement propres, se retrouvent dans les religions des peuples voisins, des Phéniciens ou des Moabites, et même des Assyriens : en un mot, que le Yahvisme n'est que le fruit parvenu à sa maturité d'un arbre préexistant, le dernier terme d'un développement bien des fois séculaire, auquel ont concouru tous les peuples mésopotamiens, et même les Égyptiens. Le christianisme, qui a reçu les conceptions religieuses de l'Orient par l'intermédiaire d'Israël, ne lui en a pas seulement attribué la plus haute expression, mais bien la possession exclusive, parce qu'il ne connaissait pas les autres peuples qui les avaient possédées. De même pour les Phéniciens. On leur a attribué, à la suite des Grecs, l'invention des arts qu'ils ont enseignés à ces derniers, et par eux, à l'Europe entière, sans soupçonner qu'eux-mêmes les avaient appris et reçus. Movers, dont les études ont jeté une si vive lumière sur les antiquités phéniciennes, et qui n'est certes pas disposé à sacrifier la moindre partie des droits d'un peuple qu'il connut mieux que personne, est d'avis que l'industrie des Phéniciens ne fut ni aussi étendue ni aussi originale qu'on le croit communément et qu'ils l'ont eux-mêmes prétendu. Quelle qu'ait été l'habileté incontestable des ouvriers de Sidon, et surtout de Byblos, l'architecture des Phéniciens ne fut, au point de vue de l'art, ni très remarquable, ni originale. On a révoqué en doute que l'invention de l'alphabet, qui leur est généralement attribuée, leur appartienne en propre. Il n'y aurait rien d'impossible à ce qu'ils l'eussent reçu des Chaldéens. Tout cela ne les empêche pas de s'être fait une très grande place dans l'histoire du monde. Ils furent le plus grand peuple commerçant avant l'ère chrétienne, les intermédiaires, on pourrait dire les courtiers, entre les civilisations orientale et occidentale, jusqu'à un certain degré les éducateurs de la Grèce, et par elle de l'Europe. Ce serait méconnaître complètement les dons spéciaux des Grecs que de soutenir, comme on l'a fait récemment, que la civilisation grecque a été purement sémitique ; mais au fond de cette assertion excessive, il y a une incontestable vérité. Sans doute, pas plus que les Portugais, les Hollandais, les Anglais dans les temps modernes, les Phéniciens n'ont autrefois armé leurs vaisseaux et affronté les dangers des mers inconnues dans un but désintéressé et purement philanthropique. Mais partout où ils abordaient, ils portaient les principes de leur civilisation, surtout de leur religion, et s'appliquaient à les répandre. Et ils ne l'ont pas fait d'une manière inconsciente. Leur premier but était le gain, mais le mythe de Melqart, confondu par les Grecs avec celui de leur Héraclès, témoigne qu'ils avaient pleinement conscience de la valeur de leur civilisation. Leur premier soin, en formant un établissement nouveau, était d'élever un ou plusieurs sanctuaires de leur culte, lesquels ne tardaient pas à devenir des centres et des foyers de vie religieuse, même pour les anciens habitants du pays. Il est impossible de comprendre certains mythes grecs, si l'on ne connaît pas la religion des Phéniciens. On peut même dire que le commerce des Phéniciens de la Palestine a frayé les voies en Occident à la diffusion d'abord du judaïsme, ensuite du christianisme (1), grâce à la disposition de l'esprit grec à s'assimiler leur religion.

(1) Movers, *Phœn. Alterthum* III, 1, 2. Comparer la description complète de l'extension de la civilisation et de la religion due au commerce des Phéniciens, dans les pages 1-9 de l'ouvrage.

CHAPITRE I

ORIGINE DES PHÉNICIENS ET RAPPORT ETHNIQUE ENTRE EUX
ET LES ISRAÉLITES

Il est de la plus haute importance, pour une saine intelligence de l'histoire de la religion des Phéniciens, de résoudre la question fort complexe de leur parenté ou de leur indépendance ethnique par rapport aux Israélites. Des ressemblances, des concordances nombreuses et graves plaident pour la première hypothèse. En premier lieu, l'identité de la langue, caractère de la plus haute valeur dans la détermination des origines. Les auteurs les plus compétents s'accordent à reconnaître aujourd'hui qu'entre les idiômes phénicien et hébraïque il n'y a pas de différence appréciable : ce sont deux dialectes de la même langue. Le sentiment national était également profond et puissant chez les deux peuples, et l'histoire renferme peu de plus belles pages que celles qui racontent l'héroïsme et la persévérance avec lesquels tous deux surent défendre leur indépendance contre des ennemis bien supérieurs en force. Tous deux se distinguent par le sacrifice, l'abnégation pour le bien de l'état, un puissant attachement aux anciens usages religieux, un grand intérêt pour la religion et la théologie, le renoncement personnel apporté dans le service de la divinité, la fidélité constante des colons et des émigrants à la mère-patrie. La ressemblance se poursuit jusque dans les aptitudes qui se retrouvent dans les autres peuples de la même famille, et qui semblent manquer aux

Phéniciens et aux Israélites, ou n'existent chez eux qu'à un degré tout à fait inférieur. Les Phéniciens l'emportèrent sur les Israélites dans l'art de bâtir, et les derniers, pour la construction de leurs monuments, durent faire appel aux architectes et aux ouvriers de Tyr et de Sidon ; mais ce sentiment élevé de l'art, poussé si loin par les Égyptiens et même par les Assyriens, auquel les Arabes devaient se montrer plus tard si ouverts, leur fut toujours étranger. La ressemblance est surtout sensible entre les Phéniciens et les Juifs des âges postérieurs. L'ancien Israël ne fut pas un peuple commerçant ; la nature de son pays le rendit essentiellement agricole. Mais depuis que les Juifs ont été forcés par les circonstances de se vouer pendant des siècles presque exclusivement au commerce, ils y ont déployé une grande aptitude et y ont montré le même caractère que les anciens Phéniciens. On s'est souvent étonné de la persistance de la nationalité et de la religion juives depuis la dispersion des Juifs dans toutes les parties du monde. De même, les Phéniciens, répandus un peu partout dans l'antiquité, formant surtout des colonies nombreuses à Memphis, à Sichem, à Jérusalem, restaient Phéniciens, avaient leurs quartiers spéciaux, et, sans s'inquiéter de ce qui se passait autour d'eux, vaquaient à leurs propres affaires. Ces mœurs, que la Bible appelle « la manière des Sidoniens », sont devenues la manière des Juifs. Si ces traits de caractère ne s'accusèrent pas chez les Israélites formant un corps de nation en Palestine, cela a bien plus tenu aux circonstances extérieures et aux occupations auxquelles elles appelaient les anciens Israélites à s'adonner, qu'à une différence de nature et de tempérament. Nous verrons bientôt que les analogies ne furent pas moindres entre les religions des deux peuples.

On objectera la résistance énergique opposée par les Israélites au culte de Baal. Mais Baal et Ashéra n'étaient point des divinités proprement phéniciennes ; les Phéniciens et les Israélites empruntèrent ce culte à la religion des Cananéens, anciens habitants du pays. Ce ne fut, en outre, qu'à partir du règne de Josias que même le culte d'Astarté, déesse sidonienne, fut estimé inconciliable avec celui de Yahveh. Lorsque la lutte s'engagea, ce ne furent pas seulement les dieux phéniciens, mais aussi ceux des Moabites, des Ammonites et des autres peuples cananéens qui furent proscrits. On ne songera pourtant pas à contester, au nom de cet antagonisme, que ces peuples fussent de la même race qu'Israël. Moins significatif encore est le fait que les Phéniciens et les Israélites n'avaient nulle conscience de leur commune origine. Rien de plus fréquent qu'un tel oubli chez des peuples dont la séparation remonte à des temps reculés et antérieurs à la constitution de leur nationalité et à la formation de leurs traditions nationales.

La Genèse (Ch. X) fait descendre les Hébreux d'Héber, fils de Sem, et les Phéniciens de Canaan, fils de Cham. C'est maintenant un point acquis que les Phéniciens appartenaient à ce qu'on est convenu d'appeler la race sémitique et non aux Chamites.

Les Phéniciens, d'après Hérodote et Strabon, se prétendaient eux-mêmes originaires des bords de la mer Erythrée, du golfe Persique. Ce renseignement n'est pas inconciliable avec la tradition rapportée dans Sanchoniathon, relative à l'invention des arts et à la naissance des dieux dans telle ou telle localité de la Phénicie, même alors qu'on pourrait attacher une plus grande valeur aux assertions de cet auteur douteux. C'est assez l'habitude des peuples de placer le théâtre de leurs mythes dans le pays qu'ils habitent, et ce caractère local des traditions se retrouve même chez ceux qu'on sait de science certaine être venus d'autres contrées, voire d'autres parties du monde. Le nom de Cananéens que se donnent les Phéniciens et qu'à une époque très postérieure on trouve encore en honneur à Carthage, ne prouve pas non plus qu'ils ne soient pas venus en Palestine du sud-est de l'Asie. Leur nom propre et original a dû sans doute être conservé dans le grec Phœnix et dans le latin Pœnus ou Punus. En outre, leur langue se rapproche beaucoup de celle du sud de la Mésopotamie. Quant à leur religion, elle répand peu de jour sur la question. Les noms d'El et de Baal se rencontrent également au sud et au nord du pays, leur déesse Tanit pourrait être d'origine babylonienne, mais fut aussi adorée en Egypte ; Ashtoret n'est autre que l'Istar des Assyriens. En somme, l'assertion d'Hérodote n'est pas au fond aussi invraisemblable qu'elle le paraît au premier abord, mais elle n'est rien moins que démontrée. Alors même que nous la devrions tenir pour certaine, alors qu'il serait établi que les Phéniciens sont venus du sud-est, tandis que les traditions des Israélites les font venir du nord-est, les concordances que nous avons constatées dans la langue, les mœurs, le caractère national, nous forceraient encore à admettre une étroite parenté entre les deux peuples.

La question, d'ailleurs, est de savoir si la tradition des Israélites renferme bien ce qu'on en a communément tiré. Rien de moins certain que la situation d'Our-Kasdim, et si Kasdim désigne, en effet, les Chaldéens, n'oublions pas qu'au moment où la tradition a été fixée, les Chaldéens habitaient le sud de la Mésopotamie. La tradition primitive, recueillie par l'auteur yahviste, indique Harrân comme la patrie d'Abraham. C'est à une date postérieure qu'Our-Kasdim a été désigné comme son pays natal. De récentes découvertes ont démontré qu'Our-Kasdim était situé dans le sud, dans la Chaldée proprement dite, à l'endroit aujourd'hui appelé Mugheir. Et puis cette tradition renferme-t-elle au fond autre chose que des mythes transformés en histoire, et qui rapportent en grande partie à des personnages légendaires les souvenirs de la sortie d'Égypte et de l'établissement du peuple dans le pays de Canaan?

Jacob, qui reçut le nom d'Israël au-delà du Jourdain, lorsqu'il se préparait à entrer dans le pays de Canaan, est proprement le patriarche ou l'ancêtre de cette partie du peuple qui plus tard porta plus spécialement le nom d'Israël, et il n'a pu recevoir le nom de Jacob-Israël qu'après la réunion de toute la nation, y compris Juda et Siméon (et peut-être Lévi), sous un seul gouvernement. Que signifient l'établissement de Jacob à Beershéba, sa tentative de dépouiller son frère Esaü ou Edom de son droit d'aînesse, sa fuite à Harrân chez son oncle Laban, son retour après un séjour prolongé, en passant par Mahanaïm, Pnuël, Sukkoth, et son passage du Jourdain pour s'établir à Sichem et à Béthel? Cet itinéraire est à peu près celui que, d'après les Nombres, suivirent les Israélites sous la conduite de Moïse, après que le passage leur eut été refusé par les Édomites. Ce refus ne serait-il pas le fond historique de l'histoire traditionnelle du droit d'aînesse, et les Édomites ne craignirent-ils pas que la demande des ambassadeurs de Moïse ne cachât une ruse pour leur ravir leur droit d'aînesse, c'est-à-dire le pays qu'ils occupaient en vertu d'une longue occupation antérieure ? Jacob est fils d'un père hébreu, Isac et d'une mère araméenne, Rébecca. Cela indique que le peuple d'Israël se composait d'Hébreux qui après avoir vainement essayé de s'établir dans le pays de Canaan, avaient dû émigrer au-delà du Jourdain, et d'Araméens qui s'étaient joints à eux. Le nom honorifique d'Israël (El combat) ne fut pris par le peuple que lorsqu'il eut franchi le Jourdain en combattant victorieusement. Les douze tribus, dont une partie ne reçurent leurs noms que dans le pays de Canaan, lorsque Jacob-Israël fut devenu un des trois ancêtres traditionnels du peuple, furent alors représentées comme ses fils. Il n'y a cependant rien d'impossible à ce que les Hébreux et les peuples alliés qui marchaient avec eux aient formé auparavant une confédération de douze tribus portant d'autres noms. Il est aussi possible que Jacob-Israël, en qui le peuple se personnifia, ait été primitivement un dieu, et le dieu solaire de l'année, devant par conséquent avoir douze fils.

Les noms des autres ancêtres du peuple paraissent aussi avoir été à l'origine des noms de dieux, ou tout au moins des noms mythiques, et tous appartiennent aux traditions religieuses de la Palestine. Isac (Yiçhaq ou Yishaq — le danseur, le rieur) fut une divinité locale de Béersherba, localité à laquelle se rapportent tant de souvenirs de l'histoire traditionnelle d'Isac. Hébron, anciennement Qiryat-Arbà, la ville des quatre régions du ciel, est la résidence d'Abram, le père élevé, et de Saraï, la princesse, la reine, dans lesquels on trouve une réminiscence du dieu céleste et de son épouse, la reine du ciel. Abram est père d'Isac : l'antique dieu du ciel nocturne et son épouse, la lune reine du ciel, sont les parents du jeune dieu solaire, du dieu du ciel riant et lumineux, qui a pour compagne la terre féconde, Rébecca (Ribqa, — engrais, graisse). Les deux mythes se confondent dans une même histoire. Le récit du sacrifice d'Abram voulant immoler Isac, dont les traditions phéniciennes nous offrent le pendant, est aussi un emprunt à l'ancienne mythologie. Il représente l'ascendant que prit dans la tradition d'Israël la personne d'Abram qui, peu à peu, rejeta dans l'ombre celle d'Isac. D'où qu'il soit venu, il est certain que le peuple d'Israël n'a pas toujours habité le pays de Canaan. Les Moabites, les

Ammonites, les Amorrhéens, les Hétites, les Édomites, les Israélites, les Ismaélites, les Phéniciens, sans parler d'autres tribus moins importantes, firent la conquête de ce pays sur une population sinon autochtone, du moins qui y vivait dans des temps très reculés. Les Phéniciens s'emparèrent les premiers de la côte de la Méditerranée. Les Moabites et les Ammonites s'établirent à l'est du Jourdain, ensuite les Philistins s'emparèrent de la région maritime méridionale. Les derniers, les Judéens vinrent peupler les montagnes du sud, les Israélites une partie de la plaine trans et cis-jordanique et les montagnes du nord. Ils trouvèrent à l'ouest du Jourdain une population divisée en une multitude de tribus et de petits royaumes, mais de même race et ayant les mêmes mœurs, qu'ils nommèrent Cananéens, — les hommes du bas pays, nom qu'adoptèrent les Phéniciens eux-mêmes. Ces peuples étaient non-seulement de la même race, mais encore de la même famille que leurs conquérants ; mais ces derniers s'étaient déjà élevés à un degré supérieur de développement religieux. Les principaux dieux nationaux des Phéniciens, des Israélites, des Moabites et, vraisemblablement aussi, ceux des Philistins et des Édomites, voire même des Amorrhéens étaient tous de même nature, divinités sévères, puissantes et redoutées. Au contraire, les dieux des Cananéens étaient, comme le dieu riant de Béershéba, des divinités bienfaisantes, bienveillantes, donnant la fertilité et l'abondance ; leur culte était sensuel et voluptueux. La religion des conquérants entra, sur beaucoup de points, en lutte avec cette antique religion nationale, qui se rapprochait beaucoup de la religion primitive des Babyloniens. Chez les Philistins, il n'y eut pas lutte ou la lutte fut très courte, le dieu national des conquérants, Marna, s'effaça et n'occupa plus qu'un rang très secondaire à côté des divinités locales Dagon, Baal-Zébub, Tamar, Atergatis. Les Phéniciens adoptèrent d'abord aussi les dieux locaux, mais graduellement ceux d'origine phénicienne reprirent le premier rang. Les Moabites unirent l'adoration du dieu local, Baal-Pé'or à celle de leur dieu national Kámosh. Les Israélites aussi partagèrent leurs hommages entre Yahveh et les dieux des Cananéens, mais chez eux la lutte fut plus longue et, finalement, la victoire de Yahveh fut complète. Non-seulement la religion d'Israël finit par se purifier de tous les emprunts qu'elle avait faits aux cultes voluptueux de Canaan, mais encore elle eut un riche développement propre qui, d'un culte de la nature, tel que le furent à l'origine toutes les religions, fit sortir une adoration spiritualiste et morale.

Nous aurons d'abord à démêler les éléments divers confondus dans la religion des Phéniciens et à montrer comment, de cananéenne-phénicienne qu'elle fut d'abord, cette religion devint peu à peu phénicienne-cananéenne. Chez les Israélites, nous verrons la religion nationale commencer par se confondre avec celle des Cananéens, puis entrer en lutte avec elle et en triompher, et enfin devenir, dans une dernière et violente lutte avec un culte qui s'en rapprochait beaucoup plus que les anciens cultes de Canaan, celui de Mélek ou Moloch, la plus haute et la plus pure de l'antiquité. De nombreux travaux de premier ordre existent déjà sur cette partie de l'histoire des religions. On chercherait inutilement ici ce qu'on peut trouver ailleurs. A quoi bon redire ce qui a été dit et bien dit, refaire ce qui a été fait et bien fait? Le principal but de cet ouvrage est de déterminer le caractère propre de chaque religion mésopotamienne et de les comparer entre elles.

CHAPITRE II

SOURCES POUR L'ÉTUDE DE LA RELIGION DES PHÉNICIENS
SES ÉLÉMENTS CONSTITUTIFS
SON DÉVELOPPEMENT HISTORIQUE PROBABLE

Comme les Babyloniens et d'autres peuples de l'antiquité, les Phéniciens se glorifiaient de posséder des livres religieux très anciens, écrits ou tout au moins inspirés par les dieux mêmes. Quelle qu'ait pu être la richesse de cette littérature sacrée, il n'en a rien subsisté. Nous n'avons plus aujourd'hui que les renseignements renfermés dans les classiques et les fragments dits de Sanchoniathon.

Dans le cours de ces dernières années, le trésor des inscriptions phéniciennes et araméennes s'est considérablement accru, et, depuis Hamaker, leur explication a fait bien des progrès. On en a retrouvé partout où s'est répandue la civilisation phénicienne. La moisson la plus considérable a été fournie par l'île de Chypre et par les pays sur lesquels s'est le plus longtemps maintenue la domination de Carthage. Le nombre des inscriptions recueillies en Phénicie est relativement peu considérable (1). Du moins la mère patrie a-t-elle fourni le monument le plus important, le sarcophage du roi Eshmounazar. Mentionnons encore la Sicile et la remarquable inscription d'Eryx, la Sardaigne, Marseille, où l'on a trouvé la célèbre table des sacrifices, bien

(1) Les découvertes intéressantes de M. Renan l'ont pourtant sensiblement accru.

plus complète que celle de Carthage, la Mésopotamie avec ses sceaux et ses gemmes gravées, l'Égypte et ses graffiti. Quelques lumières que ces inscriptions aient déjà données et qu'elles promettent encore, on ne peut les utiliser qu'avec la plus grande réserve, car il s'en faut que l'accord soit fait entre les savants les plus compétents, sur la manière de lire et d'interpréter les inscriptions phéniciennes (1).

Les fragments de Sanchoniathon se composent d'un certain nombre de théogonies et de cosmogonies citées par Porphyre et par Eusèbe, dans un but polémique, et qu'ils ont puisées dans un ou plusieurs ouvrages du philosophe phénicien Philon Herennius ou Philon de Byblos. Grâce à la négligence des Grecs et au fanatisme des chrétiens d'Orient, les œuvres de ce philosophe, renfermant entre autres une histoire de la Phénicie, sont aujourd'hui perdues. D'autant plus précieuses doivent en être pour nous les parties ayant échappé au naufrage. Mais quelle valeur ont ces fragments comme sources pour l'étude de la religion phénicienne ?

Philon lui-même était phénicien. Les cosmogonies concordent d'une manière générale avec la doctrine phénicienne de l'origine du monde que Damascius attribue aux Phéniciens. Mais ce philosophe vivait sous l'empereur Adrien, au deuxième siècle de l'ère chrétienne. Il a écrit à une époque où depuis longtemps les anciennes religions avaient commencé à se confondre et à s'amalgamer. Cependant, d'après son propre aveu, son livre n'était pas une œuvre originale. Il ne la donne que comme une traduction plus ou moins libre d'un recueil composé à une époque très ancienne, et dans lequel les cosmogonies servaient d'introduction à une histoire nationale. Movers n'a voulu voir dans Sanchoniathon qu'un personnage mythique, dont le nom signifierait *sainte loi* (San-chon-yat). Le nom, pourtant, « Sakoun-

(1) Ainsi, une inscription de l'île de Chypre est lue dans une traduction : « A Bat-Menat. — L'esprit se dissipe comme un nuage. Il repose maintenant comme un aimable monument ; » dans une autre : « N. N. (noms de villes inconnues) l'an I, le mois Abad (Abadcha) Chaka (ou Channo) le tisserand a élevé ce monument. » Une autre signifierait : « Monument d'Eshmoun. Après la pluie paraît le soleil ; » ou bien : « Monument élevé à Achab, fils de N. N. » Ce sont là, à la vérité, des cas extrêmes et exceptionnels ; ils n'en attestent pas moins quels progrès ont encore besoin de faire le déchiffrement et l'interprétation des inscriptions phéniciennes.

yitten; » *le dieu Sakoun a donné*, est un nom phénicien qui n'a rien de mythique ni de symbolique. La sincérité des assertions de Philon est d'ailleurs confirmée par le caractère de son livre, car il reproduit des doctrines qui certainement n'étaient pas les croyances populaires de l'époque où ce livre a été écrit. Son but était de démontrer, à la manière d'Evhémère, que les doctrines religieuses ne sont que de l'histoire dénaturée, et que les Grecs ont emprunté aux Phéniciens leurs principaux dieux et leurs principales théogonies. Dans ce but, il fait un usage très libre de ses sources, mais celles-ci se reconnaissent et se distinguent assez sûrement de ses commentaires (1).

Les fragments renferment une introduction à l'histoire de la Phénicie, introduction analogue à celle que l'on rencontre dans les annales de la plupart des peuples anciens, et dont les matériaux sont empruntés à la mythologie et au dogme. A ce point de vue, quoiqu'ils ne puissent prendre rang à côté des premiers chapitres de la Genèse, ils présentent avec le contenu de ces chapitres de nombreuses analogies. Ils renferment un récit de la formation du monde et l'histoire de l'origine et des premières destinées de l'humanité, telles que les ont conçues les théologiens phéniciens d'une époque relativement récente. C'est assez dire qu'il s'y trouve des traditions et des légendes fort disparates, de provenances diverses, et qu'il ne faut pas y voir des documents purement et authentiquement phéniciens. Ces traditions et ces légendes reproduisent les vieux mythes à l'aide desquels les Phéniciens, comme tous les peuples anciens qui ont une histoire, ont comblé l'énorme vide des temps préhistoriques. Tous les efforts pour y découvrir des cosmogonies originales et déterminer les localités où elles se seraient formées, ont d'ailleurs échoué (2).

(1) Quelques années après que ces pages furent écrites, M. le comte Baudissin, professeur à Strasbourg, a publié une critique remarquable *sur la valeur pour l'histoire des religions des « Phœnikika » de Sanchoniathon*, dans le premier fascicule de ses *Studien zur semitischen Religionsgeschichte*. Leipsic, 1876. Le savant allemand est beaucoup plus sceptique en ce qui concerne l'authenticité des documents en question que moi-même je n'ai cru devoir l'être. Je prie le lecteur de comparer les résultats auxquels est arrivé M. Baudissin avec les opinions émises dans le texte.

(2) Ewald. Bunsen en compte 3 ; Renan, 8.

On a voulu faire remonter l'existence de Sanchoniathon jusqu'à l'époque de Salomon, et on l'a fait descendre jusqu'à l'ère des Séleucides. Les vraisemblances nous paraissent plutôt fixer la composition de l'ouvrage vers la fin de la domination persane. Un même sentiment, un patriotisme exalté par les malheurs des temps, a sans doute inspiré l'ouvrage original et la réédition de Philon. Ce dernier voulut venger le passé de son pays des dédains de la civilisation grecque. Sanchoniathon prétendit établir la supériorité du caractère national phénicien sur celui des Grecs, entreprise qui se comprend le mieux pendant la période macédonienne de la lutte entre la Grèce et la Perse, alors que la Grèce menaçait de plus en plus l'Orient, et qui aurait perdu beaucoup de son opportunité lorsque les armées d'Alexandre eurent anéanti le vieil empire dans lequel la Phénicie tenait encore un rang honorable et jouissait de la mesure d'indépendance et d'autonomie que la domination persane laissa toujours aux anciens états devenus des provinces.

Rien de moins historique assurément que les fables que Sanchoniathon, ou tout au moins Philon, nous donne pour de l'histoire. A peine peut-on espérer y retrouver quelques traces de l'ancienne histoire religieuse du pays. Elles ne nous apprennent, à proprement parler, que la manière dont un philosophe d'une époque où déjà la religion phénicienne était en pleine décadence, se représentait l'origine du monde, du genre humain et du peuple auquel il appartenait. En outre, l'auteur était un philosophe, ou plutôt un théosophe, et il s'en faut que ses idées soient l'expression des croyances populaires. Sa première description de la formation de l'univers offre de grandes analogies avec le premier, c'est-à-dire le plus récent, des deux récits de la création de la Genèse. La rédaction des deux récits doit remonter à peu près à la même époque. On retrouve dans le document phénicien l'expression *bohou* pour désigner le chaos, l'obscurité qui repose sur ce chaos, l'esprit (*rouach*) qui plane sur elle. Les deux conceptions ont été puisées à la même source et sont des transformations du même mythe. Néanmoins, elles diffèrent du tout au tout. Tandis que le prêtre hébreu représente la création comme l'œuvre d'un Dieu personnel qui appelle toutes choses à l'existence par la puissance de sa parole, d'après le philosophe phénicien l'esprit crée sous l'impulsion d'un désir inconscient, de sorte que le *désir* est le principe de tout ce qui est. On retrouve chez lui la mention de l'œuf du monde, commune à presque toutes les anciennes mythologies, et que passe sous silence l'auteur de la Genèse. Après la naissance du monde, Sanchoniathon rapporte de la même manière naturiste l'apparition de la vie sur la terre. Ensuite, il entre dans l'histoire proprement dite de la Phénicie et du pays de Canaan, rétrécissant de plus en plus son cercle. C'est aussi, on le sait, la marche suivie par les premiers chapitres de la Genèse. Il retrace successivement l'histoire des géants, adorateurs du soleil, qui furent les premiers habitants de Canaan, puis des deux rameaux de la même race dont se composait encore de son temps la population de la Phénicie, les Sidoniens comprenant les Syriens et tous les habitants du sud, et les Giblétains représentant tous ceux du nord, où l'élément cananéen prédominait, et qui, bien que Phéniciens, furent toujours distincts des Sidoniens. Enfin viennent les théogonies, en tête desquelles figurent El Elyôn, le Dieu Très-Haut, le principal dieu de toutes les tribus cananéennes, particulièrement adoré à Byblos, et la lutte de ses descendants pour le pouvoir suprême.

Ces traditions renferment plusieurs traits qu'on retrouve dans la Genèse. Les Réphaïm, géants ayant pour pères des dieux et pour mères des habitantes de la terre, le culte du Dieu Très-Haut remontant aux origines mêmes de l'humanité, l'invention des arts et des métiers, tout cela est à peu près identique à ce que nous lisons dans la Genèse. La lutte entre Esaü et Jacob a son pendant dans celle de deux frères Shamînroum (un Sémiramis mâle, dieu du ciel élevé) et Usov. Divers traits de la tradition d'Abram s'y retrouvent également. Ces concordances, au milieu de bien des choses disparates, ne sauraient s'expliquer par des emprunts, elles proviennent uniquement de l'usage d'une source commune, source qui n'est autre que l'ancienne tradition des peuples cananéens, librement reproduite, conformément au génie propre de chaque peuple, par l'auteur israélite et par l'auteur phénicien.

Ces remarques assignent aux fragments leur véritable valeur comme source pour l'étude de la religion phénicienne. Presque tout leur contenu n'est pas, à proprement parler, phénicien, mais cananéen. C'est en vain qu'on y chercherait les matériaux d'une histoire de la religion primitive des Phéniciens. On y trouve tout au plus quelques indications sur ce sujet. Sanchoniathon a construit tout un système reposant sur des traditions de diverses provenances, la plupart antérieures à l'époque phénicienne; ce n'est qu'en passant qu'il parle des dieux vraiment sidoniens. Il ne mentionne pas même le mythe capital de Melqart, l'hercule tyrien, n'assigne qu'un rôle subordonné à Astarté et aux Cabires et passe complètement sous silence Baal-Hammân. Ce qui nous reste de son œuvre est donc une source plus précieuse pour l'étude des mythologies des peuples cananéens, subjugués et conquis par les Phéniciens, que pour celle de ces derniers.

Avec les documents que nous possédons, il est encore impossible d'écrire une histoire de la religion des Phéniciens. Les sources sont trop pauvres. Tout ce qu'on peut faire c'est de déterminer et de caractériser les éléments qui entrèrent dans sa formation et de les classer d'après l'ordre chronologique approximatif dans lequel ils se succédèrent. On peut admettre avec Movers que le nord, représenté par Byblos et Béryte, a le premier joui d'une certaine prépondérance et que, par exemple, la religion dont ces états furent le centre a dominé la première en Phénicie et, la première, a été propagée au loin par les colonies. Le culte de la déesse de la fertilité, mère des dieux, et de son jeune époux, nommé par les Grecs Adonis, y tient la plus grande place. Il est étroitement uni à celui du dieu assimilé par les Grecs à Kronos, lequel, vraisemblablement, appartenait à une autre catégorie d'êtres divins. C'est l'élément cananéo-syrien presque dans toute sa pureté. Ce sera donc de ce cycle de divinités que nous nous occuperons d'abord. Nous ne traiterons des dieux cabires que dans la période suivante, bien qu'ils aient peut-être été déjà adorés dans la première, parce qu'il est certain que ce furent les grands dieux de Sidon. Cette deuxième période fut celle de la grande puissance de Sidon et des Phéniciens du sud. Elle commence au seizième siècle et finit au douzième, probablement à l'époque de la prise et du sac de Sidon par les Philistins. Les principales familles sidoniennes se réfugièrent à Tyr et y reconstituèrent leur pouvoir monarchique et aristocratique. La ville insulaire, en face de l'ancienne Tyr continentale, devint la ville royale et sainte. C'est dans l'île qu'on a retrouvé les ruines des temples les plus célèbres. La religion de Tyr ne diffère pas essentiellement de celle de Sidon. Le culte d'Astarté perdit un peu de son importance. Baal-Melqart de Tyr et Eshmoun de Sidon furent les dieux les plus révérés. Le règne de Hiram I*er*, l'allié de Salomon, fut le point culminant de la gloire et de la puissance de Tyr. Ce fut ce prince qui restaura avec une rare magnificence les temples de son Baal (le Baal tyrien) et plaça dans l'un d'eux cette colonne d'or qui faisait l'admiration des étrangers. La religion de Carthage, fondée au neuvième siècle sur l'emplacement d'une ancienne colonie sidonienne, diffère encore moins de celle de Tyr que celle-ci de celle de Sidon. Il est donc naturel de réunir ces trois formes sous le titre de religion de Sidon, par opposition à celle de Byblos. Il va sans dire que bien des traces du culte voluptueux des Cananéens se retrouvent dans la religion plus austère du sud.

A partir du neuvième siècle, époque où commence la décadence de Tyr, la religion phénicienne n'a plus d'histoire. Elle fleurit à Carthage et décline dans la mère patrie. La civilisation d'Arados, qui succéda à celle de Tyr et de Sidon, peut passer pour exclusivement égyptienne. Le dernier représentant du parti orthodoxe et national phénicien fut le roi de Sidon Eshmounazar, dont le sarcophage est au Louvre. Il s'efforça de ressusciter la religion et les mœurs phéniciennes et d'opposer en Orient une digue à l'invasion de la civilisation grecque, comme Carthage, en Occident, lutta contre la puissance d'expansion des Romains. Déjà il n'était plus temps, et les fils de Japhet s'étendaient dans les tentes de Sem. Eshmounazar descendit au tombeau sans laisser de postérité, véritable type prophétique des destins de son peuple et de sa race, dont il n'avait pu arrêter la décadence.

CHAPITRE III

DES NOMS GÉNÉRAUX DE LA DIVINITÉ CHEZ LES PHÉNICIENS

Bien des erreurs se sont glissées dans les idées traditionnelles et encore persistantes sur les croyances et le culte des Phéniciens. On a encore coutume de dire que les principaux dieux des Cananéens étaient Baal, Molek, El, Adonis, que l'on regarde comme des êtres divins personnels et indépendants au même titre qu'Héraclès, Héphæstos, Kronos, Osiris; puis, que les divinités féminines s'appelaient Baaltis et Astarté (Ashéra). On se représente Baal comme un dieu du soleil ou de la planète Saturne, Molek comme un dieu du feu, El comme le dieu du ciel, Adonis comme un autre dieu solaire. Le culte des premiers, ainsi que celui de El, aurait été généralement répandu. Cependant celui de Molek aurait été moins général. Il serait plus spécialement le dieu redoutable et cruel des Ammonites, dont les Israélites eux-mêmes auraient adopté et suivi pendant un certain temps le culte. Adonis, considéré, à l'exemple des Grecs, comme un nom propre, serait le nom de la divinité souffrante dont le principal temple était à Byblos. Il n'y a pas jusqu'à Astarté, le plus souvent confondue avec Ashéra, et regardée comme une divinité de la terre et de la lune, et à Baaltis, l'Aphrodite voluptueuse de l'Orient, la déesse de la terre féconde, qui ne soient traitées comme des êtres mythiques très déterminés (1).

(1) Movers s'est donné beaucoup de peine pour établir le caractère individuel de Baal. *Rel. der Phœn.* p. 172 et ss. Il dit déjà à la page 169 : « Baal était le dieu

Dans ce système, on n'a pas de peine à expliquer l'union fréquente du nom de Baal avec des noms de villes et de lieux. Les exemples semblables n'abondent-ils pas non-seulement chez les Grecs, mais encore chez les Assyriens, plus proches parents des Phéniciens ? Ainsi, l'Istar de Ninive et celle d'Arbèles. Bien que ce soit toujours le même dieu, Baal, il revêt dans chaque localité quelque trait particulier de caractère et une certaine individualité. Il y aurait donc, en un certain sens, un Baal de Tyr, un de Sidon, etc., comme chez les catholiques de nos jours il y a des madones et des saints de tel ou tel sanctuaire, ayant chacun leur caractère propre et leurs attributions, et qui pourtant sont toujours la même madone ou le même saint. Cependant le nom de Baal ne se rencontre pas seulement uni à des noms géographiques, il l'est aussi à d'autres noms de dieux. Pour quelques-unes de ces combinaisons, on n'a pas éprouvé grand embarras. Baal-Hammân a été traduit Baal le brûlant, Baal-Mélek, le roi Baal.

Mais quelques combinaisons ont été plus rebelles à une interprétation plausible, par exemple Baal-Gad, Shêmesh, Zéboub, Çephôn. Gad était le dieu propice qui se manifestait dans la planète Jupiter, Shêmesh le soleil, Zéboub un autre dieu solaire, le soleil représenté sous la forme d'une mouche armée d'un aiguillon, Çephôn le vent du nord, ou tout au moins un dieu du nord, se rattachant au ciel septentrional ou aux tempêtes souf-

---

suprême commun à tous les peuples syro-phéniciens. » Il combat Münter et Creuzer qui avaient soutenu que le nom de Baal pouvait s'appliquer à tous les dieux, et ramène ce nom à son ancien sens traditionnel. Tous les auteurs postérieurs l'ont suivi dans cette voie. De Vogüé (*Inscriptions Sémitiques*, p. 107 et ss.) et quelques assyriologues soutiennent la même opinion pour El. L'argument de M. de Vogüé est que l'on trouve chez les Syriens les noms propres Hazaël et Benhadad. Or, Hadad étant un dieu particulier, il s'en suit que El doit en être un aussi. Autant vaudrait dire que Theos chez les Grecs et Deva chez les Hindous étaient des dieux spéciaux puisqu'on trouve le nom de Théodore à côté d'Apollodore, celui de Devadatta à côté de Somadatta. Il allègue encore qu'à Palmyre on rencontre El invoqué avec quelques autres dieux. Mais des inscriptions aussi peu anciennes que celles de Palmyre ne peuvent pas être invoquées, quand il s'agit de déterminer le sens primitif des noms des dieux. Il ne fait pas doute qu'à l'époque grecque El n'ait été regardé comme un dieu, entre autres par Philon. On rencontre encore dans la plupart des commentaires, des livres d'histoire et des lexiques bibliques l'opinion traditionnelle pour Molek ou Melek. M. Oort fait honorablement exception dans son *Menschenoffer in Israël*, (*les sacrifices humains chez les Israélites*), p. 58 et ss.

flant du nord ; Baal apparaît donc dans ces différentes locutions comme un titre d'honneur accolé aux noms propres de différentes divinités. Movers croit avoir trouvé la solution de la difficulté dans cette explication un peu confuse que ces combinaisons font ressortir chacune un côté spécial de l'idée générale du dieu Baal, ou le rapport qui existe entre ce dieu et d'autres, qui lui sont subordonnés. Baal, le dieu Très-Haut des Phéniciens, El des Syriens et des Hébreux, nommé plus tard par ces derniers Yahveh, seraient le résidu d'un monothéisme primitif, obscurci et altéré dans la suite des âges par la multiplicité des personnifications divines, mais qui se serait perpétué avec assez de pureté dans l'El-Schaddaï des Hébreux et l'El-Elyôn de Melchisédek (Malkicédeq).

C'est là une idée tout à fait erronée. Tout ce qu'on a dit pour la démontrer se retourne contre elle. Ainsi, l'article qui précède toujours Baal dans l'Ancien Testament. Quand jamais rencontre-t-on le nom d'une divinité déterminée précédé de l'article ? Où pourrait-on lire *le* Mérodach, *le* Nabou, *le* Yahveh ? On estime impossible que Baal, dans l'Ancien Testament, exprime tantôt le Baal de Tyr, que les Grecs confondirent avec Héraklès, tantôt le dieu de la planète Saturne. Et pourquoi ? Les Hébreux ont bien eux-mêmes adoré divers Baal, Baal-Pé'or, le dieu des montagnes des Ammonites, Baal-Berit de Sichem, Baal-Zéboub d'Eqrôn, à qui Ahazia envoya une ambassade, et le Baal indigène du pays de Canaan. Quand ils parlent des Baalim au pluriel, ce n'est pas toujours, tant s'en faut, dans le sens des images de Baal. Les inscriptions, dont on a invoqué le témoignage en faveur de l'idée reçue, tendent plutôt à l'infirmer. Ainsi, la formule si souvent reproduite sur les monuments de Carthage : « A notre Adôn Baal, Baal-Hammân », signifie plutôt : « A notre maître et seigneur, le seigneur Hammân. » Adôn, aussi bien que Baal, est ici un titre d'honneur et non un nom propre. Pour admissible en soi que paraisse l'emploi de « notre » joint au nom d'un dieu spécial, il n'en existe, que nous sachions, aucun exemple. Le nom de Baal ne se lit sur aucune inscription phénicienne comme celui d'une divinité particulière, et ce fait serait décisif, alors même qu'une dernière preuve qu'on allègue serait fondée. Elle est tirée du grand nombre de noms propres de personnes dans la composition desquels entre Baal, comme si les noms génériques *théos* en grec, *deus* en latin, *déva* en sanscrit, *bagha* en persan, n'étaient pas absolument dans le même cas. Baal, seigneur, principalement dans le sens d'époux, est un titre d'honneur que les Phéniciens donnèrent à leurs principaux dieux mâles. Uni à des noms de villes, il a le sens de seigneur ou dieu protecteur de la cité, et s'emploie comme le mot Neb en égyptien, par exemple Neb-Sesennou, surnom de Thot et signifiant le seigneur de la ville d'Ashmounaïn et d'autres qu'on pourrait citer. Il doit se traduire par seigneur ou dieu protecteur de Sidon, de Tyr, de Tarse ou de toute autre ville au nom de laquelle on le trouve joint. Peut-être ne donnait-on ce titre qu'à une catégorie spéciale de dieux. Du moins ne le trouve-t-on jamais joint au nom de quelques-uns des dieux principaux, par exemple à celui d'Eshmoun. Le même fait, dont nous ignorons la cause, se reproduit en Mésopotamie. Une certaine classe d'êtres divins y portent le titre de Bel, nom qui ne se rencontre jamais sur les monuments assyriens et babyloniens sans être accompagné d'un nom spécial de dieu (1), tandis qu'il est des dieux à qui il n'est jamais donné. Il en est de même des Asoura's chez les Indous, des Bagha's et Yazata's chez les Perses, des Theoi ou Daimones chez les Grecs, des Ases et des Vanes chez les Germains : tous ces noms désignent des classes déterminées de dieux. On ne peut cependant encore dire avec certitude quels dieux en Phénicie et dans le pays de Canaan appartenaient, quels n'appartenaient pas à la classe des Baals. Peut-être ce nom ne s'appliquait-il qu'aux dieux célestes, se manifestant dans la lumière, en opposition avec les dieux chtho-

---

(1) On pourrait alléguer que l'Ancien Testament emploie Bel comme le nom d'un dieu particulier sans même le faire précéder de l'article. Mais c'est là plutôt une apparence qu'une réalité. Si on lit (Es. XLVI, 1) : « Bel s'incline, Nebo est renversé », il faut noter que Bel et Nebo sont une seule et même divinité. Le prophète a certainement séparé les deux noms parce qu'il a pris par erreur Bel pour un dieu distinct. De même Jérémie L, 2 : « Bel est humilié, Merodach est anéanti. » Merodach ou Maroudouk n'est autre que Bel. Au ch. LIV, 44, le prophète parle de Bel de Babylone, c'est-à-dire de la dualité Bel-Maroudouk et Bel-Nabou. Mais il ne faut pas oublier qu'ici ce sont des prophètes israélites et monothéistes qui parlent, et que les Babyloniens, bien qu'ils désignassent sous le nom de Bel une classe de dieux, comme les Perses le faisaient par Ahoura, disaient quelquefois simplement Bel pour le Bel suprême, de même que les Perses employaient quelquefois le nom d'Ahoura.

niens et autres, tant dieux du soleil que du feu, des planètes ou du vent (1). Eshmoun, le plus souvent présenté comme un dieu caché, ne pouvait donc pas être désigné sous ce nom. Nous ne pouvons cependant faire sur ce point que des suppositions. Plus tard, lorsque du polythéisme en décomposition se dégagea un certain monothéisme, le nom de Baal fut quelquefois employé pour désigner le Dieu unique, comme El. C'est ainsi que Zarathustra attribua exclusivement le nom d'Ahoura à son Dieu suprême, Ahoura Mazda, l'Ahoura, l'être, ou plutôt le Seigneur, qui sait toutes choses.

Il en est de Mélek, Molek, comme de Baal. Il est toujours aussi employé au singulier dans l'Ancien Testament, avec l'article (2), et on ne le trouve dans les inscriptions phéniciennes qu'uni à un nom particulier de divinité. Il n'était pas non plus donné indistinctement à tous les dieux, mais seulement à une certaine catégorie de dieux, aux rois parmi les dieux. Le dieu Moloch n'existe que dans l'imagination des savants. Milkom, nom donné par les Israélites au dieu des Ammonites, signifie *leur roi*, et n'était peut-être qu'une altération dont on comprend facilement le motif, de Milkon, notre roi, nom qu'on lit dans quelques inscriptions puniques. Peut-être aussi faut-il lire Malkâm, le roi du peuple, en opposition avec Melqart, le roi de la ville, le dieu protecteur de Tyr, dont le dieu des Ammonites aurait été regardé comme le rival. Son nom propre était vraisemblablement Amman ou Ammon (3), nom qui, comme celui d'Asour, aurait été commun au dieu national et à la nation. Il y a lieu de croire que les Ammonites adoraient aussi Kamosh, le dieu des Moabites. Ainsi s'appelle dans l'Ancien Testament le Mélek de Moab, Ninip, celui des Assyriens, quoique ceux-ci ne le nomment jamais *Malik*, qui en assyrien ne signifie que prince, mais

---

(1) Bien que Baal Pè'ôr fût un dieu de montagne, il ne fait pas exception à cette règle. C'était un dieu phallique, et la montagne était regardée comme le phallus du dieu du ciel qui sur ce point s'unissait à la terre pour la féconder.

(2) Lévy, *Études Phéniciennes*, III, 39.

(3) Le roi des Ammonites, appelé Abdoumélik sur les monuments assyriens, est appelé ailleurs Abd-hammon. Talbot, *Gloss.* n° 89. Si Juges XI, 24 ne repose pas sur une erreur, les Ammonites donnaient également à leur Mélek le nom de Kamosh, comme les Moabites.

bien quelquefois Sar, c'est-à-dire roi. Le nom de Melchisédek montre que Çédeq, le juste, un rival cananéen du dieu égyptien Ptah, le seigneur de la justice, appartenait aussi à la classe des Méleks, ou des rois du ciel. Il n'était autre, sans doute, qu'El Elyon, le Dieu Très-Haut. Il s'appelait aussi Adoni-çédeq, portant par conséquent le titre d'Adôn ou seigneur. Les Méleks faisaient tous partie de la classe des Baâlims, et quelques-uns seulement de ces derniers, les plus élevés, formaient celle des Méleks. De même en Égypte, tous les dieux d'un certain rang portaient le titre de Nebs ou seigneurs, et quelques-uns seuls, les plus vénérés, celui de Souten Nouterou « rois des dieux ». Nous ne nous étonnerons pas de voir ces titres donnés seulement aux dieux du pur feu céleste ; ce furent les dernières et les plus hautes conceptions du culte de la nature ; ils méritaient de porter le titre de rois du monde des dieux, ou, ce qui revient au même, de rois du ciel.

Le titre d'Adôn est synonyme de celui de Baal, et était d'un emploi encore plus répandu, soit dans le nord, soit dans le sud de la Phénicie, en Syrie et parmi les Cananéens de la Palestine (1). Les Yahvistes les plus stricts n'hésitèrent même pas à le donner à leur seul Dieu, tandis que jamais ils ne lui donnèrent celui de Baal (2). Appliqué à Yahveh, il s'employait au singulier avec ou sans article, avec ou sans le complément « de

(1) Qu'on songe, par exemple, aux princes cananéens Adoni-Bezeq (Jug. I, 5) et Adoni-Çédeq (Jos. X. 1). Ces deux noms correspondent parfaitement par leur composition à celui du fils de David Adoniyahou (Adoniyah), et comme celui-ci signifie le seigneur Yahveh, ou Yahveh (est) mon seigneur, ils signifient probablement le seigneur Bezeq et le seigneur Çédeq. Bezeq était vraisemblablement un dieu de la foudre et du soleil. Nous avons déjà caractérisé Çédeq, le Sydyk des fragments de Sanchoniathon, comme un dieu analogue à Ptah. Il figure comme nom propre de personne (et les noms des dieux furent souvent dans les temps postérieurs employés comme noms propres, sans aucune addition) dans une inscription néophénicienne, et dans une inscription découverte à Soulcis. Lévy, Phœn. St., II, 83 et 99.

(2) Je parle ici des Yahvistes rigoureux. Des noms tels que Baalyah et Yehobaal montrent que des Yahvistes moins orthodoxes ne craignaient pas de donner à leur dieu le nom de Baal. Comme M. Kuenen l'a fait remarquer avec raison (Tome I, p. 401 et ss.), il ne résulte nullement encore de là que, lorsqu'on parlait des Baals, on y comprît aussi Yahveh. Lorsque Yahveh eut cessé d'être un dieu de la nature pour devenir un dieu spirituel, élevé au-dessus de la nature, on ne put plus lui donner le nom de Baal, bien que, antérieurement, il y eût certainement droit, en tant que dieu du ciel.

toute la terre », et avec le verbe et le nom propre (Yahveh) au singulier. Ce pluriel dont on trouve un autre exemple dans l'emploi du mot Elohim, et plus particulièrement dans la forme Adonê Adonim, seigneur ou plutôt seigneurs des seigneurs, suffirait, au besoin, à attester qu'Adôn n'était pas le nom d'un dieu particulier, et que le dieu de Byblos, nommé par les Grecs Adonis, devait porter un autre nom. Sur les monuments phéniciens le titre d'Adôn, le plus souvent joint à celui de Baal, est donné à différentes divinités.

Le nom de Dieu le plus répandu chez tous les Sémites était El (êl). L'usage en répond complètement à celui de « Dieu », mais son sens propre est « le Fort ». Nous l'avons trouvé sous la forme Il et Ilou à Babylone ; il entrait dans la composition du nom de cette ville, Bab-Ilou, la porte de Dieu. Il était employé même en Assyrie, mais il était surtout répandu dans l'Yémen, la Syrie, le pays de Canaan, l'Arabie et la Phénicie septentrionale (1). Dans la Phénicie méridionale il fut vraisemblablement remplacé par Baal, mais la trace semble en exister dans le nom générique pluriel des dieux, Alonîm (2). Il n'y a pas une seule

---

(1) La quantité de noms propres dans la composition desquels entre El, et que M. Lévy a relevés sur des sceaux araméens, trouvés en Assyrie, est un fait digne de remarque. Lévy, *Ph. St.* II, 29, 31, 32, etc. — On sait dans combien de noms de rois syriens et israélites et d'autres personnes des mêmes nationalités le même mot se rencontre. De Vogüé l'a signalé sur les monuments nabatéens, *Insc. Sém.* passage déjà cité.

(2) M. Schlottmann (*Eshmunazar*, p. 116) dérive le pluriel Alonîm du singulier Elon, et pense que ce dernier est une forme intensive de El, comme Sabbatôn, le grand sabbât, de sabbat. Il repousse avec raison l'opinion d'Ewald, qu'Alonîm ne serait qu'une autre prononciation d'Adonîm. Cette forme intensive des noms des dieux n'était, au reste, pas rare dans le sud du pays de Canaan ; par exemple Shimshôn (de *Shemesh*, le soleil), Dagon (de *dag*, grains, par conséquent le fertile, ou bien de *dag*, poisson). La forme El paraît avoir été peu usitée ou complètement inusitée dans le sud de la Phénicie. On trouve aussi dans le nord des noms composés avec Baal, comme Sibeit-Baal (?) à Byblos et Matanbaal à Arvad, tous deux sur des monuments assyriens. Je ne crois pourtant pas qu'on trouve de noms dans la composition desquels entre El dans aucune inscription sidonienne, provenant de Sidon, de Tyr ou de Carthage. Haniel (Cit. III) se rencontre dans une inscription de Kition ; mais cette ville semble avoir été une colonie de Byblos. Il est très digne de remarque qu'à Laodicée, la ville la plus au sud sur la côte de la Phénicie, Hammon auquel est joint un nombre de fois indéfini le nom de Baal dans les inscriptions puniques, s'appelle El-Ḥammân (Lévy, *Ph. St.* III. 8 et ss) ; preuve nouvelle que Baal n'était pas un nom particulier mais un nom commun, qui pouvait

preuve, que El ou Il ait jamais été le nom d'une divinité particulière. Lorsqu'un certain monothéisme commença à se faire jour, le nom d'El put être de préférence attribué au plus élevé des dieux ou au Dieu unique, mais il ne fut jamais ni le nom d'un dieu particulier, ni celui d'une classe de dieux. Si Baal répond à l'égyptien Neb, Mélek à Souten noutérou, El correspond, sinon par son sens propre, du moins par son emploi à Nouter, Dieu. On trouve une seule fois dans Sanchoniathon, le nom Eloah, si fréquent chez les Israélites, dans la forme plurielle Elohîm, et qui semble être d'origine araméenne. Les compagnons d'El-Kronos sont appelés Elohim. Ce nom n'a pas encore, que nous sachions, été rencontré sur les monuments phéniciens.

Il est plus difficile de constater s'il y a aussi des noms génériques de divinités féminines. Le doute ne semble pas permis en ce qui concerne le nom de Baaltis, Baalit, la Baal féminine, l'épouse ou la dame, comme est souvent sommairement nommée la déesse de Byblos. Ce nom, comme celui de Rabba, Roubat, la grande, était donné à toute une classe de déesses. La chose est moins claire en ce qui concerne les noms d'Astarté ou Ashtoret et d'Ashéra. Cependant, il ne paraît pas que ce fussent des noms de divinités particulières. Ils sont souvent employés au pluriel dans l'Ancien Testament. En particulier, la ville d'Ashtoret-Karnaïm, où l'on adorait Astarté cornue, est aussi appelée Ashtarot, au pluriel. Ce pluriel ne saurait être assimilé à Elohim ou Baalim. En assyrien aussi on trouve mainte fois la mention d'Istarât, ou d'Astartés, ce qui n'est pas une preuve décisive, mais une analogie qui a sa valeur, parce qu'on ne rencontre dans aucune mythologie des noms particuliers employés de cette manière. Nous verrons que le nom d'Astarté était porté par deux divinités différentes et même opposées l'une à l'autre. Ashtoret, de même que Baal, Mélek, Adôn, se rencontre fréquemment sur les monuments phéniciens sans apposition, et par conséquent, dès le temps d'Eshmounazar, était déjà employé comme un nom propre. Soit comme vierge, soit

---

s'échanger avec El. Ainsi le dieu de l'alliance à Sichem s'appelle tantôt Baal-Berit, tantôt El-Berit, Juges VIII, 33, IX, 4, 46, et le fils de David, Baalyada, I Chr. XIV. 7, est appelé Elyada I Chr. III, 8, et II Sam. V, 16.

comme déesse mère, elle est toujours une divinité du ciel, et, comme telle, opposée à Ashéra. Celle-ci, qu'on a souvent confondue avec elle, ne nous paraît pas avoir été proprement phénicienne, mais plutôt cananéenne. Ashéra était, selon toute vraisemblance, un nom générique pour désigner les déesses telluriennes comme épouses des dieux du ciel, ou simplement une forme féminine d'Asher, qui était un dieu bienfaisant et bénissant. Les noms spéciaux de ces divinités doivent avoir été Ribqa (Rébecca), la nourricière, Lea, la terre labourée, Hanna (la sœur de Didon), la gracieuse, la bénissante, Tamar, le côté féminin de Baal-Tamar, peut-être aussi Naama, l'aimable, etc. Tanit, Dido-Elissa, Atergatis ou Derkéto appartiennent au groupe des Astartés, ou, si Ashtoret est vraiment un nom propre, à ses surnoms, comme la Méléket du ciel, Sara.

Quoi qu'il faille penser d'Astarté, les vues traditionnelles sur la religion des Phéniciens, renforcées dans les derniers temps par l'autorité d'un savant des plus éminents, Movers, doivent être soumises à une révision générale et profondément modifiées. Le monothéisme n'y apparaît pas au commencement en germe, mais à la fin comme dernier terme de son évolution, qu'elle n'eut pas la force d'achever. Ni Baal, ni Mélek, ni Adôn ne furent originellement des noms du dieu suprême, ni ne devinrent plus tard des dieux spéciaux auxquels on aurait adjoint Baalit, Méléket ou Ashéra. Ce furent des noms généraux désignant les dieux d'une certaine catégorie. L'emploi du titre d'Adôn était général parmi les Sémites cis-euphratiques. Ceux de Baal et de Baalit furent particulièrement employés dans le pays de Canaan et le sud de la Phénicie, cependant ils n'étaient pas inusités dans le nord, et Bel, Bélit, qui n'en sont que d'autres formes, se retrouvent en Assyrie et à Babylone. Il est probable, néanmoins, que cette désignation est originaire de la Mésopotamie méridionale, d'où elle passa dans le nord, tandis que la conception du dieu du feu, Mélek, le roi des dieux, prit naissance dans le nord et, de là, se répandit dans le sud. Il est commun à toute la race ; Ashéra ne se rencontre qu'en Canaan. La formation de ces noms qui expriment la divinité au sens abstrait a partout été le premier pas vers le monothéisme, et lorsque l'idée monothéiste commença à se développer chez les Mésopotamiens, on choisit de préférence pour désigner le dieu le plus élevé ou le dieu unique un de ces noms qui, par leur largeur, ne rappelaient spécialement aucune divinité particulière. Il n'y eut que les Israélites, chez qui le culte de Yahveh, le dieu national, avait atteint une pureté sans exemple dans l'antiquité, qui, peu à peu, apprirent à voir en lui le seul et vrai Dieu. Mais ils le nommèrent aussi simplement El, ou bien remplacèrent Yahveh par le pluriel Elohim, nom qui n'est pas, comme on l'a cru, une désignation du vrai Dieu plus ancienne que Yahveh, mais, au contraire, n'a reçu ce sens que plus tard.

CHAPITRE IV

LA RELIGION DE GÉBAL OU BYBLOS

Le printemps est dans la Palestine et dans la Syrie l'époque des prémices de la moisson et des troupeaux. Lorsque cette saison charmante tirait vers sa fin, que déjà commençaient à se faire sentir les chaleurs accablantes de l'été, il se célébrait, à Gébal (Byblos), une fête d'un sombre caractère. C'était une fête funèbre. Des lamentations, des chants plaintifs résonnaient dans les rues et les temples, accompagnés des sons aigus de la flûte de deuil. Des femmes les cheveux épars, d'autres rasées, d'autres se meurtrissant la poitrine, toutes les habits déchirés et donnant tous les signes d'une violente consternation, des Galles (espèce de prêtres), eunuques habillés en femmes, erraient dans les rues comme cherchant quelqu'un, ou se tenaient dans les temples, assis en cercle autour d'un catafalque. Sur ce catafalque, un sarcophage destiné à recevoir le corps, une statue en bois peint qu'on cachait d'abord, puis qu'on cherchait et qu'on finissait par trouver et qu'on couchait dans le cercueil. La blessure qui avait causé la mort était visible, béante. A côté du cadavre était l'image de son meurtrier, le sanglier qui à la chasse l'avait mortellement blessé. Le dieu était pleuré pendant plusieurs jours avec toutes les marques de la plus vive douleur ; puis on offrait les sacrifices funéraires et l'on inhumait le corps. On exposait au soleil des vases nommés jardins d'Adonis, où l'on avait planté des rejetons verdoyants, qui ne tardaient pas à être desséchés par les rayons brûlants du soleil. C'était un symbole de la vie du jeune dieu moissonnée dans sa fleur, et, d'une manière plus générale, de la briéveté de toute existence. C'était, disait-on, un beau et brillant jeune homme, aimé de la déesse de l'abondance et de l'amour, lequel, sur les sommets du Liban, avait eté tué par le dieu avide de vengeance qu'on représentait sous les traits d'un sanglier. Les Grecs le nommaient Adonis, amant d'Aphrodite, et le représentaient comme victime de la jalousie d'Arès. Il était, en réalité, l'Adôn Adonim, le seigneur des seigneurs, le plus grand des dieux du pays de Canaan et d'une partie de la Syrie, dont le culte était célébré avec la plus grande pompe à Byblos.

Vers la fin de l'année, en automne (l'année commençait en octobre), la fête était renouvelée, mais avec une différence importante. Lorsque les pluies de l'arrière-saison, entraînant l'argile des rives des fleuves et des torrents, donnaient aux ondes une teinte rougeâtre, on y voyait l'annonce de la mort du dieu, dont le sang teignait ainsi les eaux. On célébrait de nouveau pendant sept jours la fête funèbre, mais le huitième le deuil et les pleurs faisaient place à une joie désordonnée. C'est qu'on disait que le dieu était ressuscité et monté au ciel. A la continence des jours précédents succédait une licence sans frein. Les femmes qui avaient refusé de se consacrer en coupant leur chevelure étaient livrées aux étrangers ; les vierges devaient faire le sacrifice de leur honneur au dieu, et le prix de la prostitution sacrée était versé dans le trésor du temple. Comme dans toutes les anciennes religions, le dogme et le culte, la mythologie et les cérémonies, se tenaient ici étroitement. Dans l'antiquité, les solennités religieuses étaient du dogme en action, la représentation de ce qu'on croyait être arrivé aux dieux. Dans cette fête, les femmes remplissaient le rôle de la déesse et devaient comme elle chercher l'amant perdu, comme elle le pleurer mort, comme elle se réunir avec lui après sa résurrection. Persuasion que ce sacrifice, si choquant pour notre sentiment moral raffiné, pouvait seul assurer aux adorateurs les dons de la déesse, croyance à une action sympathique du rite, à une puissance magique pour amener la réunion du céleste couple, comme les sorciers des peuplades primitives imitent le bruit de l'orage pour provoquer la pluie, quel qu'ait pu être le sens primitif, peu à peu perdu, de cette coutume, il est certain qu'on regardait la célébration de ces fêtes dans leur forme traditionnelle comme indispensable pour assurer la fécondité des champs, des troupeaux et des familles.

Ces fêtes n'étaient pas, d'ailleurs, exclusivement propres à la sainte Byblos. On les retrouve dans l'île de Chypre, en Syrie, dans le pays de Canaan et dans toute l'Asie occidentale. Les Israélites, après les avoir empruntées aux Cananéens, furent bien longtemps à s'en détacher. Au temps d'Ezéchiel, en Judée comme dans l'exil, on en retrouve encore les traces. Sans doute leur établissement correspondit à un degré de développement moral bien inférieur à celui où étaient parvenues les populations qui continuaient de les célébrer. Mais on sait quelle est la force de persistance de l'habitude et combien de siècles il faut pour faire disparaître les coutumes superstitieuses les moins en harmonie avec le progrès général des idées et des mœurs. En outre, il ne faut pas oublier que le dogme et le culte de la Syro-Phénicie témoignent d'un développement religieux bien supérieur à l'idée qu'ailleurs on se faisait du même couple divin et à la manière dont on le servait.

La religion de Byblos et de la Syro-Phénicie n'était plus déjà le simple culte de la nature des anciens temps ; mais elle en était sortie, et elle y plongeait encore ses racines. Essayons de remonter à cette religion primitive et purement naturiste. La fameuse doctrine réservée, dont on recevait le secret lorsqu'on était initié à ces mystères, était l'expression symbolique de l'hymen du ciel et de la terre, les ancêtres de tout ce qui vit, de leur union et de leur séparation. Ce mythe fut d'abord représenté de la manière la plus grossière, la plus réaliste, plus tard épuré, humanisé, idéalisé par la poésie. Il conserva néanmoins des traces de sa première rudesse. L'action religieuse correspondant à ce dogme était la représentation de cette conception cosmogonique enfantine, le sacrement qui assurait aux fils des hommes les bienfaits résultant de l'union du ciel, père de tout ce qui est, et de la terre, la mère universelle. C'est la première religion et la première mythologie des peuples agriculteurs. C'est ce que démontre une saine interprétation des mythes prêchés par les prophètes de Byblos, car il y en avait deux, correspondant aux deux fêtes, et qu'il faut soigneusement distinguer. L'un se rapporte au printemps, l'autre à l'automne. Dans le premier, le jeune dieu, à peine uni à son amante, est tué par Arès représenté sous la forme d'un sanglier : c'était le ciel riant du printemps tué — remplacé — par le ciel embrasé de l'été. Dans d'autres mythologies, par exemple dans celle des Perses, le sanglier était aussi la représentation des ardeurs brûlantes de l'été. Les Grecs assimilèrent à leur Arès les dieux du feu de la Mésopotamie, qui étaient des dieux guerriers. Le deuxième mythe représente la mutilation du dieu céleste, époux de la terre féconde, par son fils révolté Krônos, le dieu armé d'une faux, le dieu de la moisson mûre, le Saturne des Romains. L'avénement du règne de ce dieu, — la venue de cette saison, — marque l'atténuation des ardeurs de l'été. C'est ce que les anciens expliquaient naïvement sous l'image de la mutilation du père par le fils. Ce trait manque dans le mythe d'Adonis. Dans le mythe parallèle d'Attis, chez les peuples de l'Asie mineure, c'est le dieu qui se mutile lui-même, et l'on sait que ce trait était reproduit dans les fêtes, que les jeunes gens imitaient Attis et Adonis, comme les femmes reproduisaient l'acte de la déesse mère (1). Il va de soi, bien que Sanchoniathon ne le dise pas expressément, que le dieu mourait à la suite de cette mutilation. Attis aussi se donnait la mort en se mutilant, et c'était

---

(1) Ce que dit Firmicus, *De errore prof. rell.* 15, se rapporte également à ce détail « Statuisse etiam ut quicumque initiari vellet, secreto Veneris sibi dato, assem in manum meretricis nomine deæ daret. Quod secretum quale sit, omnes tacite intelligere debemus; quia hoc ipsum, propter turpitudinem, manifestius explicare non possumus. » Et Arnobe, *Adversus Gentes* V, 212 : « Nec non et Cypriæ Veneris abstrusa illa initia præterimus — in quibus sumentes ea certas stipes inferunt ut meretrici et referunt phallos, propitii numinis signa datos. » Comp. aussi avec Clément d'Alexandrie, *Protrept.* 13 : ἐν ταῖς τελεταῖς ταύτης τῆς πελαγίας ἡδονῆς τεκμήριον τῆς γονῆς ἁλῶν χόνδρος καὶ φαλλὸς τοῖς μυουμένοις τὴν τέχνην τὴν μοιχικὴν ἐπιδίδονται, νόμισμα δὲ εἰσφέρουσι αὐτῇ οἱ μυούμενοι, ὡς ἑταίρας ἐρασταί. Cette habitude n'était pas une pratique obscène, mais un acte mystique symbolique, ou plutôt sacramentel. Le φαλλὸς ἐπιδιδόμενος était un emblème de celui de la divinité, non-seulement regardé comme le symbole de la force vivifiante de la nature qui devait bientôt renaître, mais certainement aussi porté comme une amulette qui assurait la fécondité.

précisément en automne que la joie et l'enthousiasme causés par la résurrection du dieu terminaient la fête.

Les Grecs appelaient la déesse de ces mystères, tantôt Aphrodite, tantôt Dioné, tandis qu'elle est souvent et expressément désignée sous le nom de Baaltis, c'est-à-dire Baalit, la forme, la manifestation féminine de Baal. Mais quelques noms qu'elle ait portés (à Babylone, par exemple, elle s'appelait Zarpanitou ou Mylitta, deux noms de la terre-mère), il est certain que toutes les fois qu'il est fait mention de Baalit sans apposition, il s'agit de la déesse de la terre et du monde souterrain. Il convient de la distinguer expressément d'Astarté de Sidon, et des déesses de même sorte, Atergatis et Anât. Quant au dieu appelé Adonis par les Grecs, il portait un grand nombre de noms. Quelques-uns sont empruntés au culte qui lui était rendu, comme Abobas et Giggras, qui tous les deux signifient lamentations, bien que leur sens primitif vînt peut-être de la fiction mythologique qui faisait que les Phéniciens croyaient entendre dans le murmure du vent les plaintes du dieu du ciel, blessé et mourant. Les noms donnés à son père, Kinyras, Kinnôr, la harpe, avaient la même origine (1). Mort, le dieu s'appelait Tammouz, nom exprimant la séparation d'avec sa compagne ; on retrouve ce nom chez les Cananéens. On croit qu'il s'appelait encore Ao ou Yauas, c'est-à-dire Yahu, noms qui furent donnés à Dionysos, avec qui on l'identifie alors. Cependant j'ai de graves doutes à ce sujet (2).

---

(1) Movers, pass. cit. 202-243. Preller *Griech. Myth.* I. 204. Son nom cypriote Kyris ou Kiris est-il en rapport avec *qara*, qui signifie *appeler?* Linos qui joue un rôle dans le mythe grec d'Adonis est regardé comme la personnification de la complainte Ai lenou « Malheur à nous ! » que l'on répétait dans les fêtes d'Adonis. Movers, p. 244 et ss. En tant que dieu de la fécondité il était représenté dans l'île de Chypre comme σμιχρός ἀνῆρ χάλκεος, ἔχων αἰδοῖον μέγα. Hesych. dans Movers 226. Tous les dieux phéniciens ont en commun la forme de pygmées ou de patèques.

(2) Movers, pas. cit. 545-555. Chwolsohn, *Ssabier* II 204. On sait que le premier voit Adonis dans le Yao de l'oracle de l'Apollon lumineux de Macrobe, et que, entre autres, Colenso et Land ont voulu en déduire l'origine cananéenne de Yahveh. Kuenen repousse l'authenticité et l'autorité de cet oracle I. 399 et suiv. J'y reviendrai plus loin en ce qui concerne Yahveh. Quant à la mythologie qu'on y trouve, elle est parfaitement juste, du moins pour les temps postérieurs. Dans d'autres sources, Dionysos est aussi nommé Ao et Yauas. C'est à juste titre qu'il est appelé le dieu de l'automne, et pour ses adorateurs il était, avec raison, le plus élevé. Mais c'est une erreur que de voir, comme Macrobe et à sa suite Movers, dans Hadès, Zeus et Yao-Dio-

Il ne faut pas oublier qu'il y avait dans Adonis deux formes du dieu du ciel, le premier tué par le second, le second par le dieu de la moisson. Le dieu dont la mort et la résurrection étaient célébrées en automne était l'Adôn *Melqart* de Tyr, l'Hercule tyrien dont Hiram déplaça la fête, on ignore pour quels motifs, le grand dieu du feu, tout ensemble terrible et bienfaisant. La fête de Yahveh, nom expressément donné à la fête des Tabernacles, célébrée par les Israélites en automne, était dans un étroit rapport avec les fêtes célébrées à Byblos à la même époque, de même que Yahveh avait originairement le même caractère que Yahou et le Melqart de Tyr.

Mais la religion de la Syro-Phénicie s'était déjà élevée au-dessus du pur naturisme d'où elle était issue. A côté de l'adoration des forces et des phénomènes de la nature, il y avait déjà dans les plus anciennes religions le germe du culte des âmes des morts et des esprits de la nature. Ces deux cultes étaient réunis dans la religion de Byblos. Le dieu mort prend le nom de Tammouz, le séparé (1), symbole non-seulement de l'extinction et du réveil de la nature, mais encore du grand mystère de la vie, de la mort et de la résurrection. La signification morale avait, dans les derniers siècles, complètement effacé le sens naturiste, qui fut remis en honneur par les philosophes dits physiciens. Cela ressort, entre autres, des fêtes d'Adonis qu'on avait coutume de célébrer à la mort des jeunes gens remarquables par leurs talents, leurs vertus, ou objets d'une tendre affection. Des mystères étaient joints au culte de Byblos ; or, dans toute l'antiquité, les mystères ont toujours eu trait à l'immortalité. Enfin, ici comme partout où ces deux éléments d'abord simplement rapprochés se pénètrent et se confondent, on voit naître de leur réunion un certain monothéisme, ou tout au moins un certain monarchisme. Le dieu mourant et ressuscitant semble à Byblos s'être élevé au-dessus de la nature et des autres êtres divins : c'est le dieu Très-Haut, El-Elyôn. Bien que sous une

nysos des dieux du soleil. En aucun cas, on ne saurait identifier Dionysos avec le dieu du printemps de Byblos.

(1) Les assyriologues y voient une altération sémitique du nom accadien ou soumérien Doumouzou, c'est-à-dire : « fils de la vie » ou plutôt « le vrai fils » « le fils légitime ».

autre forme et sous un autre nom, il conserve ce caractère dans la théologie phénicienne. Il se peut qu'à l'origine il se soit appelé Baal-Ram, et que ce nom, comme celui d'Abram, ait été celui du ciel élevé. Déjà chez les Cananéens il s'y rattachait une idée morale. En Syrie, il s'appelait Hadad ; c'est le nom du grand dieu national d'Aram, nom qui se retrouve dans celui de plusieurs rois de Syrie, comme Ben-Hadad et Hadad-ezer.

On rattache encore ordinairement à Byblos d'autres traditions analogues à celle d'Adonis. Sanchoniathon, ou plutôt Philon de Byblos, rapporte trois autres mythes, au fond identiques et ne différant que dans la forme, reproduisant l'idée du dieu mort et ressuscité. Ils concordent en ceci, que dans tous trois le dieu immolé est représenté comme offert en sacrifice par son père, El Kronos, par conséquent il n'est pas le dieu suprême. Dans l'un, le sacrifice est remplacé par la circoncision. Le fils s'appelle dans l'un Jéhoud, l'unique, dans l'autre Sadid (le puissant?), dans le troisième Mout, la mort (ou peut-être le tué). La reproduction de ces trois récits met hors de doute, d'une part l'absence de sens critique et historique de Philon, de l'autre la scrupuleuse exactitude avec laquelle il a reproduit les vieilles chroniques. Il n'a osé ni omettre un de ses récits, ni les fondre tous les trois en un seul. Ils ne sauraient tous trois provenir de Byblos et, vraisemblablement, aucun n'en provient. Celui de Jéhoud, dans lequel la circoncision prend la place du sacrifice, doit provenir de la partie méridionale du pays de Canaan, où nous trouvons les traits essentiels de la même tradition dans la légende d'Abram. La supposition que cette version ne se trouvait pas dans l'œuvre originale de Sanchoniathon, et que c'est Philon qui l'a empruntée à la tradition juive, est dénuée de toute vraisemblance. Cet auteur a l'habitude de transformer le mythe en histoire : on ne saurait admettre qu'il ait fait un mythe d'un événement qu'il aurait trouvé déjà entré dans le domaine de l'histoire. Ce récit ne prouve nullement l'existence de l'usage de la circoncision chez les Phéniciens. Si elle a, dans le pays de Canaan comme antérieurement en Égypte, remplacé le sacrifice des enfants, elle n'avait aucune raison d'être en Phénicie où cette sorte de sacrifice ne cessa jamais d'être pratiquée. Le mythe du dieu qui tue son fils n'avait peut-être d'autre signification que de justifier par un exemple divin l'usage de consacrer et d'offrir les enfants au dieu du feu, comme celui de la création en six jours eut pour objet de consacrer par l'exemple même de Dieu le repos du septième jour. Ce mythe appartenait donc à un tout autre ordre que celui d'Adonis.

Le culte d'Adonis ou Tammouz fut très répandu en Asie dans l'antiquité. Nous avons vu qu'il était encore célébré à Jérusalem très peu de temps avant la captivité et que même il se continua dans l'exil. Ashéra, dont le culte fut si général et si persistant chez les Cananéens, ne diffère pas, au fond, de l'Aphrodite de Byblos. C'est la déesse de la terre, adorée principalement sous les arbres verts et dans les fraîches vallées, et dont le symbole était un pieu de bois, tandis que celui de la céleste Astarté de Sidon et de Tyr était une pierre brillante. L'Adonis de Byblos fut adoré dans l'île de Chypre, notamment à Amathonte ou Amathus, qui était une colonie des Phéniciens, — et les plus anciennes colonies établies dans l'île paraissent être parties de Byblos. L'Aphrodite d'Amathonte, sans doute identique à celle de Byblos, différait de celle de Paphos, et nous verrons que les cultes de ces deux sanctuaires, bien que tirant l'un et l'autre leur origine de la Phénicie, n'avaient ni le même caractère, ni la même source.

CHAPITRE V

LA RELIGION DE PAPHOS ET D'ASKELON

Nous ne nous proposons pas de donner ici une description complète de toutes les religions de provenance cananéenne et syrienne. Il est cependant indispensable de dire quelques mots d'une religion qui fleurit surtout à Askelon et à Paphos. Egalement différente et également rapprochée de celle de Byblos et de celle de Tyr, elle semble former entre elles la transition. Hérodote rapporte que le temple de Paphos avait été construit sur le modèle de celui d'Askelon, et tout ce que nous savons du culte célébré dans le premier de ces sanctuaires atteste qu'il était à peu près identique à celui du deuxième, tandis qu'il différait sur des points importants de celui de Byblos. Si cette dernière ville envoya de bonne heure des colonies en Chypre, il ne semble pas qu'elle ait implanté sa religion à Paphos, mais plutôt, comme nous l'avons dit à la fin du chapitre précédent, à Amathus (Amathonte). A côté des prêtres, Kinyrades, nom sans doute emprunté à Kinnor, le père de l'Adonis de Byblos, il y avait à Chypre des Tamyrades, vraisemblablement ainsi nommés d'après Baal-Tamar, le dieu de la partie méridionale de Canaan. Bien que la religion d'Askelon soit plus ancienne que celle de Paphos, nous parlerons d'abord de celle-ci, parce qu'il n'existe sur celle-là presque aucun renseignement, et que ce n'est guère que ce que nous savons du culte de la colonie qui jette quelques lumières sur celui de la mère patrie.

Aphrodite la céleste, la déesse de l'amour et de la beauté, des grâces et du bonheur, du mariage et de la fécondité, née de l'écume marine, sous les pas de laquelle éclosent les fleurs, est sans doute une divinité d'origine aryenne que les Grecs adoraient avant d'être établis en Hellade, mais qui a sa contre-partie dans une déesse cananéenne et phénicienne de la nature, et c'est du mélange de ces deux déesses qu'est provenue l'Aphrodite que nous connaissons. Les Grecs, dont le sens exquis du beau l'orna de tous les dons de la plus riche et de la plus adorable poésie, reconnaissent eux-mêmes que son culte fut importé de Chypre à Cythère, et de là dans toute la Grèce. Le temple de Paphos était très célèbre par sa magnificence, ses mystères, son oracle. C'était une construction cyclopéenne formée de blocs énormes, preuve de sa haute antiquité. Il couronnait une colline rocheuse appelée Galgi, nom qui rappelle celui de Gilgal, un des sanctuaires des Israélites au temps des Juges. L'architecture n'en était pas grecque, mais du style que les Grecs nommaient phénicien. Le sanctuaire était petit. L'autel principal, sur lequel on prétend qu'il ne pleuvait jamais, était devant le temple. Il ne servait pas à des sacrifices sanglants, on y faisait seulement fumer l'encens. Cependant on immolait à la déesse des animaux mâles. Dans le sanctuaire, il n'y avait pas de statue, mais seulement une colonne de pierre, et non de bois comme les Ashéra du pays de Canaan. A l'entrée du temple s'élevaient deux colonnes semblables à celles de tous les temples de la Phénicie et du temple de Jérusalem, représentant celles sur lesquelles on croyait que reposait le monde, ce que les Grecs appelèrent des colonnes d'Héraclès. Entre le vestibule et l'adytôn, il y avait deux chandeliers semblables à celui du temple de Jérusalem. Sur toutes les représentations du temple de Paphos on remarque des colombes. On sait que chez les Grecs, Aphrodite était représentée dans un char traîné par des colombes, ou quelquefois chevauchant sur un bouc, et que Sémiramis de Babylone, c'est-à-dire l'Ourania, la déesse du ciel élevé, au fond identique à l'Astarté de Paphos, avait été changée en colombe, c'est-à-dire qu'elle avait été représentée sous cette forme. Est-il besoin d'ajouter que le culte célébré à Paphos était aussi licencieux que celui de Byblos et de tous les sanctuaires où on adorait la déesse mère, connue comme divinité du ciel ou de la terre? Mais on n'y pratiquait pas le culte sanglant de Baal. Les sacrifices humains offerts à Amathonte et à Salamine étaient probablement d'origine sidonienne.

La déesse de Paphos était adorée sous deux formes différentes, comme déesse mère et comme déesse vierge et guerrière. Ces derniers attributs, qui plus tard en Grèce passèrent à Athênè, appartinrent quelquefois dans les temps reculés, même chez les Grecs, à Aphrodite. En Égypte, Anât, comme déesse mère, est opposée à Tanit, et comme guerrière, à la voluptueuse Qadesh ou Ken, divinités empruntées par les Égyptiens aux Sémites. Elle paraît donc tenir le milieu entre les déesses voluptueuses de l'abondance et les déesses vierges et sévères, entre les Ashéra et les Baalit d'une part, et de l'autre l'Astarté de Sidon ou la Tanit de Carthage, et correspondre assez exactement à Neith chez les Égyptiens. A ce titre, elle réunissait en elle deux natures opposées, tantôt féconde et dispensant la fécondité, tantôt chaste; elle représentait le ciel nocturne et diurne, Aphrodite ourania et Athênè. Elle faisait donc partie des plus anciennes divinités antérieures à l'époque sémitique, et qu'adoptèrent les Mésopotamiens alors que les Sémites, non plus que les Aryens, ne regardaient pas encore le ciel comme un dieu mâle. A proprement parler, elle ne personnifie pas le ciel lui-même, mais la force divine qu'il révèle. Sous les noms d'Atergartis, Derketo, elle était représentée sous la forme d'un poisson, symbole de la fécondité et surtout de la fécondité des eaux.

La religion d'Askelon était de même nature que celle de Paphos. Du moins la déesse qui y était l'objet de la principale vénération n'était autre que celle qu'on adorait dans le temple de Paphos, bien que nous trouvions à côté d'elle d'autres divinités inconnues dans l'île de Chypre. Le culte d'Atergatis, Tir'ata, Derketo — ce sont autant de formes du même nom — la grande déesse d'Askelon, était encore pratiqué dans d'autres localités. Elle avait entre autres à Hiérapolis en Syrie un de ses plus célèbres sanctuaires. On a donné différentes explications de son nom, mais il n'y a pas le moindre doute à avoir sur son caractère: c'était la déesse du ciel mère. A Askelon, elle était adorée avec Oannès, représenté tantôt comme son époux, tantôt comme son fils. C'est le même que Dagon, le dieu bien connu de Gaza, d'Ashdod, d'Ekron, de Dor, de Joppe, de toute la partie méridionale du pays de Canaan, le Hea-Salman des Babyloniens et des Assyriens, dont le nom, dans quelques inscriptions cunéiformes, alterne avec celui de Dagan. Il est ordinairement considéré comme le dieu national des Philistins, bien qu'eux-mêmes eussent certainement emprunté son culte aux anciens habitants du pays. Peut-être ne différait-il pas, au fond, de Marna, c'est-à-dire : notre seigneur, comme les Philistins l'appelaient à Gaza. D'après Philon, il était le père de Tamyros, Baal-Tamar. Enfin, il y avait encore parmi les dieux d'Askelon un certain Esculape, portant un lion. Le dieu que les Grecs identifièrent avec leur Asklèpios est Eshmoun. Quelque étrange qu'il puisse d'abord paraître que ce dieu, si haut placé dans la vénération des Phéniciens proprement dits, ait été aussi adoré par les Cananéens méridionaux, il faut bien admettre au moins la possibilité du fait, puisqu'il y avait entre Beyrouth et Sidon un temple d'Asklèpios et que, dans ce sanctuaire, son culte était étroitement uni à celui de Tamar et du lion symbolique.

Tous ces dieux étaient des dieux de la nature féconde. Nous consacrerons un chapitre spécial à Eshmoun, l'un des principaux dieux de l'Asie occidentale. Il n'est pas douteux que Derketo, la déesse poisson, ne représentât d'une manière symbolique la puissance fécondante des eaux célestes. Le nom de Dagon est probablement un augmentatif de *dag* poisson, comme Alon de El, Shimshon de Shêmesh. On sait par la tradition des rabbins que Dagon était représenté sous la forme d'un poisson. Son union avec Atergatis confirme cette tradition. Philon traduit son nom par « dieu nourricier » et dit qu'il était le Jupiter de l'agriculture. Ces deux sens ne s'excluent nullement, les deux mots poisson et blé dérivent dans les langues sémitiques d'une même racine, qui signifie multiplier. Peut-être le nom primitif de Dāgon provenait-il directement de cette racine et les deux autres sens ne représentent-ils que des faces particulières de son caractère général. Les Philistins peuvent en avoir fait le dieu de l'agriculture, le dieu de la fête du printemps, tandis que le rapport dans lequel il était avec Oannès, Anou de Babylone, l'a fait représenter sous la forme d'un poisson. Peut-être aussi

Tamar, « le palmier », nom que les Israélites ne donnaient qu'à des femmes, mais qui chez les Philistins était le nom d'un dieu mâle, était-il un dieu des fruits, un dieu de l'automne. Mais de lui on ne sait que fort peu de chose, et nous n'osons aller au-delà de cette supposition.

Quoi qu'il en soit de bien des points douteux, deux faits ressortent avec évidence de ce que nous savons de science certaine. La religion la plus ancienne de la Syrie, de la Phénicie et de Canaan, que l'idée fondamentale en soit le mariage fécond du ciel et de la terre, ou l'action vivifiante, mystérieuse du feu dans les eaux de l'Océan céleste, fut la religion de peuples essentiellement agricoles, la glorification de la fécondité, de la puissance de vie de la nature, par conséquent un culte voluptueux, mais généralement humain. En second lieu, les principaux dieux de ce cycle portent tous les mêmes noms, ou du moins ont tous la même signification que ceux de Babylone. Les Philistins paraissent avoir adopté de très bonne heure la religion des habitants du pays qu'ils subjuguèrent; elle se répandit d'abord aussi rapidement et devint promptement dominante parmi les Phéniciens, dont le culte national en conserva toujours d'importants éléments. Nous verrons bientôt que les Hébreux pratiquèrent d'abord la religion des Cananéens conquis, mais chez eux le sentiment religieux purement national, épuré dans une évolution ascensionnelle et réformatrice, finit par prévaloir et tous les éléments étrangers furent successivement éliminés de la religion d'Israël. Les deux religions de la Phénicie et d'Israël se sont d'abord développées sous l'influence plus humaine de la religion de Canaan, toutes deux ne se sont épanouies dans toute leur richesse que sur le sol de Canaan.

CHAPITRE VI

ESHMOUN ET LES CABIRES

Le dieu qui, bien qu'appartenant lui aussi au système des anciennes divinités de Canaan, ou plutôt de Babylone, s'est le plus complètement naturalisé dans la religion des Phéniciens, est Eshmoun, avec son cortège de Cabires. Le culte des Cabires est malheureusement encore enveloppé d'une très grande obscurité. Très répandu même hors de la Phénicie, il fut adopté par les Grecs et par les Romains, et dans les derniers temps, à l'époque macédonienne pour les Grecs, sous les empereurs pour les Romains, il devint une espèce de mode. Il semble, dès lors, que les renseignements puisés dans les classiques doivent facilement combler les lacunes que peuvent présenter les documents d'origine phénicienne. Il n'en est rien malheureusement. Tout ce que les auteurs grecs et latins nous rapportent sur le culte rendu aux Cabires à Lemnos, à Samothrace, à Imbros et dans d'autres îles, à Thèbes, en Asie mineure et ailleurs, est si confus que le champ des suppositions en reçoit plus d'extension et fournit une plus riche moisson que celui de l'histoire. Le mystère entourait le culte des Cabires et couvrait en particulier leurs noms. Ce culte subit, d'ailleurs, de telles altérations pour s'harmoniser avec l'ensemble de la religion des Grecs, qu'alors même que nous serions mieux renseignés que nous ne le sommes sur les mystères de Samothrace et des autres centres du Cabirisme postérieur, cela ne nous apprendrait pas grand chose sur le culte des Cabires en Phénicie.

Rien n'est plus facile que de remonter à la signification primitive de ces dieux. Leurs noms attributifs, les forgerons, les formateurs, les grands, les puissants, l'indiquent clairement. Quant à leurs noms propres, on ne les rencontre nulle part : ils faisaient partie des mystères et on avait grand soin de ne pas les prononcer (1). Les Cabires furent les plus grands des dieux du panthéon phénicien, la classe la plus élevée, celle des formateurs de l'univers, des architectes du monde, des créateurs. Philon, en leur attribuant l'invention de la navigation et de la médecine, ne fait qu'obéir à ses instincts evhéméristes, et rien ne serait moins exact que de borner leur rôle, sur son autorité, à celle de protecteurs de la navigation et de la médecine. Il se peut que notre brave Gibletain n'ait eu d'autre motif de cette belle invention que la présence de leurs statues à la proue des vaisseaux et les prières adressées à leur chef, Eshmoun, pour la guérison des malades. Peut-être aussi possédèrent-ils anciennement ces attributions, mais, en tout cas, elles furent des plus secondaires. Ptah portait en Égypte le nom de seigneur ou de maître de l'aune : Philon n'eût pas manqué d'en faire l'inventeur de la géométrie, comme de Ninip, le protecteur des remparts en Assyrie, l'inventeur de l'art de fortifier les places. Les grands architectes, ou plutôt forgerons de l'univers dans le panthéon phénicien, purent être invoqués comme les patrons des constructions navales ; les premiers principes de la vie, comme protecteurs de la vie humaine et patrons de la médecine.

Ils étaient au nombre de sept et s'appelaient les fils de Sydyk, de Çédeq, le juste, peut-être le même que les Égyptiens nommèrent Soutech et identifièrent avec leur dieu national Set. Ce n'était pas là un mythe populaire, mais un de ceux qui doivent leur origine à la spéculation. Le plus élevé des dieux, en tant

(1) Les noms des Cabires vénérés par les Grecs à Samothrace : Axieros, Axiokersos et Axiokersa, dont le véritable sens nous échappe et dont on a donné plusieurs explications, n'ont nullement un caractère phénicien ou sémitique. *Pu'm, Pugm*, d'où pygmées, signifie forgeron (martel), Patèques, de *patakhu*, formateurs, Cabires (*Kebirîm*), les puissants.

que le juste ou la justice, est le père de ceux qui ont établi, ordonné l'univers, le lien qui les réunit, l'unité dans laquelle ils se confondent. C'est ainsi qu'en Égypte Ptah, le seigneur de la justice, le Çédeq égyptien, était, à ce titre, considéré comme le père des Patèques. Le nombre sept, qui se retrouve dans toutes les mythologies mésopotamiennes, répond aux sept planètes, y compris le soleil et la lune, qui sont considérées comme la manifestation des dieux créateurs et qui, avec un huitième dieu plus élevé, Thot en Égypte, Eshmoun en Phénicie, forment l'harmonie de l'univers. Chaque planète a sa sphère ou son ciel, et ces sept sphères n'ont au-dessus d'elles que la sphère du Dieu suprême et invisible. Les temples en forme de tours à sept étages, comme ceux de Babylone et d'Ecbatane, étaient la représentation symbolique de cette hiérarchie céleste, qui elle-même était le système ou le cadre théologique d'après lequel chaque peuple établissait la hiérarchie de ses dieux principaux, se manifestant dans les corps célestes.

Aux Cabires était toujours associé Eshmoun, que les Grecs appelaient Asklépios au serpent ou au lion. Ses principaux temples étaient à Askelon, à Beyrouth, à Sidon et à moitié chemin entre ces deux dernières villes. A Carthage, son temple couronnait le faîte de la Byrsa ou de l'acropole. D'après l'inscription de son sarcophage, le roi Eshmounazar lui construisit un nouveau temple à Sidon. Si le culte des Cabires était la forme syro-cananéenne d'un culte fort répandu dans tout l'ouest de l'Asie, Eshmoun était le nom phénicien d'un dieu qui, sous d'autres noms, se retrouve à Babylone, en Égypte et ailleurs, le dieu invisible de la plus haute sphère des cieux, le dieu du feu cosmique caché dans les eaux de l'Océan céleste, dont l'autel s'élevait sur la plateforme des tours à sept étages ou sur la cime des hautes montagnes. C'est pour cela qu'il se nommait Eshmoun, le huitième, ce qui, dans le système théologique que nous venons d'esquisser, est synonyme du Dieu suprême. Les anciens connaissaient déjà cette explication de son nom. Une autre interprétation également rapportée par eux, la chaleur vitale, repose sur une confusion, bien qu'au fond elle répondît aussi complètement à son essence. Il se peut que le dieu Ashima des Hamathéens, ordinairement représenté sous la forme d'un bouc, comme symbole du feu et de la force vitale, ait été en rapport avec Eshmoun, mais uniquement comme sa manifestation visible. Son nom ordinaire chez les Phéniciens fut bien Eshmoun, et non Ashima. Il n'a de commun avec le dieu Thot des Égyptiens que d'être comme lui à la tête des sept créateurs du monde et de porter le nom de *huitième*. Mais, bien que tous deux fussent aussi les dieux des belles-lettres et de l'histoire, ils diffèrent, du reste, complétement. C'est dans le temple d'Eshmoun qu'à Carthage on conservait les archives de l'état. Le seul trait commun qu'il ait avec Asklepios, avec lequel le confondirent les Grecs, c'est qu'on espérait recouvrer la santé en visitant ses temples, et que les malades consultaient son oracle. Le don de guérir était attribué à plusieurs dieux, et rien de plus naturel que de considérer le dieu de la chaleur vitale, le suprême créateur du monde, comme le possédant au plus haut degré.

Les lions ou les serpents qu'il portait sont les symboles bien connus du feu. On sait que le dieu du feu en Assyrie était représenté par une image colossale portant un lion sous son bras. Mais le caractère propre d'Eshmoun ressort mieux que de toute autre chose d'un mythe rapporté par Damascius.

Le plus beau des dieux, un adolescent au port et au visage charmants, fut aimé par Astronoé (Ashtorèt Naama, la déesse de l'amour, la céleste Aphrodite). Il ne répondit pas à sa passion, et comme un jour elle le poursuivait à la chasse et qu'il ne pouvait lui échapper, il se mutila d'un coup de hache et mourut de sa blessure. La déesse, avec l'aide de Pæan (la parole magique personnifiée), le rappela à la vie et il fut reçu au rang des dieux.

Le sens général de ce mythe est suffisamment clair, bien que toutes les parties ne s'en laissent pas complètement expliquer. Il représente, comme tant d'autres que nous avons déjà rencontrés, la mort et la résurrection de la force fécondante de la nature, du feu céleste qui meurt en hiver et revit au printemps. C'est encore, sous une forme différente, le même mythe que celui de Byblos. Il semble qu'il ait été à l'origine plutôt un mythe du tonnerre que du soleil. D'ailleurs, ces deux sortes de mythe se mêlent et se confondent souvent. La principale différence est l'absence de la divinité ennemie, du meurtrier, par conséquent du contraste entre le dieu bienfaisant et le dieu malfaisant, entre le feu vivifiant et le feu dévorant. C'est le beau jeune homme qui, poursuivi par la déesse, fuit et, ne pouvant échapper, se donne lui-même la mort pour se soustraire à ses embrassements. Le mythe est réduit à sa plus grande simplicité. La déesse des eaux célestes, qui ne peut devenir mère que par son union avec le dieu du feu, le perd à l'automne, le pleure l'hiver et le retrouve au printemps.

Ce mythe se rencontre ailleurs dans la même forme, notamment en Asie-Mineure. Seulement, le dieu principal s'y nomme Atys ou Attis. Atys ou Kotys est aussi le nom de ses prêtres, de ceux qui, à l'exemple de leur divinité, se sont mutilés.

En fait, il ne diffère pas de la divinité phrygienne, et il est parfaitement légitime d'expliquer le mythe phénicien par le mythe phrygien.

Les mythes du feu céleste et de la vie universelle sont, avec ceux du breuvage qui communique l'immortalité, et du vent, considéré comme la respiration ou l'âme du ciel, les plus élevés des religions de la nature. Ils sont le point de départ de la transition du naturalisme au supranaturalisme : l'adoration s'élève des choses visibles aux choses invisibles. Le mythe d'Eshmoun rentre dans cette catégorie et ne peut avoir pris naissance que chez un peuple agricole. Mais, après l'avoir adopté, les Phéniciens lui firent subir quelques modifications. Surtout dans les villes adonnées au commerce, à l'industrie et à la navigation, le dieu cananéen ne pouvait manquer d'être adapté à la principale occupation de ses nouveaux adorateurs. Eshmoun, le Dieu suprême, l'invisible, trônant au-dessus des dieux visibles, le principe de toute vie, le dieu de la santé et de la guérison, y fut naturellement uni aux dieux du feu céleste, aux Cabires, et devint le protecteur de l'industrie et de la navigation, par suite du commerce, et en outre le dieu de la science et des lettres. Mais son culte ne changea pas. Les rites sont plus persistants que les idées religieuses. Quelques modifications qu'eût éprouvées l'idée qu'on s'en faisait, les Galles continuèrent à se mutiler pour obtenir de lui la perpétuité de la vie et de la force vitale.

CHAPITRE VII

LES DIEUX PLUS SÉVÈRES DE TYR ET DE SIDON

Les dieux dont nous avons parlé jusqu'à présent paraissent avoir été indigènes dans l'Asie occidentale et, en particulier dans le pays de Canaan, peut-être avant l'établissement des Phéniciens, que les Hébreux appelaient Sidoniens. Ils les adoptèrent et se bornèrent à en modifier plus ou moins le caractère, comme nous venons de le voir pour Eshmoun. La religion de Tyr et de Sidon conserva jusqu'aux derniers temps de son existence des éléments empruntés aux cultes licencieux des Cananéens. Ainsi à Carthage, du moins après sa reconstruction sous Auguste, à côté de Didon, la vierge sévère, on adorait sa sœur, la voluptueuse Hanna (1). Mais on peut dire que l'élément le plus rigide, vraisemblablement d'origine purement phénicienne, l'emportait. Malheureusement, les renseignements font presque complètement défaut pour une étude un peu approfondie de cette religion. Les inscriptions nous fournissent bien quantité de noms de dieux, et mainte preuve que quelques-uns d'entre eux étaient les principaux du pays, mais

---

(1) Plusieurs savants, entre autres Bosworth Smith, croient que ce genre de culte ne fut introduit qu'après la construction de la nouvelle Carthage sous Auguste, où l'on voulut rétablir aussi l'ancienne religion locale, mais en allant en chercher le modèle à Tyr. On s'appuie là-dessus pour penser que lors de l'émigration qui fonda Carthage, le culte phénicien à Tyr n'était pas encore associé aux cultes impudiques de Canaan.

ne nous apprennent que fort peu de chose sur leur nature et leur signification. Ce que contiennent les auteurs classiques sur la religion de Tyr et de Sidon est en partie peu digne de foi, en partie obscur et confus. On ne peut accepter qu'avec les plus grandes réserves le système que Movers a tiré de ces insuffisantes données, à l'aide d'hypothèses hardies et très ingénieuses, mais rien moins que certaines, et d'étymologies bien souvent contestables. Mieux vaut encore s'exposer au reproche de pauvreté, que de se risquer dans le champ des suppositions hasardées. Sur aucun sujet, il n'est plus prudent et plus opportun d'attendre le résultat de nouvelles découvertes. Avec les matériaux qu'on possède pour le moment, on ne peut ni retracer le développement historique de la religion des Phéniciens, ni même en reconnaître et en classer avec une méthode sûre et rigoureuse les divers éléments, dire avec certitude ce qui doit être rapporté à tel centre ou à telle époque. Tout ce que nous pouvons nous flatter d'entreprendre avec quelques chances de succès, c'est de tracer une fruste esquisse du caractère des doctrines et du culte dont Sidon fut le berceau.

Ce caractère est en parfaite harmonie avec celui du peuple lui-même. Le principal dieu des Phéniciens fut à l'origine un dieu de la nature, mais ne tarda pas à devenir un dieu de la civilisation. Les Grecs mêmes ont conservé le souvenir de ses lointaines expéditions et de ses exploits, particulièrement sur mer, pour répandre la civilisation phénicienne. Il est le promoteur de l'envoi des colonies et des guerres entreprises dans ce but. Il est l'inventeur de la navigation et de la pourpre, le fondateur et le premier roi des cités. A Tyr, il occupait le premier rang, sinon dans le panthéon officiel, du moins dans la vénération populaire. Il portait le nom de Baal-Çor, le Seigneur de Tyr. Il est d'ailleurs aussi nommé Baal-Çidôn, le Seigneur de Sidon. Dans la première de ces villes et à Carthage, il est Melqart, le roi de la cité. Comme Eshmoun, c'est un dieu du feu, non toutefois le dieu du feu immanent et caché, mais du feu se manifestant dans la nature et dans le monde. L'opinion commune, qui en fait un dieu du soleil, n'est pas complètement dénuée de fondement; néanmoins, il n'était pas, à proprement parler, le soleil, comme le Shémesh des Cananéens, adoré aussi par les

Phéniciens, l'antique Samas des Assyriens et des Babyloniens, ou comme l'Hélios des Grecs, mais plutôt le dieu de la chaleur, principe de la vie et de la mort qui se manifeste et agit dans le soleil. Les Grecs ont donc eu raison de le confondre avec leur Héraclès, qui, comme lui, répand les bienfaits de la civilisation dans le monde et qui sort victorieux de tous les combats, mais qui avant tout est le dieu ou le héros renommé pour sa force irrésistible. Son nom propre était Baal-Hammân, plus tard, par abréviation, Amman, Amon, Mon, le seigneur de la chaleur, de la flamme, ou plutôt le seigneur flamme, nom qui lui est donné dans nombre d'inscriptions tant de Carthage que de la mère-patrie. A lui étaient consacrées les deux colonnes si répandues en Phénicie et dans le pays de Canaan, les Hammanim de l'Ancien Testament, qui n'étaient pas la représentation, mais le symbole du dieu, et dont le nom dérive du sien. Dans le grand temple de Tyr, construit par Hiram, elles étaient de jaspe; dans celui de Gadès, en Espagne, de cuivre. Les deux colonnes du temple de Salomon, Yakin « il fonde » et Booz « en lui (est) la force », étaient aussi de cuivre, et avaient le même sens cosmogonique. Aussi bien à Jérusalem qu'à Tyr, ces deux colonnes sont le symbole d'un même dieu, là de Yahveh, ici d'Hamman, et non, comme on l'a cru, l'une d'Hammân, l'autre d'un Baal tyrien antérieur.

Hammân est le dieu du feu, de la flamme, la chaleur de l'été avec tous ses attributs, créateur et destructeur, donnant la vie et la mort. La force le caractérise toujours. Il ne faudrait pas en faire cependant un dieu qui n'inspire que l'effroi. Il est également, et en première ligne, le dieu du feu vital qui pénètre tout, vivifie tout, qui se manifeste non-seulement dans le soleil, mais aussi dans le vent brûlant, et sans doute encore dans l'orage. Au-dessus d'une inscription numide de Massinissa, il est représenté avec des bras qui se terminent en grenades et en raisins. On pourrait le nommer le dieu qui règne en été. C'est pourquoi, avant la réforme d'Hiram, alors que l'idée naturiste était encore dominante, la fête de sa mort et de sa résurrection, reportée par ce prince à l'arrière-saison, était sans doute divisée en deux parties, dont l'une se célébrait en automne, l'autre au printemps. Il existe dans Athénée un mythe remarquable au sujet de sa mort. « Héraclès, — dit l'auteur grec, — fils de Zeus et d'Astéria (Baal-Shamin et Ashéra), fut tué par Typhon à la suite d'une excursion en Libye, mais il revint à la vie lorsque Iolaos lui eut placé une caille sous le nez. » Lorsque le dieu des chaleurs estivales avait été tué par Typhon (Baal-Çéphôn), le dieu du vent du nord, de l'obscurité et de l'hiver, on lui offrait des sacrifices, on lui immolait des cailles : la fumée de ces holocaustes devait le rappeler à la vie. Ces oiseaux, en effet, étaient regardés comme un mets très échauffant et, par conséquent, plus propre que tout autre à ranimer la chaleur vitale. Les peuples primitifs se sont toujours représenté les sacrifices comme un aliment servi aux dieux pour les nourrir et réparer, renouveler leurs forces, et on retrouve les traces de cette naïve croyance jusque dans les idées religieuses d'âges beaucoup plus avancés. Les cailles abondent en Palestine en automne, précisément à la saison de l'année qui amène la mort du dieu. Il est donc bien naturel que les habitants, qui avaient cru constater sur eux-mêmes la vertu salutaire de la chair de ces oiseaux, les aient alors choisis pour leurs sacrifices. L'usage nous est d'ailleurs attesté par d'autres renseignements que par ce mythe. Iolaos appartient au mythe grec, et je ne saurais dire à quel dieu phénicien il répond. Il y a lieu de croire que, dans le mythe grec, Iolaos personnifie la foudre, et on pourrait supposer que les Phéniciens le nommaient Barak (1).

On a quelque raison de croire qu'Hammân, comme Eshmoun, était originairement une divinité cananéenne, que les Phéniciens reçurent, comme dieu de la nature, des anciens habitants. Mais il est certain qu'ils modifièrent profondément son caractère lorsqu'ils l'élevèrent au rang de Melqart, de roi de leur ville. L'Hercule tyrien est donc, en un certain sens, leur création. Il forme, comme dieu de la civilisation, la transition entre la vieille divinité cananéenne et le héros grec, dont le mythe, originairement aryen, mais profondément mélangé d'éléments sémitiques, revêtit un caractère moral. Tous les attributs supérieurs de la divinité se trouvent réunis dans Baal-Melqart-

(1) En tout cas on ne saurait dériver ce nom d'une racine sémitique, comme l'ont fait Movers, qui veut y voir Yabal, et A. Müller qui l'explique par *ya'al*, guérir, assister.

Hammân. Les Sidoniens lui conservèrent ses attributions naturelles de dieu du soleil, du feu, de l'été, de la fécondité, en les pénétrant d'un sens plus élevé. Sa mort et sa résurrection empruntées au vieux mythe de la nature et y trouvant leur explication, devinrent l'image de la vie qui incessamment se renouvelle dans l'univers. Il fut le dieu toujours actif, toujours vainqueur, qui de la mort tire la vie, l'ordre de la confusion. En outre, comme roi de la nation, dieu de la race et du peuple, il fut le principe, le protecteur, le représentant de l'œuvre civilisatrice qu'accomplirent les Tyriens, la personnification de leur nationalité, le vainqueur des monstres et des barbares, parcourant le monde et fondant partout des colonies. Dans ses temples il n'y avait pas d'images, seulement deux colonnes qui étaient plutôt le symbole de son action que la représentation de sa personne. Cependant le feu sacré y était continuellement entretenu comme son image vivante et le gage de sa présence, et lorsqu'on fondait une nouvelle colonie, on avait soin de confier à la garde d'un prêtre, pour y être transporté, le feu allumé à celui du temple de la métropole.

Presque dans toute l'antiquité, les dieux du feu céleste ont réuni le caractère moral à celui de dieu de la nature. Le feu a toujours été regardé comme possédant une force purifiante et sanctifiante. On sait la puissance et les applications de cette idée chez les Perses. Le feu occupa aussi une grande place dans la religion des Phéniciens. Aussi Hammân, le dieu du feu se manifestant dans la vie universelle, ainsi que du feu consumant, fut-il toujours le dieu de la pureté, on pourrait dire, dans un certain sens, de la sainteté. Non moins ennemi de toute dissolution que Yahveh, chez les Israélites, il ne favorisa pas le développement de la pure sensualité, et bien que, de même que Yahveh, il fût considéré comme le principe et la source de toute vie, comme lui il combattait énergiquement tout vice et était redoutable dans son courroux. Ses prêtres devaient s'imposer certaines abstinences ; la plupart n'étaient pas mariés et ses prêtresses ne l'étaient jamais. Il ne pouvait, d'ailleurs, en être autrement, car ses temples étaient soumis à des lois rigoureuses de pureté. Ni femmes, ni chiens, ni pourceaux, — qu'on nous pardonne cette impertinente association, et qu'on veuille bien n'en imputer la faute qu'au manque de galanterie des Phéniciens, — ne pouvaient franchir le seuil de son sanctuaire ; cela n'était permis qu'aux vierges et aux animaux purs.

Le culte rendu à Baal-Hammân-Melqart répondait bien à sa nature et à ses principaux attributs. Comme dieu du feu créateur, on lui offrait des animaux mâles, principalement des taureaux, ainsi qu'il résulte de la table des sacrifices de Marseille. Les plus beaux, les plus chers de ces animaux, qui dans presque toutes les anciennes mythologies sont des symboles de la force reproductrice de la nature, lui étaient naturellement dévolus, comme au dieu suprême, à celui dont la puissance maintient et revivifie tout ce qui est. Mais le grand aliment de la vie est la mort. Le feu créateur est aussi destructeur, et la divinité ne conserve à la nature son éternelle jeunesse qu'en dévorant ses enfants, pour les faire renaître sous de nouvelles formes. A ce côté de la nature du dieu répondaient les sacrifices humains et surtout les sacrifices d'enfants. On offrait les sacrifices humains à Baal-Hammân-Melqart, à la déesse qui, à côté de lui, occupait le plus haut rang dans le panthéon des dieux de Tyr et de Sidon, aux dieux non moins redoutables de la mer et de la mort. On sait qu'ils avaient aussi leur place dans le culte des grands dieux de Babylone, d'Anou en Assyrie, de Kamosh, chez les Moabites, du Mélek ou Moloch de la Bible, etc., toutes divinités dont le caractère, s'il n'était pas de tous points identique à celui d'Hammân, s'en rapprochait du moins beaucoup. C'est la coutume que l'Ancien Testament désigne par l'expression : « Faire passer ses enfants par le feu », et dont les yahvistes mosaïstes ne parlent qu'avec la plus grande horreur. Elle était très répandue chez les peuples mésopotamiens, bien qu'elle n'y fût pas générale. C'est en vertu de cet usage que le roi Mésha, assiégé dans Qir-harésat par Joram d'Israël, Josaphat de Juda et le roi des Édomites, immola son fils premier-né, sur le rempart de la ville (1), et certainement la terreur superstitieuse de la vengeance de Kamosh, répandue dans les rangs des assiégés à la vue de ce sacrifice, ne contribua pas peu à forcer les rois alliés de lever le siège. C'est en vertu du

---

(1) 2 Rois III, 25-37.

même usage que l'Ancien Testament rapporte que les Sépharvaïtes brûlaient leurs enfants devant leurs dieux Anammélek et Adrammélek. Les habitants du royaume de Juda s'adonnèrent à cette pratique sous les derniers rois de la race de David, et elle était générale chez les Israélites dans les temps antérieurs. Les principales victimes des sacrifices humains chez les Phéniciens furent donc les enfants, surtout les plus chers, les premiers-nés, les plus beaux, quelquefois des jeunes filles nubiles. Ils avaient lieu, soit dans les fêtes annuelles, soit dans des circonstances critiques, lorsque l'état était en péril ou lorsqu'il s'agissait d'appeler la faveur des dieux sur quelque grande entreprise projetée. Jamais on n'immolait des esclaves ni des prisonniers de guerre, toujours les enfants des citoyens, quelquefois des plus haut placés. Les parents, les mères, devaient assister à la cérémonie et ne trahir par aucun signe leur douleur. Les cris des innocentes victimes étaient étouffés sous le bruit des flûtes et des tambours. La divinité a droit à ce que les hommes ont de plus cher, et le sacrifice doit être accompli spontanément, sans regrets, et témoigner d'une soumission, d'un renoncement sans réserves. Il ne faut pas chercher dans ces cérémonies un sens mystique. Il ne s'agissait nullement là de purification des âmes des souillures de la matière. Il se peut que le sens du sacrifice variât selon le choix de la victime et le dieu auquel elle était offerte. Ainsi, on offrait aux dieux toujours avides de la mort et de la mer des victimes pour les rassasier à l'avance et conjurer leurs fureurs, selon le principe qu'il vaut mieux qu'un homme seul meure plutôt que d'en exposer des milliers à périr, — principe, hélas ! plus vieux que les Sadducéens, et dont aucun temps, aucun parti ne leur a laissé le monopole. On en offrait à Astarté, la déesse guerrière, parce que ce genre de sacrifices était en harmonie avec sa nature, et que sans doute nulle autre offrande n'aurait pu obtenir de cette divinité farouche la puissance et la victoire. Toutes les fêtes auxquelles on les mêla paraissent avoir été chez les Phéniciens des fêtes de purification et d'expiation. On y avait aussi recours pour apaiser les dieux, lorsque quelque grand danger menaçait le pays. Mais le sacrifice des premiers-nés des animaux et des hommes à Baal-Hammân avait évidemment un autre sens et d'autres motifs. Rien ne montre que ce dieu ait été considéré comme une divinité sanguinaire. Mais il est le dieu de la vie et de la mort, tout lui appartient, parce que tout vient de lui. On rendait à celui qui donne, sans doute dans l'espoir de provoquer de sa part de nouvelles libéralités. Ces sacrifices furent, au sens rigoureux du mot, un *auto-da-fe*, un acte de foi. Il n'y a que cette profonde conviction qui puisse en expliquer la durée séculaire, la persistance en dépit de tous les progrès des idées et des mœurs. Telle était la force de l'usage que, même après la prise de Carthage par les Romains, malgré leurs défenses et la surveillance de leur police, on offrait encore des victimes humaines. De telles coutumes, du moins chez les peuples qui ne sont pas placés au plus bas degré de l'échelle de la civilisation, ne sauraient être attribuées à l'empire brutal d'un goût dépravé, et la superstition seule ne suffit pas à les expliquer. Elles ne sont maintenues que par la puissance du sentiment religieux, par cette pieuse pensée: J'appartiens avec tous les miens à la divinité. Il est vrai qu'un tel sentiment religieux s'allie à une conception très imparfaite de la divinité.

La déesse qui était toujours invoquée à Carthage à côté de Baal-Hammân et, dans quelques inscriptions, a même le pas sur lui, « la face » ou « le nom » de Baal-Hammân, appartenait très certainement aussi à la classe des divinités sévères et chastes. Son nom n'est pas originaire de l'Afrique, mais de l'Asie. C'était la même divinité que l'Astarté de Tyr et de Sidon, l'Ashtoret Shem-Baal, dont il est fait mention dans l'inscription du sarcophage d'Eshmounazar. Elle différait complètement d'Ashéra, de Baalit, la déesse de la terre-mère et des déesses mères du ciel, Atergatis et Annit. *Virginale numen* par excellence, elle n'était pas l'épouse, mais la face, le nom de Baal, c'est-à-dire sa manifestation sous une forme visible. Le plus souvent, les Grecs l'identifièrent avec Athènè et Artémis. Comme déesse du ciel nocturne, elle se manifestait dans toute sa gloire dans la lune, et était alors représentée avec une tête de vache, ou tout au moins coiffée de cornes, symbole du croissant lunaire. Elle prenait alors le nom d'Ashtoret-Karnaïm. Son culte, sous cette forme, était très répandu dans le pays de Canaan. C'était la reine du ciel en l'honneur de laquelle les femmes israélites allumaient le feu sacré et faisaient des libations. Elle paraît d'ailleurs avoir reçu le même culte qui était rendu à Baal-Hammân.

C'est à peu près là tout ce qu'on sait avec quelque certitude sur cette déesse si haut placée dans la vénération des Phéniciens. Déjà, sous la dix-huitième dynastie, on la retrouve en Égypte où, certainement, elle n'était pas indigène. Elle y est positivement opposée comme déesse vierge à Annit, la déesse mère. Mais ce rapport a-t-il été toujours et partout le même ? Annit et Tanit ont-elles toujours été distinctes, et ne peut-on pas supposer qu'elles représentèrent primitivement deux faces différentes de la nature féminine, réunies dans Neith (Net ou Nit de Saïs), ou même que ce ne sont que deux formes du même nom modifié par un préfixe différent ? Tanit était-elle peut-être dans un rapport quelconque avec ce mystérieux dieu Ta, dont le nom revient si souvent sur les monuments phéniciens, et dont on a même retrouvé la trace en Égypte ? Toutes ces questions et bien d'autres restent pour le moment insolubles. Une seule chose est certaine, c'est que la principale déesse des Phéniciens proprement dits était une divinité sévère et chaste, dont le culte put être cruel, mais ne fut nullement licencieux.

Outre ces dieux principaux, les Phéniciens en eurent une foule d'autres. Ils furent indubitablement polythéistes, bien que leur polythéisme fût strictement monarchique et que le culte de la plupart des dieux fût subordonné à celui de quelques divinités supérieures. La tradition et les monuments nous ont conservé un grand nombre de noms de ces dieux *minores*, mais hélas ! pas beaucoup plus que des noms. Plusieurs appartenaient déjà à la religion des peuples cananéens, par exemple l'ancien dieu solaire, ou plutôt le dieu-soleil, Shémesh, des dieux de fleuves, de montagnes. Par contre, plusieurs, tels que Typhon, nom donné par les Grecs à Baal-Çéphon, et que sur cette seule altération de son nom, on a, à tort, regardé comme d'origine égyptienne, Sakan, Pou'm, Mout (le dieu de la mort, auquel on offrait des sacrifices humains) Koun ou Ikoun, qui doit avoir été dans un rapport plus ou moins étroit avec la colonne Yakin et la planète Keiwan, etc., furent sans doute purement phéniciens.

Autant que nous pouvons en juger par le peu que nous savons, la religion des Phéniciens s'éleva incontestablement au-dessus des cultes de la nature des Syriens et des Cananéens. Elle marque un effort pour atteindre à la conception spiritualiste de la divinité, et la place prépondérante qu'y tient l'adoration du feu, le moins matérialiste des cultes de la nature, favorisa cet effort. Les déesses, du moins Tanit à Carthage, y occupèrent le premier rang; mais ce fut peut-être là un caractère local et accidentel, et il faudrait que nous eussions plus de monuments provenant des autres contrées où cette religion florissait, pour savoir si partout Tanit était nommée avant Baal-Hammân. En tout cas, comme Shem-Baal (nom de Baal), Pené-Baal (face de Baal), elle était placée bien au-dessous des grandes déesses d'Askelon, lesquelles tiennent le premier rang dans la mythologie comme dans l'adoration. Il est néanmoins vraisemblable que les déesses étaient de la part du peuple l'objet d'un culte plus fervent, d'une vénération plus grande que les dieux. On sait que ce ne sont pas toujours les divinités les plus haut placées dans l'enseignement officiel qui sont le plus en honneur et en faveur dans l'esprit des multitudes. La religion des Phéniciens, avec ses déesses qui ne sont que des noms, des manifestations de Dieu, forme la transition entre les vieux cultes sémitiques, presque exclusivement consacrés aux divinités féminines, et le mâle yahvisme d'Israël, où, dans la conception de la divinité, l'élément féminin ne figure plus qu'à titre d'allégorie et de symbole.

Néanmoins, les Phéniciens s'arrêtèrent à mi-chemin de cette évolution. Ils ne surent pas même demeurer fidèles à leur propre religion. Comme leurs derniers maîtres, les Perses, ils eurent le malheur d'être beaucoup trop portés à s'approprier les idées et les rites des peuples étrangers. Leurs mœurs et leurs habitudes de peuple commerçant développèrent cette disposition en lui fournissant d'amples occasions de se satisfaire. S'ils empruntèrent, comme les Hébreux, les croyances et les usages des anciennes religions cananéennes, ils ne surent pas, comme eux, les épurer après une lutte prolongée. L'Égypte avec ses mystères semble avoir exercé sur eux une attraction irrésistible. Nombre d'inscriptions recueillies non-seulement en Égypte, mais encore dans d'autres contrées, montrent quelle extension prit parmi les Phéniciens le culte d'Osiris. Ils n'eurent pas moins de dévotion pour Ptah, dont le caractère se rapprochait tellement de celui de quelques-uns de leurs dieux. On a même retrouvé sur une pierre gravée, recueillie en Espagne, au milieu de dieux purement phéniciens, le nom d'Harpocrate, Hor-pe-chruti, Horos l'enfant, avec le surnom parfaitement conforme à la pure doctrine égyptienne, Yatan-hayim, celui qui dispense la vie. Il est moins certain qu'ils aient adoré Isis, bien qu'on ait cru trouver sur leurs monuments la trace de son culte. Mais il est indubitable, et les monuments le démontrent d'une manière surabondante, que depuis le règne du roi d'Égypte Apriès (Uahet-pra, Hophra) la religion phénicienne fut à peu près complètement égyptianisée. Longtemps auparavant les Phéniciens avaient déjà emprunté à l'Égypte la disposition de leurs temples, et peut-être l'usage africain de la circoncision.

Ne s'étant pas élevés au-dessus du polythéisme, les Phéniciens ne pouvaient pas avoir de métropole religieuse. Il y eut en Phénicie un grand nombre de sanctuaires et de lieux saints. Comme chez les Grecs, on n'élevait de temples que sur des terrains déjà consacrés à la divinité, et que, sans doute pour cette raison, on appelait Béthels, demeures de Dieu. On retrouve en Phénicie dans toute sa force l'idée commune à la plupart des peuples de l'antiquité, et à laquelle les Israélites n'étaient pas étrangers, en vertu de laquelle la divinité résidait dans les temples. « Nous avons fait, — lit-on très fréquemment dans les inscriptions, — habiter ici Eshmoun, ou Astarté, ou telle ou telle autre divinité. » Ce n'était nullement là une métaphore, il ne s'agissait pas non plus de l'image du dieu, mais bien du dieu lui-même.

Les principales villes avaient plusieurs temples. Eshmounazar construisit à Sidon seulement un temple à Ashtoret de Sidon, le pays de la mer, un à Ashtoret Shem-Baal, un à Baal-Çidon, un à son patron, le dieu dont-il avait pris le nom. Ce dernier temple avait peut-être le caractère d'un panthéon où était concentré le culte de tous les dieux du pays.

Les temples étaient construits sur le modèle de ceux de l'Égypte, somptueusement décorés, mais en général peu remarquables au point de vue de l'art. L'usage de consacrer aux dieux des pierres avec des inscriptions, même des statues, dans l'espoir d'en obtenir la réalisation de ses vœux, était très répandu.

Ces pierres votives remplaçaient en partie les sacrifices, et semblent une transformation des bétyles, ou pierres sans inscriptions, que les anciens Israélites et les Cananéens consacraient à la divinité. Les sacrifices étaient très nombreux et très divers. On en trouve l'énumération la plus complète dans la fameuse table de Marseille. Les animaux immolés étaient des taureaux, des veaux, des béliers, des boucs, des agneaux, des chèvres, des chevreaux, des oiseaux employés soit pour les sacrifices de purification, soit pour tirer des augures. Pour la plupart, ce sont les mêmes qui étaient offerts à Yahveh dans les holocaustes ou dans les sacrifices ordinaires. De plus, comme chez les Israélites, on devait offrir les prémices des moissons, des gâteaux, du lait, de la crème, peut-être aussi du vin. La taxe due au prêtre pour chaque espèce de sacrifice était exactement déterminée ; le prêtre qui exigeait davantage était mis à l'amende, et le fidèle qui refusait de payer voyait son offrande confisquée. Il faut ajouter, à l'honneur du sacerdoce phénicien, qu'il n'était prélevé à son profit aucune part de viande sur les sacrifices offerts par les pauvres.

Entre les Phéniciens et les Israélites, il n'y avait pas moins d'analogie dans les noms propres que dans les usages religieux, et la plupart de ces noms ont chez les deux peuples le même caractère religieux et procèdent d'une même conception religieuse. Quelques noms sont identiquement ou presque identiquement les mêmes, comme Hanniël, Toma ou Thomas, Nahum, Manon (c'est le même nom que Nun, celui du père de Josué). On sous-entendait fréquemment chez l'un ou l'autre peuple le nom propre de la divinité entrant dans la composition d'un nom de personne. Les Israélites disaient Obed, (serviteur) pour Obadya (serviteur de Yahveh) ; les Phéniciens Abda, esclave, serviteur de Baal, d'El, de Mélek. Batnoama rappelle d'une manière frappante les noms hébreux Ahinoam et Noömi. A défaut de cette concordance littérale, les noms Hannibal (la grâce de Baal), Baal'han, Baalji'hen, Abibaal, Amat'ashtoret, Abd'ashtoret, Em'ashtoret et tant d'autres exprimant le rapport de filialité entre l'homme et la divinité, l'obéissance à la volonté divine, l'espoir en la protection de Dieu, la reconnaissance pour ses bienfaits, ses louanges, etc., attestent surabondamment l'analogie des idées religieuses et des sentiments religieux des deux peuples. Cette analogie ressort avec non moins de force de la comparaison de leurs idées sur la mort, sur le tombeau, le sort des bons et des méchants, tels qu'ils sont exprimés d'une part sur les monuments phéniciens, de l'autre dans l'Ancien Testament. Eshmounazar souhaite à celui qui violerait ou profanerait son tombeau qu'il n'ait point de place chez les ombres (Réphaïm), qu'il soit sans sépulture, ne laisse après lui aucun fils, aucune postérité, et que les dieux saints (Ha'alônim haqadoshim) le détruisent. « Que lorsqu'il sera mort, — ajoute-t-il plus loin, — il n'ait ni racine sous terre, ni fruit au-dessus, qu'il n'en reste aucune image à la lumière du jour, qu'il soit aussi misérable que moi qui ai été privé du fruit de ma vie, de fils intelligents et vaillants, moi qui suis seul, fils de la solitude. » La tombe est pour les Phéniciens, aussi bien que pour les Égyptiens et les Israélites, « la maison de la demeure d'éternité », expression sous laquelle il faut entendre le monde souterrain, le Sheôl. On retrouve sur les pierres tombales des Phéniciens de nombreux témoignages de ce respect pour les tombeaux des ancêtres, de cette tendre affection des enfants pour les parents et des parents pour les enfants, si répandus chez les Israélites. Maolam, fils d'un personnage princier, exprime sur le monument élevé par lui à la mémoire de son père la grande douleur causée par la mort de cet homme « sage ». « C'était, — dit-il, — un homme semblable au diamant, qui endura toute espèce de malheur. Son nom est pur de toute souillure. »

La différence entre les deux religions n'est pas dans leur caractère, mais dans leur inégal développement. Elle ne peut complètement ressortir que d'une esquisse de l'histoire religieuse des Israélites. Quant aux causes qui empêchèrent la religion des Phéniciens de s'élever à un développement supérieur, on peut, dès à présent, les indiquer. La rigidité de leurs institutions politiques et le commerce, auquel ils s'adonnèrent presque exclusivement, furent les principales.

Comme chez les autres peuples mésopotamiens, et à l'encontre de ce qui eut lieu chez les Égyptiens, le sacerdoce et la royauté furent, de fait, séparés et distincts chez les Phéniciens. Cependant cette séparation ne fut ni rigoureuse, ni absolue.

Plusieurs états paraissent avoir eu une constitution théocratique, ou plutôt hiérarchique. A la nouvelle Tyr, le grand prêtre de Baal-Melqart était de droit suffète ou juge, et portait la pourpre royale. Les principaux prêtres étaient ordinairement de sang royal. Quelques rois associèrent les grands prêtres au trône. En tout cas, ils exercèrent toujours une influence marquée sur le gouvernement, et jouirent d'une autorité considérable dans l'état. Le grand prêtre exerçait la régence en cas de minorité du roi, et était toujours le premier personnage de l'état, après le roi. Il est vrai que les rois tentèrent quelquefois de se soustraire à cette domination du sacerdoce, mais leurs efforts manquèrent d'énergie et de suite. On croit que la fondation de Carthage fut la suite d'une de ces tentatives. Le roi Mattan voulut marier sa fille à Sikarbaal, grand prêtre de Melqart, pour assurer à ce dernier une grande influence dans le gouvernement. Ce projet ne put se réaliser et Élissa dut s'enfuir. Dans ce cas, l'opposition au pouvoir sacerdotal vint donc du peuple. La puissance formée par l'alliance de la royauté, du sacerdoce et de l'aristocratie était trop considérable pour permettre, en Phénicie, à un libre développement religieux de se produire. Aussi n'y voyons-nous rien qui ressemble au prophétisme dont l'action fut si grande chez les Israélites. Une telle institution n'eût pu y prendre naissance, ni y vivre, ni s'y développer et y élever la religion au spiritualisme où atteignirent les prophètes hébreux. Il y eut sans doute des prophètes en Phénicie. Mais ils restèrent ce qu'avaient été les anciens voyants d'Israël, ils ne devinrent pas les organes d'une conception religieuse plus haute et plus pure. Alors même qu'il se fût trouvé des hommes pour faire entendre une parole libre et inspirée, la constitution aristocratique du gouvernement et l'autorité intolérante dont elle armait les principales familles ne lui eussent pas permis de se produire. Le développement religieux se trouva donc renfermé dans les écoles sacerdotales, et se borna à l'interprétation symbolique de la mythologie et à de profondes spéculations sur les dogmes issus des anciens mythes.

En outre, la vie des Phéniciens était trop active, trop remplie par d'autres soins. L'industrie et le commerce ne leur laissaient pas, comme la vie plus calme des peuples pasteurs et agricoles, le loisir de se plonger dans les méditations religieuses. Les nécessités du commerce, qui porte plutôt à la tolérance pour les autres cultes qu'à une rigide et exclusive orthodoxie, le relâchement des mœurs à la suite de l'accroissement du bien-être, tout contribua à l'altération de la religion nationale, rien à son développement et à son épuration. Une foule d'éléments étrangers s'y introduisirent avec le temps. Il fut impossible de faire disparaître du culte les pratiques licencieuses qui, chez les Israélites mêmes, chez qui elles avaient bien moins de raison d'être, persistèrent et ne disparurent complètement qu'après l'exil. Ce ne fut que grâce à ses destinées spéciales, aux circonstances qu'il traversa, à l'isolement prolongé dans lequel il vécut, que le peuple d'Israël fit sortir du même fonds religieux commun que ses voisins un développement bien plus riche. Et encore ce développement fut-il singulièrement lent, et n'arriva-t-il à sa perfection que lorsque, de tout le peuple, il ne resta plus guère qu'une secte.

CHAPITRE VIII

ÉTAT RELIGIEUX DES HÉBREUX DANS LE PAYS DE GOSHEN

Sur la scène où avaient jusqu'alors successivement joué le premier rôle les Chétas (Hétiens), les Cananéens, les Araméens et les Phéniciens, peut-être aussi les Amorrhéens, parurent, vraisemblablement aux quatorzième et treizième siècles, deux peuples destinés à se disputer, dans une lutte prolongée et acharnée, la domination du pays de Canaan, sans que l'un ou l'autre pût jamais l'emporter d'une manière complète et définitive sur son rival : ce furent les Philistins et les Hébreux. Les premiers y pénétrèrent par le sud-ouest, en suivant les côtes de la mer ; un peu plus tard leurs rivaux firent leur apparition au sud et au nord-est.

Les Philistins occupent une place très secondaire dans l'histoire de la religion. C'est à peine si l'on a quelques renseignements positifs sur leur propre culte. Ils adoptèrent simplement et sans y rien changer, la religion régnante du pays qu'ils conquirent. Ils étaient peut-être cariens de race et venaient de l'île de Crète. Leurs premiers établissements furent le long de la côte sud-ouest du pays que, d'après eux, les Romains nommèrent Palestine. Ils formaient un état confédéré composé de cinq principautés dont les chefs-lieux furent Gad, Gaza, Ekron, Askelon et Asdod. Ces villes étaient les résidences de leurs cinq Séranîm, ou princes. Ils paraissent avoir été assez puissants pour maintenir longtemps leur indépendance contre les Israélites, dont ils restèrent toujours les ennemis les plus redoutables. Ils réussirent à soumettre pendant un certain temps la plus grande partie du pays de Canaan, et les Israélites eux-mêmes, qui y étaient dès lors déjà établis. Ils ne craignirent même pas de s'attaquer à la puissance de Sidon, s'emparèrent de cette ville et la ravagèrent. Les principales familles de Sidon se réfugièrent dans l'île de Tyr, dont la grandeur date de cette époque. C'était un peuple en même temps guerrier, agricole et commerçant, dont l'histoire n'est guère connue que par ce qu'en rapporte la tradition d'Israël. Le dieu national du pays où ils s'établirent, Dagon, l'époux ou le fils d'Atergatis dont le culte dans ces contrées remonte à une très haute antiquité, devint, dans un certain sens, leur dieu national. Ils continuaient cependant à adorer à Gaza leur dieu Marna (notre seigneur) dont ils avaient apporté le culte de l'île de Crète, et que les anciens placent sur la même ligne que le Zeus crétois. On a même affirmé que, d'après Minos, ils donnèrent à Gaza le nom de Minoa. Mais tout cela est très obscur et très incertain. Ils doivent avoir été, au fond, des Sémites ou des Mésopotamiens, bien qu'on ait voulu démontrer le contraire. Mais n'ayant pas emprunté comme les autres peuples de l'Asie occidentale l'usage de la circoncision aux Égyptiens, les Israélites qui avaient fait de cet usage un signe de confédération, les regardèrent avec un profond dédain.

Si les Philistins occupent une place très inférieure dans l'histoire du développement religieux, il en est tout autrement de leurs compétiteurs, de leurs ennemis héréditaires : les Israélites. Leur religion a pris le premier rang parmi les religions nationales de l'antiquité. A quoi faut-il attribuer cette supériorité ? Nous avons eu l'occasion de dire, et cela ressortira avec la dernière évidence de l'étude spéciale que nous en allons présenter, que la religion nationale d'Israël, même à son plus haut point de perfection, ne diffère pas, quant à sa nature et à son caractère, de celle des peuples voisins et de même race. Mais quant au développement, il y a une différence du tout au tout entre les plus hautes et les plus pures notions religieuses de Tyr et de Carthage, par exemple, et celles des prophètes et de leurs adhérents en Israël au huitième et au septième siècle, si l'on s'en tient aux données de l'histoire ; de Moïse lui-même, si l'on accepte celles de la tradition. Chercher l'explication de ce phénomène dans une révélation surnaturelle, — fait dont on a quelque peine à se faire une idée tant soit peu satisfaisante, — c'est appliquer arbitrairement à la religion d'Israël une méthode que l'on repousse pour les autres religions. Comme le Juif, le Parsi, l'Hindou, le Musulman, attribuent leur religion à une révélation divine. A quel titre admettre le bien fondé de cette prétention pour le premier et le dénier à tous les autres ? L'hypothèse d'un instinct religieux — on a été jusqu'à dire monothéiste — de la race sémite, n'est guère plus plausible ni plus satisfaisant, d'abord parce qu'il s'agit d'expliquer une différence entre les religions de peuples de même race, ensuite parce que l'instinct n'est, au fond, qu'un mot commode, peut-être, pour couvrir notre ignorance de la cause de certains faits, mais qui n'explique rien. Nous ne serons pas plus avancés si l'on nous dit qu'Israël fut le peuple religieux par excellence. Entend-on par là autre chose, sinon que ce peuple doit son importance dans l'histoire à sa religion, et que sous tous les autres rapports, il fut inférieur aux peuples voisins, ou s'éleva tout au plus à leur niveau, qu'un seul côté de la vie atteignit chez lui un beau développement, et qu'il sacrifia ou du moins subordonna à la religion tous les autres intérêts : la politique, l'industrie, les arts et la science, — pour autant qu'on peut parler de science dans ces temps reculés? On n'a alors qu'une phrase creuse, qui n'explique rien. Entend-on quelque chose de plus? On pose alors en fait ce qu'il s'agit d'expliquer. Du reste, le peuple d'Israël, en tant que peuple, ne fut pas plus religieux que la plupart des peuples anciens; il ne le fut certainement pas plus que les Égyptiens et les Étrusques, pour ne pas parler des peuples de l'Asie. Dans un certain sens, les Grecs et les Romains, ces derniers surtout, le furent plus que lui (1).

Le fait est que cette religion élevée et pure que renferme

---

(1) Ce fait a été relevé par des écrivains qui en ont tiré la conclusion que si les Israélites n'avaient pas une supériorité religieuse propre et native, l'excellence incontestable de leur religion ne peut s'expliquer que par une révélation divine. La constatation fait plus d'honneur à la perspicacité de ces auteurs que la conclusion à leur logique.

— 330 —

l'Ancien Testament n'a jamais été la religion du peuple d'Israël, mais seulement celle de l'élite de la nation, formant un parti religieux et politique. A certaines époques, favorisé par les circonstances, sous l'ombre de la protection de quelques rois, ce parti ou cette secte réussit à imposer violemment ses idées au peuple et à les faire passer dans le domaine de la pratique. Mais, dès que la contrainte cessait, les masses retournaient à leur propre religion, la seule qu'elles fussent capables de comprendre. La nationalité juive qui se constitua après l'exil ne fut nullement le peuple d'Israël, mais — qu'on nous passe l'expression — l'église mosaïque, qui s'efforça de réaliser son idéal. La question n'est donc pas de savoir comment un peuple qui n'était pas plus religieux que ses voisins en vint à professer une religion beaucoup plus pure que la leur, car cette religion, ce peuple ne l'a jamais professée, mais comment d'un des cultes d'Israël a pu se développer une conception supérieure de la religion, comment ses adhérents parvinrent à la rendre dominante pendant un certain temps et à lui gagner un grand nombre d'adhérents. C'est l'exposition du développement religieux d'Israël qui fournit à cette question la meilleure réponse.

Pour se faire de ce développement une idée juste, il faut commencer par écarter complétement les opinions traditionnelles et courantes sur l'histoire religieuse d'Israël. Ces opinions sont fondées sur les anciens documents religieux des Juifs, documents que les chrétiens ont reçus au nombre de leurs livres sacrés. Or, il résulte de l'analyse critique à laquelle ils ont été soumis, que l'histoire y est présentée à un point de vue idéaliste qui ne répond à rien moins qu'à la réalité. La bonne foi de leurs auteurs n'est pas en cause, mais bien l'exactitude de leurs renseignements. Les livres de l'Ancien Testament sont les monuments d'une religion qui ne prit pas naissance avant le neuvième siècle. Ils renferment, il est vrai, des parties plus anciennes. Mais, ou bien par la manière dont elles tranchent sur l'ensemble elles confirment notre assertion, ou bien elles ne cadrent avec le reste que grâce aux remaniements dont elles ont été l'objet de la part des écrivains yahvistes. Toute la vieille histoire d'Israël est présentée dans l'Ancien Testament sous le jour sous lequel devaient la voir les hommes de la réforme prophétique, ou même a été refondue après l'exil et racontée telle que les prêtres de l'époque d'Esdras pouvaient désirer qu'elle eût été en effet (1). Assurément, ce ne sont pas des récits de pure invention. Mais, pour y retrouver la réalité historique, on est obligé de lire entre les lignes. Selon l'usage constant de l'antiquité, les historiens israélites, prophètes ou prêtres, ont présenté leurs idées et les institutions de leur temps, fruits d'un développement séculaire, comme des créations primitives remontant à la plus haute antiquité. Ils ont considéré ce qui ne cadrait pas avec l'histoire ainsi conçue comme infidélité, désobéissance à la volonté divine, décadence. C'est ainsi que ce qui au neuvième et au huitième siècle n'était encore que le progrès accompli, la foi professée par une minorité militante, ce qui est lentement devenu la foi d'une secte réformée yahviste, ce qui après l'exil seulement, a été, sous une forme nouvelle, la religion nationale d'Israël, a été présenté comme un enseignement donné par Moïse, en vertu d'une révélation divine, rédigé pour la première fois sous forme de lois, mais toujours oublié ou transgressé par le peuple infidèle. La critique a mis en évidence l'erreur de cette manière de concevoir l'histoire d'Israël, et, après les travaux importants dont cette question a été l'objet, on peut dire que le procès est jugé sans appel (2).

Les réformateurs du huitième siècle se réclament de Moïse comme du fondateur de la vraie religion. Nous verrons jusqu'à quel point leur assertion est justifiée par les faits. Selon eux, les Israélites ne furent pas seulement redevables à ce grand homme de leur foi religieuse, mais encore de leur existence comme nation, parce que ce fut lui qui les fit sortir d'Égypte où ils gémissaient sous le poids de la plus dure servitude, après y avoir été reçus à titre d'hôtes. C'est là une très ancienne tradition. Les premiers prophètes dont nous possédions les écrits parlent de ces événements comme de choses connues de tout le monde. La sortie d'Égypte et les migrations du peuple au désert, telles

---

(1) Cela a été mis plus complètement en lumière, à propos des deux Livres des Chroniques par Graf, *Die geschichtlichen Bücher des A. T.* 2ᵉ Abth. p. 114 et ss.

(2) Voir Kuenen, *Godsd. v. Israël*, la traduction française du *Histor. kritisch Onderzoek* de Kuenen, l'édition récente de Bleek, *Einleitung in das A. T.* par Wellhausen et le 1ᵉʳ vol. de la *Geschichte Israels* de ce dernier.

qu'elles sont racontées dans le Pentateuque, appartiennent à la tradition légendaire. Il n'en est pas moins avéré que les Israélites, après avoir plus ou moins longtemps habité au nord-est de l'Égypte, émigrèrent de ce pays pour venir se fixer dans celui de Canaan. Le fait lui-même n'a rien qui doive nous surprendre. Déjà sous la douzième dynastie, nous voyons des nomades mésopotamiens, appelés par les Égyptiens Amou, admis dans le pays sur leur demande, et des monuments de la dix-huitième dynastie représentent des captifs de la même race faisant de la brique sous la surveillance d'employés égyptiens (1). C'est à tort qu'on a voulu y voir des Hébreux. Les égyptologues qui soutiennent cette opinion ont affirmé que les Hébreux, dont on a vainement cherché le nom sur les monuments, étaient appelés par les Égyptiens Apériou ou Apouriou, nom qu'ils estiment répondre exactement à l'hébreu Ibrim (2). On lit dans un papyrus du roi Ramsès II, Mériamoun, que ces Apériou fournissaient des briques pour les monuments du roi, et dans un autre document de la même date les Apériou sont compris dans un dénombrement de la population de la province d'An, au nord de l'Égypte. D'après ces données, on a admis que Ramsès II, le Louis XIV de l'Égypte, est précisément le Pharaon qui commença à opprimer les Israélites établis dans le pays de Goshen, et qu'ils s'enfuirent sous le règne de son successeur Ménenptah. L'exode répondrait ainsi à l'année 1320 (3). C'est bien encore l'hypothèse la plus plausible, bien qu'elle se heurte à des difficultés considérables. Les villes de Pitom et de Ramsès que, d'après Exode I, 11, les Hébreux durent construire comme équivalent des impôts à fournir par la province qu'ils habitaient, sont déjà mentionnées dans un monument du règne de Séti Ier. Mais n'oublions pas que, dans les anciens documents, construire signifie seulement restaurer, et qu'en outre, Ramsès II fut associé au trône dès sa naissance par son père Séti Ier et fut même dès lors

(1) Brugsch, *Histoire d'Égypte*, I. p. 63 et 106.

(2) Chabas, *Mélanges Égyptiens*, 1. p. 42 et 55. Lauth, *Moses der Ebraër* (1868) cite encore à l'appui d'autres passages, mais que lui-même reconnaît ne pas être d'une authenticité incontestable. Il veut retrouver Moïse même dans le Papyrus d'Anastasi (Brit. Mus.), mais cette assertion n'est pas suffisamment justifiée.

3) Kuenen exprime aussi cette opinion, I. p. 121-125.

considéré comme le roi légitime. Une objection plus grave est qu'un monument du temps de Ramsès IV, d'une date, par conséquent, à laquelle les Israélites devaient être déjà depuis longtemps établis dans le pays de Canaan, fait mention de 800 Apériou qui, comme leurs ancêtres, étaient employés à la garde des troupeaux. Ils durent travailler à la construction d'une ville située dans le voisinage de Memphis. Si les Apériou sont les Hébreux, on a peine à s'expliquer qu'il en soit resté en arrière un nombre aussi considérable, sans que ceux qui partirent semblent en avoir conservé le moindre souvenir.

Si les anciens monuments égyptiens répandent peu de lumière sur le séjour des Israélites dans le pays de Goshen et sur leur exode, ce que rapportent sur ce sujet les historiens égyptiens postérieurs, ne nous paraît guère digne de foi. Il s'agit ici surtout du récit célèbre de Manéthon de Sébennys, prêtre qui vécut sous le règne de Ptolémée Philadelphe. D'après lui, les monuments égyptiens auraient donné un récit très détaillé de la sortie d'Égypte des Hébreux. Cette assertion, déjà très supecte en elle-même, le paraît encore davantage, lorsqu'on examine la relation de l'historien. C'est une rapsodie de racontars contradictoires, quelques-uns très malveillants, dont l'auteur n'a certainement pas recueilli le premier mot dans les anciens documents, et dont le seul but semble de montrer sous un jour peu flatteur les Hébreux dont les descendants, au gré du parti purement égyptien, étaient beaucoup trop bien traités en Égypte, surtout à Alexandrie, par les Ptolémées. Le thème de ce roman semble être le fait historique de l'expulsion des Hyksos. Bien que les Juifs se soient élevés contre ces calomnies, ils étaient trop fiers du rôle important joué par leurs ancêtres dans l'histoire de l'Égypte, pour taxer le récit de Manéthon de pure imposture. Au point de vue de la politique égyptienne, l'exode des Israélites doit avoir été un fait d'importance très secondaire. Manéthon est un historien digne de foi pour toutes les choses où aucun intérêt patriotique ne vient fausser son jugement et éveiller sa partialité, par exemple dans la reproduction des listes de rois et dans le récit de l'expulsion des Hyksos, qui de son temps avaient disparu de la scène de l'histoire sans y laisser de traces bien distinctes. A propos des Juifs qu'il haïssait, la tentation de les rabaisser était trop forte pour qu'il y résistât. Ils prétendaient avoir secoué le joug des Pharaons à force de courage et de persévérance. Le prêtre égyptien, sous couleur de reproduire l'ancienne histoire d'après les sources authentiques, en fera des oppresseurs, des sacriléges, des barbares, qui ne sortirent pas de leur plein gré, ne conquirent pas leur indépendance, mais furent honteusement chassés. La formation de la tradition hébraïque, qui, d'ailleurs, a très peu de valeur historique, serait inexplicable si le récit donné par Manéthon était le fondement sur lequel elle repose. Tout le récit est de pure invention (1).

(1) Je ne m'arrêterai pas à ce que dans le récit de Manéthon, les insurgés ne sont pas des étrangers, mais le rebut des Égyptiens même, des lépreux et des gens atteints d'autres maladies, car il n'y aurait rien d'impossible à ce que, de même que les Hyksos sont appelés sommairement dans certaines sources égyptiennes « une peste », les Hébreux aient été appelés des lépreux. Ils sont envoyés dans les mines parce que le roi voulait « voir les dieux ». C'était là dans l'antiquité un privilège du roi, et que lui seul possédait en sa qualité de grand prêtre du pays, considéré comme le dieu Horos même ; par conséquent, il n'avait pas besoin, pour l'exercer, de le conquérir par une semblable exécution. Ensuite le roi regrette sa rigueur, parce que parmi les lépreux ainsi frappés se trouvaient des prêtres. Notons en passant que c'est là une idée de date très postérieure ; dans la haute antiquité on n'avait pas de ces scrupules et de ces compassions pour les prêtres qui se rendaient coupables de quelques fautes ou qui semblaient dangereux. Il rend donc la liberté aux condamnés, il leur assigne la ville d'Avaris ou de Péluse, où sous la conduite d'Osarsif, prêtre d'Héliopolis, ils s'allient aux descendants des Hyksos et font la guerre aux Égyptiens. Grâce au secours des Hyksos, ils oppriment tout le pays pendant treize ans et contraignent le roi à se réfugier en Éthiopie. Ce n'est qu'au bout de ces treize ans qu'ils sont vaincus par lui et expulsés de l'Égypte. A peine est-il besoin de dire que cette alliance avec les descendants des Hyksos et ces treize années de domination n'ont absolument rien d'historique. La mention que Moïse donna, de propos délibéré, au malheureux peuple qu'il gouverna des lois différentes de celles des Égyptiens, qu'il leur défendit d'adorer les dieux de l'Égypte, qu'il leur ordonna de faire leur nourriture des animaux que les Égyptiens révéraient comme sacrés et leur interdit tous rapports avec le reste des hommes, est si manifestement mensongère qu'il n'y a pas besoin de s'arrêter à la réfuter. Cette assertion serait excessive même à l'égard des Juifs du temps de Manéthon ; quant à Moïse et aux Hébreux de son temps, elle n'a pas même une ombre ou un minimum de vérité. Elle est évidemment empruntée à la législation édictée au troisième siècle avant J.-C., sous le nom de Moïse. Il faut en dire autant des prétendus sacrilèges dont les Hébreux se seraient rendus coupables, des statues en bois des dieux qu'ils auraient brûlées, des prêtres qu'ils auraient maltraités. Certes les pauvres habitants de Goshen furent bien innocents de ces excès de pieux fanatisme, dont on ne commence à trouver des exemples qu'au huitième siècle avant J.-C. Manéthon et les historiens juifs se sont mutuellement induits en erreur sans s'en douter. Les récits de Chaeremôn et de Lysimaque sont encore plus invraisemblables.

La tradition hébraïque à laquelle un pieux historien yahviste emprunta plus tard les éléments de son récit destiné à manifester, dans une série de faits miraculeux, la grandeur et la puissance du Dieu d'Israël, est encore ce que nous possédons de plus vraisemblable à ce sujet, bien que, évidemment, l'importance de l'événement, la grandeur du peuple, la violence de la résistance, les faits qui précédèrent et ceux qui suivirent le départ des Israélites, y aient pris des proportions exagérées. Voici, selon toute apparence, comment les choses se passèrent. Quelques tribus, ou une petite confédération de tribus nomades s'étaient établies dans la région de pâturages qui enveloppe l'Égypte au nord-est. Elles y étaient tolérées par les Égyptiens, comme l'avaient été dans les temps antérieurs plusieurs autres tribus de même race. Soit Ramsès le Grand que ses expéditions contre les Chétas avaient souvent amené à traverser ces contrées et dont le père avait eu des relations avec les villes d'Avaris et de Péluse, situées dans le voisinage, soit un de ses successeurs, paraît avoir formé le dessein d'égyptianiser ces peuplades, et, en les pliant à la civilisation égyptienne, de faire du pays qu'elles habitaient une véritable province de ses états, tout ensemble porte fortifiée pour les expéditions militaires en Asie, et rempart contre les retours offensifs des peuples de l'est. Pour cela, il fallait fixer la population errante, la faire renoncer à ses habitudes nomades, changer ses mœurs et ses occupations et, sans doute aussi, réformer sa religion en substituant les rites égyptiens au culte simple et primitif des pâtres. L'accomplissement de ces réformes rencontra de la résistance chez ces rudes, mais candides enfants de la nature. Ils se plièrent au joug à regret, jusqu'à ce qu'au milieu des troubles qui suivirent en Egypte non pas la mort du conquérant, mais la fin de la dix-neuvième dynastie, ils trouvassent l'occasion, avec l'assistance de quelques autres tribus de même race habitant plus à l'est, de quitter le pays qui leur était devenu inhospitalier, et d'aller mener au désert une vie dure et pénible, mais libre.

Il est presque hors de doute que la religion joua son rôle dans ces événements. Mais ce serait singulièrement se méprendre que de voir dans les Hébreux de purs monothéistes qui refusèrent de se plier à l'idolâtrie des Egyptiens, et de chercher à cette époque quelque chose qui ressemble aux luttes religieuses du temps d'Antiochus Epiphanes. S'ils ne voulurent pas se laisser imposer la religion et les mœurs des Égyptiens, leur résistance vint en partie d'un sentiment d'indépendance et de nationalité très respectable, en partie, de ce que les idées religieuses et les usages des Égyptiens ne répondaient nullement à leurs besoins, non de ce qu'ils auraient déjà atteint un degré de développement religieux de beaucoup supérieur à celui des Égyptiens. Il est impossible de dire avec certitude quels dieux ils adoraient, ni en quoi consistait leur culte dans le pays de Goshen. D'après la tradition, telle que nous l'a conservée un prêtre yahviste, ce fut à Moïse que Dieu se révéla pour la première fois sous le nom de Yahveh et les ancêtres du peuple ne le connaissaient que sous celui d'El-Shaddaï. En d'autres termes, ce fut par l'initiative et le ministère de Moïse que Yahveh devint le dieu national des Israélites qui, auparavant, adoraient le dieu Shaddaï, « le Puissant », comme le dieu suprême. Le prophète, auteur des plus anciens documents que renferme le Pentateuque, ne sait rien de cette prétendue réforme mosaïque. Il ne fait aucune difficulté de mettre le nom de Yahveh dans la bouche des anciens patriarches, il affirme même qu'à partir de Set, fils d'Adam, on invoquait le nom de Yahveh. Le seul rapport entre son récit et le récit postérieur, c'est que si Yahveh ne se révéla pas à Moïse sous un nom nouveau, du moins il lui dévoila le sens profond et encore ignoré de ce nom. Cependant, dans les plus anciens prophètes dont nous possédions les écrits, Yahveh est constamment appelé « le Dieu d'Israël depuis la sortie d'Égypte. » Même on trouve chez les plus récents la conviction qu'en Égypte les Israélites s'adonnaient à l'idolâtrie des Égyptiens. Nous consacrerons un chapitre spécial à Yahveh et à l'introduction de son culte par Moïse. Il serait téméraire d'affirmer sur la foi d'une tradition très postérieure que le premier dieu national des Israélites, encore adoré en Égypte, ait été El-Shaddaï, et encore plus, qu'il fût représenté sous l'image d'un jeune taureau. Le culte du taureau d'airain est aussi incontestablement cananéen que celui du taureau vivant est égyptien. Il est beaucoup plus vraisemblable que la petite tribu nomade établie dans le pays de Goshen a, selon l'usage constant de l'antiquité, adopté le principal dieu du pays qu'elle habitait et l'a adoré à sa manière, sans toutefois renoncer au culte de ses anciens dieux. Or, le grand dieu de tout le nord de l'Égypte, et particulièrement du Delta, était Set, ou pour parler plus exactement, les dieux de cette région, lesquels, pour les Égyptiens, étaient des dieux étrangers, se rapprochaient le plus par leur caractère et leurs attributions de celui des dieux qui, dans leur système religieux, occupait la place de vengeur et de juge. Il est, en outre, probable que son nom, surtout légèrement modifié par la manière dont le prononçaient les Égyptiens, se rapprochait de celui du dieu de l'Égypte septentrionale. En Éthiopie et en Nubie, pays dont il devint aussi, et pour les mêmes raisons, le dieu national, il s'appelait le plus souvent Souti, dans le nord de l'Égypte, de préférence, Soutech. On le retrouve encore sous le même nom chez les Chétas. Il avait dans le nord, particulièrement dans le Delta, à Tanis et à Péluse, des temples magnifiques fondés par les rois Hyksos, embellis par Séti Ier, qui avait pour lui une grande dévotion. Soutech, — forme sous laquelle les Égyptiens rendaient aussi bien qu'ils le pouvaient le nom de Çédeq, le Juste, — doit avoir été aussi le principal dieu des Hébreux dans le pays de Goshen. Du moins trouve-t-on encore dans leur culte, à une époque bien postérieure, des traces indiquant qu'ils avaient adoré un dieu dont la nature et le caractère avaient la plus grande analogie avec ceux de Soutech. Mais ils lui rendirent un culte approprié au degré de développement et aux mœurs de tribus nomades, et on comprend que la tentative de leur imposer les rites et les pratiques des grandes cités voisines ait provoqué leur résistance, et réussi même à les détacher du dieu au nom duquel on prétendait faire violence à leurs habitudes.

Si cette hypothèse est fondée, le dieu le plus ancien que les Hébreux aient adoré dans le pays de Goshen fut un dieu du feu. C'est ce que paraît confirmer un passage très obscur du prophète Amos. « Est-ce à moi, — fait-il dire à Yahveh, — ô maison d'Israël, que vous avez offert vos sacrifices et apporté vos offrandes pendant quarante ans au désert ? Vous avez porté la tente de votre Mélek (ou de votre roi), et le Kiyoun vos (ou de vos) images, et l'étoile de votre dieu que vous vous êtes faite (1). » Ce passage n'a de commun avec la tradition reçue que les quarante ans passés au désert, détail qui n'a certainement rien d'historique. Tout le reste en diffère complètement. Il résulte indubitablement du passage d'Amos, si étrange que cela paraisse, que pendant leur vie errante au désert les Israélites n'ont pas adoré Yahveh, mais d'autres dieux, et que ces dieux étaient un Mélek, Kiyoun et un certain dieu stellaire dont ils portaient avec eux les images. Nous savons déjà que Mélek est un des noms généraux donnés aux Baals les plus élevés et les plus honorés : c'est le roi des dieux et, le plus souvent, un dieu du feu. Kiyoun, ou, selon une version plus exacte, Keivan, l'idole et l'étoile de leur dieu qu'ils s'étaient faite, sont une seule et même chose. Keivan est la planète Saturne, la plus élevée de toutes, le dieu de la sphère la plus haute du ciel, dont les Israélites avaient fait une représentation, l'étoile de leur dieu qu'ils portaient avec eux. Les dieux qu'adoraient les Israélites avant Moïse et au culte desquels ils ne renoncèrent sans doute pas dès le premier moment, pour n'adorer que le dieu que leur prêchait le réformateur, étaient donc deux manifestations du feu créateur qui était universellement adoré dans le nord de l'Égypte : le Mélek, le roi du ciel, la radieuse et flamboyante manifestation du dieu du feu dans le soleil brûlant de l'été, et sans doute aussi son côté féminin, la Méleket du ciel, l'apparition nocturne du feu céleste, la sévère déesse de la lune, et le dieu de la plus haute sphère du ciel, se manifestant dans la planète Saturne.

Il ne faudrait pas confondre le dieu de la planète Saturne, ou Keivan, avec Saturne, le dieu de l'agriculture et des moissons. Celui-ci ne pouvait naturellement pas être adoré par des nomades menant la vie pastorale, comme les Hébreux dans le pays de Goshen. Autant que nous pouvons en juger par ce qui précède, les Hébreux, au moment où ils sortirent d'Égypte, bien qu'ils fussent encore fort rapprochés de l'état primitif et très

---

(1) Amos V. 25 et ss., passage qui, dans les dernières années, a fourni matière à mainte controverse entre les savants. Il y a littéralement : « Votre Kiyoun ou le Kiyoun de vos idoles. » Hitzig entre autres a donc traduit : « Le reposoir de vos idoles. » Dozy estime que le texte est altéré et substitue le singulier au pluriel : « Kiyoun, votre idole ».

peu développés, étaient déjà, au point de vue religieux, arrivés au degré le plus élevé des religions de la nature, où commence à poindre l'idée d'un dieu spirituel, non perceptible aux sens.

Le passage d'Amos ne renferme vraisemblablement pas une énumération complète des dieux des anciens Hébreux. Parmi leurs dieux inférieurs, il faut nommer un certain Gad, divinité très répandue chez les Sémites, le grand bonheur; il se manifestait dans la planète Jupiter, une des tribus portait son nom. Asher, l'époux ou le côté masculin d'Ashéra (1), était aussi un dieu de la prospérité. Peut-être doit-on y ajouter Ruben (Ré'ubel). Enfin chaque tribu avait ses dieux particuliers et chaque famille ses téraphim, espèce de dieux domestiques protégeant le foyer et servant aux présages.

Les idées religieuses des Hébreux dans le pays de Goshen et au désert étaient donc en parfaite harmonie avec les premières conceptions de tous les peuples appartenant à la même race. Rien ne fait supposer en eux un développement supérieur. Un événement de la plus haute importance pour leur avenir et l'influence d'un homme éminent déterminèrent leur vocation et les engagèrent dans la voie où ils étaient destinés à devancer tous les peuples de l'antiquité.

(1) Il est possible que l'un ou l'autre de ces dieux ait été emprunté par telle ou telle tribu aux Cananéens, après l'établissement des Israélites dans le pays de Canaan, et que la tribu ait par suite changé de nom, prenant celui de sa nouvelle divinité. Asher, par exemple, dans son rapport avec Ashéra, semble bien spécialement cananéen. (TRAD.)

CHAPITRE IX

LE YAHVISME PRIMITIF ET MOÏSE

Au témoignage des yahvistes du royaume de Juda, Moïse non-seulement réunit par le lien d'une certaine unité nationale les Hébreux sortis d'Égypte, mais encore donna aux Israélites leur dieu national. Au pied du Sinaï, il fit conclure une alliance par le peuple avec ce dieu et promulgua au nom de Yahveh les lois que devait dès lors observer le peuple d'Israël. Toutes les lois que produisirent les âges suivants, même celles que, pendant l'exil, les prêtres imaginèrent dans l'intérêt du sacerdoce, sont attribuées dans le Pentateuque à Moïse, parlant au nom de Yahveh. Au centre du camp se dressait une tente magnifique au service de laquelle vaquait un corps de prêtres parfaitement constitué, assisté d'un grand nombre de lévites : le culte y était célébré pour tout le peuple. Non-seulement Moïse avait sur ce dieu, qui ne souffrait pas d'autre dieu à côté de lui, les idées les plus hautes et les plus pures, mais encore, pris d'une subite indignation lorsqu'il s'aperçut que le peuple n'était pas mûr pour ces conceptions spiritualistes, il brisa les tables gravées de la main même de Dieu.

Ce n'est pas ici le lieu de fournir la démonstration complète et détaillée du caractère apocryphe de ces vues. Elles sont en contradiction manifeste avec toute idée de développement organique de la religion. Voyons ce que put être le yahvisme primitif et dans quelle mesure Moïse contribua à son introduction parmi les Israélites. Mais il ne faut pas oublier que nous sommes ici sur un terrain absolument antérieur à l'histoire, que nous avons à faire à un temps dont il ne reste aucun monument, à des situations et à des événements qui ne nous sont connus par aucun renseignement direct, de sorte que ce n'est que par analogie, en remontant de ce qui fut plus tard à ce qui put y donner naissance, qu'il faut essayer de restituer avec quelque vraisemblance le passé.

La manière dont parlent de Yahveh les prophètes et les poètes des époques postérieures atteste suffisamment qu'il fut à l'origine un dieu de la nature. Des traits comme ceux-ci : « La lumière est son vêtement et le vent son souffle », que nous retrouvons dans les documents du septième et du sixième siècles, purent être alors de simples figures de langage, mais elles furent certainement, à l'origine, prises au pied de la lettre. Or leur sens est assez clair. La manifestation la plus ordinaire de Yahveh est l'orage avec tous les phénomènes qui l'accompagnent. Le tonnerre est sa voix qui fait battre de frayeur le cœur des hommes et des animaux. Il tue ses ennemis par la foudre. La croyance populaire d'après laquelle quiconque touchait, même involontairement, son arche sainte, le coffre sacré dans lequel il était censé habiter tombait immédiatement frappé de mort, est dans un étroit rapport avec ces idées. Ce fut en vertu de la même conception que la loi fut promulguée sur le Sinaï au milieu d'un violent orage : ces phénomènes terrifiants, la nuée sillonnée d'éclairs et dans le sein de laquelle on entendait les stridents éclats de la foudre, annonçaient au peuple la présence de son Dieu, au moment où était scellée l'alliance avec lui. C'est en vertu encore des mêmes idées que le feu du ciel consuma l'offrande d'Élie sur l'autel du Carmel. Cependant, si l'orage est la principale et la plus impressive manifestation de Yahveh, il n'est pas la seule. Le vent, la tempête, les tremblements de terre, même le doux murmure d'une brise légère annoncent sa présence. Il retient la pluie lorsqu'il est irrité et la fait tomber avec abondance lorsque sa colère est apaisée. Le feu et la lumière sont des attributs constants, non fortuits et arbitraires, de Yahveh : il manifeste sa gloire dans le ciel radieux ;

un buisson enflammé, qui ne se consume pas, annonce sa présence, c'est-à-dire les teintes ardentes qui du ciel se reflètent sur la terre et embrasent sans les consumer les herbes et les branchages au lever et au coucher du soleil ; le vent est sa respiration, qui plane sur le chaos ; Adam et Ève reconnaissaient sa présence dans la fraîche brise du matin et du soir. De toutes ces indications, il résulte clairement que Yahveh fut primitivement un dieu du ciel.

Il ne faudrait pas, toutefois, le prendre pour le ciel visible considéré comme un être divin, bien que pour l'œil mortel il y manifeste la splendeur de sa gloire. Certainement, il fut dans le principe le dieu caché dans le ciel visible, le plus élevé des dieux de la nature considéré comme la cause de tous les phénomènes célestes, comme la source et le principe de la vie répandue dans l'univers. Ce plus élevé des dieux de la nature est, dans la plupart des mythologies, désigné comme le dieu du tonnerre. Lorsque, sans quitter le terrain des religions de la nature, on s'élevait des phénomènes visibles du ciel à l'invisible, on était amené par l'analogie de la vie humaine à adorer l'âme du ciel, le principe caché de la vie du ciel et de l'univers. Or, la vie est la chaleur. Les créatures vivantes sont chaudes, tandis qu'on voyait le cadavre étendu rigide et glacé. On admit donc qu'il y a aussi dans le ciel une source de chaleur, un feu caché, qui le fait vivre. Les phénomènes lumineux et ignés qu'on observait au firmament, la chaleur qui s'en répand sur la terre n'étaient-ils pas la manifestation de ce feu et la preuve de son existence ? Aussi tous les peuples anciens eurent-ils un dieu de cette nature, les Hindous Agni, les Perses Atar, les Égyptiens Ptah, les Hellènes Héphæstos. Les dieux qui reçurent chez les Sémites le titre d'honneur de Mélek, avaient aussi ce caractère.

Cependant la vie est aussi la respiration. Les langues primitives n'établissaient aucune distinction entre le souffle, le vent et l'esprit. Aussi les dieux du vent, comme le dieu Chnoum en Égypte, furent-ils considérés comme des dieux créateurs, principes de la vie. Enfin on voyait aussi le principe de la vie dans le sang. Le sang cesse de couler dans les veines du cadavre. La perte du sang cause un affaiblissement, une diminution de la vie et finalement la mort. Par une blessure béante, la vie s'écoule et s'exhale. Or, dans toutes les mythologies la pluie est considérée comme le sang du ciel, et la source divine d'où procède la pluie, le breuvage d'immortalité, *amrta*, personnifié et divinisé dans Sôma, Haôma, Dionysos, éveille à l'esprit l'idée d'un sang divin circulant dans le ciel et où tous les dieux puisent l'aliment de leur immortalité.

Or, le dieu de l'orage réunit en lui tous ces attributs et en possède d'autres. Dans l'orage la vie céleste se manifeste avec sa plus grande intensité, par le déchaînement de la tempête, les zigzags éblouissants et mystérieux de l'éclair, les torrents de pluie, tandis qu'au milieu de tous ces phénomènes grandioses la voix du dieu se faisait entendre dans les sourds roulements et les violents éclats du tonnerre. Le dieu du tonnerre semble donc la synthèse des dieux du feu, du vent et de la pluie ; il possède et réunit leurs forces diverses. C'est pourquoi il apparaît partout comme le plus jeune, c'est-à-dire le plus élevé des dieux du ciel, qui éclipse et détrône ses prédécesseurs. On ne saurait s'élever plus haut sans sortir du domaine des religions de la nature. Dans les religions les plus avancées de l'antiquité, je veux dire celles des Sémites et des Aryens, les dieux les plus vénérés sont toujours des dieux du ciel comme dieux du tonnerre. Les dieux que les chants védiques célèbrent plus que tous les autres sont Indra, dieu du tonnerre, qui tue le serpent Ahi, Agni, dieu du feu, mais qui à l'origne est le dieu de l'éclair et Sôma, dieu de la boisson de l'immortalité, mais à qui maintes fois sont attribués les hauts faits généralement racontés d'Indra. Nous n'avons qu'à nommer Zeus avec sa fille Athènè, déesse de l'éclair, Jupiter qui, chez les Romains, relégua au second plan l'ancien dieu lumineux Janus, le Taranis gaulois, le Perkouns letto-slave, le Donar ou Thôr des peuples de race germanique, qui toutefois n'est jamais parvenu à effacer son père Wodan ou Odhin. Parmi les héros, c'est-à-dire les anciens dieux anthromorphisés, les principaux sont encore ceux qui se manifestent dans le tonnerre, comme Râma, Krshna, Héraclès et une foule d'autres. Chez les Sémites le dieu du tonnerre semble être conçu à l'origine comme le fils unique ou aîné du dieu du ciel, ou comme sa manifestation principale, hypostasiée ; ainsi Ramânou chez les Babyloniens est le fils d'Anou, Maroudouk d'Héa ; mais celui-ci ne tarde pas à devenir le dieu suprême, comme Baal-Hammân-Melqart à Tyr et à Carthage.

Yahveh ou Yahwa — qui cependant ne fut vraisemblablement pas la forme primitive de ce nom — dut signifier : « Celui qui fait être », le principe de la vie, bien que les prophètes d'Israël lui aient attribué le sens de : « Je suis celui qui suis », ou Celui qui est véritablement. Le premier sens est le plus ancien, le deuxième est le fruit d'une plus haute inspiration. Nous n'oserions affirmer, bien que cela nous semble fort probable, que la signification première de Yah ou Yahou n'ait pas été plus simple encore.

Si tel a été le caractère de Yahveh comme dieu de la nature, on s'explique l'extension que plus tard — beaucoup plus tard — prit sa signification, l'essor que prit son culte. C'est là, en effet, que finit la religion de la nature. Elle comprend deux éléments constamment associés, ou plutôt juxtaposés ; l'adoration d'objets et de phénomènes sensibles, et l'adoration d'esprits et de fantômes invisibles. Le culte de Yahveh antérieur à la réforme prophétique marque le degré de développement où ces deux éléments se pénètrent et se confondent. Yahveh est l'esprit du ciel, quelquefois rendu sensible dans les phénomènes météorologiques, mais qui, par son essence, est invisible et caché. Si une telle religion subit encore un développement, si ses sectateurs font seulement un nouveau pas en avant, il leur faudra quitter le terrain de la religion de la nature. Le supranaturalisme (1) remplacera le naturalisme : on est sur le chemin de l'adoration spirituelle et du monothéisme.

La manière dont les Israélites se représentèrent Yahveh confirme ces inductions sur son vrai caractère. Ne parlons pas du jeune taureau ou du veau d'or : ce fut là une représentation cananéenne de la divinité, et il semble qu'elle n'ait pu être introduite dans la religion de Yahveh que par une mesure révolutionnaire ; en tout cas, elle ne fit pas partie de son culte

---

(1) Il est inutile de faire observer que supranaturalisme n'a ici nullement le sens de la foi au miracle, par opposition au règne des lois de la nature, mais celui d'adoration d'un être ou d'êtres élevés au-dessus de la nature visible.   (Trad.)

primitif. Faisons aussi abstraction du bouc (1); car, bien qu'on ait supposé que Yahveh fut, à une époque reculée, adoré sous la forme de cet animal, ce n'est là qu'une hypothèse. Le bouc, comme le pigeon, symbole de l'esprit ou de l'âme, ne serait pas, d'ailleurs, une représentation déplacée du dieu de la vie du ciel, quelque choquante qu'elle puisse paraître à notre goût raffiné. Mais le symbole le plus ordinaire et certainement le plus ancien — il serait peut-être plus exact de dire la représentation la plus habituelle de Yahveh — était un coffre dont le couvercle était perpétuellement fermé, placé entre deux Keroubîm. Quelque figure qui ait pu être donnée plus tard dans le temple de Salomon à ces êtres mystérieux, primitivement ils ne furent autre chose que les griffons qui gardent les trésors du ciel, c'est-à-dire la représentation des nuages orageux qui veillent sur le feu du ciel caché. L'arche et ses gardes ne peuvent, dans le principe, avoir eu d'autre signification. Yahveh fut aussi de très bonne heure représenté par un serpent, symbole de l'éclair. Jusqu'au règne d'Ezéchias, il y avait dans le temple de Jérusalem un de ces « dieux de cuivre », qui fut brisé par ordre de ce roi. Il était censé avoir été fait par Moïse au désert; cette croyance, fondée ou non, en atteste au moins la haute antiquité. Les Séraphîm, qui si souvent entourent Yahveh, ne sont non plus autre chose que des serpents, représentant les fulgurations de l'éclair. Il y a lieu de croire que Ramânou, à Babylone, était aussi représenté sous la forme d'un serpent.

La grande fête de Yahveh tombait en automne. Il est démontré que la fête des tabernacles fut la plus ancienne fête religieuse d'Israël, que longtemps les Israélites n'en connurent pas d'autre. C'est en automne que le dieu du tonnerre et de la pluie est le plus puissant. Dans le pays de Canaan on réunit à la fête d'automne celle de la récolte des fruits et des vendanges. Dans les conceptions mythologiques, la pluie et le vin ou le sôma se confondent facilement. Aussi le dieu du tonnerre était-il quelquefois représenté comme inspiré par la liqueur enivrante à laquelle on attribuait une force vivifiante (2). Cependant, cette idée

---

(1) D'après Lévitique XVII, 7, où, au lieu de *démons*, il faut traduire *boucs*.

(2) Land, *Theol. Tyds.* II (1868), p. 160 et ss, veut induire de là que Yahveh ou

n'était pas originairement attachée à la fête de Yahveh, et nous verrons plus tard que les stricts yahvistes, qui s'efforcèrent de restaurer dans toute sa pureté l'ancienne religion nationale, s'abstinrent complètement de vin.

Tel était le Yahveh des Hébreux. Ni le développement ultérieur, ni la transformation de l'idée de Dieu, se dépouillant de son caractère terrible et farouche et s'humanisant avec le temps, n'entamèrent le fond et l'essence de son caractère. D'où les Israélites ont-ils reçu son culte? Où apprirent-ils à le connaître et devint-il leur dieu national? On a répondu à cette question par diverses hypothèses.

On a d'abord soutenu que les Israélites ont emprunté le culte de Yahveh aux Égyptiens, et il faut avouer qu'il y a de grandes et nombreuses analogies entre les religions de ces deux peuples. La circoncision était une coutume d'origine africaine, et si elle n'était pas générale parmi les Égyptiens (1) — ce qui est encore douteux — du moins les prêtres et ceux qui étaient consacrés aux dieux y étaient assujettis. Cette coutume était aussi très ancienne chez les Israélites, même probablement si ancienne qu'elle fut antérieure au yahvisme. En effet, si parmi les peuples qui la pratiquaient, outre les Israélites, quelques-uns, comme les Phéniciens et quelques tribus arabes peuvent l'avoir reçue des Égyptiens, ce ne saurait être le cas pour quelques peuples de l'Asie chez lesquels elle était en honneur, par exemple les habitants de la Colchide (2). On a encore cité, comme des emprunts faits par les Israélites aux Égyptiens, le costume de leurs prêtres et mainte loi d'abstinences et de pureté légale, la cou-

---

Yao est le dieu de l'automne. Le dieu du vin ne fut certainement pas à l'origine un dieu du soleil, bien que Macrobe lui ait arbitrairement donné ce caractère ; Dionysos lui-même ne l'est pas en réalité.

(1) Chabas, *De la circoncision en Égypte*, soutient que cet usage était général dans ce pays. Hitzig, *Gesch. des Volkes Isr*. I, p, 86 et ss., veut voir un sens différent à la circoncision chez les Israélites et chez les Égyptiens. Chez ceux-ci elle aurait été un signe de consécration au ministère sacerdotal ou du plus haut degré de sainteté; chez ceux-là, un signe d'alliance avec Dieu, s'étendant au peuple entier. Si la première assertion était démontrée, il en résulterait uniquement que les Israélites, en étendant à tous le rite d'une consécration supérieure, se sont considérés comme une sainte confédération de sanctifiés, comme un peuple de prêtres.

(2) Hérodote II, 37, signale l'existence de cet usage chez les habitants de ce pays.

tume de consulter le sort par Ourim et Toumim, petites images des dieux de la lumière et de la vérité, dont les noms ne peuvent s'expliquer d'une manière satisfaisante que par des étymologies égyptiennes. Sans entrer dans le détail de tous ces usages, qu'il nous suffise de dire qu'ils ne prouvent nullement que le yahvisme soit d'origine égyptienne. Il faudrait encore établir qu'ils étaient inhérents à ce culte, et qu'ils ont été enseignés avec lui par Moïse lui-même. Rien n'est plus commun que ces emprunts que se faisaient les anciennes religions, et bien souvent telle ou telle pratique passait simplement d'une religion antérieure dans celle qui lui succédait chez un même peuple. Il est certain que les Hébreux firent à l'Égypte et à sa civilisation des emprunts plus nombreux et plus importants que leurs livres sacrés ne le laissent soupçonner. Tout trahit une certaine parenté entre les Israélites et les Égyptiens. Les tribus d'Ephraïm et de Manassé, les plus importantes et les plus puissantes dans les premiers temps, « la maison de Joseph », se glorifiaient de descendre d'une mère égyptienne, la fille d'un prêtre de Ra de la ville d'An. Jusque dans le Deutéronome, qui ne remonte cependant pas à une époque plus reculée que le règne de Josias, il est encore dit que les descendants des Égyptiens établis parmi les Israélites jusqu'à la troisième génération seront admis aux saintes assemblées. L'Égyptien ne doit pas être, comme le Moabite et l'Amorrhéen, en horreur aux Israélites, car Israël a été étranger au pays d'Égypte. Il y a une analogie frappante entre l'arche de l'alliance et les arches des grands dieux égyptiens. Celle-là fut sans doute construite sur le modèle de celles-ci, et l'arche appartient indubitablement au culte de Yahveh. Cependant, même cette dernière analogie ne suffit pas à établir la provenance égyptienne de Yahveh et de son culte. Si le caractère de Yahveh se rapproche sensiblement de celui de quelques divinités de l'Égypte, le rapport est encore bien plus frappant, bien plus complet, entre lui et tel ou tel dieu des Mésopotamiens. Son identification avec le dieu de la lune, dont le nom Yoh ne peut être rapproché du sien que par une prononciation défectueuse, est tout à fait dénuée de fondement. On peut dire en toute assurance que c'est faire fausse route que de chercher en Égypte les origines du yahvisme.

D'ailleurs, l'assertion même des prophètes les plus récents que « Yahveh fut le dieu d'Israël depuis les jours de la sortie d'Égypte » est-elle bien exacte ? Ne serait-il pas plutôt une divinité cananéenne dont les Israélites, après la conquête du pays de Canaan, donnèrent le nom à leur dieu national en confondant leurs attributs ? Quelques savants se sont dans ces derniers temps rangés à cette opinion, notamment l'évêque Colenso. Avec elle, il ne saurait plus être question d'une réforme religieuse de Moïse, ni d'un yahvisme purement israélite. Il n'est pas rare, en effet, que les peuples conquérants adoptent par degrés la religion des peuples conquis. On comprend aisément que, dans cette hypothèse, la tradition postérieure ait laissé se perdre le souvenir de cet emprunt. Les prophètes et les prêtres peuvent, de la meilleure foi du monde, avoir attribué à Moïse l'institution du yahvisme, alors qu'il ne daterait peut-être que de l'époque des Juges ou même de celle de Samuel. Mais tout ce qui est possible n'est pas toujours vrai, ni vraisemblable. Une tradition aussi unanime et aussi bien étayée que celle qui fait remonter le yahvisme à Moïse ne saurait être rejetée que sur les preuves les plus décisives, et celles qu'on allègue à l'appui de cette hypothèse n'ont rien moins que ce caractère. Elles reviennent toutes en définitive à ceci : Yao — qui est le même que Yahveh — était un dieu des Cananéens. Soit, Yao est le même nom que Yahveh ou Yahwa, donc Yao et Yahveh furent à l'origine un seul et même dieu. Que ce dieu fût adoré à Babylone et en Assyrie, cela ne saurait être admis, car le nom divin assyrien dans lequel on a cru reconnaître celui de Yahveh, doit être lu d'une toute autre manière (Ramânou, Barqou, en accadien Ni ou Im). On retrouve quelques traces de son culte chez les Phéniciens. Un fils d'Hazael, roi de Syrie, s'appelait Yahoulahou (Yahou est avec lui). Il se peut que l'Adonis de Byblos et Eshmoun, qui était aussi adoré dans le pays de Canaan, aient porté le nom de Yahou. Rien de tout cela ne prouve que les Israélites n'aient appris à connaître le nom de Yahveh et ce dieu lui-même que dans le pays de Canaan. Leur Yahveh a un caractère tout différent de celui du dieu cananéen. Ce n'est pas le dieu voluptueux de la Syrie, ni le dieu aimable de l'automne qui réjouit les hommes en leur donnant le vin et l'huile. C'est le dieu redoutable, guerrier, courroucé, le dieu du tonnerre, le dieu du désert, qui n'aime ni la vie sédentaire, ni l'agriculture et a le vin en abomination. Il y eut donc deux Yahveh, et tous deux nous les retrouvons ailleurs que dans le pays de Canaan. En Canaan ces deux dieux presque homonymes furent longtemps rivaux, mais peu à peu, après l'établissement des Israélites, ils se confondirent, les côtés les plus accentués de leur caractère respectif s'émoussèrent et leurs attributs se pénétrèrent et se mêlèrent. Dès les premiers temps de la période des Juges on trouve chez les Israélites des noms propres dérivés de celui de Yahveh, Joas, Jotam, Jonathas, le petit fils de Moïse, pour ne pas parler de Josué qui s'appelait d'abord Osée et de Jokabed (1), la mère de Moïse, dont le caractère historique est douteux. Le cantique de Débora est assurément très ancien, et non-seulement il y est question de Yahveh, mais encore il y est dépeint sous des traits qui ne peuvent avoir été empruntés au tendre et voluptueux Yao. En outre, la prophétesse le voit venir d'Édom et de Séir, ce qui ne peut se rapporter à un dieu indigène, mais bien au Yahveh du désert, au vainqueur des Cananéens.

Il y a dans l'histoire d'Israël un fait qui peut nous mettre sur la trace de la véritable origine du culte de Yahveh, car il ne fut au fond qu'une tentative de restaurer ce culte dans toute sa pureté primitive. Nous aurons à parler plus tard d'une secte, celle des Rékabites, ainsi appelée du nom de son fondateur. Lorsque le développement de la civilisation dans le pays de Juda ne permit plus d'y mener la vie nomade, les Rékabites, sous la conduite de Jonadab Ben-Rékab, émigrèrent dans une partie moins peuplée du royaume d'Israël et s'y établirent. Ils n'avaient pas de maisons, vivaient sous la tente, s'interdisaient l'agriculture et tout ce qui s'y rapporte et ne buvaient pas de vin. Leur zèle yahviste se manifesta dans la joie que causa à leur chef Jonadab l'extermination par Jéhu de toute la maison d'Achab. Or, les membres de cette secte appartenaient à une tribu qui s'était jointe dans le désert aux Israélites et vécut toujours, dès lors, dans une alliance et une amitié étroites avec eux, mais resta attachée à ses habitudes nomades, la tribu des Kénites et de leurs proches parents les Kénisites. Kaleb, que la

---

(1) Plus exactement Yoâsh, Yothâm, Yonâthân, Yokebed.

tradition postérieure a donné pour chef à la tribu de Juda à l'époque de la conquête, était un Kénite. On peut admettre que Jéthro, ou Réhuël, le beau-père de Moïse, qu'on l'envisage comme un chef de tribu ou comme la personnification d'une tribu, — était aussi Kénite. Qu'on rapproche tous ces faits : les Kénites représentants et zélateurs du plus pur yahvisme jusqu'à l'exil, les Kénites fidèles alliés d'Israël, les Kénites se fondant avec la tribu de Juda, les Kénites habitant les environs du mont Sinaï lorsque Moïse s'enfuit d'Égypte et lorsqu'il en retira les Israélites, et l'on ne doutera plus guère qu'on ait trouvé le germe historique de la tradition yahviste, et qu'on soit sur la trace de sa vraie signification. Yahveh, le dieu national d'Israël, qui traita avec les Israélites une alliance au mont Sinaï par l'intermédiaire de Moïse, est le dieu du désert. Il fut adoré avant les Israélites par les Kénites, leurs plus proches parents. C'est le Yahveh sévère, non le dieu voluptueux de Canaan. On comprend, dès lors, pourquoi il est représenté comme venant de Séïr et d'Édom et pourquoi, lorsqu'il veut se montrer à Élie, il entraîne son serviteur sur l'Horeb, l'un des sommets du Sinaï. Ce fut Moïse qui apprit aux Israélites à l'adorer comme leur dieu le plus élevé, et cette réforme, dans les circonstances où elle s'accomplit, n'a rien que de très naturel et de très justifié. Ils n'abandonnèrent pas pour cela leurs anciens dieux, leur dieu du feu et leur dieu planétaire. Mais en quittant l'Égypte et en passant sur le territoire d'une autre divinité, ils devaient pour leur propre sûreté faire alliance avec cette divinité. Dès lors, Yahveh fut leur Dieu au même titre que celui des anciens habitants du pays. C'est aussi ce qui explique comment son culte s'affaiblit et se perdit par degrés dans les premiers temps de leur établissement dans le pays de Canaan jusqu'à ce que les événements leur remissent en mémoire le dieu sous la conduite et la protection duquel ils avaient accompli de tels exploits et remporté de si grandes victoires.

De ce qui précède, on peut facilement conclure quel fut le rôle de Moïse dans l'introduction du yahvisme parmi les Israélites. Il a fait de son propre dieu, du dieu qu'il avait appris à connaître et à adorer dans le désert, le dieu protecteur du peuple qu'il réunit et qui lui dut son premier caractère national. Ce n'est qu'à ce titre qu'on peut l'appeler réformateur ou fondateur de religion. Il fut, à proprement parler, ce qu'on appellerait aujourd'hui un homme d'état. Or, l'homme d'état à cette époque, le fondateur d'une unité nationale, devait avant tout donner à son œuvre la garantie d'une religion commune. Moïse choisit à cet effet sa propre religion et put être guidé dans son choix par la conviction qu'elle était plus pure que celle que les Israélites avaient suivie jusqu'alors. Une nouvelle existence nationale demandait un nouveau dieu national. Moïse ne peut pas avoir été monothéiste dans le sens rigoureux du mot. A une époque bien postérieure, nous trouvons dans un chant religieux qui lui est attribué, mais qui date de l'époque assyrienne (1), la tradition suivante : Elyon, le dieu suprême, faisant le partage des différents pays de la terre entre les fils de El, donna pour sa part à Yahveh le peuple d'Israël. Dans un passage d'une date encore plus récente (2), c'est Yahveh lui-même qui, comme le Dieu suprême, fait le partage, qui donne les autres peuples au soleil, à la lune, aux étoiles et se réserve Israël. Il est également impossible de faire remonter jusqu'à Moïse l'interprétation du nom de Yahveh par « Je suis ». Il peut tout au plus l'avoir conçu comme l'auteur de la vie, « le Créateur. »

Moïse a-t-il été, sinon monothéiste, du moins hénothéiste, c'est-à-dire : a-t-il prétendu, comme les yahvistes du temps de Hizkia (Ezéchias), ne tolérer de la part des Israélites d'autre culte que celui de Yahveh et détruire tous ceux qui avaient été en honneur jusqu'alors? Ou bien, en faisant reconnaître Yahveh comme le plus élevé des dieux, celui à qui devait être rendu le culte le plus solennel, le culte national officiel, a-t-il toléré, à un rang secondaire, l'adoration d'autres divinités ? La tradition est naturellement conçue dans le premier sens. Et il n'est pas impossible qu'elle ait raison. Les exemples des religions nationales reposant sur le culte d'un seul dieu ne sont pas rares dans l'antiquité. Qu'on se rappelle la réforme d'Apepi, faisant disparaître tous les cultes de la Basse-Égypte, à l'exception de celui de Soutech, et ne consentant ensuite à y associer celui d'Amoun-

---

(1) Deutéronome XXXII, 8.

(2) IV, 19. Comp. Jésus fils de Sirach, XVII. 17.

Ra, de Thèbe, que pour des motifs politiques. En tout cas, on n'a point de preuve positive et directe que Moïse ait agi dans ce sens ; la tolérance et les habitudes de fidèles adorateurs de Yahveh plusieurs siècles plus tard rendent cette hypothèse très peu vraisemblable. Il est vrai que l'adoration exclusive de Yahveh est déjà prescrite dans le décalogue, dont l'authenticité est généralement admise. Cette défense : « Vous n'aurez pas d'autres dieux devant ma face », ne saurait signifier seulement « dans mon sanctuaire ». L'interdiction est formelle et le devient encore davantage si les paroles : « Vous ne vous ferez pas d'images taillées » et la suite, doivent être considérées comme une interpolation, et que, par conséquent : « Vous ne vous prosternerez point devant *elles* ou *eux* », se rapporte aux autres dieux, non aux images. Mais la complète authenticité du décalogue n'est pas à l'abri de très sérieuses objections. Les idées qu'il représente, parfaitement à leur place au huitième ou au septième siècle, cadrent bien moins avec l'état des esprits au quatorzième. La principale objection, cependant, c'est qu'il existe une version complètement différente de la loi donnée par Dieu à Moïse, et qu'il est impossible d'en expliquer la formation, si la première existait déjà. Assurément les préceptes du Ch. XXXIV de l'Exode ne remontent pas à Moïse ; ils peuvent être au plus du neuvième ou du dixième siècle. Ils doivent avoir été composés par un écrivain sacerdotal dans le but de compléter le décalogue tel qu'il existait alors, et qui concordait d'une manière générale avec celui que nous connaissons. La croyance que les deux tables de la loi étaient conservées dans l'arche qui, pour ce motif, reçut le nom d'arche du témoignage, n'est pas très ancienne, et il faut avouer qu'il se peut difficilement concevoir quelque chose de moins pratique que d'enfermer dans une arche sacrée, qu'on ne pouvait même toucher, une loi destinée à être suivie. Cette idée eut manifestement pour objet d'expliquer la disparition de ce précieux document et la profonde ignorance où en fut le peuple pendant tant de siècles. Ce qu'on peut admettre, c'est que Moïse, conformément à l'usage pratiqué en Égypte, grava sur deux tables de pierre, ou stèles, la mention de l'alliance conclue entre Yahveh et son peuple, et que le contenu de cette inscription était, à peu de chose près, identique au décalogue. Il est possible que l'adoration exclusive de Yahveh y fût prescrite ; mais l'interdiction de faire des images n'y figurait assurément pas.

La formule : « Yahveh, le Dieu d'Israël depuis les jours de la sortie d'Égypte », n'est pas, au fond, en désaccord avec la réalité. L'armée des Israélites n'a pas, sans doute, traversé le désert en colonnes profondes, tout le peuple n'a pas campé de longs mois autour de la sainte montagne, attendant la loi que Moïse devait lui apporter de la part de Dieu : ce sont là les conceptions d'une époque bien postérieure aux événements, d'auteurs dont la réalité historique était le moindre souci et qui ignoraient complètement la nature et le peu de ressources de cet aride désert. Même en réduisant autant qu'on le voudra le chiffre des Israélites sortis d'Égypte, et en n'étendant pas au-delà d'une année la durée de leur séjour au désert de Sinaï (1), encore auraient-ils été obligés de se diviser en petits groupes pour chercher leur nourriture. Une telle dispersion rend impossible le culte commun autour d'un tabernacle central. Mais du moment que les chefs des tribus, sous la présidence de Moïse et de Jéthro, le prince et le prêtre des Kénites, conclurent une alliance avec le dieu du désert, ce dieu dut avoir son sanctuaire au milieu d'eux. Il y a dans les documents de l'Ancien Testament deux descriptions de ce sanctuaire. La plus récente, d'origine sacerdotale, le représente comme une tente somptueuse, ou tabernacle sacré, dans la décoration duquel avaient été épuisées les ressources de l'art. Cette description inspire une juste défiance, et parce que l'auteur n'avait aucun moyen de connaître tous ces détails, et à cause de son invraisemblance intrinsèque. Les Égyptiens, il est vrai, avaient, des siècles auparavant, exploité dans le voisinage du mont Sinaï des mines de cuivre et de turquoises ; mais un peuple de pasteurs nomades n'était pas en état de reprendre cette exploitation et de construire un temple portatif magnifique. En outre, c'eût été un sujet de scandale pour les vrais adorateurs de Yahveh, et tout à fait contraire à l'esprit de leur reli-

---

(1) La durée totale du séjour des Israélites, de leur vie nomade dans les déserts entre la mer Rouge et l'Euphrate, non-seulement fut de plus d'une année, mais encore doit avoir sensiblement dépassé les quarante ans assignés par la tradition.
(Trad.)

gion (1). Le tabernacle ne fut pas non plus le centre d'un culte commun. Moïse seul y officiait, accompagné de son disciple et successeur Osée-Josué, lorsqu'il allait consulter son dieu (2). Bien que le récit même auquel nous renvoyons soit embelli, il nous laisse soupçonner la vérité. La tente de Yahveh était sa demeure, où il se retirait lorsqu'il se reposait. Cela signifie la demeure de son arche, gage de sa présence, la retraite où l'on déposait ce meuble précieux lorsqu'il n'était pas porté pour suivre ou guider la marche du peuple. L'idée du symbole, telle que nous la concevons, est toute moderne. Sans doute, dans un certain sens, l'arche était le symbole du dieu caché du ciel. Mais pour les peuples de la nature et pour les barbares, il n'y a pas de ligne de démarcation rigoureuse entre le symbole et la réalité. A une époque bien postérieure, on disait encore : « Yahveh habite entre les Keroubîm ». Or, c'était l'arche qui reposait entre les Keroubîm. Peut-être renfermait-elle une pierre sacrée, comme celle qui se trouve dans la Kaaba de la Mecque. Les dieux du ciel et du soleil étaient aussi représentés par des pierres chez les Phéniciens, et on connaît l'usage des pierres sacrées considérées comme la demeure des dieux, — Béthels, Bétyles, — chez les anciens Cananéens. Le souvenir de ce fait peut, avec la disparition des tables de la loi, avoir donné naissance à la croyance du dépôt dans l'arche de ces tables de pierre où étaient gravées les paroles de Dieu. Les arches des Égyptiens étaient considérées comme la demeure des dieux supérieurs, où s'accomplissait le mystère de leur passage de la mort à la vie. Des arbres s'élançaient du couvercle et sur la représentation d'une de ces arches on lit : « Osiris germe ». La même idée se rattachait-elle peut-être primitivement à l'arche de Moïse ? Il est difficile de le dire. Tout ce qu'on sait, c'est qu'elle était faite du même bois de sittim, ou d'acacia, et avait les mêmes dimensions que celles des Égyptiens ; que, jusqu'à la date de la composition du Deutéronome, elle était regardée par les Israélites comme le signe de la présence de Yahveh et qu'on la portait dans les expéditions militaires pour obtenir la victoire. Comme on

(1) Voir Th. Nœldeke, *Untersuchungen zur Kritik des A. T.* p. 121 et suiv. et les arguments de Graf qu'il y cite.
(2) Exode XXXIII, 7-11 ; Nombres XII. Voir Nœldeke, même ouvrage, pp. 74 et 124.

pouvait s'y attendre, les prophètes postérieurs à la réforme du huitième siècle y attachèrent une bien moindre valeur ; Jérémie, après la ruine du temple, est d'avis que l'arche ne doit pas être refaite et qu'il n'y faut plus penser.

Comme en Égypte le temple du principal dieu était le temple particulier du roi, de même — et il ne pouvait en être autrement avec les idées de l'époque — la tente de Yahveh, le dieu de toute la confédération, fut le sanctuaire de Moïse, le glorieux chef du peuple. Comme représentant de la nation tout entière et en son propre nom, il s'y rendait pour recueillir les paroles de Dieu et n'y laissait pénétrer à sa suite que le jeune homme qu'il avait désigné pour son successeur. Peut-être offrait-on également devant cette tente des sacrifices au nom des tribus et de particuliers. Mais ce ne fut pas là un usage constant. Nous avons vu qu'Amos le nie. Le sacerdoce constitué de Yahveh au désert, formé du grand prêtre Aaron et des lévites, est une fiction d'une date bien postérieure.

Il est impossible avec les documents que nous possédons de retracer d'une manière quelque peu précise et en même temps historique le caractère et le rôle du fondateur de la nationalité israélite. Ce qui nous est raconté de sa vie est peut-être assez exact, en somme. Il n'est nullement impossible qu'hébreu de naissance, il ait été, par suite d'une circonstance quelconque, élevé à la cour d'Égypte et y soit parvenu à un haut rang, mais que l'ardeur de son patriotisme l'ait compromis, qu'il ait dû fuir au désert, où il fut l'hôte d'une tribu kénite. Rien de moins rare que de telles élévations et de telles disgrâces dans l'histoire de l'Égypte. Il est certain qu'il fut le libérateur de son peuple et le conduisit au désert de Sinaï. Ce fut au fond un grand homme, un homme de génie. Son œuvre l'atteste. Il ne fut pas sans doute le modèle de haute moralité, de noblesse de caractère, de douceur, de patience que nous ont donné sous son nom les prophètes. C'est à tort qu'on a voulu lui enlever tout rôle religieux pour ne voir en lui qu'un chef national. Cela eût été tout à fait en dehors de l'esprit de l'antiquité. La vie religieuse et la vie nationale étaient trop étroitement confondues pour que, dans la constitution d'une nationalité, on pût faire abstraction de la religion. Si Moïse avait commis une telle faute, il n'eût pas compris sa tâche, et certainement n'eût pas mené son entreprise à bonne fin. C'est ce que sentirent parfaitement les hommes de la réforme prophétique qui en firent moins un législateur que le libérateur de son peuple courbé sous la dure servitude d'Égypte, et un prophète comme Samuel. Et si un homme mérite le nom de prophète, assurément ce fut Moïse. Lui-même se considéra comme un instrument entre les mains du dieu qu'il avait appris à connaître et à adorer pendant son exil dans le désert du Sinaï, et fut convaincu que ce dieu lui avait donné la mission d'affranchir ses compatriotes. Ce fut la confiance en ce dieu qui le soutint dans l'accomplissement de cette tâche : le dieu qui l'avait sauvé devait aussi sauver son peuple. C'est la gloire de Moïse d'avoir fait un peuple, une nation, d'un ramassis de pauvres esclaves démoralisés par leur servitude même, de les avoir mûris pour l'indépendance à la rude, mais salutaire école de la vie du désert, et, en même temps, de leur avoir donné, pour leur dieu national, le plus élevé des dieux de la nature. Bien que lui-même vraisemblablement n'ait pas franchi les bornes de la religion de la nature, il a conduit les Israélites à ses extrêmes limites, et a préparé ainsi les voies à un nouveau développement de leur religion. Au début, le culte du dieu du désert, redoutable et jaloux, ne dut pas sans doute développer chez ses nouveaux adorateurs des qualités fort attrayantes; le caractère religieux d'Israël ne devait se modifier et devenir plus sympathique que beaucoup plus tard, après une réforme religieuse qui transforma notablement le caractère même attribué à la divinité; mais les qualités formées par cette religion, avec toute sa rudesse, étaient dans ces jours de création et de lutte incessante les plus nécessaires. Le peuple fut ainsi bronzé, et sa religion réagit contre la sensualité et le relâchement moral auxquels nous verrons qu'il n'était que trop enclin. Il dut au yahvisme de Moïse sa liberté, à celui de Josué la conquête du pays de Canaan. L'action d'un homme du caractère et de la trempe de Moïse, unissant le génie et l'inspiration à une foi inébranlable, à une profonde piété, fut la principale cause sous l'influence de laquelle la religion d'Israël, bien qu'à son origine elle ne différât pas d'une manière sensible de celles de tous les peuples de la même race, et se confondît pendant de longs siècles avec ces dernières, eut un développement propre et indépendant, et finit par s'élever de beaucoup au-dessus de toutes les religions rivales.

Les Hébreux n'entrèrent pas dans le pays de Canaan en un seul corps d'armée et sous la conduite d'un seul chef. Tout porte à croire que Juda et Siméon, soutenus par la tribu des Kénites, leurs alliés, y pénétrèrent par le sud, sous la conduite du chef kénite Caleb, dont la tradition a fait le chef de la tribu de Juda. Peut-être cette invasion s'arrêta-t-elle quelque temps dans les environs de Béersheba. Quant à Israël, — ce nom ne fut donné que plus tard à tout le peuple, mais dans le principe ne s'appliquait qu'aux dix tribus ou à la maison de Joseph, — il fit irruption par l'est, en passant le Jourdain sous la conduite de Josué ou Osée, désigné dans la tradition comme le chef du peuple et le successeur de Moïse. Ainsi s'explique historiquement l'antagonisme traditionnel entre Juda et Israël et la profonde et indélébile différence de leur caractère et de leur religion.

La tribu de Lévi qui, dans les temps postérieurs, eut le monopole des fonctions religieuses, et dans laquelle, dès l'époque de la conquête, les prêtres étaient choisis de préférence, paraît avoir été d'abord étroitement unie à celle de Juda. Le nom de Lévi, qu'on le traduise par « les hommes unis à Yahveh » ou par « les enfants de la conversion », semble bien plus indiquer un parti ou un état qu'une tribu, au sens propre du mot. On sait que jamais les lévites n'eurent de territoire leur appartenant en propre. Ils paraissent avoir d'abord exclusivement habité au milieu de la tribu de Juda, et, de là, s'être graduellement répandus dans tout le pays. Le lévite Jonathan, dont nous rapporterons plus loin l'histoire, vint de Juda dans la montagne d'Ephraïm. Ce fut à l'occasion de l'injure faite à un lévite habitant le nord, mais qui semble aussi originaire de Juda, qu'eut lieu la première guerre civile entre les tribus. Après la révolution et la réforme de Jéroboam Ier, la plupart des lévites établis dans le nouveau royaume retournèrent dans celui de Juda. Enfin la tradition patriarcale elle-même nous montre Lévi opérer avec Siméon le coup de main aussi hardi que peu loyal contre Sichem, récit qui reproduit sans doute, en le vieillissant de quelques siècles, le souvenir d'un événement de l'époque des Juges, de quelque guerre religieuse entreprise par les stricts yahvistes. Il se peut cependant que Lévi ait été antérieurement une tribu proprement dite, ou bien, comme les Mages en Médie, une caste de prêtres et de docteurs, conservant le dépôt des anciennes traditions et des lois, et surtout des rites sacrés. Elle fut étroitement unie à la tribu de Juda, et la prépondérance que conserva dans cette dernière le pur yahvisme doit être attribuée à l'influence des lévites.

Cependant Josué, à la tête de ses tribus, combattait aussi sous l'invocation du dieu sévère du désert, et la tradition qui en fait un fidèle adorateur de Yahveh est certainement fondée. Aussi longtemps que dura la conquête, — et ce ne fut sans doute pas Josué qui la termina, — rien ne menaçait la religion d'Israël. Le peuple soutenait les guerres de Yahveh ; tant que la victoire était donnée à ses armes par la protection de son dieu, il n'avait aucun motif de lui être infidèle. Mais, à la période de la conquête succéda celle de l'établissement, et le dieu qui avait régné sans conteste pendant la première devait voir son souvenir s'affaiblir et son culte déchoir pendant la seconde. Les véritables ennemis de la religion d'Israël ne furent pas les habitants primitifs du pays devant lesquels la tradition représente le courage des tribus ébranlé, et la confiance au succès s'évanouissant même avant les premiers combats, êtres purement légendaires, tels que les « Réphaïm », les grands, les ombres des ancêtres chez les Phéniciens, les « Néphélim », géants préhistoriques, les « Enakim », hommes au cou élevé, les « Zuzîm », les longs, les « Emîm » les terribles. Les adversaires les plus redoutables ne furent même pas les antagonistes plus réels, tels que les belliqueux et sauvages Amorrhéens et les Jébuzites, que M. le professeur de Goeje identifie avec les Hyksos, mais bien les habitants civilisés et amollis du bas pays, des vallées fertiles et des villes, Cananéens, Hévites, Phérésites et tant d'autres, car peu de contrées dans l'antiquité ont réuni sur leur sol plus de peuples et des peuples plus divers que le pays de Canaan.

Alors même que les hommes de Juda et d'Israël n'auraient pas eu à subir les exemples et la contagion des mœurs des Cananéens, alors même qu'ils auraient exterminé les vaincus jusqu'au dernier, ils n'auraient sans doute pas échappé à l'influence du pays et du climat. C'était vraiment une terre bénie que ces plaines fertiles, ces vallées riantes (à peu d'exceptions près les Israélites ne parvinrent pas jusqu'à la mer), au climat enchanteur, dans lesquelles venaient s'établir les Hébreux à leur sortie du désert. Il n'y avait pas à songer à y continuer la vie d'autrefois. La nature même imposait aux nouveaux habitants la vie agricole. Dans quelques parties seulement, au sud du pays conquis par la tribu de Juda, sur la rive gauche du Jourdain, où étaient restées celles de Ruben, de Gad et une partie de celle de Manassé, la vie nomade et pastorale était encore possible. Or, on sait quelle est l'influence de la nature sur les peuples primitifs, et le yahvisme mosaïque, quelque pur et élevé qu'il fût relativement, n'était encore qu'une religion de la nature. Dans l'antiquité, le passage de la vie nomade des pâtres et des chasseurs à la vie sédentaire et agricole a toujours été accompagné d'un changement corrélatif de religion. La religion des peuples de l'Iran, comparée à celle des Aryens primitifs, en est un des plus remarquables exemples. Le pâtre contemplatif dans ses nuits paisibles sur les vastes plateaux herbeux, et le laboureur courbé sur son sillon ne voient pas leur apparaître les mêmes dieux de la nature. La conquête du pays de Canaan devait donc profondément modifier les idées et la vie des enfants de Juda et d'Israël, et cette influence être surtout sensible dans leurs idées et leur vie religieuses. Le yahvisme austère et sombre du désert ne s'harmonisait plus avec les conditions dans lesquelles ils étaient placés : ils devaient ou l'abandonner ou le transformer. Ceux qui tinrent, malgré tout, à le conserver dans sa pureté n'eurent d'autre ressource que de chercher, comme firent les Rékabites, dans les parties les plus sauvages du pays, un asile contre l'envahissement fatal de la civilisation.

A cette première cause de transformation religieuse, s'ajouta l'idée générale dans l'antiquité que chaque contrée a ses dieux protecteurs qu'il fallait adorer si l'on voulait habiter en paix et en sécurité le pays. Quitter la patrie, partir pour l'exil et servir d'autres dieux, étaient alors des expressions synonymes. Ces changements étaient regardés non comme une infidélité, mais comme une manifestation naturelle et nécessaire de la piété, comme un devoir auquel on ne pouvait manquer sans s'exposer au ressentiment des dieux.

Toutes ces influences agirent sur les Israélites. Les documents postérieurs présentent du changement qui s'accomplit alors une appréciation conforme aux idées de l'époque à laquelle ils remontent. Les prophètes de la réforme n'y virent et n'y pouvaient voir qu'une apostasie volontaire et une noire ingratitude dans lesquelles les enfants d'Israël ne cessaient de retomber après de courts instants de repentir et de retour au culte du vrai Dieu. D'après les historiens bibliques, le danger se fit déjà pressentir du vivant de Josué, mais la chute ne fut consommée qu'après sa mort. Les Cananéens devinrent un piège pour la piété des Israélites. Ceux-ci ne craignirent pas de s'unir aux premiers par des mariages, et commencèrent à adorer leurs dieux, les Baalim, les Astarté, les Ashéra. Ils se prosternèrent indistinctement devant les dieux de tous les peuples au milieu desquels ils vivaient : Amorrhéens, Araméens, Sidoniens, même devant ceux des Philistins. Samuel le premier réussit à les retirer de leur mauvaise voie, et fit détruire toutes les statues de Baal et d'Astarté. Ces récits d'une époque bien postérieure aux événements ne doivent être acceptés qu'avec une grande circonspection. Bien des inexactitudes et des exagérations s'y mêlent à un fond incontestable de vérité. Mais ce qui surtout est faux, c'est le point de vue même de leurs auteurs, et partant, le jugement qu'ils énoncent est souverainement injuste. Les Israélites ne trahirent nullement leur dieu par une désobéissance préméditée; ils obéirent à la loi, alors universelle, qui voulait qu'on changeât de religion en changeant de genre de vie, et portèrent leurs hommages aux dieux qui, depuis des siècles, étaient regardés comme les protecteurs et les maîtres de leur nouveau pays. Ils n'offrirent pas, comme les en accusent les prophètes, aux idoles les prémices et les offrandes des biens dont les avait comblés Yahveh. D'après les idées régnantes à l'époque des Juges, l'auteur de ces biens, ce n'était pas Yahveh : il n'était pas, en effet, le dieu des vallées fertiles et de la vigne, mais bien des montagnes et des solitudes stériles; leur auteur, c'était le Baal de Canaan, le dieu du pays, le dieu de l'été, dont la fête joyeuse se célébrait en automne dans les campagnes cananéennes ; c'était Ashéra, la terre mère féconde, source de toute abondance, et l'ingratitude, l'impiété eussent été de ne pas payer en retour à ces divinités le tribut de reconnaissance et d'adoration auquel elles avaient droit.

Cette réunion d'éléments religieux si disparates ne choquait encore personne. Il devait s'écouler des siècles avant que les noms de Baal et des Baalim fussent synonymes d'idoles et de faux dieux. On adorait simultanément Yahveh, les Baalim et les Ashéra. Au premier, on consacrait des *bamôt*, ou autels sur les hauteurs ; aux deuxièmes, des colonnes sacrées ou *hammanîm*, aux troisièmes des symboles de bois, des troncs d'arbres bruts. On nommait son premier fils d'après Yahveh, un autre d'après Baal ; à tout cela on ne voyait rien de contradictoire. Il est même probable que Yahveh fut quelquefois honoré du titre de Baal. La question très controversée entre les savants de savoir si les Israélites ont adoré Baal avant leur entrée dans le pays de Canaan est, au fond, secondaire, puisque Baal n'est qu'un titre d'honneur qu'on donnait aux dieux supérieurs. Il est difficile de savoir s'ils le donnèrent en effet au Mélek et au dieu planétaire qu'ils adoraient au désert. Cela n'est nullement invraisemblable, car il est indubitable que ces deux divinités appartenaient à la classe des Baalim. Quant aux Baal et aux Ashéra cananéens, naturellement ils ne les ont adorés qu'après la conquête, lorsqu'ils eurent appris à connaître les bénédictions dont ces divinités comblaient leurs adorateurs.

Néanmoins, le strict yahvisme avait jeté dans les esprits de trop profondes racines pour être complètement abandonné. Au temps des Juges, nombre de sanctuaires furent élevés en l'honneur de Yahveh, et plusieurs sanctuaires des anciens dieux cananéens lui furent consacrés. Une tradition postérieure veut que la tente du désert ait été déposée à Silo. Il est possible, en effet, que l'arche sainte que portait avec elle la tribu d'Ephraïm, la plus vénérée et regardée plus tard comme la seule qui ait existé, ait été déposée et conservée à Silo. Mais elle n'eut plus une simple tente pour abri. D'après le nom qu'il portait et la description qui en est donnée (1), le sanctuaire de Silo était un

---

(1) 1 Samuel I, 9; III, 3 : *le temple de Yahveh*. D'après Josué XVIII, 1, c'est à Silo que l'arche avait été déposée. Pourtant selon Josué XX, 27 et I Samuel X, 3, elle

bâtiment dont les portes étaient ouvertes tous les matins, et fermées tous les soirs. Il est aussi fait mention d'un sanctuaire de Yahveh à Sichem, où Josué convoqua le peuple, à Mizpa dans la tribu de Benjamin et à Béthel. Ce fut au sanctuaire de Mizpa dans le pays de Gilead (Galaad), que Jephté fut sacré chef des armées d'Israël (1). Après sa victoire sur les Madianites, Gédéon bâtit dans sa maison, à Ophra, un sanctuaire à Yahveh, qu'il nomma Yahveh-Shalôm et où il consacra le butin fait sur l'ennemi (2). Ce sanctuaire existait encore des siècles plus tard, lorsque fut écrit le livre des Juges. On continua à ériger de tels sanctuaires même lorsque David eut centralisé le culte à Jérusalem. Samuel, bien qu'élevé à Silo et attaché dans sa jeunesse à ce sanctuaire, le quitta après la mort d'Héli, s'établit à Rama où il éleva à Yahveh un bama avec un *bishkah*, salle sacrée assez grande pour y donner un festin à trente convives. Cependant, il offrait aussi des sacrifices à Mizpa, à Gilgal, à Béthel et à Bethléem. Saül éleva plusieurs autels à Yahveh, le premier en commémoration d'une grande victoire qu'il avait remportée sur les Philistins. Il y avait de son temps un temple important de Yahveh à Nob. Hébron et Gibéon (Gabaon) étaient aussi des lieux saints pour les yahvistes. David fut sacré dans la première de ces deux villes, et Salomon offrit des sacrifices sur le grand bama de Gibéon.

Le récit du livre des Juges (XVII, 18), qui porte tous les caractères de la plus certaine authenticité, nous offre un frappant exemple de la manière dont se fondaient ces sanctuaires. Le fait doit s'être passé peu après la conquête, puisque le principal personnage qui y figure est un petit-fils de Moïse. Un certain Mika ou Mikayehou, de la montagne d'Ephraïm, avait dans sa maison un sanctuaire particulier consacré à Yahveh, et le faisait desservir par son propre fils. Il possédait un éphod et des téraphim. Sa mère ayant recouvré une somme d'argent qui lui avait été volée, on consacra une partie de cette somme à faire faire une statue, sans doute en l'honneur de Yahveh. Vers ce temps

---

se trouvait à Béthel. Sur 1 Samuel XIV, 18, voir Kuenen, I, p. 100 et suiv., comp. p. 255, note 1.

(1) Livre des Juges, XI, 1-3.
(2) Juges, VIII, 27.

vint dans le pays un lévite de Juda « cherchant du pain », c'est-à-dire un emploi pour vivre. Ce n'était rien moins qu'un propre petit-fils de Moïse, Jonathan-ben-Gersom (la traduction « Manassé » est inexacte ; il faut lire « Moïse »), dont la famille semble être tombée dans une profonde misère. Les Israélites paraissent avoir payé les enfants de leur bienfaiteur de cette ingratitude qui n'est rien moins que rare dans les démocraties. Jonathan fut accueilli avec empressement par Mika. C'était pour ce dernier une bonne fortune inespérée. Un lévite, un prêtre instruit des saintes pratiques attaché au service de son sanctuaire domestique ! Il y avait sans doute là pour lui tout ensemble honneur et profit. Il n'hésita pas à enlever son fils à l'autel et à engager Jonathan, en lui offrant pour prix de ses services l'abri et la subsistance.

Cependant, des Danites, renonçant à conquérir un territoire sur les belliqueux Philistins, avaient envoyé des espions dans le nord du pays. Ceux-ci allèrent consulter l'oracle de Yahveh chez Mika. La réponse fut favorable. Il y avait au pied du Liban une ville phénicienne florissante, Laïs, dont les habitants « vivaient à la manière des Sidoniens », tout à leur négoce et à leurs plaisirs, et ne s'occupant guère des graves événements qui s'accomplissaient autour d'eux. C'était une conquête facile. Les Danites, sur le rapport de leurs espions, s'acheminèrent vers le nord au nombre de six cents hommes bien armés, accompagnés de femmes et d'enfants. En passant, ils pillèrent le sanctuaire de Mika, enlevèrent l'éphod, les téraphim, la statue, et n'eurent pas de peine à décider Jonathan à les suivre. Avec quelque violence, il est vrai, ils s'assuraient, à leur point de vue, la protection des divinités qu'ils avaient désormais avec eux, et auxquelles ils ne marchanderaient pas les honneurs et les offrandes en compensation de la violation de leur sanctuaire. Quant au pauvre Mika, il lui fallut bien céder à la force et se taire. Laïs fut surprise, enlevée sans résistance, la population passée au fil de l'épée, et nos Danites eurent à peu de frais une résidence et un riche butin. Ils se montrèrent à leur manière reconnaissants envers les dieux qui avaient protégé leur coup de main ; — les bandits ne manquent pas de piété. Dans la ville conquise, qui prit et conserva, dès lors, le nom de Dan, s'éleva un sanctuaire en l'honneur de Yahveh. On y déposa tous les objets sacrés enlevés à Mika et Jonathan y fut installé comme souverain sacrificateur. Telle fut l'origine de ce sanctuaire de Dan qui resta dans les dix tribus l'objet d'une vénération particulière de la part des adorateurs de Yahveh, et que Jéroboam Ier érigea en sanctuaire national. Les descendants de Jonathan-ben-Gersom y exerçaient encore le sacerdoce à l'époque de l'invasion assyrienne et de la ruine du royaume d'Israël.

Ce fait nous offre vraisemblablement le premier exemple du mélange du yahvisme mosaïque et des cultes cananéens. Il se peut que même les sectateurs de la religion établie par Moïse eussent déjà des statues de Yahveh, bien que son véritable symbole fût l'arche. Mais la statue que firent faire Mika et sa mère doit avoir été celle d'un jeune taureau, forme sous laquelle Yahveh fut par la suite adoré à Dan, et ce symbole purement cananéen ne peut avoir été emprunté qu'à la religion locale.

Le yahvisme subsistait donc, surtout au milieu des habitants des contrées montagneuses et sauvages; mais il se mélangeait avec les religions cananéennes et s'altérait à leur contact. Ailleurs, il disparaissait devant elles, était menacé dans sa prépondérance et jusque dans son existence. Avec lui était en grand danger l'unité nationale que Moïse avait surtout établie par le lien du culte nouveau qu'il avait introduit parmi les Israélites. Les tribus vivaient chacune sur la part qu'elles s'étaient faite à la pointe de l'épée, isolées, séparées d'intérêts et de genre de vie, et affaiblies par leur isolement, exposées à subir le joug des peuples cananéens et peut-être à se fondre et à disparaître au milieu d'eux.

Toutefois, la pensée qui avait inspiré le glorieux fondateur de l'indépendance et de la nationalité d'Israël, dont Josué avait reçu l'héritage, n'était pas descendue dans la tombe avec le héros de la conquête. Il y avait encore de véritables yahvistes en Israël. Le yahvisme restait en honneur parmi les tribus établies à l'est du Jourdain, et qui menaient encore la vie nomade et pastorale. Jephté de Gilead (Galaad) nous offre le type accompli du rude et strict yahviste de cette époque. Il promit à son dieu une victime humaine pour prix de sa protection et de la victoire sur les ennemis de son peuple. Un tel sacrifice ne pouvait qu'être agréable à la sombre divinité du désert. Et lorsque la victime qui s'offrit la première au guerrier vainqueur fut sa propre fille, il n'hésita pas, il ne songea pas un instant à épargner son propre sang. Sans doute, la sympathie extraordinaire que cet événement excita dans le pays de Gilead, le culte dont, pendant des siècles, le tombeau de l'innocente victime resta l'objet, montrent que les sacrifices humains, même à cette époque, étaient chose rare parmi les Israélites. Mais l'action de Jephté ne choqua personne. Ce qui eût été un scandale pour l'opinion, c'eût été qu'il n'accomplît pas son vœu. Ce n'était pourtant pas dans ces contrées que la nationalité et la religion d'Israël étaient en péril, mais bien dans les tribus cis-jordaniques. Comment le danger fut-il conjuré? Comment le yahvisme reprit-il son ascendant? — Car il est certain qu'il le reprit, et cela à une date fort ancienne. Les deux derniers juges, Héli et Samuel, furent des prêtres de Yahveh, le premier même, souverain sacrificateur du sanctuaire vénéré de Silo. Une telle révolution mérite que nous fassions au moins quelques efforts pour la comprendre et l'expliquer.

La seule chose qui pouvait réveiller la foi et le patriotisme assoupis des Israélites, c'était un grand danger, exigeant, pour être conjuré, le concours et l'effort héroïque de toutes les tribus réunies dans un effort commun. Dans les jours de paix et de prospérité, ils étaient trop enclins à oublier le dieu sous la conduite et la protection duquel ils avaient surmonté les difficultés immenses de la traversée du désert, et remporté les grandes victoires qui leur avaient livré le pays de Canaan. Mais au milieu des périls de la guerre, les patriotes restés fidèles à Yahveh trouvaient des auditeurs bien disposés, lorsqu'ils rappelaient que Yahveh était le véritable dieu d'Israël, le dieu des combats. Les circonstances donnaient alors à leur prédication une éloquence irrésistible. Il n'y avait donc que la guerre et les périls qui pussent rendre au dieu de Moïse sa suprématie. C'est ce qui ressort d'une façon toute particulière de l'histoire de Gideon (Gédéon). Il s'appelait Jérubbaal et, peut-être même avant ses victoires sur les Madianites, avait-il déjà reçu, pour une cause ou pour une autre, le surnom de Gédéon, « celui qui brise », « le martel ». Il n'appartenait pas à une famille de purs yahvistes ; lui-même, selon toute apparence, ne fut pas toujours un zélé serviteur de Yahveh. Ce qui est rapporté de la statue de Baal et de l'Ashéra qu'il mit en pièces n'est sans doute qu'une fable pieuse pour expliquer, à l'édification des dévots d'une autre époque, son nom et son surnom et détruire le scandale que pouvait causer un nom sentant si fort l'hérésie, donné à un tel héros. Toutefois, en ce qui concerne son nom propre, cette interprétation ne fut obtenue qu'en faisant violence à la langue et en traduisant Jérubbaal — « Baal combat » — par : « il combat Baal, il lutte contre Baal », c'est-à-dire en prenant précisément le contre-pied du sens véritable. Mais à peine Gédéon se vit-il appelé à combattre les Madianites, que son cri de guerre fut : « L'épée de Yahveh et de Gédéon », et après sa victoire, ce fut à Yahveh qu'il éleva à grands frais un sanctuaire dans sa propre maison, à Ophra. Ce fait a d'autant plus d'importance que si Gédéon ne prit pas le titre de roi, il semble du moins avoir exercé une sorte de royauté, tout au moins il tint une sorte de cour. De fait, son sanctuaire d'Ophra fut, dans un certain sens, un sanctuaire national. Après sa mort, son bâtard Abimelek fit assassiner tous ses frères légitimes et régna trois ans. Son dieu, Baal-Bérith ou El-Bérith, qui avait son temple dans l'acropole de Sékem (patrie et résidence du prince), paraît avoir été tout ce temps officiellement le principal dieu de ses sujets, conformément à l'usage général dans l'antiquité, en vertu duquel le dieu du prince était le dieu national.

Une autre guerre contribua peut-être davantage encore aux progrès du yahvisme. Elle est rapportée dans le livre des Juges avant la judicature de Gédéon, mais n'eut vraisemblablement lieu que plus tard. Les Cananéens établis dans les plaines du nord de la Palestine et même dans la région montagneuse plus septentrionale encore s'étaient fortifiés, et Yabin, roi de Hazor, se mit à la tête d'une puissante confédération pour faire une guerre d'extermination aux envahisseurs étrangers. Son armée, qui ne comptait pas moins de neuf cents chariots de guerre en fer, était sous le commandement de Sisera. C'était alors une femme qui jugeait Israël, Débora, qui avait sa résidence dans la montagne d'Éphraïm, entre Rama et Béthel. Là, elle donnait ses sentences et ses lois, sans doute sous forme d'oracles. Elle paraît avoir possédé une très grande force d'âme. Elle communiqua son enthousiasme à Barak-ben-Abinoam, de Kadès-Nephtali, qui se déclara prêt à prendre le commandement des Israélites, à condition que Débora suivrait l'armée pour exciter par sa parole le courage des soldats. Quelques tribus répondirent seules à l'appel. Zébulon (Zabulon) et Nephtali eurent surtout dans cette occasion l'honneur de sauver l'indépendance du peuple. Leur victoire fut complète. Sisera chercha son salut dans la fuite et se crut en sûreté après avoir atteint les tentes d'une horde de Kénites nomades, établis dans ces parages. Ils avaient pour sheik un certain Héber, allié de Yabin. Ils sont expressément désignés comme une partie de la tribu qui descendait du beau-père de Moïse. Ce fut dans la tente même d'Héber que Sisera se réfugia. Néanmoins, et malgré l'alliance de ces pâtres avec Yabin, Yaël, femme d'Héber, n'hésita pas un moment à assassiner de la manière la plus barbare le général vaincu qui se confiait à son hospitalité. Elle le reçut avec le plus grand empressement, lui donna des aliments, le cacha soigneusement, fit tout ce qu'il fallait pour lui ôter toute défiance, puis, lorsqu'elle le vit endormi, elle lui transperça le crâne avec un long clou. C'est que, malgré leur alliance avec les Cananéens, alliance qui leur était imposée par la prépondérance de ces derniers, malgré leur apparente neutralité pendant la lutte, les Kénites étaient de cœur avec les Israélites adorateurs de Yahveh, et lorsqu'ils n'eurent plus à redouter la puissance de Yabin, ils suivirent leur inclination naturelle et renouvelèrent leur alliance avec leurs coreligionnaires. La victoire de Barak et la mort de Sisera inspirèrent à Débora un des chants religieux et patriotiques les plus remarquables de l'Ancien Testament (1).

---

(1) Les premières lignes de la deuxième strophe :

« Au temps de Shamgar, fils d'Anath,
Au temps de Yaël les routes étaient abandonnées.
....
Quand je me suis levée, moi Débora,

semblent indiquer que ce chant est d'une date postérieure aux événements et n'a pas été composé, du moins tel que nous le possédons, par la prophétesse. Pourtant la plupart des exégètes se prononcent pour son authenticité. Sa forme nous paraît un peu trop régulière et achevée pour une aussi haute antiquité. Sans contester que Débora elle-même ait consacré par un hymne religieux et national la victoire des

Ce chant nous révèle mieux que toute autre chose l'état et les mœurs des Israélites à cette époque. Débora se plaint du peu d'union des tribus, preuve qu'elle-même avait le sentiment de l'unité religieuse des Israélites, mais que ce sentiment était encore peu développé dans la masse du peuple. Ruben, que rien ne trouble dans sa vie pastorale, ne sait pas sacrifier ses intérêts particuliers à l'intérêt général. Au lieu de se décider, il perd le temps dans de stériles délibérations. Dan, se mêlant aux habitants de la côte, ne songe qu'à son trafic et à ses navires. Asher est devenu à moitié phénicien et attend paisiblement sur le bord de la mer et sur les rives de ses fleuves, l'issue de la lutte. La prophétesse gourmande vertement toutes ces tribus. Il est à remarquer qu'elle ne fait aucune mention de Juda ni de Siméon, comme si l'abstention de ces tribus dans une guerre des Israélites était chose naturelle, allant de soi. Elle dépeint en traits enflammés la puissance terrible de Yahveh, lorsqu'il vient de Séïr et d'Édom, et que les montagnes, même le Sinaï, fondent devant lui. L'héroïsme de Yaël est porté jusqu'au ciel. L'assassinat qu'elle a commis sous l'inspiration du patriotisme, est dépeint avec une barbare complaisance : ses soins, son empressement perfide, et ensuite la victime se tordant à ses pieds lorsque, pendant le sommeil, le clou lui entra dans la tête. Où cette barbarie passe toutes les bornes, c'est lorsque le poète raille la mère de Sisera, regardant par la fenêtre de l'appartement des femmes si son fils ne revient pas bientôt vainqueur et chargé d'un riche butin. Ainsi, pas même la douleur d'une mère pleurant son enfant ne peut trouver grâce devant ce farouche patriotisme. La religion qui développait de tels sentiments, même dans l'âme de la femme, n'était certainement pas de beaucoup supérieure en caractère et en développement à celle au nom de laquelle, à Ninive, on crucifiait et on écorchait les rois prisonniers. Cette rudesse et cette barbarie ne font que mieux ressortir l'importance et le caractère de la réforme prophétique du huitième siècle.

Israélites, et que le fond des idées, les principales images aient été fidèlement reproduits dans le cantique du Ch. V des Juges, je ne serais pas éloigné de penser que, comme le chant funèbre de David (II, Sam. I), il a été rédigé à nouveau et développé par un écrivain postérieur. (TRAD.)

CHAPITRE XI

LE YAHVISME MOSAÏQUE DE SAMUEL JUSQU'AU SCHISME DES DIX TRIBUS

Les récits de l'époque des Juges ne font pas mention de Juda. L'histoire du développement de cette importante tribu, qui devait bientôt jouer un rôle prépondérant, nous est inconnue. Mais à la fin de la période des Juges, un rapprochement semble s'être opéré entre elle et les autres tribus, et le peuple tout entier s'être réuni sous le gouvernement du grand prêtre Héli. Des causes et des circonstances de ce rapprochement, ainsi que de la vie d'Héli lui-même, nous ne savons rien. La tradition, interrompue par une lacune considérable, ne reprend qu'au moment où le vieux prêtre affaibli par l'âge a abandonné les rênes du gouvernement à ses fils. Ce n'est qu'à l'importance du rôle rempli par son disciple Samuel que nous devons de savoir au moins son nom et son existence.

L'enfance et la jeunesse de Samuel appartiennent à une des époques les plus malheureuses de l'histoire d'Israël. Héli, grand prêtre de l'ancien et vénéré sanctuaire de Silo, remplit les fonctions de juge, gouvernant au nom de Yahveh Çébaot, Yahveh des armées, locution qui ne peut avoir ici d'autre sens que le dieu des légions célestes, c'est-à-dire du ciel étoilé. Mais cette austère religion semble en complète décadence. Les fils d'Héli pressurent le peuple et se rendent coupables d'actes infâmes jusqu'à l'ombre des parvis sacrés ; ils souillent sans pudeur la maison où repose l'arche sainte entre les Kéroubîm, et le peuple démoralisé, abruti, ne se plaint ni ne proteste contre ces violences et ces hontes. Il ne semble pas les sentir. Héli les déplore sans avoir la force nécessaire pour les réprimer. En vain un prophète inconnu et même, dit-on, le jeune Samuel, l'avertissent et lui dénoncent les châtiments de Yahveh prêts à éclater. On sait la catastrophe qui termina ce règne malheureux, la double victoire des Philistins, la prise de l'arche sainte qui fut transportée comme un trophée dans le temple de Dagon, et la mort subite d'Héli à l'annonce de tous ces malheurs. C'est une tragique histoire et sans doute fidèle et exacte, au moins dans les traits essentiels.

Le récit de ce qui advint ensuite de l'arche est caractéristique de l'esprit du temps. La légende y tient naturellement une grande place. Il serait difficile de prendre au sérieux les dégâts causés par la présence de l'arche dans le temple de Dagon, à Asdod. Par contre, on s'explique parfaitement que les Philistins aient, avec une foi aussi entière que les Israélites, attribué au pouvoir du dieu renfermé dans ce coffre mystérieux une maladie contagieuse qui éclata dans leur pays et une invasion de souris qui ravagea leurs champs. Aussi résolurent-ils de se débarrasser d'un butin aussi compromettant et renvoyèrent-ils l'arche au pays d'Israël, en y joignant comme offrande propitiatoire, pour apaiser la colère de Yahveh, la reproduction en or de cinq bubons pestilentiels et de cinq souris, selon le nombre de leurs principautés. L'arche fut déposée d'abord à Beth-Shemès, puis à Kiryat-Yeharim où Abinadab, fils d'Éléazar, fut établi prêtre du sanctuaire de Yahveh. Mais le sanctuaire de Kiryat-Yeharim ne jouit pas de la réputation de celui de Silo. Samuel paraît même n'avoir eu qu'indifférence pour l'antique symbole à l'ombre duquel il avait été élevé, et ce ne fut que lorsque David voulut concentrer le culte dans sa nouvelle capitale qu'on songea à l'arche délaissée et qu'on la transporta solennellement dans un nouveau sanctuaire.

D'après la tradition admise, Samuel succéda immédiatement à Héli comme juge. Il est même dit qu'il jugea Israël tout le temps de sa vie (1), malgré l'abandon du pouvoir à ses fils dans

---

(1) I Samuel VII, 16.

sa vieillesse et l'institution de la royauté avec Saül qu'il sacra lui-même. Il y a, d'ailleurs, bien d'autres contradictions dans son histoire. Peu de temps avant la mort d'Héli, il aurait déjà fonctionné à Silo comme voyant (1). Il aurait vaincu les Philistins qui, sous son gouvernement, ne firent plus la guerre à Israël (2). Et pourtant, d'après une tradition plus ancienne, à l'avènement de Saül il n'y avait point d'armes parmi les Israélites, parce que les Philistins ne leur permettaient pas de forger, et qu'ils devaient acheter de leurs oppresseurs jusqu'à leurs instruments de labour (3).

Il est donc vraisemblable que pendant tout ce temps les Israélites furent sous le joug d'une étroite servitude et que le relèvement ne date que des premiers efforts de Saül. Il résulte d'une tradition très ancienne que Saül, avant d'entrer en rapport avec Samuel, n'avait jamais entendu parler de lui (4), et, dans ce même récit, Samuel n'est pas représenté comme un juge, mais seulement comme un voyant. Faut-il en conclure qu'en dehors du cercle très restreint où on le voit habituellement se mouvoir, Rama, qu'il habitait, Béthel, Gilgal et Mizpa, il ne jouissait que d'une très faible notoriété ?

Tout nous impose le sentiment que sous la judicature de Samuel la situation extérieure du peuple n'a nullement été aussi belle que tendrait à le faire croire le tableau qui en a été tracé plus tard. On a des raisons de supposer que si, à cette époque, il n'y eut pas de guerre entre les Philistins et les Israélites, c'est parce que les derniers étaient complétement assujettis aux premiers, que ceux-ci étaient complétement les maîtres, et que même dans les derniers temps l'oppression qui pesait sur les Israélites fut très lourde.

Samuel paraît avoir exercé dans un espace très limité les fonctions de juge qu'il unit à celles de prêtre et de voyant ou de prophète, et le principal service qu'il rendit aux Israélites

---

(1) I Sam. III, 20. Les sept premiers chapitres sont un document postérieur au reste du livre.

(2) I Samuel VII, 13.

(3) Samuel XIII, 19 suiv.

(4) I Sam. IX, 6.

fut de réveiller parmi eux le sentiment religieux et national. Son grand mérite est de ne pas avoir perdu confiance en face d'une situation en apparence désespérée et d'avoir préparé en silence l'affranchissement. Après la mort d'Héli, il quitta Silo et s'établit à Rama où il construisit un autel et un sanctuaire à Yahveh et, dans les grandes circonstances, il allait au lieu où le peuple était assemblé, offrir, ou tout au moins, bénir le sacrifice (1). Il fut un oracle vivant. C'est dans les environs de Rama, qu'étaient les écoles de prophètes, Nayôt, placées sous sa direction. Il nous est assez difficile aujourd'hui de nous représenter d'une manière précise quelle en était l'organisation. C'étaient, selon toutes les apparences, les restes d'une institution cananéenne, complètement étrangère au yahvisme primitif.

Le prophétisme occupe une telle place dans l'histoire religieuse d'Israël, qu'il ne sera pas superflu de rechercher quelles en furent les origines, ou du moins d'exposer ce qu'on peut supposer avec quelque vraisemblance à ce sujet. A partir du neuvième siècle, ce fut cette institution qui défendit et maintint le yahvisme, et finit par l'élever au rang de religion d'état. Cependant, phénomène assez étrange, ce ne fut pas un produit original du yahvisme : le prophétisme ne prit pas naissance en Israël, mais fut un usage cananéen que le yahvisme s'appropria et sut faire servir à ses fins.

Samuel est ordinairement appelé un voyant (ro'eh). C'était le nom général par lequel on désignait primitivement les prophètes, et jamais il ne tomba complètement en désuétude. Plus tard, les rois eurent leur voyant attaché à leur personne. Le prophète Gad était le voyant de David. Amos lui-même est encore appelé voyant par le prêtre Amazias (2). Le sens de ce

---

(1) I Sam. IX, 11 et ss. L'auteur sacerdotal du Livre des Chroniques semble avoir conclu de ce passage que Samuel doit avoir été un lévite, qualité dont on ne trouve aucune trace dans les sources antérieures. I Chron. VI, 18-23. Comp. Knobel, *Prophetismus der Hebræer*, 29, not. 2.

(2) 2 Sam. XXIV, II Comp. 1 Chr. XXI, 9. 2 Chr. XXIX, 25, mais surtout dans le livre très postérieur des Chroniques, il est question de poètes ou de chantres. Le plus souvent on ne trouve que le nom de voyants. Ainsi Asaph : Chr. XXIX, 30. Il n'y a pas jusqu'aux poètes Heman et Yedoutoun qui dans 1 Chr. XXV, 5 et 2 Chr. XXXV, 15, ne soient appelés 'hozeh hammelek, « les voyants du roi ». On retrouve une conception analogue chez les Hindous, lorsqu'ils disent que les chants des Védas n'ont pas été *composés*, mais *vus* par leurs auteurs.

mot se rapporte à la croyance en la magie et au pouvoir surnaturel. Le voyant est un homme qui voit ce que les autres hommes ne peuvent voir. On attend de lui qu'il ait à peu près la science universelle. Il doit savoir où sont les ânesses perdues, quelle sera l'issue d'une maladie, d'une guerre. Cependant, dès les jours de Samuel, on voit ce nom s'effacer peu à peu devant un autre aussi ancien, mais, auparavant, peu usité parmi les Israélites, celui de nabi. Le nabi est un homme qui se trouve habituellement ou occasionnellement dans un état d'exaltation spirituelle, dans une sorte de délire, qui est inspiré par le souffle de la divinité, et qui, dans cet état, était naturellement regardé comme capable de révéler la volonté de Dieu. Cette exaltation, ce délire, expression que les écrivains hébreux employaient eux-mêmes comme synonyme de prophétisme, étaient parfaitement à leur place dans les cultes du « voluptueux Yahu », comme l'oracle d'Apollon nomme le dieu syrien, d'Attis, d'Eshmoun et des divinités de même nature. Il est à croire que les Israélites ont d'abord emprunté cet usage à ces cultes, sans abandonner pour cela leur yahvisme national. Yahveh, ne l'oublions pas, manifestait surtout sa puissance dans les phénomènes climatériques et météorologiques de l'automne. Mais cette saison a un tout autre aspect dans une contrée fertile, comme le pays de Canaan, que dans le désert. Le dieu de l'automne dut donc nécessairement changer de signification et de caractère pour les Israélites par des emprunts faits aux conceptions religieuses des peuples cananéens. Cette transformation ne s'opéra pas sans rencontrer une certaine résistance. Les naziréens, ceux qui étaient voués dès leur naissance à Yahveh par leurs parents, ou qui s'y vouaient eux-mêmes pour le reste de leur vie, protestaient contre cette invasion des mœurs cananéennes en s'abstenant d'une manière absolue de boire du vin. Mais cette protestation ne fut ni assez puissante, ni assez générale pour arrêter le courant, et même bientôt, par la direction que Samuel imprima au mouvement religieux, perdit toute raison d'être.

En effet, Samuel, en homme d'un esprit supérieur, en véritable politique, sut mettre à profit le courant qui menaçait de perdre à jamais le yahvisme. Les adorateurs de Yahveh étaient naturellement portés à exalter leur dieu dans l'enthousiasme religieux, à l'exemple des Cananéens et sans rester en rien en arrière de ces derniers. Au lieu d'opposer une résistance ouverte à cet entraînement, Samuel entreprit de le diriger, de le régler et de le faire servir au développement de la religion nationale. On lui attribue ordinairement la fondation des écoles de prophètes, et, de fait, il n'en est pas fait mention avant lui. Elles furent, en outre, toutes situées dans le voisinage immédiat de Rama, où il résidait, à Gilgal, à Béthel ; il entretint avec elles les rapports les plus suivis et les plus étroits. Il se peut qu'il ne les ait pas fondées, mais il exerça sur elles une constante et rigoureuse surveillance. Il était le « père » que vénéraient les fils des prophètes (Bné-hannebîm). C'est le même rapport qui exista plus tard entre Élie, Élisée et les écoles des prophètes des environs de Jéricho. Sous sa direction, les excentricités et les égarements auxquels donnait lieu le délire prophétique furent prévenus ou tout au moins limités. L'exaltation fut ramenée à un enthousiasme raisonnable, et il prépara le magnifique développement qu'allait bientôt prendre le nabisme en Israël. Sa sagesse fit, d'un usage emprunté à une conception religieuse inférieure, l'école véritable du chant, de la musique et de la poésie sacrés, le moyen de la conservation des anciens hymnes, des précieuses traditions de l'antiquité et, peut-être, des premiers essais tentés pour fixer par écrit l'histoire nationale. L'époque où fleurirent les colonies de prophètes — car elles furent rien moins, à proprement parler, que des écoles — coïncide précisément avec la première floraison de la poésie hébraïque, caractérisée par les noms de David, d'Asaph, de Héman, d'Ethan, des fils de Koré et de Salomon. D'ailleurs, ce n'est pas seulement chez les Israélites qu'on retrouve des institutions analogues. Chez plusieurs peuples anciens ou à demi-civilisés, il a existé, il existe encore de telles corporations de chantres sacrés qui conservent, chantent, transmettent à la postérité les vieux chants, en composent de nouveaux et se proposent, comme ceux d'Israël, de perpétuer la tradition et de fortifier le sentiment national et religieux.

Ces colonies eurent une longue existence. Peut-être subsistèrent-elles jusqu'à l'exil, mais peu à peu elles déchurent dans l'opinion publique ; le saint enthousiasme fit place à une inspiration artificielle; la cupidité et l'ambition pervertirent l'institution. Déjà à l'époque d'Amos, les vrais prophètes rougissaient de s'entendre appeler nabis ou Benè-nabi, et Amos déclarait qu'il n'était ni l'un ni l'autre. Elles survécurent ainsi à leur gloire. Non seulement, néanmoins, la création de Samuel se montra viable, mais encore elle porta les meilleurs fruits pour la vie nationale de son peuple. Samuel fraya par là les voies au prophétisme classique des âges suivants. Lui-même fut encore un voyant de la vieille marque.

Plus tard, non-seulement les attributions du prophétisme et du sacerdoce furent distinctes, mais encore leurs vues furent le plus souvent divergentes. Prophètes et prêtres constituèrent deux classes d'hommes habituellement peu sympathiques les uns aux autres, poursuivant rarement les mêmes buts, quelquefois en lutte ouverte. Si des prêtres et des fils de prêtres furent prophètes, cela ne contribua pas, en général, à les mettre en faveur auprès de leur caste, et les prêtres qui prophétisèrent le firent ou bien après avoir déposé leurs fonctions, rompu avec l'esprit du sacerdoce, ou bien comme Ezéchiel, qui resta toujours si complétement sacerdotal, lorsque, par suite des circonstances, l'exercice du sacerdoce fut devenu impossible. Dans le principe, la distinction fut beaucoup moins tranchée. Samuel réunit les deux caractères. Après lui, Élie, Élisée remplirent sans soulever d'opposition l'office réservé aux prêtres ; non-seulement ils rendirent des oracles, attribution qui resta toujours commune aux deux ordres, mais encore ils offrirent les sacrifices et présentèrent les prières publiques, ce qui était l'office propre des prêtres.

Cependant, il y eut toujours une différence entre le voyant-prêtre et le prêtre proprement dit. Ce dernier est attaché à un sanctuaire et vit de sa charge. S'il prie pour le peuple, c'est toujours d'après un rituel invariable. S'il rend des oracles, c'est dans les formes consacrées, en jetant le sort par Urim et Thumim, ou bien en consultant les Téraphim. Le voyant sacrifie partout, dans les sanctuaires ou sur l'autel qu'il a lui-même construit — comme Samuel à Rama — sur les hauts lieux, dans toutes les localités consacrées par la vénération populaire, comme Samuel le fit en maint endroit et Élie sur le Carmel, enfin en toutes circonstances. Il ne cherche pas la parole de Dieu dans des signes ou dans des objets matériels, mais interprète librement des songes, des visions, des extases ; il voit dans la lucidité de sa pensée l'action intérieure de l'esprit de Dieu ; son inspiration est spirituelle, personnelle, intime.

Nous pouvons déduire de là les origines diverses du prophétisme et du sacerdoce. Ces deux institutions correspondent à des éléments permanents de la religion, qui, dans les cultes primitifs et inférieurs, se manifestent sous la forme du fétichisme et de l'animisme proprement dit, et, à un degré supérieur de développement, prennent le nom de réalisme et d'idéalisme. Le sacerdoce représente dans la religion d'Israël le fétichisme ou le réalisme ; le prophétisme, l'autre élément. Dans les religions de la nature, le prêtre est une espèce de jongleur, de magicien, qui par son pouvoir surnaturel est en relation étroite avec les esprits supérieurs. Les oracles par le sort, les cérémonies et les institutions immuables, l'attachement aux lieux sacrés et aux temps convenus, sont les éléments fétichistes ou réalistes du Mosaïsme. Les prophètes, même ceux qui le furent à la manière de Samuel et d'Élie, mais surtout dans des temps postérieurs, représentent l'élément animiste, idéaliste. De là aussi le caractère essentiellement conservateur du sacerdoce et l'esprit réformateur des prophètes. Au premier, le Mosaïsme dut sa durée ; aux seconds son développement. Le prêtre devait bien, dans une certaine mesure, se plier aux exigences de son temps, mais jamais l'initiative ne vint de lui. Par la même raison et spontanément, les prophètes furent réformateurs. Prophètes et prêtres eurent leur raison d'être et servirent chacun à leur manière la religion. Une religion ne saurait durer et subsister sans se développer sous la libre impulsion d'hommes comme le furent les prophètes de Yahveh. L'absence du prophétisme ou de quelque chose d'analogue a voué la plupart des anciennes religions à l'immobilité et à la décadence. Mais la religion ne peut vivre non plus sans une tradition, sans un clergé constitué, pas plus qu'un corps ne peut se soutenir sans un squelette ou une âme vivre sans corps.

Une autre différence entre les prophètes des âges suivants et les premiers voyants est importante à noter pour la saine intelligence de l'histoire religieuse de cette époque. Si les prophètes, notamment sous les rois de Juda, n'exercèrent peut-être pas une moindre influence sur la vie politique que les anciens voyants, ceux-ci eurent un caractère politique bien plus déterminé et une action politique bien plus directe. Élie, Élisée, même Ahia, oignent et déposent les rois avec la pleine confiance de leur pouvoir théocratique. Les prophètes furent ou bien les conseillers des princes, ou les chefs d'une opposition politique et religieuse. Cette différence s'explique, en grande partie, par la popularité et la force de caractère des rois de la maison de David.

Samuel, avant la fin de sa vie, remit lui-même le gouvernement en d'autres mains que les siennes. On n'insistera pas ici sur les renseignements différents et contradictoires que renferme l'Ancien Testament au sujet de l'élévation de Saül au trône (1er livre de Samuel, Ch. VIII, IX, X et XI). Il n'y a pas de doute que ce fut Samuel lui-même qui choisit et sacra le premier roi. Les Philistins étaient maîtres de tout le pays. Mais le relèvement de l'esprit national au milieu des Israélites, poursuivi par Samuel au moyen du yahvisme tel qu'il l'avait réformé, commençait à porter ses fruits. L'heure de la lutte et des revendications légitimes avait sonné. Seulement, il fallait d'autres mains que celles du vieux voyant pour brandir le glaive d'Israël et conduire au combat ses hommes vaillants. Confier cette mission à ses fils, il n'y avait pas à y songer. Il leur avait délégué une partie de ses fonctions, et la manière dont ils s'en étaient acquittés avait provoqué contre eux une légitime indignation. Il jeta les yeux sur une espèce de gentilhomme campagnard appelé Saül, déjà dans la force de l'âge et vaillant guerrier. Dans un banquet, après un sacrifice, il lui donna la place d'honneur et l'oignit comme le futur roi d'Israël, puis il l'envoya dans une colonie de prophètes où Saül fut lui-même gagné par l'enthousiasme extatique des voyants. Cet enthousiasme religieux était nécessaire à l'homme qui allait se lancer dans une guerre ne pouvant aboutir à une heureuse issue qu'à condition que ceux qui y prendraient part la tiendraient avec une inébranlable conviction pour une guerre sainte. Saül se montra parfaitement l'homme qu'il fallait pour la tâche que lui avait imposée Samuel. Mais, à un autre point de vue, il semble que le vieux voyant se soit mépris sur son compte. Samuel ne se proposait rien moins que d'abandonner au roi de son choix les rênes du gouvernement. Il espérait avoir en lui un instrument docile de toutes ses volontés ; il comptait bien rester la tête, et ne cherchait qu'un bras pour exécuter ce que lui-même se sentait incapable d'entreprendre. Peut-être avait-il choisi précisément dans ce but un campagnard qui lui semblait et vraisemblablement était, au moment de son élévation, étranger à toute ambition. Et cependant, Saül ne tarda pas à se montrer beaucoup moins maniable que ne l'avait espéré Samuel. La lutte éclata bientôt entre eux. Le premier acte d'indépendance du nouveau roi excita au plus haut point l'indignation du prophète. Cependant la chose n'était pas de grande importance en soi, et, bien que Samuel ait énergiquement manifesté son mécontentement, le sacrifice offert en personne par le roi, qui n'avait pu ou n'avait pas voulu attendre le prophète, ne paraît pas avoir encore amené entre eux une rupture complète. Mais la fureur de Samuel ne connut plus de bornes lorsqu'après une guerre au début de laquelle il avait lancé sur les ennemis la grande malédiction, le 'hèrem (l'interdit), c'est-à-dire qu'il les avait voués à une complète extermination, Saül osa épargner le roi Agag, les prisonniers et les troupeaux tombés en son pouvoir. Samuel accouru coupa en morceaux, de ses propres mains, le roi captif devant Yahveh. Puis, il se retira sans prononcer une parole. Saül ne revit plus son visage. Peu après, Samuel mourut, et nous pouvons en croire la tradition lorsqu'elle nous dit que sa mort fut l'occasion d'un deuil général en Israël.

La figure de Saül n'a pas été présentée sous un jour très favorable par les écrivains de la réforme prophétique. Il n'apparaît guère dans leurs récits que comme un sombre maniaque, persécuteur jaloux et acharné de David. Il y a cependant grandement lieu de croire qu'il n'avait que de trop justes motifs de se défier de David ; l'existence d'une conspiration sacerdotale pour élever ce dernier au trône à la place de Saül ne saurait guère faire question, même avec les documents partiaux que nous possédons. Saül fut véritablement le héros de la délivrance nationale d'Israël. Il trouva le peuple si abaissé qu'il ne lui était pas même permis de forger une arme et, bien que la lutte que le premier roi soutint toute sa vie contre les Philistins se soit terminée par une défaite, il laissa les Israélites libres et forts, n'ayant plus à redouter de longtemps la domination étrangère, et près d'atteindre le plus haut degré de leur puissance. Ses adversaires les plus partiaux n'ont pu réussir à le dépouiller complètement de cette gloire pour la reporter tout entière sur son rival.

Le tort de Saül aux yeux de ses détracteurs fut l'attitude indépendante et même hostile qu'il prit à l'égard des voyants et des prêtres. Qu'il fût lui-même un pur yahviste, c'est ce que suffirait au besoin à attester le choix que Samuel fit de lui, et ce que ne dément pas le nom de Baal entrant dans la composition du nom de deux de ses fils : Eshbaal et Meribbaal (Ishbosheth et Méphibosheth d'après une tradition postérieure, qui semble moins avoir eu pour but d'effacer cette trace d'idolâtrie que d'imprimer une flétrissure (1) aux princes qui avaient porté le nom du dieu cananéen, un temps rival de Yahveh). La lutte entre le culte de Yahveh et celui de Baal n'avait pas encore commencé. Les preuves de sa piété yahviste abondent, et tel était son rigorisme que, pour la violation involontaire d'un serment qu'il avait juré et que son fils ignorait, il fut sur le point de faire mettre à mort le noble Jonathan, qui ne dut son salut qu'à l'intervention du peuple soulevé.

Bientôt cependant, toute sympathie des prophètes et des prêtres se retira de lui et tous, sans exception, soutinrent David, son compétiteur. Saül tira de cette défection une sanglante vengeance, en faisant massacrer le grand prêtre Ahimélek avec toute sa famille et détruire de fond en comble la ville où se trouvait le sanctuaire desservi par les prêtres rebelles. Les torts, dans cette lutte, furent-ils tous du côté de Saül ? Il eut incontestablement celui de ne pas mesurer son désir d'indépendance personnelle à la puissance de ses adversaires et au besoin qu'il avait de leur appui, de manquer d'esprit politique et de sens pratique. Avec plus de droiture que David, il eût pu se montrer aussi habile et conserver la faveur du parti yahviste,

---

(1) *Bhosheth* signifie ignominie.

tout en préparant l'affranchissement du pouvoir royal. De leur côté, les yahvistes avaient attendu de lui une abnégation impossible. On ne fait pas un roi pour lui refuser tout pouvoir et le réduire au rôle d'instrument passif d'une caste de prêtres. Saül, nous l'avons dit, n'était pas encore de force à se passer de l'appui du parti qui l'avait porté au trône, et il suffit aux prêtres, pour se venger de lui et le réduire au désespoir, de l'abandonner. La veille même de la bataille dans laquelle il périt, lorsqu'il voulut consulter l'oracle de Yahveh, tous les prêtres lui refusèrent leur ministère, en se bornant à lui dire que Yahveh ne leur donnait point de réponse. Ce fut alors que, selon la tradition, il s'adressa à une sorcière pour évoquer et consulter l'ombre de Samuel. Si le fait est vrai, on ne peut regarder une telle démarche que comme un coup de désespoir. Non que Saül ne crût pas au pouvoir des sorciers. Tout le monde alors y croyait. Mais le fait de s'adresser à un membre d'une corporation qu'il avait violemment persécutée, pour évoquer l'ombre de l'homme qui, vivant, lui avait reproché sa rébellion, montre combien peu Saül pouvait encore se passer des lumières des prêtres, et que, dans sa lutte avec eux, il agit, non en vertu d'un principe supérieur, mais uniquement par ambition, pour sauvegarder l'indépendance de son pouvoir personnel.

A l'occasion de cette visite de Saül à la devineresse d'Endor, disons un mot de la divination en Israël. Il n'y avait pas alors entre les devins persécutés et les prophètes qui rendaient leurs oracles au nom de Yahveh de différence absolue, non plus qu'entre les vrais et les faux prophètes, distinction, d'ailleurs, qui est étrangère à l'Ancien Testament. Ceux qu'on tient communément pour de faux prophètes sont les prophètes dont les croyances et la tendance différèrent de celles des prophètes dont les écrits nous sont parvenus ; tels étaient les sachants, les enchanteurs, les charmeurs de serpents, les devins et ceux qui observaient les nuages. Sous tous ces noms, on désignait une classe de gens qui n'étaient pas plus des imposteurs que les prêtres qui jetaient le sort par Urim et Thummim, ou qui consultaient les Téraphim. Autant que ceux-ci, ils étaient convaincus de leur pouvoir surnaturel. La seule différence était que les uns exerçaient une profession légale et licite, les autres étaient magiciens et devins à leurs risques et périls ; les uns étaient en faveur, les autres persécutés, appartenant à des religions que le yahvisme s'efforçait de supplanter.

Le centre officiel du culte de Yahveh, encore établi à Silo au commencement du règne de Saül, avait été transféré à Nob. Ahia ou Ahimélek (ces deux noms se rapportent au même individu), petit-fils de Phinée et arrière-petit-fils d'Héli, s'y transporta, et s'y trouva bientôt à la tête d'un clergé de plus de quatre-vingt prêtres, tous ses parents, tous portant l'éphod. Il n'est pas question de simples lévites. Ce temple, élevé non loin de la résidence de Saül, paraît avoir été le plus grand et le plus riche de tous ceux du pays et avoir eu le caractère de sanctuaire royal. C'est là qu'un des grands officiers du roi, Doëg, accomplissait ses dévotions, c'est là que se réfugia David fugitif. Le temple de Nob paraît avoir éclipsé celui de Silo par son luxe aussi bien que par le grand nombre de prêtres qui y étaient attachés. On raconte que l'épée de Goliath y était suspendue comme un trophée derrière l'éphod. Nous avons déjà dit que l'asile accordé à David appela sur le temple et ses prêtres la colère de Saül. Il ne se releva pas de ses ruines et fut bientôt remplacé par un autre sanctuaire destiné à éclipser tous ceux qui l'avaient précédé.

David monta sur le trône à la mort de Saül. Reconnu d'abord seulement par la tribu de Juda à laquelle il appartenait, son autorité s'étendit sur tout le peuple après la mort d'Eshbaal et d'Abner. David est resté le favori, le roi idéal de tous les historiens, prophètes et prêtres des temps postérieurs, et cela n'a rien d'étonnant, car quels qu'aient pu être ses défauts, ses fautes, ses crimes, ses ruses et ses perfidies, il fut le constant protecteur des prophètes et des prêtres entre lesquels ne régnait pas encore la rivalité qui éclata plus tard. Déjà, pendant sa vie de courses et d'aventures, lorsqu'il fuyait la colère de Saül, il avait son voyant et son prêtre attitrés, et ce dernier n'était autre qu'Abyathar, le seul des fils d'Ahimélek qui eût réussi à se soustraire au massacre de Nob. Plus tard, il eut même deux prêtres, Abyathar et Zadok et deux voyants, Nathan et Gad. Dans toutes ses entreprises et dans tous ses dangers, il ne négligeait jamais de prendre leurs avis et de les suivre. Au plus haut point de sa puissance et de sa gloire, toujours les prophètes et les prêtres eurent un libre accès auprès de lui, jamais il ne les empêcha de dire hautement et librement leur avis, de lui déclarer, selon les idées et le langage du temps, toutes les paroles de Dieu, alors même qu'elles renfermaient les censures les moins ménagées de sa propre conduite. Toujours il écouta leurs avertissements, jamais il n'hésita à confesser devant eux ses actions les plus criminelles ni à en manifester hautement son repentir. Lorsqu'après le rapt de Bathséba, Nathan vint reprocher au roi, dans la parabole si connue de la brebis, non son adultère — car d'après les idées du temps le roi était maître absolu de ses sujets, et on ne pouvait lui refuser la femme qu'il désirait — mais la violence dont il avait usé comme souverain, il témoigna un repentir véritable. Il montra la même déférence aux reproches que lui adressa Gad à propos du dénombrement du peuple. Joab lui avait déconseillé cette mesure comme impolitique et impopulaire. Aux yeux des prophètes c'était un acte criminel, indigne de l'oint de Yahveh. C'est pourquoi la peste qui éclata pendant que le dénombrement s'opérait fut présentée comme un châtiment divin.

Ce fut dans le même esprit qu'il résolut de faire de sa nouvelle capitale, qu'il avait conquise sur les Jébusiens, un centre religieux. Pour en rehausser la sainteté, il y fit transporter l'arche de Silo. Depuis les jours de Samuel, elle était à peu près oubliée à Baalat-Juda, où néanmoins l'on invoquait toujours devant elle le nom de Yahveh. David s'y rendit accompagné d'une suite nombreuse. Le coffre sacré fut chargé sur un chariot neuf, traîné par des bœufs. Le roi ouvrait la marche entouré d'une multitude joyeuse. Un accident vint troubler la fête. A un passage difficile du chemin les bœufs s'abattirent, l'arche chancela, et Uza, fils d'Abinadab, voulut la soutenir, mais son zèle lui coûta la vie. Cette mort fut regardée comme un effet direct de la colère du dieu, qui punissait ainsi une désobéissance insignifiante, et en même temps comme un signe qu'il ne serait pas prudent de poursuivre l'entreprise. On déposa donc l'arche chez un certain Obed-Edom, de la tribu de Gad, qui demeurait non loin de là, et le cortège rentra à vide à Jérusalem. Bien longtemps après, on se montrait encore avec un certain effroi le lieu où Yahveh avait manifesté sa sainteté d'une manière si terrible, et qui, depuis cette époque, porta le nom de Pérez-Uza.

Ce ne fut que lorsqu'on vit que bien loin d'attirer aucun malheur sur la maison d'Obed-Edom, la présence de l'arche y semblait appeler toutes les prospérités, qu'on reprit l'exécution du projet un moment abandonné. On ne déploya pas moins de pompe que la première fois. Le roi encore y présidait en personne. Des sacrifices furent offerts au départ, aux haltes et à l'arrivée, bien que la mention de sacrifices de taureaux et de génisses offerts tous les six pas repose sur une erreur. Il est à remarquer qu'à l'exemple des rois d'Égypte, David offrit lui-même les sacrifices, lui-même bénit le peuple à la fin de la cérémonie, bien qu'il eût dans sa capitale deux principaux sacrificateurs et une foule de prêtres. Il se considérait évidemment comme le grand-prêtre du royaume. Ses successeurs immédiats accomplirent les mêmes actes, jouirent des mêmes privilèges, lesquels, au point de vue des dogmes d'un autre âge, eussent constitué une usurpation sacrilège des fonctions sacerdotales. On avait préparé dans la « cité de David », dans la partie de la ville réservée au roi et à sa cour, une tente où l'arche fut déposée et qui fut dès lors le sanctuaire royal.

Ce jour mémorable se termina au palais par une querelle de ménage entre David et Mikal, fille de Saül, sa première femme. La cause et les détails en sont assez connus pour qu'on se dispense de les reproduire ici. Qu'il nous suffise de faire remarquer le jour que cet incident jette sur les idées religieuses de cette époque et, en particulier, sur le caractère de la piété de David. Quelque enclins que nous soyons peut-être, de prime abord, à partager le sentiment de Mikal, et à trouver que David « sautant devant l'arche de toutes ses forces » compromettait quelque peu la dignité royale, nous devons changer d'avis en nous rappelant que la danse était alors un art sacré, étroitement lié au culte. Mais ce qui ressort le plus clairement de tout ceci, c'est la sincérité de la piété de David. Il ne craint nullement de s'exposer à la raillerie de ses sujets en s'abandonnant à son enthousiasme pour Yahveh. Il ne craint pas non plus de devenir l'instrument des prophètes en s'humiliant devant eux par l'aveu et le repentir de ses forfaits. Il se sent bien réellement le roi et le maître. Aussi ne cherche-t-il pas à prouver son indépendance par d'enfantines désobéissances à ce qui était à ses yeux la parole même de Dieu. A ce point de vue, il se montra vraiment supérieur à son prédécesseur, et, somme toute, en dépit de ses défauts et de ses fautes, il reste un grand prince.

David voulut construire pour Yahveh un temple qui contrastât moins que la tente où, provisoirement, on avait déposé l'arche, avec son propre palais construit en bois de cèdre. Il renonça à ce projet sur les remontrances de Nathan, et nous ne pouvons découvrir d'autres motifs à l'opposition des prophètes dans cette circonstance, sinon qu'un temple somptueux eût été, à leur point de vue, en contradiction avec l'austérité du culte de Yahveh.

David fut vraiment un roi pieux dans le sens que pouvaient avoir ces mots de son temps. Il fut animé d'un zèle sincère pour la religion telle qu'il la comprenait, et s'il se montra l'ami des prêtres et des prophètes, ce ne fut pas par politique ni par un calcul d'ambition. Les hommes religieux des siècles suivants, en particulier les réformateurs du neuvième et du huitième siècles, ont idéalisé sa piété et nous ont transmis de ce grand prince un portrait qui n'a rien d'historique. La piété de David fut surtout extérieure, attachée aux formes, et son zèle pour les cérémonies sacrées ne fut pas exempt de tout calcul politique. Sa piété ne l'empêcha pas de tomber dans les égarements les plus graves, dont les plus tristes exemples sont, non le rapt en lui-même de Bathséba — au point de vue des mœurs du temps un semblable fait, de la part d'un roi, n'avait rien d'insolite — mais la lâcheté et la cruauté de son procédé pour se débarrasser d'Ouri, et l'hypocrite égoïsme avec lequel il ne cesse de tromper son protecteur A'his, roi des Philistins. C'était la rude piété de ces âges barbares. Qu'elle n'eût rien de commun avec le yahvisme épuré des siècles suivants, à plus forte raison avec le yahvisme purement monothéiste, les preuves de cette différence sont si nombreuses, si palpables, qu'il est inutile d'y insister. Tout ce que nous savons de la religion d'Israël au temps de David et même de Salomon ne la place pas à un rang plus élevé que nombre de cultes des autres peuples appelés païens, et n'atteste même aucun progrès appréciable accompli depuis le règne de Saül.

Pas plus que sous ce dernier roi, le culte des Baalim ne fut supprimé. Un des fils de David reçut le nom de Baalyada et, à supposer que le nom de Baal fût quelquefois donné à Yahveh à cette époque, le fait n'en atteste pas moins qu'on ne voyait encore aucune différence essentielle entre le dieu national et les dieux indigènes. L'expression attribuée à David partant pour l'exil, qu'il doit aller servir d'autres dieux (1er livre de Samuel, XXVI, 19) montre qu'au moment où fut rédigé le livre qui la contient et, à plus forte raison, aux jours mêmes de David, Yahveh n'était encore que le dieu national d'Israël, un dieu ayant son territoire en dehors duquel sa puissance ne s'étendait pas et il était inutile de l'invoquer. Dans le même passage, un conseil mis dans la bouche de David à l'adresse de Saül, que « si c'est Yahveh qui l'excite ainsi contre lui, il lui fasse sentir le parfum d'un holocauste, pour apaiser sa colère, » témoigne, en outre, de ce que l'idée qu'on se faisait de Dieu avait encore de grossier. David avait aussi dans sa maison des idoles, des Téraphim.

Mais ce qui atteste peut-être plus que toute autre chose la rudesse de la religion de cette époque, c'est le triste épisode des sept descendants de Saül, deux de ses fils et cinq de ses petits fils, livrés à l'occasion d'une épidémie à la vengeance des Gabaonites, qui les pendirent ou les crucifièrent devant Yahveh pour apaiser sa colère. Saül avait maltraité les gens de Gibéon et violé à leur égard l'ancienne alliance solennellement conclue entre eux et les Israélites du temps de Josué. Cette violation de la foi jurée avait dû irriter Yahveh, gardien des traités. En vertu du principe de réversibilité la peine de son crime devait retomber sur ses descendants et leur sang satisfaire la justice de Yahveh. Que ce fût un sacrifice au sens propre du mot, ou un simple supplice, cela importe assez peu au fond, car le caractère religieux et expiatoire de cette exécution reste, en tout cas, indéniable. Le nombre des victimes et le genre de mort accentuent encore ce caractère. S'il ne se fût agi que d'une simple réparation, un membre de la famille de Saül, payant pour tous, eût sans doute suffi. S'il eût été question de frapper ceux sur qui retombait la responsabilité du crime, il eût fallu exterminer tout ce qui restait de descendants du feu roi. Ce nombre de sept fait songer à un sacrifice au dieu des sept sphères célestes, au dieu souverain du ciel. En outre la croix, comme symbole et probablement aussi comme instrument de supplice, paraît avoir été originaire de la Mésopotamie, et avoir été consacrée au dieu régnant sur les quatre régions du ciel. Le touchant dévouement de Rizpa, mère des deux premières victimes, qui veilla jour et nuit pour éloigner du corps de ses fils les oiseaux de proie, triompha dans cette circonstance de la barbarie du sentiment religieux. David ordonna qu'on lui remît les corps de ses enfants auxquels elle put rendre les honneurs de la sépulture et qu'elle déposa dans le tombeau de Saül et de Jonathan. La barbarie de l'époque s'accuse aussi dans les cruels traitements que David fit subir à ses prisonniers de guerre.

Le règne de Salomon fut sans contredit la période la plus brillante de l'histoire d'Israël. Ce prince put, grâce aux victoires de son père, suivre une politique plus pacifique. Il s'attacha à augmenter sa puissance par des mariages et des alliances. Le roi de Tyr, Hiram, en bien des choses son rival, les rois d'Égypte, de Moab, d'Ammon, celui de la nation encore puissante de Hétites, lui donnèrent leurs filles en mariage. Il paraît pourtant qu'il fut obligé de conclure un traité humiliant avec Hiram. Pour dissimuler le fait, les anciens auteurs ont préféré admettre que le sage Salomon dupa son cher frère et allié en lui abandonnant pour les millions qu'il en avait reçus en bon or sonnant, une contrée qui ne contenait presque pas d'Israélites, et si misérable qu'Hiram déçu la nomma : « Comme rien » (Kaboul). Par contre, par la soumission des Édomites et par son mariage avec la fille de Pharaon, il étendit considérablement ses états au sud. Sous son règne, l'aristocratie israélite pure atteignit à son plus haut point de puissance. L'élément cananéen fut complètement subjugué, et les Cananéens furent même assujettis à la corvée dont furent déclarés exempts tous les fils d'Israël.

N'ayant plus à défendre l'existence nationale d'Israël, qui ne courait plus aucun danger, Salomon put se montrer plus humain, moins strictement israélite que son père. Sa plus haute ambition fut d'être un sage. Il prit plaisir à échanger des énigmes avec les princes et les savants des autres pays, notamment avec Hiram et son fils Abdamon (Abd'Hammân, serviteur d'Hammân).

Il paraît qu'à ce jeu il gagna sur le père des sommes considérables qu'il reperdit contre le fils, doué d'un esprit plus pénétrant. Il paraît aussi que le principal motif de la visite de la reine de Séba, contrée de l'Arabie méridionale, fut le désir de soutenir contre le roi une espèce de tournoi de sagesse. Avec l'assistance des Phéniciens, Salomon chercha à enrichir son pays par le commerce maritime.

Il n'y a pas à attendre d'un tel prince un grand zèle pour une forme particulière de religion, ni de propagande bien active en faveur du yahvisme national. Ce fut lui pourtant qui éleva à Yahveh ce temple dont la gloire et la magnificence furent ce que regrettèrent le plus amèrement bien des siècles plus tard les Israélites pieux, lors de la ruine de leur patrie, au souvenir duquel les vieillards versaient encore des larmes lorsqu'on jetait les fondements du nouveau temple, bien plus modeste, qui devait le remplacer. Mais la construction du temple fut, pour Salomon, un acte moins religieux que politique. Il fallait à l'éclat d'un tel règne la consécration d'un sanctuaire principal magnifique. La puissance absolue du prince devait trouver son point d'appui dans le temple de la capitale, centre de la vie religieuse de la nation, où le peuple des provinces afflueraient en pèlerinage. Le projet formé par David dans l'ardeur de sa piété et auquel il avait renoncé sur le conseil de Nathan, son fils devait le réaliser. Le temple qu'il éleva doit être considéré précisément du même point de vue que ceux des rois d'Égypte, comme le sanctuaire royal, et en même temps ce fut le premier qui ait eu véritablement le caractère d'un sanctuaire de tout le royaume. Un temple de Yahveh pouvait seul répondre à ce caractère et à cette destination. Ce n'est pas à dire qu'aucune autre divinité ne dût y être adorée, mais en aucun cas elle ne saurait avoir trouvé place dans le sanctuaire principal, et les *dii minores*, s'il y en eut, furent sans doute relégués dans les dépendances de l'édifice. Nul ne fut moins exclusif que Salomon. Outre le grand temple de Yahveh, il érigea de petits sanctuaires ou chapelles à Ashtoreth de Sidon, à Milkom ou Malkam des Ammonites, et, sur une montagne en face de Jérusalem, à Moloch, dieu des Moabites. Ce polythéisme était une conséquence de ses mariages avec des princesses étrangères ; il ne fut pas de sa part, comme l'a insinué la tradition, faiblesse de vieillard cédant à la volonté tyrannique de ses nombreuses épouses ; chacun de ces temples dut être construit à la date même du mariage du roi avec la princesse au culte du dieu national de laquelle il était consacré. Les yahvistes stricts murmurèrent sans doute, la masse du peuple ne vit rien là que de très naturel, et parler, à ce propos, d'idolâtrie, c'est commettre un véritable anachronisme. Le fait est que ces temples subsistèrent et que le culte y fut sans doute régulièrement célébré pendant plusieurs siècles. Hizkia (Ezéchias) lui-même ne songea pas à les détruire, et ce ne fut que lors de la grande réforme de Josias qu'ils furent profanés, et, par là, rendus impropres à tout usage religieux.

Il n'est plus guère possible de donner du temple de Salomon une description exacte et détaillée. Tout porte à croire qu'il fut entièrement construit sur le modèle des temples phéniciens. Il ne doit pas y avoir eu d'autre analogie entre lui et les temples égyptiens que celle qui résultait du fait que l'architecture phénicienne naquit, comme celle de tous les peuples de l'Asie occidentale, sous l'inspiration de la civilisation et de l'art de l'Égypte. Du reste, tous les détails qui nous ont été conservés démontrent le caractère purement phénicien du temple de Jérusalem (les coloquintes, les palmiers et autres symboles du culte phénicien, inconnus aux Égyptiens), et confirment la tradition d'après laquelle Salomon emprunta pour ce grand ouvrage des architectes et même un grand nombre d'ouvriers phéniciens. Si les deux colonnes qui décoraient l'entrée du sanctuaire rappellent les obélisques se dressant devant les portes des temples égyptiens, elles ont encore bien plus de rapport, ou plutôt elles sont identiques aux colonnes placées de la même manière dans le même but et avec la même signification à l'entrée de tous les temples phéniciens (1). L'arche déposée dans le saint des saints reproduisait, il est vrai, le modèle des

(1) Ces deux colonnes sont le symbole de celles sur lesquelles repose l'univers, lesquelles, dans le mythe de Samson, sont brisées par le dieu du soleil, de sorte que l'univers s'abîme (dans l'orage). Les chapiteaux en étaient ornés de lotus et de grenades, qui sont également des symboles cosmogoniques. Sur l'une était gravé Yakin, « il fonde ; » sur l'autre Baôz « en lui est la force », ce qu'on peut traduire aussi, en réunissant les deux termes : « Il fonde avec force » (Thénius). Dans tous les cas ces inscriptions confirment l'explication donnée ci-dessus.

arches sacrées de l'Égypte, mais les Kéroubîm entre lesquels elle était placée et qui la couvraient de leurs ailes sont étrangers à tous les cultes de l'Égypte, et on les a retrouvés dans les Kiroubou des Babyloniens et des Assyriens.

Le temple de Salomon, pas plus que ceux de la Phénicie, ne fut sans doute le monument d'un art supérieur et épuré ; mais il était imposant par sa masse, ses dimensions, et décoré avec un luxe tout oriental. Dans le sanctuaire le plus reculé habitait Yahveh entre les Kéroubîm, dérobé à tout regard profane. Devant cet adyton, et en étant séparé par un mur et par une porte, une vaste salle dont l'accès n'était permis qu'aux prêtres. Elle renfermait l'autel des parfums, la table des pains consacrés, que pouvaient seuls manger les prêtres, et dix chandeliers d'or. L'autel des holocaustes était dans la cour intérieure, devant l'entrée du sanctuaire proprement dit. Il n'y avait dans le temple, non plus que dans ceux de la Phénicie, aucune statue du dieu qu'on y adorait. La nature de Yahveh, le dieu caché, le dieu du ciel invisible, ne comportait pas d'ailleurs une telle représentation. Mais, outre les Kéroubîm veillant sur l'arche, le grand bassin lustral placé dans la première cour et appelé la « mer d'airain » reposait sur douze taureaux de bronze, et les murailles à l'intérieur étaient recouvertes d'images de Kéroubîm en bas-relief. Tout démontre qu'on n'avait encore aucune idée de l'interdiction de faire aucune image taillée ni aucune ressemblance de quelque être que ce fût. Le caractère complètement phénicien de l'édifice atteste aussi que, même en Israël, on ne faisait alors aucune différence essentielle entre Yahveh et les dieux des autres peuples.

Salomon ne pouvait prévoir toutes les conséquences qu'aurait plus tard pour la religion la construction de ce temple. Son seul but fut de donner au culte de Yahveh une pompe et un éclat en rapport avec sa puissance et la splendeur de son règne. Sans s'en douter, il venait de doter la religion nationale d'un puissant moyen de progrès et de développement. Les vieux yahvistes, les Kénites rigoristes pouvaient hocher la tête en passant devant ce monument, et déplorer la décadence de l'antique religion du désert ; les charges que cette construction coûteuse imposa au pays, les corvées dont furent accablées les populations purent exciter un mécontentement qui se manifesta surtout dans les provinces et ne fut sans doute pas étranger à la révolte et à la sécession des dix tribus : le temple de Jérusalem qui éclipsa et, peu à peu, fit disparaître, au moins dans le pays de Juda, les autres sanctuaires où le culte était moins pur, n'en fut pas moins le boulevard d'un yahvisme épuré, adouci, humanisé, si l'on nous permet l'expression. Ce ne furent pas les prêtres, mais les prophètes qui furent les auteurs de la réforme. Mais, au moins aux heures les plus critiques et les plus décisives, ceux-ci trouvèrent dans le sacerdoce hiérosolymite un puissant appui et une énergique et efficace coopération. Grâce à ce concours, ce qui, sans cela, ne fût vraisemblablement pas sorti du domaine de l'idéal put être réalisé, au moins en partie. Et n'est-ce pas des rangs des prêtres que sont sortis quelques-uns des plus grands et des plus illustres prophètes? Le temple de Jérusalem fournit à la religion d'Israël un point de ralliement, nous dirions volontiers : un centre de gravité, et contribua plus que toute autre chose à ramener cette religion à l'adoration exclusive d'un seul dieu national. Or, sans cette monolâtrie, qui lui fraya les voies, jamais l'avènement du monothéisme n'eût été possible.

Sous le gouvernement de Salomon, même les premières apparences de ce développement ne pouvaient se manifester : la religion avait encore un caractère exclusivement officiel. Salomon fut l'idéal du roi dans le sens que l'antiquité attribua à ce mot. L'état et la religion s'identifiaient avec sa personne. Sa cour et, par conséquent, son temple royal furent le cœur du royaume, attirant à eux toutes les forces vives de la nation. Tout semblait n'avoir qu'un but : concourir à l'éclat et à la gloire du prince. Il est à remarquer que, de son vivant, aucun nouveau prophète ne joua un rôle de quelque importance. Nathan conserva sans doute jusqu'à sa mort une place d'honneur à la cour du roi à l'élévation duquel il avait pris une si grande part, mais il rentra dans l'ombre. Quant à Gad, on n'en entend plus parler. Le sacerdoce même ne fut plus rien en dehors du roi. Abyathar, qui avait pris part à la dernière conspiration ayant pour but d'écarter Salomon du trône, fut relégué dans ses terres. Zadok resta le seul prêtre influent. En fait, le grand prêtre était le roi lui-même. C'est lui qui offre des holocaustes à Gibéon, lui qui fait la dédicace de son temple, lui qui officie à toutes les grandes fêtes annuelles. Quelque jugement qu'on porte d'ailleurs sur le gouvernement et sur la politique de Salomon, il faut convenir que l'homme qui sut, pendant quarante ans, sans faire de conquêtes, ni même une seule guerre, sans des persécutions trop sanglantes, suivre sa pensée et conserver ses états tranquilles et florissants, fut un homme de génie et un grand prince.

La principale gloire qui soit restée, pour la plus lointaine postérité, attachée au nom de Salomon est celle d'un sage couronné. Les Israélites des siècles suivants lui ont attribué, à une seule exception près, tous ceux de leurs livres sacrés qui rentrent dans le genre qu'on a appelé la sagesse, comme à David ils ont rapporté à peu près tous les psaumes. Il fut aussi regardé comme l'auteur du Cantique des cantiques. C'est sous son règne, en effet, que se produisent les premières traces certaines de ce genre de composition nommé en hébreu *Chokma*, qui, dans les siècles suivants, prit un si riche développement. La sagesse de Salomon est restée particulièrement célèbre. Elle est qualifiée dans l'Ancien Testament « de plus grande que celle des Égyptiens et des fils de l'Orient ». Nous avons vu combien, de son temps, elle était appréciée, même des étrangers. Ce n'est donc pas sans raison qu'on a regardé ce prince comme le père de la Chokma en Israël. Des savants très indépendants et très compétents de nos jours ont même cru pouvoir lui attribuer l'honneur d'avoir inventé la forme sentencieuse des proverbes de l'Ancien Testament. Les exemples qu'on en retrouve ailleurs, par exemple en Égypte, ne plaident pas en faveur de cette assertion. Mais il est certain que Salomon resta pour les siècles suivants le maître et le modèle du genre et qu'il a composé un grand nombre de proverbes et d'hymnes, dont quelques-uns sans doute sont compris dans les recueils faits ultérieurement.

La Chokma fut, dans l'esprit israélite, la tendance qui s'attache à régler la vie et ses rapports sur les leçons de l'expérience. Elle se distingue de la tendance sacerdotale ou lévitique, en ce que sa norme n'est pas dans les lois et les institutions, mais dans l'expérience, la libre recherche et la pensée indépendante. Elle se confond tout aussi peu avec la tendance théologique ou prophétique, d'abord parce qu'elle ne rapporte pas ses affirmations à une inspiration divine ; en second lieu, parce que les sages ne reconnaissent pas, comme les prophètes, un rapport spécial entre Yahveh et son peuple, ni une vocation religieuse exclusive de ce dernier, ou du moins que ces idées n'entrent jamais en ligne de compte dans leur enseignement. La sagesse fut chez les Israélites, comme d'ailleurs chez tous les peuples sémitiques, universaliste, ayant pour patrie le monde, non un peuple spécial. A ses débuts, elle partit du principe commun à tous les peuples de l'antiquité, que les fléaux et les maux sont la conséquence des péchés commis, que le bonheur est la récompense de la piété et de la justice. Sa doctrine fut une espèce d'utilitarisme, ignorant encore les aspirations et les motifs moraux supérieurs. Mais, bien que n'ayant pas un caractère religieux proprement dit, elle ne se montra nullement hostile à la religion, et elle s'en rapprocha de plus en plus dans son développement. Elle représente chez les Israélites la sagesse mondaine, l'humanité, et, à mesure que, sous l'influence des prophètes, la religion devint plus humaine et plus universelle, l'entente entre elle et la religion devint plus facile et plus complète.

Si c'est aller trop loin que de dire avec Delitzsch, qu'elle ne chercha pas l'essence de la religion dans les formes dans lesquelles celle-ci se produisit en Israël, du moins peut-on dire qu'elle envisagea l'homme et non l'Israélite, et que dans la religion de Yahveh, elle ne tint compte que de ce qui est de l'essence de la religion universelle. Jamais on ne la voit attaquer les religions étrangères. On ne rencontre pas même une seule fois le nom d'Israël dans le livre des Proverbes. Elle plaçait la prière et les bonnes œuvres plus haut que les sacrifices et, pratique par excellence, estimait que rien ne surpasse la sagesse appliquée à la vie.

On a peut-être trop regardé cette production du génie hébraïque comme quelque chose de *sui generis*, comme un élément exclusif et caractéristique de la culture sémitique et trop insisté sur la différence qui existe entre les brefs oracles de la sagesse des Proverbes et les spéculations et les démonstrations de la philosophie grecque et romaine ; on a trop vu dans cette différence un trait distinctif de race entre les Sémites et les Aryens, dans l'antiquité et dans les temps modernes. C'est bien plus une différence de développement que d'essence. Les maximes et les sentences répondent à un âge de la vie des peuples. On les rencontre chez les premiers philosophes grecs, chez les sept sages, dans les fables d'Ésope. La Chokma est donc, au même titre que le prophétisme, que le ritualisme sacerdotal, un phénomène qui se retrouve chez tous les peuples, bien qu'il se soit produit d'une manière plus spéciale et plus originale chez les Israélites. C'est une des tendances générales de l'esprit humain, dont les manifestations se produisent partout, mais qui a revêtu au milieu du peuple d'Israël une forme particulière, non d'ailleurs sans analogie avec ce qu'on peut constater chez d'autres peuples de même race, ou de race différente au même degré de développement, par exemple chez les Égyptiens et chez les Chinois. Chez d'autres, le même phénomène a servi de point de départ à un développement de beaucoup plus riche et plus fécond, à une évolution supérieure de la vie intellectuelle. Mais le fond et l'essence restent les mêmes. Le « sage » d'Israël ou d'Édom ne fut pas assurément un philosophe à la manière de Patandjali ou de Platon, de Kant ou de Spinosa. Mais, ce que fut la philosophie pour les nations aryennes, — le fruit de la recherche indépendante et de la libre pensée, — les maximes le sont pour les peuples qui n'ont pas atteint au même degré de la vie intellectuelle, la Chokma le fut pour les Hébreux. Les deux phénomènes sont parallèles ; seulement la philosophie s'élève plus haut. C'est ainsi que les peuples sémitiques de l'antiquité n'ont, à proprement parler, possédé non plus ni théologiens ni orateurs. Les prêtres ne sauraient pas plus prétendre au premier de ces titres que les prophètes au second. Chez les Aryens, le sacerdoce a donné naissance à la théologie, l'inspiration à l'éloquence ; chez les Sémites, ils en ont tenu lieu. Ici encore, il ne saurait être question d'aptitudes innées des races, représentant l'une telle direction, l'autre telle autre direction de la pensée et de l'activité humaines. Nous constatons des différences de développement et rien de plus. La pensée indépendante ne s'est pas élevée chez les peuples barbares plus haut que le domaine de la fable, chez les Égyptiens et les Sémites plus haut que la sagesse sententieuse. Chez les Aryens, elle a atteint le niveau de la philosophie, et les Juifs qui ont vécu ou vivent au sein des civilisations où fleurit la philosophie, s'y montrent aussi aptes que les hommes des autres races. Sans parler du riche mouvement philosophique qui se produisit, sous l'influence d'Aristote et des Grecs du bas empire, chez les Arabes musulmans, qu'il suffise de rappeler qu'un des plus puissants philosophes des temps modernes, Spinosa, fut un Juif. Plus on étudie de près les différences les plus caractéristiques entre les races humaines, plus elles s'atténuent à la lumière de l'histoire, et plus on se convainct que l'explication en doit être surtout cherchée dans la diversité des degrés de développement.

Cependant revenons à Israël et à la Sagesse. Cette forme de pensée y donna naissance à une classe déterminée, pour ne pas dire à un état déterminé. Le titre de sage fut chez les Israélites, au moins depuis l'époque de Salomon, aussi en honneur que celui de philosophe chez les Grecs. Salomon lui-même fut le sage le plus renommé de son peuple. Ceux dont on rencontre le nom avant le sien — et il est difficile de savoir avec certitude si ce furent ses prédécesseurs ou ses contemporains — furent complètement éclipsés par sa réputation. Il fut pour la Chokma hébraïque ce que fut Socrate pour la philosophie grecque. Il ne faut pas s'en étonner. Rien de moins particulariste, de plus humain que sa nature. Il ne fut pas un roi théocratique. Son ambition fut d'être un prince comme les autres. Au lieu d'isoler Israël des autres peuples, il le lança par ses mariages, ses alliances, son commerce, dans le grand courant de la vie générale. La morale sententieuse était bien la forme dans laquelle un roi de sa trempe et de son génie devait se plaire à exprimer sa pensée. Mais n'a-t-il pas ainsi exposé son peuple à perdre son caractère propre et à oublier sa mission ? Le professeur Kuenen a fait observer, avec raison, qu'il éleva le point de vue, élargit les horizons de l'esprit national, et que sans lui jamais le yahvisme n'aurait pu donner naissance à une religion universelle, qu'il serait sans doute resté une simple secte. Israël dut beaucoup à la Chokma, qui a même exercé une influence salutaire sur les prophètes de la réforme (1). Ils lui empruntèrent l'élément vraiment humain, universaliste qu'elle contenait, et ce principe contribua puissamment à élever la religion d'Israël au-dessus de son particularisme étroit. Par les productions de la littérature sententieuse, ce qu'on a nommé les livres sapientiaux, et par tous les écrits qui s'y rattachent d'une manière plus ou moins directe, Israël a largement concouru au développement général de l'humanité et, parmi ses titres à la gloire, surtout au nombre de ses droits à la reconnaissance de la postérité, celui-là n'est pas, assurément, le moindre (2).

(1) Voir dans Hooykaas, *Wysheid,* p. 209 et suiv., comment Esaïe, par exemple, après s'être montré assez peu favorablement disposé pour les sages, subit leur influence après qu'ils se furent retirés dans le royaume de Juda, en abandonnant le royaume d'Ephraïm qui de plus en plus penchait vers sa ruine, et comment il en vint à ranger la Sagesse au nombre des attributs de Yahveh et du Messie.

(2) Il n'est pas probable que Salomon ait lui-même écrit ses sentences. De son temps et encore deux siècles plus tard, les maximes prononcées par les sages se conservaient dans la tradition orale. Ils se tenaient aux portes des villes, centre de toute la vie publique des Israélites, et là ils enseignaient le peuple. Qui voulait s'instruire dans la sagesse se rendait à la porte de sa ville pour y entendre un sage. Le prophète Nathan parlait encore à la manière des sages. Plus tard on distingue constamment ceux-ci des voyants. Pour plus de détails, je renvoie à l'ouvrage d'Hooykaas cité plus haut.

CHAPITRE XII

LA LUTTE DU YAHVISME MOSAÏQUE POUR LA SUPRÉMATIE
DE LA SÉCESSION DES DIX TRIBUS A LA RUINE DU ROYAUME D'ISRAËL

La grandeur de la domination de Salomon était toute personnelle. Lui mort, son empire s'écroula. Déjà dans les dernières années de son règne, les mécontents avaient commencé à relever la tête. Salomon indisposa le peuple contre lui par le poids des charges qu'il lui imposa, les prophètes par le peu d'influence qu'il leur accorda et par la construction de son temple magnifique. Le mécontentement était grand, surtout dans la partie septentrionale du royaume. On y supportait impatiemment la prépondérance acquise par la tribu de Juda. Il est vrai qu'on y jouissait encore d'une certaine mesure d'indépendance et d'autonomie. Salomon y avait établi une administration particulière, et placé Jéroboam ben-Nébat comme gouverneur de la maison de Joseph (c'est ainsi que s'appela la fédération des tribus du nord, dont Manassé et Ephraïm, la maison de Joseph proprement dite, étaient les principales). Le prophète Ahia excita ce gouverneur à la révolte en lui promettant le trône. L'entreprise échoua, et Jéroboam dut se réfugier en Égypte. Mais à la mort de Salomon, il se retrouve à la tête de l'opposition, lorsque Réhabéam, après être monté sur le trône de Juda, voulut se faire reconnaître à Sichem par les tribus du nord. Le fils de Salomon repoussa avec un orgueilleux dédain les conditions très modérées et très légitimes qui, si l'on peut en croire le récit biblique, lui furent proposées. Dès lors, la séparation fut consommée : tout le nord du pays se constitua sous nom d'Israël en royaume indépendant, dont Jéroboam fut proclamé roi.

Un de ses premiers soins fut d'instituer une religion d'état. Il ne pouvait laisser ses nouveaux sujets se rendre en pèlerinage à Jérusalem. On devait donc établir un ou plusieurs sanctuaires nationaux. Jéroboam ne fixa pas son choix sur la vieille cité sacerdotale de Silo, mais sur Béthel et Dan, où déjà depuis des siècles Yahveh était adoré, mais d'une tout autre manière qu'à Silo. On a vu plus haut dans quelles circonstances, presque aux premiers jours de la conquête, avait été fondé le sanctuaire de Dan, et que Yahveh y était représenté sous l'image d'un taureau d'airain. Le culte de Béthel était sans doute de la même nature. Si Jéroboam donna la préférence à ce culte sur celui de Silo dont les prophètes, — Ahia était attaché à ce sanctuaire, — avaient directement concouru à son élévation, ce ne put être qu'en considération de la popularité dont il jouissait. De plus, il déplaça la fête des tabernacles du septième au huitième mois, peut-être pour la faire concorder avec la date de son couronnement et donner ainsi une consécration religieuse à la fondation de sa dynastie. Peut-être aussi ne fut-ce là que le retour à un usage antérieur dans le nord à la domination de la maison de David, retour très naturel de la part du nouveau roi qui devait tenir à effacer tout ce qui rappelait le règne de la dynastie rivale et la suprématie momentanée de la tribu de Juda. Ahia de Silo se retira déçu et indigné. On prétend même qu'un prophète vint de Juda prêcher à Béthel contre la réforme de Jéroboam, et qu'il fut soutenu par un prophète de cette ville.

Le caractère politique de cette réforme religieuse est manifeste. Peut-être les sentiments personnels de Jéroboam lui auraient-ils conseillé de tout autres résolutions; mais à la fondation d'un nouveau gouvernement, les chefs du mouvement sont bien obligés de compter avec l'opinion publique. Or, s'il ne manquait pas de stricts yahvistes dans le nord, ils étaient en minorité. Ils murmurèrent, mais la foule se porta aux nouveaux sanctuaires de Dan et de Béthel. La popularité du culte célébré dans ces deux villes ressort avec une force singulière du fait qu'au milieu des révolutions et des changements de dynastie si fréquents dans le royaume d'Israël, aucun prince, pas même Jéhu, cependant yahviste ardent, n'osa y porter atteinte, et qu'il resta la religion officielle jusqu'à la chute de l'état.

Quelle était, cependant, au juste la différence entre ce culte et celui de Silo et de Jérusalem? N'était-ce qu'une affaire de forme ? Assurément il y avait plus que cela, sans que, pourtant, il s'agît de deux religions opposées. L'arche, symbole de la divinité à Silo, à Nob (?), à Jérusalem, représentait le dieu du ciel caché, considéré en lui-même, dans son essence abstraite. Le taureau, emprunté aux religions cananéennes, était le symbole du dieu du ciel se manifestant. L'ancienne religion d'Israël était un culte de la nature aussi bien à Silo et à Jérusalem qu'à Dan et à Béthel, mais dans ces dernières localités, elle se produisait sous sa forme la plus grossière et la plus rapprochée du fétichisme. C'était, au fond, la même religion, mais à deux degrés différents de développement, et le culte en faveur dans le nord marquait un recul, non un progrès de la pensée et du sentiment religieux.

Les historiens des siècles suivants rapportent avec une sainte horreur que Jéroboam institua des prêtres pris de la masse du peuple, au lieu de les choisir dans la maison de Lévi, et que tous les lévites et tous les fidèles attachés au culte pur de Yahveh, qui se trouvaient dans son royaume, émigrèrent dans celui de Juda. Ce dernier fait n'a rien d'invraisemblable. Même dans le royaume de Juda, il n'y avait aucune interdiction formelle écartant absolument des autels toute autre personne que les lévites. L'usage, cependant, semble avoir prévalu de n'employer que ces derniers dans les sanctuaires officiels. La résistance que rencontra la réforme de Jéroboam chez les lévites le contraignit bien à se passer de leurs services et à prendre ses prêtres, non, comme on l'a dit, dans la partie la plus vile et la moins considérée, mais dans la masse du peuple. Cependant tous les descendants de Lévi ne refusèrent pas leur concours, et les lévites ne furent nullement écartés de parti pris, comme le prouve l'exemple des descendants de Jonathan-ben-Gersom, qui continuèrent leur office dans le temple de Dan. Mais le plus grand nombre étaient, dès les temps les plus anciens, attachés à la forme la plus austère du culte de Yahveh. Ils avaient, d'ailleurs, toujours été étroitement unis à la tribu de Juda, et s'étaient montrés de chauds partisans de David et de sa dynastie.

C'est à l'époque de la réforme de Jéroboam, peut-être même aux dernières années du règne de Salomon, qu'il convient de rapporter la composition d'un chant que le dernier rédacteur de la Genèse a placé dans la bouche de Jacob, à son lit de mort, généralement connu sous le nom de *bénédiction de Jacob*. Dans quelques-unes de ses parties, il ne ressemble, il faut bien le dire, à rien moins qu'à une bénédiction (1). De même que la prétendue *bénédiction de Moïse*, recueillie par l'auteur du Deutéronome, et qui doit, vers le temps de Jéroboam II, avoir été opposée à celle de Jacob, celle-ci est un psaume de louange et de malédiction sur les tribus. La fiction qui l'attribue à l'inspiration prophétique du père du peuple semble être du fait de l'auteur lui-même, à qui elle n'a pas laissé de causer certains embarras

(1) La plupart des interprètes regardent ce chant comme plus ancien et pensent qu'il doit avoir été composé sous le règne de David. C'est, entre autres, l'opinion de Knobel. Ma principale objection à cette date est le verset 10. On ne pouvait guère supposer que le sceptre serait un jour enlevé à Juda avant que les signes des temps ne prêtassent quelque vraisemblance à cette idée, ce qui ne fut certainement pas le cas sous le règne de David. Le morceau ne peut non plus être placé après le règne de Jéroboam Ier. Siméon est encore compté au nombre des tribus, et la haine dont Lévi y est l'objet est une date.

Land (*Disputatio de Carmine Jacobi*, L. B. 1858, monographie très complète sur le sujet) défend la thèse déjà exposée d'une manière incidente par M. Renan (*Histoire des langues sémitiques*, première édition, 1855, p. 111), et reproduite avec quelques modifications dans la deuxième édition (p. 120), que la bénédiction de Jacob serait un recueil de poèmes ou plutôt de brèves sentences de différentes époques. Ainsi les sentences sur Juda, au nombre de trois, seraient toutes du temps de David, mais l'éloge d'Ephraïm daterait déjà de l'époque des Juges. Il est très possible que le poète ait fait entrer dans son œuvre des paroles déjà proverbiales. Elle ne se distingue assurément pas par l'unité de la forme. Mais ce qui importe pour nous, c'est de savoir de quelle époque date la réunion de ces fragments. Or le pivot de la discussion reste le verset 10. Land démontre péremptoirement qu'il ne saurait être reporté au règne de David. Mais il s'efforce de prouver que « celui qui vient à Silo » désigne David, et fait à ce propos, la remarque suivante : « Neque tunc adeo constitutæ erant res sacræ, ut ne reditus in solitam arcæ sedem, ubi antea sub Josua distributio, sub Samuele populi caput fuerat, maxime probabilis videretur. » Je ferai remarquer, à l'encontre de ce raisonnement : 1° Que déjà sous Samuel Silo n'était plus « caput populi » ; 2° Qu'à l'époque de David, l'arche n'était plus à Silo ; 3° Que si la venue de David à Silo avait eu une telle importance, le souvenir ne s'en serait pas complètement perdu ; 4° Que je ne comprends pas comment on pourrait dire que le sceptre est enlevé à Juda (la tribu à laquelle appartenait David) par l'entrée de ce prince à Silo pour être investi du pouvoir sur le peuple entier.

dans l'expression de ses jugements. Le trait le plus caractéristique de ce morceau est, peut-être, l'union étroite qui y est établie entre Lévi et Siméon, et l'indignation qui y est exprimée sur le compte de ces deux tribus. En châtiment de leur violence et de leur mauvaise foi (l'auteur prend pour point de départ, pour cette accusation, la prise de Sichem et le massacre des Sichémites, voir plus haut, p. 358), elles n'ont pas de territoire propre, mais sont dispersées au milieu des autres tribus. Le poète ne peut le leur pardonner. La haine ardente du parti particulariste dans le nord respire dans tout ce morceau, et, en face de pareils sentiments, on ne doit pas s'étonner du bannissement ou de l'exil volontaire des lévites. Lévi et Siméon ne sont-ils pas les alliés de Juda, de l'oppresseur? Benjamin, par la même raison, n'est pas mieux traité. C'était sur son territoire que s'élevait Jérusalem, avec sa cour et son temple détesté. Aussi est-il représenté comme un loup, qui le matin ravit sa proie, et le soir, partage entre ses petits le fruit de ses larcins. Toutes les louanges sont réservées aux tribus alliées de la maison de Joseph, mais sont surtout prodiguées sans mesure à cette dernière. Joseph est saint entre ses frères, son partage est une abondante bénédiction. Il n'y a que Zabulon dont le poète ne sache trop que dire, et Dan (qu'il nomme le juge, par allusion au sens de son nom), qu'il ne peut mentionner sans flétrir d'une manière indirecte ses perfides attaques, car il guette sur le chemin comme un serpent, épie comme un aigle. Etait-ce peut-être l'hérésie des Danites qui l'offusquait? La louange et le blâme sont dispensés d'une manière à peu près égale à Ruben. Bien que faisant partie du royaume des dix tribus, par suite de sa position au-delà du Jourdain, cette tribu vivait dans un grand isolement et ne jouissait pas d'une grande considération. Elle menait encore la vie nomade des premiers patriarches. Presque étrangère au développement du reste du peuple, elle n'en était ni moins fière, ni moins orgueilleuse. Ruben a été le commencement de la puissance de Jacob, mais qu'il ne prétende pas se prévaloir de son droit d'aînesse pour essayer de dominer sur ses frères, car il a perdu ce droit par son péché (1). L'éloge et le blâme se mêlent

---

(1) Il est difficile de préciser à quel fait de la tradition se rapporte l'allusion. Peut-être cette accusation vise-t-elle seulement la participation des Rubénites aux cultes voluptueux d'Ammon et de Moab.

aussi dans le jugement porté sur la tribu de Juda, contre laquelle, dans le nord, la haine paraît avoir été moins implacable que contre Benjamin et Jérusalem. Juda lui-même était déjà mécontent sous le règne de David. On ne fera donc pas difficulté de reconnaître ses grandes qualités. Il est comme un lion, comme une lionne, couché dans son repos, sans que personne ose l'attaquer; mais il a conquis sa grandeur par la violence. Il ne manque pas de prospérité, car il attache son âne à la vigne, et son ânesse au cep le plus précieux; il lave ses habits dans le vin et son vêtement dans le sang du raisin. Le vin rend son regard sombre, ses dents sont blanches de lait. C'est ainsi que le poète dépeint l'abondance de Juda, non sans faire allusion à la volupté et au luxe qui en étaient la conséquence. Les stricts yahvistes comme lui n'aimaient pas le vin. On ne pouvait nier la puissance de Juda, le sceptre ne devait pas lui être arraché jusqu'à ce qu'il passât dans les mains d'un prince sacré à Silo. Ce chant semble donc, en résumé, l'expression des regrets et des ambitions des prophètes de Silo (1). La ville qui avait été, au temps d'Héli, le centre du gouvernement d'Israël devait un jour remplacer, comme métropole politique et religieuse, Jérusalem et son temple somptueux. Cet espoir, peut-être première cause de la révolte excitée par les prophètes, avait été trompé par Jéroboam. A la place des lévites détestés, qui se réfugièrent au pays de Juda, les prophètes avaient vu établir d'autres prêtres, des intrus, qui faisaient fumer l'encens devant le tau-

---

(1) J'ai déjà dit un mot plus haut (p. 402) du passage Genèse XLIX, 10, véritable *crux interpretorum*. Que n'a-t-on pas fait de ce malheureux Silo? Voire même le Messie ; car Silo signifie « paix », qui équivaut à « celui qui apporte la paix », par conséquent au Prince de la paix, c'est-à-dire au « Messie ». — *Quod erat demonstrandum!* On y a vu également Salomon dont le nom, par ses premières syllabes, se rapproche de celui de Silo. Quelques-uns traduisent : « Jusqu'à ce que règne la paix, et que les peuples lui (à Juda) obéissent. » En dépit des plus savants commentaires, j'avoue ne pas comprendre ce que cela peut vouloir signifier. Toute explication du Silo (quelque importance d'ailleurs qu'on puisse donner au sens étymologique de ce nom), qui ne conserve pas son sens de nom propre de ville, me paraît forcée. La meilleure traduction en est, me semble-t-il, la suivante : « Le bâton de commandement ne sera pas enlevé à Juda, ni le sceptre arraché d'entre ses pattes, jusqu'à ce qu'il vienne à Silo et que les peuples lui obéissent. » Mais à quoi se rapportent *il* et *lui?* Vraisemblablement à Jéroboam. Les peuples עמים signifie ici les tribus, comme dans Deutér. XXXIII, 3, 19; mais rien ne s'oppose à ce qu'on prenne dans un sens encore plus large l'allusion prophétique.

reau d'airain et préparaient la transition au culte de Baal. Ils ne perdirent pas, pour cela, courage et confiance ; mais ce n'était pas la dernière fois que leur ardeur révolutionnaire devait les exposer à de semblables déceptions, et qu'ils devaient semer là où d'autres seraient appelés à moissonner.

Peu d'histoires présentent des destinées aussi agitées que le furent celles du royaume d'Israël. Il suffit de rappeler qu'en deux siècles et demi, de 985 à 719, il ne compta pas moins de neuf dynasties et de dix-neuf rois. Il y eut nécessairement peu de place pour un développement religieux régulier au milieu de ces troubles continuels. La religion fut-elle activement mêlée à ces révolutions ? Sont-ce les prophètes qui ont excité toutes les révoltes sous le coup desquelles sombrèrent l'une après l'autre toutes les maisons royales ? D'après les historiens bibliques, la chute de chacun des rois d'Israël fut la suite de leur persévérance dans le péché de Jéroboam ben-Nébat. C'est le refrain monotone qui revient à la fin de chaque chapitre du livre des Rois. D'autre part, ce furent des conspirations militaires qui mirent fin à toutes les dynasties successives de ce royaume. Il serait donc injuste de faire retomber sur les prophètes la faute de tous ces changements. Néanmoins, ils n'y restèrent pas complètement étrangers. Depuis Ahia poussant Jéroboam à la révolte, mainte fois l'intervention des prophètes dans les événements politiques ressort du récit même du livre des Rois. Il y a une sorte de vérité dans l'assertion si souvent répétée de l'histoire biblique, que ce fut le péché de Jéroboam ben-Nébat qui causa la chute de tous ces princes. Le royaume d'Israël n'eut jamais de stabilité, parce que ses souverains fondèrent leur puissance sur l'opinion de la partie la moins éclairée, la plus arriérée du peuple, et sur la servilité d'un sacerdoce manquant de considération, et s'aliénant l'élite de la population. Le régime politique fut une domination militaire dans laquelle chaque général heureux et entreprenant avait la chance de s'élever au trône. Les prophètes de Yahveh, à l'exception de quelques-uns d'entre eux, obscurs ou stipendiés, furent toujours de l'opposition, et il est rare de voir les rois rechercher et suivre leurs conseils.

Une lutte religieuse violente, sur laquelle nous n'avons que des renseignements très incomplets, éclata sous le règne d'A-'hab. A ne consulter que le livre des Rois, rien ne paraît plus simple que son origine et son caractère. Omri, père d'A'hab, et fondateur d'une nouvelle dynastie, avait marié son fils avec Izebel (Jésabel), fille d'Ithobal ou Ethobaal, grand prêtre d'Astarté et roi de Tyr. Il s'était construit une nouvelle capitale, Shômrôn, ou, selon la prononciation grecque, Samaria. Sans doute, il y avait élevé un temple à Yahveh, mais A'hab, à cause de sa femme, y bâtit aussi un temple à Baal de Sidon (1) et un à Ashéra, distinct du précédent (2). Tous les prophètes de Yahveh s'élevèrent contre ce nouveau culte, et entre tous Élie se distingua par son zèle inflexible. Persécutés par Izebel, un grand nombre périrent. D'autres furent sauvés par de puissants protecteurs attachés au culte de Yahveh, comme les cent prophètes que cacha Obadya, ou bien durent, comme Élie, fuir dans la solitude pour sauver leur vie. Ainsi, la répulsion bien naturelle pour une idolâtrie étrangère, voilà, d'après ces récits, l'unique cause du conflit. Le but d'Izebel, qui domine complètement son mari, est d'extirper le culte de Yahveh et de le remplacer par celui de Baal, et ce but ressort clairement de la violente persécution dirigée contre les prophètes.

Pour simple que soit cette conception traditionnelle, elle ne laisse pas de soulever des objections d'une certaine gravité. Il n'est nullement exact de représenter A'hab comme exclusivement adonné au culte de Baal, ni Izebel comme hostile à tout culte de Yahveh. Ils nommèrent d'après Yahveh presque tous leurs enfants : ce sont Yoram ou Yéhoram, A'hazia (Ochosias), Athalya (Athalie). Nous ne voyons pas, en outre, que les cultes de Dan et de Béthel aient été le moins du monde inquiétés. L'adoration de Baal ne fut pas imposée de force aux Israélites, car après la révolte de Jéhu, alors que la puissance de la maison

(1) Cela résulte du passage 1 Rois XVIII, 19, où il est dit que les prêtres et les prophètes de Baal étaient nourris de la table de Jésabel.

(2) 1 Rois, XVI, 32 et 33. Que le temple d'Ashéra et non pas le bois d'Ashéra, comme on traduit souvent, ne fût pas réuni à celui de Baal, cela résulte du fait qu'il subsistait encore sous le règne de Joachaz, après que depuis longtemps le temple de Baal avait été détruit jusque dans ses fondements par Jéhu (2 Rois XIII. 6). Ce passage démontre en outre que même un zélé adorateur de Yahveh, tel que l'était Jéhu, n'était pas scandalisé par le culte d'Ashéra.

d'A'hab était déjà complètement ruinée, que le corps d'Izebel avait été déchiré par les chiens, il suffit à Jéhu de feindre de vouloir donner une fête en l'honneur de Baal pour remplir le temple de ce dieu d'adorateurs, qui payèrent de leur vie leur naïve confiance. En outre, A'hab eut ses prophètes qui, mainte fois, lui donnèrent des conseils qu'il suivit (1); sans parler des quatre cents qu'il consulta et dont la fidélité ne saurait être mise en doute (2), il écoutait volontiers Élie lui-même. La supposition qu'A'hab aurait changé de sentiments vers la fin de son règne ne suffit pas à expliquer tous ces faits. C'est dès le début qu'on le voit donner à ses enfants des noms empruntés à celui de Yahveh, et c'est vers la fin qu'il appelle Micha, un prophète de Yahveh, son ennemi, comme vraisemblablement peu de temps auparavant il l'avait fait d'Élie.

Toute cette affaire doit être envisagée sous un jour assez différent de celui sous lequel le présente la tradition reçue. Ce ne fut pas A'hab qui dirigea des attaques contre la religion nationale; il n'entra nullement dans les vues d'Izebel de détruire cette religion; s'il y eut innovation, ce fut de la part d'Élie et de ses partisans. A'hab était fils d'Omri, le premier roi d'Israël qui jouit de quelque puissance, et dont la renommée s'étendit jusqu'en Assyrie. Sa capitale, Samarie, n'y était pas désignée sous un autre nom que celui de Bet-Amri. Jéhu lui-même, le destructeur de sa postérité, est regardé comme un de ses descendants. Son fils hérita en partie de sa gloire. Un roi de Tyr lui avait donné sa fille en mariage; un roi de Juda et, pendant un certain temps, un roi de Syrie recherchèrent son alliance. D'après une inscription découverte sur une stèle près des sources du Tigre, il aurait fourni dix mille soldats dans une guerre de princes confédérés contre le puissant monarque d'Assyrie (3). Il n'y a donc rien d'étonnant à ce qu'il ait prétendu marcher sur les traces de Salomon et renouveler la politique de ce grand roi. A l'exemple de ce prince, il construisit un temple où sa femme

---

(1) 1 Rois, XX, 35 et suiv.

(2) 1 Rois, XXII.

(3) Cependant, l'identité du roi nommé dans l'inscription A'habou Sirlai et d'A'hab d'Israël n'est pas prouvée.

pût pratiquer son propre culte, et en érigea un autre placé également sous le patronage d'Izebel, mais consacré à une des religions locales du pays de Canaan. Pour lui, il continua à adorer Yahveh, entretint et consulta les prophètes de Yahveh, et maintint la religion nationale du royaume. Aussi l'opposition à ces mesures ne partit-elle pas de Dan ni de Béthel, elle ne fut pas le fait des yahvistes en général, mais d'une partie seulement d'entre eux. Le foyer de la lutte ne fut pas un des sanctuaires nationaux, mais le Carmel, célèbre dans les annales de la vie des prophètes. On peut en conclure qu'Élie fut le chef d'un parti réformiste, se rattachant au premier développement supérieur du yahvisme, et qu'il prit occasion des actes d'A'hab pour produire ses idées et s'efforcer d'y rallier le peuple. Quant à la conduite du roi, elle n'avait rien d'insolite pour le temps. Il ne fit que ce qui avait pu se faire sans opposition au centre même du yahvisme orthodoxe, à Jérusalem. Mais cette conduite éveilla chez les yahvistes les plus avancés la conscience de la supériorité de leur religion, et les amena à affirmer qu'il était sacrilège de reconnaître à Baal de Tyr ou de Sidon les mêmes droits qu'au dieu d'Israël. Ils crurent sans doute, à l'exemple de tous les réformateurs qui en appellent constamment à l'antiquité et s'imaginent, de bonne foi, ne faire autre chose que restaurer ce qui a été, défendre l'ancien et véritable mosaïsme. Cependant leur foi, bien qu'elle dérivât directement de la religion de Moïse, n'était pas cette religion même, et dans un certain sens, elle constitua une innovation. Et d'abord, avec eux le yahvisme n'afficha pas seulement la prétention d'être la religion dominante en Israël, mais d'exclure le culte étranger de Baal, c'est-à-dire de régner seul et sans partage. Ce ne fut donc pas un mouvement purement national, car, ne l'oublions pas, Baal, à qui A'hab éleva un temple en considération d'Izebel, comptait parmi les Israélites un grand nombre d'adorateurs. Ce fut, avant tout, un mouvement religieux. La lutte ne fut pas dirigée contre le yahvisme moins pur, élevé par Jéroboam Ier au rang de religion d'état, bien qu'Élie et ses partisans ne paraissent avoir entretenu aucun rapport avec les prêtres de Béthel et de Dan ; on ne s'attaqua pas même au culte d'Ashéra, ainsi que cela semble résulter du fait que Jéhu, l'exécuteur des desseins d'Élie, ne prit aucune mesure contre ce culte, mais uniquement au Baal de Canaan, considéré comme le rival de Yahveh. Nous voyons, pour ainsi dire, poindre dans cette lutte l'aurore d'un jour qui ne devait se lever que longtemps plus tard : c'est comme une première tentative de cette grande et radicale réforme qui fut reprise et accomplie deux siècles après, dans le royaume de Juda.

Cette première tentative eut pour auteurs des solitaires, elle sortit de ce qu'on pourrait appeler les monastères de ces temps primitifs. Le parti des yahvistes stricts comptait plus d'adhérents que ne se le figurait Élie lui-même dans ses heures de découragement. Nous y voyons figurer Élisée, fils d'un riche propriétaire foncier, et qui fut plus tard le successeur d'Elie ; à la cour même d'A'hab, Obadya, qui cacha et nourrit cent prophètes pendant la persécution ; dans l'armée, alors ou bientôt, Jéhu lui-même, commandant des chariots. Mais l'impulsion vint des colonies de prophètes établies au sud du royaume, et l'âme du mouvement fut le « Père », le directeur et le surveillant de ces colonies, Élie de Thisbé. Le pays de Gilead, où était situé Thisbé, était une des régions du pays de Canaan où l'ancien yahvisme du désert s'était conservé dans toute sa pureté et son austérité. Il n'y a rien d'étonnant à ce que cette contrée ait donné le jour au champion le plus éminent des droits du yahvisme. La figure d'Élie ne nous apparaît plus qu'au milieu des nuages de la légende, et il est très difficile de dégager son histoire exacte des récits poétiques qui nous ont conservé le souvenir de ses exploits. Sa vie paraît avoir été celle d'un ermite. Il ne faisait que de rares apparitions parmi les hommes. Lorsqu'il sortait de sa solitude, il n'était pas difficile de le reconnaître à ses vêtements de peau encore recouverts de poils, à sa ceinture de cuir, costume qui paraît avoir été celui des prophètes les plus austères de Yahveh. C'est toujours à l'improviste qu'il se montre, tantôt à A'hab, tantôt à Obadya, tantôt aux envoyés d'A'hazia (Ochosias) et toujours comme prophète de la pénitence, chargé de dénoncer les jugements de Yahveh. Il passa la plus grande partie de sa vie hors du royaume, soit par goût pour la solitude, soit pour se soustraire aux persécutions d'A'hab et d'Izebel, persécutions que, d'ailleurs, nous n'avons nulle peine à nous expliquer. Le roi et la reine ne faisaient rien qui ne dût leur paraître parfaitement légitime, et ils ne pouvaient voir dans Élie qu'un fauteur de désordre, « le perturbateur d'Israël », comme l'appela une fois le prince. Ce fut une lutte sans merci, d'un côté pour le maintien de la prérogative royale, de l'autre pour la domination absolue de Yahveh.

Une fois peut-être, pendant les premières années du règne d'A'hab, Élie put un instant se flatter d'avoir cause gagnée. Une sécheresse dans laquelle les yahvistes montrèrent un effet de la colère de Yahveh et une preuve de l'impuissance de Baal, avait réduit les populations à la misère. Le mécontentement était général. Dans de telles circonstances, A'hab ne put se refuser à se prêter à une épreuve proposée par Élie, et à la suite de laquelle le peuple se prononcerait entre Yahveh et Baal. Ce qui se passa, au juste, sur le Carmel, il est impossible de le déduire du beau et poétique récit que nous a conservé de cette scène le livre des Rois ; mais il n'y a aucun motif de contester le dénoûment. Le peuple se prononça hautement pour Yahveh et, à l'instigation d'Élie, un grand nombre de prêtres de Baal furent mis à mort, sans qu'A'hab osât s'opposer à cette sanglante exécution. Mais la volonté du peuple était loin d'être souveraine à cette époque. Izebel ne se laissa pas intimider, et Élie ne put qu'en fuyant au désert se dérober au traitement qu'il avait infligé aux prêtres de Baal.

Il ne parut plus qu'une seule fois devant A'hab, à l'occasion du meurtre de Naboth. On sait les détails de cette histoire. C'est dans de telles circonstances que le prophétisme se révèle à nous sous son plus noble aspect. La forme dans laquelle les prophètes reprochaient aux princes leurs violences est celle de leur temps et répond à la conviction qu'ils avaient et que partageaient tous les contemporains, que c'était Yahveh lui-même qui parlait par leur bouche. Ce qui les animait alors, ce n'était pas un esprit de parti fanatique, c'était la noble ardeur pour la justice et la vérité. De combien ils dominaient ces juges serviles pour lesquels il n'y avait pas de droit contre le bon plaisir royal ! Combien ils élevaient par leur héroïsme moral leur peuple au-dessus des autres peuples de même race, qui jamais ne surent s'affranchir des liens d'un despotisme avilissant ! — A'hab s'humilia. Il prit des vêtements de deuil et se retira à pas lents comme un pénitent. Il était faible, manquait de caractère, mais n'était pas un scélérat endurci. Un certain regret du crime accompli, et peut-être encore plus de crainte du châtiment dénoncé par le prophète, à la parole duquel il croyait en dépit de sa haine, suffirent pour l'amener à marquer son repentir. Élie fut satisfait ; il se hâta d'atténuer la sentence, et dès lors laissa le roi en repos.

Mais si « son ennemi » ne poursuivit plus A'hab comme le remords vivant de sa mauvaise conscience, ce prince n'en avait pas fini avec les représentations des prophètes yahvistes. Dans la guerre que provoquèrent les prétentions de Benhadad, roi de Syrie, un prophète, peut-être habitant Samarie, — ce qui montrerait que la persécution contre les yahvistes n'eut pas un caractère général, — lui donna de bons conseils que le roi suivit et qui lui assurèrent la victoire. Il lui recommanda encore de ne pas s'endormir sur ce premier succès, mais de faire de nouveaux préparatifs pour l'année suivante ; il l'engagea à ne pas se laisser effrayer par l'assertion des Syriens, que les dieux d'Israël (1) étaient des dieux des montagnes, de sorte que les Israélites seraient facilement vaincus dans la plaine. Yahveh, en effet, saurait protéger efficacement son peuple dans la plaine aussi bien que dans la montagne. On découvre ici l'indice d'une nouvelle tendance du yahvisme à faire de Yahveh le seul dieu d'Israël et à s'élever au-dessus des conceptions primitives, en vertu desquelles Yahveh était, en effet, un dieu des lieux élevés et arides. Il en ressort aussi que ces prophètes n'étaient pas de parti pris hostiles au roi, et que lui-même écoutait volontiers leurs avis.

Cependant, il n'était pas l'homme selon leur cœur. Après une victoire complète sur les Syriens, il eut la faiblesse de se laisser prendre à de belles promesses et de rendre la liberté au roi de Syrie, qu'il avait fait prisonnier. Il s'exposa par là à la censure des prophètes qui avaient prononcé le *hérem* sur Benhadad. Le vieil esprit de Samuel vivait encore parmi les membres de l'institution qu'il avait fondée. Les prophètes dénoncèrent au roi la vengeance de Yahveh et lui annoncèrent que sa propre vie serait

---

(1) 2 Rois, XXI. 23. Ce pluriel est remarquable, surtout si on rapproche ce passage du vers. 28, où c'est le prophète même qui parle, et ne fait mention que de Yahveh.

prise en rançon de celle du captif qu'il avait imprudemment relâché. Il se retira mécontent et irrité dans son palais, d'autant plus mécontent des prophètes, qu'il sentait bien, au fond, qu'il avait tort et qu'il venait de commettre une faute qui pourrait lui coûter cher.

Les Syriens tenaient encore la place de Ramôth dans le pays de Gilead. A'hab résolut de les en expulser et, pour cette entreprise difficile, demanda l'appui de Josaphat, roi de Juda, qui s'empressa de venir au secours de son allié. La guerre fut fortement conseillée et le succès garanti certain par quatre cents prophètes consultés à la demande du roi de Juda. Ce dernier insista encore pour qu'on appelât Michahu, qu'A'hab répugnait à entendre parce qu'il savait que ce prophète n'était pas son ami. En effet, Micha n'apporta que de sombres pronostics. Il annonça d'abord, lui aussi, la victoire, mais sur un ton de raillerie qui montrait bien qu'il déguisait ses véritables sentiments. Sommé de parler sérieusement, il dépeignit Israël comme un troupeau dispersé, privé de berger, et attribua le conseil des autres prophètes à un esprit de mensonge. Celui qui s'était montré le plus ardent, Zédékia (prophète de Yahveh, dont le nom entre dans la composition du sien), lui répondit par des injures et A'hab ordonna de le jeter en prison, se réservant de le châtier après la victoire. Mais l'événement confirma bientôt ses plus sombres prévisions, et, aux yeux de la postérité, il est resté dans cette circonstance le vrai prophète, tandis que tous les autres sont qualifiés d'imposteurs. Rien ne justifie ce jugement. Comme Micha, les quatre cents parlèrent selon leur sentiment et selon leur conscience. Ramôth de Gilead aux mains des Syriens était une perpétuelle menace pour le pays d'Israël. Si A'hab avait seul vaincu deux fois les Syriens, le succès devait paraître bien plus certain avec l'appui du roi de Juda. Micha en jugea autrement, et l'événement lui donna raison. On put se convaincre que l'entreprise dépassait les forces des deux princes ligués. Peut-être la sombre prophétie de Micha, hantant comme un fantôme de mauvais augure l'esprit des soldats, contribua-t-elle, pour sa part, à amener la catastrophe qu'il avait prédite.

Ce fut vers cette époque que furent relevées les murailles de Jéricho, et les circonstances qui amenèrent cet événement sont tristement caractéristiques de ce qu'était alors le développement religieux d'Israël. Une ancienne malédiction attribuée à Josué disait que celui qui voudrait relever Jéricho de ses ruines devrait fonder les murailles sur son premier-né et les portes sur son dernier-né. Le parallélisme même de cette malédiction en montre assez le caractère primitivement figuré. Par degrés, on en était venu à la prendre au pied de la lettre. On en avait tiré la conclusion que le sacrifice volontaire de deux fils pourrait lever l'anathème lancé sur Jéricho. Cette sorte de sacrifices humains n'est pas chose sans exemple dans l'histoire des peuples mésopotamiens. Quelquefois c'était une jeune vierge qu'on immolait, et sur le cadavre de laquelle on posait les assises de fondation du rempart. Ici, il s'agissait d'un double sacrifice et de celui des êtres les plus chers. Personne n'avait encore eu le triste courage de se dévouer. La ville s'était lentement relevée, mais était une ville ouverte, lorsqu'un certain Hiel, plus encore par ambition que par patriotisme, — il demanda à être nommé gouverneur de la ville, — s'offrit à remplir la redoutable condition. Il immola, en effet, ses deux fils, et sur le corps de l'aîné, Abiram, fonda le rempart, sur celui du plus jeune, Zébub, la porte. Il ne manqua pas de pieux adorateurs de Yahveh pour exalter ce dévouement. Hiel était originaire de Béthel, d'où l'on peut conclure qu'il n'appartenait pas au parti d'Élie, bien qu'il ne soit pas certain qu'Élie lui-même eût réprouvé de tels sacrifices.

Les deux successeurs d'A'hab restèrent fidèles à la tradition de leur race. Après une chute, A'hazia envoya consulter l'oracle célèbre de Baal-Zébub à Eqron ; il fut sévèrement censuré par Élie, qui lui demanda s'il n'y avait point de dieu en Israël. Ces paroles équivalaient, dans les idées du temps, à un arrêt de mort et, en effet, A'hazia succomba à son mal.

Sous le règne de Joram, on ne voit plus apparaître le vieux prophète ; il est remplacé par son disciple Élisée, qui n'atteignit à son plus haut point de popularité que sous le règne de Jéhu. Il y avait quelque temps déjà qu'Élie l'avait choisi pour son successeur. Il était fils de Safat, riche propriétaire foncier d'Abel-Méhola, mais n'avait pas hésité à tout quitter pour répondre à l'appel d'Élie. Il renonça à l'agriculture, prit congé de son père et de sa mère, qui ne s'opposèrent pas à sa résolution, invita toute sa parenté à un sacrifice d'actions de grâces, dans lequel il offrit sur un bûcher fait du bois même de sa charrue le bœuf avec lequel il labourait, et, de ce moment, il ne quitta plus Élie jusqu'à la mort de ce dernier. Après la mort de son maître, il renonça à la vie de solitaire et vint s'établir dans la capitale. Il fut reconnu par les colonies de prophètes pour leur chef et pour le successeur d'Élie, dont le manteau était tombé sur ses épaules, et sur les mains duquel il avait versé l'eau. Il hérita aussi du prestige et de la popularité de son prédécesseur. Sa légende ne fut ni moins riche, ni moins remarquable. Les principaux miracles qui lui sont attribués ne sont que la répétition, quelquefois amplifiée, de ceux d'Élie. Il ressuscita un mort, multiplia l'huile et, de son temps, la sécheresse et la famine, au lieu de trois ans, en durèrent sept. Il n'est pas, cependant, impossible, au milieu de tout ce merveilleux, de démêler quelques traits authentiques de son caractère et de sa vie.

Son action différa sensiblement de celle d'Élie. Ils luttèrent pour la même cause, mais tandis qu'Élie s'était tenu en dehors du terrain de la politique, se renfermant dans son caractère purement religieux, Élisée fut, avant tout, un homme politique. Élie s'était surtout posé en champion du droit et de la justice, en vengeur des innocents opprimés ; il ne semble pas qu'Élisée ait senti une vocation marquée pour continuer ce ministère. Enfin, le premier renferma son action dans le royaume d'Israël, le second exerça son influence jusqu'à Damas. Nous l'avons vu, aussitôt après la mort de son maître, abandonner le désert pour s'établir dans la capitale. Toutes ces différences s'expliquent, soit par la diversité de caractère des deux prophètes, soit par celle des circonstances au milieu desquelles ils vécurent. Si Élisée put résider à Samarie, c'est qu'il ne fut pas persécuté par les derniers rois de la famille d'A'hab, et qu'ensuite le trône fut occupé par sa propre créature. Cette dernière circonstance lui permit aussi de se mêler beaucoup plus activement aux affaires et d'être beaucoup plus pratique qu'Élie.

Les rapports d'Élisée avec la dynastie d'A'hab ne furent guère meilleurs que n'avaient été ceux d'Élie. Joram, le deuxième fils d'A'hab, se montra, il est vrai, un peu mieux disposé pour le yahvisme que son père et son frère. Il fit détruire un ou plusieurs maççéba's élevés par A'hab au Baal cananéen. Il ne persécuta pas le prophète qui, cependant, lui agréait peu, le traita même avec une certaine distinction. Élisée n'en resta pas moins intraitable. Lors de la guerre contre Mésa, roi de Moab, qui avait refusé le tribut payé sous le règne d'A'hab, Joram, allié à Josaphat de Juda et au roi d'Édom fit appel aux conseils d'Élisée : le prophète lui répondit sèchement : « Adresse-toi aux prophètes de ton père et de ta mère, » et il ne se départit un peu de cette raideur qu'en considération de Josaphat. Entre le fils d'A'hab et d'Izebel et le disciple d'Élie, il n'y avait pas de réconciliation possible. Les quelques réformes de Joram, un couple d'idoles détruites, n'étaient pas pour satisfaire le prophète. Il se retira et attendit que les temps fussent mûrs et les circonstances propices.

La guerre des alliés avec Mésa, roi de Moab, mérite qu'on s'y arrête, au point de vue religieux. On a déjà rappelé dans cet ouvrage le principal événement de cette guerre : le sacrifice du fils du roi moabite, assiégé dans Qir-haréset, et la levée du siège à la suite de cet incident dramatique. « Alors, dit l'historien hébreu, une grande colère s'alluma contre Israël, de sorte que les ennemis de Mésa partirent et se retirèrent dans leur pays. » Si l'on ne tord pas à plaisir le sens des mots, ce passage ne peut avoir qu'une signification, c'est que les Israélites essuyèrent une grande défaite. Par conséquent, leur départ ne fut pas volontaire. L'historien a jeté un voile sur l'issue malheureuse de cette guerre, jusque-là glorieuse. La stèle de Mésa, dernièrement découverte à Dibhan, nous fournira-t-elle les éclaircissements qui nous manquent? On y voit que depuis la mort d'A'hab, la puissance des Israélites avait beaucoup diminué. Mésa (le sauvé, comme il s'appelle lui-même, parce que Kamosh l'a sauvé de tous les périls et l'a fait jouir de son repos) recouvra complètement son indépendance, chassa les Israélites et les Gadites de toutes les places qu'ils occupaient au nord de l'Arnon et y fonda des villes avec des temples à Kamosh. On estime ordinairement que les faits auxquels se rapporte cette inscription sont antérieurs aux événements relatés dans le Ch. III du deuxième livre des Rois. Quoi qu'il en soit, la manière dont Mésa parle de son dieu Kamosh est identique à celle dont les Israélites avaient coutume de parler de Yahveh. « La colère de Kamosh s'est enflammée contre les prétentions des Israélites, — on immole — vraisemblablement pend ou crucifie — les prisonniers devant Kamosh et devant Moab (serait-ce une autre divinité ?) ; — Kamosh ordonne à Mésa d'aller conquérir Israël, et les vases sacrés de Yahveh, dont on s'est emparé, lui sont consacrés ; — Kamosh chasse Israël de Yahas et inspire à Mésa une expédition contre les Hôronaïm. » Qu'au lieu de Mésa, on lise A'hab ou Josaphat, Yahveh en place de Kamosh, et on aurait un monument israélite dont personne ne songerait à mettre en doute l'authenticité. Les idées religieuses de Mésa sont absolument celles des anciens yahvistes. Même zèle pour le dieu national, même conviction qu'il est le meilleur et le plus puissant des dieux.

De même que Mésa au sud-est, au nord-est, Hazaël, successeur de Benhadad sur le trône de Syrie, ne cessa d'inquiéter les Israélites. D'après les historiens bibliques, Élisée et même Élie ne furent pas étrangers à son élévation. La légende tient une large place dans leurs récits, et il y a beaucoup à rabattre, assurément, du rôle assigné aux deux prophètes. L'intervention d'Élie dans cette affaire est dénuée de tout fondement. Mais Élisée se trouvait à Damas quelques mois avant la mort de Benhadad et, vraisemblablement, ne s'y était pas rendu sans un dessein préconçu. Benhadad malade le fit consulter par Hazaël lui-même sur l'issue de sa maladie. Le prophète répondit d'abord d'une manière énigmatique. Il s'apitoya et pleura sur tous les maux qu'Hazaël devait infliger au peuple d'Israël, et lorsque le messager se récria en disant : « Comment moi, un chien, un être de rien, aurais-je la puissance de faire de telles choses ? » Élisée répondit : « Yahveh m'a fait connaître que tu seras roi de Syrie. » Évidemment cette prophétie est, en grande partie, *post eventum* ; on ne peut admettre qu'Élisée eût travaillé à l'élévation d'un homme qu'il eût prévu devoir être fatal aux Israélites. Il n'en paraît pas moins certain qu'il alluma son ambition et que, à son instigation, Hazaël ne recula pas devant l'assassinat pour atteindre le haut rang qu'il lui avait fait entrevoir. Élisée regardait sans doute cette révolution en Syrie comme devant être favorable à la cause qu'il servait. Mais son exemple nous montre que la maxime « la fin sanctifie les moyens » est plus vieille que les jésuites.

Le moment paraît enfin venu à Élisée de porter un homme de son propre parti au trône d'Israël. Joram était un obstacle au triomphe de ce parti, et cet obstacle devait être brisé. Il fallait élever, à sa place, un yahviste selon le cœur du prophète. La guerre malheureuse soutenue par le fils d'A'hab et A'hazia de Juda contre la Syrie fit naître l'occasion impatiemment attendue. Les deux rois avaient été mettre le siège devant Ramôth de Gilead. Joram revenait dangereusement blessé. Il comptait se remettre à Yizreël. L'heure d'Élisée était venue. Il dépêcha un messager à Jéhu qui était à l'armée devant Ramôth, il lui fit répandre l'huile sainte sur le front et la révolte éclata. Si le prophète avait cherché un homme qui ne fît pas les choses à demi, il l'avait assurément trouvé dans la personne de Jéhu. Au premier avis, le commandant des chariots, qui n'avait pas l'habitude d'épargner ses coursiers, ne perdit pas une minute et, avant que rien pût être soupçonné, il se trouvait avec ses alliés devant les portes de Yizreël. Joram et A'hazia tombèrent sous ses coups. La vieille Izebel, en vraie fille de roi, eut le courage de l'attendre richement parée et de le braver. De la fenêtre ouverte du palais elle l'apostropha avec un profond dédain : « Tu es Zimri, le meurtrier de son maître, » lui dit-elle. « Qui donc est avec moi, qui donc ? » s'écria le rebelle, bouillant de colère. A ces mots, trois eunuques la précipitèrent de la fenêtre de sa chambre, et son sang rejaillit sur la muraille et sur les chevaux qui la foulèrent aux pieds. Jéhu entra dans le palais et se mit tranquillement à table, pendant que les chiens lacéraient le cadavre de la reine. Lorsqu'on voulut lui donner la sépulture, on ne trouva que son crâne, les paumes de ses mains et les plantes de ses pieds, et ce n'est pas sans une certaine satisfaction que les dévots des âges suivants constatèrent comment la parole de Yahveh — c'est-à-dire les paroles inspirées aux prophètes par la haine et la soif de vengeance — s'était accomplie sur l'étrangère détestée.

Mais Jéhu n'était pas encore satisfait. La maison d'A'hab devait être complètement anéantie. Il adressa à ceux qui avaient charge d'élever les soixante-dix fils du roi un message menaçant, les invitant à se défendre contre lui. Naturellement, ils n'osèrent pas engager une lutte inégale. Alors il leur transmit l'ordre de lui envoyer à Yizreël les têtes des jeunes princes, qu'il prit un sauvage plaisir à disposer en pyramide, devant la porte de la ville (1). Toutes les personnes notables attachées à la famille des anciens rois furent mises à mort sans forme de procès.

Ce fut là qu'il rencontra Jonadab ben-Rekab, chef d'une tribu de Kénites qui s'étaient établis dans le nord pour suivre librement leur genre de vie favori et servir Yahveh selon les anciennes traditions. Les membres de cette secte ne buvaient pas de vin, n'habitaient pas des maisons, mais demeuraient sous la tente, proscrivaient l'agriculture et vivaient uniquement de l'élève de leurs troupeaux. C'étaient de fanatiques partisans de la vieille foi des nomades, ennemis de toute civilisation, mais qui furent pourtant forcés plus tard par les conquêtes des Assyriens et des Chaldéens de se réfugier à Jérusalem.

Jonadab était un auxiliaire précieux, tel de tout point que pouvait le souhaiter Jéhu. Il le fit monter sur son char, le ramena avec lui à Yizreël en lui promettant un spectacle propre à le réjouir. Il avait en effet imaginé un plan remarquable de ruse et d'ingénuité. Il se posa à son arrivée à Samarie comme un partisan plus zélé du culte du dieu cananéen-phénicien qu'A'hab lui-même. Il fit proclamer un jeûne solennel et une fête en l'honneur de Baal et ordonna sous peine de mort à tous les sectateurs du dieu d'y assister. Le décret fut même publié dans tout le royaume, et, au jour fixé, le grand temple de Baal, à Samarie, regorgeait de monde. On distribua aux assistants des habits de fête, et Jéhu parut dans le temple accompagné de Jonadab. Comme s'il craignait que quelque indigne ne profanât la fête par sa présence, il avait eu soin de s'enquérir personnellement si toutes les personnes présentes étaient bien des adorateurs de Baal et s'il ne s'y trouvait mêlé aucun yahviste. Les sacrifices commencent. Alors quatre-vingts hommes armés embusqués par Jéhu se précipitent dans le temple, massacrent tous les assistants, pénètrent jusque dans le sanctuaire, brisent les idoles, les

---

(1) Les mêmes usages barbares règnent dans tout l'Orient. On sait que les rois d'Assyrie aimaient aussi ces entassements de têtes humaines coupées. L'unité barbare de la race s'affirme sous ces coutumes sanguinaires si répandues.

colonnes, les symboles, et brûlent tout ce qui est susceptible de l'être. Le temple lui-même fut rasé et l'emplacement sur lequel il s'élevait, profané.

Tel fut l'élu d'Élisée. Il serait injuste de faire peser tous ces crimes sur la mémoire du prophète. Celui-ci n'était pas l'homme des violences inutiles. Il fut servi sans doute au-delà de ses propres désirs par un fanatique qui était le génie du meurtre incarné. Cette implacable cruauté et son zèle rigoriste pour le service de Yahveh furent, d'ailleurs, à peu près ses seuls mérites. Médiocre général, politique bien inférieur au rôle qu'avait rêvé pour lui Élisée, il ne sut ni arrêter les progrès d'Hazaël, ni, en dépit de sa bonne volonté à suivre le chemin qui lui était tracé par le prophète auquel il devait le trône, réformer le culte national de Yahveh (le culte des taureaux d'airain), non plus que détruire le culte cananéen d'Ashéra.

La décadence fut encore plus sensible sous son successeur Joa'haz, que le roi de Syrie réduisit à ne plus entretenir que dix chariots de guerre, cinquante cavaliers et dix mille hommes de pied. Élisée ne perdit point courage, il ne cessa de prodiguer au roi ses conseils et ses avertissements ; il paraît avoir constamment prêché la résistance, quelquefois même au péril de sa vie. Le relèvement commença, en effet, sous Joas, qui reprit sur Bénhadad II les villes d'Israël conquises par les Syriens. Élisée ne vit peut-être pas ces premiers fruits de la politique qu'il avait toujours soutenue. Mais même à ses derniers moments, il ne désespéra pas, et lorsque Joas en larmes s'écriait à côté du lit du prophète près d'expirer : « O mon père ! chariots d'Israël et sa cavalerie (force et rempart du royaume) ! » Élisée releva son courage en prophétisant une dernière fois le prochain triomphe d'Israël et la défaite des Syriens. Il mourut ainsi avec une entière confiance dans la bonté et l'avenir de la cause à laquelle il avait consacré sa vie. La gloire et la prospérité refleurirent sous le règne de Jéroboam II, mais furent principalement dues à ce que ce prince se départit du rigorisme religieux de ses ancêtres, et fit revivre les principes plus larges de Salomon. Après sa mort, le royaume se précipita vers sa ruine.

Quant à Élisée, ce fut un homme animé des plus nobles intentions, énergique et rigide, cependant plus accessible à la pitié que son maître. La légende le représente comme ayant été pour maint malheureux un bienfaiteur complètement désintéressé (1). Il exerça une grande influence même sur le gouvernement, car il ne fut pas seulement honoré et respecté dans les colonies de prophètes ; les chefs du pays, les anciens de Samarie et même la cour subirent son ascendant. L'histoire impartiale doit pourtant reconnaître qu'en favorisant la révolution de Jéhu, il tomba dans une grave erreur. Sans doute, par suite de cette révolution, l'influence d'Élisée à la cour s'accrut, mais la cause d'une religion plus pure que celle qui dominait dans le royaume d'Israël n'en retira presque aucun avantage, et le pays fut sensiblement affaibli par ce sanglant conflit. Une attitude moins raide et moins hostile envers Joram eût sans doute mieux servi cette cause. Joram n'était pas intraitable comme Izebel et, en somme, valait mieux que Jéhu, fanatique sans pitié, espèce d'inquisiteur couronné, qui ne savait que se baigner dans le sang. Une réprobation plus formelle encore doit frapper la conduite tenue par le prophète à Damas, des résultats de laquelle ni lui, ni le peuple, n'eurent à se louer.

Jéroboam II eut, comme Saül, David et Salomon le privilège de réunir sous son sceptre toutes les tribus. Joas provoqué par Amazias de Juda, le vainquit, prit Jérusalem, fit le roi prisonnier et réunit son royaume au sien. Remarquons en passant

---

(1) A supposer que la guérison de Naaman, rapportée 2 Rois V, soit un fait historique, — et bien que le récit ait tout le caractère d'une légende, le fait même ne semble pas dénué de tout fondement historique, — nous y trouverons le premier exemple de la conversion d'un étranger au culte de Yahveh. Naaman, le Syrien, en reconnaissance de sa guérison par Elisée, promet de ne plus adorer que Yahveh, mais il ne croit pas ce culte possible dans son pays, si le prophète ne lui fait donner la charge d'un chariot de terre du pays d'Israël, pour qu'il y puisse faire élever un autel. En effet, le caractère national était encore si inhérent aux religions de l'antiquité que chaque dieu ne pouvait être adoré que *sur ses propres terres*. En outre, ses fonctions auprès de la personne du roi de Syrie l'obligeront d'assister aux cérémonies célébrées en l'honneur de Rimmon, le dieu des Syriens ; il demande donc à ce sujet une dispense au prophète, qui ne fait aucune difficulté de la lui donner. Rimmon était un dieu très sévère en Syrie et qui, à en juger d'après plusieurs noms de lieux, était aussi adoré dans le pays de Canaan. C'est le même dieu de l'esprit du ciel, c'est-à-dire du vent, de la tempête et du tonnerre, que les Assyriens appelaient Ramân. Il portait aussi en Syrie le nom de Hadad, l'unique (Ben-Hadad, Hadad-Ezer). Son nom complet était peut-être Rimmon-Hadad, le Très-Haut unique (de *râm*, élevé, vénérable).

qu'il n'épargna pas le temple, mais le pilla, ni plus ni moins que si c'eût été un temple consacré à un culte idolâtre. Ce fait montre combien peu alors on avait conscience de l'unité du culte de Yahveh dans le nord et le sud du pays. Jéroboam II sut pendant la plus grande partie de son règne maintenir l'union des royaumes d'Israël et de Juda, et même il est probable qu'il assujettit de nouveau les Moabites. Vers la quinzième ou la seizième année de son gouvernement, le royaume de Juda reconquit son indépendance, dans des circonstances qui nous sont inconnues. Il régna quarante et un ans, qui furent pour le royaume d'Israël la période de sa plus grande prospérité et de sa plus haute puissance. De bonne heure, on fonda sur lui les plus grandes espérances. Jona-ben-Amittaï, le même prophète dont la tradition rapporte la mission à Ninive, lui prophétisa, peut-être même avant son avènement au trône, la victoire sur tous les ennemis d'Israël. Le psaume XLV, qu'on a tout lieu de considérer comme un épithalame composé à l'occasion de son mariage, atteste avec quel enthousiasme son règne fut salué. Yahveh l'a oint avec l'huile de la joie plus qu'aucun de ses devanciers, parce que son sceptre est un sceptre de justice, qu'il aime la droiture et qu'il hait l'impiété. Il sera un héros redoutable à ses ennemis, mais un roi clément et sincère. On y célèbre sa richesse, sa pompe royale, sa beauté et celle de sa fiancée. Elle, la jeune princesse étrangère, est invitée à oublier son peuple et la maison de son père et à obéir à son époux comme à son seigneur. Le poète n'hésite pas à promettre au roi que son trône est affermi à toujours, absolument comme les prophètes de Juda promettaient un règne sans fin à la maison de David.

Ce beau chant semble n'avoir été que les prémices d'une riche moisson littéraire. Le règne de Jéroboam II fut, en effet, du moins selon toutes les vraisemblances, une des époques les plus fécondes et les plus brillantes de la littérature hébraïque. On ne peut guère assigner une autre date au Cantique des cantiques. Outre que des chants comme celui-ci ne peuvent éclore qu'aux époques de paix et de prospérité, Jéroboam fut, à proprement parler, le Salomon du royaume d'Israël. L'auteur du Cantique s'arrête avec une certaine complaisance à la description de la pompe et de la volupté de la cour de Salomon et des charmes de sa vigne de Baal-Hamman. Le poète n'en célèbre pas moins le triomphe de l'amour vrai sur toutes les séductions du luxe (1).

C'est sans doute à cette époque aussi qu'il faut placer la formation du récit poétique de la légende d'Élie, de sa lutte avec les prophètes de Baal sur le Carmel, de son entretien avec Dieu sur l'Horeb et de son ascension. Il fallait un règne comme celui de Jéroboam II pour que les événements pussent se présenter sous ce jour et revêtir cette forme. Le tremblement de terre, le tourbillon, le feu dévorant avaient alors passé devant Yahveh, et après un temps de fureur, il se manifestait à son peuple dans une brise douce et bienfaisante. Hazaël, Jéhu, Élisée, avaient purifié l'air, et sous le règne du prince bien-aimé on recueillait les fruits de toute cette agitation et de cette longue lutte. Qu'on veuille bien le remarquer, l'auteur n'est nullement un partisan de la violence, mais il la tient pour justifiée par les résultats qu'elle a donnés. Plus tard se fera jour un autre esprit. C'est alors seulement qu'on dira que le sang versé par Jéhu doit être vengé sur sa postérité.

C'est sur le même ton que ces poétiques récits qu'est écrite la *bénédiction de Moïse*, chant qui doit aussi appartenir à cette période (2). C'est un cantique de louanges sur toutes les tribus. Il n'y manque que Siméon, qui sans doute ne faisait plus partie

---

(1) Si, comme le veut M. le prof. Reuss de Strasbourg, le Cantique des cantiques n'est pas une sorte de drame lyrique, mais un recueil de chants d'amour, on y chercherait en vain cette idée fondamentale.

(2) Deutéronome XXXIII. L'hypothèse de Knobel, réfutée par Graf, *der Segen Mosis*, et Kuenen, I, 379-382, que le morceau pourrait dater de l'époque où David fuyait la persécution de Saül, et qu'alors le vœu de Juda d'être réuni avec son peuple se rapporterait à lui, tandis que la mention de la résidence de Yahveh dans la tribu de Benjamin, qu'il ne serait plus possible de rattacher à Jérusalem, aurait trait au sanctuaire de Gibéon, se heurte à des objections trop graves pour qu'il nous soit possible de nous y rallier. N'y aurait-il que l'éloge fait de la tribu de Lévi que cela suffirait pour assigner au morceau une date postérieure. La description de la situation des Israélites, qui termine le chant, peut se rapporter au règne de Salomon ou à celui de Jéroboam II, et des motifs tirés de la critique interne nous obligent d'opter pour ce dernier. L'ennemi est vaincu et expulsé, le peuple habite en sûreté après avoir reconquis son indépendance; il jouit des bénédictions de la vigne et des champs, fécondés par la rosée du ciel. Vainqueur, grâce au secours de Yahveh, il est flatté par ses ennemis. Tous ces traits ne trouveraient leur application au règne de Salomon qu'en l'envisageant dans une vue d'ensemble avec celui de David, tandis qu'ils s'appliquent exactement à celui de Jéroboam II.

du peuple d'Israël et s'était de nouveau confondu avec les hordes arabes, d'où était sorti ce peuple. L'auteur a pris pour modèle la bénédiction attribuée à Jacob (1), sauf en ce qui concerne Juda, Lévi et Benjamin, dont il poursuit la réhabilitation. Il n'est animé de sentiments hostiles pour aucune des tribus. On pourrait seulement trouver qu'en comparaison des autres tribus, l'éloge fait de Juda est un peu maigre et nullement en proportion de l'importance et du rôle de cette tribu. Il se borne au vœu, placé dans la bouche de Juda lui-même, qu'il puisse être réuni à son peuple et dans l'assurance que ses mains lui suffisent et que Yahveh le protège contre ses ennemis (2). La prière en faveur de Joseph est d'un accent plus profond, sa glorification beaucoup plus enthousiaste (3). Mais les vœux et les bénédictions les plus ardentes sont pour Lévi, fidèle à Yahveh, dépositaire des Urim et Thummim, qui dans son zèle abandonne père, mère, frères et enfants pour se consacrer exclusivement au culte de Yahveh, gardien de la parole et de l'alliance de Dieu, enseignant à Israël les saintes pratiques et la Thora (la loi) et faisant monter le parfum des sacrifices et des holocaustes aux narines de Yahveh. Benjamin et Jérusalem ne sont pas moins bien traités. L'auteur fut sans doute un lévite, bien qu'il ne semble pas avoir résidé à Jérusalem et que la mention des sacri-

---

(1) Voir plus haut, p. 402.

(2) Beaucoup trop cherchée me semble l'explication donnée par Graf (*der Segen Mosis* p. 30 et ss.) de l'expression « ses deux mains », qui signifierait « son territoire ». Avec l'appui de Yahveh, Juda a assez de sa seule force. L'expression « être réuni à son peuple » a donné lieu à de nombreuses controverses. Graf l'explique : « la réunion de la tribu de Juda au reste de la nation dont elle était alors séparée. » Ewald I, p. 161, et d'autres l'entendent de l'extension de la domination de la dynastie davidique à tout le peuple d'Israël. Si c'est avec raison que Graf a vu dans le taureau de Joseph Jéroboam II, Juda pourrait se rapporter à Amazia, alors prisonnier dans le royaume du Nord, ou tout au moins vassal de Jéroboam. Mais l'un et l'autre me semble également invraisemblable. Sans doute, le vœu formé par l'auteur de voir se reconstituer l'unité nationale était fait par les Judéens comme par les Israélites. Si sous les règnes de Joas et de Jéroboam les deux royaumes furent effectivement réunis sous le même sceptre, le chant pourrait dater d'après la 27me année de Jéroboam, alors qu'Ouzzia régnait de nouveau d'une manière indépendante à Jérusalem. Il n'en reste pas moins sur le sens de ce document bien des obscurités.

(3) Même alors que nous rejetterions avec Graf, passage cité p. 47 et ss., tout ce qui a été transcrit ici de la bénédiction de Jacob, notamment vers. 13-16 et la 2e moitié du vers. 17.

fices que Zabulon et Isachar offraient sur la montagne (sans doute le Carmel) doive plutôt faire supposer qu'il était attaché à un sanctuaire de la première de ces tribus, temple ou autel qui n'avait qu'une notoriété purement locale. Il ne prononce même pas les noms de Dan, de Béthel et de Silo. Quoi qu'il en soit, son poème est en bien des points remarquable. Il est un des rares exemples de l'Israélite optimiste. Pas une note discordante dans tout ce morceau, pas un seul anathème contre les péchés du peuple, pas une seule menace. Il est yahviste, mais nullement monothéiste. S'il ne met aucun autre Dieu d'Israël au même niveau que Yahveh, il ne nie nullement leur existence. Il a fidèlement conservé au dieu national son caractère primitif. Yahveh est toujours le dieu terrible dans lequel on reconnaît l'ancien dieu du tonnerre. Il vient de Séir et d'Édom, apparaît radieux sur le sommet des montagnes de Paran et de Kadès. Mais le poète a soin d'adoucir ces traits en insistant sur sa bienveillance à l'égard des tribus qu'il aime et protège. On a relevé avec raison la différence de ton qui règne entre ce chant et les prophéties d'Amos et d'Hosée. Le commencement du ministère de ces prophètes fut, en effet, contemporain de la bénédiction de Moïse ou la suivit de très près. Là où les prophètes idéalistes ne voyaient que sujets de plaintes, le prêtre réaliste ne trouvait que matière à satisfaction. Et, en effet, au dehors tout était si beau et si bon !

Il est probable qu'un livre, plus tard confondu avec les Proverbes (Ch. I, 7, — IX, 18), appartient aussi à cette brillante époque. Le caractère en est très différent de celui du livre même des Proverbes. La sagesse y apparaît personnifiée. Les thèmes favoris des leçons que le poète met dans sa bouche sont la discipline paternelle, le respect pour les leçons du père, la crainte de Dieu, présentée comme le commencement de la sagesse et, surtout, la pureté des mœurs. Si l'auteur du Cantique a prêché la pureté dans la glorification de l'amour légitime, celui des fragments poursuit le même but en mettant en garde contre les séductions de la licence. L'influence des cultes cananéens avait amené un grand relâchement des mœurs dans le royaume d'Israël, et il n'y a rien d'étonnant à ce que le réveil littéraire et religieux du règne de Jéroboam II ait été marqué par une puissante réaction contre ces désordres.

Les maximes qui composent la plus grande partie du livre des Proverbes sont peut-être plus anciennes que cet ouvrage (1), mais il n'est pas impossible qu'il ait été la première production écrite de la Chokma. Cette dernière était pourtant pratiquée depuis longtemps par les Israélites et florissait dès le temps de Salomon. Par maint côté, surtout par le respect pour l'autorité paternelle et par le caractère universaliste de la religion de l'auteur, les fragments se rapprochent du vieux livre moral des Égyptiens : *Les maximes de Ptahhotep*, bien qu'il n'y ait nul rapport direct entre les deux ouvrages. Cela montre que, spontanément, la sagesse naissait chez les peuples anciens et se mouvait dans un certain cercle d'idées, ce que confirme la morale des Chinois aussi bien que celle des Égyptiens.

Ce fut probablement aussi sous le règne de Jéroboam II qu'eut lieu la première collection des Proverbes (Ch. X, 1, —XXII, 16).

Après Salomon, la sagesse fut moins cultivée dans le royaume de Juda. On y était devenu trop théocratique et sacerdotal. Elle trouva un refuge en Ephraïm, sous le patronage du second Salomon. Là, l'universalisme, le sentiment purement humain, se trouvait plus à l'aise. Si, après la ruine du royaume d'Israël, la sagesse refleurit quelque temps dans celui de Juda, sous le règne d'Hizkia, elle ne tarda pas à y décliner de nouveau.

Il semble aussi qu'une scission se soit déjà opérée dans les rangs des adeptes de ce genre. Ceux qu'on nomme « les insensés », « les railleurs », exagèrent l'élément humain et universaliste, et commencent à rejeter toute religion et toute reconnaissance d'un gouvernement providentiel et équitable du monde. D'autres se rapprochent de plus en plus de la religion et impriment en quelque sorte à la sagesse, dont ils rendent les arrêts, le caractère d'une révélation en l'identifiant avec la « sagesse de Dieu ». S'ils passent sous silence les institutions sacerdotales et les sacrifices, ou n'en parlent que sur un ton qui témoigne peu de sympathie et de respect, la prophétie, par contre, commence

---

(1) La personnification de la Sagesse suppose, comme le fait remarquer M. Hooykaas, que le genre avait déjà été cultivé pendant une période assez longue. L'ouvrage est, du reste, défectueux et confus, mais présente quelques images très belles, et même atteint dans certains passages à la plus haute poésie. Quoique l'ancien principe de la rétribution temporelle du bien et du mal y domine, il y respire en certains endroits un profond et pur sentiment moral.

à prendre faveur auprès d'eux. Seulement, ils placent la sagesse au-dessus d'elle. La religion est et reste simplement la préparation à la sagesse, le commencement de la sagesse : celle-ci est la chose essentielle, le but où l'on doit tendre. Aussi les sages sont-ils tout à fait indépendants. La loi, les prophètes, les espérances de l'avenir, rien n'influe sur leur pensée. Eux, au contraire, — et il n'est pas dépourvu d'intérêt d'en faire la remarque, — exercèrent une influence très appréciable sur la littérature prophétique. Amos, qui était du royaume de Juda, parle d'eux avec estime, et déplore qu'il doive bientôt venir des jours si malheureux, que la parole des sages ne pourra plus se faire entendre. Hosée a pour eux moins d'admiration ; il les voyait de plus près et ne les trouvait pas assez religieux. Mais son livre même témoigne qu'il n'était pas sans avoir profité à leur école. Ce fut à l'exemple des sages que les prophètes commencèrent à écrire. Les premières productions de la littérature chez les Hébreux eurent ainsi le même caractère et le même objet que chez les Égyptiens.

Un autre esprit commença à se faire jour dans les dernières années du règne de Jéroboam II. Après le chantre gracieux du Cantique, l'auteur optimiste de la bénédiction de Moïse et les sages à la parole calme et sentencieuse, se levèrent des hommes qui, comme Hosée, n'eurent à la bouche que des paroles de censure et de menace. Avant lui (791), Amos de Thékoa en Juda (1) avait osé prophétiser à Béthel même contre le culte du taureau d'airain et contre les richesses et le luxe d'Israël. Le prêtre Amazia lui avait intimé l'ordre de retourner au pays de Juda, disant que de telles paroles ne pouvaient être tolérées dans un sanctuaire royal, et l'avait dénoncé à Jéroboam, parce qu'il prophétisait la ruine de la dynastie d'Israël. Ces hommes furent les précurseurs des temps nouveaux, les premiers réformateurs. Leurs sombres prédictions ne tardèrent pas à se réaliser. L'esprit de révolte, un moment contenu par la puissance de Joas et de Jéroboam II, se déchaîna de nouveau après la mort de ce dernier. Il semble qu'au milieu de sa grandeur et de sa prospérité,

---

(1) Dans un article récent de la *Revue de Théologie* de Leyde (*Theologisch Tydschrift*), M. le prof. Oort a soutenu la thèse qu'Amos était originaire du royaume d'Israël. L'historien bien connu d'Israël, M. Grætz, est de la même opinion.

le royaume d'Israël récélait des germes de décomposition et de ruine. Les révolutions de palais, les changements de dynastie se renouvelèrent jusqu'à la prise de Samarie et à la destruction du royaume par Salmanasar. Le Yahvisme continua de se développer dans le royaume de Juda, mais semble s'être éteint peu à peu au milieu des dix tribus dispersées. Avant d'aborder l'histoire de la réforme, il sera bon de jeter un regard sur celle du développement religieux dans le royaume de Juda, depuis Réhabéam jusqu'à la chute du royaume d'Israël.

Cette histoire nous est peu connue. La lutte contre les Baalim paraît avoir été moins vive dans ce royaume que dans celui du nord. L'importance du temple de Jérusalem et de son sacerdoce aristocratique y assurait au yahvisme une prépondérance et un éclat qui ôtaient aux autres cultes tout caractère menaçant. Cependant, il y avait d'autres sanctuaires et, jusqu'au règne d'Hizkia, on sacrifia à Yahveh en mainte localité ; mais le culte y était moins pur qu'à Jérusalem et plus ou moins mélangé d'éléments idolâtriques. On ne s'en alarmait, ni ne s'en scandalisait. Il n'y eut d'opposition que contre les cultes cananéens accompagnés de pratiques licencieuses. Et encore ne fut-ce qu'à partir d'Asa, le troisième roi de Juda, que ces cultes furent proscrits. Il fit mettre en pièces et brûler près du torrent de Qidron (Cédron) une Ashéra élevée par sa mère dans un temple construit sur une colline près de Jérusalem. S'il faut en croire le livre des Chroniques, il obéit en cela aux inspirations du prohète Azaria-ben-Obed, et tenta même d'opérer une espèce de réforme du yahvisme. Cela ne l'empêcha pas de faire jeter en prison le prophète Hanani, qui blâmait son alliance avec le roi de Syrie. Le caractère de ces mesures ne saurait être certainement apprécié, attendu le peu de sûreté des informations des Chroniques, écrites à un point de vue purement sacerdotal.

Josaphat continua la lutte commencée par son père contre les cultes licencieux d'origine cananéenne. S'il ne fut pas un yahviste exclusif, il appartint du moins positivement à la tendance yahviste, et s'appliqua à développer la religion nationale et à en élever le caractère. Son alliance avec A'hab fut dictée par les nécessités politiques qui, à cette époque même, étaient plus indépendantes de la religion qu'on ne le croit généralement.

Élisée établissait une différence marquée entre lui et Joram, fils d'A'hab. Élisée ne consentit que par déférence pour lui à prophétiser devant les deux rois alliés, à l'occasion de la guerre contre Mésa. Mais s'il eût été exclusif, il n'eût certainement pas demandé la main de la fille d'Izebel pour son fils.

Cette alliance porta une sensible atteinte au yahvisme dans le royaume de Juda. Athalya, non moins ambitieuse et énergique que sa mère, s'empara du trône après la mort de son époux et de son fils; elle donna l'ordre de massacrer tous ses petits-fils et, seul, Joas échappa à la mort. Baal eut dès lors son temple à Jérusalem même; cependant Athalya ne proscrivit pas le yahvisme, et le culte de Yahveh ne fut nullement troublé. Les prêtres jouirent même d'assez de liberté pour cacher pendant plusieurs années Joas dans le temple et y ourdir une conspiration qui devait aboutir au rétablissement du jeune roi sur le trône.

Joas se laissa d'abord aveuglément conduire par Jojada, à qui il devait la vie et la couronne. Il semble qu'après la mort du grand prêtre il ait subi une autre influence; du moins le récit de la mort du fils de son bienfaiteur, tué par son ordre (2 Chroniques XXIV, 20-24) semble historique. L'auteur du Livre des Chroniques voit dans l'assassinat du prince par deux de ses serviteurs une juste punition de son crime.

Dans les premiers temps de son règne, Joas avait ordonné aux prêtres de faire exécuter au temple des réparations indispensables, et en avait assigné les dépenses sur les taxes de certains sacrifices et les dons volontaires de la piété des fidèles. La vingt-troisième année de son règne, il n'y avait encore rien de fait. Les saints prêtres de Yahveh s'étaient approprié l'argent et laissaient tomber en ruines le sanctuaire de leur dieu. Joas dut ordonner un contrôle sévère et confier l'ouvrage à des ouvriers placés directement sous les ordres des administrateurs royaux. Ce fait jette un jour assez peu favorable sur le caractère et le désintéressement du sacerdoce de Jérusalem.

Amazia et son fils Ouzzia (Azaria) furent pendant dix-neuf et onze ans vassaux et tributaires des rois d'Israël. Les plus anciens documents les représentent comme de fervents yahvistes. Le livre des Chroniques relève à la charge d'Ouzzia son prétendu sacrilège, qui ne fut, au fond, que la revendication du droit de présider aux cérémonies sacrées, droit que les premiers rois avaient possédé et exercé sans contestation. Le roi, atteint de la lèpre, dut achever sa vie dans la retraite, et l'écrivain sacerdotal ne manque pas de montrer dans cette maladie une dispensation providentielle et un châtiment mérité.

Nous touchons au commencement d'une nouvelle période dans l'histoire religieuse d'Israël. Jusque-là, quelques différences qu'on puisse signaler entre le nord et le sud, la religion a, au fond, dans les deux royaumes, le même caractère. Le trait fondamental de l'histoire religieuse est la lutte du yahvisme national contre les religions indigènes et celles des peuples voisins, lesquelles cependant sont tolérées et dont la pratique fut même, dans une certaine mesure, alliée au culte de Yahveh par des princes tels que Saül, David et Salomon. Désormais, le yahvisme luttera pour la domination absolue, qu'il aura grand peine à conquérir. Pour atteindre ce but dans le royaume d'Israël, il fallait que la maison d'A'hab fût complètement exterminée. Dans le royaume de Juda, le parti qui le poursuivait trouva déjà un certain appui dans le roi Asa. Sous Athalya, l'unité religieuse courut de nouveau de sérieux dangers. Cette unité n'était pourtant pas encore le règne exclusif d'un seul culte, encore moins du monothéisme. Les *hauts lieux*, où le culte sans doute était moins pur, plus mélangé d'éléments empruntés aux religions cananéennes, subsistèrent sans que personne s'en formalisât ou songeât à les détruire. En dépit du zèle réformateur d'Asa et de Josaphat, des emblèmes, comme le serpent d'airain, des temples consacrés à des dieux étrangers, comme ceux de Milkom, d'Astarté et de Kamosh, qu'avait fait construire Salomon, non-seulement ne furent pas détruits, mais encore ne cessèrent d'être respectés et employés. Il faut surtout insister sur ce fait, que ce furent principalement des rois yahvistes de Juda, Aza, Joas, Ouzzia, qui éprouvèrent la plus vive résistance de la part des prophètes. Ce fut au point que les deux premiers, pour en avoir raison, recoururent aux cachots et aux supplices, et que le dernier dut céder devant elle. Pour les zélateurs, leurs réformes religieuses n'étaient donc pas suffisantes, leur foi aveugle au pouvoir miraculeux de Yahveh pas assez complète, ou bien, en maintenant leurs droits et leurs prérogatives de princes, ils empiétaient sur les droits du sacerdoce. Les hommes qui affichaient ces hautes prétentions étaient, comme Amos et Hosée, les précurseurs des temps nouveaux. A l'exception des empiètements du sacerdoce sur les anciennes prérogatives religieuses de la couronne, elles furent positivement repoussées par les rois de la maison de David eux-mêmes, ainsi que par le sentiment national. Elles s'affirmèrent, néanmoins, chaque jour avec plus de force, devinrent plus générales et plus pressantes, et la politique réactionnaire de quelques rois ne fit que les surexciter. Les deux tendances, polythéiste et monolâtrique, devaient se développer d'une manière indépendante et chaque jour s'éloigner davantage l'une de l'autre, de sorte que, chaque jour aussi, la lutte devait devenir plus vive. Le chapitre suivant sera consacré au récit de la première tentative du yahvisme avancé pour provoquer une réforme radicale. On y indiquera quelle fut l'occasion de cette tentative et comment elle échoua.

CHAPITRE XIII

L'IDÉALISME DES NOUVEAUX PROPHÈTES EN LUTTE AVEC LA
TENDANCE RÉALISTE DE PLUS EN PLUS ACCENTUÉE DE LA RELIGION
D'A'HAS A AMON

On a déjà vu se produire, au milieu même de la splendeur du règne de Jéroboam II, un enseignement nouveau qui vint jeter l'effroi dans les esprits pleins de sécurité et troubler la satisfaction générale. Un pâtre de Thékoa, affectant de dire qu'il n'était ni prophète, ni fils des prophètes, mais envoyé de Yahveh, était venu témoigner à Béthel contre le culte des taureaux et contre les péchés d'Israël. Qu'il fût judéen ou non, il s'occupa surtout d'Israël. Ce n'est qu'en passant qu'il fait mention de Juda, ainsi que des Syriens, des Philistins, des Édomites, des Moabites. Il s'éleva avec force contre tous les cultes rendus à Yahveh en dehors de la seule forme qu'il regardât comme pure, aussi bien contre ceux de Gilgal et de Béersheba que contre celui de Béthel ; il dénonça avec indignation le luxe, la profusion, le relâchement des mœurs qui régnaient parmi les Israélites, ainsi que l'oppression des petits et des pauvres, qui en était la conséquence. Il montra le châtiment et la ruine comme imminents. L'Assyrie était alors au plus haut point de sa puissance et de son éclat ; le prophète y vit l'instrument des vengeances divines qui devaient frapper Jéroboam et anéantir son royaume. Déjà des épidémies et d'autres fléaux n'avaient-ils pas été des avertissements en même temps que des châtiments de l'impiété de ce prince? Avec la rigueur ascétique du paysan à l'esprit étroit, du yahviste orthodoxe et du prédicateur de la pénitence, il ne s'attaqua pas seulement à l'immoralité, mais à tout luxe, à tout raffinement de la civilisation, tonna contre l'orgueil et les palais, contre le jeu des flûtes, la fabrication et l'usage des instruments de musique « à l'exemple de David ». L'exil seul pouvait expier tant de légèreté. Cependant, hâtons-nous d'ajouter qu'avec toute sa sévérité, qui ne manquait pas de quelque raison d'être, il n'y a dans son ton nulle amertume, rien de cette méchante satisfaction dont les prophètes de la pénitence ne surent pas toujours se défendre en dénonçant les jugements de Dieu. C'est une élégie sur les malheurs d'Israël plus encore qu'un anathème sur ses iniquités. Le sort que s'est préparé le peuple lui déchire l'âme et il termine par l'annonce et la peinture des temps meilleurs. La maison d'Israël ne sera pas complètement détruite. Le châtiment sera une purification, les pécheurs périront, puis les enfants d'Israël réunis sous un roi de la maison de Juda vivront en paix et ne seront plus jamais arrachés du pays.

On bannit Amos du royaume d'Israël, mais sa parole y avait trouvé de l'écho, et bientôt parut Hosée qui prophétisa dans une forme différente, mais dans le même esprit. Hosée était lui-même Israélite. Lui non plus ne déploya pas seulement son zèle pieux contre les cultes immoraux des Cananéens, mais aussi contre Béthel, qu'il appela Béthaven, maison de vanité (1), contre Gilgal, dont les autels élevés devaient être détruits, parce qu'on y sacrifiait à des bœufs, en un mot, contre tout culte idolâtrique. Lui aussi se déchaîna contre le relâchement des mœurs et contre l'immoralité qui pénétrait dans tous les rangs, dans toutes les classes de la population, à laquelle s'abandonnaient les prophètes et les prêtres, non moins que les grands et les marchands. Sa politique fut essentiellement nationale. Point d'alliance avec l'Assyrien ni avec l'Égyptien : de telles alliances ne sauraient produire que l'oppression et la servitude. Il se complaît, par contre, à peindre l'amour de Yahveh pour son peuple. Dieu a

---

(1) Ce nom ne peut ici avoir trait qu'à l'idolâtrie.

aimé Israël alors que celui-ci n'était encore qu'un petit enfant, il l'a conduit en toute chose comme par la main ; il a conclu un mariage avec lui, mais Israël a été infidèle, a violé la foi qu'il devait à son Dieu, — et le prophète dépeint cette infidélité, cet adultère, sous les images les plus réalistes et les plus crues. — Aussi Israël sera-t-il châtié, mais Yahveh le ramènera comme un oiseau de l'Égypte, comme une colombe de l'Assyrie ; il est plein de compassion, pourrait-il abandonner Ephraïm et livrer Israël ? Alors viendront les jours de réparation et de bonheur qu'Hosée dépeint de la même manière qu'Amos.

Zacharie, fils de Berakya (Barachie), du royaume de Juda, fut un prophète de la même école. Il vivait encore sous le règne d'A'haz, et Ésaïe (Yeshaya, Yeshayahou) en fait mention comme ayant été lié d'amitié avec lui. A l'exemple d'Amos, il accomplit sans doute une mission dans le royaume d'Israël, qui tient la plus grande place dans ses prophéties et dont il prophétisa la ruine. Il fait aussi mention de la plupart des peuples voisins. Ce qui le distingue, c'est une conception universaliste de Yahveh qu'on ne trouve pas encore, du moins aussi développée, chez ses prédécesseurs. Yahveh est bien encore pour lui le dieu national d'Israël, et il peut sembler étrange que, parlant en son nom, il s'adresse aux autres peuples. Mais, dit le prophète, Yahveh ne veille pas seulement sur les tribus d'Israël, mais sur l'homme en général. Les vues de Zacharie sur l'avenir et la réparation sont analogues à celles d'Amos et d'Hosée, mais plus déterminées. Un « prince de la paix » règnera sur Juda et sur Jérusalem. Il viendra monté, non sur un fier coursier, mais sur un âne. Il ôtera de Juda les armes, les chevaux, les chariots, les arcs, tous les engins de la guerre et de la destruction. Il donnera la paix à la terre, sa domination s'étendra de l'une à l'autre mer, de l'Euphrate jusqu'aux extrémités du pays. Mais une dernière lutte doit précéder cette ère de paix et, pour cette lutte, Ephraïm et Juda seront l'arc de Yahveh. Ainsi, une paix universelle assurée à la terre par la victoire d'un prince salué du nom de fils de David et qui sera un prince essentiellement pacifique, bien que son règne ne puisse être fondé que par une dernière et décisive guerre dans laquelle Ephraïm et Juda seront les vainqueurs du monde, voilà les grandes espérances — naïves conceptions jaillissant d'un ardent patriotisme uni à la ferme confiance dans le triomphe des plus nobles principes — qui enflammèrent le fils de Berakya.

Tels furent les premiers interprètes de la nouvelle doctrine yahviste. Elle avait, d'ailleurs, ses racines dans le prophétisme de l'époque antérieure. C'était le même exclusivisme, la même conception du rapport entre la moralité et le bonheur, qui avaient caractérisé la parole de Gad et de Nathan, d'Élie et d'Élisée. Les menaces et les anathèmes d'Amos et d'Hosée, plus tard, d'Ésaïe et des autres prophètes contre le luxe, ne provenaient pas d'un autre esprit que le vêtement de poils de chameau d'Élie. Mais le yahvisme s'était développé et épuré, il prétendait appliquer ses principes d'une manière plus complète. Auparavant, il ne s'agissait que de faire prévaloir le culte de Yahveh, n'importe sous quelle forme. Maintenant, il s'agit d'en faire prévaloir la forme la plus pure, la seule que les prophètes tinssent pour légitime. Après les Hammanîm et les Ashérîm, on s'attaque aux taureaux d'airain, représentation symbolique de Yahveh, aux hauts lieux, où le culte n'était pas célébré comme à Jérusalem. En outre, on espère étendre la domination de Yahveh, et, bien que l'idée qu'il est le seul vrai Dieu ne se formule pas encore nettement dans les esprits, elle germe déjà, et on peut en pressentir l'avènement. Enfin, la figure de l'austère divinité s'adoucit. Si Yahveh est encore le dieu terrible, le dieu saint dont la colère s'enflamme contre tout péché, contre tout luxe, contre tout ce qu'on a depuis renfermé dans l'épithète de mondain, il ne s'en montre pas moins le père et l'époux de son peuple : les attributs des Baalîm cananéens, il est vrai ennoblis, transformés, lui sont rapportés. L'idéal est plus pur, l'essor de la pensée religieuse plus haut, et telle est même la hauteur à laquelle le sentiment religieux plane au-dessus de la réalité, que pour que ces aspirations se réalisent, il ne faudra rien moins qu'une révolution, une réforme complète et radicale et qui ne pourra peut-être pas s'accomplir sans violence.

D'autant plus qu'à mesure que l'idéalisme se développe d'un côté, de l'autre le réalisme s'accentue, et que, si la réforme a ses représentants, la réaction a aussi les siens. Or, ces derniers étaient les hommes du gouvernement, le roi à leur tête.

Le roi A'haz avait eu recours à l'alliance du roi d'Assyrie pour repousser une attaque des rois de Syrie et d'Israël ligués contre lui. Le secours avait été chèrement payé. Pour satisfaire aux exigences de Tuklatpalésar (Tiglat-piléser) il avait fallu dépouiller de tout ce qu'ils renfermaient de précieux non-seulement le palais du roi, mais encore le temple. A'haz, devenu tributaire, et, en quelque sorte vassal de son puissant allié, avait été faire sa cour à Damas, où le lieutenant d'Asour avait célébré ses victoires par une pompeuse réception. Là, A'haz vit un autel d'une forme particulière dont il envoya le modèle au prêtre Uzia, avec ordre d'en faire faire un pareil pour le temple de Jérusalem. L'ancien autel d'airain fut déplacé et réservé aux sacrifices particuliers du prince, tandis que les sacrifices publics furent présentés sur le nouveau. A'haz n'était pas alors en position de se payer des caprices ruineux, et ce changement eut certainement sa raison d'être et un but pratique. Les prêtres ne firent aucune opposition aux innovations prescrites par le roi, et, en dépit des réformes de Hizkia et de Josias, les deux autels subsistèrent et furent simultanément employés jusqu'à la ruine de Jérusalem.

Une autre innovation plus grave fut la construction dans la vallée de Ben-Hinnom d'un autel ou Topheth (1) consacré au Mélek ou Molek, le roi du feu céleste. Le roi donna le premier l'exemple de faire passer son fils premier-né par le feu en l'honneur du dieu, et cette barbare distinction ne manqua pas d'imitateurs. On n'y vit rien qui fût en opposition avec le culte de Yahveh ; mais, comme le disent avec indignation les prophètes des derniers temps, on se pressait dans le temple les mains encore teintes du sang répandu devant le Topheth.

J'ai déjà parlé dans un chapitre précédent (p. 316 et ss.) de la manière dont étaient offerts ces sacrifices, ainsi que du caractère des dieux qui portaient le titre générique de Mélek. Mais ici se pose à nous une question importante. Le Mélek adoré par A'haz était-il un dieu étranger, et le sacrifice des fils premiers-nés une innovation sans exemple jusqu'alors, introduite par ce

---

(1) Le sens de ce mot est encore incertain. M. le Prof. Kuenen pense qu'il signifie crachat, et que ce fut un nom injurieux donné à l'autel du nouveau culte par les adversaires de ce dernier.

prince dans les mœurs religieuses du peuple d'Israël ? Cet usage était, ainsi qu'on l'a vu, indigène et universel chez les anciens peuples mésopotamiens. Kamosh, chez les Moabites, Malkam chez les Ammonites, le Melqart des Sidoniens et des Carthaginois recevaient tous des sacrifices humains. Nineb et Ana ou Anou chez les Assyriens appartenaient aussi à la classe de ces Méleks ou rois des dieux, et nous lisons que les Sépharvaïtes brûlaient par le feu leurs fils en leur honneur (1). L'expression : « Faire passer les enfants par le feu », employée par les prophètes pour flétrir cet usage barbare ne peut signifier autre chose que brûler les enfants. Or, aussi bien le nom ou le titre donné à la divinité à qui on offrait ce sacrifice (2), que la manière dont il avait lieu, ne nous montrent dans le royaume de Juda que ce que nous avons déjà constaté en maint autre endroit.

Si l'on songe qu'A'haz fut le premier roi de Juda qui fut en même temps l'allié et le vassal des Assyriens, que dans leurs guerres les rois d'Assyrie faisaient une sorte de propagande religieuse et que, ainsi que le démontre l'autel dont il prit le modèle à Damas, A'haz ne répugnait pas à faire des emprunts aux étrangers, dans le domaine religieux, on ne trouvera rien de bien étonnant à ce que, soit par un certain réalisme religieux, soit pour plaire à ses maîtres et protecteurs, il ait introduit le culte de Mélek à Jérusalem et l'y ait associé à la religion de Yahveh, telle qu'elle y était alors pratiquée.

On peut cependant se représenter les choses encore d'une autre manière. Les sacrifices des fils premiers-nés auraient primitivement fait partie du culte de Yahveh, auraient été établis

---

(1) 1 Rois, XVII, 31.

(2) On s'est étonné que Jérémie désignât tantôt sous le nom de Mélek, tantôt sous celui de Baal, le dieu auquel étaient immolés les enfants, VII 31, comp. XIX, 5. XXXII, 35. D'après ce que j'ai dit sur Baal et Mélek dans le Ch. III, cela doit au contraire paraître chose naturelle. C'était, en effet, un Baal et, entre les Baals, un Mélek, c'est-à-dire qu'il appartenait à la classe supérieure des Baals. C'est ainsi qu'en Assyrie Nineb est souvent appelé Bel, ou plus exactement il était un des dieux qui portaient ce titre. Ce qui est certain, c'est que l'auteur hébreu de 2 Rois, XVII, 31, appelle Annamélek et Adramélek les deux dieux auxquels les Sépharvaïtes immolaient leurs enfants. On a voulu voir dans Adramélek le Nineb (Adar ?) assyrien, interprétation qui n'est pourtant rien moins que démontrée.

par Samuel, puis défendus par la loi et seraient tombés en désuétude. Pourtant, de pieux zélotes les auraient fait revivre et A'haz n'aurait fait que les consacrer et leur donner un caractère officiel et légal. Ce Mélek est donc, à proprement parler, Yahveh dans son caractère de feu dévorant, et tout l'élément étranger de cette réforme se réduisait à ce que l'exemple de l'Assyrie aurait provoqué le renouvellement en Israël d'une coutume indigène, abandonnée, à ce que croyaient ses partisans, à tort et par suite d'un affaiblissement de l'esprit religieux (1). Cette supposition repose sur des arguments qui ne manquent assurément pas de valeur. Un passage du « Livre de l'Alliance », ancien document qui est entré dans la composition du Pentateuque, prescrit sans restriction, sans faculté de rachat, le sacrifice du fils premier-né à Yahveh (2). Les prophètes postérieurs, Jérémie, Zéphanya (Sophonie), Ézéchiel, s'élevèrent, il est vrai, avec force contre le culte du Topheth et le sacrifice des enfants; mais ceux qui furent contemporains d'A'haz, Zacharie, Ésaïe, qui emprunte même une de ses images au Topheth (3), n'ont pas un mot de blâme contre ce culte, bien que le dernier surtout ait énergiquement réprouvé la divination et l'idolâtrie. Hizkia, dans son zèle réformateur, ne semble pas avoir songé à la destruction du Topheth. Quant à Jérémie, adversaire déclaré de ce culte, il appelle la vallée de Ben-Hinnom la vallée du meurtre, le Topheth un charnier et fait dire à Yahveh qu'il n'a jamais ordonné de tels sacrifices. Ainsi, on les regardait comme prescrits par Yahveh, opinion qui, pour fausse qu'elle pût être, se concilie difficilement avec l'hypothèse d'un culte complètement étranger.

Il est probable que la vérité se trouve entre ces points de vue extrêmes. A'haz imita les Assyriens, mais avec l'intime conviction de restaurer l'ancien yahvisme dans toute sa pureté. On ne saurait admettre que l'usage de sacrifier les premiers-nés ait jamais été général en Israël, ni surtout en Juda, bien qu'avant

---

(1) Exode XXII, 29, 30. Il est vrai, ce passage n'exclut pas le rachat s'il ne le mentionne pas.

(2) Oort, *Menschenoffer in Israël*. Cette opinion a été combattue par M. Kuenen, *Revue de théologie (Theol. Tyds.)* I p. 53 et ss, II 562 et ss.

(3) XXX, 33.

son introduction par A'haz, ces sacrifices fussent peut-être pratiqués par quelques personnes. L'ordre du « Livre de l'Alliance » est, il est vrai, formel. Mais ce n'est pas la seule prescription de ce livre qui n'ait jamais été généralement suivie. En particulier, il ne paraît pas qu'à aucune époque le commandement relatif à l'année sabbatique ait été mis à exécution. Il est probable que dans les temps préhistoriques, les Israélites offrirent des sacrifices humains, immolèrent des enfants à leur Mélek, au dieu du feu qu'ils adoraient encore au désert. Que cet usage ait persisté dans les temps historiques et sous le régime de la religion mosaïque, c'est ce dont on n'a aucune preuve. On trouverait plutôt des indices du contraire. La coïncidence du huitième jour également prescrit pour le sacrifice des premiers-nés des troupeaux et pour la circoncision des enfants mâles, semble indiquer que la circoncision s'établit comme un équivalent de l'immolation des fils premiers-nés. Seulement on circoncisait tous les fils, parce que le premier n'ayant pas été immolé, Yahveh eût pu réclamer le second, si la compensation ne lui avait pas été aussi appliquée. Si ces sacrifices avaient été fréquents parmi les Israélites, avant et après Samuel, ceux de Jephté, d'Hiel et de Mésa ne seraient pas relevés avec une telle insistance. Le mieux est donc de s'en tenir aux données certaines de l'histoire, à savoir qu'A'haz, Manassé, Amon et beaucoup d'autres Israélites à leur exemple immolèrent leurs enfants, mais en vertu de prescriptions légales qui étaient susceptibles d'une interprétation plus humaine, dont la date ne saurait être déterminée avec précision, et dont on ne saurait inférer que cet usage ait été général avant eux.

Mais bien qu'A'haz ait suivi en cela l'exemple des Assyriens, la coutume qu'il consacra n'en fut pas moins considérée comme une réforme du yahvisme, bien loin d'être regardée comme un emprunt à une religion étrangère, ou comme le moins du monde en opposition avec lui. Le Mélek du Topheth fut indubitablement tenu pour une forme, une manifestation de Yahveh. Ce dernier avait-il moins de droits que les dieux des peuples voisins au sacrifice de ce que ses adorateurs possédaient de plus précieux ? La puissance des Assyriens ne tenait-elle peut-être pas à ce qu'ils ne refusaient rien à leurs dieux? Ce fut un réveil, une recrudescence de sentiments religieux qui, ainsi, hélas ! que cela arrive

le plus souvent en pareille circonstance, versèrent dans le fana‑
tisme. Ce fut aussi une réaction, un retour à des pratiques bar‑
bares qui, pour n'être pas complètement étrangères au yahvisme
primitif, n'en étaient pas moins abandonnées depuis longtemps.
Les tristes circonstances où l'on se trouvait contribuèrent pour
beaucoup à ces excentricités. Israël était en pleine décadence.
Juda n'achetait qu'au prix des plus durs sacrifices un prolonge‑
ment d'existence. On chercha à forcer en quelque sorte la main
à Yahveh, à le contraindre de se souvenir de son peuple en lui
immolant les objets des plus chères affections. Une piété réelle,
mais fanatique, fut donc le principe de la réforme d'A'haz. Aussi
voyons-nous que, si elle fut combattue par quelques contempo‑
rains, ce ne fut qu'avec les plus grands ménagements, que même
un homme comme Ésaïe ne protesta pas contre ces sacrifices
barbares, et qu'un prince réformateur comme Hizkia n'osa pas
les supprimer.

Il ne sera pas inopportun d'apprécier, en regard de cette si‑
tuation, un récit qui remonte vraisemblablement à cette époque,
celui du sacrifice d'Abram. Il fait partie d'un ouvrage qui fut
peut-être achevé sous le règne d'A'haz, et, au plus tard, dans
les premières années de celui de Hizkia. C'est le grand récit his‑
torique dont on a appelé l'auteur inconnu le yahviste, parce qu'à
partir même du récit de la création, il nomme Dieu Yahveh,
tandis que l'élohiste n'emploie pas ce nom dans le récit de faits
antérieurs à Moïse. Cet ouvrage a été réuni avec celui qui porte
le nom de « Livre des Origines », et qui doit avoir été composé
entre la captivité et Esdras, et quelques fragments de moindre
importance, pour composer le Pentateuque et Josué. Il contient
les récits yahvistes des quatre premiers livres du Pentateuque,
quelques portions du Deutéronome et du livre de Josué. On peut
tenir pour certain que les matériaux en sont, en grande partie,
empruntés à des sources antérieures et que, dans sa dernière
partie, il renferme beaucoup d'éléments historiques. Ce qui lui
donne une importance particulière, c'est son caractère religieux
et moral et les indications précieuses qu'il nous fournit sur l'es‑
prit de l'époque. Il eut certainement pour auteur un prophète,
et l'un des plus éminents, peut-être Ésaïe lui-même. Le carac‑
tère prophétique y est fortement empreint, et il reproduit fidè‑

lement les idées des prophètes du huitième siècle. Tous les personnages historiques et mythiques y deviennent des types, des modèles, les uns de piété et de zèle religieux, les autres d'égarement et de passion.

Les mythes du paradis et du déluge, semblables d'ailleurs à ceux des autres peuples, y revêtent une signification morale. Les personnages purement mythiques d'Abram, de Loth, d'Isaac, d'Esaü et de Jacob, de Joseph, s'y animent, deviennent des hommes vivant de la vie réelle, personnalités plus vivantes et plus accentuées que bien des personnages historiques de l'époque suivante. Ils sont réels et pourtant idéalisés. C'est Abraham, le héros de la foi, le père des croyants, l'ancêtre et le chef du peuple par excellence, Jacob-Israël, le rusé, dont, au prix d'une longue et douloureuse expérience, dans la lutte avec Dieu, le caractère s'épurera, et qui deviendra le père de famille pieux et vénérable, rempli pour tous les siens de la plus tendre affection; Joseph, éprouvé, abaissé et élevé, et, au milieu des fortunes les plus diverses, toujours fidèle à son Dieu, généreux, pardonnant à ses frères coupables et les comblant de ses bienfaits ; Moïse, l'ami de Dieu, le courageux libérateur de son peuple, le chef patient et compatissant d'un peuple toujours rebelle, le représentant de Yahveh, le sage législateur, le noble protecteur des opprimés, Josué enfin, le pieux héros de la conquête, qui soumet tout le pays de Canaan (tâche qu'il n'a certainement pas accomplie), et, au milieu de toutes les turpitudes et de l'idolâtrie des Cananéens, sait imposer à Israël la résolution de ne pas servir d'autres dieux que Yahveh. Ces récits sont classiques et le resteront. Dans la pensée de l'auteur, les héros des anciens jours doivent être les représentants des convictions chères aux prophètes. L'exemple d'Abram et l'intervention de Dieu qui, après avoir réclamé le sacrifice d'Isaac, envoie un ange détourner le coup fatal, substitue lui-même une autre victime à l'enfant, furent indirectement opposés au culte barbare du Molek, institué par A'haz. La vieille tradition cananéenne transformée, pénétrée d'un esprit nouveau, devint ainsi une protestation pleine de prudence et de réserve contre une piété violentant les sentiments sacrés de la nature. Le principe de l'abnégation personnelle, du sacrifice de ses plus chères affections, était consacré, mais la religion devenue plus humaine savait concilier les exigences légitimes de Dieu et celles du cœur. Moïse devint le prédicateur du pur yahvisme, condamnant le culte inférieur du taureau et des idoles, Josué, la protestation vivante contre les cultes indigènes, Joseph, le modèle de la charité et de la fidélité à Dieu dans l'exil et l'esclavage. Or, plusieurs des descendants de sa race gémissaient déjà sans doute dans la captivité, sur la terre étrangère, en attendant que tous leurs frères les suivissent dans l'exil et la servitude. Tous ces types sont burinés de main de maître, enlevés avec une singulière vigueur et d'une saisissante vérité.

On a déjà rencontré plusieurs fois dans ces pages le nom d'Ésaïe. Son ministère commença l'année même de la mort d'Ouzzia. Le récit de sa vocation, qui ouvre le VIme chapitre, est généralement connu. C'est une des plus belles et des plus poétiques pages de l'Ancien Testament. Mais sous les images de cette belle poésie et sous les conceptions d'une religion épurée, on retrouve les traits fondamentaux de la religion de la nature qui lui a servi de point de départ. Le chant des séraphins ébranle la maison — le ciel — jusqu'en ses fondements ; la fumée — les nuages — la remplit ; un séraphin — l'éclair rapide semblable à un serpent de feu — purifie les lèvres du prophète avec un charbon ardent pris sur l'autel : ce sont toutes les images appropriées à la nature du dieu de l'orage et du tonnerre. La prédication d'Ésaïe fut animée du même esprit d'austère puritanisme que celle de ses prédécesseurs. Il a en horreur l'idolâtrie régnante qui doit attirer sur le peuple les plus terribles châtiments à la suite desquels on jettera aux taupes et aux chauves-souris l'ouvrage de ses mains, devant lequel on se sera incliné. Il se plaint que l'ordre public soit bouleversé dans le pays, et que le gouvernement soit tombé aux mains de femmes et d'enfants à la mamelle. Il se déchaîne contre le luxe. Les chevaux, les chariots, l'or, l'argent, les navires, toute œuvre d'art, rien ne trouve grâce devant ses anathèmes. Il réserve ses censures les plus vives, dans lesquelles l'ironie se mêle à la colère, à la parure des femmes, à la vie somptueuse et frivole des jeunes filles. Elles marchent en sautillant et en jouant de la prunelle, à petits pas, afin qu'on entende résonner les bijoux qui ornent leurs pieds. Que leur restera-t-il de tous ces anneaux pour les jambes, boucles pour le nez, bagues gravées, petites images du soleil et de la lune, pendants d'oreilles, chaînes, voiles, bijoux portés sur la tête ou sur la poitrine, flacons, amulettes, vêtements somptueux, miroirs, lorsqu'éclatera la catastrophe ? Alors, pour échapper à la honte du célibat, sept femmes s'offriront à un seul homme, le suppliant de leur donner son nom, et lui promettant de prendre soin de ses habits et de sa nourriture (1). Il dénonce l'abaissement des mœurs du peuple et y montre la cause de toutes les calamités qu'il prévoit (2). Sa politique est purement nationale. Il réprouva l'alliance qu'A'haz voulait conclure avec l'Assyrie, pour se défendre contre Rezin, roi de Syrie, et Pékah, — le fils de Rémalia, comme il l'appelle avec dédain, — roi d'Israël. Le danger, selon lui, n'était pas dans cette ligue de princes qu'il compare à des brandons achevant de se consumer, car avant que l'enfant d'une femme enceinte dans le moment où il parlait, eût atteint l'âge de discernement, leur pays sera désert, et pour cela, on appellera l'enfant Immanuël, Dieu est avec nous. Le vrai danger, c'est d'appeler l'étranger, d'exposer le royaume de Juda à servir de champ de bataille aux Assyriens et aux Égyptiens qui, dans leur lutte pour la suprématie de l'Asie, s'y heurteront comme un essaim de mouches et un essaim d'abeilles. Cette prophétie ne se réalisa pas, ou ne se réalisa que beaucoup plus tard. A'haz ne tint compte des avis du prophète et conclut son alliance avec les Assyriens contre Rezin et Pékah. Ésaïe ne mettait pas en doute la puissance du roi d'Assyrie et sa victoire sur les ennemis de Juda. Mais il y avait à ses yeux une puissance supérieure encore, celle de Yahveh, et il ne craint pas d'annoncer que les Assyriens eux-mêmes seraient un jour vaincus et subjugués par un fils de David. Ce héros providentiel montera sur le trône de Juda. On l'appellera l'Admirable, le Conseiller, le Dieu fort, le Père du butin, le Prince de la paix, car il mènera son peuple à la victoire et fera régner dans le monde la paix universelle !

Ésaïe ne vécut que pour son œuvre ; il y associa étroitement les actes les plus intimes de sa vie domestique ; il donna à tous

(1) II — IV.
(2) V.

ses enfants des noms symboliques et en fit comme de vivants témoins de ses prophéties et des gages de la réalisation de ses menaces et de ses promesses. Il fut le type du véritable idéalisme toujours en éveil, mais, autant que nous pouvons en juger, son idéalisme dégénéra rarement en illuminisme, et la raison conserva toujours en lui ses droits et sa lucidité. Dans la surexcitation de ses espérances théocratiques et dans son zèle intolérant contre le luxe et les arts, il ne s'éleva pas au-dessus du point de vue des autres prophètes yahvistes, ses prédécesseurs et ses contemporains.

Sa tâche fut plus facile et son influence plus grande sous Hizkia (Ye'hizqiyyahou) successeur d'A'haz. Le nouveau roi suivit une politique toute différente de celle de son père. Dès le début de son règne, il entreprit dans ses états une complète réforme religieuse. Il fit renverser et détruire partout où il le put les Maççébas — les pyramides ou idoles en pierre des dieux mâles — et le Ashéras — les pieux de bois, symboles de la déesse-mère. Le serpent d'airain dont on faisait remonter l'origine jusqu'à Moïse, le dieu Né'hustan comme on l'appelait, auquel les malades apportaient leurs offrandes pour recouvrer la santé, fut brisé par son ordre.

Son zèle ne se borna pas cependant à détruire les idoles. Il fit aussi supprimer les bamôth ou autels de Yahveh érigés sur les hauts lieux et où le culte était moins pur et mélangé d'éléments cananéens. La réforme de Hizkia n'allait donc à rien moins qu'à rendre générale l'adoration plus pure et plus spiritualiste de Yahveh telle que la prêchaient les nouveaux prophètes, séparée de toute image et de tout grossier symbole, et le seul moyen de la faire prévaloir était de centraliser le culte public à Jérusalem et de n'y préposer que des prêtres de la capitale. Il n'y avait qu'un homme doué d'une persévérance à toute épreuve et animé d'une conviction inébranlable qui pût avoir le courage d'entreprendre une réforme aussi radicale. Elle devait susciter bien des mécontentements et n'être acceptée que sous la pression de la contrainte. Après la mort de Hizkia, la réaction violente, que Manassé n'eût jamais réussi à provoquer si elle eût été artificielle, vint attester quel était encore l'attachement des masses pour la vieille religion d'Israël. Le discours tenu par le Rabsaké (1), l'officier que Sinachérib envoya sommer Jérusalem, en présence du Tartan, le général en chef de l'armée et du Rabsaris, montre aussi comment on appréciait généralement le règne religieux de Hizkia. « Comment, dit l'ambassadeur, comment Hizkia peut-il se confier en la protection de Yahveh, lui qui a détruit ses autels et ses hauts lieux ? » Le commandant assyrien tint-il en effet ce langage ? Nous ne savons, mais ce qui est certain, c'est que cette question était la fidèle expression des sentiments de nombre de gens. Non-seulement aux yeux des étrangers, mais encore à ceux de la presque totalité des Israélites, les réformes de Hizkia ne furent pas le fruit du zèle religieux, mais elles furent considérées comme une véritable impiété. Jusque-là la ferveur des rois s'était manifestée dans le monde entier par la fondation, et non par la destruction des sanctuaires.

Selon leur habitude, les historiens hébreux rapportent le fait sans entrer dans le détail des circonstances, et nous ignorons ce qui put amener le roi à une conviction et une conduite si différentes de celles de ses prédécesseurs. Peut-être les hardies prédications de Micha ne furent-elles pas étrangères à ce changement. Micha, plus jeune qu'Ésaïe, fut néanmoins son contemporain, et partagea sa conviction que Yahveh ne veut pas être honoré et qu'on ne gagne pas sa faveur par des sacrifices et des offrandes de prémices, mais par la justice, la bienfaisance et l'humilité, qu'il est un dieu redoutable, mais patient et miséricordieux. Il ne s'attaqua pas avec moins de véhémence que son aîné à la corruption des mœurs, qu'il peignit en traits encore plus accentués, et contre laquelle il dénonça de plus terribles châtiments. Il ne lui céda pas non plus par la grandeur de ses espérances et de ses vues sur l'avenir, ni par son attachement à la maison de David, ni par sa confiance en Hizkia. Ésaïe ne put se décider à croire à la ruine de Jérusalem, il pensa toujours que le châtiment serait passager. Micha ne voit point de salut possible : Juda doit être mené en captivité à Babylone. Il

---

(1) Le *rab-sak* dans l'armée assyrienne était le commandant, le général-major, comme le Turtanou of Tartan le lieutenant-général, chef de toutes les armées de l'empire, et le Rab-saris, à ce qu'il paraît, le général des troupes auxiliaires, des « esclaves », des serviteurs,

parle avec une certaine ironie non-seulement des grands, mais encore du roi lui-même. Peut-être faut-il chercher la raison de la nuance qui existâ entre deux hommes d'ailleurs si semblables qu'Ésaïe et Micha, dans le fait que le premier était un citadin vivant à la cour, et l'autre un habitant de la campagne. En tant que yahviste, Micha fut certainement le plus orthodoxe. Son amour pour son prince et pour sa ville rendit Ésaïe en partie inconséquent à son idéalisme prophétique, inconséquence à laquelle l'événement donna raison, précisément parce qu'elle enflamma le zèle du roi et du peuple.

Hizkia supporta avec la plus grande bienveillance le sombre prophète qui venait prophétiser contre lui jusque dans Jérusalem. Micha ne fut l'objet d'aucune persécution, d'aucune rigueur; le roi s'humilia sous ses censures qui, peut-être, furent la cause déterminante de sa réforme.

Ésaïe lui-même ne paraît pas avoir été pleinement satisfait pendant les premières années du règne de ce prince. Il se plaint qu'on ne tienne aucun compte de ses avertissements et que ce soit comme s'il parlait à des enfants. Aussi, découragé, cessa-t-il quelque temps de s'occuper de Juda pour tourner ses prophéties contre les pays voisins, surtout contre l'Égypte et la Phénicie. A Tyr il prédit la ruine et la captivité. Ses superbes marchands seront profondément humiliés, et l'auteur de cette ruine ne sera autre que Yahveh-Çebaôt, qui ne peut supporter l'orgueil et le luxe de cette grande cité commerçante. Les instruments de Yahveh seront les Assyriens. Mais après soixante-dix ans d'esclavage, la ville recommencera ses prostitutions, — c'est le nom peu flatteur qu'Ésaïe donne aux rapports commerciaux, — mais elle sera épargnée parce qu'elle consacrera à Yahveh le prix de son commerce, le salaire de sa prostitution. Elle ne le gardera pas pour elle, mais le donnera aux prêtres de Yahveh pour leur nourriture et leur entretien. On peut voir ici à nu l'esprit de la théocratie et l'idéal de ses interprètes dans leurs plus audacieuses conceptions. Yahveh adoré par les Tyriens, ses prêtres vivant des richesses amassées par leur commerce! Ainsi, le négoce est flétri comme une prostitution, mais du moment qu'il consent à se mettre au service du sacerdoce, il est purifié et devient licite.

Les vues d'Ésaïe sur les Égyptiens sont encore, s'il est possible, d'un fanatisme plus excentrique. Après une description étendue des calamités qui doivent fondre sur l'Égypte, et au nombre desquelles figure la domination d'un maître impitoyable — peut-être Sabako, — il annonce que Juda se mêlera à la querelle. Ce sera l'effroi de l'Égypte qui se convertira au culte de Yahveh. Cinq villes lui seront particulièrement consacrées et on y parlera la langue de Canaan. Au milieu du pays on dressera un autel à Yahveh, et sur la frontière sera érigé un obélisque en commémoration de ces grands événements. Les Égyptiens invoqueront Yahveh comme leur sauveur et lui apporteront leurs offrandes. Alors se conclura une triple alliance entre les Assyriens, les Égyptiens et les Israélites. La paix régnera sur la terre, les rapports entre les peuples seront multipliés et faciles, et Yahveh dira : « Béni soit mon peuple, l'Égypte et l'Assyrie, et Israël, mon héritage. »

Ces mêmes idées reviennent dans le discours qu'Ésaïe tint aux envoyés de Tirhaka (Tahalka), roi d'Égypte. Il leur parla avec égards et respect, mais rejeta leurs propositions d'alliance, dans la ferme conviction que Yahveh suffirait à sauver son peuple. Dans ce passage, il va même jusqu'à menacer les Assyriens d'une ruine complète; mais il attend des Éthiopiens qu'ils offrent des sacrifices à Yahveh (1).

Ce qu'il y a de remarquable dans ces rêveries, c'est l'universalisme qui, pour la première fois, y apparaît clairement. Yahveh, le dieu national d'Israël, qui appelle encore Israël son héritage, y étend sa domination sur les grands empires d'Assyrie et d'Égypte. Une profonde conviction non-seulement de la supériorité de Yahveh, mais encore de l'excellence du yahvisme, inspire au prophète des espérances à la réalisation desquelles les circonstances ne paraissaient guère favorables, et que l'avenir ne devait pas réaliser. Cependant, il ne se trompa pas complètement. Le yahvisme, parvenu un jour au pur monothéisme, devait devenir une religion universaliste et refouler devant lui les autres religions. Mais il fallait des siècles pour mûrir ces résultats que l'enthousiasme religieux montrait alors dans un prochain avenir.

(1) XVII, 12-XVIII, 7.

Lorsque vint le moment critique, que les Assyriens approchèrent, les prophéties d'Ésaïe se multiplièrent. Il est à son poste, il s'attend à de terribles jugements. Yahveh visitera son peuple avec l'ouragan, le tremblement de terre et le tourbillon. Jérusalem sera assiégée et une partie du peuple menée en captivité. Et de tous ces malheurs, le peuple n'a à s'en prendre qu'à lui ; car ses péchés, son idolâtrie et son luxe lui ont mérité le double de ces maux. Mais dans la conviction inébranlable d'Ésaïe, les peuples, les Goyîm, n'ont aucun motif de se réjouir de la punition d'Israël. Ils ne sont que des instruments de sa justice aux mains de Yahveh, une verge qu'on rejette après s'en être servi pour punir. Il en sera d'eux comme de quelqu'un qui boit et qui mange en rêve, et qui, à son réveil, est d'autant plus tourmenté par la faim et la soif. A la fin les opprimés se réjouiront, les serviteurs de Dieu seront délivrés, les oppresseurs et les tyrans abaissés. Aussi Ésaïe exhorte-t-il le peuple à ne pas mettre sa confiance dans les hommes, dans les alliances, dans la force des armées. Ils crient : « Nous nous enfuirons avec des chevaux ailés ! » « Oui, répond-il, vous vous enfuirez ! » Israël ne doit espérer que dans le Saint, en Yahveh qui engloutira les Assyriens et de l'esprit duquel on peut tout attendre (1).

Où l'éloquence du prophète se déploie dans toute sa force, c'est lorsqu'il retrace ses espérances pour l'avenir. L'Assyrien est aveugle, il ne sait pas ce qu'il fait. Il est la verge de Yahveh, mais il n'en a pas conscience. Il a humilié les nations comme un homme qui ravit des œufs dans un nid abandonné : rien ne bouge, nul cri, nul battement d'aile, point de bec qui s'ouvre pour défendre la couvée. Mais quelle folie de s'enorgueillir ! Celui qui fait ces choses, ce n'est pas lui en réalité, c'est Yahveh. Lorsque on lève un bâton pour frapper, cesse-t-il, pour cela, d'être un bois inerte ? Un autre empire est sur le point de surgir, celui du fils de David, du rejeton qui s'élancera de la tige d'Isaï, en qui seront la vérité, le droit, la concorde ; car il connaîtra Yahveh, le vrai Dieu ; il sera son fils et son règne s'étendra jusqu'aux extrémités de la terre. Juda et Éphraïm ne se jalouseront plus, ils se réuniront sous le sceptre de l'oint de Yahveh de la

---

(1) XXIX, 1-XXXII, 20.

maison de David. Les Goyîm eux-mêmes invoqueront le rejeton d'Isaï. Israël humiliera tous ses ennemis : Philistins, Moabites, Édomites, Ammonites ; les Égyptiens mêmes seront frappés et le Nil sera mis à sec.

D'après cette analyse des prophéties d'Ésaïe, on peut voir que le nouveau prophétisme israélite, dans son plus beau développement, demeura fidèle au caractère des religions sémitiques. Même ici, la divinité est tout, l'homme n'est rien qu'un instrument sans volonté propre. L'attente de l'homme pieux est toujours la domination universelle de son peuple et de son dieu national, celle-ci étant la garantie de celle-là. Mais la foi s'est élevée à un idéalisme qui fait repousser tous les moyens humains et dont les espérances sublimes, pénétrées de l'esprit moral le plus pur, ne devaient pas être réalisées. Le droit de cette conception est dans cette vérité que la justice est la plus pure gloire d'un peuple, que la force intérieure est préférable aux alliances et que, en fin de compte, la vérité et le droit doivent triompher. Il en sortit aussi un important progrès religieux, à savoir cette conviction, exprimée par Ésaïe lui-même, que la punition méritée par les péchés du peuple ne saurait être conjurée par les sacrifices, les cérémonies, les fêtes de la nouvelle lune et les sabbats, mais seulement par la conversion du cœur. Le peuple n'était pas mûr pour de tels enseignements et, pendant des siècles encore, devait chercher son salut précisément dans tout ce que le prophète taxait d'impuissance.

L'influence d'Ésaïe sur le roi et, par là, sur la conduite du gouvernement, fut très grande. On peut voir un effet de son crédit dans la disgrâce de Sebna, chambellan dont il ne cessa de censurer le faste, à qui il prédit l'exil et la captivité, et qui fut seulement démis de sa charge par le roi et envoyé dans ses terres. Hizkia consulta le prophète dans toutes les circonstances difficiles de son règne, et le trouva toujours prêt à l'éclairer, à le relever, à l'encourager, à affermir sa confiance au secours de Yahveh. Sur son conseil, les ambassadeurs de Sinachérib furent renvoyés avec cette fière réponse qui, si elle lui fut rapportée, dut sonner étrangement aux oreilles du despote assyrien : « Va, la vierge, fille de Sion, te méprise, la fille de Jérusalem hoche la tête derrière toi. » Les vrais fils d'Israël avaient les défauts de leurs qualités. Leur orgueil national était excessif et se manifestait dans des espérances sans mesure. Mais cela ne doit pas faire méconnaître les qualités dont cet orgueil n'était que l'exagération : cette virile fierté que l'Israélite savait conserver en face des despotes aux genoux desquels se prosternait le monde, cette indépendance d'esprit qui respire dans toutes leurs paroles et qu'on est heureux de rencontrer au milieu de l'abaissement universel.

La chute du royaume d'Israël amena dans celui de Juda un certain nombre de sages et y fit quelque temps refleurir la Chokma. Mais, surtout avec l'esprit qui régnait à la cour de Hizkia, le terrain lui était peu propice et cette floraison fut éphémère. Le sacerdoce était trop fortement constitué et trop influent, le prophétisme avait pris un trop puissant essor pour permettre à la sagesse de pousser de profondes racines dans la vie intellectuelle et morale du peuple de Juda. Aussi semble-t-elle s'être divisée, une partie de ses représentants tombant par réaction contre l'esprit régnant dans une complète irréligion, les autres cessant d'enseigner, comme leurs prédécesseurs, que la religion n'est que le commencement de la sagesse, un acheminement à la perfection que seule peut donner la sagesse, mais, au contraire, montrant dans la religion le but le plus élevé où l'homme puisse tendre et atteindre, et dans la sagesse, un idéal impossible à réaliser. Jusqu'à la fin cependant, elle ne cessa d'être opposée à la théocratie, universaliste et hostile à la contrainte de la loi. Par là, elle servit de contrepoids aux fanatiques exagérations des prophètes et au formalisme des lévites et des prêtres, au particularisme des uns et des autres. Il n'est pas douteux que l'influence des sages n'ait agi sur l'esprit des prophètes eux-mêmes. Sans les premiers, jamais ceux-ci n'en fussent venus à cette conception : la religion pour l'homme, non l'homme pour la religion ; jamais, parmi les attributs de Dieu, ils n'eussent placé la sagesse au premier rang; jamais, peut-être, ils ne se fussent fait les interprètes de ces belles notions morales qui ne sont nulle part aussi nettement formulées que dans les proverbes et les livres des sages.

Le successeur de Hizkia, Manassé, a été peint sous les plus sombres couleurs par les historiens israélites. D'après eux, il se rendit coupable d'idolâtries plus abominables que tous les mauvais rois qui l'avaient précédé. Et, de fait, il fut le représentant d'un parti religieux complètement opposé à celui qui avait dominé sous son père. En général, les réactions dépassent le but : peu sont allées aussi loin que celle qu'il inaugura. Il s'acharna à détruire tout ce qu'avait créé le règne précédent. Partout il releva les sanctuaires locaux. A la place de la monolâtrie sévère de Yahveh, il restaura les cultes de Baal et d'Ashéra, et, comme son grand-père, fit brûler son fils en l'honneur du Mélek du Topheth. Il alla plus loin encore ; il se montra zélé adorateur de toute l'armée des cieux, inaugurant ainsi en Juda l'astrolâtrie des religions mésopotamiennes. C'était là, en effet, au moins en tant que culte distinct, une innovation chez les Israélites ; mais ce culte n'était nullement incompatible avec celui de Yahveh-Çebaôt. Les yahvistes ne connaissaient qu'un moyen de consulter la volonté de Dieu : le sort jeté par les Ourim et Thoummim; l'inspiration prophétique était un fait d'un ordre complètement différent. Manassé s'adonna à toute sorte de pratiques magiques. La divination par les nuées, par les serpents charmés trouva en lui un adepte zélé ; il institua même des évocateurs de morts et des devins. Il n'épargna pas le temple de Jérusalem, il fit mettre des statues des Baalim et des Ashérim dans les deux premières cours, et dans la cour intérieure, jusque-là exclusivement réservée au culte de Yahveh, il en dressa à toute l'armée des cieux ; il y fit même planter une Ashéra, dont l'austère dieu du désert, ennemi de toute impudicité, fut condamné à supporter le voisinage. Les stricts yahvistes ne purent que gémir sur tant de profanations, et cependant Manassé ne crut pas innover; loin de là, il se posa en restaurateur de l'ancienne religion ; il pécha par excès de zèle, nullement par impiété. Son règne fut pour les sectateurs de l'ancien culte national un réveil avec tous ses emportements et ses inévitables exagérations. Il est certain que la grande majorité de la nation le soutint dans ses réformes. Sauf aux yeux de la petite secte, le règne de Hizkia n'avait pas paru se distinguer par la piété. Était-ce de la piété que de détruire partout, sauf à Jérusalem, les sanctuaires de Yahveh, et de chasser ses prêtres ? Les calamités du règne n'avaient-elles pas eu pour cause ces destructions sacrilèges ? Jérusalem avait été épargnée parce que, là au moins, le culte de Yahveh était encore pratiqué ; mais tout le pays privé d'autels et de sacrifices avait été ravagé par l'Assyrien : il n'y avait plus de divinité pour le protéger !

Les prophètes n'étaient pas gens à renfermer en eux-mêmes leur mécontentement. Leurs protestations et leurs anathèmes attirèrent sur eux la persécution. Aussi, les prophètes des âges postérieurs, appartenant à la religion des persécutés, accusent-ils Manassé d'avoir rempli la ville d'un bout à l'autre de sang innocent. Mais les victimes allaient avoir leur jour, et, après le court règne d'Amon, assassiné par quelques-uns de ses serviteurs, le règne réparateur de Josias devait leur permettre de respirer et préparer au parti de la réforme le plus complet triomphe qu'il ait jamais remporté (1).

(1) Le récit de la captivité et de la conversion de Manassé, dans le livre des Chroniques, est complètement apocryphe. Josias renversa toutes les idoles et tous les autels élevés par Manassé. Si ce prince les eût lui-même détruits et qu'ils eussent été relevés par Amon, Josias aurait renversé ce qui aurait été créé par son prédécesseur et non par son grand-père. L'absence de toute mention d'une expédition contre Juda dans les monuments assyriens, alors qu'ils relatent des expéditions faites à la même époque contre les Philistins, les Phéniciens, les Égyptiens et en Éthiopie, achève d'enlever toute vraisemblance à ce récit. Sans doute, comme quelques peuples voisins, entre autres les Moabites et les Ammonites, Manassé prévint toute hostilité de la part d'Asourachiddin en se soumettant volontairement au tribut, et sa religion, bien plus rapprochée de celle des Assyriens que celle de Hizkia, lui valut peut-être aussi la faveur et la protection du maître de l'Asie.

CHAPITRE XIV

RÉALISATION TEMPORAIRE DE L'IDÉAL PROPHÉTIQUE
RÉFORME DE JOSIAS — LE DEUTÉRONOME

Il semble que la parole des prophètes ait recommencé à se faire entendre dès les premières années du règne de Josias. Nahum l'Elqoshite se leva chargé d'un heureux message : la chute de Ninive était proche. C'était là, en effet, une bonne nouvelle. C'était, pour tous les petits peuples, l'espoir du soulagement et de la liberté. Il ne faut donc pas trop en vouloir au prophète de s'arrêter avec complaisance sur cette pensée de la ruine de la grande cité, de l'ennemie traditionnelle de son peuple, de la ville qui avait fait peser sur le monde une domination écrasante. Il dépeint Yahveh sous les traits du dieu redoutable de l'orage ; il ne méconnaît ni sa bonté, ni ses compassions, mais au-dessus de tout Yahveh est le dieu juste, et Ninive ne peut plus éviter les châtiments de sa justice. On sait comment l'événement justifia les prévisions de Nahum. Le trouble profond qui prépara et suivit en Mésopotamie ce grand événement, fut de la plus haute importance pour le développement du yahvisme. Pour qu'il triomphât, il fallait que les rois de Juda fussent déchargés du poids écrasant que faisait peser sur eux la domination assyrienne. Il n'y avait pas de réforme possible sans une courte période au moins de répit, de politique libre et nationale, et ce moment de répit fut ménagé au royaume de Juda par la guerre des Babyloniens et des Mèdes contre Ninive. Après la victoire des confédérés, hélas ! la puissance de Babylone devint bientôt un danger aussi sérieux que l'avait été celle de Ninive, et, d'un autre côté, celle de l'Égypte, qui précisément alors se relevait, ne se montra pas moins menaçante et fatale. Il faut rendre cette justice aux prophètes qu'ils surent mettre à profit cette courte période d'indépendance et de sécurité.

Le premier, Sophonie (Çéphanyah) semble avoir mis la main à l'œuvre. Le grand-père de son grand-père s'appelait Hizkia. Si c'était le roi de ce nom, le bisaïeul de Josias, Sophonie aurait appartenu à la famille du roi régnant, et, dans ce cas, la vivacité de ses censures contre les grands de Juda et contre le roi lui-même n'en serait que plus remarquable. Dans sa profonde conviction, si Juda ne se convertit pas, il sera mené en esclavage. Un même jugement enveloppe les Philistins, Moab, Ammon, Koush et Ashour ; mais Juda surtout ne saurait y échapper. Cette prophétie fut peut-être motivée par l'invasion des Scythes, qui eut lieu à cette époque en Asie-Mineure. Cette catastrophe était, d'ailleurs, la condition nécessaire de l'avènement de temps meilleurs. Alors, tous les peuples connaitraient et adoreraient Yahveh, mais Israël surtout lui serait inébranlablement fidèle.

C'est, on le voit, dans des formes nouvelles le même fond prophétique que chez Ésaïe et ses contemporains. Sophonie d'ailleurs — ce qu'on a peine à s'expliquer de la part d'un prince du sang royal — est aussi sévère et aussi puritain que pas un. Le commerce lui est en abomination ; il ne voit point de salut possible pour les peuples qui s'y livrent. Les vêtements étrangers que portaient les rois de Juda et les princes, toutes les coutumes étrangères sont l'objet de ses anathèmes. Non moins que les autres prophètes, il se montre l'ami et le protecteur des classes populaires, accuse la rapacité des grands, la vénalité des juges, la légèreté et les mensonges des prophètes, les prévarications des prêtres qui mêlaient le sacré au profane et faisaient violence à la loi.

Il s'en prend à l'idolâtrie comme à un abus persistant, et, en effet, dans les premières années du règne de Josias, tout paraît, sous ce rapport, être resté sur le même pied. Il n'est pas même certain que le roi lui-même n'ait pas d'abord suivi les errements de son père et de son grand-père, et que le zèle qu'il déploya dans la suite n'ait effacé sa faiblesse et sa connivence premières. Peut-être les prédications de Sophonie ne furent-elles pas étrangères à sa conversion et éveillèrent-elles en lui le zèle réformateur.

La grande réforme, on peut dire la révolution qui a illustré son règne ne commença que dix-huit ans après son avènement et est généralement attribuée à une découverte mystérieuse qui eut lieu à cette date. On sait quels motifs avaient fait passer, sous le règne de Joas, des prêtres à l'administration royale les travaux d'entretien et de réparation du temple (voir p. 428). Des réparations ayant été nécessaires, Josias envoya au grand prêtre Hilkia son secrétaire Saphan pour lui demander compte des sommes disponibles qui devaient servir au paiement des ouvriers. Le grand prêtre, alors, informa Saphan qu'il venait de trouver dans la maison de Yahveh le Livre de la Loi, et il lui remit un volume que l'officier royal emporta. Après avoir rendu compte des dépenses à Josias, il lui fit la lecture de ce livre. Le prince, bouleversé à l'ouïe de ces commandements, déchira ses vêtements et s'écria qu'il y avait tout à redouter du courroux de Yahveh ; jamais, en effet, on n'avait observé ces commandements. Cependant, avant de passer outre, on voulut s'assurer de l'authenticité du livre trouvé par Hilkia. Quel plus sûr moyen, pour cela, que de consulter la parole de Yahveh lui-même ? Une enquête, des détails demandés à Hilkia sur les circonstances de sa trouvaille merveilleuse, on n'y songea même pas. Une commission fut bien nommée ; Hilkia et Saphan en faisaient partie. On ne s'adressa pas à Jérémie qui, depuis trois ans déjà, prophétisait, mais qui n'avait sans doute pas encore assez de notoriété. On manda une certaine prophétesse, Houlda, femme de Salloum, conservateur de la garde-robe royale et dont la popularité et l'influence étaient alors très grandes. Elle n'hésita pas un instant, déclara que ce livre était la loi de Dieu et pressa de la mettre immédiatement en vigueur. Une grande assemblée du peuple fut convoquée au temple. Les anciens de Juda, les prêtres, les prophètes, les magistrats, la multitude s'y rendirent. Une alliance solennelle fut jurée à Yahveh, en présence du roi, et on s'engagea à suivre fidèlement les préceptes du livre trouvé par Hilkia. Dans cette circonstance, Josias montra plus d'habileté que n'avait fait Hizkia. Celui-ci avait opéré d'importantes réformes de son propre chef et par la violence, et, par là, avait provoqué un grand mécontentement et préparé la réaction de Manassé.

On pouvait, dès lors, procéder à la réforme avec sécurité, et on la poussa à fond. Le grand prêtre et ses subordonnés reçurent l'ordre de brûler auprès du torrent du Cédron, sur des tas de fumier, tout ce qui dans le temple se rattachait au culte des Baalim et d'Ashéra, bien entendu à l'exception des vases de métal, et d'en jeter la cendre au vent. L'image, le symbole d'Ashéra, qui se trouvait dans le temple, fut brûlée et, pour rendre la profanation plus complète, les cendres en furent répandues sur les tombeaux. Les prêtres irréguliers de Yahveh, les 'Hemarîm et les prêtres de Baal, du soleil, de la lune et des autres corps célestes, furent déposés. Les habitations des hiérodoules et des femmes qui tissaient les tentes d'Ashéra, situées dans l'enceinte du temple, furent détruites. Tous les sacrificateurs des bamôth, lieux élevés du pays de Juda, furent réunis à Jérusalem et nourris avec le pain consacré (le produit des dîmes), mais tenus à l'écart de tout service. Les cultes privés même ne furent pas épargnés par le zèle réformateur de Josias, et l'absence de publicité ne les protégea point. Tous ceux qui faisaient profession d'évoquer et de consulter les mânes des morts (*obôth*) et les devins (*yidde 'onîm*) furent supprimés ; le roi fit même détruire les téraphîm ou dieux domestiques et toutes les idoles qu'on ne pouvait pas sauver en les cachant. Les hauts lieux ou bamôth furent rasés, à commencer par ceux de Jérusalem, dont l'un, hors d'une des portes, était très vénéré et fréquenté. Le Topheht dans la vallée de Ben-Hinnom fut profané. On cessa d'entretenir dans le temple les chevaux consacrés au soleil, et on brisa et brûla les chars qui servaient à ce culte. On brisa l'autel pour l'adoration des astres, placé par A'haz sur le toit d'une des salles hautes, ainsi que les deux que Manassé avait érigés dans les deux cours antérieures du temple, et on jeta les débris dans le torrent du Cédron. On profana aussi et on rendit impropres au culte, qui semble avoir continué à y être célébré jusqu'à cette époque, les sanctuaires élevés par Salomon à Ashthoreth, à Kamosh et à Milkom. Il ne resta debout ni un Maççéba ni une Ashéra, tous furent détruits, et on dispersa des ossements humains (pour les profaner) sur les emplacements où avaient eu lieu les sacrifices humains. La réforme ne se borna pas à Jérusalem ; elle s'étendit à tout le pays et même à l'ancien royaume d'Israël. Josias se rendit de sa personne à Béthel, fit briser l'autel élevé par Jéroboam Ier. Tous les hauts lieux de la Samarie furent dévastés et plusieurs prêtres des cultes condamnés furent mis à mort au pied de leurs autels. Les troubles et les guerres civiles qui déchiraient alors la Mésopotamie ne permettaient pas aux Assyriens d'intervenir dans une possession aussi éloignée.

Il semblerait, d'après ces faits, que Josias songea à reconstituer dans son intégrité l'ancienne monarchie et à revendiquer ses droits sur les tribus du nord, ou du moins sur leur territoire. C'est cette prétention qui explique son attaque imprudente et malheureuse contre l'armée de Nécho lorsqu'elle traversa la Samarie, bien que le monarque égyptien promît de respecter le territoire de Juda. Mais ce qui ressort surtout de ces événements, c'est l'importance et l'extension qu'avait prises, les profondes racines qu'avait jetées le polythéisme dans le royaume de Juda. Le temple de Jérusalem était devenu une espèce de panthéon avec des chevaux et des chariots consacrés au soleil et des autels élevés à toute l'armée des cieux. Les cultes immoraux des Cananéens y étaient ouvertement pratiqués sous le regard de l'austère divinité du désert. On a coutume d'expliquer ces abus par les caprices de quelques rois idolâtres. Mais on oublie que les autels consacrés au culte des astres dataient du règne d'A'haz, que, par conséquent, ils avaient, ainsi que les sanctuaires construits par Salomon en l'honneur des divinités étrangères, été épargnés par Hizkia, et que Josias lui-même les avait laissé subsister pendant les dix-huit premières années de son règne. Cette longue hésitation ne peut être attribuée qu'à la faiblesse numérique du parti réformiste et aux ménagements que la prudence imposait à l'égard des cultes polythéistes, en faveur auprès des masses. A'haz et Manassé obéirent donc au sentiment national, dont ils furent les interprètes et les protecteurs.

« *Alors*, dit le narrateur de ces événements, *la fête de Pâque fut célébrée pour la première fois avec une grande pompe à Jérusalem depuis le temps des Juges.* » Autant dire : pour la première fois en Israël, car on ne saurait admettre qu'au temps des Juges, dans l'état d'isolement où vivaient les Israélites, une fête générale ait pu avoir lieu. Israël se sentait rajeuni, un renouveau passait sur le pays et les plus grandes espérances faisaient battre tous les cœurs : le temps du salut paraissait proche.

Il était, hélas ! plus éloigné que jamais. Il semblait que l'idéal des nouveaux prophètes mosaïstes et des prêtres de Yahveh, en ce moment en parfait accord de vues et de sentiments avec les prophètes, fût réalisé. L'impulsion était partie du corps sacerdotal ; c'était le grand prêtre Hilkia qui avait pris l'initiative ; mais le mouvement était le fruit des prédications antérieures des prophètes, qui le soutinrent énergiquement de leur parole. Jérémie se multiplia pour gagner au nouveau livre de la Loi la faveur populaire dans tout le royaume de Juda. L'état religieux, tel que l'avaient rêvé les stricts yahvistes, paraissait donc sur le point d'être réalisé. Les esprits sérieux pouvaient ne pas partager l'enthousiasme et la satisfaction universels. Les paroles mêmes de Jérémie laissent entrevoir qu'il eût désiré quelque chose de plus, et qu'à son avis la réforme était beaucoup trop superficielle et extérieure. Mais ce pessimisme ou cette défiance n'était le fait que de quelques hommes ne cédant pas à l'entraînement général. Les prêtres croyaient que le règne de la paix était venu. Que pouvaient-ils, en effet, désirer de plus ? Leurs vœux étaient comblés, leur domination était affermie, — pas autant cependant qu'ils s'en flattaient. Sans doute, la réforme n'était pas complètement extérieure, et Josias n'eût pu la mener à bien sans le concours du peuple. Avant de s'engager il avait pris conseil des anciens et des principaux de la nation. Les excès de Manassé et ses persécutions avaient fortifié le parti réformiste. Ce n'était pourtant encore qu'un parti, fort, pour le moment, de l'appui des principaux de la nation et des prêtres et de la protection du roi, mais qui n'avait pas de racines dans les masses. La réforme ne put s'achever que par la violence, et elle coûta du sang. Le polythéisme couvait dans les couches profondes du peuple. Il était comprimé, non extirpé. Aussi Josias ne fut-il pas plus tôt tombé sur le champ de bataille de Mégiddo, victime de la lutte disproportionnée qu'il avait engagée contre le roi d'Égypte et des illusions dont les prêtres avaient rempli son esprit, et le pouvoir n'eût pas plus tôt passé à son fils, que la réaction éclata; le polythéisme releva la tête et Jérémie et Ezéchiel n'eurent pas moins à se lamenter sur l'idolâtrie et sur l'irréligion de Juda que les prophètes des âges précédents. Il fallait d'autres remèdes pour guérir complètement le peuple de cette habitude invétérée. Dispersé au milieu des nations polythéistes, il devait, pour autant qu'il était au même degré de développement religieux qu'elles, se perdre et se fondre dans leur sein. L'élite seule, parvenue à une conception religieuse supérieure, résisterait à ce travail d'assimilation et, de retour dans sa patrie, formerait un nouveau peuple de Dieu fidèle à Yahveh et propre à réaliser l'idéal des prophètes. D'une part, l'esclavage et la misère; d'autre part, une espèce d'élimination spontanée, voilà ce qui seul, après l'exil, devait assurer d'une manière inébranlable la fidélité religieuse d'Israël et le rendre propre à l'accomplissement de sa mission providentielle de serviteur de Dieu sur la terre.

Le livre trouvé par Hilkia dans le temple, livre dont il fut sans doute l'auteur, ou du moins qu'il fit composer sous sa direction et sous sa surveillance, ne peut avoir été autre chose que ce qui forme aujourd'hui le contenu principal du Deutéronome. Présenté au peuple et au roi comme la loi de Moïse, on en a mis toutes les prescriptions dans la bouche de l'ancien libérateur d'Israël. Ces fraudes pieuses ne scandalisaient alors personne, et certainement celle de Hilkia ne fut pas la première de ce genre.

Ce nouveau livre de la Loi fut le premier officiellement reconnu et promulgué avec la sanction royale; mais il ne fut pas le premier qui ait eu cours parmi le peuple. D'après une tradition qui a quelque vraisemblance, Moïse lui-même avait gravé sur deux tables de pierre les nouvelles institutions qu'il donna aux tribus dans le désert. Ces tables se perdirent promptement, et le récit de la rupture par Moïse, dans un accès d'indignation, des tables écrites de la main de Dieu, de leur remplacement par de nouvelles, est une forme légendaire de l'existence et de la perte des tables mosaïques. Elles devaient (voir p. 353) renfermer le décalogue, si l'on excepte deux traits importants, dans une forme assez semblable à la version que nous possédons dans Exode XX et Deutéronome V.

Le plus ancien livre de la Loi qui soit parvenu jusqu'à nous est sans doute celui qu'on a appelé le livre de l'Alliance (Exode XX, 22, — XXIII, 19). Peut-être Exode XX, 22-26 doit-il être considéré comme encore plus ancien. Il contient d'anciennes lois et institutions qui, sans doute, étaient en vigueur longtemps avant sa rédaction. Celle-ci est assurément antérieure au règne de Josias, puisque la fête de Pâque n'y est pas encore réunie à celle des Mazzôth, ou pains sans levain, confusion qui eut lieu à cette époque. Il n'est pas même certain que la fête de Pâque existât au moment où il fut composé (1). Il doit même remonter plus haut que le règne de Hizkia, puisque la pluralité des sanctuaires y est encore consacrée, et la brièveté, la sécheresse avec laquelle il y est fait mention de l'offrande des premiers-nés à Yahveh doit le faire regarder comme antérieur à A'haz. Cependant, la monolâtrie y est déjà prescrite, et la grande excommunication, le *hérem*, y est prononcé contre ceux qui adorent d'autres dieux que Yahveh. Le privilège sacerdotal exclusif des lévites y est passé sous silence. L'offrande des premiers-nés à Yahveh y doit être entendue peut-être comme une simple consécration à l'état sacerdotal. Maintes prescriptions de cette loi sont empreintes d'une simplicité et d'une rudesse toutes primitives. Le talion, « œil pour œil » y est la règle qui n'admet d'atténuation que pour le meurtre involontaire par l'institution des lieux d'asile, sans doute établis dans les villes qui possédaient des sanctuaires de Yahveh. La compensation pécuniaire est admise en réparation des mauvais traitements n'ayant pas entraîné la mort. Le meurtre d'un esclave y est couvert de l'impunité ; il suffit que la victime survive quelques jours aux sévices exercés sur elle. L'esclave n'est-il pas « l'argent de son maître »? La peine du talion est même étendue aux animaux qui ont tué un homme, et le maître qui aurait pu prévenir l'accident et en

---

(1) Comp. XXIII, 18 et XXXIV. 25. La mention de la fête sans qualification ne peut se rapporter qu'à la grande fête de Yahveh, celle des tabernacles. Dans le deuxième passage, la Pâque est expressément nommée.

est indirectement cause pour sa négligence, est rendu responsable du mal fait par ses bêtes, et lui-même puni de mort. De telles prescriptions témoignent d'un état social encore profondément engagé dans la barbarie. D'autres, au contraire, attestent une certaine humanité, comme celles qui ont trait au gage du pauvre, à l'usure, à l'achat des juges par les riches, au sabbat qui est ordonné comme dans le Deutéronome, afin que les subordonnés puissent se reposer, enfin à l'affranchissement des esclaves après six ans de servitude, à moins qu'ils ne préfèrent rester avec leurs maîtres. Les préceptes religieux ont trait surtout, comme on pouvait s'y attendre, au rituel. Il y est prescrit d'employer pour l'offrande du pain sans levain, de ne pas la laisser passer la nuit devant l'autel, que les premiers-nés des hommes et des bêtes soient réservés pour la part de Yahveh, et de ne pas faire cuire le chevreau dans le lait de sa mère. Trois fêtes solennelles sont mentionnées dans le livre de l'Alliance, et à l'une d'elles est rattaché un pèlerinage à l'un des sanctuaires de Yahveh. Elles y ont encore le caractère primitif de fêtes de la récolte du printemps, de l'été et de l'automne, sans qu'il s'y joigne la commémoration d'aucun événement historique.

C'est là la plus ancienne loi qu'aient possédée les Israélites. Elle fait encore le fond du Deutéronome qui, ainsi que la législation sacerdotale élaborée pendant la captivité de Babylone, se borne à la répéter en la précisant. Il est probable que le plus ancien historien dont l'ouvrage servit de base à la rédaction du Pentateuque, le yahviste, l'inséra lui-même dans son livre. Nous avons vu que, dans son ensemble, elle remonte à une époque antérieure au règne d'A'haz. Ajoutons que quelques-unes de ses prescriptions étaient déjà en vigueur du temps de Samuel ou de Saül. Il est telle de ses défenses, comme celle des arts magiques, qui rappelle leur politique, et tout l'état social supposé par le livre de l'Alliance est en parfaite harmonie avec celui de ces âges reculés. Il est à remarquer qu'il n'est fait aucune mention du pouvoir royal et que le précepte de faire les autels de pierre non taillées n'était déjà plus observé du temps de Salomon. Il n'y a que la stricte monolâtrie, qui y est déjà prescrite, et les préceptes relatifs aux fêtes, qui puissent faire songer à une origine ou à un remaniement postérieur.

En tout cas, le court recueil de préceptes qui se trouvent au Ch. XXXIV de l'Exode est plus récent que le livre de l'Alliance. Il reproduit en partie les mêmes lois. On ne saurait le faire remonter plus haut que le règne de Hizkia. L'hostilité qui y respire contre les Cananéens, l'interdiction de prendre part à leurs sacrifices, de contracter avec eux des mariages, les expressions beaucoup plus accentuées qui y sont employées à l'encontre de l'idolâtrie, principalement le rapport qui y est établi entre la fête des premiers-nés et la fête des Mazzôth, la mention de la Pâque, le rachat stipulé à l'égard des fils aînés, les préceptes sur les animaux impurs, tranchent avec l'esprit du plus ancien document. La nécessité de telles prescriptions ne peut s'être fait sentir qu'avec le temps.

Le point de départ du livre de la Loi de Hilkia fut le décalogue tel qu'il est rapporté Deutéronome V et Exode XX, et qui, ainsi que nous l'avons dit, du moins en général, ne doit pas différer essentiellement des dix paroles données par Moïse lui-même. On a prétendu que la rédaction de l'Exode est plus ancienne que celle du Deutéronome. Il se peut que l'auteur de ce dernier livre, bien qu'il ait écrit plus tard, se soit plus strictement tenu que celui du premier, sur certains points, au texte des documents primitifs ; mais assurément sa version n'est pas toujours la plus ancienne. Ainsi pour le sabbat, dont le Deutéronome ne motive l'observation que sur des considérations d'humanité, tandis que l'Exode lui donne un caractère positivement religieux et en fonde le respect sur l'imitation de l'exemple de Dieu. Or, le récit auquel est emprunté cet exemple n'a pu être composé que pendant ou après la captivité, et le précepte, tel qu'il est reproduit dans le Deutéronome, se lisait déjà dans le livre de l'Alliance, d'où Hilkia l'a transcrit presque sans changement.

Ce livre et quelques autres recueils d'ordonnances moins importants ont donc servi de matériaux pour la composition du livre qui fut proclamé loi de l'état par Josias. Sans nous arrêter au détail de ses prescriptions, il ne sera pas dépourvu d'intérêt de faire ressortir quelques-uns des principes qui ont guidé l'auteur de ce travail. Il ne se proposa pas d'édicter de nouvelles lois ou de nouveaux préceptes. Il ne fit que reproduire les lois existantes en les modifiant quelquefois et, en dépit du progrès accompli dans les mœurs, de l'esprit de douceur, d'humanité dont il est animé, il ne laisse pas que de rééditer les préceptes les plus barbares sur la vengeance privée et le talion. Il reproduit aussi les prescriptions relatives au droit d'asile, mais comme il n'y avait plus qu'un seul temple de Yahveh, il ne désigne plus comme lieux de refuge les sanctuaires du dieu national, mais les villes libres qui seront désignées pour cette destination. La monogamie n'est pas prescrite, mais le législateur maintient rigoureusement le droit d'aînesse, alors même que le fils privilégié en vertu de ce droit serait le fils de la femme la moins aimée.

Le Deutéronome est cependant plus et autre chose qu'un choix d'anciennes lois, augmentées arbitrairement de quelques commandements nouveaux. L'auteur s'est proposé un but déterminé. Il est facile de dégager deux principes inspirateurs de toute son œuvre. On pourrait formuler le premier en ces termes : Yahveh est le seul Dieu d'Israël, son culte ne peut être célébré que par les lévites et à Jérusalem. Le principe que Yahveh est le seul Dieu, non au sens absolu, car les autres peuples ont aussi leurs dieux dont l'existence n'est nullement révoquée en doute par le Deutéronomiste, mais pour Israël, ce principe n'est pas seulement inscrit en tête de l'ouvrage, mais constamment rappelé et étroitement uni au précepte d'aimer ce seul Dieu. L'auteur combat donc avec force toute espèce d'idolâtrie, et tout culte, tout hommage rendu à des dieux étrangers est, pour lui, idolâtrique. L'Israélite ne peut jurer que par le nom de Yahveh. Israël ne conclura aucune alliance avec les peuples idolâtres et ne s'unira pas à eux par des mariages. Ceux de ces peuples qui habitent la terre sainte, consacrée à Yahveh, doivent être exterminés. Les statues et les symboles de leurs divinités, les Maçcébas, les Ashéras, les Phesîlîm, doivent être renversés. Si les Israélites observent tous ces commandements et restent fidèles à Yahveh, ils seront comblés des plus riches bénédictions. Leur pouvoir surpassera celui de tous les autres peuples, leur sol sera fertile, leur postérité se multipliera, ils jouiront de la force et de la santé, la terre leur sera un véritable paradis ; mais s'ils deviennent infidèles, les plus terribles châtiments les frapperont.

Le Deutéronome ne reconnaît pas d'autres prêtres légitimes que les lévites. Eux seuls peuvent porter l'arche en bois d'acacia dans laquelle, d'après l'auteur, étaient déposées les tables de la loi gravées par Dieu lui-même. Eux seuls peuvent se présenter devant Yahveh comme les intermédiaires du peuple, et, comme représentants de Dieu, ont le droit de donner la bénédiction en son nom. En outre, ils sont de préférence à tous autres, ou peut-être même exclusivement chargés de rendre la justice. C'est pourquoi ils n'ont pas, comme les autres tribus, leur part d'héritage en Israël. Ils vivent sur les offrandes et sur la part réservée à Yahveh. Il n'est pas encore question dans le Deutéronome d'une hiérarchie naturelle dans le sein de la tribu sacerdotale, ni d'aucun privilège exclusivement propre aux descendants d'Aaron. Prêtres et bené-Lévi sont des termes complètement synonymes (1). La part qui leur est attribuée sur les sacrifices est encore très modérée, beaucoup trop modeste au gré des prêtres de l'âge suivant, que nous verrons constamment préoccupés d'étendre les privilèges et les avantages réservés à leur ordre. Un fait remarquable et bien caractéristique de l'esprit qui animait Hilkia, c'est la manière honorable dont il parle des prophètes, qu'il appelle les organes et les interprètes de Yahveh. Il ne met en garde que contre les faux prophètes, les prophètes des idoles, et il donne les signes auxquels on pourra les distinguer des vrais prophètes (2). Tous les sacrifices, holocaustes et immolations, sacrifices de louange, les dîmes, ce qui est « consacré par la main à Yahveh », les vœux, les sacrifices volontaires, les prémices des animaux purs, tout devait être offert à Jérusalem, et, à l'exception des holocaustes, y être consommé avec joie dans des festins. Pour rendre possible l'observation de ces prescriptions, le législateur accorde à ceux qui n'habitent pas Jérusalem la faculté de vendre leurs prémices et leurs dîmes et d'acheter d'autres offrandes dans la capitale. Cependant, on pouvait tuer partout les animaux destinés à la consommation ordinaire ; les victimes seules devaient être immolées à Jérusalem. La faculté est accordée aux lévites des autres sanctuaires de

(1) XVII. Comp. XXI, 5.
(2) XIII et XVIII.

venir se fixer à Jérusalem, d'y officier et d'y vivre avec les prêtres, sur la part réservée à ces derniers, tout en conservant leurs héritages ou le prix qu'ils en auraient retiré. Les prescriptions les plus minutieuses sont édictées pour assurer la pureté du sanctuaire unique de Jésusalem; aucun eunuque, aucun Mamzer (bâtard ?), aucun étranger ne peut se mêler à l'assemblée de Yahveh. L'exclusion est surtout rigoureuse à l'égard des Ammonites et des Moabites, dont on ne peut même souhaiter le bonheur. Une exception est faite en faveur des Édomites et des Égyptiens, qui sont regardés comme des frères ; toutefois, l'accès des assemblées de culte n'est accordé qu'aux petits enfants de ceux de ces étrangers qui se sont établis dans le pays.

Le deuxième principe qui a présidé à la composition du Deutéronome est celui-ci. Le peuple de Yahveh doit être un peuple saint et s'abstenir de toute impureté. De là, les minutieuses précautions en vue de conserver la pureté légale. De là, des commandements comme celui de ne pas mélanger des choses hétérogènes, l'interdiction aux hommes de revêtir des habits de femme, et aux femmes des habits d'homme, celle de mêler des plants différents dans une même vigne, de tisser des étoffes de deux matières, etc. De là aussi la faculté laissée aux étrangers établis dans le pays de suivre leurs coutumes nationales, sans les astreindre à l'observation des prescriptions légales, car ce qui est impur pour un membre de la communauté yahviste ne l'est pas pour un étranger. La nouvelle loi ne présente donc rien moins qu'un caractère universaliste ; elle est, au contraire, fort exclusive. Elle prescrit, il est vrai, l'humanité envers l'étranger, mais ne lui reconnaît nullement les mêmes droits qu'à l'Israélite. Il n'est pas un frère. Si, dans l'année sabbatique, il est interdit d'inquiéter le débiteur, qui est en même temps un prochain, un compatriote, on peut poursuivre la rentrée de ses créances vis-à-vis de l'étranger. Le prêt à intérêt, intérêt presque toujours usuraire, est défendu entre Israélites, licite à l'égard de l'étranger.

La différence entre ce principe et le précédent est que le deuxième ne constitue pas une innovation et n'est pas exclusivement propre à la loi nouvelle. Il exprime une tendance du corps sacerdotal bien antérieure au sacerdoce de Hilkia. D'ailleurs, il est conforme à l'esprit de l'antiquité tout entière et se retrouve chez d'autres peuples, formulé et appliqué même d'une manière beaucoup plus rigoureuse encore. La doctrine de la pureté légale non plus n'est pas particulière aux Israélites. Elle se retrouve non-seulement chez tous les peuples mésopotamiens, mais encore chez les Égyptiens, les Hindous, les Iraniens. Les préceptes dans lesquels elle était formulée, les pratiques dans lesquelles on s'efforçait de la réaliser, variaient pour les différents peuples, dans les différentes religions; elle se retrouve à peu près partout. Elle disparut des lois civiles chez les peuples qui, comme les Grecs et les Romains, s'étaient soustraits à la suprématie sacerdotale, et ne fut plus observée et prescrite que dans l'accomplissement des cérémonies religieuses. Il y a dans toutes ces prescriptions et ces observances, outre l'aversion naturelle qu'on éprouve pour tout ce qui est immonde ou dégoûtant, une part de mesures quasi-hygiéniques contre tout ce qu'on croyait nuisible à la santé du corps et de l'âme ou à l'exaltation religieuse, une part de croyances mythologiques ou dogmatiques qui, comme la défense de manger du porc ou du poisson en Égypte, ou de tuer des bœufs dans l'Inde, n'ont d'autre origine que les spéculations des prêtres ou des causes entièrement fortuites. Mais il est très difficile de remonter aujourd'hui à l'origine de chacune d'elles et d'en retrouver le motif et le sens.

Le caractère sacerdotal de la loi de Hilkia ressort encore d'autres de ses dispositions. Par exemple, de l'idéal qui y est tracé de la royauté. Le roi ne doit pas élever son cœur au-dessus de ses frères, ni rechercher la richesse, ni faire consister sa grandeur dans la possession d'une quantité de chevaux, de chariots, de femmes; il doit s'adonner à l'étude de la loi de Dieu et en posséder un exemplaire pour la lire et la méditer chaque jour. Les lois relatives à la guerre sont, si possible, encore beaucoup plus caractéristiques. Le prince et le peuple ne doivent pas mettre leur confiance dans la force des armées, mais dans la protection de Yahveh. Aussi la loi dispense-t-elle du service militaire l'homme récemment marié, celui qui a acheté une vigne ou un champ dont il n'a pas encore recueilli le fruit, et même veut qu'on laisse dans leurs foyers tous ceux qu'effraient les dangers de la guerre. Dans la conduite des entreprises militaires, le prêtre joue le principal rôle (1).

Plusieurs des dispositions de la loi nouvelle sont peu pratiques ou inexécutables ; du moins elle se distingue par son humanité, ainsi que par sa conception du caractère intérieur de la religion, on dirait presque spirituel, si ce mot pouvait être de mise à propos d'un culte cérémoniel. Dans maint passage il est rappelé qu'on ne doit pas seulement avoir soin d'un fils ou d'une fille, mais du serviteur, du lévite, de la veuve, de l'orphelin, de l'étranger. Il est interdit de renvoyer à son maître l'esclave fugitif (2) ; on doit donner chaque soir son salaire à l'ouvrier, qu'il soit frère (concitoyen) ou étranger, car son âme (le soin, l'entretien de sa vie) le réclame (3) ; on doit, à la moisson, laisser à glaner au pauvre (4) ; l'ancien droit, qui pour un seul crime faisait périr le fils avec le père, le père avec le fils, est abrogé (5). Cette sollicitude s'étend jusqu'aux animaux (6), et la loi met en garde contre la négligence qui pourrait causer la mort du prochain (7). La circoncision extérieure n'est pas estimée suffisante. Le cœur lui-même doit être circoncis. La description de Yahveh comme le Dieu à qui appartiennent les cieux des cieux, la terre et tout ce qu'elle contient, qui ne regarde pas à l'apparence, ne demande pas d'offrandes et fait droit à la veuve et à l'orphelin, qui aime l'étranger et qu'on doit aimer de toutes ses forces, est d'un beau caractère, d'un sentiment religieux très pur et très élevé. Par l'énoncé d'un tel principe, le législateur se place bien au-dessus des prescriptions édictées par lui-même, et pose le fondement d'une loi supérieure qui ne sera écrite que dans les cœurs.

Il fallait cette transformation de la conception de Dieu, ce déplacement du fondement de la vie religieuse, pour rendre

(1) XX.
(2) XXIII, 15.
(3) XXIV, 14 et 15.
(4) XXIV, 18 et ss.
(5) XXIV, 16.
(6) XXII, 6 et ss.
(7) XXII, 8.

possible la victoire du yahvisme. Un culte aussi rigide et aussi exclusif que celui de l'ancienne religion d'Israël pouvait convenir à une secte de nomades, comme les Rékabites; des tempéraments et des accommodements partiels, imposés par les circonstances, ne suffisaient pas à le rendre propre à répondre à tous les besoins religieux de la nature humaine. Aussi longtemps que Yahveh restait le Dieu terrible et jaloux, le Dieu saint, ennemi de toute jouissance, les Baalîm et les Ashérîm étaient un besoin pour les Israélites. Les prophètes du huitième siècle, en reportant sur Yahveh les attributs bienfaisants et propices, en prêchant, à côté de sa puissance et de sa sainteté, sa bonté et ses miséricordes, frayèrent la voie au monothéisme. Il n'y eut, dès lors, plus besoin de placer à côté de lui d'autres dieux, par exemple un dieu du soleil bienfaisant, ou de la terre féconde. La doctrine yahviste devenait ainsi la doctrine religieuse la plus complète de l'antiquité, unissant l'ancienne austérité à la douceur et à l'attrait des cultes plus humains. Sans doute la victoire du yahvisme ne fut pas immédiate; son triomphe sous Josias fut éphémère. Mais, à la longue et en vertu même de son excellence propre, il devait l'emporter. Un nouveau livre de la Loi répandant cette conception épurée et agrandie de Dieu, fut le moyen employé pour faire du yahvisme réformé qui, jusqu'alors, n'avait été que la religion d'une secte, la religion nationale du peuple, et, même sous les successeurs de Josias, il ne perdit pas complètement ce caractère.

Le livre se termine par les plus belles promesses de bonheur et de prospérité attachées à l'observation fidèle de son contenu et par la menace des plus terribles châtiments dénoncés contre sa violation. D'abord les faits semblèrent justifier le principe que le salut n'est pas dans la puissance des armées, mais dans la protection de Yahveh. Bientôt, hélas! le désastre de Meggido devait prouver qu'il ne suffit pas d'être fidèle à Yahveh pour lutter victorieusement contre la force supérieure des grands empires. Néko s'empara de Jérusalem, déposa le roi qu'on avait proclamé à la place de Josias et lui substitua un autre fils du dernier roi. Jérusalem et Juda n'avaient que trop de raisons de mener le deuil du prince tombé victime de sa foi, et Jérémie de composer sur sa mort une lamentation. Le pays avait perdu plus que son roi. La confiance en Yahveh avait aussi été mortellement atteinte, et l'on conçoit que lorsque les yahvistes essayèrent de présenter cette défaite comme une dernière punition des crimes de Manassé, ils n'aient pas trouvé beaucoup d'auditeurs bien disposés.

CHAPITRE XV

LA CATASTROPHE ET SON LUGUBRE PROPHÈTE

Au commencement du règne de Jojaqim (607 av. J.-C.), il se produisit à Jérusalem un événement qui mit la ville en émoi. Il eut vraisemblablement lieu un jour de fête. A l'entrée du temple, un homme bien connu de la plupart des habitants était debout, prononçant au nom de Yahveh des paroles qui jetaient le trouble dans les âmes : « Que venez-vous faire ici, s'écriait-il en apostrophant les pèlerins. Ceci était autrefois le temple du Seigneur, mais n'y êtes-vous pas venus avec des mains souillées ? Vous voulez vous présenter devant Yahveh. Il ne fallait donc pas vous rendre coupables de vol, de meurtre, d'adultère, de faux serments ; il ne fallait pas brûler de l'encens devant Baal et suivre toutes les divinités étrangères, car Yahveh ne souffre pas de telles choses. Est-ce que la maison de Yahveh est une caverne d'assassins ? Ceux qui ont fait des gâteaux à l'image de la Reine des cieux (Melèket-Hashamayim, la même que Tanit, la déesse adorée à Tyr et à Carthage), et ont offert des sacrifices d'actions de grâces aux autres dieux, viendront-ils maintenant offrir des holocaustes et immoler des victimes à Yahveh ? Il ne veut pas de sacrifices. Qu'eux-mêmes mangent la chair de leurs offrandes ! Pour lui, il ne réclame que l'obéissance. Mais ils ont fait pis. N'ont-ils pas de nouveau introduit dans le sanctuaire de Yahveh toutes les abominations et les idolâtries que Josias en avait expulsées? Est-ce que le Topheth ne ruisselle pas de nouveau du sang des enfants immolés, de sorte qu'il ne faut plus appeler la vallée où il se dresse la vallée de Hinnom, mais la vallée du meurtre? (1) » C'est sous ces sombres couleurs que Jérémie, — car c'était lui, — dépeignait la corruption du peuple. Il ne voyait aucun point lumineux dans ces ténèbres : « on ne peut plus se confier à son ami ni à son propre frère; la plume des docteurs est menteuse; du prophète au prêtre, tout n'est que crime et mensonge. » Aussi un terrible châtiment est-il suspendu sur Jérusalem. La ville sera en malédiction à tous les peuples, et Yahveh « réduira cette maison au même état que Silo. »

Comme on pouvait s'y attendre, ces dernières paroles déchaînèrent la tempête. Les prêtres et les prophètes faisaient éclater leur indignation, le peuple voulait massacrer le prophète de malheur. On alla informer les princes de Juda, en même temps conseillers de la couronne et formant une cour suprême de justice. Ils accoururent du palais au temple et écoutèrent les réclamations des prêtres et des prophètes qui demandaient la mort de Jérémie, parce qu'il avait prophétisé contre Jérusalem et contre le temple. Lui n'allégua rien pour sa défense, sinon qu'il avait déclaré les paroles de Yahveh, justification parfaitement valable en justice à cette époque, lorsqu'elle était sincère, et... que les juges étaient favorablement disposés. « Faites de moi, — ajouta-t-il, — ce qui est juste, mais sachez que si vous me faites périr, vous aurez versé le sang innocent. » Les princes le firent mettre en liberté et quelques-uns des principaux du peuple s'efforcèrent de calmer la foule, en rappelant l'exemple de Micha qui, au temps de Hizkia, avait pu, sans être inquiété, prophétiser contre Sion.

Jérémie échappa ce jour-là à un sérieux danger, car il n'avait guère à compter sur la protection de Jojaqim. Il ne fallut rien moins pour le sauver que les puissantes amitiés qu'il s'était acquises pendant un ministère qui comptait déjà dix-huit

---

(1) Jérémie VII, IX et XXVI.

années. Uria ben-Shémaya qui, enflammé par sa parole, voulut suivre son exemple, fut moins heureux. Il eut beau se réfugier en Égypte. Les sicaires de Jojaqim l'y suivirent ; le roi d'Égypte le leur livra et il fut décapité. Cependant, si Jérémie avait des protecteurs haut placés, il avait aussi de nombreux ennemis, et même ses concitoyens, les habitants d'Anathôth, se montrèrent fort mal disposés pour lui. Son principal appui fut Ahikam, fils de Saphan, secrétaire du feu roi.

Natif, comme nous venons de le dire, d'Anathôth, petite ville lévitique des environs de Jérusalem, il appartenait lui-même à une famille sacerdotale. Fils de Hilkia, le frère de Salloum, il était sans doute parent, peut-être, bien que plus jeune, cousin germain de Hilkia, fils de Salloum et grand prêtre de Jérusalem sous le règne de Josias. Apparemment Hilkia n'était plus en charge sous Jojaqim ; du moins le langage violent de Jérémie contre les prêtres et les scribes et la manière dont il fut traité par ceux-ci ne s'expliqueraient pas, si, dans ce temps-là, le sacerdoce suprême eût encore été dans les mains, je ne dis pas d'un de ses proches parents, mais d'un homme qui, ainsi que le prouve le Deutéronome, pensait comme lui. Jérémie préféra le manteau de prophète à l'éphod de sacrificateur. Il reçut la vocation prophétique la troisième année du règne de Josias (625 av. J.-C.). Il a lui-même raconté son appel, dans la forme d'une conversation avec Yahveh. Il voyait s'apprêter pour le royaume de Juda un pressant danger venant du nord, et obéit à la conviction que c'était son devoir de mettre ses compatriotes en garde contre ce péril. Il était encore jeune, mais il puisa dans la conscience qu'il avait d'être l'interprète de Yahveh le courage de prophétiser. Un peuple étranger et farouche devait être entre les mains de Dieu l'instrument de sa justice contre Israël (1). Le peuple avait mérité ce châtiment. Les prophètes annonçaient le mensonge et les prêtres étaient d'accord avec eux. L'idolâtrie régnait dans tout le pays ; on adorait le bois et la pierre ; il y avait autant de dieux que de villes en Juda. L'orgueil et l'injustice s'étalaient

(1) Il ne peut être ici question des Chaldéens qui n'étaient point un peuple inconnu. Jérémie vit sans doute les exécuteurs des vengeances de Yahveh dans les Scythes qui, vers cette époque, envahirent l'Asie centrale et la Médie. Sa description leur convient parfaitement.

au grand jour. Que pouvait être, sinon terrible, le destin d'un peuple ainsi gangrené ? Et cependant, Jérémie ne désespérait pas encore. La conversion et le salut étaient encore possibles. Que seulement le riche et le pauvre se tournassent vers Yahveh. C'est avec une profonde émotion qu'il dépeint dans des images analogues à celles de ses devanciers — le mariage de Yahveh avec Israël et l'infidélité d'Israël — l'affection de Yahveh pour son peuple et l'ingratitude de ce peuple. Les autres nations ont des dieux qui ne sont pas des dieux et leur restent fidèles. Israël se détourne de la source d'eau vive pour chercher à étancher sa soif à des citernes crevassées, qui ne contiennent pas d'eau. Quel est l'homme qui veuille recevoir dans sa maison la femme qui l'a trompé ? Mais Yahveh est tout prêt à recevoir Israël en grâce, pourvu que le peuple se repente et se convertisse.

Le caractère propre de Jérémie ressort mieux de cette première prophétie que des suivantes. Sombres sont ses prédictions, et, sur ce point, il ne se démentira pas. Toujours aussi, ce sera avec la plus profonde douleur qu'il dénoncera les jugements de Yahveh. Mais peu à peu l'amertume de ses plaintes l'emportera sur sa douceur et sa tendresse natives. Il ne songe pas encore à ce moment, après dix-huit ans de prédications peu fructueuses, à une destruction complète de Jérusalem et du temple. Il lui semble, au contraire, que le salut soit prochain. En outre, dès ses premières paroles, Jérémie se distingue par la rigueur de son monothéisme. Yahveh est un Dieu de près et de loin, nul ne peut se soustraire à son regard (1). Ce ne sont pas les vanités des Gentils — c'est ainsi qu'il appelle les dieux des autres nations — qui font tomber la pluie ; ce n'est pas le ciel qui donne la rosée. Yahveh-Elohim seul fait ses choses (2). C'est pourquoi les Gentils mêmes reconnaîtront qu'ils ont servi la vanité et se convertiront à Yahveh (3). Les espérances de Jérémie ont aussi, dès lors, leur cachet particulier. Il n'y est pas fait mention, comme chez ses prédécesseurs contempo-

(1) XXIII, 23.
(2) XIV, 22.
(3) XVI, 21.

rains de Josias, d'un fils de David. Les captifs d'Israël reviendront, se réuniront à Juda et vivront sous le gouvernement de bons princes qui les rendront heureux. Alors, on ne s'enquerra plus de l'arche de Yahveh, on n'y doit même plus songer. Jérusalem même sera le trône de Dieu, où les nations viendront pour l'adorer. Ainsi, rétablissement du peuple dans son intégrité, sanctification de Jérusalem, culte épuré et spirituel, suprématie religieuse d'Israël sur tous les peuples, conversion des Gentils, tel fut l'idéal de Jérémie.

Plus tard, il est vrai, il reporta dans un lointain avenir la réalisation de ses espérances. Il comprit que la ruine de Jérusalem et du temple ne pouvait être évitée et précéderait la victoire du yahvisme. Nous ne nous étonnerons pas que cette prédication ait causé un grand scandale chez tous ceux qui l'entendirent. Mais ni cette indignation du peuple dans tous les rangs, ni le danger qu'il avait couru ne purent l'ébranler. La quatrième année du règne de Jojaqim, nous le retrouvons à l'œuvre. Il choisit l'occasion d'un jeûne solennel qui avait été publié. Au lieu de venir lui-même au temple, il y envoie son disciple et secrétaire Baruk ben-Nériya, et le charge d'un rouleau pour en faire la lecture au peuple. Les pèlerins accourus pour la solennité entendent avec la même indignation que la première fois les mêmes accusations et les mêmes menaces. Les princes de Juda, de nouveau avertis, accourent. Très émus — car ils ne doutent nullement que l'écrit de Jérémie ne contienne la parole de Yahveh — ils font appeler Baruk et se font relire le rouleau. Ils estiment l'affaire assez grave pour la porter à la connaissance personnelle du roi. Peut-être espéraient-ils que ces solennels avertissements produiraient quelque impression sur lui et l'engageraient à entrer dans la voie des réformes. N'osant cependant remettre le livre directement au prince, ils le laissèrent dans la chambre d'Elishama, le scribe du roi, où ils étaient réunis, à peu près certains qu'il en aurait ainsi connaissance. Comme ils l'avaient espéré, Jojaqim le demanda et se le fit lire. Il était dans son palais d'hiver, un brasier brûlait dans la chambre ; mais à mesure que Jéhudi, qui était chargé de la lecture, avait déroulé et lu un passage, le roi, avec un canif, coupait le fragment déroulé et le jetait au feu. En dépit des supplications des trois princes, tout le volume y passa ; Jojaqim se flattait d'avoir anéanti ces sinistres prédictions, et il ordonnait de jeter en prison Jérémie et Baruk. Mais déjà ils étaient en sûreté, occupés à récrire et à développer ce que le roi venait de détruire.

La colère de Jojaqim paraît s'être assez vite dissipée. Plusieurs fois sous son règne Jérémie reparut dans le temple, toujours prophétisant la ruine de Jérusalem. Arrêté et emprisonné une fois par ordre de Pashour ben-Immer, prêtre et préposé du temple, il n'eut pas été plus tôt relâché qu'il prophétisa contre celui qui l'avait fait saisir (1). Une autre fois, il se tint debout à la porte du temple par où devait passer le roi et lui déclara que la violation du sabbat attirerait sur le peuple et sur lui les plus terribles châtiments, mais que si l'on observait fidèlement le saint jour, le royaume serait rétabli dans son ancienne splendeur, et que les rois franchiraient les portes du temple dans toute la pompe de la majesté royale (2). Une autre fois encore, il conduisit au temple des Rékabites, pour humilier le peuple en lui montrant un exemple de fidélité inébranlable aux principes professés ; car il leur offrit publiquement du vin, que naturellement ils refusèrent (3). On peut toutefois se demander si ce trait est historique ou si c'est un de ces symboles familiers à la prédication des prophètes. En tout cas, en proposant l'exemple de leur fidélité, il n'engageait nullement à imiter leur abstinence ; son yahvisme était d'une tout autre nature que le leur. Dans cette religion dégagée des formes et des pratiques extérieures, la prédilection du prophète pour le sabbat et l'importance qu'il attacha à sa stricte observation font tache. Ni Ésaïe ni Micha n'avaient préconisé cette stricte observance, bien loin qu'ils en fissent, comme Jérémie, dépendre le salut d'Israël. Sur ce point, Jérémie, comme d'ailleurs nombre de réformateurs, fut involontairement et d'une manière inconsciente inconséquent à ses propres principes.

Ce fut contre son gré, en quelque sorte en dépit de son

---

(1) Jérem. XX, 1.

(2) XVII, 19 suiv. Cependant l'authenticité de cette prophétie est douteuse selon Geiger.

(3) Chap. XXXV.

naturel, que Jérémie exerça un ministère de châtiment et de menace, qu'il eut continuellement à la bouche les sinistres paroles d'« épée, peste, famine, » qu'il ne cessa de prophétiser la ruine de la ville et du temple. Il ne haïssait pas le temple qu'il considérait comme « le trône de la gloire et de la majesté de Yahveh dès les jours d'autrefois (1) » ; il aimait Jérusalem et son peuple, intercédait pour ses compatriotes auprès de Yahveh, mais ils ne voulaient pas l'entendre, ni se convertir (2). Cette incrédulité, cet endurcissement remplirent son âme d'amertume. Il aurait préféré pouvoir annoncer des choses plus en harmonie avec sa douceur naturelle. Il ne pouvait : sa profonde conviction, qui revêtait pour lui le caractère d'un ordre de Yahveh, le contraignait de parler comme il le faisait (3). Yahveh le soutient, l'affermit comme un mur d'airain et le sauve de la main des méchants et des tyrans.

Aussi, lorsque Jojaqim fut remplacé par Jojakin, Jérémie continua-t-il à prophétiser sous toute sorte d'images que Juda serait mené en captivité (4). Il n'hésita pas à annoncer au roi le même sort (5). Cette dernière prédiction ne tarda pas à se réaliser. Le roi et sa mère, ainsi que plusieurs hauts dignitaires de la cour, furent, en effet, transportés à Babylone.

Ce doit être à cette époque, si calamiteuse pour Israël, peu après le commencement de la captivité de Jojakin (597 av. J.-C.), que fut composé le livre de Job, œuvre immortelle d'une pure et touchante poésie, l'une des productions les plus remarquables du génie hébraïque, et qui, bien que le problème qui y est posé et débattu n'y soit pas résolu, est et restera classique par la perfection de la forme, par sa haute valeur littéraire et par la noblesse et la pureté de son inspiration. Il dut sortir du milieu de la Chokma, non de celui des prophètes ou des prêtres, bien que l'auteur soit familier avec les ouvrages de ces derniers, et qu'il ait certainement lu Amos, Ésaïe et le Deutéronome dans sa rédaction primitive. Inconnu à Ezéchiel, qui avait été emmené

---

(1) XVII, 12.
(2) XX et surtout XIV et XV.
(3) XX, 7-9. Passage sublime, dans lequel le prophète a mis tout son cœur.
(4) XIII.
(5) XXIII, 24 suiv.

en captivité avec Jojakin, il fut certainement lu et imité par Jérémie et le deuxième Ésaïe (1). Une preuve de l'autorité qu'il acquit rapidement, c'est qu'un auteur postérieur qui ne pouvait partager ses opinions et se crut capable de donner, du problème agité dans ses pages, une solution meilleure que celle du poète, ne crut pouvoir mieux le réfuter qu'en l'allongeant et en y introduisant un cinquième interlocuteur, le jeune pédant Elihou, pour répondre tout ensemble aux plaintes de Job et aux accusations de ses amis (2).

La question, en quelque sorte incarnée dans la personne de Job, d'un homme pieux et juste selon les idées anciennes, et souffrant, malheureux, est précisément celle de la souffrance et du malheur des justes. Les trois amis de Job sont des sages, habitant l'Idumée et le nord de l'Arabie, par conséquent, des contrées voisines de celle où vivait Job lui-même, car le pays de Uz était vraisemblablement situé au nord de l'Arabie dans le voisinage de l'Aram. Ils sont les représentants de l'ancienne croyance orthodoxe israélite, nous dirions presque sémitique, si elle ne se trouvait pas chez presque tous les peuples de l'anti-

---

(1) Voir les preuves de cette assertion dans Matthes, *Het boek Job vertaald en verklaard, Traduction et exégèse du Livre de Job*. I, CLXII — CLXXXVIII. Je partage de tout point l'opinion émise sur l'époque où le livre a été écrit, dans ce travail aussi clair que substantiel. Comparez aussi principalement M. Kuenen, *Hist. crit. Onderzoek*, III, p. 150 et ss., qui le place trop tôt à mon avis (entre 630 et 610 av. J.-C.). Il résulte de là que je ne saurais adopter l'opinion récemment soutenue avec beaucoup de force et de talent par Hoekstra (*Rev. de theol., Theol. Tyds.* 1871. 1re liv. p. 1 et ss.) d'accord avec Seinecke, et à la suite de Bernstein et Bauer et d'autres critiques. Selon cette opinion, le Livre de Job serait une peinture d'Israël dans l'exil, et plus spécialement du serviteur souffrant de Yahveh du deuxième Ésaïe. La composition du livre devrait par suite être notablement reculée après l'exil. Voir, par contre, Matthes I, p. LXVII et ss. Il y a assurément une grande ressemblance entre le serviteur souffrant de Yahveh et Job ; mais elle ne prouve nullement que le premier soit le prototype du second. Au contraire l'idée exprimée dans la conception du prophète de l'exil est beaucoup plus profonde que celle qui a donné naissance à Job, et elle suppose un progrès considérable de la pensée religieuse. Le temps qui s'est écoulé entre l'exil et Esdras ne fut pas très favorable à l'éclosion d'un poème tel que celui de Job. Aussi les principaux arguments de M. Hoekstra sont-ils tirés du prologue et de l'épilogue que je tiens sans hésitation pour inauthentiques. L'espace me manque ici pour justifier mes doutes au sujet d'une opinion très ancienne, et qui compte encore des défenseurs de nos jours.

(2) Les savants les plus compétents s'accordent à regarder les discours d'Elihou comme une interpolation d'une date postérieure à celle du poème.

quité, que l'homme juste et pieux ne saurait être malheureux, que la souffrance est toujours le châtiment du péché, qu'on ait ou non conscience de ses fautes, que, par conséquent, la question n'existe pas. Job se révolte contre cette opinion et la combat avec une singulière énergie, et son ardente éloquence ne laisse pas de produire une profonde impression. Il réfute ses amis en se citant lui-même comme exemple. Il dépeint sous les plus vives couleurs sa piété, ou plutôt son incorruptible vertu. Il pose le problème dans toute son étendue, dans toute sa force, et démontre victorieusement que, si l'opinion de ses amis est vraie, Dieu n'est pas juste. Mais il ne résout pas la question, Yahveh, qui intervient ensuite, ne la résout pas davantage. Il censure et condamne Job qui s'est attaqué avec une folle témérité au Tout-Puissant, et il lui impose silence en lui opposant précisément sa toute puissance et la sagesse qui brille dans ses œuvres. La conclusion du livre est le double aveu que fait Job de son imprudence.

> Voici, je suis trop peu de chose, que puis-je répondre ?
> Je mets ma main sur ma bouche.
> J'ai parlé une fois, — mais jamais
> Une seconde fois, — je me tairai désormais.

Et à la fin :

> Je sais que tu peux tout,
> Que nul plan n'est inexécutable pour toi.
> « Qui obscurcit le conseil sans intelligence ? »
> C'est ainsi que j'ai parlé sans avoir approfondi
> De choses trop étranges, que je ne connaissais pas !
> « Sois attentif à présent et je parlerai. »
> Je t'interrogerai, daigne m'instruire !...
> J'avais entendu parler de toi ;
> Mais maintenant mes yeux t'ont vu,
> C'est pourquoi je me rétracte et je fais pénitence
> Dans la poussière et dans la cendre. (1)

Les amis sont aussi indirectement réfutés. Ils représentent la sagesse de l'ancienne école, qui n'allait pas au fond des ques-

---

(1) Traduction d'après l'excellente version hollandaise de M. Matthes. Celle de M. Renan, en français, est élégante et pleine de goût ; celle de M. Perret Gentil, de Neuchâtel, dans la traduction complète des livres poétiques de l'Ancien Testament est également très bonne.

tions, et croyait tout pouvoir expliquer par la sagesse. Job représente l'époque de transition entre la suprématie de la sagesse et sa complète soumission à la religion, devenue toute puissante. C'est le sage qui, instruit par une douloureuse expérience, n'attend plus de la sagesse la solution des questions les plus difficiles, mais tombe dans le désespoir, précisément par le sentiment de cette impuissance de la sagesse. Yahveh représente la nouvelle sagesse qui consiste dans « la crainte de Yahveh », dans la reconnaissance calme, confiante de sa grandeur et de son incompréhensibilité. Ce n'est que lorsqu'il a parlé que le sage se résigne au silence et s'humilie. Le livre est donc un plaidoyer d'un sage de la nouvelle école contre l'ancienne sagesse, qui doit céder le pas à la piété humble et soumise. C'est comme un *salto mortale* par lequel on se jette dans la foi aveugle : *Finis sapientiæ*.

Mais, bien que ce poème magnifique semble le dernier témoignage d'une sagesse doutant d'elle-même, un peuple, fût-il aussi habitué que le peuple d'Israël à trouver la paix dans la confiance religieuse, ne pouvait à la longue se contenter de cette solution ou de cette absence de solution. Même en Israël la pensée ne pouvait être complètement étouffée. Le prologue et l'épilogue, dont nous ne comprenons pas que l'authenticité trouve grâce encore devant des critiques compétents (1), mar-

---

(1) C'est toujours pour moi une énigme que l'authenticité du prologue et de l'épilogue du Livre de Job trouvent encore des défenseurs dans quelques critiques modernes. Le principal argument est celui-ci : « Le livre doit nécessairement avoir un commencement et une fin, et il ne se comprend pas sans cette introduction et cette conclusion. » Mais les poètes hébreux faisaient peu de cas de cette marche logique. Est-ce que le Cantique a une introduction et une conclusion pour en dissiper les obscurités? N'est-il pas manifeste que l'explication donnée dans le prologue par l'entretien entre Yahveh et Satan est en contradiction avec toute la tendance de l'œuvre, et trahit bien plus un dogmaticien qu'un penseur? En outre, la croyance à Satan est postérieure à l'exil, de sorte qu'il nous faudrait avec MM. Hoekstra et Seinecke ramener tout l'ouvrage, ou du moins le prologue et l'épilogue à l'époque d'Esdras. La valeur de ces objections a été sentie même par des partisans de l'authenticité du prologue et de l'épilogue (voir Matthes I, p. cxii et ss.), et elles ont déterminé M. Hooykaas à regarder comme une addition de date postérieure au moins les deux scènes qui se passent dans le ciel (*Wijsh*. p. 188 et ss.). Mais ces deux scènes sont trop étroitement liées à l'introduction tout entière (voir notamment II, 17) pour pouvoir en être détachées. En outre le reste du prologue ne prête pas, à mon avis, à de moindres objections. Je n'insisterai pas sur XIX, 17, où Job parle de son fils comme étant encore vivant, ce

quent une nouvelle tentative de relever et de résoudre la question. Ils font pénétrer le lecteur dans les vues mystérieuses de la providence, dans les conseils du ciel, dans l'assemblée des

qui est en contradiction avec le prologue, car dans d'autres passages, par exemple VIII, 4, XVI, 7, XXIX, 5, il est question du châtiment qui l'a frappé dans ses enfants et de la destruction de sa famille et de son bonheur passé, alors qu'il avait encore ses fils auprès de lui. Mais le Job du prologue est un autre homme que celui du poème. C'est un homme pieux qui accepte tout avec résignation, et ne cède pas même à la tentation des paroles de sa femme. C'est l'éprouvé sortant vainqueur de toutes les épreuves. Le Job du poème est un sage souffrant qui ne se distingue pas précisément par son endurance et sa résignation, mais en vient à douter des enseignements de la sagesse et de la justice distributive de Dieu. Si des passages comme II, 10 et III, 1, sont de la même main, l'auteur est le plus grand maladroit qu'on puisse imaginer en fait de conception et de développement d'un sujet, car ce n'est pas certes l'arrivée des amis de Job qui peut motiver le brusque passage de la parfaite soumission exprimée dans le dernier verset du ch. II, aux malédictions du héros du poème sur le jour où il est né, qui remplissent les premiers versets du ch. III. En effet, ses amis n'ont pas encore ouvert la bouche, et leur conduite n'a jusque-là témoigné que de leur sympathie pour les malheurs de leur ami. On n'a pas non plus assez fait attention à la contradiction qui existe entre le prologue et le ch. XXXI. Ce chapitre dépeint la piété ou plutôt la vertu de Job, et il est loué de s'être appliqué à réaliser la loi morale dans ses exigences les plus hautes : son idéal y est celui des sages et nullement celui des prêtres. Dans le prologue au contraire, on nous le montre se levant de bonne heure pour offrir des sacrifices expiatoires pour ses enfants, car il se pourrait qu'involontairement et sans en avoir conscience, ils eussent commis quelque péché. Un sage — et le Job du poète en est un — ne croyait pas beaucoup à la vertu des sacrifices, et se serait moqué d'une précaution aussi superstitieuse. Le Job du prologue est un type de l'homme pieux de l'époque sacerdotale, non un sage de cette époque calamiteuse où les malheurs du peuple imposaient avec une actualité poignante le problème de la douleur aux méditations des penseurs. Enfin, la critique littéraire suffirait à elle seule à établir que le poème majestueux et le prologue et l'épilogue, non-seulement écrits en prose, mais prosaïques, ne sauraient être sortis de la même plume. A l'exception des deux scènes placées dans le ciel, tout le reste n'est qu'ouvrage de pacotille. Il est impossible qu'un artiste tel que le trahit le poème ait imaginé un aussi pauvre récit que celui du ch. Ier. Ce ramassis de calamités étonnantes, cette mort incroyable de tous les enfants du héros périssant du même coup ne peuvent être que d'une main inexpérimentée et d'une imagination très peu féconde. On peut en dire autant du manque de goût dans l'épilogue après la belle conclusion du poème. Les frères et les sœurs, les amis qui entourent Job dans sa nouvelle fortune et qu'on aurait vainement cherchés aux jours de son épreuve, les nouvelles richesses qui lui surviennent d'une manière magique, les enfants qui ornent sa vieillesse, bien que ceux qu'il a perdus eussent tous dépassé l'adolescence et fussent établis, ces trois belles jeunes filles : Colombe, Cinamme et Boîte de fard, les cent quarante années pendant lesquelles sa vie se prolonge après le relèvement de sa fortune, toutes ces impossibilités accumulées à plaisir sont trop enfantines pour qu'un génie comme le créateur de ce beau poème ait pu s'en rendre coupable. Pour nous résumer, le prologue et l'épilogue n'ont nulle convenance avec l'œuvre ; ils respirent un tout autre esprit, trahissent un écrivain inexpérimenté et ne sauraient être authentiques.

fils de Dieu où Satan, l'ange sceptique, a reçu de Yahveh la permission de mettre la vertu de Job à l'épreuve. On y voit comment ce dernier sort victorieux des deux premières épreuves et supporte sans pécher les plus grands revers. La doctrine posée dans cet appendice est celle-ci : Les souffrances du juste ne sont que des épreuves passagères, destinées à mettre en lumière sa patience et sa persévérance, et à confondre ainsi l'impiété. Aussi l'épilogue nous montre-t-il Job recevant le double de tous les biens qu'il a perdus, et cette équitable réparation est, dans la pensée de l'auteur, le mot de l'énigme de la destinée. C'est aussi la solution donnée par le Psaume LXXIII.

Plus tard, une autre main qui doit être celle d'un sage partageant le point de vue des amis de Job, vint encore introduire dans l'œuvre les discours d'Elihou et vit dans la souffrance du juste le châtiment des péchés de l'humanité, dont la perversion rend nécessaires et légitimes ces souffrances. Aussi est-il ému d'une grande compassion pour Job, dont l'ancien poète avait tracé avec tant d'amour la grande figure. Bien inférieur à ce dernier, incapable de le comprendre, il fait l'effet d'un vieux doctrinaire qui croit tout savoir, et tient son système suranné, déjà mis au rebut par les penseurs des âges antérieurs, pour une découverte toute neuve, la clé des mystères et la panacée universelle.

De même que Job, dans le domaine de la fiction, eut à lutter contre ses prétendus amis, Jérémie, dans celui de la réalité, eut à soutenir une lutte incessante contre de puissants adversaires. Il fut particulièrement un homme de douleur dans ce siècle malheureux. Après que Jojakin eut été emmené en captivité à Babylone avec une partie des grands de Juda, Jérémie parla avec compassion des exilés. Son cœur n'eut plus que pitié et commisération pour ceux sur qui était tombé le châtiment des péchés du peuple. Mais il ne s'en montra que plus sévère pour ceux qui étaient restés à Jérusalem. Il les compare à des figues mauvaises que l'on jette, tandis que les exilés sont de bons fruits auxquels Yahveh prend son plaisir (1). C'est que les Juifs épargnés par la clémence du vainqueur ne voulaient pas venir à

(1) Chap. XXIV.

résipiscence. On se berçait encore des plus chimériques illusions. Il se trouva un prophète pour annoncer que dans deux ans Jojakin et ses compagnons de captivité reviendraient de l'exil, et que les vases sacrés enlevés au temple y seraient replacés. Ce prophète optimiste, Hananya ben-Azour, jouissait d'un grand crédit auprès du peuple. Jérémie s'éleva avec énergie contre ses prédications. La captivité, s'écriait-il, ne durera pas deux ans, mais soixante et dix ans, et si le peuple persévère dans la voie de stérile agitation dans laquelle il s'est engagé, bientôt d'autres captifs suivront les premiers. Les vases sacrés ne seront pas rapportés, mais le temple sera dépouillé de ce qui lui reste encore de richesses et d'ornements. La seule ligne de conduite qui puisse éviter de nouvelles calamités, c'est de se courber sous le joug et de ménager le roi de Babylone. Pour faire plus vivement saisir cette vérité, un jour Jérémie se montra en public chargé d'un joug. Hananya le lui enleva et le brisa en disant : « Ainsi dans deux ans sera brisé le joug de Nébukadrezar. » Le jour suivant Jérémie reparut avec un joug de fer qui ne pouvait être brisé et prophétisa contre Hananya ; il lui déclara que la main de la mort était suspendue sur sa tête. Les dévots se racontaient plus tard avec une béate admiration que le prophète optimiste était en effet mort dans l'année.

Dans l'exil, des prophètes tels qu'A'hab-ben-Kolaya, Zédékia-ben-Ma'aséya, et Shemaya le Né'hélamite partageaient et répandaient parmi les captifs les illusions de Hananya. Shémaya alla même jusqu'à écrire au grand prêtre Zéphanya, à Jérusalem, pour le mettre en garde contre Jérémie et l'engager à le faire arrêter et emprisonner, pour mettre un terme à ses prophéties. On peut se figurer l'indignation du susceptible prophète, lorsque Zéphanya lui montra cette lettre. Lui aussi adressa aux exilés une lettre dont se chargèrent des ambassadeurs que le roi Zédékia (Sédécias) envoyait à Nébukadrezar. Il y anathématisait Shémaya et avertissait les transportés de ne pas prêter l'oreille aux discours d'hommes tels qu'A'hab et Zédékia, que Nébukadrezar aurait dû faire brûler, de se tenir en paix dans la ville qu'ils habitaient et de s'y multiplier en attendant des temps meilleurs.

Il donnait le même conseil au roi Zédékia et aux Juifs restés à Jérusalem : se soumettre, vivre en paix, patienter. Et c'était la seule ligne de conduite prudente et sûre, comme la suite le démontra surabondamment. Les efforts désespérés du prince et du peuple pour recouvrer leur indépendance, que le temps leur eût naturellement rendue, ne pouvaient aboutir qu'à de nouvelles et plus terribles catastrophes. Ce fut le motif de la vive opposition faite par Jérémie aux prophètes optimistes, qu'il appelle des menteurs, ne proférant pas la parole de Yahveh.

Tous ses efforts furent inutiles. Le parti de ses adversaires l'emporta. Cédant à la pression exercée sur lui par ses conseillers, Zédékia consomma sa rupture avec Babylone. C'était un prince faible, incapable de résister aux princes de Juda et aux grands, qui les soutenaient. La politique de Jérémie, dans cette crise suprême, était toute tracée. Il avait toujours annoncé la venue des Chaldéens et la ruine du royaume. Quand la première partie de ses prophéties fut accomplie, il appliqua tous ses efforts à prévenir les derniers malheurs qu'il avait prévus. Il pressa Zédékia de se rendre et nous le verrons pousser ce parti pris de soumission jusqu'à conseiller au peuple de Jérusalem de passer à l'ennemi.

Aussitôt que Nébukadrezar eut mis le siège devant Jérusalem, Lachis et Azeka, les Juifs revinrent à la piété. Pour la première fois, on songea à mettre à exécution la loi énoncée déjà dans le livre de l'Alliance, de la mise en liberté des esclaves à l'occasion de l'année sabbatique. Le roi donna l'exemple, les grands et tout le peuple le suivirent. Mais Hophra (Uahabra) ayant opéré une diversion, et les Chaldéens ayant momentanément levé le siège, les esclaves affranchis furent remis sous le joug de la servitude. L'indignation de Jérémie déborda, et il n'apporta plus aucun ménagement dans ses prédictions. Yahveh donnerait le champ libre à la famine, à la peste et à l'épée contre ceux qui avaient privé leurs esclaves affranchis de leur liberté. Et il faut reconnaître qu'un peuple assez superficiel pour afficher la piété en face d'un péril imminent et pour violer ses serments aussitôt que le danger semblait éloigné, ne pouvait être sauvé.

Ce fut l'époque la plus agitée de la vie de Jérémie. Il se vit accusé d'être un espion, un partisan des ennemis du pays. Saisi au moment où il s'apprêtait à franchir la porte de Benjamin pour se rendre au camp des Chaldéens, il fut jeté en prison par l'ordre des princes. Zédékia adoucit d'abord sa captivité, mais lorsqu'il se mit à exciter le peuple à se rendre à l'ennemi, les princes le firent enfermer dans une basse-fosse fangeuse où certainement il eût péri, sans le courage de l'eunuque noir Ébed-Mélek qui, il est vrai, agissait d'après les ordres secrets du roi. Ce dernier se fit amener Jérémie qui tenta un suprême effort pour le décider à se rendre. Zédékia recula devant la crainte des moqueries des Juifs qui se trouvaient déjà dans le camp des Chaldéens. Le prophète, dès lors, l'abandonna à son sort. Il ne put cependant se défendre d'une profonde compassion pour ce prince faible et malheureux et promit de garder le silence sur leur entretien secret.

Les événements se précipitaient vers la catastrophe finale. La victoire des Chaldéens n'était pas douteuse. Enfin, ils pénétrèrent dans la ville par la brèche. Zédékia s'enfuit au dernier moment. Poursuivi et rejoint à Jéricho, il vit son fils exécuté en sa présence, puis on lui creva les yeux à lui-même et on le traîna captif à Babylone. Babylone ne punissait pas à demi. Elle avait appris des Assyriens les raffinements de la plus barbare cruauté envers des ennemis vaincus. Nébukadrezar laissa le choix à Jérémie de venir à Babylone ou de rester en Judée. Le prophète ne voulut pas s'éloigner des ruines de Jérusalem. Gédalya fut institué gouverneur du pays. Celui-ci ne se défia pas d'une contrée où bouillonnaient toutes les haines et tous les ressentiments ; bientôt il fut assassiné par un sicaire de Baalis, roi des Ammonites. Les Juifs, redoutant la colère de Nébukadrezar, s'enfuirent en Égypte, entraînant à leur suite Jérémie, malgré sa résistance.

Il termina sa vie en proie à une profonde amertume. Il continua, en Égypte, ses sombres prophéties. C'était en vain que les Juifs avaient fui, en Égypte, la colère de Nébukadrezar ; bientôt l'Égypte aurait son tour, et les Juifs réfugiés ne seraient pas épargnés. Mais ses avertissements ne furent pas plus écoutés sur la terre étrangère que dans son pays. On les tournait en dérision. Tu as raison, lui disait-on, nous nous sommes conduits comme des insensés. Aussi longtemps que nous avons servi la reine des cieux, tout nous a été prospère, mais, dès que nous avons été fidèles à Yahveh, nous n'avons plus éprouvé que des calamités. Nous voulons nous convertir, nous retournerons au culte de la céleste Méléket et nous ne l'abandonnerons plus.

C'est le dernier incident de la vie de Jérémie qui nous soit rapporté. Tant de déceptions ne purent l'amener à désespérer. Il resta fidèle jusqu'à la fin à ses convictions et à ses espérances. Il ne voulut jamais croire à l'anéantissement de Juda. Les captifs de retour de Babylone devaient former un nouveau peuple. Telle était sa confiance, qu'au moment même où la Judée était envahie, il acheta de son parent Hanameël ben-Salloum un champ à Anathôth et fit sceller l'acte de vente devant témoins, donnant ainsi une preuve publique de sa confiance dans l'avenir. Cette confiance, il l'exprima encore après la ruine de Jérusalem, et cela dans le langage le plus idéaliste (1). Juda et Éphraïm reviendraient de l'exil et formeraient un seul peuple, tandis que leurs oppresseurs seraient châtiés. Ils seront le peuple de Yahveh, et Yahveh sera leur dieu. Yahveh est un père pour Israël, et Éphraïm est son premier-né. Alors la joie et l'abondance régneront dans le pays. Yahveh traitera une nouvelle alliance avec son peuple, — et c'est ici que le prophète s'élève au plus haut point d'inspiration religieuse et d'idéalisme, — une alliance complètement différente de la première ; la loi ne sera plus écrite sur des tables de pierre, mais dans les cœurs, et la connaissance de Dieu sera si générale que personne n'aura plus besoin d'enseignement. Jérémie mourut dans cette foi au rétablissement, à l'indestructibilité, à la renaissance spirituelle de son peuple. Les faits ont montré que son attente n'était pas chimérique.

Jérémie fut un homme de son temps et de son peuple, et, même dans l'appréciation du caractère d'un prophète, il faut tenir compte de ces éléments. Ce qui attire en lui, ce n'est assurément pas sa susceptibilité si facilement irritable, sa soif de vengeance à l'égard de ses ennemis. On se fatigue à l'entendre toujours répéter son monotone refrain de « la famine, la peste et l'épée » ; ses peintures de l'état moral de son peuple sont poussées au noir avec une exagération manifeste, ses espéran-

(1) Chap. XXX et XXXI.

ces sont excessives. La doctrine des bénédictions assurées comme récompense de la fidélité à Yahveh et des châtiments réservés à l'infidélité est surannée. Les démentis que les événements lui avaient infligés étaient assez péremptoires pour que Jérémie eût pu, à cet égard, s'élever au-dessus de l'ancien point de vue religieux d'Israël. Comme écrivain et comme poète, il est loin d'occuper le premier rang parmi les auteurs israélites. Néanmoins et en dépit de tous ces défauts, on ne peut s'empêcher de ressentir un profond respect pour cette grande figure, la plus tragique de l'Ancien-Testament. Jérémie reste, entre les prophètes, un des plus nobles, celui de tous qui a peut-être le plus contribué au progrès religieux. Son inflexible honnêteté, sa fermeté de conviction et de caractère, son inébranlable attachement à son peuple qui le méconnaît, son ardente espérance de la régénération d'Israël sont dignes de toute notre admiration. D'autant plus que ce fut un homme d'une sensibilité presque maladive, qui souffrit profondément de n'avoir à prophétiser que des malheurs, qui eût voulu pouvoir prononcer des paroles de paix. Il se prenait à désirer que sa tête se fondît en eau pour pleurer les malheurs de son peuple, et il en vient à souhaiter de n'être jamais né. Cette profonde sensibilité n'exclut pas chez lui le courage moral. Il ne tremble ni ne fléchit devant la persécution ; il ne recule pas même devant quelque chose de bien autrement cruel pour un patriote aussi ardent que lui, et ne craint pas de s'exposer à l'accusation d'être un traître vendu à l'ennemi, lorsqu'il s'agit de rendre témoignage à ses plus profondes convictions, à ce qui était pour lui la vérité religieuse, la parole même de Dieu.

Sans doute, il ne put s'élever à l'idée que la vraie religion doit triompher par les armes de l'esprit ; il ne sépara pas son règne de la domination d'Israël. Il approcha, du moins, du pur spiritualisme plus qu'aucun de ses devanciers. Sauf en ce qui concerne le sabbat, il s'est affranchi de tout formalisme, et a placé la loi morale bien au-dessus de la loi écrite. Bien qu'idéaliste, il ne fut nullement chimérique. Sa politique de soumission vis-à-vis des Chaldéens était inspirée par une saine appréciation des circonstances. Dans une lutte inégale, Juda ne pouvait qu'être brisé. Plus que personne, il aurait désiré de voir ses prévisions démenties par les faits. « Amen », répondit-il aux prédictions optimistes de Hananya, « puisse-t-il en être ainsi ! » Mais il ne pouvait en être ainsi, et sa conscience le pressait de le dire. C'est ce qui explique sa conduite équivoque pendant le siège. Hâter et adoucir la catastrophe, afin qu'il pérît le moins possible de serviteurs de Yahveh, tel fut son but. Ses conseils à Zédékia furent différents de ceux d'Ésaïe à Hizkia, parce que les circonstances n'étaient plus les mêmes. Il n'y avait plus qu'un moyen de salut pour la religion, la purification et la transformation du peuple par l'exil : sans cette suprême épreuve, c'en était fait de sa mission providentielle. Ce n'est pas un médiocre honneur pour un homme que d'avoir jeté un regard clair et sûr au fond de cette situation, et d'avoir eu le courage d'exprimer son opinion sans réticence et sans ménagement. Il a inspiré Ézéchiel et vraisemblablement aussi le second Ésaïe ; la résurrection d'Israël et le retour de la captivité, bien qu'il ne les ait pas vus, sont en grande partie son œuvre.

Il aurait souhaité que la régénération d'Israël pût être obtenue par d'autres moyens, et elle aurait pu l'être, si l'on avait suivi ses conseils. La ville et le temple seraient restés debout, la royauté nationale eût subsisté. Au prix d'un tribut payé aux Chaldéens on eût conservé sa nationalité, sa religion et joui d'une large mesure d'indépendance et d'autonomie, en attendant les événements qui, cinquante ans plus tard, devaient renverser la puissance de Babylone. Dans des circonstances favorables et avec des chances de succès, Jérémie n'eût pas été opposé à un effort héroïque pour reconquérir la complète indépendance du royaume de Juda. Mais il assistait à un véritable suicide national, à un effort désespéré, sans la moindre possibilité de réussite, pour s'affranchir d'une charge très supportable. Il fut plus patriote en combattant cette folie que ceux qui précipitèrent le peuple dans des dangers qu'ils étaient absolument impuissants à conjurer. Jérémie fut et reste le plus pur des prophètes, le plus grand des fils d'Israël avant l'exil, le plus beau type du yahviste réformé.

Il paraît plus grand encore, lorsqu'on le compare aux autres prophètes de son temps qui partagèrent son opinion : Uria ben-Shéma'ya, Habacuc (Habaqouq) et Zacharie (Zakarya). Habacuc aussi crut que Juda avait encouru la plus terrible condamnation et que les Chaldéens seraient contre lui les exécuteurs des jugements de Dieu. Mais ses convictions religieuses ne lui permirent pas d'admettre que leur victoire pût être complète. Comme idolâtres, ils étaient encore plus coupables que Juda, et par conséquent, leur châtiment devait être plus grand. Aussi attend-il avec confiance que Yahveh lui-même descende au milieu de son peuple pour anéantir ses ennemis. Plus fanatiques encore, plus insensées, dirions-nous volontiers, furent les espérances de Zacharie, auteur des ch. XII-XIV du livre qui porte son nom. Ce fut sans doute un habitant de la campagne. Lui aussi prévoit de terribles châtiments pour le peuple et pour Jérusalem. Tous les peuples environnants viendront l'assiéger. Mais les habitants, fortifiés par Yahveh, les anéantiront. Ensuite, l'esprit de Dieu descendra sur la maison et sur la ville de David ; tous les anciens péchés seront pardonnés, l'idolâtrie et les faux prophètes disparaîtront. Une autre fois, il annonce que les deux tiers du peuple seront exterminés, mais que le tiers restant sera purifié. Alors commenceront les temps meilleurs. Les survivants célèbreront la fête des Tabernacles et Jérusalem triomphera.

Telles furent les espérances ardentes, délirantes auxquelles donnèrent lieu ces temps malheureux : ce sont les espérances du désespoir ; on ne pouvait se représenter la défaite du peuple de Dieu. Il fallait être un Jérémie pour croire en même temps à une ruine temporaire du peuple et à son relèvement ultérieur. Ceux qui ne possédaient pas sa sûreté et son élévation de vues, se plongeaient dans des rêves fantastiques, sans aucune racine dans la réalité.

C'est tout à fait dans cet esprit chimérique que parla Abdias ('Obadya), ordinairement regardé comme contemporain de Jérémie, quoique la mention de Sepharad (Sparda, Sardes ?) ville de l'Asie-Mineure, dans le verset 20, semble indiquer qu'il vécut beaucoup plus tard. Il se représentait que Jacob et Joseph, c'est-à-dire Juda et Ephraïm, consumeraient Ésau, c'est-à-dire les Édomites, comme un feu ; que les deux parties d'Israël seraient rétablies dans leur ancien territoire, et que non-seulement le peuple s'assujettirait les Édomites, mais encore les Philistins et une partie de la Phénicie, après quoi Sion deviendrait le refuge de tous les malheureux. Si l'on compare à ces prophéties celles de Jérémie contre Édom, exprimant l'espoir fondé que les armes de Nébukadrezar châtieraient les perfides voisins d'Israël, mais écartant toute idée que les Juifs fussent capables d'en tirer eux-mêmes vengeance, on comprendra la différence entre des prévisions motivées et justifiées, et des rêves impossibles, entre un halluciné de bonne foi et un grand prophète.

Ici finit, à proprement parler, l'histoire de l'ancienne religion d'Israël. Sans doute la captivité, le retour, la formation du nouveau sacerdoce sous Esdras, l'avènement du christianisme, appartiennent aussi à l'histoire du développement de la religion juive, le sacerdoce comme réalisation visible des vues des prophètes, — bien pauvre réalité après un si haut idéal, — le christianisme en même temps comme accomplissement et fin du Mosaïsme, l'exil comme préparation de ces deux évolutions. Mais pour le but de cet ouvrage, l'histoire comparée des anciennes religions sémitiques, il n'est pas nécessaire de pousser plus loin. Il suffisait à ce but de montrer comment, sous l'influence des héros religieux et des destins particuliers du peuple d'Israël, une religion à son origine en tout semblable à celles des peuples de la même race, comme elles religion de la nature, était devenue spontanément une religion nationale qui finit par dépasser toutes les autres en profondeur, en élévation, en inspiration, en pureté, sans cependant jamais dépouiller complétement les signes distinctifs de son origine ni son caractère propre. C'est dans l'imposante figure de Jérémie que cette religion atteint son point culminant.

Ezéchiel, le prêtre-prophète qui fraya la voie à la législation sacerdotale mise en pratique après l'exil par Ezra, fut le père de cette période dans laquelle le yahvisme, primitivement une des religions d'Israël, laquelle, avec le temps, s'était progressivement assimilé les meilleurs éléments de toutes les autres, fut artificiellement restauré. Le yahvisme eut alors une phase semblable à celle que traversa le parsisme sous les Sassanides, et non sans analogie avec ce que furent pour le bouddhisme les premiers siècles qui suivirent sa fondation. Ce fut comme si les germes d'universalisme que renfermait le mosaïsme des prophètes eussent été soigneusement renfermés et conservés jusqu'au moment favorable où ils pourraient briser leur enveloppe et fleurir dans toute leur magnificence. Le prophète de Babylone, dont la mémoire et les écrits se sont plus tard confondus avec ceux d'Ésaïe, et ceux qui furent en communauté d'esprit avec lui, suivirent une autre tendance. Leur prédication ne porta d'abord d'autre fruit que de concourir à relever l'espérance des captifs et à réveiller en eux la conscience de la religion nationale. Le deuxième Ésaïe surtout, avec son serviteur de Dieu éprouvé pour les péchés du peuple, personnification du noyau fidèle de la nation, avec sa conception de cet Israël fidèle choisi comme par Yahveh lui-même et destiné à répandre son culte parmi tous les peuples de la terre, avec ses pensées profondément morales et universalistes qui, évidemment, ne furent pas comprises de son temps et qui devaient être mises en oubli pendant des siècles, avec ses prophéties que les premiers chrétiens, bien qu'ils fussent incapables de les distinguer de celles d'Ésaïe, citaient cependant de préférence à toutes les autres, prépara la dernière évolution du judaïsme. Sa représentation de Yahveh comme le Dieu unique avait déjà été celle des prophètes de l'âge précédent, par exemple de Jérémie, qui opposait Yahveh comme le seul vrai Dieu aux idoles des nations. Mais ce que le prophète avait vu à Babylone lui fournit l'occasion d'accentuer la différence entre Yahveh et les idoles, et on ne saurait nier que sa notion de Dieu ne soit plus développée que celle de ses devanciers. Ses prophéties, cependant, ne contiennent que le germe d'une religion de l'humanité; son universalisme, quoique plus prononcé que celui de Jérémie, ne le dépasse réellement pas. Ce n'est toujours que la domination sur le monde, de Yahveh, le Dieu d'Israël. C'est l'idée fondamentale des religions sémitiques, la théocratie, élevée à sa plus haute puissance, cependant toujours étroitement liée à l'attente de l'extension universelle d'une religion particulière. C'est, qu'on me pardonne l'expression, un particularisme universaliste. Le grand pas, l'élimination de la nationalité du domaine de la religion, n'est pas encore franchi, et avant qu'il le fût, une longue préparation était encore nécessaire. Les temps n'étaient pas encore mûrs.

Ce qui suivit fut moins une décadence qu'une pétrification du passé, à côté d'une lente préparation de l'ère nouvelle, de la maturation des fruits que le mosaïsme devait porter pour l'humanité tout entière. Dans la période qui s'étend de l'exil au premier siècle de notre ère, Israël ne produisit rien de véritablement nouveau et original. Le sacerdoce continua à compléter la loi dans le même esprit qu'il l'avait fait à la fin de la captivité. Mais ces préceptes restèrent, pour la plus grande part, une lettre morte. Le prophétisme alla s'éteignant : le prophète céda la place au docteur de la loi ; à la libre inspiration succéda la lettre des textes. La lutte avec la puissance gréco-syrienne, malgré son importance et son caractère dramatique, ne fut qu'un épisode, non un développement. Le livre de Daniel ne présente de nouveau que sa forme ; ses idées théocratiques ne sont qu'un faible écho de celles des prophètes. La connaissance de l'histoire religieuse d'Israël après l'exil est importante pour comprendre l'avènement du christianisme, mais ne fournit aucun élément nouveau d'appréciation à la comparaison du mosaïsme avec les religions des autres peuples de la même famille. Quelques éléments étrangers, chaldéens ou perses, pénétrèrent dans la religion et y furent tolérés, s'y fondirent même avec l'orthodoxie reçue. Cette circonstance déjà fait pressentir qu'on approche de l'époque de la fondation d'une religion universelle. L'œuvre du prophétisme est finie, du moins jusqu'à l'avènement de Jean-le-Baptiste ; mais la prédication de ce dernier est déjà le commencement de l'Évangile, et Jean fut immédiatement suivi par celui qui, juif de naissance, et bien qu'il ait exprimé son évangile dans des formes juives, fut cependant homme avant tout. En lui se concentre tout ce qu'Israël a produit de meilleur, de durable, mais déjà dépouillé de tout ce qui n'est pas général, purement humain. Ce n'est ni un prophète, ni un prêtre, ni un sage, et, dans un sens, il est tout cela en même temps. Il a l'enthousiasme des prophètes, sans jamais en appeler à une inspiration spéciale de Dieu et sans présenter sa parole comme la parole même de Dieu. Il s'exprime de préférence dans la forme sentencieuse des sages ; il est le sage le plus grand, le plus véritablement humain. Il ne rejette pas, il est vrai, la théocratie, mais la purifie de tout alliage temporel et verse la pensée dont Israël avait vécu dans une forme qui la rendra propre à être reçue par l'humanité tout entière. Un auteur judæo-chrétien pourra l'appeler le vrai souverain sacrificateur : il le fut dans ce sens qu'il pénétra dans le plus intime *saint des saints* de la religion, et l'ouvrit pour tous les hommes, en résumant le principe et l'essence de la religion dans l'amour de Dieu, sa réalisation dans l'amour des hommes, ce qui est aussi la plus haute sagesse.

CHAPITRE XIV

CARACTÈRE DE LA RELIGION D'ISRAËL

La religion de Moïse, comme on peut encore appeler la religion nationale d'Israël, bien qu'elle ne doive à Moïse que son origine et non son plus haut développement, appartient, sans le moindre doute, à la famille de religions dont l'étude a fait le sujet de cet ouvrage : à la famille sémitique ou mésopotamienne. Si le mosaïsme marque le plus haut degré de développement auquel se soient élevées ces religions, cependant, il n'est pas sorti du cercle dans lequel elles se meuvent. Les deux principaux traits distinctifs qui caractérisent cette famille de religions, y sont très reconnaissables : sa doctrine est principalement symbolique (1) ; l'organisation de la société religieuse, ainsi que tout l'ensemble des rapports entre le peuple et le dieu national, y est essentiellement théocratique.

La religion nationale d'Israël est déjà au-dessus du point de vue mythologique, et n'est pas encore pleinement entrée dans le point de vue dogmatique. On découvre facilement dans l'Ancien Testament les traces du premier de ces caractères qu'elle a primitivement revêtu, et la preuve qu'elle a été jusqu'aux confins du second. Mais les mythes qui ne se rapportaient pas directe-

(1) Il ne s'agit ici que de la doctrine, non des actes de culte. Dans le culte, le symbolisme est général, et ne caractérise pas une religion particulière.

ment à Yahveh sont, ainsi que les êtres auxquels ils avaient trait, descendus du ciel sur la terre : les héros divins sont devenus des hommes, et les mythes, de l'histoire. Ceux dans lesquels Yahveh joue le principal rôle ou bien se confondent avec l'histoire des origines de l'humanité ou avec celle des ancêtres du peuple, ou bien se bornent à quelques fictions poétiques et prophétiques isolées et indépendantes. Mais ils ne sont pas encore arrêtés, ne forment pas un système lié et coordonné, ne s'imposent pas comme croyances ecclésiastiques ayant force de loi et dont le fidèle ne saurait s'écarter.

L'étude du caractère, du contenu et de l'origine des mythes remaniés dans les plus anciennes traditions d'Israël, n'est pas close et présente le plus vif intérêt. Il n'est pas douteux qu'il n'y ait là bien des emprunts aux mythologies des autres peuples. La légende de la construction de la tour de Babel interrompue par Dieu est originaire de la Mésopotamie, quoique ce soit à tort qu'on a cru en retrouver la trace dans une inscription de Nébukadrezar. Elle n'est autre chose que la croyance populaire qui s'était formée en rapport avec ce grand temple de Barsipa près de Babylone, inachevé depuis des siècles, et que le grand roi restaura et acheva. Le mythe du déluge a la même origine, et on le retrouve en Mésopotomie sous une forme mythique encore, partant plus ancienne. Mais ces mythes mésopotamiens doivent avoir été empruntés par les Israélites aux peuples de Canaan, bien avant qu'eux-mêmes fussent entrés en rapport avec les Babyloniens. Ils empruntèrent certainement aussi aux Cananéens le mythe de Simson, le héros solaire dont tous les exploits sont placés dans le voisinage de Beth-Shémesh, la ville du soleil. Les récits relatifs aux patriarches, pères du peuple, paraissent aussi provenir des anciens habitants du pays, et quelques faibles traces de ces récits se trouvent sous des formes plus ou moins semblables, le plus souvent rapportés directement aux dieux, dans les traditions phéniciennes et cananéennes. On croit communément que les mythes de la création et du paradis ont été directement empruntés aux Perses. Le contraire, bien qu'aussi peu vraisemblable, serait beaucoup plus possible. Il est hors de doute que le récit de la Genèse, Ch. II et suiv., celui précisément qui présente avec les traditions des Perses les traits de ressemblance les plus nombreux et les plus frappants, était déjà fixé par écrit au huitième siècle avant Jésus-Christ, à une date où il ne saurait encore être question d'aucune influence exercée par les Perses sur les Israélites. Ce mythe ne peut cependant avoir une origine israélite, car les indications géographiques qu'il renferme se rapportent à une région plus orientale que le pays de Canaan. Quelques rivières qui soient désignées sous les noms de Gihon et de Pishon, le Hiddekel et le Phrat ne sauraient être que le Tigre et l'Euphrate. Or, les inscriptions assyriennes attestent qu'au huitième siècle les Perses n'avaient pas encore pénétré jusqu'à la Mésopotamie et étaient cantonnés dans la Bactriane et dans le nord-est de la Médie. Le mythe ne peut donc pas avoir pris naissance au milieu d'eux. S'il n'appartient pas, comme le déluge et la tour de Babel, à la Mésopotamie, il doit avoir fait partie de la mythologie des peuples sémitiques du Nord.

Pour les yahvistes, du moins dans les récits que nous possédons, tous ces mythes sont devenus de beaux récits religieux et moraux dont la scène est placée sur la terre. Ainsi, celui du Paradis. Il n'est pas douteux que dans la forme originale de ce mythe le jardin d'Éden avec l'arbre de la vie, les Kéroubîm préposés à sa garde, le lieu où les rivières prennent leur source et où habite Yahveh, ne représentent le ciel et les phénomènes célestes. Adam, dont le nom ne diffère pas d'Édom, d'après lequel se nommèrent les Édomites, et Caïn dont, peut-être, les Kénites tirèrent leur nom, furent, à l'origine, des dieux comme les habitants du Paradis persan, Yima et Manou, le père des Aryas ; Enosh, fils de Seth, serait le premier homme au sens propre du mot. Yima aussi s'attira par sa désobéissance la colère d'Ahoura Mazda. L'exil des dieux visibles relégués sur la terre par le dieu supérieur et contraints d'y continuer leur existence, les vengeances des grands dieux sur les dieux de second ordre, sont aussi des mythes de la nature, car la victime de ces jalousies ou de ces châtiments est toujours un dieu de feu, soit l'éclair, le feu du ciel, Hephæstos, soit le dieu du soleil, Apollon, ou quelque dieu analogue. Adam, le rouge, et Caïn, la lance ou le forgeron, entre lesquels le rapport de père à fils n'a été établi que plus tard, rentrent aussi dans cette catégorie.

Le yahvisme mosaïque transforma ce mythe de la nature en une légende ayant une signification morale et destinée à expliquer l'origine du péché et de la mort. Le jardin d'Eden a été placé sur la terre. Adam est devenu le protoplaste de l'humanité, Caïn le père d'une grande fraction de l'espèce humaine. L'ancienne mythologie ne fournit aux sages yahvistes que des matériaux où ils puisèrent des enseignements et des avertissements pour la postérité et des formes dans lesquelles ils enveloppèrent leurs spéculations morales et religieuses.

Les sublimes descriptions par lesquelles les prophètes ont exprimé la majesté de Yahveh et ses attributs moraux reposent aussi sur des mythes de la nature. Nous avons vu que Yahveh fut primitivement le dieu du tonnerre, c'est-à-dire le dieu dans lequel se réunissent tous les phénomènes de la vie céleste, le plus élevé des dieux de la nature. Tous les traits sous lesquels les autres mythologies représentent leur dieu du tonnerre se retrouvent dans l'image que les écrivains hébreux tracent de Yahveh. Ce caractère est encore reconnaissable dans les visions prophétiques telles que celles d'Ésaïe ou d'Ezéchiel. Dans le psaume XVIII, il est dit que la fumée sort de ses narines et le feu de sa bouche ; dans le VIIe il est parlé de son arc sur lequel il place ses flèches pour détruire. Il semble quelquefois que l'ère de la formation des mythes se prolonge jusqu'aux derniers prophètes, par exemple dans la description du conseil de Dieu de l'introduction du livre de Job, dans la prophétie de Micha à la cour d'A'hab, dans la personnification de la sagesse, au livre des Proverbes. Les visions d'Ésaïe, de Jérémie, d'Ezéchiel sont-elles autre chose que des mythes? Pour les deux premiers du moins, ces visions expriment bien des réalités et ne sont pas purement une expression symbolique des phénomènes intérieurs et psychologiques. Et cependant, l'élément symbolique y domine. L'attouchement des lèvres d'Ésaïe avec un charbon ardent, de celles de Jérémie par la main même de Yahveh exprime l'inspiration de ces prophètes. Le rameau d'amandier du second est l'image de l'esprit dans lequel il doit accomplir sa mission, et le vase bouillant, celle des calamités qu'il devait prophétiser. Le feu et la lumière, attributs constants de Yahveh, empruntés à son caractère primitif de dieu du tonnerre, sont-

devenus les symboles de ses attributs moraux, de sa toute puissance, de sa grandeur, de sa sainteté. Il ne faut pas entendre toutefois ici ce mot de symbole dans le sens qu'il a pris de nos jours dans le langage de la science, mais dans celui qui répond aux notions de l'antiquité tout entière, lesquelles sont encore de nos jours celles des masses peu éclairées, et selon lesquelles l'acte symbolique est le véhicule, et non-seulement le signe extérieur de l'action divine, et il existe un lien naturel et nécessaire entre les manifestations sensibles de Dieu et son essence. Cette représentation plastique de la divinité fut symbolique chez les Israélites comme chez les autres peuples de même race. Ils ne représentèrent pas Yahveh sous la forme humaine, mais sous celle d'un serpent, ou d'un jeune taureau, ou bien enfermé dans son arche sainte. Les êtres qui l'entourent, Kéroubîm, Séraphîm, qui d'abord étaient des animaux merveilleux, des griffons ailés, des dragons, furent plus tard en partie aussi anthropomorphisés et devinrent des êtres symboliques.

A peine est-il nécessaire d'insister sur l'existence dans la religion d'Israël du caractère théocratique commun à toutes les religions mésopotamiennes. Chez aucun peuple le sentiment de la souveraineté de Dieu ne fut aussi puissant que chez les Israélites. Historique ou non, le récit de l'opposition faite par Samuel à l'établissement de la royauté est l'expression fidèle des idées des pieux Israélites. Ils ne voyaient pas, il est vrai, dans la royauté, une institution incompatible avec le gouvernement divin, mais un amoindrissement des droits souverains de Dieu. C'est que le véritable roi d'Israël était Yahveh, représenté comme tous les dieux principaux des peuples sémitiques sous les traits d'un souverain absolu de l'Orient, et dont le nom même exprimait la grandeur et la toute-puissance. Tout lui appartenait, la vie et les biens de ses sujets, les hommes et les animaux, la terre et tout ce qu'elle contient. Il disposait de tout selon son bon plaisir et n'avait de compte à rendre à personne de ses dispensations ; bon et miséricordieux à ceux qui le servent, redoutable à ceux qui lui résistent. Ceux qui touchent à son peuple doivent être retranchés de la terre. Les guerres d'Israël furent les guerres de Yahveh au même titre que les guerres des Assyriens étaient celles d'Asour. Seulement, tandis que ces derniers, unissant l'esprit pratique à la foi religieuse, ne négligeaient rien de ce qui pouvait assurer la supériorité de leurs armées, trop souvent les prophètes représentèrent la protection divine comme suffisant à tout, nourrirent un esprit qui poussait à la désorganisation des armées et lancèrent les serviteurs de Dieu dans des aventures qui ne pouvaient aboutir qu'à des catastrophes. Le roi, pour l'Israélite comme pour l'Égyptien, était l'oint de Dieu, son lieutenant sur la terre. Jusqu'à la séparation des dix tribus, les rois unirent le caractère sacerdotal à la dignité royale, présidèrent aux cérémonies religieuses et offrirent des sacrifices, et, en dépit des efforts des prêtres pour se créer une situation indépendante et dominante, ils restèrent les véritables chefs de la religion. Dans les nécessités publiques, si les princes n'hésitaient pas à dépouiller leur propre palais, aucune crainte religieuse ne les empêchait d'avoir également recours aux richesses du temple.

Ce fut chez les Israélites que l'idée du gouvernement divin, qui est à la base de toutes les religions sémitiques, se développa de la manière la plus complète et la plus pure. Les prophètes en furent les plus puissants organes, et elle trouva dans l'idée messianique sa plus haute expression.

La plupart des prophètes, même les plus grands, ne s'élevèrent pas au-dessus du sentiment dominant que les biens et les maux, la prospérité et les calamités, sont la récompense de la fidélité et le châtiment de la désobéissance à la volonté de Dieu. Il y avait une part de vérité dans cette idée qui, sous des formes diverses, fut commune à presque tous les peuples anciens et qui dans les religions théocratiques revêt cette forme : la fidèle adoration du dieu national doit avoir pour conséquence nécessaire la prospérité et des bénédictions, et toutes les souffrances, tous les malheurs du peuple sont la suite de la désobéissance à ses ordres. Il est certain qu'aussi longtemps qu'un peuple restait fidèle à son dieu national, il conservait son caractère propre, son unité, la conscience de sa nationalité, et que ces sentiments créaient en lui une force capable de le faire respecter même par de puissants ennemis. Mais dans la forme absolue qu'on lui donnait, elle était fausse et pouvait devenir dangereuse en empêchant de discerner le vrai caractère des situations et des événements et en créant des illusions destinées à être cruellement déçues. Il est vrai que la dogmatique a bien des ressources pour répondre à ces terribles leçons de l'expérience. La prospérité dans les âges d'idolâtrie et de corruption était attribuée à la patience, à la longanimité de Dieu, qui veut accorder au pécheur le temps de se repentir et de se convertir. Les calamités qui survenaient sous les princes les plus pieux s'expliquaient comme le châtiment de fautes antérieures qui n'étaient pas suffisamment expiées, ou comme un signe que la fidélité des princes et du peuple n'avait pas encore atteint à la perfection exigée par la loi. Cependant, à la longue, la foi plus robuste se lasse, et la catastrophe qui termina le règne de Josias ruina celle de nombre d'Israélites, au point qu'en Égypte Jérémie s'entendit dire en face que tous les malheurs du peuple venaient de la fidélité à Yahveh, et que désormais les exilés ne voulaient plus servir que la céleste Méléket.

La morale des prophètes ne fut pas moins exclusive et absolue que leur dogmatique. Ils virent et dépeignirent l'état moral du peuple sous les plus sombres couleurs, poussant tout au noir, condamnant les jouissances les plus innocentes, réprouvant les occupations les plus indispensables à la vie et à la prospérité d'un état. L'âpreté de leurs censures amassa plus d'amertume dans les âmes qu'elle n'y produisit de fruits de repentance et d'amendement.

La même exagération, la même absence de sens critique se fit jour dans la lutte que, comme organes de Yahveh, les prophètes soutinrent avec une infatigable ardeur contre l'idolâtrie. Ils eurent le courage de réclamer les droits de la moralité et de l'humanité en face de pratiques barbares, restes des cultes d'âges grossiers, de protester contre l'immolation des enfants au Mélek du Tophet, et on ne saurait trop les admirer dans ces revendications, qui ne furent pas sans danger. Mais l'excès de leurs exigences, la violence à laquelle ils recoururent toutes les fois qu'ils purent disposer de la force, compromirent la durée et altérèrent le caractère de leur œuvre. Ils ne surent pas reconnaître les éléments vraiment religieux que renfermaient les cultes qu'ils combattaient. Pour représenter la divinité sous des images matérielles, les religions de l'Égypte, de Babylone, de la Phénicie, de Canaan, n'étaient pas de pures idolâtries. Les prophètes opposaient Yahveh, leur création, aux créations religieuses des autres peuples comme le seul vrai Dieu, en regard des vanités, des dieux qui ne sont pas des dieux, mais des dieux de boue, et ce point de vue ne fut pas seulement injuste ; il fut, de plus, dangereux pour leur propre cause. Le yahvisme possédait la notion de Dieu la plus pure de l'antiquité, et, par cela même, il devait à la longue l'emporter sur les cultes rivaux. Les prophètes le comprirent ; mais ce qu'ils ne comprirent pas, c'est que le yahvisme n'était que la réalisation épurée et plus complète d'une conception de l'Être suprême commune à tous les peuples de la même famille que les Israélites, qu'il ne différait des dieux des autres religions qu'en pureté, en perfection, non par sa nature ni par son origine. Baal-Zéboub, Melqart, Milkom, Kamosh, Maroudouk, Nabou et tant d'autres, étaient autre chose que de pures vanités, surtout dans l'idée que s'en faisaient les adorateurs. C'étaient, ainsi que Yahveh, des noms du seul Dieu véritable et vivant, bien que la conception de cet être unique que ces noms exprimaient, fût moins pure que celle qu'en était venu à exprimer Yahveh. On explique, on excuse par l'ardeur de la lutte les exagérations du deuxième Ésaïe. Mais lorsqu'il raille l'ouvrier qui fait une statue à Dieu de la même matière dont il fera des ustensiles pour des usages profanes, il oublie que les vases sacrés du temple de Jérusalem, le temple lui-même que les prophètes appelaient le trône de la majesté divine, n'avaient rien de saint par eux-mêmes ; c'était aussi de l'or, du bois et des pierres. Ce hardi idéaliste a l'air de ne plus savoir que l'idée sanctifie ce qui n'est pas sacré de nature. Les prophètes furent complètement étrangers à l'idée de développement, qui inspire la justice pour ceux qui sont encore à un degré inférieur de croyances et d'adoration et apprend à les conduire plus haut et plus loin par la douceur et la sympathie, d'une manière plus efficace et plus sûre que par l'insulte et le mépris. Ils confondirent, comme font encore tant de chrétiens, la notion de Dieu avec Dieu lui-même, et ne surent pas s'élever à la largeur du sage Indien, disant dans les Védas : « On l'appelle Indra, Mitra, Varouna, Agni. Celui qui est un, les sages le nomment de diverses manières, Agni, Yama, Mâtariçvan (1). » Au lieu que les Grecs et les Romains recherchaient toujours leurs propres dieux dans ceux des peuples étrangers, les Juifs ne reconnaissaient aucune analogie entre Yahveh et les idoles des Gentils. Les deux points de vue peuvent être également contraires à une saine critique. Celui-là n'en est pas moins supérieur, plus philosophique et même plus religieux. Les prophètes, avec leur rêve d'une domination universelle et prochaine de Yahveh, étaient encore animés du même esprit que les Assyriens, qui étendaient par l'ascendant de leur puissance militaire le domaine de leur dieu Asour. Plus le présent leur apportait de déceptions, et plus inébranlablement ils s'attachaient à leurs espérances, plus ardemment ils embrassaient l'avenir. L'attente messianique fut un fruit de la même conception religieuse qui poussait les puissants rois de Ninive et de Babylone, les petits rois de Moab et de Syrie, qui avait poussé Saül et David à ceindre le glaive pour l'extension du domaine de leurs dieux. C'est encore une religion exclusivement nationale. Jérusalem doit devenir la capitale religieuse et politique du monde, et un fils de David être le roi des rois. A ce titre, la théocratie yahviste ne se distingue pas de celle des autres peuples de même race : elle est complètement mésopotamienne ou sémitique.

Mais cette conception se manifeste ici à son plus haut point de développement. A mesure que les malheurs des temps ajournèrent à un très-lointain avenir la réalisation de ces espérances, elles s'épurèrent et s'élevèrent. Sans doute l'établissement de la suprématie de Yahveh ne s'obtiendra pas sans effusion de sang, le règne de Dieu se fondera par la guerre. Ce n'en sera pas moins le règne de la vérité, de la justice et de la paix. Il n'y aura plus d'arche, parce que Yahveh habitera au milieu de son peuple ; plus de temple, parce que Jérusalem même sera tout entière une ville sainte, un temple consacré à Dieu ; plus de loi, car la loi sera gravée dans tous les cœurs ; plus de prophètes ni de prêtres, parce que tous, du plus petit au plus grand, connaîtront Yahveh, et son esprit sera répandu sur tous ses enfants. Les petits et les pauvres qu'on ne comptait

---

(1) Rig Véda. I. 164, 46.

pas, qu'on foulait et qu'on opprimait, seront traités avec justice. Or, par toutes ces idées, qu'ils ne séparaient pas de la réalisation de leurs espérances et de la future grandeur de leur nation, les prophètes furent les interprètes d'un idéal qui n'est point seulement celui d'un peuple et d'une race, mais que, sous d'autres formes, on trouve aussi exprimé ailleurs.

Les religions de l'Égypte et de la Mésopotamie appartiennent aux cultes polythéistes-monarchistes; on a coutume de voir dans le mosaïsme une religion purement monothéiste. Elle le devint en effet au terme d'un long et laborieux développement, mais elle ne le fut pas à son origine. Vraisemblablement à dater de Moïse, Yahveh fut le dieu national d'Israël, son seigneur, son divin roi, comme Kamosh celui de Moab, ou Asour celui de l'Assyrie. Mais son culte n'excluait point l'adoration d'autres dieux. On a vu au prix de quelle lutte prolongée non son règne exclusif, mais sa prédominance put s'établir. La résistance ne fut pas moindre en Juda sous Hizkia qu'en Israël sous A'hab. Dans le Deutéronome, on trouve encore quelquefois Yahveh appelé un des dieux, bien que le plus grand, et cette idée persiste même plus tard. L'introduction du Décalogue proclame Yahveh le seul dieu d'Israël et défend d'adorer d'autres dieux à côté de lui, mais n'implique nullement que ces dieux n'existent pas. Le mouvement que commencèrent les grands prophètes du huitième siècle et que continuèrent leurs successeurs, fut bien plus monolâtrique que monothéiste. Ce fut là, en particulier, le caractère des réformes de Hizkia et de Josias, et le peu de durée de ces réformes, la facilité avec laquelle s'opéra la restauration du polythéisme après la mort des princes qui avaient prêté leur tout-puissant et indispensable concours aux prophètes, atteste que la masse du peuple était encore foncièrement polythéiste. D'ailleurs, le parti réformateur lui-même était plutôt hénothéiste que monothéiste. Il prêchait Yahveh non comme le seul dieu existant, mais comme le plus grand et le plus puissant, le seul qui éclipsât tous les autres et ne souffrît l'adoration d'aucun autre à côté de lui. Il faut descendre jusqu'à Jérémie pour rencontrer une expression authentique du monothéisme, et encore bien moins précise et accentuée qu'elle ne le sera dans le deuxième Ésaïe. Après la captivité, les Juifs furent monothéistes, parce que les plus zélés et les plus fidèles revinrent seuls dans leur patrie, et firent du yahvisme épuré la base du nouvel état, tandis que tous ceux qui avaient des tendances polythéistes se confondirent avec les populations de l'empire chaldéen. C'est cependant un fait que, dans aucune autre religion, du moins dans l'antiquité, le monothéisme n'eut autant de zélés partisans et d'éloquents interprètes que dans celle d'Israël. Cela tint sans doute, en premier lieu, au développement du prophétisme, indépendant du sacerdoce, n'obéissant qu'à sa propre inspiration et qui reporta sur le dieu national tous les attributs et toutes les perfections qui, dans les religions voisines, étaient répartis sur différents dieux. La concentration du culte à Jérusalem contribua aussi, pour sa large part, au développement du monothéisme en Israël. Mais, ce qui fut surtout décisif, ce fut le caractère même de sa religion, favorable entre tous au monothéisme et que le moment est venu de faire ressortir dans toute son originalité.

Le mot qui exprime le mieux le caractère dominant du mosaïsme, c'est celui de *sainteté*, qui ne signifia d'abord qu'inaccessibilité, sublimité de l'objet du culte, et, pour le peuple, isolement absolu du monde profane, mais qui, peu à peu, prit aussi un sens moral. L'idéal de l'Égyptien, dans son pays magnifique, produisant tout en abondance, fut la vie, le bien-être, le déploiement de toutes les énergies morales. Ses dieux furent les « vivants », qui croissent et qui font croître, *Noutérou*. Yahveh aussi est le Vivant, l'Auteur de la vie. L'idéal des Assyriens fut la force, la puissance, la terreur inspirée au monde. Ses dieux furent les « puissants », les « forts », *Ilani*. La toute puissance de Yahveh, le caractère redoutable de ses jugements, sont aussi proclamés avec tremblement par les pieux Israélites. L'idéal des Babyloniens fut la connaissance, l'intelligence, et sur cet idéal ils formèrent leurs dieux. La sagesse de Yahveh est souvent aussi exaltée, surtout depuis que les stricts yahvistes furent entrés en rapport avec les sages pieux. L'idéal du Syro-Phénicien et du Cananéen fut la divinité favorable et clémente, riche de bénédictions, féconde et donnant la fécondité, et ils pensaient lui rendre le culte qui devait lui être le plus agréable par des scènes désordonnées, et en s'abandonnant sans frein à toutes les voluptés. Yahveh aussi eut fréquemment le symbole d'Ashéra dressé à côté de ses autels. Lui, le dieu des nomades, ennemi de toute civilisation, ayant en abomination les cités, le vin et l'agriculture, et qui conserva toujours ce caractère originel dans les croyances d'une secte kénite, devint en Canaan le dieu en l'honneur duquel se célébraient les fêtes joyeuses du printemps et de l'automne, le bienveillant auteur de tous les dons, plein de bonté et de tendresse pour Israël. Ainsi les penseurs israélites avaient fini par reporter sur leur dieu national tout ce que renfermaient de bon la mythologie et la théologie des peuples voisins. Mais son caractère propre, celui par lequel il se distingua surtout de ceux des autres peuples, fut et resta la sainteté. Personne ne pouvait l'approcher, personne ne pouvait le voir sans mourir; il habitait l'obscurité et était un feu dévorant. De même qu'Israël fut essentiellement aristocrate entre les peuples de l'antiquité et, plus tard, par son orgueil insupportable, s'attira le reproche d'être l'ennemi du genre humain, Yahveh fut essentiellement aristocrate entre les dieux. Cette doctrine de la sainteté divine trouve son expression dans le naziréat, dans ce qu'on racontait des suites terribles qu'avait le simple contact de l'arche, ou dans le récit de catastrophes comme celle des fils de Coré, dans l'interdiction de pénétrer dans le saint des saints, de jurer en vain par le nom de Yahveh et dans les prescriptions minutieuses, relatives à la pureté légale.

La sainteté fut, de toutes les notions communes aux peuples mésopotamiens, celle à laquelle s'attachèrent le plus fortement les Israélites, et qu'ils réalisèrent par excellence. Elle se retrouve dans les religions d'autres peuples n'appartenant pas à la même famille, par exemple des Hindous, et plus encore des Perses. Elle ne fut pas moins en honneur chez les Égyptiens, qui évitaient le contact des peuples ayant d'autres croyances et qu'ils regardaient comme impurs, et qui interdisaient soigneusement l'accès de leurs temples aux profanes. Les mêmes causes produisent partout les mêmes effets. Un peuple mieux doué, plus jeune, débordant de sève, vivant au milieu d'une population à la vérité soumise, mais plus avancée sous le rapport de la civilisation extérieure, des arts utiles, de l'industrie, — ce fut le cas des Aryens dans l'Inde, des Perses dans l'Iran, au milieu des populations touraniennes, des Égyptiens au milieu des Sémites qui habitaient en grand nombre les parties méridionales de la vallée du Nil, des Israélites dans le pays de Canaan, — ce peuple ne conserve sa nationalité qu'en se tenant à l'écart, en s'isolant dans le sentiment de sa supériorité morale. Si la puissance d'un tel peuple s'accroît et que les éléments indigènes de la population perdent leur indépendance par l'adoption progressive de la religion et des mœurs des vainqueurs, alors le danger n'est plus si grand et, sauf pour les prêtres et pour les lettrés, la ligne de démarcation tend de plus en plus à s'effacer. C'est ce qui arriva pour les Perses sous la dynastie des Achéménides, pour les Israélites quand ils eurent soumis les Cananéens, et que ces derniers ne furent plus un danger pour leur nationalité. A ce moment, les stricts yahvistes furent débordés, ils ne purent qu'à grand'peine, et fort incomplètement, empêcher le peuple de se mêler aux étrangers. Mais viennent des revers, l'amoindrissement de la puissance des conquérants, des menaces sérieuses pour leur indépendance et leur nationalité, alors on se renferme anxieusement dans les vieux retranchements de la vie nationale. Ainsi les Égyptiens, à mesure que les colonies sémitiques et grecques se multiplièrent dans la basse Égypte, devinrent plus fiers et s'attachèrent avec plus de fidélité aux institutions traditionnelles de leurs ancêtres. Ainsi les Israélites, plus ils se virent malheureux et opprimés, plus ils s'attachèrent à leur religion, plus ils furent exclusifs, plus ils craignirent de se souiller par le contact des étrangers. Dans le Talmoud cet orgueil de race dégénère en une véritable folie et devient vraiment un *odium generis humani*. Nulle part, cette idée de sainteté et de pureté sacerdotale, ayant son origine dans l'orgueil national, commune à tous les peuples de l'antiquité, ne s'est développée au même degré que chez les Israélites, parce qu'aucun peuple d'une égale valeur n'a été au même point le jouet des autres peuples, qu'aucun n'a nourri de si hautes espérances et n'a éprouvé de si cruelles déceptions. Cette idée a son exclusivisme et son étroitesse. Sous sa forme purement nationale, elle est une pure imagination, une prétention dénuée de fondement, et elle finit par s'opposer à tout développement supérieur. La justice propre des Pharisiens en est la conclusion logique et le dernier mot. Mais elle a été l'occasion d'une persévérance héroïque et de la plus noble abnégation. Il est incontestable qu'elle a puissamment contribué au développement de l'idée religieuse et à l'avènement du monothéisme le plus pur et le plus complet.

FIN

TABLE DES MATIÈRES

	Pages
Avis du traducteur	VII
Préface	IX
Introduction	1

LIVRE PREMIER. — HISTOIRE DE LA RELIGION DE L'ÉGYPTE

Chapitre premier. — Famille ethnique des habitants de la vallée du Nil	11
Chapitre II. — Littérature sacrée	25
Chapitre III. — La religion de Thinis-Abydos	31
Chapitre IV. — La religion d'Héliopolis	53
Chapitre V. — La religion sous l'ancien empire	61
Chapitre VI. — La religion sous le moyen empire	79
Chapitre VII. — La religion sous le nouvel empire	93
Chapitre VIII. — La religion des Égyptiens depuis la chute des Ramessides jusqu'à la domination des Perses	119
Chapitre IX. — Caractère et résultats moraux de la religion égyptienne	133

LIVRE DEUXIÈME. — LA RELIGION DE BABYLONE ET DE L'ASSYRIE

Introduction	145
Chapitre premier. — Habitants de la Mésopotamie et sources pour la connaissance de leur religion	155
Chapitre II. — La religion des Soumirs et des Accads	167
Chapitre III. — Les croyances religieuses des Mésopotamiens sémitiques (Babyloniens et Assyriens)	179
Chapitre IV. — La religion dans la période préassyrienne	211
Chapitre V. — La religion sous l'empire assyrien	217
Chapitre VI. — La religion sous le deuxième empire chaldéen, ou empire de Babylone	233
Chapitre VII. — Caractère de la religion de Babylone et de l'Assyrie	241
Chapitre VIII. — La religion de l'Yémen et celle de Harran comparées à celles de Babylone et de l'Assyrie	251

LIVRE TROISIÈME. — LA RELIGION DES PHÉNICIENS ET CELLE DES ISRAÉLITES

INTRODUCTION	259
CHAPITRE PREMIER. — Origine des Phéniciens et rapport ethnique entre eux et les Israélites	265
CHAPITRE II. — Sources pour l'étude de la religion des Phéniciens, ses éléments constitutifs, son développement historique probable	273
CHAPITRE III. — Des noms généraux de la divinité chez les Phéniciens	281
CHAPITRE IV. — La religion de Gébal ou Byblos	291
CHAPITRE V. — La religion de Paphos et d'Askelon	299
CHAPITRE VI. — Eshmoun et les Cabires	305
CHAPITRE VII. — Les dieux plus sévères de Tyr et de Sidon	311
CHAPITRE VIII. — État religieux des Hébreux dans le pays de Goshen	327
CHAPITRE IX. — Le yahvisme primitif et Moïse	341
CHAPITRE XI. — Le yahvisme mosaïque de Samuel jusqu'au schisme des dix tribus	371
CHAPITRE XII. — La lutte du yahvisme mosaïque pour la suprématie, de la sécession des dix tribus à la ruine du royaume d'Israël	399
CHAPITRE XIII. — L'idéalisme des nouveaux prophètes en lutte avec la tendance réaliste de plus en plus accentuée de la religion d'A'has à Amon	431
CHAPITRE XIV. — Réalisation temporaire de l'idéal prophétique. — Réforme de Josias. — Le Deutéronome	453
CHAPITRE XV. — La catastrophe et son lugubre prophète	471
CHAPITRE XVI. — Caractère de la religion d'Israël	495

LIBOURNE. — IMPRIMERIE JULES STEEG.

ERRATA [1]

Page 22, alinéa 3, ligne 1, au lieu de *vient*, il faut lire *vint*.
Page 38, alinéa 2, ligne 4, au lieu de *Ammon*, il faut lire *Amoun*.
Page 40, ligne 19, au lieu d'*épervier*, il faut lire *de vautour*.
Page 41, alinéa 3, ligne 4, au lieu de *Nout*, il faut lire *Nou*.
Page 45, alinéa 3, lignes 12 et 20, au lieu de *Nout*, il faut lire *Nou*.
Page 75, ligne 12, au lieu de *Il restaura*, il faut lire *On prétend qu'il restaura*.
Page 75, à la note, il faut ajouter : *Il y a lieu de douter, avec M. Wiedemann, que le temple existât réellement avant Thoutmes Ramencheper*.
Page 205, à la note, ligne 1, au lieu de *égalemen*, il faut lire *également*.
Pages 268 et 269, lignes dernière-première, au lieu de *occupaient*, il faut lire *possédaient*.
Page 350, ligne 11, au lieu de *Jonathas*, il faut lire *Jonathan*.

(1) Le lecteur verra facilement qu'outre la correction de quelques fautes, on a profité de la dernière heure pour rectifier ou ajouter quelques détails.

TRAD.

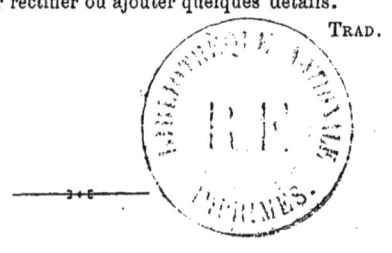

EN VENTE CHEZ LE MÊME ÉDITEUR

... d'ouverture du Cours d'histoire des Religions au Collège de France, par ALBERT RÉVILLE, professeur au Collège de France. Brochure in-8°, 1880.. 1 fr.

Prolégomènes de l'Histoire des Religions, ... MÊME. 1 vol. in-8°, 1881.. 6 fr.

Encyclopédie des Sciences religieuses, publiée sous la direction de M. F. LICHTENBERGER, doyen de la Faculté de théologie protestante de Paris, avec la collaboration de MM. ACQUOY, PAUL ALBERT, ANQUEZ, J. ..., EUG. ARNAUD, J.-F. ASTIÉ, A. BARTH, PHILIPPE BERGER, SAMUEL ..., A. BERNUS, EUG. BERSIER, CHARLES BOIS, GASTON BOISSIER, ... BONIFAS, ... BONNET, HENRI BORDIER, AUG. BOUVIER-MONOD, PH. BRIDEL, ..., A. CARRIÈRE, J. CHAPONNIÈRE, ÉT. CHASTEL, T. COLANI, PH. CORRIÈRE, E. ..., O. CUVIER, DANDIRAN, CH. DARDIER, P. DECHARME, J. DELABORDE, E. D..., O. DOUEN, DU BOIS, DUPIN DE SAINT-ANDRÉ, LÉON FEER, ALFRED FRA..., GABEREL, ÉM. GAIDOZ, GAUFRÈS, GAULLIEUR, STANISLAS GUYARD, A. HIMLY, ..., HOLLARD, A. JUNDT, F. KUHN, LOUIS LÉGER, MATTHIEU LELIÈVRE, E. LESENS, LE SAVOUREUX, G. LESER, ÉMILE LICHTENBERGER, P. LOBSTEIN, F. LONG, H. LUTTEROTH, MARION, MASSEBIEAU, A. MATTER, A. MAULVAULT, ALFRED MAURY, GUSTAVE MEYER, GABRIEL MONOD, JEAN MONOD, MOREL-FATIO, J. MOSHAKIS, EUG. MUNTZ, ADRIEN NAVILLE, ERNEST NAVILLE, MICHEL NICOLAS, J. OPPERT, GASTON PARIS, A. PAUMIER, CH. PFENDER, E. PICARD, E. DE PRESSENSÉ, FRANK PUAUX, DE QUATREFAGES, E. RABIER, CHARLES READ, N. RECOLIN, RODOLPHE REUSS, ALBERT RÉVILLE, L. DE RICHEMOND, R..., L. ..., A. SABATIER, ÉD. SAYOUS, AD. SCHAEFFER, F. DE SCHICKLER, CH. ...HDT, ÉDOUARD SCHURÉ, EUG. SECRÉTAN, SEGOND, EDM. STAPFER, ... STERN, ERN. STROEHLIN, E. VAUCHER, MAURICE VERNES, A. VIGUIÉ, ... VOLLET, A. WABNITZ, CH. WADDINGTON, J. WALLON, N. WEISS, etc., etc.

> L'*Encyclopédie des Sciences religieuses* paraît en livraisons grand in-8° de 10 feuilles (160 pages), de manière à former chaque année environ 2 volumes (10 livraisons) jusqu'à concurrence de 12 à 14 volumes de 800 pages.
> Le prix de souscription est de 2 fr. 50 par livraison. — On ne vend pas de livraisons isolées. — L'*Encyclopédie* n'est fournie qu'aux personnes qui s'engagent à prendre l'ouvrage entier. 52 livraisons, contenant les mots *Aaron* à *Rothe*, ont paru.

Histoire du Christianisme depuis son origine jusqu'à nos ...s, par ÉTIENNE CHASTEL, professeur de théologie historique à l'Univer... de Genève. — Tome Ier : *Premier âge*. — Première période : ... avant *Constantin*. 1 vol. grand in-8°..

> L'*Histoire du Christianisme* sera complète en ... volumes grand ... n'est ... qu'aux personnes qui s'engagent à prendre l'ouvrage en ...

La Bible. — Traduction nouvelle faite sur les textes o... duction à chaque livre, des Notes explicatives sur ... Commentaire complet sur le Nouveau Testament, p... REUSS, professeur à l'Université de Strasbourg. — 19 vol........ 170 fr.

1324. — Libourne. — J. STEEG, imprimeur, Allées de la République, 2-4.

www.ingramcontent.com/pod-product-compliance
Lightning Source LLC
Chambersburg PA
CBHW051359230426
43669CB00011B/1701